Günter Giesenfeld

Land der Reisfelder

Vietnam, Laos und Kambodscha
Geschichte und Gegenwart

Argument Verlag

Die Deutsche Nationalbibliothek verzeichnet diese Publikation in der Deutschen Nationalbibliografie; detaillierte bibliografische Daten sind im Internet über http://dnb.d-nb.de abrufbar.

Deutsche Originalausgabe

Glashüttenstraße 28 · 20357 Hamburg
Telefon 040/4018000 · Fax 040/40180020
verlag@argument.de · www.argument.de
Satz: Iris Konopik
Umschlaggestaltung: Martin Grundmann
Foto: © Moritz Wussow – Fotolia.com
Druck und Bindung: CPI books GmbH, Leck
Gedruckt auf säure- und chlorfreiem Papier

ISBN 978-3-88619-491-9
Vierte, erweiterte Auflage 2025

Inhaltsverzeichnis

Vorwort

Auch Bücher haben ihre Geschichte. *Land der Reisfelder* erschien erstmals 1981 im Pahl Rugenstein Verlag, bis 1988 in drei Auflagen und mit einem Vorwort von Erich Fried. Obwohl kein gelernter Historiker, schrieb ich es, weil es damals in der Bundesrepublik kein Buch über Vietnam gab, außer *Der Tod im Reisfeld* von Peter Scholl-Latour (erstveröffentlicht 1979). Er hatte sich freiwillig für eine französische Fallschirmjägereinheit gemeldet, die in Indochina eingesetzt war. Im Buch beschrieb er die Gründe für seine »Liebe zu Vietnam« so: »Der eigenartige, fast schmerzliche Reiz Vietnams lag wohl in der widerspruchsvollen Kombination von spröder Unnahbarkeit und verführerischer, lasziver Exotik, in einer femininen Rätselhaftigkeit. [...] In Wirklichkeit lag die Faszination dieser Weltgegend im schwerelosen Lebensstil, in der oft makellosen Schönheit ihrer Menschen« – und vor allem der Frauen, was man im Buch nachlesen kann (S. 227f.).

Sein Buch wurde ein Bestseller, während die USA ihren verlorenen Krieg mit anderen Mitteln weiterführten – durch Unterstützung der Roten Khmer des Pol Pot und einen weltweiten Wirtschaftsboykott. Mir ging es zunächst vor allem darum, den Ablauf dieser Kriege in Vietnam historisch genau darzustellen, wobei als Erbe der Vietnam-Solidarität der 1960er Jahre ein Element immer noch spürbar war: »die Idealisierung der Revolution, der Verhältnisse und der Menschen«[1].

Über 20 Jahre später, bei der Neuausgabe im Argument Verlag 2012, war es dann möglich, aus der zeitlichen Distanz nicht nur einen inzwischen breiteren Wissensstand über den Krieg einzubeziehen; wobei nach wie vor viele Klischees und Vorurteile zu widerlegen waren. Darüber hinaus konnte eine erste historische Einordnung der komplexen und in ihrer Bedeutung immer noch unterschätzten Ereignisse, die sich mit dem Stichwort »Vietnamkrieg« verbanden, versucht werden.

2025 wird dieser Krieg bei uns nur noch anlässlich von Jubiläen erwähnt – ein oder zwei Zeitungsspalten, in denen man vor allem Erstaunen bekundet über Vietnams rasante Wirtschaftsentwicklung im neuen Jahrhundert. Doch immer noch funktionieren die alten menschlichen Algorithmen: Weil Vietnam sich »sozialistisch« nennt, wird es als »kommunistisch« bezeichnet, was hierzulande immer noch eine Verleumdung darstellt, trotz inzwischen eingegangener »strate-

1 Aus dem Vorwort zur 3. Auflage 1988.

gischer Partnerschaften«. Ich hingegen habe Vietnam nicht nur als äußerst schönes Urlaubsland kennengelernt. Noch interessanter ist für mich seine Politik, die in meinen Augen eine immer attraktivere Alternative zur internationalen Einwicklung darstellt. Und das begann so:

Am 28. Februar 2019 war ich zufällig in Hanoi, als sich der nordkoreanische »Partei-Generalsekretär und oberste Führer« Kim Jong-un dort mit dem amerikanischen Präsidenten Donald Trump traf. Überall waren kleine Fähnchen mit den Farben der beiden Länder gehisst, gepanzerte Mercedes-Limousinen rauschten durch abgesperrte Straßen. Abends fragte ich meine Freunde nach diesem Treffen, das doch wohl nur eine Schnapsidee des unberechenbaren Amerikaners gewesen sei. Man erwiderte mir: »Wir sind gerne gute Gastgeber, egal wer da kommt, es hätte ja sein können, dass es dem Frieden dient.«

In einem längeren Gespräch erfuhr ich, dass man in Vietnam die Arbeit für den Frieden, wo auch immer in der Welt er bedroht ist, als eigene Aufgabe betrachtet. »Wir sind stets bereit, wenn für die UNO eine Friedenstruppe gewünscht wird, und in unserer Verfassung steht die Sorge um den Frieden an prominenter Stelle als Ziel jeglicher Außenpolitik und Diplomatie.« Und ich lernte einen mir zunächst unseriös erscheinenden Begriff kennen: »Bambus-Diplomatie«. Spätestens mit der zweiten Amtszeit des US-Milliardärs als Präsident des mächtigsten Landes der Welt wurde mir klar, dass in Vietnam eine Außenpolitik offiziell betrieben wird, die in allem das Gegenteil dessen ist, was jetzt in den USA und anderswo überhandnimmt – statt Konkurrenz und Wettbewerb: Zusammenarbeit zum gegenseitigen Vorteil; statt Eskalation und Rache: Gespräche und Kompromisse; statt persönliche Machtausübung zum eigenen, nicht einmal nationalen Vorteil: Zu- und Eingehen auf andere und Verständnis; statt Nationalismus, Rassismus und Krieg: Arbeiten für den Frieden – auf der ganzen Welt.

Je mehr mich diese Erkenntnis beschäftigte, umso klarer wurde mir: Dies ist in Vietnam keine neue Orientierung, sondern eine weit zurückreichende Tradition, die auch kulturell und geschichtlich begründet ist. Das aufzuarbeiten und in den Kontext der gegenwärtigen Weltlage zu stellen, ist für mich der Inhalt eines neuen Engagements für Vietnam. Und: das Land dabei zu unterstützen, seine Auffassungen in einer Welt zum Tragen zu bringen, in der Wertvorstellungen, die die Menschheit in vielen Jahrhunderten entwickelt hat, mutwillig zerstört werden.

Günter Giesenfeld

I. Reiche und Dynastien[2]

Von den Anfängen bis 1200

Wenn man alle Informationen zusammenfasst, die in Annalen, Legenden und durch chinesische Geschichtsschreiber überliefert sind, wenn man die seit 30 Jahren wieder verstärkt unternommenen Ausgrabungen auswertet, dann kann trotz einiger Unklarheiten als gesichert gelten, dass es in Vietnam seit ca. 3000 Jahren eine eigenständige Kultur gibt. Ihre Träger waren indonesische und mongolische Einwanderer, die von Norden her unter dem Druck der chinesischen Expansion in das Delta und den unteren Lauf des Roten Flusses eingedrungen waren. Dort vermischten sie sich mit den Ureinwohnern und errichteten feste Siedlungen mit dauerhafter sozialer Struktur, schließlich ein selbständiges Königreich, das bereits am Ende des ersten Jahrtausends vor unserer Zeitrechnung eine erste Blüte erlebte. Sein Name, Van Lang, kommt vor allem in Legenden vor, die in Vietnam heute noch allgemein bekannt sind. In ihnen taucht als auffallendes Motiv immer wieder der Gegensatz zwischen Gebirge und Meer auf – ein Topos, der sich in langen Jahrhunderten aus dem ständigen Kampf um die Bewohnbarkeit der schmalen Region zwischen Meer und Bergkette herausgebildet hat.

Nach der Legende stritten sich zwei Bewerber um die Hand der Tochter des Königs Hung Vuong[3]: Thuy Tinh, der Geist der Wasser, schickte voll Zorn die Wogen des Meeres gegen den Geist der Berge, Son Tinh, aber diese hielten stand. Schließlich musste Thuy Tinh sich zurückziehen. Aber seither entbrennt alljährlich zur selben Zeit der gleiche Kampf, der immer mit dem Sieg der Berge endet.

Sowohl in den schmalen Ebenen der Küste, am Fuß der langen, sich von Norden nach Süden hinziehenden Kordillere, als auch im Delta des Roten Flusses ist der Kampf gegen das Meer jahrhundertealte Erfahrung. Immer wieder haben sich die Menschen vor seinen

2 Die folgende Darstellung der Geschichte Indochinas vor der Kolonialzeit stützt sich vor allem auf folgende Darstellungen: Le Thanh Khoi 1969; Nguyen Khac Vien 1974 und 2010; Villiers; Masson.

3 Die Schreibung der vietnamesischen Namen muss hier auf die Aussprache-Akzente verzichten, die normalerweise gesetzt werden, um die Tonhöhe der Vokale anzuzeigen. Von ihr kann die Bedeutung eines Wortes abhängen. Bei Namen ist allerdings die Gefahr eines Missverständnisses selten gegeben.

Wogen und Taifunen, aber auch vor fremden Invasoren in die schützenden Berge zurückgezogen, um diese von dort aus zum gegebenen Zeitpunkt wieder zu vertreiben. Die Eindämmung der Zerstörungsgewalt des Meeres und der Zwang, ihm durch Trockenlegung neues fruchtbares Land abzugewinnen, haben bewirkt, dass sich die Menschen zusammenschließen mussten, um die dazu nötigen kollektiven Anstrengungen zu organisieren. Dies ist der Grund dafür, dass sich in diesem Gebiet schon sehr früh sesshafte Gemeinschaften mit einer relativ hoch entwickelten sozialen Struktur herausgebildet hatten, die nach verschiedenen Auseinandersetzungen schließlich im Jahr 258 v. u. Z., unter einem König namens An Duong, ein zentral verwaltetes Gemeinwesen bildeten.[4] Die Hauptstadt dieses Reiches Au Lac befand sich in der Nähe des heutigen Hanoi, die Reste ihrer berühmten Zitadelle sind noch heute, in Lao Tanh bei Co Loa, erhalten.

Dieser erste, historisch nachweisbare »Staat« in Vietnam[5] existierte schon mehrere Jahrhunderte, bevor sich in den anderen Gebieten Indochinas[6] ähnliche Reiche bildeten. Dies ist erstaunlich, denn die ersten nachweisbaren Bewohner dieser Gebiete (Laos, Kambodscha und Siam) stammen aus demselben Einwandererstrom wie die Ur-Vietnamesen. Im Gegensatz zu diesen hatten sie das Gebirge überquert und sich im Westen und Süden Indochinas niedergelassen. Gleichzeitig waren dort auch über das Meer Einwanderer aus Indonesien und Indien angekommen. Aber es dauerte noch lange, bis sich aus diesem Zusammenfluss verschiedener Stämme und Kulturen kohärente Gruppen und Reiche kristallisierten.

Wichtigste geografische Ursache für diese Differenzierung war die

4 Davor gab es das Reich der Hung-Könige, von dem die Legende erzählt und an das einige Tempelreste und Ausgrabungsfunde (Dong Son-Kultur der Bronzezeit) erinnern. Es nannte sich Van Lang und war ein Bündnis aus 15 Stämmen.

5 Vietnam: Das Land heißt erst seit dem 19. Jahrhundert offiziell so. Ich verwende den Begriff als Gebietsbezeichnung überall da, wo es zum leichteren Verständnis beiträgt und eine historische Genauigkeit nicht nötig ist. Dasselbe gilt für Laos und Kambodscha, aber nicht für Thailand, wo ich für die Zeit bis zum Ende des Zweiten Weltkriegs die bis dahin gültige Bezeichnung Siam benutze.

6 Die Bezeichnung Indochina stammt von dem französischen Geografen Conrad Malte-Brun. Sie wurde offiziell von der französischen Kolonialmacht eingeführt und sollte die Einheit der Kolonien in dieser Gegend betonen. Sie wird hier beibehalten, weil sie sich für das in Frage stehende Gebiet eingebürgert hat und weil sie auf den doppelten kulturellen und politischen Einfluss aus Indien und China verweist, der die Geschichte dieser Region geprägt hat.

vietnamesische Kordillere, eine schwer überwindbare Gebirgskette und Klimagrenze, die sich von China her, den unteren Lauf und das Delta des Roten Flusses aussparend, parallel zur Küste bis zum Mekong-Delta hinzieht und einen manchmal nur wenige Kilometer breiten ebenen Streifen freilässt. Nebel und Regen sind am Roten Fluss und an der Küste häufig, werden aber von den Bergen aufgehalten und dringen nicht nach Westen durch. In Nord- und Mittelvietnam ergibt sich daraus ein kühleres und raueres Klima als etwa in Laos. Parallel zu den klimatischen Einflüssen – im Westen von Indien her bestimmtes Landklima, im Osten unter dem Einfluss des Meeres raueres Seeklima – haben sich auch die entsprechenden Länder in ihrer kulturellen Entwicklung verschieden orientiert. Vietnam hat über Jahrhunderte hinweg unter chinesischem Einfluss gestanden, während die Reiche des Westens in Bezug auf Regierungsform, wirtschaftliche Aktivitäten, religiöse und kulturelle Ausprägung eher indische Einflüsse aufweisen.

Die besondere, schon früh sich zeigende Einheit und Widerstandskraft des vietnamesischen Reichs hat es ihm auch ermöglicht, eine neun Jahrhunderte dauernde chinesische Fremdherrschaft unter Erhaltung seiner nationalen Eigenarten zu überstehen. Dabei wurde der so lange und starke Einfluss chinesischer Kultur und Lebensformen in die eigenen bereits entwickelten Traditionen integriert.

Dies ist sicher auch eine Folge der speziellen Form des Reisanbaus unter den extrem schwierigen geografischen Bedingungen in diesem Land. Der Mangel an fruchtbarem Boden hatte sehr schnell eine einfache Rodungswirtschaft unmöglich gemacht, die jenseits der Kordillere noch sehr lange vorherrschend war.[7] Dabei wird ein Stück mit Busch oder Urwald bewachsenen Landes abgebrannt und bepflanzt. Nach einem Jahr, spätestens nach zwei Jahren muss man es aufgeben und neues Land erschließen, was nicht nur unökonomisch ist, sondern auch eine halb nomadische Lebensweise zur Folge hat. Für den in Vietnam damals schon eingeführten Wasserreisanbau müssen die Felder kontinuierlich gepflegt werden, und dafür sind Sesshaftigkeit und ständige kollektive Anstrengung notwendige Voraussetzungen. Überhaupt ist der Reisanbau die arbeitsintensivste Art des Lebensmittelanbaus überhaupt. Die jungen Schösslinge werden, wenn sie in trockenen Saatbeeten etwa handhoch gewachsen sind, in künst-

7 In einigen Gegenden von Laos noch bis heute!

lich überschwemmte Felder umgepflanzt, in denen die Wassertiefe genau der allmählich wachsenden Pflanze entsprechend reguliert werden muss. Wenn der Reis blüht, muss das Wasser vom Feld wieder abgelassen werden. Nach der Ernte muss der Rohreis (Paddy) in Mühlen entspelzt (geschält) werden, ehe er gekocht und verzehrt werden kann. Die Bewässerungsanlagen müssen so konstruiert sein, dass die Reisfelder nach Belieben hoch überschwemmt und auch ganz trockengelegt werden können. Dazu muss sowohl Wasser an die Felder herangeführt als auch das Wasser der regelmäßig über die Ufer tretenden Flüsse von ihnen ferngehalten werden. Vor allem die Neulandgewinnung, die Planung und der Bau von Deichen, Dämmen und Wassergräben verlangt nach einer kollektiven Organisation, nach einem Gemeinwesen, das diese Arbeiten überwacht, organisiert und schützt. Hier findet die vietnamesische Tradition des dörflichen Kollektivismus und des staatlichen Zentralismus ihren Ursprung.

Über die politische Struktur des Reichs von Au Lac gibt es keine gesicherten Informationen. Vietnamesische Historiker sehen in ihm entweder eine Sklavenhaltergesellschaft mit allerdings ausgeprägter Wirtschaftsorganisation und einem stehenden Heer. Darauf lassen die Reste der riesigen Zitadelle von Co Loa schließen, die aus dem 3. Jahrhundert v. u. Z. stammt, sowie die dort gefundenen großen Mengen an metallenen Pfeilspitzen. Andere sprechen von einem noch primitiven Gemeinwesen, in dem es zwar Sklaven gab – zumeist Kriegsgefangene –, aber keine Ausbeuterklasse.[8]

* * *

Während Au Lac bald für lange Zeit unter chinesische Herrschaft geriet und einem starken Einfluss durch chinesische Lebensgewohnheiten und Kulturtraditionen ausgesetzt war, entstanden im Süden zwei Reiche, Fu Nan und Champa, die sich indischer Religion und Kultur öffneten, ja deren Könige selbst oft indischer Herkunft waren. Die im Wesentlichen in zwei Wellen (im 1. und 2. und im 14. und 15. Jahrhundert) erfolgende Indisierung des westlichen und südlichen Indochina ging von dem sich entwickelnden Seehandel vor allem mit diesen beiden Ländern aus. Auch wenn die Hafenstädte zumeist nur Etappenpunkte waren, so blieben die Schiffe doch oft wochen- oder monate-

8 Vgl. dazu Nguyen Khac Vien 2002, S. 22.

lang liegen, um auf die regelmäßig wiederkehrenden Monsunwinde zu warten. Aus einer gewissen Faszination, die indischer Reichtum, indische Lebensgewohnheiten und Religionen ausübten, ergab sich mehr als nur der gewöhnliche Kontakt mit den Handel treibenden Fremden. Dazu kam, dass der in Indien als oppositionelle Alternative zum herrschenden Hinduismus/Brahmanismus entstandene Buddhismus mit stark expansiver Tendenz im Süden Chinas schon verbreitet war und in Indochina wegen des Rufs großer Gelehrsamkeit und Heiligkeit seiner Vertreter sehr schnell Anklang und Anhänger fand. So erklärt sich wahrscheinlich der in Legenden und Chroniken immer wieder berichtete Vorgang, dass aus Indien kommende Gelehrte vom Volk des Fu Nan-Reiches begeistert empfangen und sogleich durch Hochzeit mit Prinzessinnen zu Königen gemacht worden sind. Aus denselben Quellen ergibt sich aber auch, dass es sich dabei oft um Brahmanen gehandelt haben muss, was darauf hindeutet, dass auch die etablierte indische Religion und Kultur in Indochina Fuß gefasst hatten. Dabei ist allerdings der Tatsache Rechnung zu tragen – was den Widerspruch nicht ganz klärt –, dass die Übernahme von solchen Religionen oder besser Ideologien und Formen religiöser oder abergläubischer Aktivität mit einer starken Tendenz zur Verschmelzung erfolgte, so dass sich bei vielen noch erhaltenen Bauwerken heute nicht mehr eindeutig feststellen lässt, ob es sich um ein buddhistisches Stupa (Grabmal heiliger Könige), ein Linga (hinduistisches Phallussymbol für den Gott Shiva) oder einfach einen Ort der Totenverehrung nach einheimischen Formen des Ahnenkultes handelt. Und es ist davon auszugehen, dass diese Zuordnung schon damals nicht eindeutig festgelegt war und die entsprechenden Kultstätten (die weniger der Versammlung von Anhängern einer bestimmten Religionsrichtung dienten, sondern eher symbolischen Denkmalcharakter hatten) allgemein dem Zweck dienten, durch Versenkung mit den Abgeschiedenen oder mit dem Jenseits überhaupt in Verbindung zu treten.

So erfolgte schon in den ersten Jahrhunderten u. Z. jene typische Vermischung und Assimilation von indischen und chinesischen Einflüssen, die den indochinesischen Raum zu einem Verbindungsglied beider Großkulturen gemacht hat. Aus einer melanesisch-mongolischen Urbevölkerung, nach mehreren Wellen der Einwanderung aus Südchina und unter starkem, später auch von Westen über Land immer wieder erneuertem indischem Einfluss, hat sich Indochina als eigenständiger Kulturraum entwickelt.

Das südliche der beiden erwähnten Reiche, Fu Nan, erstreckte sich zur Zeit seiner größten Ausdehnung im 2. und 3. Jahrhundert vom Mekong-Delta über das Gebiet des heutigen Kambodscha bis hin zur malaiischen Halbinsel. Bedeutung und Macht kamen dem Fu Nan-Reich vor allem durch seine günstige Verkehrslage zu, so dass die Bewohner vorwiegend vom Handel und von den Abgaben der Schiffe lebten, die auf der Reise von Europa oder Indien nach China hier Etappe machten. Die Funanesen[9] sollen kühne Seefahrer gewesen sein, die gelegentlich auch Raubzüge in benachbarte Länder unternahmen. Offenbar war die Indisierung Fu Nans nur mit wenigen kriegerischen Handlungen verbunden und hatte auch nicht den Charakter einer Besetzung oder eines Protektorats wie in Vietnam die Herrschaft Chinas. Aber so wie dort wurden auch in Fu Nan Anregungen einer fortgeschritteneren Kultur aufgenommen, vor allem in der Baukunst und in der Landwirtschaft, und damit das eigene Staatswesen und die eigene Zivilisation weiterentwickelt. Diese Fortschritte sowie gute Beziehungen zu China, die oft durch Unterwürfigkeitsbesuche und Tributzahlungen erkauft werden mussten, aber dem Handel dienten, waren die Basis für einen großen Reichtum des Landes, der zeitgenössischen chinesischen Geschichtsschreibern Bewunderung abnötigte.

Am Mittellauf des Mekong bis hin zur Küste, also im Gebiet des heutigen Laos und Mittelvietnam, erstreckte sich seit ca. 200 v.u.Z. das Champa-Reich, dessen Bewohner malaiisch-melanesischen Ursprungs waren. Eine Mischkultur mit offenbar wenig eigenen Traditionen hat in dieser Region Bauwerke und Skulpturen hinterlassen, die den stärksten indischen Einfluss der ganzen Halbinsel aufweisen. Die Hauptstadt des Champa-Reiches, Indrapura, war in der Nähe des heutigen Da Nang gelegen, wo auf der Grundlage eines stark religiös gefärbten Königskultes eine große luxuriöse Metropole entstand, die aber nicht Mittelpunkt eines zentralisierten Gemeinwesens war. Wie die Funanesen waren die Cham weniger ein Volk des Ackerbaus, der Sesshaftigkeit, sondern Seefahrer, Piraten und Fischer.

Vom 2. bis 5. Jahrhundert, während Vietnam praktisch eine chinesische Provinz war, unternahmen die Cham immer wieder Raubfeldzüge nach Süden und nach Norden und scheuten sich dabei nicht, den Konflikt mit China zu provozieren. Strafexpeditionen und schwere Niederlagen durch chinesische Truppen waren fast stets die

9 Das Wort bezeichnet keine ethnische Identität wie etwa das Wort »Khmer«.

Folge, nur in den Süden hinein konnten Territorien dauerhaft besetzt werden. Denn zu dieser Zeit (6. Jahrhundert) war das Fu Nan-Reich bereits dabei, seine Macht einzubüßen, in einander bekriegende Fürstentümer zu zerfallen. Außerdem wurde es stark bedrängt von einem neuen, immer stärker werdenden Nachbarn, dem Chen La-Reich, dessen Ursprünge sich im Legendären verlieren. Es war als erstes Staatsgebilde der Khmer-Rasse am Mittellauf des Mekong entstanden und von einer Dynastie regiert worden, die den Namen Kambuja[10] trug. Um 600 war Chen La so stark geworden, dass eine 628 geschlossene Hochzeit zwischen den Herrscherhäusern Chen La und Fu Nan in Wirklichkeit nur eine einfache Annexion besiegelte. Der Chen La-König Jayavarman II. dehnte das vereinigte Reich schließlich noch in den Norden aus, starb dann aber ohne Erben, und schon 706 zerfiel das Reich in zwei Teile, deren Herrscher nach außen als Repräsentanten der Gebiete Chen La des Landes und Chen La des Meeres auftraten. Das 8. Jahrhundert war für diese Region eine Zeit der Anarchie und des Kampfes zwischen kleinen Fürstentümern, wobei der Süden zudem noch Ziel von Invasionsversuchen aus Java war. In diesen Kämpfen haben auch die religiösen Auseinandersetzungen eine Rolle gespielt.[11]

In dieser Zeit der Schwächung staatlicher Macht konnte der Buddhismus in der durch die absolute Monarchie und den Brahmanismus unterdrückten Bevölkerung Fuß fassen. Wie in Indien selbst trat der Buddhismus bei seiner Ausbreitung in Indochina zunächst als politische Opposition auf: in der chinesischen Südprovinz Giao Chi (Vietnam) gegen die starrsinnige und überhebliche konfuzianische Fremdherrschaft, im Chen La-Gebiet als Volksreligion und in Abgrenzung von einer herrschenden religiösen Doktrin des aristokratischen Hinduismus. In einem langen Prozess hat sich auf dieser politisch-kulturellen Grundlage das große Khmer-Reich von Angkor entwickelt.

* * *

10 Daraus wurde die englische Bezeichnung Cambodia abgeleitet. Die deutsche Bezeichnung Kambodscha geht darauf zurück. Die Roten Khmer des Pol Pot-Regimes gaben dem Land, um sich von diesem »westlichen« Sprachgebrauch abzusetzen, den alten Namen Kampuchea, was nach ihrem Sturz rückgängig gemacht wurde.

11 Genaueres über diese verwirrenden Verhältnisse und Beziehungen siehe bei Gitau, S. 41ff.

Während so in seiner südlichen und westlichen Nachbarschaft die Reiche entstanden, wieder untergingen oder miteinander verschmolzen, hatte Vietnam, wie bereits erwähnt, als eigenständiger Staat aufgehört zu existieren. Schon im Jahr 208 v. u.Z. hatte ein chinesischer General die Macht im Land übernommen, das man damals Nam Viet (Land im Süden) nannte. Aber er hatte wenig in die politische Struktur eingegriffen, und seine Nachfolger waren Einheimische gewesen. 111 v. u. Z. wurde das Land dann militärisch durch den Han-Kaiser Wu Ti erobert und besetzt. Dieser Feldzug war Teil der Expansionspolitik der chinesischen Han-Dynastie, die ihr Land, ähnlich wie zur gleichen Zeit die Römer, zu einer Weltmachtposition führen sollte. Zu diesem Zweck sollten vor allem Stützpunkte an den Schiffsrouten im chinesischen Meer sowie alle Territorien entlang der sogenannten »Seidenstraße« unter chinesische Kontrolle gebracht werden. Die »Seidenstraße« war der wichtigste Handelsweg über Land, der von Indien nach China führte. Die Eroberung von Nam Viet, wie auch die von Korea etwa, diente diesem Ziel, und was nicht militärisch zu besetzen war, wurde zu abhängigen Vasallen gemacht und zu Tributzahlungen gezwungen.

Nam Viet wurde von den Chinesen mit südlichen Gebieten Chinas zu einer Provinz zusammengelegt, um Autonomiebestrebungen in dieser Region besser entgegentreten zu können. Zugleich wurden umgehend alle administrativen und politischen Strukturen nach chinesischem Muster umgestaltet und das Land strikt der Zentralgewalt der Han-Monarchie unterstellt. Vor allem gegen diese Abhängigkeit, die auf dem Land ihren Ausdruck in der Macht der Gouverneure fand, richtete sich die erste Revolte, die von den berühmten Schwestern Trung Trac und Trung Nhi mit Unterstützung des einheimischen Adels angeführt wurde. Kolonisatoren und Verwaltungsbeamte aus China hatten sich am adligen Landbesitz vergriffen und die Verwaltungskompetenzen des Adels verletzt.

Die Schwestern Trung riefen sich, nachdem sie im Jahr 40 die chinesischen Kommandanturen angegriffen und erobert hatten, zu Königinnen aus. Zwei Jahre dauerte es, bis das zunächst mit der Niederschlagung anderer Revolten im eigenen Land beschäftigte chinesische Expeditionsheer eingriff und den Aufstand blutig niederschlug. Im Anschluss daran wurde die Unterwerfung und Eingliederung des Landes in das chinesische Reich noch energischer betrieben, und in einer Verfolgungskampagne, die sich vor allem gegen den alten Adel des Au Lac-Königtums richtete, wurden Tausende von Familien ausgerottet oder in die Flucht getrieben. Die beiden Schwestern Trung entzogen sich der schmachvollen Gefangennahme und Hinrichtung durch Selbstmord, indem sie sich in den Roten Fluss stürzten und ertranken. Wegen ihres Patriotismus und Opfermutes sind sie zu berühmten Heldinnen der vietnamesischen Geschichte geworden, und noch heute gibt es in fast jeder Stadt eine »Hai Ba Trung«, eine »Straße der Schwestern Trung«.

Die Säuberungsaktionen hatten zur Folge, dass nun alle wichtigen Verwaltungsposten mit chinesischen Kolonisatoren besetzt, jegliche, auch lokale Autonomiebestrebungen stets im Keim erstickt wurden und das Land als Provinz Giao Chi in allen Bereichen, bis hin zu den Kleidungsvorschriften, dem chinesischen Muster vollständig angeglichen wurde. Der Name Giao Chi (über Kreuz liegen) hat bewusst diskriminierenden Charakter: Er bezeichnete eigentlich die Sitte der barbarischen Völker des Südens, die, wenn sie in gemeinsamen Schlafhäusern schliefen, die Köpfe nach außen richteten und die Füße nach innen über Kreuz legten. Aus diesem vom einheimischen Adel schon vorher benutzten Schimpfnamen für das Bauernproletariat wurde später über das portugiesische *cochin* die französische Bezeichnung »Cochinchine« für Mittel- und Südvietnam abgeleitet.[12]

Die Revolte der Schwestern Trung war, wie alle früheren Aufstände gegen die chinesische Okkupation, eine Adelsrevolte. Die Mandarine wehrten sich gegen die Einmischung des Kaiserhofs von Peking und der chinesischen Gouverneure in ihre Privilegien, gegen die Ausbeutung der Minen, Salzgewinnungsanlagen und Wälder sowie gegen den Abtransport vietnamesischer Waren und Kunstwerke nach China. Damit wurden ihre eigenen wirtschaftlichen Interessen verletzt. Ihr Widerstand hatte einen patriotischen Charakter vor allem im Sinne der Ausschaltung einer Konkurrenz – die Bauern unterstützten ihn jedoch aus ganz anderen Gründen. Ihre Revolten richteten sich gegen ein feudales Ausbeutungsregime, das die Chinesen nur mit besonderer Härte ausübten. So kam es zwar zu einer vorübergehenden Interessengleichheit zwischen einzelnen adligen Gruppen

12 Vgl. Huu Ngoc 1997, S. 381. Die bei Peter Weiss angegebene Übersetzung »gegeneinander gerichtete Zehen« ist ungenau, die Anspielung auf das Barfußlaufen der vietnamesischen Bauern eine eingängige Legende (Weiss, S. 28).

und den Bauern im Kampf gegen die Chinesen. Dieser Kampf hat aber nicht, selbst als er schließlich erfolgreich war, zu einer grundlegenden Veränderung der Lebensbedingungen der Bauern geführt, und es war stets das Bestreben der jeweils neuen Dynastie, nach dem Sieg die Bauern wieder zum Gehorsam zu bringen.

Die Verfeinerung der Instrumente, mit denen die Herrschaft ausgeübt wurde, übernahm der vietnamesische Adel von China, und hier, bei der Repression bäuerlicher Auflehnung, gab es eine Interessengleichheit zwischen den vietnamesischen und den chinesischen Feudalherren. Sie drückte sich unter anderem darin aus, dass Vietnamesen auch in China zuweilen in höchste Verwaltungs- und Regierungsstellen aufstiegen. So entstanden in den Jahrhunderten der chinesischen Herrschaft über Vietnam durchaus komplexe Beziehungen zwischen den Oberschichten beider Länder.

Wie der chinesische benutzte auch der vietnamesische Adel den Konfuzianismus als Ideologie und Werkzeug für die Ausübung seiner Herrschaft. Als Religion hatte er keine Bedeutung. Denn Vietnam war, bedingt durch seine geografische Lage als wichtiger Umschlagplatz für die Schifffahrt von und nach China und Schnittpunkt wichtiger Handelswege zu Lande, zu einem der ersten wichtigen Zentren des Buddhismus außerhalb von Indien geworden. Hier berührten sich die beiden östlichen Kulturzentren Indien und China am intensivsten, und die Besatzungsmacht konnte nicht verhindern, dass im Kontakt mit reisenden Mönchen aus Indien die dort unterdrückte Religion von den hier Unterdrückten bereitwillig aufgenommen wurde.

Schon im Ursprungsland Indien hatte sich der Buddhismus in zwei Schulen geteilt, deren jüngere sich Mahayana nannte (»größeres Fahrzeug«, auf dem mehr Menschen die Erleuchtung des jenseitigen Ufers erreichen können) und sich von einer ursprünglichen Richtung orthodoxen Charakters, von ihr Hinayana (»kleineres Fahrzeug«) genannt, abgrenzte.[13] Beide Richtungen haben sich in der Folgezeit wiederum in viele Sekten aufgeteilt, die in Bezug auf Glaubensvorstellungen, Mythologie und Praxis recht differenziert waren. In unserem Zusammenhang ist es wichtig, wenigstens anzudeuten, in welcher Weise die beiden Richtungen als politisch-moralische Doktrinen zu unterscheiden sind. Man kann grob sagen,

13 Näheres dazu im Vorwort zu Dahlke, S. 17.

dass der Mahayana-Buddhismus eine eher gesellschaftlich bezogene, kollektivistische Morallehre vertritt, während der agnostisch eingestellte Hinayana-Buddhismus eher individualistisch-kontemplativ ist. Die fortschrittlich eingestellte Thien-(Zen-)Sekte, der die aus China vor der Verfolgung nach dem Süden fliehenden Mönche zum Teil anhingen, gehört zum Mahayana, ist sehr offen gegenüber sozialen und kulturellen Neuerungen und verpflichtet ihre Anhänger, an den gesellschaftlichen Aufgaben und Entwicklungen teilzunehmen.

Es überrascht nicht, dass in Vietnam zu jener Zeit besonders die Mahayana-Tendenzen Fuß fassten, obwohl beide Schulen in Indochina heimisch geworden waren. Angesichts einer grundsätzlichen Tendenz, alle religiösen und philosophischen Einflüsse zu vermischen und mit eigenen Vorstellungen zu durchdringen, wird deutlich, dass auch die Unterschiede zwischen den beiden buddhistischen Schulen oft in den Hintergrund traten und man die Länder Indochinas nicht eindeutig dieser oder jener Prägung zuschreiben kann. Für Vietnam (wie auch für das Chen La-Reich der Dekadenzperiode im 8. Jahrhundert) aber gilt, dass hier der Mahayana-Buddhismus, gerade in seinen Eigenheiten, zu einer politischen Kraft wurde.

* * *

Der Niedergang der Han-Dynastie führte zu einer Periode der Teilung Chinas und, im südlichen der drei daraus entstehenden Reiche, zu einer Abfolge von schwachen Regenten. Die Südprovinz wurde teils von Gouverneuren, die sich fern der geschwächten Zentralregierung wie kleine Fürsten verhielten, teils von einheimischen Notabeln regiert, die oft die Unzufriedenheit der Bauern zu Machtkämpfen untereinander ausnutzten. Denn eigentlich waren sie Großgrundbesitzer, die als Gefolgschaft und Truppen nur ihre eigenen Vasallen und Leibeigenen hinter sich hatten.

Auch nachdem sich die Herrschaftsverhältnisse in China stabilisiert hatten und Vietnam unter der Tang-Dynastie seit 618 unter dem neuen Status eines Generalprotektorats mit dem Namen Annam[14] wieder in den festen Zugriff der zentralistischen Autorität gekommen war, hörten die Aufstände nicht auf. Sie hatten allerdings nun

14 Der Name Annam (der befriedete, d.h. eroberte Süden) wurde stets nur von fremden Herrschern benutzt, er ist eine pejorative Bezeichnung.

eine neue Qualität: Zum einen wurden sie gelegentlich von anderen Völkern oder Reichen mitgetragen (wie etwa der Aufstand der Muong-Bergvölker, dem die Cham und die Chen La der Berge sich 722 anschlossen), zum anderen hatten sie viel stärker den Charakter von Volksbewegungen (wie etwa der Aufstand von Son Tay 791 und die einige Monate währende Herrschaft von Phung Anh, den das Volk nach seinem Tod Bo Cai Dai Vuong, »Großer König, Vater und Mutter des Volkes«, nannte).

Diese neue Qualität war einerseits eine Folge der noch stärkeren Unterdrückung durch die chinesische Zentralgewalt, aber auch Ausdruck der Antagonismen zwischen den Bergbewohnern und den an der Küste lebenden Reisbauern, die noch jahrhundertelang zu Auseinandersetzungen geführt haben. Immer wieder haben in dieser Zeit lokale Fehden und Erhebungen allgemeine Kämpfe um die Unabhängigkeit vorbereitet oder ausgelöst.

Während der Jahrhunderte, in denen Vietnam unter chinesischer Herrschaft stand, waren in Staatsführung, Landwirtschaft und Kultur Entwicklungen erfolgt, die das Land, auch im Vergleich zu den anderen indochinesischen Königreichen, weitergebracht hatten. Die Zerstörung der alten Aristokratie mit ihren partikularistischen Tendenzen durch die Chinesen machte sozialen Institutionen Platz, die die Entstehung eines zentralistischen Staates förderten. Die chinesische oder chinesisch ausgerichtete Verwaltungsoligarchie hatte den neuesten Stand der Verwaltungstechnik eingeführt und zur Entfaltung gebracht.

Ein wichtiger Fortschritt während der Okkupationszeit war auch die Übernahme chinesischer Techniken und Errungenschaften in der Landwirtschaft. Durch die Einführung des Metallpfluges erhielt der Wasserreisanbau endgültig die Vorrangstellung innerhalb der wirtschaftlichen Aktivitäten. Jagd und Fischfang gerieten in den Hintergrund, und die alte Rai-Kultur (Brandrodung) wurde ganz abgeschafft. Technischer Fortschritt und neue Anbaumethoden brachten größere, beständigere Erträge, eine Ausdehnung der kultivierten Fläche und das starke Anwachsen einer sesshaften Landbevölkerung, innerhalb deren sich – unabhängig von der chinesisch beeinflussten Oligarchie und später gegen sie – vor allem starke eigenständige soziale Kleinstrukturen entwickeln konnten. Mit der festen, unwandelbaren und von den Invasoren zu allen Zeiten unangetastet gebliebenen sozialen Struktur des Dorfes und der zentralisierten Monarchie waren die beiden Hauptelemente für eine »homogene und feste nationale Gemeinschaft« mit eigener Sprache entstanden.[15]

* * *

Während Vietnam den Kampf um die Unabhängigkeit aufnahm, waren im Westen und Süden aus den Zeiten der Anarchie und der Wirrnis zwei relativ große und stabile Reiche hervorgegangen: Champa und das Khmer-Reich von Angkor. Champa dehnte sich im Süden Vietnams bis zum Mekong-Delta aus und erlebte seine größte kulturelle Blütezeit. Auch dieser Aufschwung war durch die Schwächung Chinas möglich geworden, wo sich nach dem Niedergang der Tang-Dynastie allein in Südchina nicht weniger als sieben einander bekriegende Fürstentümer gebildet hatten. Es ergaben sich freundschaftliche und friedliche Beziehungen zwischen Champa und Vietnam sowie dem Khmer-Reich, die dem berühmten König Indravarman II. eine lange und konstruktive Regierungszeit (875 bis ca. 940) ermöglichten. Er förderte die Verbreitung des im Laufe des 9. Jahrhunderts eingedrungenen Mahayana-Buddhismus, ohne indessen alte Traditionen und religiöse Bräuche, wie z. B. den Linga-Kultus, abzuschaffen.

Das Khmer-Reich war aus der Zusammenführung der beiden Chen La-Reiche entstanden, die nur noch dem Namen nach existiert hatten. So war die 877 vollzogene Einigung eher ein formaler Akt gewesen und erfolgte ohne die Vorstellung von einer künftigen politischen Struktur. Das dabei entstandene legendäre Reich von Kambupura gilt dennoch als der Ursprung der Angkor-Monarchie, die formell erst 802 von dem König Jayavarman II. nach einem langwierigen Prozess der Befriedung und Einigung gegründet worden ist. Jayavarman II. führte das Ritual des Gottkönigkultes ein, eine Form der Herrschaft, die für die gesamte Geschichte Angkors bestimmend bleiben sollte.[16] Darin hatte der König ein Anrecht auf religiöse Verehrung schon zu Lebzeiten. Indem so die Herrschaft auf magischen und religiösen Grundlagen beruhte, konnte sie wesentlich radikaler und rücksichtsloser ausgeübt werden. Gleichzeitig war aber auch das Geschick des Landes wesentlich abhängiger von der Person des Königs. Er war die Schlüsselfigur der gesamten politischen Struktur,

15 Chesneaux 1955, S. 12. Vgl. auch Maspero.

16 Vgl. zum Folgenden Heine-Geldern, S. 15ff., und Meyer 1971, S. 53ff.

von seiner Integrität und Macht war das Leben der Bevölkerung in hohem Maß abhängig. Ein starker König musste aber nicht notwendig eine despotische Herrschaft bedeuten. Seine Funktion in Staat und Gesellschaft hatte in ruhigen Zeiten Ähnlichkeit mit der eines Oberpriesters: Er brachte den Göttern Opfer dar, widmete sich den Riten, die dem Land Glück und Segen bringen sollten, verteidigte es gegen äußere Feinde und sicherte den Frieden im Innern. Als oberster Gesetzgeber und Richter war er gehalten, diese Funktion mit dem Ziel der Aufrechterhaltung von Recht und sozialer Ordnung auszuüben. Wie im Champa-Reich waren der Hof und die herrschenden Schichten streng vom Volk abgesondert. So verschanzte sich der König von Indrapura aus Angst vor Attentaten mit Harem und Höflingen hinter strengem Zeremoniell und scharfer Bewachung. Und auch die Könige von Angkor stützten sich bei der Verwaltung des Reiches auf eine kleine isolierte Führungsschicht, die aus Mitgliedern der eigenen Familie und Priestern zusammengesetzt war. Die Bauern spielten im politischen und sozialen Leben keine Rolle, abgesehen davon, dass sie die Arbeitskräfte waren, die für Lebensmittel sorgten, aber auch die riesigen Tempelanlagen bauten; sie waren im Grunde verachtete Sklaven des Hofs und der Klöster.

* * *

Im Jahr 939 befreite sich Vietnam endlich von der chinesischen Oberherrschaft, und es etablierte sich eine zentralisierte, autoritäre Monarchie. Dieser erste 30-jährige Krieg um die Unabhängigkeit in der Geschichte Vietnams war durch einen allgemeinen Volksaufstand im Jahr 906 ausgelöst worden, dem um 875 Bauernaufstände im Süden Chinas und in Vietnam vorausgegangen waren. Nachdem der König von Kanton (China war kein einheitliches Reich mehr) das Protektorat Annam 933 vorübergehend zurückerobert hatte, konnten die vietnamesischen Truppen unter der Führung des späteren Königs Ngo Quyen in einer entscheidenden Schlacht das Joch der Besatzung endgültig abschütteln. Dieser erste König der Ngo-Dynastie soll den entscheidenden Sieg über die chinesische Flotte mit Hilfe einer List errungen haben: Nachdem er sie durch scheinbares Zurückweichen landeinwärts dazu gebracht hatte, den Bach Dang-Fluss aufwärts nachzusetzen, ließ er mit Eisen bewehrte Pfähle in den Grund der Flussmündung rammen. Darin blieben die feindlichen Schiffe hängen, als sie, vor einer Gegenoffensive zurückweichend, bei Ebbe wieder das Meer gewinnen wollten. Kaum war der Kampf gewonnen, war die Koalition zwischen den Bauern und dem Adel zu Ende. Der König ging zunächst daran, wieder klare Verhältnisse zu schaffen: Der kolonialistischen folgte erneut die feudale Unterdrückung.

Die nun aufeinanderfolgenden ersten drei Dynastien des Dai Co Viet-Reiches[17] (die Ngo, 939-968; die Dinh, 968-981; und die frühen Le, 981-1009) hatten mit starken inneren und äußeren Schwierigkeiten zu kämpfen, denen sie durch eine rigorose Machtausübung und Militarisierung des gesamten Lebens zu begegnen suchten. Sie führten Kriege gegen China und das Champa-Reich, konsolidierten ihre Herrschaft, bauten die Verwaltung aus und ließen das erste vietnamesische Geld prägen. Und sie bekämpften den Konfuzianismus, der als Doktrin der Besatzer und einer auf China orientierten einheimischen Intelligenz diskreditiert war. Es wurden nun, zunächst in geringem Ausmaß, buddhistische Bonzen in beratender Funktion an den Regierungsgeschäften beteiligt, die sich nicht als adlige Priesterkaste, sondern als Vertreter des Volkes verstanden und die Politik entsprechend beeinflussten. Diese neue, durch die Bonzen vermittelte Beziehung zwischen Regierung und Volk war auch der Grund dafür, dass die Könige, trotz der Härte ihrer Machtausübung, im Allgemeinen mit der Loyalität der Bauern rechnen konnten.

Der Ausbau dieser Vermittlerfunktion des buddhistischen Klerus, der selbst keine staatlichen Funktionen übernahm, hat die Integration des Volkes in den nationalen Aufbau gefördert. Dies war eine wichtige Voraussetzung für die ausgesprochen fortschrittliche Ausrichtung der Monarchie unter der Herrschaft der Ly-Dynastie[18], die nun an die Macht kam. In dieser Periode, die etwas über zwei Jahr-

17 Das Königreich trug im Lauf seiner Geschichte bis zur Kolonialzeit verschiedene Namen: Van Lang (legendäre Epoche der Hung-Könige), Au Lac (2. Hälfte des 3. Jahrhunderts v.u.Z.), Van Xuan (544–603), Dai Co Viet (968–1054), Dai Viet (1054–1804 mit Unterbrechungen). Danach wurde mehr und mehr der Name Viet Nam benutzt, der aber erst 1945 offizielle Landesbezeichnung wurde. Weitere Landesnamen gab es unter der chinesischen Herrschaft und in der Kolonialzeit.

18 Man spricht von einer Dynastie der »früheren« und einer der »späteren« Ly. Die erste umfasste die Herrschaft des Königs Ly Nam De, die zweite begann mit dem berühmten König Ly Thai Tho. Die Ly herrschten von 1009 bis 1225, danach kam die Dynastie der Tran an die Macht.

hunderte dauerte, festigte sich das Königreich als Staat. Es erweiterte sein Territorium beträchtlich[19] und erlebte eine erste große Blüte von Kunst und Literatur. Schon der erste »spätere« Ly, ein hoher Mandarin, wurde bezeichnenderweise durch eine Art Wahl zum König[20] gemacht, die unter den Vertretern jener Kräfte veranstaltet wurde, die dem Zerfall der Monarchie nach dem Tod des letzten Le und dem Chaos der jahrelangen blutigen Nachfolgekämpfe entgegenwirken sollten. Ly Thai Tho begann sofort nach der Besteigung des Thrones mit dem Aufbau einer zentralistischen wehrhaften Monarchie. Er verlegte die Hauptstadt nach Thang Long (Hanoi), bekämpfte die Korruption in Regierung und Verwaltung auf zentraler und lokaler Ebene und modernisierte die Mandarinatsherrschaft durch eine präzise formulierte Steuergesetzgebung, durch die Einführung eines stehenden Heers und eines Post- und Kurierdienstes. Man legte zentrale Vorratslager für Reis an, um für Notzeiten gerüstet zu sein, und förderte eine intensive Bautätigkeit, die vor allem allgemeinen Einrichtungen galt, wie dem Ausbau des Deichsystems.

Die wichtigsten Anstrengungen der Ly galten jedoch der Förderung der Landwirtschaft. Durch eine Bodenreform wurde ein Teil des Landes dem Privatbesitz dadurch entzogen, dass bestimmte Ländereien nicht mehr vererbbar waren. Dadurch wurde der Anteil staatseigenen Landes und kommunalen Grundbesitzes gegenüber dem Privatbesitz stark erhöht. Die kommunalen Felder wurden traditionell an arme oder landlose, vagabundierende Bauern im Rotationsprinzip verteilt.

Der Buddhismus wurde nun offizielle Staatsreligion, und der buddhistische Klerus unterstützte die Könige. Trotzdem verfolgte man andere Religionen nicht, was der traditionellen buddhistischen Toleranz entspricht. Selbst die Haltung dem Konfuzianismus gegenüber wurde gelockert, und im Volk lebendige Traditionen des Taoismus gingen nun zum Teil in den Buddhismus mit ein und gaben ihm eine ganz spezielle Ausprägung, in dem sich vietnamesischer Ahnenkult, Glaube an übernatürliche, mystische Wesen und Kräfte bis hin zum Aberglauben vermischten. Da das zur Verwaltung nötige Personal, auch auf höchster Ebene, im Prinzip nicht mehr im Erbfolgeverfah-

19 Vor allem in Richtung Süden.

20 »König« ist eine Annäherungsbezeichnung für Herrscher, deren Status Parallelen mit den Königen des europäischen Mittelalters aufweist. Die Nguyen-Dynastie von Hue im 19. Jahrhundert führte dann, in Anlehnung an europäische feudale Rangordnungen, den Titel »Kaiser« (empereur).

ren unter den Adligen rekrutiert wurde, die buddhistischen Mönche aber ihrem Selbstverständnis nach allenfalls vorübergehend konkrete Aufgaben in der Administration wahrzunehmen bereit waren, musste ein zentrales, nicht auf die Pagoden konzentriertes Ausbildungssystem geschaffen werden. Mit Recht wird der Bau des berühmten, Konfuzius gewidmeten Literaturtempels in Thang Long im Jahr 1070 als Symbol eines neuen Bildungssystems und damit eines Wendepunkts der kulturellen Entwicklung angesehen.[21] Zu diesem Zeitpunkt begannen nämlich die ersten Literaturprüfungen, die unter staatlicher Überwachung abgehalten wurden und im Prinzip jedem offenstanden. Denjenigen, die sie bestanden, öffneten sie den Weg in den Verwaltungsdienst. Im Rückblick stellt sich diese Neuerung im Bildungswesen als eine Maßnahme dar, die das Prinzip der Erbfolge allmählich durch das der Qualifikation ersetzte. Mit der wachsenden Bedeutung dieser Prüfungen für das gesamte öffentliche Leben wuchs auch allmählich wieder der Einfluss des Konfuzianismus in seiner Funktion als Philosophie einer entstehenden Intelligenz, obwohl der Buddhismus weiterhin offizielle Staats- und Hofreligion war.

Außenpolitisch war auch die Herrschaftszeit der Ly zunächst von Kriegen im Norden bestimmt. Lokale Streitigkeiten wie auch Revolten und Autonomiebestrebungen im Süden von China brachten nämlich immer wieder die Gefahr mit sich, dass gegen sie unternommene Feldzüge der Chinesen sich gleich auch gegen Vietnam richteten, das man ja immer noch als eine abgefallene, in illegaler Autonomie befindliche Provinz ansah. Aber nach einem Sieg des vietnamesischen Feldherrn Ly Thuong Kiet wurde ein Waffenstillstand mit China geschlossen, und 1089 legte eine gemischte Kommission die Grenzen zwischen beiden Reichen offiziell fest. 1174 wurde schließlich in einem Friedensvertrag das Königreich Dai Viet offiziell von China anerkannt.

Die Konsolidierung der Monarchie in Vietnam unter den Ly, die von der nachfolgenden Tran-Dynastie weitergeführt wurde, kennzeichnet zugleich den Beginn des lang andauernden Prozesses der Expansion in den Süden (bis 1300 war diese bis zum Wolkenpass zwischen dem heutigen Hue und Da Nang vorgedrungen) und der damit verbundenen Auseinandersetzungen mit dem Champa- und

21 Der heute mitten in Hanoi gelegene Literaturtempel gilt als die erste Universität Vietnams.

dem Khmer-Reich. Beide Nachbarn Vietnams hatten sich schon mehrfach in dessen Auseinandersetzungen mit China eingemischt, und vor allem die Champa-Könige neigten darüber hinaus zu gelegentlichen Überfällen in Richtung Norden. Diese Feldzüge entsprangen nicht einem bewussten Expansionsstreben, sondern waren eher kühne, kurzfristige Vorstöße, Piratenakte und Provokationen gegen das selbstbewusste, ständig Druck ausübende Königreich im Norden – und gaben diesem oft willkommene Anlässe zu tatsächlichen Eroberungen. Insgesamt gesehen hatte die vietnamesische Expansion in den Süden jedoch nicht immer einen kriegerischen Charakter. Parallel zu spektakulären Eroberungen oder Annexionen, gelegentlich aufgrund eines Tauschhandels gegen eine Prinzessin oder einen gefangenen König, vollzog sich ein Prozess der Kultivierung von Land durch vietnamesische Siedler, das die Cham entweder selbst nie urbar gemacht oder aufgegeben hatten.[22]

* * *

Seit am Ende des 9. Jahrhunderts die Hauptstadt nach Angkor verlegt worden war, hatte sich der Machtbereich des Khmer-Reiches ständig vergrößert. Der Aufstieg ist gekennzeichnet durch kriegerische Invasionen nach Vietnam im Norden, gegen die Cham im Südosten, gegen die Thai im Westen bis hinein in das Gebiet des heutigen Myanmar. Die Konstruktion hoch entwickelter und sehr wartungsbedüftiger Kanal- und Bewässerungssysteme von unvorstellbarer Ausdehnung, der Bau und die bildhauerische Ausschmückung von unzähligen Tempelanlagen und großen Städten, die durch Straßen und Brücken miteinander verbunden waren, zeugen selbst in den heute noch vorhandenen Resten von einer künstlerischen und kulturellen Blüte, die den Vergleich mit den Leistungen der Griechen und Römer nicht zu fürchten braucht. Die Hauptstadt Angkor zählte zu den größten und schönsten Zentren der damaligen Welt, und die Khmer-Könige wurden selbst von den Kaisern des chinesischen Weltreichs mit Respekt behandelt.

Von ihrem Ursprung her und ihrem Charakter nach waren die Khmer ein Landvolk. Bei der Verschmelzung der beiden Reiche Chen La und Fu Nan waren die weitgehend auf das Meer bezogenen,

22 Vgl. Villiers, S. 30ff.

noch aus indonesischer Tradition stammenden Lebensgewohnheiten der Funanesen von den Khmer nicht übernommen worden. Dieses Volk von für den südostasiatischen Raum außergewöhnlicher ethnischer Einheitlichkeit hatte den Schwerpunkt seiner wirtschaftlichen Aktivitäten immer im Ackerbau gesehen, der allerdings wegen der Fruchtbarkeit und des günstigen Klimas wesentlich weniger mühsam war als in Vietnam. In der Folgezeit haben die Khmer zwar Fu Nan und das übrige südliche Küstengebiet bis zur malaiischen Halbinsel erobert, aber anscheinend nie wirklich in einem engeren administrativen Sinn dem Reich einverleibt, und vor allem haben sie nie einen Bezug zum Meer entwickelt.

Hatten sich die Funanesen im Wesentlichen damit beschäftigen müssen, die Gewalt des Wassers einzudämmen, um am Meer Handel treiben, leben und anbauen zu können, so dienten die Bewässerungsanlagen der Khmer dazu, das Wasser von Flüssen zu speichern und gleichmäßig auf die Felder zu verteilen, eine Funktion, wie sie der große See von Tonle Sap im Zentrum des Ursprungslandes der Khmer schon von Natur aus zu haben scheint: Zur Regenzeit füllt er sich mit Wasser aus dem Mekong, das zur Trockenzeit wieder in denselben abfließt. Daraus ergibt sich die erstaunliche Erscheinung, dass der Tonle Sap-Fluss, der den See über ca. 100 Kilometer hinweg mit dem Mekong verbindet, zweimal im Jahr seine Laufrichtung wechselt. Schon in vorangkorianischer Zeit war das fließende Wasser der Ströme, vor allem des Mekong, auf weit abgelegene Felder geleitet worden, denn der Wasserreis gedeiht nur in fließendem und durch Schlammablagerung den Boden immer wieder erneuerndem Flusswasser. Vor allem die jährlichen Überschwemmungen wurden dazu genutzt, weite Gebiete zu wässern. Aber diese Art der Kultur, die auf dem Wechsel von Trocken- und Regenzeit beruht, gestattete nur eine Ernte pro Jahr. »Die große Leistung der Herrscher von Angkor bestand darin, diesen naturgegebenen Zyklus durchbrochen zu haben. Sie hatten begriffen, dass die Landwirtschaft nur dann blühen und das Reich mächtig werden konnte, wenn es gelang, die Reisernte zu verdoppeln oder gar zu verdreifachen.«[23] Wahrscheinlich stammen Anregungen zu solchen Überlegungen aus Indien, wo man zum selben Zweck das Wasser in tankartigen Behältern speicherte. Die Khmer benutzten dazu künstliche Seen (Baray), die sie erhöht

23 Stierlin, S. 46.

über dem Boden anlegten, und die entsprechenden Kanäle waren auf Dämmen installiert, so dass stets ein geringes natürliches Gefälle zum Fluss hin bestand und Schöpf- oder Pumpmechanismen nicht nötig waren. Durch diese intensiven Anbaumethoden konnte die Bevölkerungsdichte im Zentrum des Reiches enorm ansteigen, ohne dass Probleme der Versorgung auftraten, ja man konnte einen Produktionsüberschuss erzielen, der die Freisetzung von Arbeitskräften für den Bau der Tempelanlagen erst ermöglichte. Auch ein starkes Heer konnte aufgestellt werden, aber die komplizierte Anbautechnik ließ es andererseits nicht zu, größere Teile der Bevölkerung über längere Zeit aus bestimmten Anbaugebieten abzuziehen. Deshalb wurden die beim Aufstieg Angkors neu eroberten Gebiete meist nicht zu Stammländern einer intensiven Khmer-Besiedelung.[24]

Jayavarman I., der erste Angkor-König, hatte 23 Nachfolger, deren Lebensdaten und Grabinschriften zwar überliefert sind, über die aber darüber hinaus wenig bekannt ist. Aus Berichten von Reisenden geht hervor, dass sie eine luxuriöse Hofhaltung betrieben und dass die Geschichte des Angkor-Reiches immer wieder durch innere Auseinandersetzungen, Usurpationen des Throns, Invasionen und Feldzüge, vor allem gegen Annam und Champa, geprägt war. Es ist kaum etwas darüber überliefert, wie das Volk lebte und welche Rolle es in der Monarchie spielte. Sein Wohlergehen war wohl in höchstem Maße abhängig von der aktuellen Lage im Reich und dem Charakter des jeweiligen Herrschers, und es gibt keine Hinweise dafür, dass Bauernunruhen oder Aufstände je einen König oder eine Dynastie zu Fall gebracht hätten wie in Vietnam.[25]

Der Höhepunkt der Machtausdehnung und künstlerisch-kulturellen Blüte Angkors, dessen schneller und endgültiger Niedergang die Historiker vor Erklärungsprobleme stellt, war die Regierungszeit Jayavarmans VII. von 1181 bis 1218. Das Reich dehnte sich im Westen bis Myanmar aus, im Norden bis Vientiane, im Osten war 1203 ganz Champa annektiert worden. Jayavarman VII. hatte das Land nach einem von ihm geführten Feldzug gegen die Cham verwüstet

24 Wie erwähnt hatten die Khmer keinen Bezug zum Meer, weshalb das eroberte Mekong-Delta von ihnen nie wirklich in Besitz genommen worden ist. In Kambodscha gab es bis 1950 keinen Seehafen, obwohl das Land Zugang zum Meer hat!

25 Der König Jayavarmadiparamesvara soll Sohn eines Gärtners gewesen sein. Vgl. Meyer 1971, S. 61. Aber wie er an die Macht gekommen ist, weiß man nicht.

vorgefunden. Seine Vorgänger hatten außerdem das Bewässerungssystem vernachlässigt, das einer ständigen Wartung durch besonders ausgebildete Fachleute bedurfte. Diese Fürsten waren zu sehr damit beschäftigt gewesen, große Tempelanlagen zu ihrer eigenen Verherrlichung errichten zu lassen, und hatten durch die dazu nötige Zwangsarbeit die Landwirtschaft ruiniert und das Land in die gefährliche Nähe einer Hungersnot gebracht. Unter dem neuen König mussten die Menschen zwar ebenso hart und unter Zwang arbeiten, aber es kam der Landwirtschaft und der Erneuerung der lebenswichtigen Anlagen zugute.

Diese Zeit des Aufschwungs brachte die letzte Phase der Angkor-Kultur hervor, die sich vor allem in den Tempeln und der 12 Kilometer langen Mauer von Angkor Thom manifestierte. In den Skulpturen und Fresken dieser Bauten macht sich schon der Einfluss des Buddhismus bemerkbar, den Jayavarmans Vorgänger zwar selbst eingeführt hatten, aber nur, um einer unkontrollierten Übernahme des Mahayana durch das Volk zuvorzukommen. Einige seiner Nachfolger sollten ihn sogar bekämpfen, was zur Verstümmelung vieler Bauwerke Angkors führte. Jayavarman VII., der dagegen viele demokratische Ansätze des Buddhismus ernst nahm, verband ihn mit dem alten Königskult, und aus der Anlage der von ihm gebauten Tempel, so etwa des Bayon, geht hervor, dass er sich selbst für einen lebenden Buddha ausgab. Aber das Aufgreifen buddhistischer Vorstellungen und das Bedürfnis, sich von seinen Vorgängern abzusetzen, brachten ihn doch dazu, sich mehr um das Wohl des Volkes zu kümmern. Dafür sprechen nicht nur Inschriften wie etwa die in Say Phong, wo es heißt, dass »der Gram der Könige durch des Volkes Kummer verursacht«[26] werde, sondern auch seine Bautätigkeit, die nicht nur Tempel, sondern auch Lagerhallen, Rasthäuser und Krankenhäuser umfasste. Diese letzte Blütezeit Angkors trug aber schon Zeichen des Verfalls, die Bauten aus dieser Zeit lassen einen gewissen Mangel an Sorgfalt erkennen, Teile des Landes verwandelten sich langsam in Sümpfe und Steppen, Hungersnöte waren die Folge. Schon 1220, etwa zur Zeit des Todes von Jayavarman VII., wurde das eroberte Champa wieder verlassen, weil man es nicht mehr verwalten konnte. Auf die Diskussion um die Gründe für diesen Verfall wird später eingegangen werden. Sie waren sicher vor allem interner Natur, aber ein äußerer

26 Villiers, S. 130.

Aspekt soll hier noch erwähnt werden. Die Expansion des Angkor-Reiches war durch Perioden der Schwäche in allen anderen großen Zentren der Region begünstigt worden: In China waren von Norden her schon die Mongolen tief ins Land eingedrungen, in Vietnam zerfiel die Dynastie der Ly, das Land wird im letzten Viertel des 12. Jahrhunderts »von Kindern und Verrückten regiert«[27]. Die Herrscher von Angkor drangen ohne große Mühe überallhin vor, es kam aber zu keiner wirklichen Integration der eroberten Gebiete in eine staatliche Struktur. Stattdessen scheint es, als hätten die Herrscher von Angkor mit wenigen Ausnahmen ihre Macht und die Arbeitskraft des Volkes vor allem zum Bau riesiger Tempel- und Kanalanlagen eingesetzt.

27 Villiers, S. 130.

II. Bauern und Mandarine

1200–1800

Um 1200 war in Vietnam die politische Struktur der zentralisierten Monarchie voll ausgebildet und ein feudalistisches Herrschaftssystem etabliert, das bis weit ins 19. Jahrhundert hinein erhalten blieb. Allerdings darf man bei dem Wort »feudalistisch« entsprechende Vorstellungen aus der europäischen Geschichte nicht einfach auf Vietnam übertragen. Es ist zwar insofern eine Parallele gegeben, als hier wie dort die Herrschaft vor allem über den Grundbesitz ausgeübt wurde, es war ein System, »durch das eine Minderheit von Grundbesitzern direkt oder indirekt die Früchte der Arbeit der Bauern genießt«[1]. Einige in Europa bekannte Formen der sozialen Abhängigkeit fehlten jedoch: das Lehnswesen oder das Verbot für die Leibeigenen, ihr Land zu verlassen; außerdem gab es in Vietnam zu der Zeit, von der hier die Rede ist, noch Sklaven. Auch waren die Formen des Eigentums an Grund und Boden wesentlich komplexer – vor allem aber gründete sich die Herrschaft der Monarchie in Vietnam fast ausschließlich auf die Ausbeutung der Landwirtschaft.

Formell gehörte alles Land dem König, der aber nur einen kleinen Teil davon selbst bearbeiten ließ. Die Verteilung von Land an Mitglieder der eigenen Familie, an hohe Würdenträger und Parteigänger im Adel war eines der Mittel, mit dem der König seine Macht sichern konnte. Die Übereignung von Land bedeutete in diesen Fällen aber nur ein Recht auf den Ertrag, das Land selbst fiel nach dem Tod des Begünstigten an den König zurück, der es zurücknehmen oder den Erben überlassen konnte. Die in solchen Domänen arbeitenden Bauern waren Teil des Nutzungsrechts, über ihre Arbeit und Abgaben verfügte der Feudalherr. In anderen Domänen, die Staatsbediensteten und hohen Mandarinen übergeben worden waren, blieben die Bauern Untertanen des Königs, waren aber praktisch dennoch von seinen lokalen Beauftragten abhängig.

Es gab auf dem Land vier Arten von Grundbesitz: königliche Domänen im Besitz von dessen Familie oder anderen Familien königlichen Geblüts; den Mandarinen gehörendes Land, das nach Verdienst und politischem Kalkül verteilt wurde; kommunales Land, das unter den

1 Chesneaux 1955, S. 29.

Bauern eines Dorfes periodisch neu aufgeteilt wurde; schließlich Privatbesitz in zunächst geringem Umfang. In den großen Domänen waren die Bauern leibeigen, aber daneben gab es auch Sklaven, die vor allem zur direkten Bedienung der Feudalherren zur Verfügung standen. Ihre Zahl wuchs in Zeiten der Not, denn zur Kategorie der Sklaven zählte man nicht nur Kriminelle und Kriegsgefangene, sondern auch Bauern, die ihre Schulden nicht bezahlen konnten und dann entweder selbst Sklaven wurden oder ihre Kinder verkaufen mussten. Den Sklaven war der Zugang zu öffentlichen Ämtern versagt, sie durften auch keinen Privatbesitz haben.

Die kommunalen Ländereien waren unter der Ly-Herrschaft stark vermehrt worden. Sie stellten die Basis für die Selbständigkeit und manchmal Autonomie des Dorfes dar. Ursprünglich waren sie zu dem Zweck eingerichtet worden, arme landlose Bauern, die zu Vagabunden geworden waren, wieder zu integrieren. Denn diese zogen oft als Banden durchs Land oder wurden massenhaft zu Sklaven, aus denen einzelne Feudalherren Privatarmeen rekrutierten. In beiden Fällen wurden sie damit zu potenziellen Trägern von Adelsrevolten oder Bauernaufständen. Ihnen teilte man kommunales Land zu, allerdings nach einem Rotationssystem jeweils nur für kurze Zeit. Die von ihnen erwirtschafteten Erträge bildeten den Grundstock des dörflichen Reichtums, und für sie war das Dorf dem Staat direkt steuerpflichtig. Darüber hinaus waren die Dörfer dazu verpflichtet, festgelegte Arbeitsleistungen beim Bau von Straßen, Deichen und Kanälen zu erbringen, außerdem natürlich zum Wehrdienst.

Da aber die Notabeln des Dorfes selbst die Verteilung des kommunalen Bodens vornahmen und dabei oft eigene Interessen verfolgten oder Mittelsmänner der Großgrundbesitzer waren, begünstigte das System die Möglichkeit, dieses Land direkt oder indirekt den großen Domänen einzuverleiben. Außerdem war seit dem 11. Jahrhundert auch die private Aneignung von Land durch Bauern (z.B. durch Rodung) zu beobachten, und es entstand eine neue Klasse von selbständigen Besitzbauern. Das gesamte System erlaubte zwar eine relativ gerechte Bodenverteilung, machte aber auch die harte feudale Ausbeutung möglich, was im Normalfall geschah. Nur dann, wenn das Land durch Naturkatastrophen, Kriege oder Bürgerkriege darniederlag und Aufstände die feudale Struktur zu erschüttern drohten, bemühte sich die Monarchie um eine Wiedereinführung dieser Strukturen und eine Beseitigung der Auswüchse und des Missbrauchs, um die Not zu beheben und die Bauern zu besänftigen. Dies geschah auch dann, wenn durch einen Aufstand fremde Eindringlinge vertrieben wurden (Chinesen, Mongolen) oder durch einen Umsturz eine neue Dynastie an die Macht kam. Die Bauern selbst entwickelten auch in solchen Situationen kaum Vorstellungen von einer neuen sozialen Ordnung, obwohl sie oft Träger eines Umsturzes waren, sondern orientierten sich an dem Ideal eines bescheidenen Wohlergehens unter dem Schutz eines gnädigen Königs.

Zeiten solcher sozialer Harmonie gab es auch unter der Herrschaft der Tran-Dynastie, die 1225 in blutigen Auseinandersetzungen den degenerierten Ly-Herrschern die Macht entriss. Die neuen Könige propagierten Prinzipien einer humanen Königs- und Staatsmoral, die aus progressiven Elementen des Konfuzianismus einen fast »aufgeklärt« zu nennenden Regierungsstil ableitete. Als Lehre von der Nüchternheit und der Anwendung der Vernunft im alltäglichen und politischen Leben hatte der Konfuzianismus Ideen zum Tragen gebracht, die in Europa erst mit der bürgerlichen Revolution entwickelt wurden und selbst dann Ideale blieben. Zu ihnen gehörte die konfuzianische Vorstellung von einem Adel der individuellen Persönlichkeit, der durch Erziehung, Bildung und Selbstdisziplin von jedem erworben werden kann und höher zu bewerten ist als der durch Geburt ererbte Adel.

Auch bei der Rekrutierung des Regierungs- und Verwaltungspersonals sollten, mit der Einführung des Mandarinatsprüfungssystems, solche Grundsätze zur Geltung kommen. Unter Tran Anh Tong gab es zum ersten Mal die jährlichen zentralen Prüfungen, zu denen sich jeder einfinden konnte und die der Staat finanzierte. In der 1304 erlassenen Prüfungsordnung sind vier Hauptaufgaben aufgelistet, die zu lösen waren: 1) die orthografisch richtige Niederschrift eines auswendig gelernten Textes in chinesischen Schriftzeichen; 2) die mündliche Übersetzung eines klassischen Textes, die Abfassung eines lyrischen Gedichts und eines poetischen Textes in rhythmischer Prosa nach den klassischen Regeln; 3) die Formulierung eines Erlasses, das Aufsetzen einer königlichen Proklamation und das Schreiben eines Berichts an den Thron; 4) das Abfassen eines Kommentars zu einem vorgegebenen poetischen oder politischen Text.[2]

Diese Prüfungen sollten für das stark expandierende Land Beamte

2 Nach: Le Thanh Khoi 1969, S. 116.

qualifizieren, sorgten aber nebenbei für eine spürbar breitere allgemeine Volksbildung, denn es wurde allgemein üblich, dass die im Examen nicht erfolgreichen Anwärter als Privatlehrer in ihre Dörfer zurückkehrten und dort hohe Anerkennung genossen. Sie unterrichteten die Dorfjugend, unter der sich wieder neue Anwärter für Prüfungen fanden. So ergab sich für einen kleinen Teil der Bevölkerung die Chance des sozialen Aufstiegs und der politischen Einflussnahme unter relativ rationalen und gerechten Bedingungen, vor allem aber wurden damit auf dem Land Bildungsmöglichkeiten fast in jedem Dorf geschaffen. Aus den philosophisch-ethischen Orientierungen, unter deren Zeichen diese »Bildungsreform« stand und die sich meist aus dem Konfuzianismus ableiteten, ergab sich eine neue, den existierenden Dekadenzformen des Buddhismus entgegengesetzte Haltung des sozialen Engagements: Während Ersterer die Bedeutungslosigkeit, ja die Nicht-Existenz der irdischen Dinge behauptete, den Verzicht predigte und den Geist auf überirdische Hoffnungen ausrichtete, lehrte der Konfuzianismus, dass der Mensch vor allem ein gesellschaftliches Wesen und an soziale Pflichten gebunden sei. Unter diesen sozialen Pflichten stand nach konfuzianischer Lehre die Liebe und Treue zum König zwar an erster Stelle, ihr folgten jedoch sehr bürgerliche Tugenden wie die Liebe zu den Eltern und Ehegatten, die Sorge für die Familie, was nicht im Sinne einer biedermeierlichen Bindung an Heim und Herd missverstanden werden darf. Gemeint sind hier die Großfamilie und die Dorfgemeinschaft und damit eine soziale Gruppe, die auch in der Produktion gemeinsam tätig war und dem Staat gegenüber eine relative Autonomie besaß. Schließlich gab es gesamtgesellschaftliche Orientierungen wie die Verpflichtung zur Mitarbeit an der Leitung des Landes und zur Leistung eines eigenen Beitrags zum Frieden in der Welt. Stetige Selbstkontrolle und Selbsterziehung sollten jeden einzelnen Menschen in die Lage versetzen, diese Aufgaben zu erfüllen. Allein die Aufzählung dieser »Lebensaufgaben« lässt erkennen, wie sehr solche Traditionen bis ins 20. Jahrhundert hinein Geltung hatten und selbst im Wesen und in den Verhaltensweisen einer Figur wie Ho Chi Minh noch lebendig geblieben sind.

Die Reformen der Ly- und Tran-Könige hatten aus Vietnam bis zum 14. Jahrhundert eine gefestigte, wirtschaftlich und kulturell hochstehende, beinahe im europäischen Sinn »aufgeklärte« Monarchie gemacht. Aber diese sah sich schon bald einer neuen, existenziellen Gefährdung von außen ausgesetzt. Die Mongolen, die seit

1200 bis ca. 1250 fast ganz China erobert hatten – 1280 bis 1368 sollten sie dort unter dem Namen Yuan-Dynastie regieren –, wollten nun auch die Seewege nach China kontrollieren und zu diesem Zweck das Champa-Reich in ihre Gewalt bringen. Da Vietnam den Truppen des Kublai Khan den Durchmarsch in den Süden verweigerte, griffen sie an und drangen gewaltsam bis zur Hauptstadt vor, die geräumt werden musste. Aber sie konnten sich nicht lange halten, da die Bevölkerung ihnen passiven Widerstand entgegensetzte und durch Guerilla-Aktionen den Nachschub abschnitt.

Der König sammelte in den nicht besetzten Zonen ein Heer von Freiwilligen, dem es bald gelang, die mongolischen Truppen wieder zu vertreiben. Zwei Jahre später versuchte es der über die Niederlage erbitterte Kublai Khan erneut und griff gleichzeitig zu Lande über die Grenzpässe mit einem 300 000-Mann-Heer und zur See mit einer Schlacht- und Versorgungsflotte von 500 Schiffen entlang der Küste an. Wieder gaben die Vietnamesen die Hauptstadt vorübergehend auf und ließen die Truppen bis in die Ebene vordringen, wo sie am Ufer des Roten Flusses wegen Versorgungsschwierigkeiten stecken blieben, denn, so drücken es die Annalen der Yuan aus, »die Leute von Giao Chi versteckten den Reis und flohen«[3].

Der Nachschub, den Schiffe bringen sollten, traf nicht ein, denn gegen alle Erwartung konzentrierten die vietnamesischen Truppen ihre ganze Kraft zunächst ausschließlich gegen die Versorgungsflotte, versenkten oder vertrieben die Schiffe und erbeuteten riesige Mengen an Waffen und Lebensmitteln. Die Kriegsgefangenen ließ man frei, damit sie den übrigen Truppen ihre Niederlage berichten konnten, was diese, wie erwartet, in Panik versetzte. Bei ihrem Rückzug wurden sie dann in einen ähnlichen Hinterhalt gelockt, wie ihn schon 939 Ngo Quyen den chinesischen Truppen aus Kanton gestellt hatte: Sie blieben hilflos in den Pfählen hängen und wurden völlig aufgerieben.

Der Überlieferung nach hielt der König vor dem alsbald drohenden dritten Überfall eine Beratung ab, in deren Verlauf er seinen Heerführer, den berühmten Nationalhelden Tran Hung Dao, gefragt haben soll, ob die vietnamesische Armee einen erneuten Kampf gegen die Mongolen würde durchhalten können. Dieser habe geantwortet, das 200 000 Mann starke stehende Heer sei jetzt an den Kampf gewöhnt und der Sieg sicher leichter zu erringen, es müssten nicht

3 Nguyen Khac Vien 1974, S. 39.

einmal neue Truppen ausgehoben werden. Er sollte recht behalten: Der letzte Einfall der Mongolen wurde unter größtmöglicher Vermeidung von Verlusten mit souveräner Strategie und Klugheit abgewehrt, obwohl der Feind zahlenmäßig überlegen war. Die vietnamesische Armee war inzwischen besser ausgebildet und hatte Führer, die zu einer überlegenen Strategie fähig waren – und sich vor allem auf das Vertrauen des Volkes verlassen konnten. »Vor allem darf die Armee nur eine Seele haben, wie Vater und Sohn in einer Familie. Schließlich ist eine humane Regierung nötig, damit man sich tief greifende Wurzeln und ein dauerhaftes Fundament schafft. Das sind die besten Methoden, um den Staat zu schützen.«[4]

Nach dem glänzenden Sieg von 1288, der in der Hauptstadt drei Tage lang gefeiert wurde, gab man sich in Vietnam dennoch keinen Illusionen hin: Einen weiteren Angriff des über fast unerschöpfliche Reserven verfügenden China hätte Vietnam nicht überstehen können. Und es bestand die Gefahr, dass sich das bei den vorangegangenen Siegen gebildete Selbstbewusstsein der Bauern gegen die feudale Herrschaft wendete. Denn zu lange waren zu viele Kräfte von der Landwirtschaft abgezogen worden, so dass Hungersnöte drohten. Der König hatte also kein Interesse daran, eine neue Auseinandersetzung zu provozieren. So folgten dem Sieg versöhnliche, fast unterwürfige Gesten der mongolischen Yuan-Dynastie gegenüber: Rückgabe der Kriegsgefangenen, Friedens- und Tributangebote. Von der äußeren Bedrohung wurde Vietnam allerdings erst 1294 wirklich befreit, als Kublai Khan starb und sein Sohn und Nachfolger Timur bereits laufende Vorbereitungen für einen erneuten Feldzug stoppte.

* * *

In den übrigen Reichen und Ländern Indochinas hatten die Eroberungszüge der Mongolen und der von ihnen ausgeübte Expansionsdruck nach Süden auch zu Bevölkerungsbewegungen und sozialen Veränderungen geführt. Vor ihnen fliehende, aus Yünnan eindringende Thai-Völker vermischten sich mit Bewohnern des mittleren Mekong-Laufs zu einer gelegentlich Koalitionen bildenden Gruppe

4 Diese berühmten Sätze soll Tran Hung Dao dem König, als der ihn am Krankenlager besuchte, im Jahr 1300 gesagt haben. Zit. nach: Le Thanh Khoi 1969, S. 131.

von kleinen Fürstentümern, die sich durch Eroberung oder Annexion von Kleinstaaten indisierter Gruppen der Khmer und Birmanen allmählich in den Süden ausdehnten. So entstanden auf den riesigen Territorien des untergehenden Khmer-Reiches von Angkor größere politische Einheiten: Thai-Reiche wie Sukhothai, Mon und Lan Na, das »Land der Millionen Reisfelder«, dessen Gründer Mangrai ein laotischer Fürst war. Obwohl ihre Völker von den Mongolen aus ihren ursprünglichen Siedlungsgebieten im Nan Chao-Reich (Yünnan) endgültig vertrieben worden waren – ihre Wanderung in den Süden hatte schon früher angefangen –, unterhielten die späteren Herrscher der verschiedenen Thai- und Lao-Fürstentümer freundschaftliche Beziehungen zur Yuan-Dynastie.

Ein Land der Laoten, Ai Lao, gab es als politischen Akteur schon während der Mongolenkriege, an deren letztem es gegen Vietnam teilnahm. Seit dem Ende des 13. Jahrhunderts war Ai Lao ein loser Verbund von drei Fürstentümern gewesen. Zwei von ihnen, Vien Chang (Vientiane) und Muong Swa (Luang Prabang), vereinigten sich 1353 zu einem Reich, das Lan Chang (Land der Millionen Elefanten) hieß. Sein erster König, Fa Ngum, war der Gründer der laotischen Herrscherdynastie, die in einer bemerkenswerten Kontinuität alle Könige des Lao-Reiches gestellt hat. Fa Ngum regierte 40 Jahre lang und hat das Land zu einer gewissen Stabilität und Bedeutung in der Region geführt, die von den Nachbarn respektiert wurde. Die geografische Struktur des Landes eignet sich nicht zum Aufbau eines zentralistisch organisierten Staates. Ohne große Schwierigkeiten ist eigentlich nur das sich lang hinziehende Tal des mittleren Mekong für die Besiedlung geeignet. Jedoch war der Fluss selbst nur bedingt schiffbar, weshalb er kaum als Kommunikationsweg dienen konnte. »Lan Chang war damals […] ein unorganisches, höchst künstliches Staatsgebilde, religiös dem Hinayana-Buddhismus zugehörig, kulturell vorwiegend durch die Khmer geprägt, der sozialen Ordnung nach mongolisch. Seinen Herrschern, die theoretisch die uneingeschränkte Macht ausübten, gelang kaum mehr als eine feudalistische Kontrolle über die zahlreichen laotischen Häuptlingsschaften.«[5] Wie in den anderen Reichen der Thai herrschte die alte Stammesordnung immer noch vor, die Herrschaft wurde durch Häuptlinge oder Fürsten ausgeübt, die die Bevölkerung in einem sklavenähnlichen sozialen Status

5 John Villiers im Nachwort zu Pavie, S. 431.

hielten. Fa Ngum, der in Angkor erzogen worden war, konnte mit der Unterstützung des opportunistischen Adels nur rechnen, wenn es ihm gelang, bei Hofintrigen und Auseinandersetzungen zwischen den einzelnen Fürsten, Häuptlingen und Provinzgouverneuren die Oberhand zu bewahren. Das System war äußerst anfällig und wenig geeignet zur Herausbildung eines Staates und einer kontinuierlichen gesellschaftlichen Entwicklung. Immer wieder ist Laos im Laufe seiner Geschichte auseinandergefallen und von Kämpfen zwischen verschiedenen rivalisierenden Zweigen der Dynastie erschüttert worden.[6]

Fa Ngum, der Gründer des Reiches, war wegen Vernachlässigung der Regierungsgeschäfte und seines ausschweifenden Lebens gegen Ende seines Lebens abgesetzt worden. Seine Nachfolger konnten das Land aus den Kriegen der Thai-Reiche La Na, Sukhothai und Ayuthya untereinander und gegen die Birmanen weitgehend heraushalten, so dass es eine relativ lange Zeit der ersten Konsolidierung gab, bis 1574 das Land schließlich unter birmanische Herrschaft fiel.

* * *

Die Regierungszeit der letzten Tran in Vietnam war geprägt von verlorenen Schlachten gegen Champa, das zwischen 1371 und 1384 mehrmals das Land eroberte und die Hauptstadt zerstörte. Parallel dazu und infolgedessen gab es wirtschaftliche Krisen. Ein allgemeiner Mangel an Geld, Lebensmitteln und eine extreme Belastung der Bevölkerung durch Steuern und Kriegsdienste führten zu großer Unzufriedenheit und zu Aufständen. Die eigentliche Regierungsgewalt lag seit etwa 1370 praktisch in den Händen Le Quy Lys, eines Beamten, der aus China stammte und entfernt mit dem Königshaus verwandt war. Er war der Vertraute mehrerer Könige gewesen und hatte am Hof immer mehr Ämter übernommen und Macht akkumuliert, bis er sich schließlich 1394 zum Regenten ernennen ließ. Dies hatte zunächst positive Folgen für das Land, denn Le Quy Ly ging gegen die dringlichsten Missstände vor. Er bekämpfte die Korruption am Hof (mit deren Hilfe er selber an die Macht gekommen war) und versuchte, die immer häufigere Bildung privater Latifundien zu verhindern oder

6 Bis in die jüngste Vergangenheit ist in Laos diese immer wieder auftretende Spaltung einer Dynastie zu beobachten, etwa in dem widersprüchlichen Verhältnis der beiden Prinzen und Halbbrüder Souvanna Phouma und Souphanouvong im 20. Jahrhundert. Vgl. Kapitel VII.

rückgängig zu machen. Schließlich wurde durch ihn in Vietnam das Papiergeld eingeführt als ein Versuch, die Staatsfinanzen zu sanieren.

Im Jahr 1400 machte sich Le Quy Ly schließlich selbst zum König und nahm den Namen Ho Quy Ly an, nachdem er die regierenden Tran durch Königsmord und die Tötung von 370 Mandarinen beseitigt hatte. Damit war die Ho-Dynastie an die Macht gekommen, aber der Streit über ihre Legitimität dauerte noch lange und fügte dem Land schweren Schaden zu.

Denn inzwischen waren die Mongolen aus China vertrieben worden, und die nun regierende Ming-Dynastie zeigte deutliche Absichten, das chinesische Reich wieder zu der Größe und Ausdehnung der Han- und Tang-Zeit zu bringen. Auch sollte der neu wiederaufgenommene Handel mit den westlichen Ländern (Europa und Indien) durch Stützpunkte auf vietnamesischem Gebiet abgesichert werden. Man verfolgte daher in Beijing aufmerksam die Entwicklung am Hof von Vietnam und nahm schließlich den Putsch Le Quy Lys und die Zweifel an der Legitimität der neuen Dynastie der Ho zum Anlass, erneut in die Politik des südlichen Nachbarn einzugreifen. Ein Hilfeersuchen Champas, gegen das Ho Quy Ly seit seiner Machtübernahme wieder militärisch vorzugehen begonnen hatte, war der willkommene Vorwand für eine neue Aggression. Ein erster Versuch, einen Thronprätendenten aus der Tran-Dynastie mit Hilfe einer militärischen Eskorte ins Land und an die Macht zu bringen, scheiterte. Darauf folgte 1406 eine erfolgreiche Invasion, die als Aktion der Wiedereinsetzung einer rechtmäßigen Dynastie ausgegeben wurde. Die Ho waren vorbereitet, sie hatten die Armee verstärkt sowie am Roten Fluss einen 700 Meilen langen Befestigungswall errichtet. Trotzdem siegten die Chinesen schnell, denn ihre die Zustände am Hof kritisierende Propaganda hatte bei Teilen der Bevölkerung Erfolg, und viele Adlige und Grundbesitzer glaubten, die Chinesen würden wirklich nur die alte Dynastie wiedereinsetzen und Reformen rückgängig machen wollen, die ihre Privilegien angetastet hatten.

1407 eroberten die Chinesen Vietnam ganz, und eine 14 Jahre währende Besatzungszeit begann. Obwohl noch bis ins Jahr 1414 hinein bewaffneter Widerstand geleistet wurde, begannen die Chinesen sofort, die einheimische Kultur und alle nationalen Traditionen zu verbieten. In großer Zahl wurden Kunstwerke und Bücher verschleppt oder zerstört. Erneut wurde dem Land eine chinesische Verwaltung aufoktroyiert, die in jeder Stadt, in jedem Dorf und in jeder Familie die Eintreibung der Steuern und die Rekrutierung von Soldaten streng kontrollierte. Diese Maßnahmen dienten zur Demütigung des vietnamesischen Nationalbewusstseins ebenso wie der konsequenten wirtschaftlichen Ausbeutung des Landes.

Der Widerstand, der sich, gleich nachdem klar wurde, dass aus Vietnam wieder eine chinesische Provinz gemacht werden sollte, auch bei den Unterstützern der Tran-Dynastie manifestiert hatte, war anfangs wegen Uneinigkeit wenig erfolgreich. Erst fünf Jahre später wurde er neu organisiert, diesmal unter der Leitung von zwei Männern, die eng mit dem Volk verbunden waren: Le Loi, einem Großgrundbesitzer, der seinen Reichtum zur Unterstützung der Armen benutzte und ein Gegner der die Bauern unterdrückenden Aristokratie geworden war, und Nguyen Trai, einem konfuzianischen Gelehrten. In seiner Heimatprovinz Lam Son begann Le Loi den Kampf mit Guerilla-Aktionen. Bald hatte er so großen Zulauf an Freiwilligen, dass er schon 1419 zu regulären Feldzügen übergehen konnte. 1425 wurde der südliche Teil des Landes befreit, 1427 hielten die Chinesen nur noch drei befestigte Städte und wurden belagert. Ankommende Hilfstruppen waren von der vietnamesischen Armee an den nördlichen Pässen abgefangen worden. Der Krieg wurde schließlich unblutig beendet, durch eine in Vietnam bis heute als ein glorreiches Ereignis seiner Geschichte bekannte Aktion Nguyen Trais, der zu seiner Devise gemacht hatte: »Besser ist es, die Herzen zu erobern als die Zitadellen.« Durch geschickte und phantasievolle psychologische Aktionen mit Flugschriften, Reden und Briefen an die feindlichen Generäle, in denen er ihnen ihre hoffnungslose Lage und ihre illegitime Anwesenheit mit großem rhetorischem Geschick klarmachte, brachte er sie schließlich 1428 dazu, sich freiwillig zu ergeben.[7] Daraufhin wurden die chinesischen Truppen mit Proviant versorgt und durften unbehindert in die Heimat zurückkehren. Diese Großmut war einer der Gründe dafür, dass eine relativ lange Zeit des Friedens zwischen beiden Ländern folgte.

Le Lois politisches und militärisches Geschick sowie seine souveränen Siege haben aus ihm einen Nationalhelden gemacht, dessen Taten und Leben von vielen Chronisten, aber auch von späteren Geschichts-

7 Zum 600. Geburtstag Nguyen Trais ist in Hanoi eine Broschüre veröffentlicht worden: *Nguyen Trai, l'une des plus belles figures de l'histoire et de la littérature vietnamienne*, Hanoi 1980. Texte von Nguyen Trai sind auch enthalten in: Nguyen Khac Vien/Huu Ngoc 1979, S. 211–228. Vgl. auch die Sondernummer der Zeitschrift *Europe* über Nguyen Trai: LVIII, Mai 1980, Paris.

schreibern und Dichtern idealisiert wurden. Er hatte die begeisterte Unterstützung der Bauern, die unter ihm wieder einmal die Invasoren und die feudale Unterdrückung bekämpften, die unter dieser Okkupation besonders stark gewesen war. Le Loi erklärte sich 1428 zum König Le Thai To und gründete die Dynastie der Le.[8] Das alte Feudalsystem wurde zwar nicht abgeschafft, aber die Unterdrückung der Bauern hörte auf oder nahm eine stark abgemilderte Form an.

Denn mit Nachdruck wurden die Bauern nun zum Wiederaufbau der Landwirtschaft angehalten und dabei unterstützt. In den ersten Kriegsjahren hatten große Teile des fruchtbaren Bodens brachgelegen oder waren in den Besitz von mit den Ming zusammenarbeitenden Adligen geraten. Diese Ländereien wurden neu verteilt, und zwar nach dem Prinzip, dass jeder, der neues oder brachliegendes Land urbar machte, es auch besitzen sollte. Es wurden drakonische Strafen gegen Müßiggang, Spielleidenschaft und Trunksucht eingeführt. Das Bildungswesen wurde wieder aufgebaut, und durch die Einrichtung von Schulen in den kleineren Städten und Präfekturen wurde das private Dorflehrersystem erweitert.

Die chinesischen Besatzer hatten nicht nur die einheimischen künstlerischen und religiös-philosophischen Traditionen unterdrückt, sondern auch eine besonders aggressive Form des Konfuzianismus verbreitet, die damals in China aktuelle Chu Hsi-Doktrin. Diese zeichnete sich vor allem durch eine sehr scharfe Abgrenzung vom Buddhismus aus, und so waren die Zeiten der ungestörten Koexistenz beider Religionen in Vietnam vorbei. Es gab zwar keine Religionskämpfe, aber den Vertretern des Buddhismus, der zu dieser Zeit schon zur parasitären Bettelreligion degeneriert war, wurden die üblichen Privilegien, wie Befreiung von der Landarbeit, nicht mehr wahllos gewährt. Ab 1429 durften nur diejenigen Bonzen, die erfolgreich eine Prüfung ihres Wissens bestanden hatten, sich der Meditation in den Pagoden hingeben. Der jetzt in Vietnam forcierte Konfuzianismus hatte eine stark scholastische Ausprägung, bei der die Treue zum König ganz im Vordergrund stand, wodurch er zur Staatsdoktrin und Herrschaftsideologie wurde. Trotz dieser Entwicklung und des autoritären Charakters der Herrschaft Le Thai Tos und seiner Nachfolger gab es zunächst keinen Widerstand in der Bevölkerung.

8 Genauer: der »späten« Le. Es gab eine Dynastie der »frühen« Le (980–1009), die aber historisch wenig bedeutsam ist.

Dies änderte sich erst in dem Augenblick, in dem exzessiver sozialer Zwang ausgeübt wurde, und zwar nicht nur gegen die Bauern. Die mit dem Hof verbundenen Gelehrten und auch das Mandarinat als gesellschaftliche Klasse gerieten dadurch in einen Loyalitätskonflikt, weil sie zur Entscheidung zwischen dem Gehorsam gegenüber dem König und den anderen, stark gesellschaftlich orientierten moralischen Prinzipien des Konfuzianismus gezwungen wurden. In vielen Werken der damals blühenden vietnamesischen Literatur ist dieser Konflikt zum Thema gemacht worden.[9] Selbst Nguyen Trai, auf dessen Anregungen die humane Politik zurückging, die das Prestige des ersten Le begründete, wurde 1442 Opfer einer Hofintrige, nachdem er sich schon seit vielen Jahren enttäuscht zurückgezogen und im erzwungenen Exil gelebt hatte.

Gegen Ende der Regierungszeit Le Thai Tos gab es Revolten bei den Bergstämmen im Norden und Westen, ein Zeichen dafür, dass seine Herrschaft inzwischen offen unterdrückerische Formen angenommen hatte: Denn ebendiese Minderheiten hatten den Widerstandskampf gegen die Chinesen noch aktiv mitgetragen. Der König und seine Nachfolger gingen brutal vor und trugen damit zu einer weiteren Entfremdung der Bergvölker von der Zentralregierung bei. Dadurch verschärfte sich ein Problem, das die Einheit des Landes später immer wieder gefährden sollte. Der Monarchie war es bis zu ihrem Untergang nicht gelungen, die geografisch und ökonomisch sinnvolle Einigung der komplementären Berg- und Küstenregionen auch sozial dauerhaft zu sichern. Später wurde dieses Versäumnis ein von der kolonialistischen Fremdherrschaft oft genutzter Hebel zur Schwächung des Widerstandes.

In der zweiten Hälfte des 15. Jahrhunderts erreichten die Macht der Le und die Monarchie in Vietnam ihre höchste Blüte. König Le Thanh Tong, der fast 40 Jahre lang regierte (1460–1497), gilt als der bedeutendste Herrscher, den die Monarchie in Vietnam hervorgebracht hat. Er förderte die demokratischen Elemente der feudalen Grundbesitzverhältnisse, indem er die großen Domänen und privaten Güter ganz abschaffte und zugleich die zentralistische Regie-

9 In den Debatten und philosophischen Beiträgen fand er seinen Ausdruck in den beiden gegensätzlichen Begriffen »Hinausgehen«, um dem König zu dienen, oder »Bleiben«, um vor der Politik und der gesellschaftlichen Verantwortung zu fliehen. Nguyen Binh Khiem, der Dichter des idyllischen Landlebens, war damals der Gegenpol zu Nguyen Trai. Vgl. Nguyen Khac Vien 1974, S. 67f.

rungsform durch einen hochentwickelten Verwaltungsapparat weiter ausbaute. Mit dem 1483 in Kraft gesetzten »Code Hong Duc« gab er dem Land eine im Vergleich zu späteren Verfassungen fortschrittliche eigenständige Straf- und Zivilgesetzgebung. Zwar werden in ihr die insgesamt monarchistische Struktur des Landes und seine Mandarinatsbürokratie sowie die patriarchalische Familienstruktur festgeschrieben, aber dem Einzelnen, und vor allem auch der Frau, werden weitgehende Rechte zugesprochen: So galt das Recht auf eigenen Besitz, auf Erbfolge jetzt auch für die Frauen. Ohne Zustimmung der Eltern geschlossene Ehen waren fortan gültig, auch konnte die Frau sich scheiden lassen, wenn der Mann sie verließ. Im strafrechtlichen Bereich sind unter genau fixierten Umständen Begnadigungen und Strafmilderungen vorgesehen sowie die Möglichkeit des Freikaufs.

Auch Kunst und Literatur erlebten eine Zeit des Aufschwungs und der Förderung. Le Thanh Tong gründete eine Dichterakademie, die er selbst leitete. Ein solch starker Bezug zur Kunst bei den vietnamesischen Königen und politisch-militärischen Führern,[10] der in der Regel auch eine eigene dichterische Tätigkeit einschließt, ist eine für Vietnam besonders typische Erscheinung und Tradition. Sie ist bekanntlich bis in die Gegenwart hinein lebendig geblieben[11] und hat ihren Ursprung in der Art des Bildungs- und Prüfungssystems, in dessen Programm die Poesie als ganz selbstverständlicher Bestandteil der Regierungskunst angesehen wird.

* * *

Außenpolitisch ist die Regierungszeit Le Thanh Tongs geprägt durch eine weitere Ausdehnung des Territoriums in den Süden. 1471 wurde die Hauptstadt Champas erobert, 30 000 Cham gerieten in Gefangenschaft, darunter der König und seine Familie. Zwar wurden auch unter vietnamesischer Oberherrschaft weiterhin Cham-Fürsten als Regenten in den neu eingerichteten Provinzen und einigen halb selbständigen Gebieten eingesetzt, aber als politische Nation hatte Champa aufgehört zu existieren, wenngleich die endgültige administrative Einverleibung seines Territoriums erst Ende des 17. Jahrhunderts erfolgte.

In diese Zeit fällt auch der rasche und endgültige Untergang des

10 Nguyen Trai war Dichter und General.

11 Zum Beispiel bei Le Duc Tho, To Huu und natürlich Ho Chi Minh.

Khmer-Reiches von Angkor. Das 14. und 15. Jahrhundert hindurch befand es sich in einem fast ständigen Kriegszustand, mit Champa, mit den Thai-Reichen und mit Laos. Angkor wurde viele Male erobert und zerstört, schließlich gaben die Khmer-Könige es 1434 auf, offenbar, weil sich in den stehenden Gewässern der zerstörten Kanäle und Barays Seuchen ausbreiteten. Damit war die Lebensgrundlage vernichtet, und mit der Eroberung der letzten Hauptstadt Lovek durch die Thai fiel das Reich für viele Jahrhunderte unter wechselnde Fremdherrschaft oder Souveränität.

Für die jeden Betrachter zu Erklärungen provozierende Schnelligkeit und Endgültigkeit dieses Untergangs einer sehr hoch entwickelten Kultur sind viele Gründe angeführt worden. Eine »wahnsinnige und völlig unproduktive Bautätigkeit«[12] der letzten Könige hatte das Land schließlich innerlich so geschwächt, dass es keinem Angriff von außen mehr widerstehen konnte. Da andere Reiche der Region, wie Vietnam, immer wieder ähnlichen äußeren Bedrohungen bis hin zur vollständigen Eroberung des Landes ausgesetzt waren und sich doch nach kürzeren oder längeren Perioden der Okkupation wieder befreien konnten, müssen die Hauptgründe für den endgültigen Niedergang des Angkor-Reiches in seiner inneren Verfassung gesucht werden. Im Herrschaftssystem des Gottkönigtums waren dem Khmervolk von den absolut und völlig unkontrolliert regierenden Monarchen bewundernswürdige Bau- und Kunstwerke abgerungen worden, aber diese großartige Leistung hatte es nicht aus seinem halben Sklavendasein herausgeführt. Zwar manifestieren sich in den berühmten Bewässerungssystemen ein hoher Stand der Bautechnik und fortgeschrittene Kenntnisse und Fähigkeiten physikalisch-technischer Natur, die auch dem Volk hätten zugutekommen können, aber offenbar wurden niemals kontinuierlich die entsprechenden sozialen Strukturen und Bildungsmöglichkeiten geschaffen. Es gab nur eine privilegierte Kaste von (Kunst-)Handwerkern und Wartungspersonal, die ebenso korrumpierbar war wie das ganze System. Das so organisierte Gemeinwesen war unfähig, die Könige von der ausschließlichen Beschäftigung mit dem eigenen Ruhm abzuhalten. Jede Störung oder äußere Gefahr bewirkte sofort eine ernsthafte, existenzielle Krise. Einige große Herrscher wie Jayavarman VII. oder Suryavarman II., der Erbauer von Angkor Vat, hatten sich offenbar sehr verantwortlich

12 Villiers, S. 231.

für das Volk gefühlt, wie man einigen Schrifttafeln an den Tempeln und den großen Friesen in den »Bibliotheken« von Angkor Vat entnehmen kann, es aber nicht auch nur ansatzweise in die Lage versetzt, selbst gesellschaftliche Verantwortung zu übernehmen.

Es ist kaum etwas bekannt über ein Bildungssystem, über Möglichkeiten für Angehörige des Volkes, in Entscheidungspositionen der Gesellschaft aufzusteigen. Alle ohne Zweifel sehr fortgeschrittenen Errungenschaften der Angkor-Kultur, wie etwa die Bewässerungsanlagen, durch die der natürliche Rhythmus der Jahreszeiten außer Kraft gesetzt worden war, mussten den Untertanen als Geschenke des Himmels, als über den Gottkönig vermittelte Wunder erscheinen. Und dies sollte wohl auch so sein, denn die Verpflichtung, für den Frieden und das Wohlergehen des eigenen Volkes zu sorgen, bestand zwar auch für die Herrscher des Khmer-Reiches, aber sie war eng verbunden mit dem vor allem religiös motivierten Gebot, für die eigene Größe und den eigenen Ruhm in der Nachwelt zu sorgen. Dieses hatte sich in der Endphase so ausschließlich durchgesetzt, dass die letzten Angkor-Könige selbst ihr Volk dem Untergang nahe gebracht haben, vor dem sie es durch die Verteidigung gegen äußere Feinde zu bewahren suchten.

Die für die frühe Selbständigkeit und Identität des vietnamesischen Volkes so hilfreichen politischen Doktrinen Buddhismus und Konfuzianismus konnten in der Khmer-Monarchie (wie übrigens auch in Champa) entweder keinen Einfluss gewinnen, oder aber sie wurden, wie im Falle des Buddhismus, von den Herrschern bewusst so verändert und nur in einer innigen Verbindung mit dem Gottkönig-System geduldet, dass sie nicht in einem tendenziell »emanzipatorischen« Sinn wirksam werden konnten.

Aus allen diesen Erklärungsversuchen, die nicht immer einwandfrei belegbar sind, ergibt sich, dass das Khmer-Reich von Angkor am Missverhältnis zwischen kulturellem Reichtum, hochentwickelten Produktionsmitteln und einer riesigen territorialen Ausdehnung einerseits und den zurückgebliebenen Formen der gesellschaftlichen Organisation andererseits zugrunde gegangen ist. Für die Richtigkeit dieser Feststellung spricht auch die Tatsache, dass man in Kambodscha nach dem Untergang von Angkor zu wesentlich rückständigeren Formen der landwirtschaftlichen Produktion zurückkehrte.[13]

* * *

13 Groslier, zit. in: Meyer, S. 28f.

Gerade vor dem Hintergrund solcher Überlegungen ist es interessant, den Blick wieder auf Vietnam zu richten. Auch hier war die späte Le-Periode unter der tatsächlichen und dann nur noch nominellen Herrschaft einer degenerierten Dynastie eine Zeit der Stagnation, der Preisgabe von Errungenschaften, der Dekadenz des Hofs und daraus folgender unklarer Machtverhältnisse gewesen. Sie führte schließlich zu einer regelrechten Teilung des Landes in praktisch zwei Fürstentümer, die fast zwei Jahrhunderte dauerte.

Schon früher wurde darauf hingewiesen, dass der vietnamesischen Monarchie durch den Konfuzianismus Ideen und Wertvorstellungen zugefallen waren, die gewisse Ähnlichkeiten mit europäisch-bürgerlichem Gedankengut aufwiesen. Im politischen Denken des traditionellen Vietnam war die Treue zum Monarchen nur gerechtfertigt, wenn dieser seiner Aufgabe gewachsen war, Demut und Weisheit zeigte und fähig war, die soziale Ordnung aufrechtzuerhalten. Wenn er seinem himmlischen Auftrag, das Volk zum Glück zu führen, nicht nachkam, wenn er es unterdrückte oder seinen Wohlstand vernachlässigte, verlor er das Recht, Herrschaft auszuüben, und der Aufstand gegen ihn wurde legitim.

Oft genug gelang es autoritären Herrschern über lange Zeit, dem bäuerlichen Widerstand zum Trotz ihre Macht mit Gewalt aufrechtzuerhalten, manchmal aber auch trat ihnen ein Rivale aus den Reihen der Mandarine oder Großgrundbesitzer entgegen. Dieser konnte sich die Unterstützung der Bevölkerung durch mutiges Aufstehen gegen Fremdherrschaft oder durch solidarisches Verhalten den Bauern gegenüber sichern – Le Loi zum Beispiel vereinigte beide Voraussetzungen. Geschah dies nicht, konnten lange Kämpfe um den Thron die Folge sein. Der glänzenden Herrschaft der ersten Le beispielsweise folgte eine sehr lange Periode der Anarchie oder autoritären Herrschaft, in der die Monarchie weit von dem erläuterten Ideal entfernt war.

Aber stets verfolgten die Revolten und Befreiungskämpfe das Ziel der Wiederherstellung dieses Ideals, zu dem die Bauern keine Alternative sehen konnten. Und dieses Ideal, so friedlich es erscheinen mag (in Kambodscha hat Prinz Sihanouk ein ähnliches bis in die 1970er Jahre hinüberzuretten versucht), wurde über Jahrhunderte hinweg zunehmend als ideologische Waffe zur Aufrechterhaltung der feudalen Ordnung genutzt. Zwar wurde das vietnamesische Feudalsystem nach Revolten oder Befreiungskriegen immer wieder durch

Zugeständnisse an die Bauern modernisiert, niemals aber aufgehoben oder auch nur erschüttert. In der Blütezeit der Le-Dynastie war die Wirklichkeit dem Ideal am nächsten gekommen, weshalb diese Periode später zu einer Art »Goldenem Zeitalter« stilisiert worden ist. So bemerkenswert diese Blütezeit auch gewesen sein mag, sie kann nicht als der Beginn einer sozialen Revolution interpretiert werden – eine Legendenbildung, an der sich auch europäische Historiker beteiligt haben.[14]

Der Niedergang der Le-Dynastie begann um 1520, als ein General namens Mac Dan Dung die faktische Macht ausübte, mit einer eigenen Armee die gegen die Misswirtschaft gerichteten Bauernaufstände niederschlug und 1527 den König und seine Familie umbrachte. Er usurpierte den Thron, worauf sich viele Mandarine aus Treue zur legitimen Dynastie das Leben nahmen. Die ungewisse Situation am Hof bot auch der chinesischen Ming-Dynastie erneut eine Gelegenheit zum Eingreifen. Mac Dan Dung und sein Sohn Mac Dan Doanh kamen der schon geplanten Invasion jedoch zuvor, indem sie sich freiwillig unterwarfen. Dadurch wurde Vietnam zwar wieder für einige Jahre chinesisches Protektorat, aber die Ming verzichteten auf eine nennenswerte Einflussnahme und gaben sich mit dem Geschenk einiger Grenzgebiete und des Goldschatzes zufrieden.

Die kriegerischen Auseinandersetzungen mit den Nachfolgern und Anhängern der Le-Dynastie dauerten aber noch fast 50 Jahre und führten schließlich zu einer Zweiteilung des Landes. Die stetige Ausdehnung nach Süden unter den Le war nicht begleitet von einer entsprechenden wirtschaftlichen und administrativen Integration der neuen Provinzen. So hatte sich geografisch der Schwerpunkt des Landes nach Süden verschoben, dieser Verlagerung war aber kein ausreichender Ausbau der Landwirtschaft, der Infrastruktur und der Verwaltungsinstitutionen gefolgt. Die neuen Gebiete waren kaum in die zentralistische Verwaltung des Reiches integriert worden. In langen kriegerischen Auseinandersetzungen wurde das Land schließlich de facto in die Einflussbereiche zweier Fürstenfamilien geteilt, der Trinh im Norden und der Nguyen im Süden. Beide beriefen sich auf die Le-Dynastie, so dass man nicht von zwei Staaten reden kann. Aber diese war unter Hausarrest gestellt und machtlos, der Kampf um die

14 Vgl. Chesneaux 1955. Das Buch versteht sich als eine Korrektur solcher Sichtweisen.

Ausübung der Macht im Lande führte in der Folgezeit zu bürgerkriegsähnlichen Auseinandersetzungen.

Trotzdem vermehrte sich auch in dieser Zeit das Territorium des geteilten Landes weiter. Im Norden dehnten die Trinh ihren Einflussbereich nach Westen (Laos) aus, und die Nguyen im Süden eigneten sich zwischen 1611 und 1674 nach und nach das Gebiet des bedeutungslos gewordenen Champa-Reiches sowie Teile des Khmer-Reiches von Angkor an. Schon 1658 hatte Kambodscha, das von Bürgerkriegen verwüstet war, sich der Herrschaft der Nguyen unterworfen, seit 1690 gab es keinen König mehr in Angkor. Die Nguyen besetzten und besiedelten das verlassene Mekong-Delta, während der Rest des Khmer-Reiches zum ständigen Streitobjekt zwischen ihnen und den Thai wurde. Ein größeres Territorium in der Provinz Ha Tien und die Halbinsel von Ca Mau, also der südlichste Teil des heutigen Vietnam, waren damals noch ein selbständiges Gebiet, das von dem chinesischen Kaufmann Mac Thien Tu regiert wurde. Dieser hatte aber mit dem chinesischen Reich wenig zu tun, er selbst und die meisten Bewohner seines Gebietes waren chinesische Emigranten, die den Nguyen Tribut zahlten und von diesen geduldet wurden. Das Gebiet war wegen seiner günstigen Verkehrslage sehr reich und wurde erst 1780 vietnamesisch. Mac Thien Tu, dem die Nguyen den Titel »Generalissimus« verliehen hatten, spielte in den kriegerischen Auseinandersetzungen um das Delta und um den Rest des Khmer-Reiches eine gewisse Rolle.

* * *

Der Aufbau oder Wiederaufbau der politischen Institutionen im geteilten Vietnam erfolgte gemäß dem Anspruch beider Fürstenhäuser, im Namen der Le-Dynastie zu regieren, zunächst auf ähnliche Weise. Im Norden wurden die früheren Verwaltungsstrukturen wiederhergestellt und erweitert, im Süden organisierten die Nguyen die neu hinzugewonnenen Gebiete nach dem zentralistischen Muster der Le. Der Regierungssitz wurde immer weiter nach Süden verlegt, schließlich wurde Hue zur neuen Hauptstadt eines Landes gemacht, dessen Führung das Bedürfnis nach Legitimation durch die Le so ernst nahm, dass sie dem Reich nicht einmal einen eigenen Namen gab. Nicht nur dieses Indiz spricht dafür, dass die Teilung und Rivalität zwischen Nord und Süd, die 180 Jahre lang andauerte, nie zu einer völligen Autonomie des Südens und endgültigen Trennung geführt hat und führen sollte.[15] Das südliche, »neue« Land, das zwar in dieser Zeit eine relativ unabhängige Entwicklung erfuhr, aber auch im gesellschaftlichen Bereich und in der Landwirtschaft einen Vorsprung des Nordens aufholen musste, hatte sich nie als ein vom Norden getrennter, selbständiger Staat betrachtet oder gefühlt.

Durch unterschiedliche Faktoren ausgelöst, aber letztlich mit denselben Folgen traten in beiden Teilen des Landes bald diejenigen Widersprüche in zugespitzter Form auf, die die feudalistische Struktur schon immer charakterisiert hatten: ein erneutes Anwachsen des Privatbesitzes, den die Herrscher (trotz entsprechender Gesetze) schon nicht mehr antasten konnten, ohne Gefahr zu laufen, die Unterstützung der Träger des Verwaltungsapparates zu verlieren. Denn deren Loyalität hatten sie sich ja gerade durch Zuteilung von Land oder die Legitimierung von Landraub erworben.

Die entscheidende Maßnahme, die im Norden das ganze System in den Niedergang geraten ließ, war die aus Finanznot erfolgende Einführung der Käuflichkeit von Prüfungen und damit von Ämtern in der Verwaltung. Dadurch konnten die Großgrundbesitzer vermehrt in den Verwaltungsapparat eindringen und einige immer noch zur Unterstützung der armen Bauern und zum Ausbau der Bildungs- und Aufstiegschancen bestimmte Gesetze sabotieren. Dies musste, unter dem Zeichen einer großen allgemeinen Armut, die sozialen Gegensätze verschärfen. Der Reichtum des Adels, die Korruption der Staatsorgane und die Ausbeutung, Unterdrückung und Armut der Bauern zerstörten nachhaltig das frühere Vertrauen der Bevölkerung in die Legitimität des Adels und der Monarchie. Im Süden vollzog sich eine ähnliche Entwicklung, allerdings gemildert durch den Zugewinn an Reichtum bei der Urbarmachung neuer Anbauflächen und überlagert durch Kriege mit Kambodscha und Siam.

1711 versuchten die Trinh im Norden durch eine Agrarreform einzugreifen, die die Bildung von neuem Eigentum durch die Bauern begünstigen und die großen privaten Domänen auflösen sollte. Denn das gerade unter den Trinh erheblich ausgebaute Justizwesen wurde

15 Es gibt zwischen Nord und Süd einen Gegensatz in Klima und Mentalität der Bewohner. Dieser hat jedoch nie dazu geführt, dass eine Teilung von der Bevölkerung akzeptiert wurde. Das gilt auch für die neueste Zeit – auch die Radikalität der gewaltsamen Teilung von 1954 bis 1975 hat das Zusammengehörigkeitsgefühl der Vietnamesen nie wirklich erschüttern können.

überschwemmt mit für die Bauern trotz fortschrittlicher Gesetze aussichtslosen Klagen gegen betrügerische Kaufverträge und die unrechtmäßige Überführung von Kommunalland in Privateigentum. In dem Bericht einer Untersuchungskommission von 1718 heißt es: »In den Dörfern nutzen die Notabeln, die durch tausend Tricks eine fast willkürliche Herrschaft ausüben, sich an fremdem Eigentum bereichern, die Armen unterdrücken und die Unwissenden verachten, jede sich bietende Gelegenheit, die Leute anzuzeigen und sie in Prozesse zu verwickeln. Auch wenn das Urteil gerecht ist, so legen sie Berufung ein, einmal, zweimal, dreimal. Da kommen die Armen nicht mit, und selbst wohlhabende Leute können so ruiniert werden.«[16]

Der Reformversuch der Trinh musste scheitern, denn die Macht des Mandarinats war schon zu groß geworden. Es verhinderte die Anwendung der neuen Gesetze, und die Autorität und Macht der Fürsten war nicht groß genug, um zugunsten der Bauern eingreifen zu können. 1740 wurde sogar ein Gesetz vorbereitet, das die Verstaatlichung aller Anbaugebiete vorsah, um sie dann neu zu verteilen; aber dieses Projekt wurde noch vor der Kodifizierung zu Fall gebracht. Bald waren viele arme Bauern jeglicher Möglichkeit beraubt, sich durch ihre Arbeit zu ernähren. Viele verließen ihre Höfe und Dörfer, irrten im Land umher, während Hof und Adel sich der Errichtung von Gärten und Erholungsanlagen widmeten, die Trinh in glänzendem Luxus lebten und Hoffeste feierten, welche die Bewunderung europäischer Reisender erregten.

Hatten die Trinh sich noch bis etwa 1740 zumindest offiziell gegen die Macht des Feudaladels zur Wehr gesetzt, so zogen sie sich später mehr und mehr in die Isolation des Hoflebens zurück. Der Widerstand in der Bevölkerung gegen die schlimmen Zustände wurde immer stärker, und die militärische Niederschlagung von lokalen und regionalen Revolten bewirkte, dass der Hof sich immer enger mit den Großgrundbesitzern und dem Adel verbündete. Die ersten Rebellionen setzten zwischen 1739 und 1741 ein und hatten unterschiedliche Ausprägungen. Le Duy Mat, ein Angehöriger der Familie Le, war der Führer einer Bauernbewegung in der Bergregion von Thanh Hoa. Sein politisches Ziel war die Beseitigung der brutalen Trinh-Usurpatoren, die Wiederherstellung der alten Rechte der Bauern unter der Le-Dynastie. 30 Jahre brauchten die Trinh, bis sie diesen Aufstand

16 Zit. nach: Nguyen Khac Vien 1974, S. 76.

niederwerfen konnten. Hoang Gong war der Anführer einer anderen Widerstandsgruppe, die bereits die Guerillataktik anwendete und seit 1739 vom Delta des Roten Flusses her ohne feste Basen operierte. Auch sie konnte erst 1769 zerschlagen werden. Nguyen Danh Phuong leitete eine Rebellenbewegung, der es sogar gelang, in einigen Provinzen des Nordwestens eine Art Gegenreich zu bilden und elf Jahre lang zu halten. Nguyen Huu Can schließlich, ein Intellektueller, der sich von der Korruption der Mandarine abgestoßen fühlte, griff mit kleinen bewaffneten Gruppen reiche Grundbesitzer an und verteilte erobertes Land an die armen Bauern. Er war bei der Bevölkerung sehr bekannt und beliebt, hatte gute Kenntnisse in Kriegsführung und brachte den Elitetruppen der Trinh mehrere schwere Niederlagen bei. Er wurde im Volk »großer General und Beschützer des Volkes« genannt, und seine Devise »den Reichen nehmen, um es den Armen zu geben« machte ihn zu einer legendären Figur, zumal, nachdem er 1751 endlich besiegt und hingerichtet worden war.[17]

Obwohl sie schließlich alle niedergeschlagen wurden, hatten diese Revolten das Regime der Trinh stark geschwächt. Wären sie koordiniert worden oder hätten ihre Führer wenigstens zusammengearbeitet, hätten sie sicher mehr Erfolg gehabt. So blieben sie meist lokal begrenzt, und das zentralisierte Regime konnte sie nacheinander zerschlagen. Sie waren getragen von Bauern und abgefallenen Mandarinen. Handwerker, Kaufleute und Minenarbeiter waren zwar auch vertreten, aber es gab keine nationale Bourgeoisie, die die Revolten über die Schlagworte hinaus mit einem sozialen Programm zur Abschaffung des Feudalismus hätte versehen und führen können.

Im Süden gab es eine ganz ähnliche Entwicklung. Noch 1613 und 1669 hatte der Hof der Nguyen durch Edikte der privaten Aneignung von Land Einhalt zu gebieten versucht, denn manche Dörfer hatten überhaupt keinen Grund und Boden mehr, um ihn an die Bauern zu verteilen. Stärker noch als im Norden lasteten auf der Bevölkerung die Kosten der Kriege und eines beispiellosen Luxus am Hofe von Hue. »Die Nguyen und der Hofadel gehen mit Gold und Silber um, als seien sie Erde, und mit dem Reis, als sei er Schmutz«, schreibt der Historiker Le Quy Don. Das Desinteresse der Fürsten am Wohl des Landes und die damit verbundene Vernachlässigung der öffentlichen Angelegenheiten hatten zur Folge, dass sich die Höflinge ungehindert

17 Vgl. Nguyen Khac Vien 1974, S. 79f.

bereichern konnten. All dies führte zu einer ernsten Krise, zur rapiden Verschlechterung der Lebensbedingungen der Bauern und sogar zu Hungersnöten. Die dagegen gerichteten Aufstände begannen relativ spät, weil die Erschließung und die Eroberung neuer Anbauflächen im Süden die Not zeitweise lindern konnten. Aber im Gegensatz zum Norden waren sie hier von Anfang an einheitlich geführt, und zwar mit Parolen, die als ein soziales Programm gelten konnten. »Sie predigen die Gleichheit auf allen Gebieten«, berichtete ein spanischer Missionar skeptisch, »und treu ihrer Doktrin nahmen diese Vorläufer des modernen Sozialismus den Mandarinen und Reichen ihre Schätze ab, um sie den Armen zu geben.«[18]

* * *

Gemeint sind damit die drei »Tay Son«-Brüder, so genannt nach ihrem Geburtsort Tay Son, Provinz Binh Dinh. Sie hießen Nguyen Nhac, Nguyen Huc und Nguyen Lu. Ihre Popularität war von Anfang an sehr groß, so dass sie keine Mühe hatten, eine militärische Streitmacht aufzubauen. Im Jahr 1773 eroberten sie die Provinzen Quang Ngai und Quang Nam. Als die Kämpfe das Ausmaß eines Bürgerkriegs annahmen und das Regime der Nguyen spürbar schwächten, sahen die Trinh im Norden eine Gelegenheit, ihre Herrschaft endlich auf das ganze Land auszudehnen. 1775 standen sich die Herrscher aus dem Norden und die Aufständischen aus dem Süden kampfbereit gegenüber, aber man einigte sich dann doch, erst gemeinsam die Nguyen-Fürsten zu schlagen. Noch im selben Jahr wurde die Hauptstadt Hue erobert und der Tay Son Nguyen Nhac zum König des Südens ernannt, den die Trinh zunächst anerkannten. Von den Angehörigen des früheren südlichen Fürstenhauses hatte sich ein Prinz, Nguyen Anh, nach Kambodscha retten können. In diesem politischen Brachland konnte er ein eigenes Reich gründen und dessen Machtbereich bis zur Südspitze Vietnams (Provinz Ha Tien und Halbinsel Ca Mau) ausdehnen, wo der chinesische »Generalissimus« Mac Thien Tu gestorben war und Anh zum Erben eingesetzt hatte. Von dieser Basis aus gelang es ihm, mit Hilfe Siams Südvietnam noch einmal zu besetzen. Erst drei Jahre später konnten ihn die Tay Son wieder verjagen. Er zog sich erneut nach Kambodscha zurück und erlangte eine gewisse historische

18 Zit. in: Nguyen Khac Vien 1974, S. 84 und 86.

Bedeutung dadurch, dass er sich als erster indochinesischer Herrscher an europäische Mächte um Hilfe wandte – ein früher Versuch, der aber erst sehr viel später und nur zum Teil erfolgreich war.[19]

Im Norden hatten die Trinh mit Aufständen, einer Palastrevolution, Attentaten und einer großen Hungersnot zu kämpfen. So konnten sie auch dem nun folgenden Feldzug der Tay Son kaum Widerstand entgegensetzen. 1786 zog Nguyen Hue in Thang Long (Hanoi) ein und stellte zunächst formell die Herrschaft der Le wieder her, indem er dem alten König huldigte, der ihm daraufhin seine Tochter zur Frau gab. Damit war zwar die Epoche der Teilung vorbei, aber der Friede noch lange nicht hergestellt. Der Sohn des inzwischen verstorbenen Königs hatte den Hof verlassen müssen, weil er sich mit Anhängern der Trinh in eine Verschwörung eingelassen hatte. Er griff, um gegen die Tay Son zu arbeiten, schließlich zu einem bewährten Mittel: Er rief die Chinesen zu Hilfe, die sofort den nördlichen Teil des Landes besetzten. König Le Chien Tong wurde vom chinesischen Gouverneur, den er selbst ins Land gerufen hatte, zu täglichen demütigenden Rapporten an die mandschurische Chin-Dynastie in Peking gezwungen. Die Bevölkerung wandte sich daraufhin endgültig von den Le ab, und als Nguyen Hue (die drei Tay Son-Brüder hatten das Land inzwischen untereinander in drei Einflusszonen aufgeteilt) erneut in den Norden zog, um die Chinesen wieder zu vertreiben, hatte er die Unterstützung des Volkes. Mit der Vertreibung der Eindringlinge aus dem Norden wurde auch der letzte König der Le entthront, der 1793 im Exil starb.

Nguyen Hue folgte ihm auf dem Thron als König Quang Trung und regierte als formeller Herrscher ganz Vietnams von 1789 bis 1792. In dieser Zeit hat er versucht, an seine Ideen als Bauernführer anzuknüpfen. Er bereitete eine vollkommene Neuverteilung des Landes vor, förderte den Handel und das Handwerk. Seine wichtigste Maßnahme aber war die Einführung einer neuen Schriftform für die Nationalsprache, genannt Nom[20], für alle offiziellen und universitären Texte

19 Vgl. weiter unten.

20 »Nom«, abgeleitet von »Nam« – Süden, bedient sich der chinesischen Schriftzeichen und passt sie der vietnamesischen Lautsprache an. Versuche, von dem komplizierten Zeichensystem der Chinesen wegzukommen, mit dem die vietnamesische Phonetik nur sehr unvollkommen wiedergegeben werden konnte, gab es seit dem 13. Jahrhundert. Die offizielle Einführung von Nom war dennoch eine einschneidende Zäsur nicht nur im administrativen und wissenschaftlichen Bereich, sondern auch in der (populären) Literatur.

und die Übersetzung der konfuzianischen Klassiker. Diese interessanten Reformen konnten jedoch nicht weiterentwickelt werden, denn seit 1788, noch vor Quang Trungs Regierungsantritt, war Nguyen Anh mit Unterstützung einer kleinen europäischen Freiwilligentruppe und einer nach europäischem Muster ausgebildeten Armee darangegangen, das Land von Süden her zu erobern. Die Bevölkerung im Süden war nicht mehr auf der Seite der Tay Son, und Nguyen Anh konnte zudem mit der Unterstützung der vereinzelt schon anwesenden Missionare und Katholiken rechnen, dazu hatte er Siam und Laos auf seiner Seite. Bis 1802 dauerte es, und ganz Vietnam war erobert. Es muss betont werden, dass dieser Feldzug nicht (so) erfolgreich gewesen wäre ohne die tatkräftige Unterstützung durch den französischen Bischof Pigneau de Béhaine, der dabei allerdings nicht offiziell im Namen Frankreichs handelte.[21] Seine Expedition einer Truppe von »Freiwilligen«, die sich seit 1790 auf den Weg nach Indochina machte, bestand aus »Abenteurern, Deserteuren und Emigranten«, die wahrscheinlich »der Hinrichtung zugeführt worden wären, wären sie in die Hände des Mutterlandes Frankreich gefallen«[22]. Auch wenn man konstatieren muss, dass die Rolle Pigneau de Béhaines in der westlichen Literatur ein wenig übertrieben wird, so ist das militärische Bündnis mit Nguyen Anh, dem späteren Kaiser Gia Long, doch bedeutsam. Sein Sieg war die Folge des ersten von vielen späteren und verhängnisvollen »Hilferufen« indochinesischer politischer Führer an die Adresse der europäischen Mächte.

Die Tay Son, an die Macht gekommen durch eine wirkliche, vom ganzen Volk unterstützte Revolution, haben mit Ausnahme Quang Trungs als Herrscher versagt, denn nach einer hektischen Periode der Anfangsaktivität bauten sie im Wesentlichen eine reaktionäre Feudalordnung wieder auf, setzten die alten Adelsschichten in ihre Rechte wieder ein. Damit enttäuschten sie diejenigen Bevölkerungsschichten, die sie zunächst unterstützt hatten. Schlimmer noch: Bei ihrer Restitution der Monarchie hatten die Tay Son nicht einmal die positiven Elemente der Le-Monarchie aufgegriffen, und so war ihre Niederlage gegen Nguyen Anh und die hinter ihm stehenden Kräfte nur

21 Frankreich war zu der Zeit noch in europäische Kriege verwickelt. Dennoch gab es schon offizielle Kontakte und Zusammenarbeit mit anderen europäischen Mächten. Vgl. das folgende Kapitel.

22 Chesneaux, S. 63

die konsequente Realisierung von Tendenzen, die in ihrer eigenen Politik schon angelegt waren. Bloß waren sie nicht mehr die Nutznießer dieser retrograden Entwicklung.

Man kann, aus heutiger Sicht, sowohl das Scheitern der Tay Son-Revolution als auch den Sturz der aus ihr hervorgegangenen Regentschaft des Königs Quang Trung als einen Wendepunkt in der Geschichte Vietnams bezeichnen, der den weitaus tieferen Einschnitt der Errichtung des Kolonialregimes vorbereitete. Und man kann durchaus die Ansicht vertreten und ein Stück weit belegen, dass eine mögliche progressive Entwicklung der vietnamesischen Monarchie unter Quang Trung durch das Eingreifen europäischer Mächte verhindert wurde. Dieses Eingreifen war ungeplant und sozusagen inoffiziell, weil das Versailler Königshaus keinerlei Vorstellungen vom Ziel einer Kolonialpolitik entwickelt hatte und dann die Revolution von 1789 jegliche Außenpolitik unmöglich machte. Aber es hat den Lauf der Geschichte in Vietnam nachhaltig und unumkehrbar beeinflusst.

Nguyen Anh krönte sich zum Kaiser Gia Long, der 1804 die Dynastie der Nguyen eröffnete, und machte Hue zur Hauptstadt. Er und sein berühmter Nachfolger Minh Mang bauten im Land, das nun zu seiner endgültigen Ausdehnung gelangt war, erneut eine stark zentralistische absolute Monarchie auf, die in vielen Zügen, wie z. B. in der neuen Rechtsprechung nach dem Muster der Ching-Dynastie in China, hinter den Errungenschaften früherer Zeit zurückblieb und einen Rückschritt bedeutete, trotz spektakulärer Leistungen, die unter ihrer Herrschaft vollbracht wurden, wie etwa der Bau der Straße vom Norden an der Küste entlang in den Süden. Geprägt war ihre Politik vor allem auch durch einen immer stärker werdenden Isolationismus. Sie wollten nicht zur Kenntnis nehmen, dass die Anwesenheit und der zunehmende Druck europäischer Mächte in Asien eine neue Situation geschaffen hatte, auf die man reagieren musste.

Eine solche Reaktion hätte nicht nur das Erkennen der kolonialistischen Eroberungsabsichten der westlichen Missionars- und Handelstätigkeit vorausgesetzt, sondern auch die Entwicklung neuer Perspektiven der eigenen staatlichen, wirtschaftlichen und kulturellen Zukunft herausfordern müssen. Unter den Nguyen erlebte zum Beispiel die vietnamesische Literatur ihre größte Blüte, in der die wichtigsten Klassiker wie die Werke Nguyen Dus entstanden. Aber diese Werke sind gekennzeichnet von der Krise des Konfuzianismus, mit dessen Kritik zugleich die der alten klassischen feudalen Gesellschaft formuliert wurde. Sie bleiben auch deshalb zutreffende Beschreibungen jener Zeit, weil weder die Revolution der Tay Son noch der Neuaufbau der feudalistischen Monarchie unter den Nguyen entscheidende Veränderungen gebracht hatten. Wie man es oft beobachten kann, reagieren Kunst und Literatur besonders sensibel auf Perioden großer Diskrepanz zwischen möglichen, nötigen und tatsächlich erreichten Stufen der gesellschaftlichen Entwicklung.

Arbeitsteilung, Industrialisierung und Konkurrenzkapitalismus waren die geschichtlichen Errungenschaften, mit denen die Kolonialmächte Asien konfrontierten; dass der Hof von Hue diese Herausforderung nicht sehen wollte, trug zu seiner Dekadenz und zum Sieg der Kolonialmacht wesentlich bei.

III. Die französische Kolonialherrschaft

1850–1930

Die am Ende des vorigen Kapitels vorgenommene Charakterisierung der Kaiserdynastie von Hue wird in der Literatur nicht allgemein geteilt. Oft erscheint die Regierungszeit Gia Longs sogar als ein Höhepunkt in der Geschichte Vietnams, an dem »nach einer neunhundertjährigen politischen Entwicklung das Maximum an Demokratie unter einer absoluten Monarchie«[1] erreicht worden sei. Außerdem wird den Nguyen das Verdienst zugesprochen, das Land wiedervereinigt und mit starker Hand und großer Zähigkeit »aus einer der verzweifeltsten Situationen seiner Geschichte«[2] gerettet zu haben. In solchen Darstellungen erscheint die Tay Son-Revolution als ein Zwischenspiel vor dem Sieg der südlichen Nguyen-Fürsten über die Trinh im Norden: »Von einer Revolution seines Besitzes beraubt, begnügte sich der Erbe der Nguyen [gemeint ist Nguyen Anh, gg] nicht damit, das Lehen seiner Vorfahren zurückzuerobern. Er fügte das nördliche Königreich hinzu.«[3]

In der offiziellen Sicht der heutigen vietnamesischen Geschichtsschreibung[4] wird die Einigung des Landes als Ergebnis der Unterdrückung einer Volkserhebung gesehen, gegen die Nguyen Anh auf der Seite der Großgrundbesitzer und Mandarine des Südens – mit ausländischer Hilfe – gekämpft habe. Man vermeidet allerdings eine Überbewertung der historischen Rolle der Tay Son. Sie hätten vor der Aufgabe versagt, die gewonnene Macht im Interesse des Volkes zu nutzen, und die Monarchie von Hue sei dann schließlich nur eine weitere Etappe im allmählichen Niedergang des Königtums seit den Le. Auf der anderen Seite wird eingeräumt, dass die Errichtung nur einer absoluten Monarchie nach einem 300 Jahre währenden Degene-

1 Le Thanh Khoi 1969, S. 311.

2 Masson, S. 45.

3 Ebd. Gabriel Bonnet bezeichnet Gia Long als »Erben« des bedeutendsten Tay Son-Bruders Nguyen Hue. Dessen kurze Regierungszeit als König Quang Trung wird nicht erwähnt. Bonnet, S. 21.

4 »Aber das Regime der Tay Son war nur ein Zwischenspiel [éphémère], und schon 1802 errichteten die Nguyen über einer zutiefst zerrissenen Gesellschaft ein zutiefst reaktionäres und rückschrittliches monarchisches Regime.« *La république socialiste du Vietnam*, Hanoi 1980, S. 34.

rationsprozess ebendieser Monarchie rückschrittlich war, auch wenn sie das Land zunächst von den chaotischen Begleitumständen einer nur regional und zudem halbherzig verfolgten Reform im Sinne einer Demokratisierung befreite. In den Ansätzen war das Regime der Tay Son sicher wesentlich fortschrittlicher als die auf sie folgende Monarchie von Hue. Das zeigt auch das kurze, mit Gewalt verhinderte Experiment der Reformen Quang Trungs. Diese Überlegungen zeigen, wie sehr die zunächst als kaum bedeutsam erscheinende europäische militärische »Hilfe« die Geschichte Vietnams an einem entscheidenden Wendepunkt beeinflusst hat.

Diese Hilfe ist nicht, wie es allgemein dargestellt wird, nur das Ergebnis einer kurzen, vorübergehenden Allianz gewesen. Denn abgesehen von den Privataktivitäten des Bischofs Pigneau de Béhaine hatten die Nguyen-Fürsten des Südens ihre militärische Überlegenheit über die Trinh schon früher vor allem portugiesischer Hilfe zu verdanken gehabt, in Form von Waffenlieferungen, Ausbildung ihrer Streitkräfte nach europäischen Methoden und einer von Portugiesen betriebenen Kanonengießerei in der Nähe von Hue.

Und die Revolte der Tay Son hatte sich nicht zuletzt auch gegen diese Zusammenarbeit mit fremden Mächten gerichtet – neben Portugal vor allem Siam. Der von ihnen zunächst vertriebene Nguyen Anh hatte dann von Kambodscha aus Unterstützung durch Siam und Frankreich zu erhalten versucht und 1787 mit Ludwig XVI. einen Vertrag geschlossen, nach dem sich dieser verpflichtete, ihm bei der Rückeroberung der Macht im Süden zu helfen. Dafür sollten Frankreich Stützpunkte und ein Exklusiv-Handelsrecht im Lande übertragen werden. Trotz der schon seit längerem bestehenden Absicht, in Tourane (Da Nang) und auf der Insel Poulo Condore französische Stützpunkte einzurichten, wurde der Vertrag später annulliert, weil der französische Außenminister das Projekt Nguyen Anhs als »Traum eines exaltierten Kopfes«[5] qualifizierte. Danach war Frankreich wegen der Revolution außenpolitisch lange Zeit handlungsunfähig.

Trotzdem war die nunmehr von europäischen Kaufleuten sozusagen privat finanzierte militärische Hilfe für Nguyen Anh beträchtlich. Von einer kleinen Gruppe europäischer Spezialisten wurden in Vietnam Schiffe und Kanonen gebaut, Befestigungsanlagen angelegt und Zitadellen entworfen. Die Flotte stand unter dem Befehl von französischen

5 Zit. in: Masson, S. 43.

Offizieren, die auch für die Rekrutenausbildung sorgten. Da die Tay Son zum Teil ohne Nachfolger starben, zum Teil unfähig und mit inneren Problemen beschäftigt waren, der Sieg also auch der Schwäche des Gegners zu verdanken war, hatte diese europäische Hilfe keine kriegsentscheidende Bedeutung.[6] Aber bis heute werten auch hier Darstellungen, die die französische Kolonialpolitik in einem günstigen Licht erscheinen lassen wollen, dieses Detail anders[7], damit der gesamte Vorgang in das Bild einer ehrlichen Schutzmacht passt, die einem kleinen, von Revolution und Annexion bedrohten Land zu Hilfe kommt und es unter ihrem Protektorat zu Ordnung, Reichtum und Größe führt.[8]

* * *

Die ersten Europäer hatten schon zu Beginn des 16. Jahrhunderts Indochina besucht. Damals beherrschten die Portugiesen den asiatischen Seeraum und unternahmen von Macao aus Erkundungsreisen. Um 1600 wurde Fai Fo (heute Hoi An) zum wichtigsten Anlaufhafen der Handelsschifffahrt zwischen Portugal und China oder Japan, und die südlichen Nguyen-Fürsten förderten den durch Abgabezölle auch für sie ertragreichen Warenverkehr.

Frankreich war im Reigen der europäischen Kolonialmächte ein Nachzügler. Erst unter der Herrschaft Napoleons III. wurde in Paris so etwas wie eine Kolonialpolitik entwickelt und die Eroberung von Stützpunkten auch in Indochina geplant. Da hatten sich die Portugiesen längst in Indien festgesetzt und beherrschten von dort aus die Straße von Malakka und durch Stützpunkte[9] weitere Küstenregionen,

6 Le Thanh Khoi 1969, S. 270; Nguyen Khac Vien 1974, S. 92.

7 »Die europäische Flottendivision spielte unter dem Kommando dieser Offiziere eine entscheidende Rolle bei der Zerstörung der Tay Son-Flotte 1792 und bei den Operationen, die 1801 zur Eroberung von Hue führten.« Masson, S. 44. In anderen Darstellungen wird Nguyen Anh von Pigneau de Behaine »geführt und beraten« und »unterzeichnet, als er von China bedroht wird, mit uns einen Bündnisvertrag, der es ihm erlaubte, sich zum Kaiser von Annam unter dem Namen Gia Long ausrufen zu lassen«. Petre/Trillat, S. 268.

8 Dieses Bild ist ein Topos der historischen Umdeutung, der später Schule gemacht hat. So taucht er etwa in Bezug auf Südvietnam nach der Genfer Konferenz auf, aber auch im Zusammenhang mit späteren Kriegen der USA.

9 Die zunächst vor allem dem Handel dienten (als Etappen-Anlegeplätze für die Schiffe), zugleich aber bereits militärisch abgesichert waren.

an denen der Schiffsverkehr zwischen Europa und Asien vorbeiging und kontrolliert werden konnte. Spanier waren von der anderen Seite her, von Amerika aus über den Pazifischen Ozean, in die Region vorgedrungen[10]. Indochina war zunächst ein Gebiet, in dem sich die iberischen Mächte Konkurrenz machten. Hinzu kam, dass die Kurie in Rom sich bemühte, die staatlichen Erkundungsexpeditionen für ihre Missionstätigkeit auszunutzen. Papst Alexander IV. sprach Spanien, Portugal und auch England Privilegien der »religiösen Verwaltung« zu, als habe die Kirche das Recht, noch nicht eroberte Gebiete in Fernost an die Nationen zu verteilen. Trotzdem ließen sich die Kolonialmächte darauf ein, und auf jedem Schiff reiste eine große Anzahl von Missionaren – meist Jesuiten – mit. Die Regierungen oder die privaten Betreiber der Expeditionen (Abenteurer, Handelshäuser und dann zunehmend staatliche Handelsorganisationen) mussten die Missionare ernähren und im Zielland ihre Häuser und Missionsstationen einschließlich Kirchen und Klöstern finanzieren. Dieses gemischte politisch-religiöse Herrschaftssystem nannte man Padroado (Patronat). Es war ein festes Element der kolonialen Expansion, auch dann noch, als wirtschaftliche Interessen im Vordergrund standen. Die holländischen und englischen kolonialen Expeditionen unterlagen nicht diesem Zwang zur gleichzeitigen Missionstätigkeit, nahmen aber die Patres trotzdem immer wieder mit auf die Reise.

Durch diesen Doppelcharakter waren auch die ersten Expeditionen geprägt, die von Frankreich aus nach Südostasien geschickt wurden. Dies geschah, nach einigen Vorläufern, erst im 17. Jahrhundert. Die Schiffe liefen meist unter der Flagge der Compagnie des Indes Orientales (CIO), einer eigens zu diesem Zweck gegründeten staatlichen Handelsorganisation. Sie waren aber gleichzeitig einer religiösen Organisation unterstellt, der Compagnie du Saint-Sacrement (CSS), die im Zusammenhang mit der damals in Frankreich laufenden Kampagne gegen die Hugenotten infolge des Konzils von Trient (1545–1563) auch die Mission im Sinne der neuen Ausrichtung (Laizisierung des Alltagslebens) beeinflussen sollte.[11] Die CIO war im Grunde eher so etwas wie eine staatliche Legitimationsbehörde,

10 Magellans Weltumsegelung gab 1521 den Auftakt. Er war zwar Portugiese, suchte aber im Auftrag des spanischen Königs Karls V. den Weg über Amerika nach Asien.

11 Bei dieser Darstellung stütze ich mich vor allem auf Mantienne.

mit der den Missionaren, wenn nötig, der Status von Handelsleuten zugeschrieben werden konnte; sie war nicht eine Gründung oder ein Zusammenschluss von privaten Handelsunternehmen, weshalb hinter ihr wenig mehr als die französische Regierung und eine im Grunde noch nicht definierte Kolonialpolitik stand, die ihrerseits von der Kurie mitbestimmt wurde.

Die entsprechenden Organisationen in den iberischen Staaten sowie in England und Holland waren tatsächlich von Kaufleuten geführt und verfolgten vor allem wirtschaftliche Interessen. Sie waren längst in der Region etabliert, und die französischen Konkurrenten wurden von ihnen immer wieder behindert, häufig wurden ihre Schiffe angegriffen, vertrieben oder versenkt. Zudem waren die französischen Expeditionen noch lange Zeit Einzelaktionen, denn der Hof von Versailles unterstützte sie nur halbherzig. Dies änderte sich tendenziell erst 1624 mit der Ernennung des Kardinals Richelieu zum leitenden Minister durch Ludwig XIII. Dieser setzte einen Marinekongress ein, aus dem dann die Ministerien für Handel und Kolonien wurden. »Richelieu schlug für Frankreich eine globale und voluntaristische[12] Vision der Seehandelspolitik vor.«[13] Aber weder der Marinekongress noch die neu geschaffenen Ministerien konnten verhindern, dass die künftigen Expeditionen vor allem katholischen Interessen dienten.

1627 fuhr der französische Jesuit Alexandre de Rhodes im Auftrag der CSS nach Südostasien und wurde am Fürstenhof der Trinh zunächst freundlich aufgenommen, weil er reiche Geschenke mitbrachte. Im Auftrag der CSS entfaltete er eine intensive Missionstätigkeit und beschäftigte sich eingehend mit der vietnamesischen Kultur, Geschichte und Sprache. Es war seine Vorstellung, einen einheimischen Klerus aufzubauen, der nicht unter den Generalverdacht fallen würde, die »fünfte Kolonne« einer Eroberungspolitik zu sein.

Um seine Werbetätigkeit für das Christentum zu erleichtern, erdachte er eine einfache Umschrift für die vietnamesische Sprache, die auch wenig gebildeten Leuten, die die komplizierten Schriftzeichen nach chinesischer Tradition nicht lesen konnten, die Lektüre der katholischen Traktate ermöglichen sollte. Er bediente sich dabei des lateinischen Alphabets, ergänzt durch Akzentzeichen für die Höhe

12 Hier im Sinne von »auf das Gemeinwohl ausgerichtet«.

13 Mantienne, S. 29.

und Intensität des Tones. Diese »Quoc Ngu« genannte Schrift wird bis heute fast ausschließlich verwendet.[14]

Alexandre de Rhodes, der bewusst das Missverständnis entstehen ließ, er sei ein Abgesandter des französischen Hofs und in Sachen Handel unterwegs, war ein engagierter Gegner des Buddhismus und ließ in seinen Schriften keinen Zweifel daran, dass er die Missionstätigkeit auch als Mittel zur Erlangung politischer Macht ansah.[15] Nach Frankreich zurückgekehrt, bemühte er sich, finanzielle Mittel für die Mission aufzutreiben. Er wurde dabei von der CSS und König Ludwig XIV. unterstützt. Um vom portugiesischen Padroado-System unabhängig zu sein, wurde eine direkte Zusammenarbeit mit der römischen Kirche angestrebt. Auch wurden Handelsgesellschaften gegründet, wie die Compagnie de Chine (CC, gegründet 1660), deren Ziele jedoch offen religiös definiert wurden: Die CC solle »Missionare in den äußersten Orient schicken, wobei auch Handel getrieben werden sollte«[16]. Fortan waren die Prioritäten zwischen den beiden Funktionen der Expeditionen offiziell eindeutig festgelegt: Der Handel diente als Vorwand für die Mission. Dies hatte zur Folge, dass die Sympathien für Alexandre de Rhodes in Indochina rasch schwanden, als herauskam, dass die Geschenke nicht der Eröffnung eines lukrativen Handels dienen sollten.

Denn als die neue Religion in Vietnam nicht nur im Volk eine freundliche Aufnahme fand[17], sondern auch unter den Adligen, drohte

14 Eine nicht vorhersehbare und sicher ungewollte Folge dieser Maßnahme war, dass künftige Widerstandsbewegungen, die sich an die einfache Bevölkerung wendeten, damit über ein leicht zu erlernendes Schrift- und Kommunikationssystem verfügten.

15 »Genau wie wir jeden Zweig und jedes Blatt eines großen Baumes zu Fall bringen würden, wenn wir den alten und gefährlichen Baum selber fällen, so werden alle die Legenden über die Götzen, die er erfunden hat, in sich selber zusammensinken, wenn wir diesen schwarzen Lügner selber, den Sekya [Buddha, gg] umwerfen.« Alexandre de Rhodes in: Catéchisme pour ceux qui veulent réussir le baptême, divisé en huit jours, um 1650, zit. nach: Thich Nhat Hanh, S. 37. Thich Nhat Hanh spricht von der damals in Indochina »weit verbreiteten Meinung, dass das Christentum die Religion der Leute des Westens ist und von ihnen eingeführt wurde, um ihnen die Eroberung des Landes zu erleichtern« (ebd.).

16 Mantienne, S. 37.

17 Wo sie, entgegen den christlichen Prinzipien, oft mit anderen Religionen koexistiert. Vgl. den anschaulichen Bericht von Ngo Van Chieu: Dieser erzählt

das ganze, auf dem Konfuzianismus aufbauende Herrschaftssystem der vietnamesischen Monarchie in Gefahr zu geraten. 1630 wurde de Rhodes ausgewiesen und im Norden und Süden ein offizielles Missionsverbot erlassen. Da aber die Missionare zunehmend zugleich die Träger eines tolerierten und gewünschten Handels waren, konnte das Verbot praktisch nicht durchgesetzt werden. Diese – zumeist Jesuiten – verkleideten sich, wenn nötig, als Kaufleute und machten auch wirkliche Geschäfte zur Deckung ihrer eigentlichen Absichten. Als der Binnenhandel wegen zunehmender innerer Spannungen und wachsender Armut der Bevölkerung während des 17. und 18. Jahrhunderts zurückging und schließlich völlig zum Erliegen kam, also keine Geschäfte mehr zu machen waren, hörte auch die Missionstätigkeit vorübergehend auf. Portugal hatte seine Seeherrschaft verloren, und Briten und Holländer schlossen alle ihre Vertretungen. Die Christianisierung des Landes wurde von Rom nun offiziell Frankreich übertragen.

Daneben gab es aber auch – zumeist privat finanzierte – Expeditionen nach Indochina, die von Handelsleuten unternommen wurden. 1749 kam ein Kaufmann aus Lyon, Pierre Poivre, an den Hof der Nguyen und wurde freundlich aufgenommen. Poivre hatte, wie auch andere Kaufleute und Missionare, schon mehrere Erkundungsreisen in den Fernen Osten gemacht und Berichte über die dort vorgefundenen oder vermuteten Reichtümer veröffentlicht. Er reiste nun im Auftrag der CIO, und sein Bericht pries zwar die Reichtümer des Landes, urteilte aber über die Möglichkeiten, sie auszubeuten, weniger günstig. Anstelle der Kombination von Handel und Mission plädierte er für eine militärische Variante: »Eine Kompagnie, die sich in Cochinchina etablieren und dort solide Vereinbarungen über einen vorteilhaften Handel treffen will, muss sich mit Mitteln einführen, die geeignet sind, Furcht und Respekt zu erwecken.«[18] Diesen Hinweis verstand man in Paris richtig und arbeitete konkrete Pläne für militärische Maßnahmen, d.h. die Einrichtung von Militärstützpunkten oder die Besetzung von Küstengebieten aus, um den Engländern zuvorzukommen. Aber sie wurden zunächst nicht in die Tat

dort von seiner Großmutter, die ihn zum täglichen Gebet anhielt mit den Worten: »So erhalten der Gott deines Vaters [dieser war Katholik, gg] und unsere Dorfgeister jeweils die ihnen zukommende Ehrung. Man darf keinen von ihnen beleidigen, und so wirst du doppelt beschützt sein.« Ngo Van Chieu, S. 17.

18 Zit. in: Le Thanh Khoi 1969, S. 245.

umgesetzt, weil im Kabinett Meinungsverschiedenheiten über die Kosten bestanden.

Auch 40 Jahre später, als der Bischof Pigneau de Béhaine als Abgesandter Nguyen Anhs in Versailles erschien und um militärische Hilfe ersuchte, dachte man am französischen Hof immer noch vorwiegend an eine Missionstätigkeit, bei der, wie gehabt, der Handel nur ein Nebeneffekt sein würde. Dies schloss zwar nicht die Eroberung von Stützpunkten aus, von der aus Missionare aktiv werden konnten. Es ist aber zu vermuten, dass Pigneau de Béhaine als Abgesandter von Nguyen Anh schon an eine Art Protektorat Frankreichs dachte, mit dem Nguyen-Prinzen als tributärem Fürsten.

Die Kolonialpolitik des Versailler Hofs, wenn man überhaupt von einer solchen sprechen kann, war von der Tatsache geprägt, dass sie viel zu spät und zu dilettantisch angegangen wurde. So traf sie nicht nur auf die erbitterte Konkurrenz der anderen europäischen Mächte und deren Agenten in Südostasien, sondern litt auch an der mangelnden Definition ihrer Ziele. Was dem portugiesischen System schließlich so sehr schadete, dass die Eroberungsambitionen in Indien aufgegeben werden mussten, war auch bei den französischen Bemühungen ein entscheidendes Dilemma: nicht so sehr Vermischung missionarischer mit wirtschaftlichen Zielen, sondern die eindeutige Priorität der Ersteren. Am Versailler Hof gab es zwar Politiker wie Richelieu (und später Colbert), die dieses Dilemma erkannten und beseitigen wollten, aber die römische Kirche, der einheimische Klerus (vor allem die Jesuiten) und devote Kräfte am Hof selbst[19] verhinderten, dass ein erfolgreiches Konzept zur Entwicklung des Handels mit Fernost entwickelt wurde.

Kaiser Gia Long und andere Könige der Region erkannten bald, dass die französischen Schiffe nicht kamen, um Handel zu treiben, was erwünscht war, sondern um zu missionieren. Und sie mussten zur Kenntnis nehmen, dass man bereit war, zur Sicherung der Mission auch Kriegsschiffe zu schicken. Gia Long war sich anderer-

19 Ein Beispiel für die Ignoranz in diesen Dingen ist der Ablauf der Bemühungen um Einflussnahme in Siam: Um 1670 waren französische Abgesandte in Bangkok freundlich aufgenommen worden, weil sie sich als Kaufleute ausgaben und Geschenke mitbrachten. Daraus leiteten sie die Hoffnung ab, der siamesische König Narai könne zur Konversion zum katholischen Glauben bewegt werden. Eine Illusion, die die Politik des Versailler Hofs jahrzehntelang bestimmt hat. Vgl. Mantienne, S. 80ff.

seits der Schwäche seines Landes bewusst, das einer konsequenten europäischen Invasion nicht viel entgegenzusetzen haben würde. So wehrten er und seine Nachfolger sich immer nur dann, wenn direkt in ihre eigenen Rechte und Privilegien eingegriffen wurde. Dabei verlegten sie sich stets aufs Verhandeln. Ihr Verhalten erhielt eine gewisse Bestätigung durch das außerordentlich aggressive Vorgehen Englands im Opiumkrieg[20], das in der ganzen Region einen starken Schock hervorgerufen und den Kaisern von Vietnam einen Vorgeschmack dessen gegeben hatte, was man auch von der anderen Kolonialmacht zu erwarten hatte. Man bemühte sich, die drohenden Entwicklungen zu ignorieren, zog sich in die Hofgesellschaft zurück und versuchte bei jedem Konflikt zu einem Arrangement zu kommen, d.h. Zugeständnisse zu machen. Dies führte natürlich auch zu einer inneren Destabilisierung des Reichs. Eine starke aktive Minderheit von Katholiken unterstützte inzwischen von der Bevölkerung ausgehende Revolten gegen die Zentralgewalt. Kaiserliche Truppen wurden eingesetzt, um diesen Widerstand zu brechen, wobei auch die Katholiken und ihre Missionare verfolgt wurden. Dies geschah aber nicht wegen ihres Glaubens, sondern wegen ihrer Beteiligung an Aufständen, »man kann also nicht behaupten, dass diese Maßnahmen den Charakter einer Christenverfolgung hatten«[21].

Diese Sicht ist nur teilweise zutreffend. Es gab – neben dieser Verfolgung von Rebellionen, an denen auch Katholiken beteiligt waren – auch eine tatsächliche Christenverfolgung, die Kaiser Minh Mang 1833 schon systematisiert und auf eine gesetzliche Grundlage gestellt hatte. Zuvor, und vor allem unter Kaiser Gia Long, gab es Perioden des freundschaftlichen Zusammenlebens der Religionen. »Aber es lag in der Natur des kaiserlichen Regimes, dass es keine religiöse Macht, welchen Glaubens auch immer, als Konkurrenten zur eigenen staatlichen Macht dulden konnte.«[22] Dass nun die Christenverfolgung offizielle Politik wurde, hatte zwei Hauptgründe: zum einen den Druck der westlichen Mächte im Sinne einer Unterwer-

20 Zwischen England und China 1840–42. Er endete mit einer Niederlage Chinas und führte zur Abtretung Hongkongs an England und zur Öffnung von fünf Seehäfen für den europäischen Handel.

21 Le Thanh Khoi 1969, S. 298.

22 Fourniau, S. 34.

fung der Länder Südostasiens, der engstens mit der missionarischen Expansion verbunden war und aus der christlichen Religion nicht nur ein suspektes, sondern auch gefährliches Element machte; zum zweiten die Rebellion eines Le Van Khoi, in der sich separatistische Tendenzen im Süden Ausdruck verschafft hatten und die von den dort ansässigen Katholiken unterstützt worden war. Sie wurde blutig unterdrückt, und von da an war der Kampf gegen die »Sekte« des Christentums eine patriotische Sache, die der Verteidigung des Landes diente. Denn eigentlich hatte die »durch einen religiösen Synkretismus charakterisierte vietnamesische Zivilisation niemals Religionskriege geführt«[23]. Wie aus Zeugnissen von Missionaren selbst hervorgeht, hatte die Christenverfolgung stets nationalistische oder politische Gründe. Und es war ebenjene enge Verquickung von politischen und missionarischen Aktivitäten, welche die europäischen Mächte stets praktiziert haben, die dem Widerstand eine anscheinend antichristliche Prägung gaben, was in Europa stets als ausschließlich religiöse Unterdrückung und Christenverfolgung interpretiert wurde.[24]

Mit diesem Missverständnis begannen die direkten militärischen Aktionen gegen Vietnam. Napoleon III., dessen erklärte Politik es war, in Indochina so vorzugehen wie die Engländer in China, nahm die angeblich religiöse Verfolgung von Christen und Missionaren zum Vorwand für einen direkten Angriff: Weil angeblich fünf Missionare sich in Lebensgefahr befanden, wurden am 15.4.1847 im Hafen von Tourane mehrere vietnamesische Dschunken von französischen Kreuzern versenkt und die ganze Stadt in Schutt und Asche gelegt. Dieser Überfall hatte weitreichende Konsequenzen und war, zusammen mit der offen umstürzlerischen Tätigkeit der Missionare, der Auslöser für eine fortan vollkommen starre und undiplomatische Haltung des kaiserlichen Hofs sowie für harte Maßnahmen gegen

23 Fourniau, S. 35.

24 Der katholische Gelehrte Nguyen Truong To erkannte: »Die Treue dem König gegenüber, die Ehrerbietung gegenüber dem Vater gehören [in Vietnam, gg] zur menschlichen Natur. Die Katholiken sind auch Menschen, und wer von ihnen ist nicht von dieser Ehrerbietung geprägt? […] Und wenn sie sich von dieser Ehrerbietung entfernen, um Hilfe zu erlangen, die nicht von dem Vater oder der Mutter kommt, dann weil sie in eine unglückliche Situation getrieben worden sind, in eine schlechte Lage, die sie in ihrem Herzen niemals gewollt haben.« Zit. in: Fourniau, S. 35.

Missionare und Christen.[25] Die Isolation, in die man sich zurückziehen zu können geglaubt hatte, um den kolonialistischen Bestrebungen zu entgehen, schien zur Falle geworden zu sein. Dieses Gefühl machte jeglicher Bereitschaft ein Ende, in Verhandlungen zu einer Einigung zu kommen.

Diese Haltung des Hofs von Hue hatte noch tiefere Gründe. Kaiser Minh Mang hatte selbst festgestellt, dass das konfuzianische Prüfungssystem degeneriert war, keine wirkliche Bildung mehr vermittelte und bei den Aufsätzen nur noch auf »veraltete Klischees und hohle Formulierungen Wert gelegt« würde[26]. Diese Beobachtung war nicht unbegründet, aber es wurden aus ihr keine Konsequenzen gezogen. Minh Mang war weder willens noch in der Lage, eine Reform durchzusetzen, und noch weniger hatten seine Nachfolger Interesse an einer Modernisierung der Prüfungen. Das traditionelle Bildungssystem, auf dem das Prestige der vietnamesischen Monarchie einst beruhte, war in der Tat zur formellen Zeremonie für die Erlangung von Posten geworden, und seine reaktionäre Ausrichtung hinderte den größten Teil der geistigen Elite daran, etwas anderes als ihre tausendjährige Kultur zur Kenntnis zu nehmen oder sich vorzustellen. Zu dem berechtigten Zorn über das brutale Vorgehen der Franzosen kam also ein völliges Unverständnis der Kultur gegenüber, die die Europäer auch repräsentierten, eine eigensinnige Blindheit gegenüber dem, was sich in der übrigen Welt inzwischen an technischem und gesellschaftlichem Fortschritt ereignet hatte. Diese Mischung aus Verachtung und Angst prägte auch lange Zeit den Widerstand gegen die Kolonialmacht, obwohl es schon damals einzelne Personen und Gruppen gab, die weitblickender waren, wie etwa Nguyen Truong To oder Dinh Van Dien, die beide dem Hof Vorschläge und Pläne vorlegten für eine Modernisierung der Landwirtschaft, eine Beamtenreform, die Entwicklung von Handwerk und Hüttenindustrie, den Bau von Straßen und Eisenbahnen und bei alledem eine Zusammenarbeit mit Europa vorschlugen. Einiges davon wurde in Angriff genommen, meist aber wurden die schwankenden Kaiser vom reaktionären Hof und Adel schnell wieder von solchen Projekten abgebracht.

25 Sie wurden ins Gefängnis gesteckt, kamen dort zu Tode oder wurden gleich hingerichtet. Diese Vorfälle führten in Europa zu einer Welle von Berichten über das »Martyrium« der Missionare.

26 Le Thanh Khoi 1969, S. 321.

Ob die französische Eroberung – angesichts anderer Länder in Asien, die, wie Japan oder Siam, ihre Unabhängigkeit beibehalten konnten – »keineswegs unvermeidlich« war[27], ob »eine Monarchie, die es verstanden hätte, sich auf das Volk zu stützen, sicherlich siegreich der Aggression widerstanden« hätte[28], darüber wird man lange streiten können. Unzweifelhaft aber hat die Schwäche der Nguyen-Kaiser die Eroberung wesentlich erleichtert. 1858/60 erfolgte der zweite militärische Angriff, diesmal auf Saigon. 1861 waren die drei südöstlichen Provinzen in französischer Hand. Der Hof von Hue erkannte die Annexion an, nachdem Frankreich eine Ablösesumme bezahlt und dafür auch noch die Öffnung von drei Häfen zugesprochen bekommen hatte. 1867 eroberten die französischen Truppen, unter Verletzung dieser Verträge, die drei westlichen Provinzen Südvietnams, womit nun ganz Cochinchina, also die reichste und am wenigsten besiedelte Region, die man am leichtesten schnell ökonomisch ausbeuten konnte, in französischer Hand war. Das Gebiet wurde unter die Herrschaft von Admiralen gestellt, und in Paris schien man sich zunächst auf diese Präsenz beschränken zu wollen.

* * *

Seit 1863 befand sich auch das Nachbarland Kambodscha offiziell unter französischer Herrschaft. Dieses Land hatte seit dem Niedergang Angkors im 17. Jahrhundert nach und nach seine politische Selbständigkeit verloren, und auch viele zivilisatorische Errungenschaften in Landwirtschaft, Kultur und Kunst waren, wie erwähnt, in Vergessenheit geraten. Das Leben des Volkes scheint sich zu niedrigeren Stufen des Ackerbaus und primitiven Formen des sozialen Zusammenlebens in der Stammesordnung zurückentwickelt zu haben.[29] Es gab zwar weiterhin Könige, aber selten kontrollierten sie das Land ganz, selten waren sie nicht in Rivalitäten verwickelt und das Land in mehrere Teile zerfallen, was sich aber aufgrund eines wenig entwickelten Zusammengehörigkeitsgefühls und des Fehlens gesellschaftlicher Institutionen und staatlicher Strukturen kaum auf das Leben der

27 Le Thanh Khoi 1969, S. 323.

28 Ebd., S. 122.

29 Über das Leben der Bauern zu dieser Zeit gibt es fast keine Informationen.

Bevölkerung ausgewirkt haben dürfte. Sie wurde gelegentlich in solche Auseinandersetzungen verwickelt, selten aber scheint es Volksaufstände oder Revolten gegeben zu haben.

Entscheidender für die Situation in Kambodscha war die ständige Gefahr, von seinen Nachbarn im Westen und Osten gänzlich annektiert zu werden. So hatten mehrere Invasionen der Siamesen schließlich das Ende Angkors herbeigeführt, und Siam beherrschte seit 1794 den westlichen Teil des alten Reichs. Das von den Khmer-Königen schon im Lauf des 17. Jahrhunderts aufgegebene Mekong-Delta wurde von den südvietnamesischen Nguyen-Fürsten nach und nach besetzt und besiedelt. Nach 1690 gab es dann in Kambodscha für lange Zeit keinen König mehr, und das Land wurde zum Objekt von Auseinandersetzungen zwischen den Nguyen und Siam, die beide immer wieder ihnen ergebene Fürsten einzusetzen versuchten, welche aber keine reale Macht ausübten. In der Periode des Niedergangs der Nguyen-Fürsten kam Siam wieder zum Zuge und übte seit ca. 1770 die tatsächliche Oberherrschaft über Kambodscha und Laos aus. Der vor den Tay Son geflohene Prinz Nguyen Anh wurde 1778 mit Duldung Siams für einige Zeit König in Kambodscha und erhielt auch aus Bangkok militärische Unterstützung bei seinem Feldzug gegen die Tay Son. In der Regierungszeit des Kaisers Minh Mang wurde Kambodscha 1840 wieder von Vietnam annektiert. Diese Besatzungszeit war besonders drückend, denn Minh Mang wollte das Land nicht nur erobern, sondern auch »vietnamisieren«. Er brachte vietnamesische Beamte und Siedler ins Land und ordnete die Befolgung vietnamesischer Zeremonien und das Tragen vietnamesischer Kleidung für die Bediensteten der Verwaltung an. Die Brutalität seiner Herrschaft rief einen allgemeinen Aufstand hervor, der in einem großen Vietnamesen-Massaker endete. Schließlich griffen die Siamesen ein, und der Krieg dauerte fünf Jahre, bis beide Nachbarmächte schließlich 1845 einen Vertrag abschlossen, der einen vorher schon faktisch bestehenden Zustand festschrieb: Kambodscha wurde zwar nicht geteilt, stand aber trotz nomineller Regentschaft des kambodschanischen Königs Ang Duong unter gleichzeitiger Oberherrschaft beider Mächte. Trotzdem scheint der Hof von Bangkok mehr Einfluss auf die inneren Angelegenheiten des Landes genommen zu haben als Vietnam. Ang Duong hatte seit fast 30 Jahren in Bangkok gelebt und war ein enger Freund des siamesischen Königs, der ihn auch auf den Thron brachte. Diese Freundschaft machte allerdings die totale Abhängigkeit kaum erträglicher, denn der König musste auch während seiner Herrschaftszeit immer noch jede wichtige Entscheidung in Bangkok genehmigen und seine Söhne, darunter den späteren König Norodom I., in Siam erziehen lassen. Die Abhängigkeit von Vietnam beschränkte sich zu dieser Zeit auf Tributzahlungen, die alle drei Jahre geleistet werden mussten.

Im Jahr 1859 brachte ein Aufstand der in Kambodscha lebenden Cham-Minderheit den König in einen Konflikt mit Vietnam, wohin die Aufständischen vor seiner Verfolgung geflohen waren. Ein geplanter Feldzug kam nicht zustande, weil Ang Duong 1860 starb und Siam den Konflikt durch direkte Verhandlungen mit Vietnam beendete. Daraufhin gab es in Kambodscha starken Widerstand aus der Bevölkerung gegen den von Siam designierten neuen König Norodom I. Vor den Unruhen, die bis zur Belagerung der Hauptstadt Udong Mejai führten, flohen Norodoms Brüder und ein Teil des Adels nach Siam, und unter dem Schutz der siamesischen Armee und mit dreijähriger Verspätung konnten die Trauerfeierlichkeiten für Ang Duong abgehalten und der neue König inthronisiert werden.

Es ist nichts darüber bekannt, welche Gründe diese und frühere Aufstände hatten, ob und wie sie organisiert waren und wer sie geleitet hat. Sicher war ein Motiv die Auflehnung gegen die Fremdherrschaft, denn auch gegen die kurze Herrschaft Minh Mangs in Kambodscha hatte es 1840 Revolten gegeben. Obwohl die siamesischen und vietnamesischen Chroniken, aus denen allein wir etwas darüber wissen, sowie ihre meist französischen Auswerter[30] ein Interesse daran hatten, die Bedeutung solcher Rebellionen herunterzuspielen und ihre Gründe zu verschleiern, kann man ihnen doch den wahrscheinlichen Hauptgrund dafür entnehmen, dass es in der ganzen Zeit keine aus dem Volk hervorgegangenen Führer oder wirklich unabhängigen Könige gegeben hat. »Obwohl sie halb zivilisiert sind, sind die Kambodschaner halb barbarisch, auf natürliche Weise gemischt aus Guten und Schlechten. Die Kambodschaner sind, im Vergleich zu den Siamesen, viel weniger zivilisiert. In Siam gibt es viel mehr Ordnung und System«, steht in einer Chronik, die der siamesische König 1864

30 Einheimische Dokumente oder Annalen wurden, vor allem in Laos und Kambodscha, von den Franzosen stets requiriert und unter Verschluss genommen. Sie sind deshalb, wenn überhaupt, nur durch französische Archäologen oder Historiker bekannt geworden.

den Franzosen zukommen ließ[31], und ein vietnamesischer Mandarin formulierte zwei Jahre früher: »Die Kambodschaner sind Wilde, [...] sie unterwerfen sich ebenso oft, wie sie sich auflehnen, aber stets vergessen sie dabei die Regeln und die Gesetze.«[32] Auch wenn man die durch Zweck und Situation bedingte Parteilichkeit in Rechnung stellen muss, so sind diese Charakterisierungen doch überraschend ähnlich: Offenbar war es ein Mangel an Koordinations- und Organisationsfähigkeit, der die Revolten immer lokal begrenzt und erfolglos bleiben ließ, was es den Königen und Fremdherrschern erlaubte, ohne jede Rücksicht auf einen Volkswillen zu handeln. Aber auch patriotische Könige scheinen nie versucht zu haben, solche Fähigkeiten zu fördern und in Anspruch zu nehmen.

Schon Ang Duong erkannte 1854 die Gefahr, Siamesen und Vietnamesen könnten sich verständigen, das Land unter sich aufteilen und damit die Möglichkeit beenden, beide gegeneinander auszuspielen – was Jahrhunderte hindurch der einzige Handlungsspielraum kambodschanischer Herrscher gewesen war –, und schickte einen Gesandten zum französischen Konsul nach Singapur, um ihn um Hilfe zu bitten. Aber die Franzosen zögerten lange, bis sie fast 10 Jahre später, nach einem weiteren Hilfeersuchen, mit Norodom I. einen Protektoratsvertrag abschlossen. Dieser ließ dem König relativ viel Freiheit, weil für die Franzosen das Land nur als Zugang nach China interessant war, das sie damals noch über den Oberlauf des Mekong zu erreichen hofften. Ins Land selber kamen zunächst nur einige Diplomaten, Kaufleute und Abenteurer sowie ein kleines Truppenkontingent, das dem König helfen sollte, Rebellen in Schach zu halten.

In zeitgenössischen und späteren Darstellungen erscheint die Eroberung Kambodschas durch Frankreich oft als eine Rettungsaktion für eine vom Untergang bedrohte Nation[33], und dieses Bild kann hier sicher mehr Wahrscheinlichkeit für sich beanspruchen als im Falle Vietnams. Denn zweifellos war die Inbesitznahme ohne militärische Aktionen erfolgt. Die Franzosen traten als Beschützer

31 Chronique abrégée du Cambodge, zuerst veröffentlicht in Bangkok 1874, hier zit. nach: *France-Asie* 193, 1968, S. 203.

32 Phan Thanh Gian: Notizen über das Verhältnis zwischen Vietnam und Kambodscha für den Gouverneur Bonnard, 5.10.1862, zit. nach: Milton Osborne/David G. Wyatt: The abridged Cambodian Chronicle, in: *France-Asie*, ebd., S. 202.

33 Vgl. Meyer, S. 102.

gegen Siam auf, sorgten dafür, dass annektierte Provinzen zurückgegeben wurden, und nahmen keinen nennenswerten Einfluss auf die inneren Angelegenheiten. Für das Volk hatte sich jedenfalls nicht viel geändert, und der König konnte sogar seine freundschaftlichen Beziehungen zum Hof von Siam weiter pflegen.[34]

Aber die Idylle dauerte nur kurze Zeit, denn bald änderten sich die kolonialistischen Ziele Frankreichs: Indochina war nun nicht mehr nur Zugangspforte nach China, sondern wurde zum Objekt wirtschaftlicher Ausbeutung. Voraussetzung dafür war eine strengere Kontrolle der inneren Angelegenheiten. 1884 wurde dem kambodschanischen König ein neuer Protektoratsvertrag aufgezwungen, der die Monarchie praktisch entmachtete, und der erste französische Gouverneur, Huyn de Verneville, betrachtete das Land als »sein persönliches Lehen« und regierte 1889–1897 »in der Art eines orientalischen Despoten«[35]. Gleich nach dem Oktroi des neuen Vertrages gab es in der Bevölkerung die ersten Revolten, die der König unter der Hand unterstützte. Ein regelrechter Aufstand wurde von den Franzosen mit Hilfe vietnamesischer Soldaten bekämpft, schließlich wurden dem König 1886 in Verhandlungen wieder einige Freiheiten zugestanden, wofür er sich verpflichten musste, selbst für die »Befriedung« der Bevölkerung zu sorgen. Dies brachte den kambodschanischen Hof in die Isolierung von der Bevölkerung und in wachsende Abhängigkeit von der Kolonialverwaltung; seine gesellschaftliche Bedeutung war fortan darauf beschränkt, ein Ort exotischen Zeremoniells zu sein.

An dieser für lange Zeit letzten Widerstandsbewegung hatten sich auch vietnamesische aufständische Gruppen beteiligt.[36] In einem Brief eines hohen vietnamesischen Mandarins an die aufständischen Khmer aus dem Jahre 1885, den die Franzosen abfingen, heißt es: »Annam[37] und Kambodscha sind zwei befreundete Reiche, deren freundschaftliche Beziehungen weit zurückreichen, während die Franzosen wilde und grausame Bewohner eines fremden Lan-

34 Norodom schloss mit Bangkok sogar einen geheimen Freundschaftsvertrag (1863). Vgl. Villemereuil: *Exploration et missions de Doudart*, Paris 1883, S. 95.

35 Meyer, S. 98.

36 Es kann also sein, dass bei dem erwähnten Aufstand Vietnamesen gegen Vietnamesen gekämpft haben.

37 Der Name taucht wohl nur in der Übersetzung auf.

des sind, die keine Verträge einhalten und überall Schwierigkeiten machen.«[38]

Dieses Dokument ist ein Indiz dafür, dass die Bemühungen der Kolonialmacht, nationale und rassistische Ressentiments für ihre Zwecke auszunutzen, nicht allzu erfolgreich waren. Denn der angeblich jahrhundertealte und unüberwindliche Hass zwischen Khmer und Vietnamesen, der für spätere Herrscher Kambodschas wie Lon Nol oder Pol Pot zum bestimmenden Element ihrer Politik werden sollte, ist zum großen Teil auf sehr gezielte Maßnahmen der Franzosen zurückzuführen und von ihnen als Herrschaftsinstrument benutzt worden: Alle führenden Posten der Exekutive ihres Herrschaftsapparats besetzte die Kolonialmacht in Laos und Kambodscha mit Vietnamesen, weil diese angeblich zuverlässiger seien. Und während der gesamten Kolonialzeit gab es weder in Kambodscha noch in Laos französische Schulen, so dass eine langsam sich entwickelnde Khmer-Intelligenz stets nach Hanoi oder Saigon gehen musste, wenn sie höhere Schulen besuchen oder studieren wollte, so auch der junge Prinz Sihanouk. Die französische Kolonialverwaltung war in der Frühzeit so stark auf Vietnam fixiert, dass die beiden anderen Völker innerhalb Französisch-Indochinas eine untergeordnete Rolle spielten und die Herrschaft praktisch von Franzosen und Vietnamesen gemeinsam ausgeübt wurde. Neben der noch frischen Erinnerung an die Okkupation durch die Truppen Minh Mangs haben die damit verbundenen Demütigungen, vor allem bei der einheimischen Führungsschicht, sicher mehr zu einem latenten Völkerhass beigetragen als die weiter zurückliegenden Eroberungen der nur dünn besiedelten Gebiete Cochinchinas.[39]

* * *

Inzwischen war seit 1893 noch ein drittes Königreich zu »französischer Erde«[40] geworden, das Lan Chang-Reich der Laoten. Es war im Laufe seiner Geschichte nur selten selbständig und geeint gewesen: Im 16. Jahrhundert war es von Birma besetzt, von Ayuthya bedroht

38 Pomonti/Thion, S. 11 (Fußnote).

39 Vgl. Meyer, S. 100.

40 So die Sprachregelung der Pioniere der französischen Kolonisation (z. B. Pavie passim).

und außerdem noch in innere Kämpfe verwickelt. Erst ab 1591 oder 1594[41] soll es einen König gegeben haben, der wenigstens die Gebiete um Vientiane und Luang Prabang beherrschte und die birmanische Oberherrschaft abschütteln konnte. Eine Zeit der bescheidenen Blüte beginnt für das kleine Königreich 1637 mit der Thronbesteigung des »größten Königs der Lan Chang-Dynastie«[42], Souligna Vongsa. Seine Macht beruhte nicht zuletzt auf einer engen Freundschaft zur vietnamesischen Le-Dynastie, mit der er auch verwandtschaftlich verbunden war. Erstmals wurden die Grenzen zwischen beiden Ländern festgelegt, und zwar nach ethnischen, nicht nach geografischen Gesichtspunkten, und Lan Chang konnte sich über etwa ein halbes Jahrhundert friedlich entwickeln. Nach dem Tod Souligna Vongsas um 1700[43] zerfiel die Einheit wieder, und es entstanden Kleinkönigreiche. Ong Lo, ein Neffe Souligna Vongsas, wurde König in Vientiane, ein anderer Neffe, Kingkitsavat, wurde König in Luang Prabang. Später übernahm dessen Bruder Nokusat die Herrschaft über das südliche Laos mit der Hauptstadt Champassak. Da Reise- und Kommunikationsmöglichkeiten im Lande sehr beschwerlich waren (das Befahren des Mekong mit Booten war wegen der vielen Stromschnellen äußerst gefährlich, ansonsten musste man zu Fuß oder in Elefantenkarawanen entlang der sehr engen Täler reisen), blieben die verschiedenen Völkergruppen isoliert voneinander. Allgemein war das Niveau der Landwirtschaft sehr niedrig, man baute immer noch in Brandrodung Trockenreis an, und fortgeschrittenere gesellschaftliche Strukturen dürfte es nur in den Residenzstädten gegeben haben.

Das ganze 18. Jahrhundert war von Kämpfen der drei Teilreiche gegeneinander geprägt, in die oft Siam, Birma oder Vietnam eingriffen. Etwa ab 1830 begann ein allmählicher Eroberungsprozess durch Siam, der zunächst die beiden Reiche Vientiane und Champassak (1827 und 1832) und dann Luang Prabang (1836) unter siamesische Kontrolle brachte. Truppen und Regierungsbeamte aus Siam kamen ins Land, erzwangen die Einführung siamesischer Zeremonien am Hof von Luang Prabang und behandelten die einheimischen

41 Daten nicht eindeutig, vgl. Villiers, S. 207.

42 Villiers, S. 208.

43 1694 nach Villiers, S. 208; 1712 nach Souvanna Phouma, S. 208f. (Ahnentafel).

Könige wie untergeordnete Verwalter. Beim geringsten Anzeichen von Unbotmäßigkeit wurden sie nach Bangkok gebracht und unter Arrest gestellt, oder ihre Söhne wurden als Geiseln dorthin verschleppt. Als Vorwand für eine auch militärische Besetzung nahm man die Tätigkeit bewaffneter chinesischer Banden in Nordvietnam und Nordlaos.[44] Das Expansionsstreben Siams, das zu Beginn des 19. Jahrhunderts darauf ausgerichtet war, den ganzen Westteil der indochinesischen Halbinsel zu beherrschen, wurde von der britischen Kolonialmacht unterstützt, die schon 1885 Birma besetzt hatte und nun die Ausbreitung Frankreichs in diesen Raum hinein verhindern wollte. Für Frankreich aber hatte die Kontrolle über Laos und Kambodscha auch strategische Gründe: Die späteren französischen Gebiete Tonking und Cochinchina sind im Mittelteil (Annam[45]) nur durch einen sehr schmalen Küstenstreifen verbunden, der im Kriegsfall von einem Feind leicht besetzt werden konnte, wodurch das Land in zwei Teile zerfiele. Dieser Gefährdung vorzubeugen und ein schützendes Hinterland zu schaffen, war einer der Gründe für die Ausdehnung des französischen Einflusses bis zur »natürlichen Grenze« des Mekong im Westen.

Von Tonking aus schickten die Franzosen gelegentlich Truppen nach Laos, die ebenfalls die chinesischen Banden bekämpfen sollten, und aus Vietnam und Kambodscha kamen, mit äußerst widerwilliger Duldung Siams, Beamte und Techniker, die keine sehr präzisen Aufträge hatten und zum Teil auch private Erkundungen unternahmen. Es schien sich zunächst, wie für Kambodscha, eine Konkurrenz der Schutzmächte Siam und Frankreich zu ergeben; und die sogenannte »friedliche Eroberung«[46] von Laos war letztlich das Produkt internationaler Vereinbarungen über die Festlegung der britischen und französischen Einflusssphären: Verträge mit Siam 1893–1907, mit China 1895 und mit England 1896 brachten für Frankreich die Herrschaft über Laos (und gleichzeitig die Provinzen Battambang und Siem

44 »Schwarz-«, »Gelb-« oder »Rotfahnen« nannte man aus Yünnan in den Süden geflohene bewaffnete Gruppen, von denen ein Teil auf der Seite Vietnams gegen die Franzosen kämpfte.

45 Vietnamesisch »Trung Bo«. Der Norden heißt »Bac Bo«, der Süden »Nam Bo«.

46 *Eine friedliche Eroberung* ist der deutsche Titel des Reiseberichts von Auguste Pavie, während der Originaltitel eine Formulierung Nguyen Trais aufgreift: *À la conquête des cœurs.*

Reap an Kambodscha zurück). Siam konnte in dieser Reihe von Verhandlungen und Vereinbarungen seine Unabhängigkeit bewahren. Nunmehr auf die Grenzen des heutigen Thailand reduziert, wurde es von den Kolonialmächten als Pufferstaat zwischen beiden Einflussbereichen betrachtet, und dieser Funktion verdankt es die Tatsache, nie Kolonie geworden zu sein.

Die Kolonisierung von Laos war nicht nur ohne militärisches Eingreifen erfolgt, »entdeckt« wurde das Land zunächst von Forschungsreisenden wie etwa Henri Mouhot, der 1863 die vom Dschungel überwucherten Tempel von Angkor entdeckt hatte und zuvor in Luang Prabang gewesen war.[47] Wesentlich bekannter und folgenreicher war das Wirken von Auguste Pavie[48], der in den 1880er und 1890er Jahren das Land zu Fuß bereiste. Dies diente allerdings nicht nur naturwissenschaftlichen und ethnografischen Zwecken. Er interessierte sich auch für Handelswege, Stammesverbände und politische Beziehungen. Er verhandelte mit dem laotischen Königshof auch über regionale Probleme und gilt als der »Befreier« des Landes von der siamesischen Oberherrschaft. Diese Befreiung geschah aber nicht mit dem Ziel einer Unabhängigkeit, sondern sollte die Kolonisierung durch Frankreich vorbereiten. Als erster Gouverneur der Kolonialmacht in Vientiane bestimmte Pavie deren Politik direkt oder indirekt bis weit über seinen Tod hinaus.

Zu seiner Wahlheimat und deren Bevölkerung pflegte er ein sentimentales und patriarchalisches Verhältnis. Er und seine Nachfolger »behandelten die Laoten als charmante, aber unfähige Kinder und erhielten sie in einem Zustand nationalen Jugendalters«[49]. Erst als Japaner und Siamesen ihre Ansprüche auf das Land nachdrücklich durchzusetzen begannen, endete diese vergleichsweise idyllische »Kindheit«.

Abgesehen von seiner politischen Funktion gehört Pavie zu einer Sorte von »Pionieren«, die sich wirklich intensiv für das Land interessierten. Man kann sagen, dass sie es aufrichtig liebten und sich dem exotischen und in ihren Augen unschuldigen und ursprünglichen Volk verbunden fühlten. Sie haben nicht nur den Zugang zu Sprache und Kultur des Landes gesucht. Nach ihrem Selbstverständnis haben sie sogar ihr Leben in den Dienst eines samaritanischen Ideals

47 Vgl. dazu Schultze, S. 71ff. und 78ff.

48 1847–1925.

49 McCoy, S. 68.

gestellt. Ihre Anstrengungen entsprachen insofern nicht immer den Zielen der Kolonialmacht – waren diesen jedoch letztlich dennoch nützlich.

* * *

Die Eroberung der nördlichen Teile von Vietnam geschah während jener Phase der lang andauernden Umorientierung der französischen Kolonialpolitik, in der Indochina immer mehr zum eigentlichen Objekt der Eroberung wurde. Die Regierung in Paris, auch abgelenkt durch den Deutsch-Französischen Krieg von 1870/71, schwankte, ob man in Indochina nur Handelsstützpunkte errichten oder ob das Land zur ökonomischen Ausbeutung besetzt werden sollte. Entsprechend diesem widersprüchlichen Charakter der Politik war die Ausdehnung der Macht Frankreichs auf die beiden nördlichen Teile Vietnams zunächst eine nicht organisierte Folge von halb privaten Initiativen, die zum Teil militärischen Charakter hatten, sowie diplomatischen und kriegerischen Aktionen von Admiralen, die oft entgegengesetzten Befehlen aus Paris zum Trotz unternommen wurden; eine Eskalation also, die die französische Regierung nicht immer unter Kontrolle hatte, die aber durchaus im Sinne gewisser, sich erst später durchsetzender Kreise in Paris war.

Nachdem sich herausgestellt hatte, dass man über den Mekong keinen günstigen Verbindungsweg nach Südchina schaffen konnte, unternahm der französische Kaufmann Dupuis den Versuch, Yünnan, das als französisches Einflussgebiet galt, vom Norden Vietnams aus über den Roten Fluss zu erreichen. Er besaß dazu weder einen Auftrag der französischen Regierung noch die Erlaubnis der vietnamesischen Behörden. Als er auf dem Rückweg in Hanoi blieb und sich dort wie ein französischer Gouverneur niederließ und benahm, wurde er ins Gefängnis gebracht. Dies nahm der französische Gouverneur in Saigon, Admiral Dupré, zum Vorwand, trotz strikter gegenteiliger Befehle aus Paris Truppen in den Norden zu schicken. Er deklarierte sein Eingreifen als eine allgemeine »Befriedungsaktion«, weil dort durch das Auftreten chinesischer Banden und Aktivitäten der von den Missionaren aufgewiegelten Katholiken Unruhe entstanden sei. Den eigentlichen Zweck seiner Militäraktion aber hat Dupré mit wünschbarer Offenheit selbst formuliert: »Unsere Besitznahme dieses reichen an China angrenzenden Landes und natürlichen Marktes für seine südwestlichen Provinzen ist meiner Ansicht nach eine Frage von Leben und Tod für die Zukunft unserer Herrschaft im Fernen Osten«, schrieb er 1873 nach Paris[50] und formulierte damit Ziele, die bald die französische Kolonialpolitik bestimmen sollten. Duprés Feldzug im Norden war wegen des erbitterten Widerstandes der Vietnamesen zunächst wenig erfolgreich, und in einem Waffenstillstandsabkommen wurde 1874 dem Norden noch einmal ausdrücklich die Unabhängigkeit bestätigt. Aber wichtige Zugeständnisse, die der französischen Armee gemacht wurden, wie die freie Fahrt auf dem Roten Fluss, die Einrichtung von Stützpunkten und Konsulaten sowie das ausdrückliche Recht, bei der Aufrechterhaltung der Ordnung im Inneren »Hilfe zu leisten«, machten aus Tonking jetzt schon eine Art Protektorat.

Diese sogenannte »Tonking-Affäre«[51], die von den »abenteuerlichen Provokationen eines Rasenden«[52] ausgelöst worden war und den französischen Interessen Vorschub leistete, löste unter der Bevölkerung große Empörung aus, die sich auch gegen die Katholiken richtete.[53] Groß war die Enttäuschung über die nachgiebige Haltung des Hofs von Hue, weil man dort wieder einmal die günstige militärische Lage nicht ausgenutzt hatte: Zu Beginn seiner Aktion wäre Dupuis leicht zu stoppen gewesen. Zwar unternahm der Kaiser 1877 in Madrid und Paris und 1880 in Beijing einige diplomatische Versuche, die Verträge wieder rückgängig zu machen, aber es war längst zu spät. China war nach dem Opiumkrieg stark geschwächt, und die englisch-französische Rivalität konnte nicht mehr ausgenutzt werden, da beide Mächte dabei waren, sich in festgelegten Gebieten zu arrangieren. Damit hatte auch die Kolonialpolitik Frankreichs in Indochina de facto eine klar imperialistische Ausrichtung bekommen: Nicht mehr Handel, sondern Herrschaft und Ausbeutung waren das Ziel.

Bei beiden westlichen Kolonialmächten stand zu dieser Zeit die Eroberung ganz unter dem Zeichen des Zugangs zu Rohstoffquellen, des Kapitalexports, der Ausbeutung billiger Arbeitskräfte und der

50 Zit. nach: Le Thanh Khoi 1969, S. 331.

51 Es sollte nicht die letzte sein, vgl. Kapitel VI.

52 So Le Thanh Khoi, ebd.

53 Sie hatten sich eindeutig auf die Seite des französischen Truppenführers Francis Garnier gestellt.

Aufteilung der Welt in feste Einflusszonen. Frankreichs nun betriebene Eroberung ganz Indochinas war auch eine direkte Antwort auf die Inbesitznahme Birmas durch Großbritannien. Der Vertrag über Tonking wurde gegenstandslos, und die französischen Truppen führten Kriege ohne Rücksicht auf Vereinbarungen mit dem immer noch auf die Loyalität der Europäer vertrauenden Hof von Hue. So konnten auch die zunächst erfolgreichen vietnamesischen Verteidigungstruppen nicht verhindern, dass 1883 schließlich auch Tonking endgültig in das französische Kolonialreich eingegliedert wurde. Es erhielt den Status eines Protektorats, wurde aber unter eine wesentlich strengere Herrschaft gestellt als Annam und Cochinchina, denn hier, im Norden, befanden sich Kohle- und Erzvorkommen, die die Franzosen abzubauen gedachten. Zwei Jahre lang gab es noch militärischen Widerstand, in den zeitweilig auch chinesische Truppen eingriffen, dann war Vietnam ganz in französischer Hand.

Wie erwähnt, hatte es schon 1873 den ersten Widerstand gegen die Übergriffe der Admirale und gegen die unentschlossene Haltung des Hofs von Hue gegeben. Der Tod des Kaisers Tu Duc und eine ungewisse Nachfolgezeit, in der es zwei Regenten gab und schließlich der Nachfolger erst zwölf Jahre alt war, all das hatte den französischen Truppen den Sieg erleichtert. Nun aber, zehn Jahre später, attackierte der junge Kaiser Ton That Thuyet am 5. Juli 1885 in einem Überraschungsangriff die französische Garnison in Hue, floh nach dessen Scheitern mit einem großen Gefolge von Mandarinen und Hofbeamten in den Dschungel und rief zum allgemeinen Widerstand (Can Vuong = dem Kaiser dienen) auf.[54] Dieser Aufruf des ersten Hue-Kaisers, der sich an die Spitze des Volkes stellte, um gegen die Kolonialmacht zu kämpfen, verbreitete sich schnell, und überall im Land brach der Aufruhr mit unterschiedlichen Führern und Kampfformen los: In der Provinz Thanh Hoa wurde eine riesige, gut getarnte Festung, Ba Dinh, errichtet, die fünf Monate lang der Belagerung durch

54 Über diese berühmte Aktion sind damals gleich zwei epische Gedichte geschrieben worden und überliefert. Das erste mit dem Titel »Hanh Thuc Da« umfasst 2000 Verse, wurde von einer Bediensteten der Kaiserin-Mutter geschrieben und 1950 in Hanoi erstmals veröffentlicht. Das zweite, anonyme, war die 3000 Verse lange »Ve That thu kinh do«, »Klage über den Verlust der Hauptstadt«. Auszüge aus diesem Gedicht finden sich in *Anthologie de la littérature vietnamienne, Tome III, Deuxième moitié du XIXe siècle – 1945*, Hanoi 1975 u. ö., S. 112ff. Es gibt auch eine englische Ausgabe.

französische Truppen und 35 Tage lang dem Angriff der französischen Artillerie standhielt. Im Delta des Roten Flusses konnten die Guerillakämpfer von Yen The bis 1897 operieren, und ihr Anführer De Than wurde erst 1913 gefasst und ermordet. Der Kaiser selbst musste 1888 aufgeben, nachdem er keine Waffen und Munition mehr hatte und seine Pläne mehrmals an die Franzosen verraten worden waren. Er wurde gefangen genommen und nach Algier deportiert.

Can Vuong war kein Volksaufstand, aber auch keine durch den Kaiser geführte Revolte, sondern beruhte auf der Aktivität einzelner Mandarine und Gelehrter, weshalb es auch keine zentrale Koordination gab. Der Kaiser war nur der symbolische Bezugspunkt für Einzelaktionen, die aber zum Teil äußerst effektiv waren und mit großem Geschick, Ausdauer, Opferbereitschaft und Mut durchgeführt wurden.

* * *

Wegen dieses anhaltenden Widerstandes konnte die Kolonialverwaltung erst ab etwa 1897 darangehen, eine organisierte Administration nach französischem Muster aufzubauen und mit französischem Personal zu besetzen. War vor 1897, dem Jahr des Amtsantritts des ersten Generalgouverneurs Paul Doumer, noch eine gemischte Verwaltung durch die einheimische Monarchie unter französischer Oberhoheit vorgesehen gewesen, wie sie dann in Laos und Kambodscha verwirklicht wurde, so wurde hier der Hof völlig entmachtet und ein bis in die kommunalen Strukturen hineinreichender Herrschaftsapparat aufgebaut, der der Bevölkerung und den einheimischen Autoritäten nicht den geringsten Spielraum ließ und fast ausschließlich mit Franzosen besetzt war.

Denn der Can Vuong-Aufstand hatte gezeigt, dass man beim Aufbau des kolonialen Verwaltungs- und Herrschaftsapparats nur beschränkt auf die vietnamesische Intelligenz zurückgreifen konnte. Viele Mandarine und Gelehrte waren entweder, dem Ruf des Kaisers folgend, in den Untergrund gegangen oder hatten sich aufs Land und in die Klöster zurückgezogen, andere leisteten passiven Widerstand. Bei dem Versuch, eine Art Feudalhierarchie beizubehalten (1885 war der profranzösische Kaiser Dong Kanh eingesetzt worden), konnten die Franzosen also nur ganz reaktionäre Elemente des Adels rekrutieren oder »Parvenüs ohne Verdienste«, die »keinerlei Prestige hatten«, wie es der französische Resident Muselier 1886 ausdrückte.[55] Wo nicht aktiver Widerstand geleistet wurde, gab es »scheinbare Unterwerfung«, und erst 1905, als die fünf Protektorate, deren politisch-rechtliche Bindung an Frankreich bis dahin noch unterschiedlich gewesen war, in der »Indochinesischen Union« zusammengefasst wurden und die Verwaltung zentralisiert und vereinheitlicht wurde, stand eine inzwischen in französischen Schulen ausgebildete kleine Schicht von qualifizierten Vietnamesen zur Verfügung, die unter strenger Kontrolle in gemischten Gremien begrenzte Funktionen als Berater ausüben durften. Aus ihnen wurde auch das Personal rekrutiert, das man nach Laos und Kambodscha schickte, wo einzelne von ihnen in relativ hohe Positionen aufsteigen konnten, wenn sie die Interessen der Kolonialmacht wirksam vertraten.

Auch bei der Aufstellung einer ihnen ergebenen Militärtruppe, die »Eingeborenenmiliz« genannt wurde, hatten die Franzosen wenig Erfolg, und so mussten starke französische Streitkräfte, die zum Teil aus afrikanischen, insbesondere senegalesischen Soldaten und Fremdenlegionären bestanden, weiterhin im Land bleiben.

Die ersten Erschließungsmaßnahmen seitens der Kolonialmacht hatten militärstrategischen Charakter: Kanäle und Eisenbahnlinien, Seehäfen in Tourane und Saigon. Der frühe Keim einer vietnamesischen Arbeiterklasse, der sich in den wenigen Industriebetrieben, in den Kohlebergwerken und auf den Baustellen solcher Projekte bildete, litt große Not und musste schwere Zwangsarbeit im Dienste und unter der Bewachung des französischen Militärs verrichten. Es handelte sich um mit Gewalt aus den Dörfern entführte Bauern, die für Hungerlöhne ausgebeutet wurden, keinerlei Rechte hatten und unter Bedingungen lebten, die Zehntausende von ihnen das Leben kosteten. Von den 80 000 mit dem Bau der Eisenbahnlinie Hanoi–Yünnan beschäftigten Arbeitern kamen etwa 25 000 vor Hunger oder durch Unfälle und Zwangsmaßnahmen des Bewachungspersonals um. In den wenigen mit französischem Kapital betriebenen und von Franzosen geleiteten Industriebetrieben wurde ausschließlich für den Export produziert, so dass dieser Beginn eines industriellen Sektors keine produktiven Auswirkungen auf die einheimische Wirtschaft hatte, denn auch die Gewinne, die wegen der niedrigen Löhne und des Fehlens jeglicher Sozialleistungen sehr hoch waren, wurden nach

55 Zit. in: Nguyen Khac Vien 1974, S. 124

Frankreich transferiert. Die Entwicklung einer nationalen Industrie wurde konsequent verhindert, darüber hinaus hatte der massenhafte Import von französischen Industrieprodukten zur Folge, dass das einheimische Handwerk seiner Existenzgrundlage beraubt wurde. Die Handwerker mussten aufs Land gehen und sich mit der Produktion von Gegenständen für den täglichen Gebrauch der Bauern über Wasser halten.

Was den Handel betraf, inklusive Export, so wurde er von den Franzosen fast ausschließlich den im Lande lebenden Chinesen übertragen. Also gab es auch jetzt immer noch keine Voraussetzungen für die Entstehung einer nationalen Bourgeoisie. Einige wenige Einheimische konnten vom Kleinhandel leben, aber der private Grundbesitz wurde von der Kolonialmacht gefördert, vor allem im Mekong-Delta, wo die Reisanbauflächen erheblich vergrößert wurden. Auf der Dorfebene übernahmen die vietnamesischen oder chinesischen Grundbesitzer zunehmend die Aufgabe, die Bauern auszubeuten und in Abhängigkeit zu bringen, was die alte »kommunalistische«[56] Struktur der Produktionseinheit des vietnamesischen Dorfes auflöste. Eingeführt wurde stattdessen ein System der faktischen Leibeigenschaft, denn die Bauern waren entweder zu einfachen Landarbeitern geworden oder besaßen eigenes oder Pachtland in so kleiner Menge, dass sie kaum selber davon leben konnten. In beiden Fällen waren sie bei den Besitzern, Verwaltern oder Reisaufkäufern zumeist hoch verschuldet und befanden sich in totaler Abhängigkeit von ihnen. Dabei wurden die Grundbesitzer zu direkten Agenten der Kolonialmacht, die nur an Ruhe und Ordnung und an der überschüssigen Produktion interessiert war, nicht aber an einer Förderung oder Modernisierung der Landwirtschaft. Trotz gegenteiliger Versicherungen französischer Autoren bis heute[57] war die Lage der Bauern und Arbeiter durch brutale Willkür der Verwalter, des Militärs und der Grundbesitzer sowie durch andauernde Notsituationen und Demütigungen gekennzeichnet. »Die Trommelschläge, die hinter den Bambushecken einst die Feste und Prozessionen ankündigten, erweckten jetzt nur noch

56 Der Ausdruck stammt von Vu Quoc Truc, »l'économie communaliste du Vietnam«, und ist allgemein gebräuchlich geworden zur Bezeichnung der typisch vietnamesischen Einheit ökonomischer und sozialer Ordnung des Dorfes, die als Kollektiv zur Zeit der Monarchie sogar dem Hof gegenüber eine gewisse Autonomie besaß.

57 Z.B. Masson.

unheilvolle Gefühle: Sie riefen den von Angst beherrschten Bauern ins Gedächtnis, dass die Steuereintreibung im Gange war, dass man sich darauf gefasst zu machen hatte, die Reisfelder und die Kinder zu verkaufen, dass sich irgendwo, mit aufgepflanztem Bajonett, die Fremdenlegion herumtrieb. Aus allen Feldern des ganzen Landes stieg ein unermesslicher Schrei der Verzweiflung auf.«[58]

Wie die alte traditionelle Dorfstruktur, so sollte auch das konfuzianische Bildungssystem zerstört werden. Noch ehe es in Vietnam die ersten französischen Schulen gab, wurden die jährlichen Mandarinatsprüfungen »reformiert«. Ab 1903 wurde zum Beispiel eine Französischprüfung obligatorisch. In den Städten und vor allem auf dem Land gab es nun kaum noch Bildungsmöglichkeiten, und der Analphabetismus, der durch die Tätigkeit der Dorflehrer und Bonzen zurückgedrängt worden war, breitete sich wieder stark aus; zu Beginn des 20. Jahrhunderts gingen in Vietnam kaum noch 10 % der Bevölkerung in eine Schule. Einige wenige Prestigeprodukte der Franzosen änderten an diesem Zustand nichts, machten im Gegenteil die Tendenz der französischen »Kulturpolitik« in Indochina deutlich: Die 1908 in Hanoi eingerichtete »Université d'Indochine« war nur einer kleinen Elite, die zuvor französische Schulen besucht hatte, überhaupt zugänglich. 30 Jahre nach ihrer Gründung hatte sie immer noch nicht mehr als knapp 600 Studenten. Außerdem konnte man an ihr nur französische Geschichte und Kultur studieren, französische Autoren der höfischen Klassik lesen, nicht aber die modernen Aufklärer des 18. Jahrhunderts. Für das Land vor allem wichtige Disziplinen wie Naturwissenschaften und Technik wurden nicht gelehrt. In den wenigen, allerdings renommierten Forschungsinstituten, die sich etwa auch mit der Archäologie und Geschichte Vietnams und Kambodschas beschäftigten, hatten nur Franzosen das Recht zu arbeiten und zu lernen. In diesem Rahmen der Abschaffung einheimischer Traditionen ist auch die jetzt endgültige und offizielle Einführung der Quoc Ngu-Schrift zu sehen.

Einige herausragende Einzelmaßnahmen haben sich besonders negativ auf das ökonomische und soziale Gefüge der Bevölkerung ausgewirkt: Frankreich behielt sich das alleinige Recht zum Verkauf von Opium und Alkohol vor. Der Alkohol wurde von der französischen Firma Fontaine vertrieben, die nicht nur jedes private Brennen

58 Nguyen Khac Vien 1970, S. 80.

von Schnaps mit Hilfe der Behörden und der Polizei unterband und dann die Preise für Alkoholika innerhalb von 10 Jahren auf das Sechsfache erhöhte, sondern auch die Kommunen zu einem nach der Einwohnerzahl festgelegten festen Konsum von Alkohol zwang. Ebenso wurde der Konsum von Opium gefördert, dessen Monopol bei der Verwaltung selbst lag. Ebenso war der private Verkauf von Salz verboten; auch hier hatte die »Regie«, eine staatliche Vertriebsorganisation, das uneingeschränkte Monopol und konnte durch den Vertrieb dieses Grundnahrungsmittels, das bald zu einem Luxusgut wurde, nicht nur fast beliebig hohe Profite erzielen (zwischen 1887 und 1907 verfünffachte sich der Preis), sondern auch die Bevölkerung in gezielter Form durch Lieferverweigerung unter Druck setzen. Neben einem brutalen Steuereintreibungssystem war die Verfolgung angeblicher oder tatsächlicher Verstöße gegen diese Monopolbestimmungen ein besonders häufiger und demütigender Vorwand für individuelle oder kollektive Bestrafungen vor allem der Bauern.

Mit nur geringen Veränderungen und einigen ganz kurzen Perioden relativer Liberalisierung blieb diese Form der Kolonialherrschaft bis 1945 im Wesentlichen erhalten. Im Ersten Weltkrieg musste die Indochinesische Union nicht nur erheblich zu den Kosten der Kriegsführung in Europa beitragen, sondern auch Truppen entsenden. Etwa 100 000 vietnamesische Soldaten kämpften an den europäischen Fronten, außerdem wurden den Kolonien Kriegsanleihen und Lebensmittellieferungen auferlegt. Der Generalgouverneur Sarraute hatte versprochen, in Anerkennung dieses französischen »Patriotismus« der Vietnamesen würden die Einheimischen nach Kriegsende stärker in die Verwaltungs- und Entscheidungsgremien integriert werden. Auf solche Maßnahmen warteten die Vietnamesen nach 1918 vergebens. Stattdessen wurden im Zuge erheblich gesteigerter Investitionen und des jetzt im großen Stil betriebenen Gummianbaus die Herrschaftsmethoden und der ökonomische Druck noch verschärft. Das vietnamesische Volk hatte keine Rechte mehr, man durfte sich weder versammeln noch frei im Land bewegen, es gab keine Instanzen zur Kontrolle der Verwaltung, keine Gewerkschaften. Weder in der Industrie noch auf dem Land wurden soziale Reformen oder technische Neuerungen zugelassen. Die nun verstärkte Ansiedlung von französischen Großgrundbesitzern und Plantageneigentümern verschlechterte die Situation der jetzt fast insgesamt landlosen Bauernschaft noch zusätzlich.

Den im Stichjahr 1929 etwa 220000 in den Bergwerken, Plantagen oder in der Industrie beschäftigten Arbeitern ging es nicht besser. Die französischen Direktoren der Betriebe übten unbeschränkte Macht über die Arbeiter aus. Von Gerichten völlig unkontrolliert konnten sie diese in betriebseigene Gefängnisse werfen lassen, und ohne jede Möglichkeit des Einspruchs oder der objektiven Überprüfung wurden Strafen bis hin zur Exekution ausgesprochen und vollstreckt. So waren diese Direktoren und ihre Beauftragten im vollen Sinne des Wortes Herren über Leben und Tod.

IV. Der Kampf um die Unabhängigkeit

1900–1945

Als die Franzosen nach Indochina kamen, herrschte dort überall Unterentwicklung, Schwäche der staatlichen Institutionen und, vor allem in Vietnam, eine starke Tendenz zum Isolationismus.[1] Um diesen Zustand zu überwinden, wäre eine größere Aufgeschlossenheit den Entwicklungen gegenüber notwendig gewesen, die sich vor allem in Europa inzwischen vollzogen hatten. Aus ihrer Kenntnis hätten die Nationen und Kulturen Indochinas nötige Anregungen für eine Erneuerung und Zukunftsperspektive und ein Programm für den Unabhängigkeitskampf gewinnen können. Die Kaiser von Hue waren dazu nicht willens, aber es muss auch gesagt werden, dass die Kolonialmacht gerade solche Tendenzen mit brutaler Konsequenz unterband. Der Schock, den die Invasion und militärische Aggression auslösten, hat bewirkt, dass der Widerstand gegen diese Repräsentanten von Industrialisierung und Kapital sehr lange brauchte, bis er zu modernen republikanischen und demokratischen Orientierungen vorstieß.

Die erste, monarchistisch ausgerichtete Rebellion des »Aufstands der Gebildeten«, Can Vuong, scheiterte nicht nur an ihrer militärischen Schwäche, sondern auch am Fehlen einer politisch und sozialpolitisch begründeten Konzeption ihrer Ziele. Sie war – der Haupt-Slogan »dem Kaiser dienen« verrät es schon – monarchistisch ausgerichtet, weswegen sie ihre zweifellos großen militärischen Erfolge nicht halten konnte, die Unterstützung des Volkes verlor und letztlich an Verrat und innerer Dekadenz zugrunde ging. Ihre Führer gingen, nach alter Tradition, in den heldenhaften, oft freiwilligen Tod. Nach diesem ersten Aufflackern folgte eine lange Phase der Konsolidierung der Kolonialmacht, und erst Anfang des 20. Jahrhunderts machte sich neben dem passiven erneut bewaffneter und organisierter Widerstand bemerkbar. Einen äußeren Anstoß dazu gab 1905 der Sieg Japans bei Port Arthur über das zaristische Russland, das gerade einen bürgerlichen Revolutionsversuch erlebte. Diese Schlacht hatte

1 Das war die am Hof von Hue dominierende Haltung. Aber es gab dort sehr wohl Mandarine und Gelehrte – unter ihnen auch christliche –, die zu mehr Flexibilität und Aufgeschlossenheit neigten. Dies kann hier nicht weiter ausgeführt werden. Die anschaulichste Darstellung der geistigen Entwicklung unter den Nguyen bietet Fourniau, Kap. II.

gezeigt, dass ein asiatisches Land auch eine moderne europäische Macht besiegen konnte, eine Tatsache, die geeignet war, die seit den Opiumkriegen fast traumatische Angst vor der technisch-militärischen Überlegenheit der europäischen Mächte zu erschüttern, die auch den Kaiserhof von Hue lähmte.

Japan und in gewisser Weise auch Siam waren zudem Beispiele dafür, dass die Öffnung gegenüber westlichen Einflüssen nicht unbedingt zum Verlust der Unabhängigkeit führen musste. Aber solche Erkenntnisse waren zu diesem Zeitpunkt in Vietnam nur bei einer oppositionellen Intelligenz verbreitet, während der Hof und die Mandarinatsbürokratie eher geneigt waren, den Franzosen Zugeständnisse zu machen, zumal diese sie vor dem antifeudalen Widerstand schützten. In den Jahren 1906 bis 1908 hatten sich etwa 200 vietnamesische Studenten nach Japan begeben, um dort das zu studieren, was sie im eigenen Land nicht lernen konnten: Industrietechnik und Naturwissenschaften. Schon von dort aus entfalteten sie, unter dem Eindruck einer positiven Begegnung mit westlicher Kultur, eine rege Propagandatätigkeit.[2] 1907 gründeten einige Intellektuelle in Hanoi eine private, selbstfinanzierte vietnamesische Universität, die Dong Kinh Nghia Thuc-Schule, die ein Jahr später von der Kolonialmacht verboten wurde. In ihr hatten ca. 100 Studenten, darunter viele Frauen, kostenlosen Unterricht genossen und waren mit europäisch-republikanischem Gedankengut bekannt gemacht worden. Es entstand eine neue Widerstandsbewegung, die zwar auch von »Gebildeten« angeregt wurde, aber nicht monarchistisch war, sondern eine von chinesischen und japanischen Revolutionären und von den französischen Reformern des 18. Jahrhunderts[3] beeinflusste bürgerlich-demokratische Perspektive hatte.

2 Aus Japan sandte der junge Student Phan Boi Chau einen »Brief aus Übersee, mit Blut geschrieben« in die Heimat, ein Gedicht, in dem es heißt: »Warum ist unser Land verloren?/ Welche sind die Gründe?/ Zuerst, der König – er weiß nichts über die Angelegenheiten des Volkes; / Zweitens, die Mandarine – sie interessieren sich nicht für das Volk; / Und drittens, das Volk – es weiß nichts. / König, Vaterland, Untertanen. Darum kümmert das Volk sich nicht.« Phan Boi Chau, zit. nach: *Anthologie de la littérature vietnamienne*, Band III, Hanoi 1975, S. 197.

3 Dazu hatte die Kolonialmacht unfreiwillig beigetragen: »Frankreich […] hat sein eigenes intellektuelles Instrumentarium mit den Subtilitäten seiner Sprache, den Ausformungen seines Denkens und den lebendigen Schatz seiner Bücher mitgebracht«, Masson, S. 97.

Phan Boi Chau, der Gründer dieser Dong Duy (»Reise in den Osten«) genannten Bewegung, wurde allerdings von der japanischen Regierung, die ein Arrangement mit den Franzosen anstrebte und die französische Herrschaft in Indochina nun offiziell anerkannte, schon 1908 zusammen mit seinen Freunden ausgewiesen und, als er in seiner Heimat öffentlich republikanische Forderungen erhob und den militärischen Kampf zu ihrer Durchsetzung propagierte, verhaftet. Später, als man ihn unter großem öffentlichem Druck freilassen musste, ging er ins Exil nach China, das 1911 Republik geworden war. Phan Chu Trinh, ein in Vietnam aufgewachsener Intellektueller, richtete Memoranden und offene Briefe an den Generalgouverneur Paul Bau, in denen er die Unterdrückungsherrschaft der Kolonialadministration unter Bezugnahme auf die Ideale der Französischen Revolution von 1789 anprangerte.

Die von ihm gegründete Bewegung nannte sich Duy Tan (»Erneuerung«) und hatte zwar reformistische Ziele und forderte nicht den Abzug der Franzosen, verlangte aber von ihnen, das Land vom Feudalismus zu befreien und die bürgerlichen Errungenschaften einzuführen. Allein schon diese Argumentation ist ein Zeichen dafür, dass eine nicht unerhebliche Gruppe von Intellektuellen in Vietnam inzwischen einen anderen, weiterführenden Zugang zur europäischen Kultur gefunden hatte und daher auch die demagogischen Rechtfertigungen der Kolonialmacht sehr wirkungsvoll entlarven konnte. Auch Phan Chu Trinh wurde verhaftet, musste aber nach Protesten in der Öffentlichkeit, sogar in Frankreich selbst, 1911 freigelassen werden und ging dann nach Paris.

Parallel zu den Aktionen dieser Gruppen und in den Kampfformen zum Teil durch sie bestimmt, erhob sich die Bevölkerung, vor allem auf dem Land und in den Provinzstädten, jetzt wieder öfter gegen die Not und die Willkür der Kolonialadministration. Kampagnen zur Verweigerung der Steuerzahlungen, Streiks und manchmal wochenlange Belagerungen von Gouverneursresidenzen hatten zum Ziel, eine Milderung des sozialen Drucks und die Abschaffung der Zwangsarbeit zu bewirken. Auch bei den Meo- und Muong-Minderheiten in den laotischen Provinzen Savannakhet und Champassak gab es Unruhen, und im chinesischen Exil gründete Phan Boi Chau sogar eine Gegenregierung.

Als Antwort auf die Forderungen wurden 1915 die traditionellen Literaturprüfungen abgeschafft und eine besonders konservative

Variante des französischen Schulsystems eingeführt, mit der Folge, dass jetzt nur noch 2 % der Bevölkerung überhaupt auf Schulen gehen konnten, wo sie zudem nur eine sehr enge und einseitige Auswahl aus der französischen Literatur und Philosophie kennenlernen durften. Natürlich standen dabei die barocken Klassiker wie Racine und Corneille im Vordergrund, die in Vietnam mangels Hintergrundwissen nur als exotisches luxuriöses Hoftheater rezipiert werden konnten. Außerdem wurden die Schüler mit auswendig zu lernenden Geschichten über »unsere Vorväter, die Gallier« traktiert. Die kolonialistische Bildungspolitik bestand in dieser Zeit nurmehr aus solchen zweifelhaften Zugeständnissen und vielen nicht eingelösten Versprechungen. Im Übrigen reagierte man auf Forderungen mit der gewohnten harten Repression: wahllosem Beschuss von Demonstrationen und Versammlungen, Zerstörung ganzer Dörfer, Deportation Tausender Oppositioneller auf die berüchtigte Gefängnisinsel Poulo Condore. Die »Befriedung« des Landes wurde auch deshalb schnell und brutal betrieben, weil man während des Ersten Weltkriegs an dieser Front Ruhe brauchte.

Der europäische Weltkrieg führte tatsächlich zu einer vier Jahre währenden relativen Schwächung der Kolonialmacht. Es ist der Widerstandsbewegung nicht gelungen, diese Phase zu relevanten Aktionen auszunutzen. Trotzdem wurden durch den Kontakt vietnamesischer Soldaten, die in Europa für Frankreich kämpfen mussten, mit westlicher Kultur und den dortigen sozialen Kämpfen sowie unter dem Einfluss der Entwicklung in China und Russland Vorstellungen über ein »Neues Vietnam« weiterentwickelt. Dem trat die Kolonialregierung durch eine forcierte »Erneuerung echter vietnamesischer Traditionen« entgegen. Die Bevölkerung sollte wieder auf einen rückwärtsgewandten Monarchismus orientiert werden, den die Kaiser von Hue immer noch repräsentierten, sowie auf buddhistische und konfuzianische Verhaltensweisen.

Nach 1920 mussten die zurückgekehrten Soldaten und die Bevölkerung erkennen, dass die Kolonialmacht ihre zu Beginn des Krieges gemachten Versprechungen[4] nicht erfüllen würde. Es kam wieder zu verstärktem Widerstand. 1923 und 1924 gab es dabei zum ersten Mal

4 Man hatte öffentlich angekündigt, dass der Einsatz für das »Vaterland« – gemeint war natürlich Frankreich – mit materiellen Zuwendungen und sozialen Verbesserungen belohnt werden würde.

eine durch die Bourgeoisie initiierte Aktion, die ein Import-Export-Monopol für französische Firmen, das die Kolonialverwaltung einführen wollte, zu Fall brachte. Politische Streiks in Saigon[5], mit denen die Hafenarbeiter das Auslaufen zweier Schiffe verhinderten, um der Revolution in China zu helfen, brachten einen internationalistischen Akzent in diese Kämpfe. In Cholon, Hanoi und Nam Dinh gab es Streiks der Industriearbeiter, und in allen Städten kursierten Flugschriften, Zeitungen und Zeitschriften, in denen aus Europa zurückgekehrte Soldaten oder Studenten Artikel mit sozialkritischer Tendenz veröffentlichten.

1925 war der Sozialist Alexandre Varenne Generalgouverneur in Indochina geworden[6], und an ihn knüpfte man in Vietnam große Erwartungen. Aber sein Versuch, etwas liberalere Tendenzen durchzusetzen, wurde von kolonialistischen Kreisen in Paris sehr bald gestoppt: Schon 1928 wird auf ihr Betreiben Varennes Mandat nicht mehr verlängert. Trotzdem formierten sich während seiner Amtszeit in einem allgemeinen Klima oppositioneller Betriebsamkeit erste politische Widerstandsgruppen, die in der Form von Parteien oder Geheimbünden organisiert waren. Und schon seit 1924 gab es in China marxistisch orientierte Exilvietnamesen, die durch ein missglücktes Attentat auf den Generalgouverneur Merlin, einen besonders zynischen Vertreter der harten Unterdrückungspolitik[7], bekannt geworden waren. Zu ihnen stieß bald ein junger Kommunist, der in Frankreich und der Sowjetunion gearbeitet und studiert hatte, Nguyen Ai Quoc, der spätere Ho Chi Minh. Unter seinem Einfluss vereinigten sich 1925 die verschiedenen Gruppen unter dem Namen Thanh Nien (»Revolutionäre Jugend«) und gaben sich ein Programm, das an den Prinzipien der 3. Internationale orientiert war: Die Revolution sei das Werk der Massen, nicht einzelner Männer, sie müsse von einer Partei geführt und in die allgemeine Weltrevolution integriert werden. Mit

5 Einer der Führer dieser Streiks war Thon Duc Thang, der Nachfolger Ho Chi Minhs im Amt des Präsidenten der DRV.

6 1924 war in Frankreich eine Linksregierung unter Édouard Herriot als Ministerpräsident an die Macht gekommen. Sie hielt sich nur ein Jahr. Wie zehn Jahre später unter der Volksfrontregierung war auch in diesem Fall eine linke Politik in Frankreich nur vorübergehend dominant.

7 Martial Merlin war der Vorgänger von Varenne. Das Attentat fand 1925 statt, Merlin blieb unverletzt. Der Attentäter, Pham Hong Thai, stürzte sich in den Perlenfluss. Sein Grab ist heute eine Stätte der Verehrung.

dieser Zielsetzung veranstalteten Nguyen Ai Quoc und seine Freunde Schulungen und bereiteten die Mitglieder der Organisation darauf vor, im Land unter den Arbeitern und Bauern zu leben und zu arbeiten.

Ebenfalls 1925 entstand in Vietnam selbst eine Gruppe mit ähnlicher Zielsetzung unter der Leitung von Tran Phu, dem späteren Verfasser des ersten Parteiprogramms der Indochinesischen Kommunistischen Partei. Tran Phu und fast alle führenden Mitglieder dieser Gruppe, vorwiegend Studenten, waren jahrelang in den Gefängnissen von Poulo Condore gewesen und hatten, wie es eine geläufige Redewendung ausdrückt, »die Gefängniszellen zu Schulen der Revolution« gemacht. Tran Phu hatte Kontakt zur Thanh Nien-Organisation, und die Programme wurden aufeinander abgestimmt.

Daneben gab es, vor allem in den Städten, Parteien und Gruppierungen der unterschiedlichsten nationalistischen und reformistischen Richtungen, wie etwa die republikanische Gruppe um Nguyen Anh Minh in Saigon, Phan Quynh und seine Anhänger, die eine »Rückkehr zum Geist des Protektorats« anstrebten[8], oder die »Konstitutionalistische Partei«, die dem Gouverneur Varenne bei seiner Ankunft in Saigon 1925 ein »Wunschbuch der Annamiten« überreichen ließ, in dem es heißt: »Die Annamiten dürsten danach, zu lieben und geliebt zu werden.«[9] Auch diese Partei trat für die Verwirklichung bürgerlicher Freiheiten ein und ging nicht davon aus, dass die Franzosen unbedingt Vietnam verlassen müssten. Im Norden gab es eine auf den Kuomintang orientierte sozialdemokratisch-nationalistische Partei, die »Viet Nam Quoc Dan Dang« (VNQDD), die kein ausgearbeitetes soziales Programm hatte, auf spektakuläre Aktionen ausgerichtet und aggressiv antikommunistisch war. Unter ihrer Leitung wurde der berühmte Aufstand der Garnison von Yen Bai 1930 organisiert, der scheiterte, weil die Leitung verfrüht losschlug und überdies von Spitzeln durchsetzt war. Die Anführer gingen heldenhaft in den Tod, und von dieser Niederlage hat sich die VNQDD-Partei nicht mehr erholt. 1933 verschwand sie als politische Kraft endgültig, und die spätere Partei gleichen Namens, eine von Chiang Kai-shek-China initiierte Neugründung, hat mit ihr nichts zu tun.

8 Masson, S. 97f., nennt ihn einen »feinen Intellektuellen von hoher Kultur und seltener Verführungskraft« und sein Programm »das gemäßigtste und konstruktivste«.

9 Le Thanh Khoi 1978, S. 363

Schon lange hatten auch im politisch-öffentlichen Leben Vietnams religiöse Sekten als Geheimbünde eine gewisse Rolle gespielt. Sie hatten zum Teil abenteuerliche theologische Programme und Glaubenszeremonien, übten jedoch auch einen gewissen politischen Einfluss aus und traten später, unter Ngo Dinh Diem etwa, auch militärisch in Aktion. Die Cao Dai-Sekte zum Beispiel verbindet in ihrem religiösen Kult die verschiedensten Elemente aus asiatischer Theologie und europäischer Literatur (so wird zum Beispiel Victor Hugo als Heiliger verehrt) zu einem eklektizistischen Spiritismus, zu dem die Organisationsstruktur in eigenartigem Kontrast steht. Sie wurde nämlich aus der katholischen Kirche übernommen: Es gibt einen Papst, der in Tay Ninh seinen Sitz hat. Diese und andere Sekten haben meist eine nur vage formulierte religiöse Erneuerung zum Ziel. Sie wurden gegründet und finanziert von Geschäftsleuten, Großgrundbesitzern, und die Kolonialadministration hatte sie vollkommen unter Kontrolle.

* * *

Aus den marxistisch orientierten Gruppen in Vietnam und im chinesischen Exil waren, vor allem aufgrund mangelnder Kommunikation und Koordination, 1929 zunächst drei getrennte Parteien (für Vietnam, Laos und Kambodscha) hervorgegangen, die weitgehend ähnliche Ziele vertraten. Es ist schließlich Nguyen Ai Quoc gelungen, am 3.2.1930 eine Einigung zu erreichen, und die daraus hervorgegangene »Indochinesische Kommunistische Partei« verabschiedete auf ihrem ersten Parteitag im Oktober 1930 »Politische Thesen«, die Tran Phu verfasst hatte, als ihr Programm. Außer den schon in den Vorläufergruppen formulierten Zielsetzungen enthalten diese »Thesen über die bürgerlich demokratische Revolution« – so der ursprüngliche Titel[10] – als wichtigstes neues Element den Aspekt der Verknüpfung der nationalen mit der Bauernfrage. Damit hatte diese Partei zugleich eine antifeudalistische und eine antiimperialistische Ausrichtung und war die erste oppositionelle Organisation in Indochina, die die Erkenntnis, dass die Lage der Bauern die Schlüsselfrage der Revolu-

10 Später wurde diese Bezeichnung geändert in »nationaldemokratische Volksrevolution«, und das Programm von Tran Phu hieß später schlicht »Politische Thesen« – da ging es aber schon um die ungleichzeitige Entwicklung von Nord und Süd nach der Teilung von Genf 1954. Vgl. Le Duan.

tion und Befreiung war und dass diese Frage eng mit der internationalen Situation zusammenhing, zur Grundlage ihrer Politik machte.

Diese internationale Situation hatte sich um 1930 tatsächlich unmittelbar auf das Los der Arbeiter und Bauern in Vietnam ausgewirkt. Sie war geprägt von der großen europäischen Wirtschaftskrise, vom Aufstieg des Faschismus in Deutschland und Japan und vom Krieg zwischen China und Japan. In Vietnam wurde die Exportproduktion wegen internationaler Absatzschwierigkeiten stark gedrosselt, was zu Massenarbeitslosigkeit führte. Mehr als ein Drittel aller Arbeiter war nicht nur ohne Arbeit und Verdienst, sondern wegen des Fehlens entsprechender sozialer Institutionen auch direkt bitterster Entbehrung und dem Hunger ausgesetzt. Es herrschte in dieser Zeit – auch infolge besonders schwerer Naturkatastrophen seit 1929, die in einer Abfolge von Dürrezeiten und Überschwemmungen das Land bis 1933 heimsuchten – eine so allgemeine Not, dass für große Teile der Bevölkerung akute Lebensgefahr bestand.

In den Aktionen der Arbeiter und Bauern gegen diese Zustände wurde die unterstützende Tätigkeit der KP[11] allmählich sichtbar, denn ihre Zellen in Stadt und Land halfen bei der Organisation von Streiks und Demonstrationen und verbanden den Kampf um die Durchsetzung sozialer Forderungen mit politischer Aufklärung. Höhepunkt dieser im Wesentlichen sozialen Auseinandersetzungen der Jahre 1930/31, bei denen es weniger um die Befreiung vom Kolonialismus als ums nackte Leben ging, war eine große Rebellion in den Provinzen Nghe An und Ha Tinh, die in einem Gebiet mit etwa 100 000 Einwohnern für einige Monate die Kolonialverwaltung vollständig ausschaltete, bis die Aufständischen schließlich vor den Angriffen der französischen Luftwaffe kapitulieren mussten.

Auch wenn diese Episode nur von kurzer Dauer war, so hatte sie doch starken Widerhall gefunden, denn die Maßnahmen, die zur Organisation des sozialen und politischen Lebens in dieser »befreiten Zone« Nghe Tinh[12] getroffen wurden, ließen eine ganz neue Qualität des Widerstands deutlich werden. In diesen wenigen Monaten waren sehr weitgehende demokratische Reformen eingeführt worden:

11 Kommunistische Partei. Ich benutze dieses Kürzel ungeachtet des jeweiligen Namens, den die Partei sich gab.

12 Geläufige Zusammenziehung der beiden Provinznamen Nghe An und Ha Tinh.

Eine gewählte Volksvertretung senkte die Steuern und Schuldzinsen, annullierte alte unberechtigte Schulden, verteilte das Land neu und führte auch demokratische Freiheiten ein. Bezeichnend für die neue Perspektive aber war, dass sie energisch den Analphabetismus bekämpfte und gegen überkommene abergläubische Vorstellungen und Rituale anging. Die wegen des Charakters ihrer Herrschaftsform als »Sowjets von Nghe Tinh« in die Geschichtsschreibung eingegangene Bewegung war vor allem von der Bevölkerung selbst getragen und nicht auf eine Führerpersönlichkeit angewiesen.[13] Sicher waren die Mitglieder der KP führend beteiligt, nicht aber die Partei als Organisation, und die Bevölkerung baute soziale revolutionäre Strukturen zwar mit ihrem Rat und ihrer Hilfe, aber selbständig auf. Die Lage hätte auch keine andere Möglichkeit zugelassen: Den Bauern blieb fast nur noch die Wahl, »zu sterben oder zu revoltieren«[14], und die KP hatte gerade kaum die Krisen ihrer Gründungsperiode hinter sich gebracht, und schon war sie, aufgrund ihres Programms und ihrer starken Verankerung in der Basis, in eine Revolte verwickelt, die sie nicht selbst geplant oder ausgelöst hatte[15], in der ihr Einfluss aber deutlich erkennbar war. Diese neue Qualität der Nghe Tinh-Revolte hatte wohl auch die Kolonialregierung erkannt, denn ihre Strafaktionen gerade gegen sie waren so brutal, dass sie sogar im Mutterland Frankreich auf öffentliche Proteste stießen. Viele Führer und Zehntausende von Aufständischen wurden von pausenlos tagenden Standgerichten abgeurteilt und hingerichtet, oft grausam zu Tode gefoltert, wie etwa der erste Sekretär der KP, Tran Phu, oder zu vielen Jahren Gefängnis verurteilt, wie etwa Nguyen Ai Quoc.[16] Einige Scheinkonzessionen, die man machte, um die öffentliche Meinung vor allem im Ausland und in Frankreich zu beruhigen, entbehren nicht eines gewissen Zynismus: Es wurden »Versöhnungskommissionen« gegründet, man

13 Es ist auch kein Name bekannt. Die »Sowjets von Nghe Tinh« waren sozusagen ein kollektiver Held, der bis heute im Bewusstsein der Bevölkerung präsent ist.

14 Le Thanh Khoi 1978, S. 407.

15 Die offizielle Parteigeschichtsschreibung erwähnt jedenfalls nichts dergleichen. Vgl. *Brève histoire*, S. 16.

16 Nguyen Ai Quoc befand sich damals in Hongkong und wurde im Auftrag Frankreichs von den Engländern verhaftet (1931). Es erhob sich internationaler Protest, und auf Vermittlung von englischen Bürgern wurde er nach zwei Jahren wieder freigelassen.

baute die französischen Eliteschulen für Kollaborateure aus, und es wurde eine »Erneuerung des Buddhismus« propagiert, um die Bevölkerung abzulenken. Die städtische Jugend versuchte man durch die Organisation von Bällen, Festen und Schönheitswettbewerben zu beschäftigen und zu gewinnen. An den Hof von Hue wurde der Kaiser Bao Dai aus Frankreich zurückgeholt, um die Monarchie aufzuwerten; an seine Seite stellte man als Regenten den Katholiken Ngo Dinh Diem, der sich bei der grausamen Repression gegen die Bewegungen von 1930/31 besonders ausgezeichnet hatte.[17]

Für etwa fünf Jahre herrschte eine relative Ruhe im Land. Alle bürgerlichen Oppositionsparteien waren zerschlagen, und die KP war, ebenfalls stark geschwächt und vieler qualifizierter Kader beraubt, in den Untergrund gegangen. Sie arbeitete nun eine neue Orientierung aus, die von der Hoffnung ausging, die Volksfrontregierung in Paris könnte sich günstig auch auf die Lage in Indochina auswirken. Die Mitglieder der Partei sollten legale Aktionen der Arbeiter, Bauern und der Intelligenz unterstützen, ohne selbst als Partei in Erscheinung zu treten. Diese vietnamesische Variante einer »Volksfrontpolitik«, die seit etwa 1936 betrieben wurde, zielte also nicht auf einen Zusammenschluss von Parteien, sondern unterstützte und koordinierte von Fall zu Fall oppositionelle Aktionen der verschiedensten Art und unterschiedlicher sozialer Gruppen. Es wurden Zeitungen herausgegeben, Arbeiterlisten für Kommunalwahlen aufgestellt, bei denen die Kolonialverwaltung einige vietnamesische Kandidaten zuließ, und Versammlungen, Demonstrationen und Streiks organisiert. Im Interesse einer guten Zusammenarbeit mit der französischen KP, aber auch mit progressiven Franzosen in Indochina selbst wurde in dieser Phase das Ziel der Vertreibung der Franzosen aus Indochina nicht mehr propagiert.

Durch die verschiedenen legalen Aktionen konnte die Freilassung einiger politischer Gefangener erreicht werden, und es gelang auch, ein Gesetz durchzusetzen, das unter anderem eine Verkürzung der täglichen Arbeitszeit auf acht Stunden vorschrieb (1938),

17 Diem hatte an französischen Schulen und Universitäten in Hanoi studiert. Später distanzierte er sich von den Franzosen und zog sich zurück. Er war Katholik, sehr antikommunistisch eingestellt und ein Feind des Viet Minh. Ho Chi Minhs Angebot im Jahr 1945, in die Regierung der DRV einzutreten, lehnte er ab. 1950 ging er in die USA und wurde zu einem Ziehkind des Kardinals Spellman. 1954 wurde er von den USA als Premierminister in Saigon eingesetzt.

aber es dauerte noch lange, bis diese und andere gesetzlich zugestandene Erleichterungen auf der unteren und lokalen Ebene und in den Betrieben auch tatsächlich verwirklicht wurden. Und immer noch gab es keine Sozialversicherung, immer noch waren Streiks, Gewerkschaften und Bauernverbände streng verboten, so dass man sich in vielen kleinen Gruppen und Organisationen mit unauffälligen Namen traf, das politische Leben sich in halber Illegalität abspielte. Trotzdem kann man sagen, dass die Widerstandsbewegung auf den zweiten Weltkrieg, der für Indochina eine doppelte französische und japanische Besatzung brachte, besser vorbereitet war als 1914 auf den ersten. Wichtigste Voraussetzung dafür war eine Einschätzung dieses Krieges, die die Partei im 1939 verabschiedeten Programm auf die lapidare Formel brachte: »Der Krieg im Jahre 1939 ist ein einfacher inner-imperialistischer Krieg mit dem Ziel einer neuen Aufteilung der Welt.«[18] In Konsequenz dieser Erkenntnis konnte die Widerstandsbewegung nämlich distanziert und pragmatisch auf die Versuche von Japanern und Franzosen reagieren, das Volk durch Versprechen zu täuschen und für den Kampf gegen die jeweils andere Macht zu gewinnen. Zugleich konnten gezielt die Differenzen zwischen den eigentlich verfeindeten, in Indochina aber gemeinsam herrschenden Okkupationsmächten ausgenutzt werden.

* * *

Schon 1938 hatten die Japaner Südchina erobert und standen an der Nordgrenze Vietnams. Um angesichts dieser Lage Ruhe im Innern zu haben, ging die französische Kolonialadministration präventiv gegen alle kritischen Gruppen, Zeitungen und Veranstaltungen vor, und die Gefängnisse füllten sich erneut. Alle legalen politischen Tätigkeiten der Opposition wurden unterbunden. Zugleich wurde der ökonomische Druck auf Indochina größer, denn wieder mussten die Kolonien zu den Kosten des Krieges beitragen, mit Geld, Lebensmittellieferungen und Menschen: 1,5 Millionen Soldaten aus Indochina kämpften im Zweiten Weltkrieg auf französischer Seite. Kriegsanleihen wurden aufgezwungen, die Steuern erhöht und die wöchentliche Arbeitszeit wieder auf 60 Stunden festgelegt, um die Verluste auszugleichen. Dem Eindringen der Japaner setzte die französische Kolonialmacht

18 Zit. nach: Nguyen Khac Vien 1973, S. 177.

seit 1939 kaum noch Widerstand entgegen: Gebietsabtretungen, die Gewährung der freien Benutzung aller Kommunikationswege und die Errichtung von japanischen Stützpunkten führten praktisch dazu, dass sich Indochina seit etwa 1940 unter doppelter Fremdherrschaft befand. Japaner und Franzosen, deren Nationen im Weltkrieg eigentlich Gegner waren, arrangierten sich in Indochina zunächst, und eine kurz aufflammende Guerilla-Widerstandsbewegung der Vietnamesen gegen die eindringenden Japaner wurde von den Franzosen niedergeschlagen.[19]

Im Laufe solcher »Zusammenarbeit«, die militärische Zusammenstöße aber nicht ausschloss, entwickelte sich allmählich eine Regelung der Gewalten- und Zuständigkeitsverteilung, die schließlich im »Vertrag für die gemeinsame Verteidigung« 1941 in Tokio festgeschrieben wurde: Die Franzosen sorgten für innere Ruhe und Ordnung, damit die Japaner Indochina als Militärbasis und Rohstoff- und Versorgungsquelle benutzen konnten. Vor allem die in diesem Vertrag festgelegten hohen Reis- und Lebensmittellieferungen trafen die Bauern sehr hart. »Egal, ob die Ernte gut oder schlecht war, musste jede Region eine ihrer Anbaufläche entsprechende Menge Reis zum Spottpreis von 19 Piastern pro Quintal liefern. Im Falle einer schlechten Ernte musste die Bevölkerung auf dem Markt für 54 Piaster pro Quintal Reis zukaufen, um den geforderten Lieferungen nachkommen zu können. Um die Säcke bereitzustellen, in denen der Reis geliefert werden musste, zwang man die Bauern, auf einem Teil ihres Bodens den Reis herauszureißen und Jute anzupflanzen.«[20] Wieder waren die Bauern gezwungen, Vorräte, Geräte und sogar ihre Kinder zu verkaufen, um den Zwangslieferungen genügen zu können, die oft in der Korruption verschwanden, gelagert oder als Brennstoff verwendet wurden, während die Bevölkerung hungerte.

Bei der ökonomischen Ausbeutung des Landes und des Volkes arbeiteten Japaner und Franzosen also zusammen, auf anderen Gebieten versuchten beide, sich voneinander abzusetzen. So propagierten die Japaner die Idee eines selbständigen Großasien-Reiches und nahmen gelegentlich vietnamesische Patrioten vor der Verfol-

19 »In Cao Lanh taucht zum ersten Mal die Rote Fahne mit dem goldenen Stern auf. Die Unterdrückung übertrifft an Grausamkeit alles, was man bisher erlebt hatte.« Le Thanh Khoi 1978, S. 416.

20 Nguyen Khac Vien 1974, S. 181. Quintal = ein Doppelzentner oder ca. 100 kg.

gung durch die Franzosen in Schutz. Sie appellierten an ein Zusammengehörigkeitsgefühl der Asiaten den Europäern gegenüber und arbeiteten dabei vor allem mit den religiös-politischen Sekten zusammen. Repräsentant einer kleinen projapanischen Partei war damals der Katholik Ngo Dinh Diem, der sich von den »Reform«-Versuchen der Franzosen enttäuscht abgewandt hatte. Die französische Seite unternahm seit der Amtsübernahme des Gouverneurs Admiral Jean Decoux 1932 im Bewusstsein ihrer Unterlegenheit gegenüber der japanischen Armee ebenfalls Versuche, die Vietnamesen durch Propaganda auf ihre Seite zu ziehen. Als Vorbereitung auf den Kampf gegen die Japaner sollte ein gemeinsamer, die Regierung Pétain unterstützender französisch-vietnamesischer Patriotismus entstehen.[21] Einige Projekte der »Entwicklungshilfe«, wie die Gründung ländlicher Schulen und einer naturwissenschaftlichen Fakultät an der Universität Hanoi, sollten diese Bemühungen unterstützen, während gleichzeitig die politische Kontrolle durch die Verstärkung der Geheimpolizei und eine strenge Pressezensur verschärft wurde. Doch vorerst vermieden beide Mächte noch den offenen Konflikt.

* * *

Auf einer Tagung des Zentralkomitees 1941, als die Niederlage Frankreichs in Europa vorhersehbar wurde, beschloss die KP die Gründung einer politisch-militärischen Bündnisorganisation, der »Liga für die Unabhängigkeit Vietnams«, abgekürzt Viet Minh. Sie erfolgte aus der Einschätzung heraus, dass es möglich sein könnte, die internationale Konfliktsituation und die damit verbundene Schwächung der Großmächte zu nutzen, um die Unabhängigkeit zu erkämpfen. Der Viet Minh[22] stellte »bewaffnete Propagandaeinheiten« auf, die in allen Gegenden und Bereichen des Landes tätig wurden. Dabei konnte er anfangs mit einer gewissen Hilfe durch die chinesische Chiang

21 Marschall Pétain war das Oberhaupt einer von der deutschen Besatzungsmacht in Südfrankreich eingesetzten Regierung, die nach ihrem Sitz »Vichy« genannt wurde. Ihre Versuche, eine extrem reaktionäre Ideologie (»Arbeit, Familie, Vaterland«) auch in den Kolonien zu verbreiten, führte zu Maßnahmen, Veranstaltungen und Programmen, die eher lächerlich als erfolgreich waren. Vgl. dazu Jennings.

22 Vietnamesisch »Viet Nam doc lap dong minh hoi«. Eigentlich müsste es also heißen: »die« (Liga), aber das Maskulinum ist allgemein üblich.

Kai-shek-Regierung rechnen und arbeitete aus taktischen Gründen zeitweilig auch in einer von dieser initiierten »Revolutionären Liga« mit. Die chinesische Kuomintang-Führung hatte unter dem Namen VNQDD eine neue nationalistische und nichtkommunistische Partei gegründet in der Hoffnung, nach dem Abzug der Franzosen und Japaner könnte Vietnam wieder ein Satellitenstaat Chinas werden. Aber bald erwies sich, dass in Vietnam der Viet Minh die einzige konsequente und handlungsfähige Widerstandsorganisation war, und die chinesische Führung sah sich zu einer vorübergehenden Zusammenarbeit genötigt. Auch die Verhaftung Ho Chi Minhs durch Chiang Kai-sheks Truppen im August 1942 und seine Freilassung ein Jahr später sind im Zusammenhang dieser schwankenden Bündnispolitik der Chinesen zu sehen.[23]

Aus heutiger Perspektive gesehen sind die Beschlüsse dieses 8. Plenums des Zentralkomitees der KP im Mai 1941 tatsächlich das Signal für die Eröffnung des Kampfs um die Unabhängigkeit gewesen. Die nationale Befreiung sei nun der Hauptprogrammpunkt, demgegenüber »Teilinteressen einer Klasse«[24] untergeordnet bleiben müssten. Der Kampf richtete sich gegen Franzosen und Japaner im Land, und als Ziel wurde die Gründung einer »Demokratischen Republik Vietnam« angestrebt. Eng verbunden mit der nationalen Befreiung sollten politische und soziale Reformen sein: allgemeines geheimes Wahlrecht, demokratische Freiheiten, Aufbau von Landwirtschaft und Industrie, endgültige Einführung des Achtstundentags und eines Sozialversicherungssystems, Verbot des Wuchers, Gleichberechtigung der Frauen und aller nationalen Minderheiten.[25] Vor allem dieser Verbindung von sozialer und nationaler Befreiung in seinen politischen Zielen verdankte der Viet Minh seine Erfolge bei der Agitation der Bevölkerung. Er war zwar straff als Kaderorganisation aufgebaut und seine Mitgliederzahl war relativ begrenzt, aber seine Stärke beruhte auf der Breite der Organisationen, die mit ihm zusammenarbeiteten. Die fähigsten Vertreter verschiedenster Gruppen arbeiteten nicht nur

23 Seit 1941 nannte Nguyen Ai Quoc sich Ho Chi Minh. Während dieses Gefängnisaufenthalts entstand seine berühmte Gedichtsammlung *Gefängnistagebuch*.

24 Vgl. *Notre Président*, S. 114

25 Diese Programmpunkte sind aufgezählt nach Lulei, S. 92. Hier auch die folgenden Einschätzungen der Bündnispolitik der KP im Viet Minh.

mit dem Viet Minh zusammen, sondern konstituierten ihn. Hier durften die Parteimitglieder und Marxisten keinerlei Tendenz zur Selbstdarstellung oder zum Sektierertum zeigen, denn die spezifische Stärke und Qualität dieser in der Geschichte des Landes bis dahin einmaligen Organisation wäre durch den Versuch, sie einer marxistischen Partei unterzuordnen oder zu einer zu machen, verloren gegangen.

Nach einzelnen Unruhen und Protestaktionen schon seit 1943 begann 1944 der militärische Kampf, als der Viet Minh im nördlichen Grenzgebiet sein Hauptquartier in der Provinz Thai Nguyen einrichtete. Im Dezember wurde unter der Leitung von Vo Nguyen Giap[26] eine »Befreiungsarmee« gegründet, in die alle Guerillagruppen integriert wurden. Weitere Basen des Widerstands kamen dazu, und im ganzen Land nahm die Propaganda gegen die »japanischen Faschisten« schlagartig zu, deren Niederlage im Weltkrieg immer deutlicher wurde. Da in Frankreich inzwischen de Gaulle an die Macht gekommen und eine politische Wende zu erwarten war, die sich, wie man hoffte, auch in der Indochina-Politik auswirken würde, richtete sich die Hauptrichtung des Kampfes nun auf die Vertreibung der Japaner. Aber diese waren zunächst noch erfolgreich. In einer letzten militärischen Anstrengung bemächtigten sie sich ganz Indochinas, entwaffneten die Franzosen und führten viele von ihnen in Konzentrationslager, ließen den Kaiser Bao Dai eine »Unabhängigkeitserklärung Vietnams« verkünden und die Treue zur japanischen »Groß-Ostasiatischen Ordnung« erklären.[27] Aber für die vietnamesische Bevölkerung änderte sich dadurch nichts, die Unterdrückung und Ausbeutung ging unvermindert weiter. In der kurzen Zeit der japanischen Direktherrschaft starben etwa 2 Millionen Menschen in Vietnam an Hunger. Auch viele Franzosen wurden Opfer des Hungers und der Folterungen. Die Hoffnungen der französischen Regierung, die USA würden ihr zu Hilfe kommen, hatten sich nicht erfüllt. Denn seit langem war klar geworden, dass die USA an einer Fortsetzung französischer Präsenz in Indochina kein Interesse hatten. Sie unterstützten indirekt oder direkt alle Kräfte, die gegen die Franzosen standen, darunter eine Zeitlang auch den Viet Minh.

26 Giap war zuvor Lehrer gewesen und hatte vor allem bei verschiedenen ethnischen Minderheiten unterrichtet. Seine Berufung war, wie man jetzt weiß, mit der Absicht verbunden, aus dieser Befreiungsarmee keine rein militärische Organisation werden zu lassen.

27 Vgl. *Histoire de la révolution d'août*, S. 54.

Dieser führte unter der japanischen Besatzung den Kampf verstärkt weiter. Mit einer der Situation angepassten Taktik der Verbindung von Guerillaangriffen, der Erbeutung und Verteilung gehorteter Reisvorräte der Franzosen und der politischen Agitation in den Städten hatte der Viet Minh einen Prozess in Gang gesetzt, der durch die Kapitulation Japans nach dem amerikanischen Atomangriff im August 1945 nur beschleunigt wurde. »Die Revolution wird mit einer Leichtigkeit triumphieren, die die Kraft und Einmütigkeit des nationalen Gefühls erkennen lässt.«[28]

* * *

Der Marxismus, der nun für die weitere Entwicklung in Vietnam von entscheidendem Einfluss war, ist eine politische Doktrin, die von außen in das Land gebracht worden ist. Man hat diesen Prozess verglichen mit der Einführung des Konfuzianismus aus China in Vietnam[29], der dort dann so völlig in die eigenen nationalen Traditionen integriert und dabei angepasst worden war, dass er zu einem ihrer bestimmenden Elemente wurde, bis hin zur Anleitung für die alltägliche Moral, für die »Kunst des Lebens«.[30] Auf einem anderen Niveau ist man in Vietnam mit der marxistischen Geschichtsauffassung und sozialistischer Perspektive ähnlich schöpferisch verfahren. Darüber hinaus ist im Unterschied zum Konfuzianismus, den eine Okkupationsmacht zunächst mit Gewalt eingeführt hatte, der Marxismus in einer für das Land adäquaten Form durch den patriotischen Widerstand vermittelt worden und eng verbunden mit der Existenz, dem Wirken und dem Prestige eines Mannes: Ho Chi Minh. Gewiss gab es in Vietnam schon vor der Gründung der KP sozialrevolutionäre Tendenzen (etwa bei den Tay Son oder in den Aufständen von 1930), und sicher waren auch andere Revolutionäre wie Tran Phu marxistisch gebildet. Aber niemand war von seinen umfassenden Kenntnissen und Erfahrungen her so gut vorbereitet, den Marxismus in die nationalen Traditionen des Widerstands einzuführen und den Nutzen zu erkennen, den er für diesen Befreiungskampf haben konnte, wie Ho Chi Minh.

28 Le Thanh Khoi 1978, S. 427.

29 So Chesneaux 1971, S. 215–237. Diesem Aufsatz sind einige der folgenden Erwägungen entnommen.

30 Ebd., S. 230.

Als Schiffsjunge hatte er 1911 Saigon verlassen und kehrte erst dreißig Jahre später wieder in sein Land zurück. Er brachte von seinen Reisen und Studien in England, den USA, Frankreich, der Sowjetunion und China nicht nur umfassende Informationen über die Entwicklungstendenzen der westlichen Industriestaaten und der internationalen Lage mit, sondern vor allem ein stark entwickeltes Bewusstsein der Gesetzmäßigkeiten der weltweiten Klassen- und Systemauseinandersetzung und der gemeinsamen Lage aller kolonisierten und unterentwickelten Länder. In Frankreich hatte er die Entstehung sozialistischer Tendenzen in der Republik miterlebt und war Gründungsmitglied der französischen KP geworden. In Paris und Moskau hatte er den Marxismus-Leninismus studiert und begeistert die Entwicklung der russischen Revolution beobachtet sowie als Mitglied der Bauerninternationale weltweite Probleme der Landwirtschaft und des Bauernstandes kennengelernt. Und er hatte bei alledem nie seine große Sympathie für progressive Traditionen der bürgerlichen Kultur vor allem Frankreichs verloren. Vor diesem Hintergrund ist verständlich, warum Ho Chi Minh zu einer Schlüsselfigur der vietnamesischen Geschichte werden konnte: Er verkörperte zum richtigen Zeitpunkt jene Möglichkeit zur Öffnung einer neuen, der Zeit gemäßen Perspektive für die vietnamesische Widerstandsbewegung, die sie seit der französischen Kolonialherrschaft dringend brauchte und suchte. Die konfuzianischen Gelehrtenaufstände waren rückwärtsgerichtet gewesen. Die jungen Intellektuellen von 1906–09 waren Republikaner, die eine Ideologie für eine nicht vorhandene Bourgeoisie entwickelten, um dann im Aktionismus unterzugehen. Dann kamen die politisch-sozialen Massenbewegungen der 1920er Jahre, in die schließlich die KP, unter starkem Einfluss Ho Chi Minhs, in den 1930er Jahren das Ziel der sozialen und demokratischen Revolution mit sozialistischer Perspektive einbrachte.

Ho Chi Minh hat allerdings viel Überzeugungskraft aufwenden müssen, um seine Erkenntnisse und Vorstellungen sowie sein theoretisches Wissen in der jungen KP, und gerade auch bei den anderen im Ausland ausgebildeten Marxisten, zum Tragen zu bringen. Wie bekannt ist, schwankte die Partei wie ihre Vorgängerorganisationen zunächst zwischen den Bezeichnungen »vietnamesisch« und »indochinesisch«. Dies war kein einfacher Wechsel von Worten, sondern beide Begriffe stehen für eine jeweils andere Ausrichtung. Die Bezeichnung »indochinesisch« orientierte sich an der Struktur der französischen Kolonialverwaltung. Sie war internationalistisch und von der Vorstellung einer engen Zusammenarbeit mit der französischen KP geprägt. Diese Vorstellung herrschte zwischen 1930 und 1941 vor und hatte fast keine praktische Bedeutung, denn es gab keine Vertreter von Widerstandsbewegungen aus Laos oder Kambodscha in der Partei. Erst vor der Gründung des Viet Minh trat, unter dem Einfluss Ho Chi Minhs, mit der Bezeichnung »vietnamesisch« das nationale Element stärker in den Vordergrund und damit die Erkenntnis der besonderen Situation jedes Landes und die Perspektive einer nationalen Revolution in Fortführung oder Ablösung ererbter Traditionen.[31] Die Identität von Marxismus und Patriotismus ist typisch für die Politik der KP seit ihrer Gründung und für alle ihre Programme. Deswegen haben viele fremde Mächte und einheimische Marionetten immer wieder versucht, diese Einheit aufzubrechen. Denn sie hat bewirkt, dass der Sozialismus von der überwiegenden Mehrheit der Bevölkerung[32] als natürliche Fortsetzung und Erneuerung nationaler Traditionen akzeptiert und nicht als Bruch empfunden wurde.

Nicht-marxistische Oppositionsbewegungen haben nach 1930 in Vietnam selten sehr große Resonanz in der Bevölkerung gefunden. Sie waren stets entweder schwach oder durch Bündnisse mit fremden Mächten abgewertet – oder sie arbeiteten mit den Kommunisten in einer Front zusammen. Denn Letztere – und dies ist wieder eine vietnamesische Besonderheit – haben in Kriegszeiten stets die enge Zusammenarbeit mit anderen Gruppen im Rahmen überparteilicher Bündnisorganisationen (wie etwa des Viet Minh oder später der FNL) gesucht, dort aber ihren Partnern reale Verantwortlichkeiten zugestanden und niemals die Führung monopolisiert. So hat die KP stets die besten Teile der nicht-marxistischen Opposition zur aktiven Zusammenarbeit gewinnen können. Schließlich hatte die KP aus der Erkenntnis heraus, dass das vietnamesische Proletariat zwar konzentriert auf wenige Orte und politisch aktiv, aber zahlenmäßig

31 Es ist also falsch, wenn, wie oft, der Eindruck erweckt wird, die vietnamesische Widerstandsbewegung bzw. Partei habe damals eine »indochinesische Föderation« mit dem Ziel der Herrschaft Vietnams über ganz Indochina angestrebt, wie es etwa eine tendenziös verfälschende *Geschichte der Roten Khmer* tut in: Barth/Terzani. Vgl. auch Kapitel VIII.

32 Mit Ausnahme derjenigen Teile, meist in den Städten des Südens, die unter der französischen oder amerikanischen Herrschaft jahrzehntelang einer antikommunistischen Propaganda ausgesetzt waren.

klein war, während die Bauernschaft die am meisten leidende und aktivierbare Basis darstellte, von Anfang an eine Politik der engsten Verbindung des Kampfes beider Schichten betrieben. Die beiden »Generalproben«[33] von 1930 (Bauernsowjets) und von 1935 (Streiks und Demonstrationen in den Städten) waren von beiden Schichten jeweils getrennt getragen worden, um sich dann 1945 zur »Augustrevolution« zu vereinigen. Schon ein flüchtiger Blick auf ihre Funktion in den Kämpfen zwischen 1930 und 1945 zeigt, wie reif und bewusst diese junge Partei bereits ihre eigene, den Erfordernissen der Situation des Landes gemäße Politik, auch in Auseinandersetzung mit ruralistischen Tendenzen etwa eines Frantz Fanon[34], entwickelt hat. Frei von kanonisierten schematischen Vorstellungen der Abfolge der Geschichte und des Klassenkampfs[35] haben die vietnamesischen Kommunisten ihre nationaldemokratische Revolution auf der Basis der Einheit von Arbeitern und Bauern konzipiert[36] und damit Vorstellungen eines »nichtkapitalistischen Entwicklungsweges« praktisch angewendet, die in der Sowjetunion erst in den 1960er Jahren entwickelt wurden.

* * *

Zu den besonderen Bedingungen, unter denen die vietnamesischen Kommunisten arbeiteten, gehörte auch die Tatsache, dass der Konfuzianismus immer noch das geistige und moralische Leben in Vietnam beherrschte und folglich die Doktrin war, auf die der Marxismus stoßen musste. Der Konfuzianismus hatte sich in doppelter Ausprägung bis ins beginnende 20. Jahrhundert erhalten: einmal als konservative, starre Zeremonientradition und Mandarinatsherrschaft in

33 Vgl. *Brève histoire …* und *Histoire de la révolution …*

34 Vgl. Chesneaux 1971, S. 222.

35 Z. B. über die Rolle der Bourgeoisie. Lenin und Stalin hatten sogar Direktiven entwickelt für die revolutionäre Aktion in den Kolonien. Vgl. Le Thanh Khoi 1978, S. 402ff.

36 »Die beiden Hauptziele des Vietminh-Programms, nationale Befreiung und Demokratie, bilden eine untrennbare Einheit. Diese Politik erscheint als eine Vorwegnahme des Entwicklungsweges der nationalen Demokratien, den die marxistischen Theoretiker der Sowjetunion den unabhängig gewordenen Staaten Asiens und Afrikas im Jahre 1960 zu gehen empfahlen«, Chesneaux 1871, zit. nach: Lulei, S. 95. Vgl. auch Féray, S. 148f.

der Monarchie, zum anderen aber als eine Form der Verbundenheit der einfachen Gelehrten mit den Bewohnern der Dörfer. Diese zumeist bei den Literaturprüfungen gescheiterten gelehrten Konfuzianer wurden keineswegs wieder Bauern, sondern nahmen als Lehrer, Ärzte, Ratgeber in allen Lebenslagen oder Astrologen eine Sonderstellung in der dörflichen Gemeinschaft ein. Es waren stets sie und einige wenige Mandarine gewesen, die in den Zeiten der Monarchie die Revolten der Bauern anführten, sie waren die traditionell wichtigsten Verbündeten der Bauern und einfachen Leute.

Aber weder die Mandarine noch die volkstümlichen Gelehrten hatten gegen die Kolonialmacht je etwas ausrichten können. Sie scheiterten dabei nicht nur an den besseren Waffen der Franzosen, sondern auch am monarchistisch-autoritären Charakter ihrer sozialen Vorstellungen. Sie waren nicht nur den Europäern ideologisch unterlegen, sie hatten auch dem eigenen Volk keine Perspektive zu bieten und verloren immer wieder sehr schnell dessen Unterstützung. Eine neue Schicht europäisch gebildeter Intellektueller, die später die Führung des Widerstandskampfes übernahm, tat dies im Namen zweier Errungenschaften, die dem Konfuzianismus völlig fremd waren und denen er sich in beharrlicher Beschränkung auf die eigene Moral und Tradition verschloss: der Wissenschaft und der Demokratie. Die jungen Studenten aus Hanoi oder Paris waren aber ebenfalls unfähig, den Widerstand nur mit der Propagierung dieser beiden Ziele erfolgreich zu führen. »Wir haben«, schreibt einer von ihnen[37], »gelernt, was den konfuzianischen Gelehrten fehlte, die Physik, Algebra, Biologie, Wahlverfahren, republikanische Verfassungen. Aber wenn wir uns mit jenen Gelehrten verglichen, fühlten wir deutlich, dass uns etwas fehlte.« Es fehlte ihnen der konfuzianische moralische Halt. »Diese Gelehrten hatten Lebensprinzipien, moralische Überzeugungen, die tief in ihnen verankert waren und an die sie sich hielten.«[38]

Auch waren diese in Kolonialschulen ausgebildeten Intellektuellen vom Volk isoliert, denn sie stammten aus den Städten, waren von französischer Kultur und Sprache geprägt und wurden doch von den Franzosen verfolgt. Sie hatten die Verbindung zu den nationalen Traditionen verloren.

37 Chesneaux 1971. Gemeint ist Nguyen Khac Vien.

38 Nguyen Khac Vien 1970, S. 48.

Demgegenüber stammten die ersten vietnamesischen Marxisten aus niederen sozialen Schichten, mussten ihre Studien oft aus Geldgründen abbrechen und lebten in gemeinsamer Not mit den Arbeitern und Bauern zusammen. »So ist der Marxismus nach Vietnam nicht als eine Doktrin unter anderen gekommen, sondern als ein Instrument der Befreiung«[39], und übernahm als solches, mit ganz anderen Inhalten, doch die Rolle, die der Konfuzianismus in den Revolten gegen dekadente Dynastien innehatte. Aber zugleich richtete sich der Marxismus gegen die Autorität der Mandarinatshierarchie und gegen eine allgemein verbreitete resignative Tendenz des feudalistischen Konfuzianismus. Bereitschaft zur Entsagung und verdummende Zeremonien waren wesentliche Elemente dieser Gesellschaftsstruktur. Demgegenüber hatten volksverbundene konfuzianische Gelehrte die Ideale des kollektiven Lebens in der Gemeinschaft verkörpert. Indem sie an diese Tradition anknüpften und die alten Ideale mit neuem Inhalt versahen, kämpften die Kommunisten gleichzeitig gegen die Mandarinatsherrschaft und den Feudalismus. Viele konfuzianische Gelehrte haben den Marxismus begrüßt, weil er ihnen als eine Erneuerung alter Traditionen erschien, und dies nicht nur deswegen, weil er sich, wie sie, gegen die Kolonialherrschaft richtete.

Denn wie der Marxismus ist auch der Konfuzianismus eine dem Wesen nach materialistische Lehre. Er hatte immer verlangt, der Mensch solle sich nicht in Spekulationen über ein Leben nach dem Tod verlieren, sondern seine Aufmerksamkeit und Energie den Dingen und Aufgaben des Lebens auf dieser Erde widmen. So ist der Marxismus für einen konfuzianisch erzogenen Menschen keineswegs eine totale Neuorientierung, denn schon immer hat er gelernt, seine sozialen Verflechtungen und Verpflichtungen in der Gesellschaft ernst zu nehmen, ernster als sich selbst als Individuum. Der spätbürgerliche Individualismus, der etwa den Marxismus in Europa als eine Lehre der Zerstörung oder Umkehrung aller Werte erscheinen lässt, ist dem konfuzianisch erzogenen Menschen ganz fremd. »Wenn er von der traditionellen in die sozialistische Gesellschaft überwechselt, dann erkennt der konfuzianische Mensch eine neue soziale Disziplin an, aber im Grunde seines Wesens war er dem nie feindlich gesinnt, wie es der bürgerliche Mensch schon prinzipiell einer kollektiven Disziplin gegenüber ist.«[40]

39 Ebd., S. 50f.

40 Ebd., S. 52.

Vor allem für die Bauern und Arbeiter verkörperten die Kader der Kommunisten oft eine einfache Erneuerung positiver Traditionen der Verbundenheit der Gelehrten mit dem Volk. Diese Kader wurden von der Partei bewusst dazu erzogen, sich so zu verhalten, und dies war keine Taktik, sondern hier macht sich der Einfluss bemerkbar, den der Konfuzianismus seinerseits auf den vietnamesischen Kommunismus ausgeübt hat und der sich in einem stark entwickelten, oft rigorosen Moralismus äußert – auch hier wurde das asketische und zölibatäre Leben Ho Chi Minhs zum Vorbild. Bei einer Überbetonung dieses Elements entsteht aus der wissenschaftlichen Lehre des Marxismus dann so etwas wie eine reine, dogmatische Züge tragende Sittenlehre, und der einzelne Kader hat die Neigung, aus der Härte, die er gegen sich selbst ausübt, das Recht auf Härte anderen gegenüber abzuleiten. Dies ist eine wichtige Tugend in Zeiten des äußersten Kampfes, die aber in anderen Situationen und bei weniger reifen und ausgebildeten Kadern, wenn sie etwa ihre Kräfte und Fähigkeiten übersteigende Positionen ausfüllen müssen, leicht in Sturheit und Bürokratismus übergehen kann.

* * *

Dass trotz der administrativen Gleichstellung aller Länder innerhalb der französischen »Indochinesischen Union« die Kolonialherrschaft in Laos und Kambodscha einen anderen Charakter hatte als in Vietnam, wurde schon dargelegt. Verschiedene geschichtliche Voraussetzungen, Entwicklungsstufen der jeweiligen Gesellschafts- und Staatsform und verschiedene kulturelle Hintergründe haben dies mit bewirkt. Entscheidend aber war das relativ geringe Interesse, das die Kolonialmacht an diesen beiden Ländern hatte.[41] Als Frankreich die Pläne, sich in China festzusetzen, aufgegeben hatte, waren die beiden kleinen schwachen Königreiche, die in den Beschreibungen der Kolonisatoren immer mit einem exotisch-provinziellen Reiz versehen sind, kaum noch von politisch-strategischer Bedeutung, und ihren Völkern traute man noch nicht einmal die Fähigkeit zu, als Plantagenbauern oder Arbeiter profitable Dienste zu leisten. Daraus ergab sich von Seiten der Kolonialadministration eine Haltung, die aus Desinteresse, Paternalismus, brutaler Ausbeutung und der strik-

41 1897 gab es in Phnom Penh noch etwa 50 Europäer.

ten Verweigerung jeglicher landwirtschaftlicher, technischer oder politischer Weiterentwicklung zusammengesetzt war.

Wie in Vietnam war die Installierung der Kolonialverwaltung auch hier erst etwa 1897, mit dem Amtsantritt des Generalgouverneurs Doumer, in Angriff genommen und etwa 1900 in Kambodscha, in Laos jedoch erst 1918 mit der zweiten Investitions- und Ausbeutungsphase abgeschlossen worden. Da die Kolonialmacht beide Länder tatsächlich zunächst aus siamesischer Oberherrschaft befreit hatte, waren der Adel und das Königtum dort eher als in Vietnam bereit, mit ihr zusammenzuarbeiten. Es wurde eine gemischte Verwaltungsform eingerichtet, die den Königen etwas Spielraum ließ. So war etwa König Norodom I. von Kambodscha nominell Oberhaupt aller Khmer, auch wenn der »Résident supérieur« in Phnom Penh und, durch ihn, der Generalgouverneur in Hanoi alle Entscheidungsgewalt hatten – nicht zuletzt auch über die Ernennung der Könige. Aber in der eigenen Feudalhierarchie, bis hinunter in die Provinzen und Kommunen, kam dem kambodschanischen Hof die Exekutivgewalt zu, und diese Art der Parallelregierung hat meist gut funktioniert, weil die Kolonialadministration an den inneren Angelegenheiten wenig Anteil nahm und Adel und Königtum unterwürfig, gelehrig und durch Hoffnung auf Belohnungen korrupt den Wünschen der Franzosen meist zuvorkamen.[42]

Überhaupt hatte sich in der Herrschaftsstruktur dieser Länder nicht viel verändert, denn auch die Tatsache, dass der König von einer fremden Macht abhängig war, war für diese Völker keine neue Situation. Sie lebten sowieso isoliert auf dem Land, allein dem Rhythmus der Jahreszeiten unterworfen, und der Mangel an Kommunikationswegen – in Kambodscha konnte man z.B. Teile des Landes nur über Vietnam erreichen – ließ die Ereignisse in der Residenz als wenig relevant erscheinen. Das Königtum selbst war, als fast religiöse Institution und mystisches Band des nationalen Zusammengehörigkeitsgefühls, allerdings wichtig, vor allem nachdem Norodom I. und seine Nachfolger eine Art der Königsverehrung wieder hatten aufleben lassen, die sich an angkorianischen Traditionen orientierte.

Ein mit Aberglauben durchsetzter, auf das Psalmodieren von Sprü-

42 Norodom I. hatte großes Interesse an den Luxusartikeln aus Europa, die ihm die französischen Händler verkauften. Die französische Kolonialadministration musste wegen der Kosten einschreiten.

chen reduzierter bornierter Buddhismus tat ein Übriges, um die Bevölkerung in Obskurantismus, Isolation und Unwissenheit zu halten, was die Kolonialmacht förderte. In beiden Ländern entstand in dieser Zeit weder eine Bourgeoisie[43], noch wurden Einheimische zum Dienst in staatlichen oder Bildungsinstitutionen ausgebildet. Wie bereits erwähnt, benutzte die Kolonialadministration zur Wahrung ihrer Interessen und Herrschaft vorzugsweise Vietnamesen und setzte dabei bewusst auf Ressentiments zwischen beiden Völkern. Und tatsächlich wurden diese entsprechend ausgesuchten vietnamesischen Funktionsträger in der Regel zu Agenten der Kolonialmacht und handelten demgemäß.

Aber nicht nur in den bürokratischen Funktionen gab es Vietnamesen in Laos und Kambodscha. Gemäß ihrem Vorurteil, Laoten und Khmer seien zu regelmäßiger Arbeit nicht fähig, beschäftigten französische Siedler und Fabrikleiter in den nach 1922 angelegten großen Gummiplantagen in Südost-Kambodscha sowie in den Bergwerken und Kleinbetrieben in Laos ausschließlich Vietnamesen als Arbeiter, die man mit Gewalt aus Tonking verschleppt hatte.[44] Diese solidarisierten sich später oft mit den einheimischen Widerstandsbewegungen und waren manchmal sogar in führenden Positionen an ihnen beteiligt, obwohl die Kolonialmacht zu ihrer Unterdrückung vietnamesische Truppen einsetzte.

Zwar wurden die Bauern in Laos und Kambodscha im Wesentlichen in Ruhe gelassen, aber der ökonomische Druck, der durch die Doppelherrschaft von Feudalismus und Kolonialismus auf ihnen lastete, war sehr groß. Die Abgaben, Steuern und Bestechungsgelder waren so hoch, dass überall eine ständige Notsituation herrschte. Dazu kam der Zwang zu unentgeltlicher Arbeit für den Staat: In Kambodscha musste jeder Einwohner im Jahr 90 Tage lange Fronarbeit leisten, und nur für einen Teil dieser Zeit konnte er sich freikaufen, wenn er die Mittel dazu hatte. Gegen diesen Druck gab es immer wieder spontanen Aufruhr, wie etwa 1916 einen »Bauerntreck« in die Hauptstadt, oder das Massaker erboster Bauern an dem französischen Verwaltungsbeamten Bardez im Jahr 1925, der so unvorsichtig gewesen war, zum Zweck der Steuereintreibung selbst in die Dörfer zu gehen.

43 Es gab allerdings eine chinesische.

44 Vgl. Pomonti/Thion, S. 13, und Mus, S. 106–113.

In Laos, dem ärmsten Land, holte sich die Kolonialmacht das Geld direkt von der Bevölkerung. Jeder Erwachsene musste eine Kopfsteuer zahlen, und auch viele Gegenstände und Arbeitsmittel des täglichen Lebens waren mit hohen Abgaben belegt: Häuser, Büffel, Elefanten, Boote oder auch die Plätze für Verkaufsstände auf dem Markt. Die Fronarbeit betrug hier 100 Tage pro Jahr. Gegen diese Not und Unterdrückung gingen schon 1901–03 zum ersten Mal Bauern mit Hacken und Stöcken auf die französischen Posten los. Die Kolonialmacht erstickte diese Bewegung auf besonders »elegante« Art: Sie sperrte die Zufahrtswege zum Gebiet der Aufständischen und schnitt sie von der Salz- und Lebensmittelversorgung ab.

Alle kulturellen und Bildungseinrichtungen waren, wie bereits erwähnt, in Vietnam konzentriert. Zur Isolation, zur Ausschaltung eigener kultureller Traditionen kam in Laos und Kambodscha die Verweigerung der elementarsten Lernmöglichkeiten. Noch 1945 existierten in Laos nur 180 Elementarschulen, fünf Grundschulen und ein Lyzeum. Es gab weder Bücher noch andere Druckerzeugnisse in einheimischer Sprache, kein Wahlrecht, keine bürgerlichen Freiheiten. Das Gesundheitssystem bestand aus einem einzigen französischen Krankenhaus in Vientiane und kleinen Sanitätsstationen in den Provinzstädten, ausgerüstet mit je einem französischen Arzt und einem vietnamesischen Arzthelfer. Diese Einrichtungen empfingen nur europäische Patienten. Eine rudimentäre Gesundheitsbehörde hatte ausschließlich die Aufgabe, eventuelle Seuchen oder Epidemien von den Städten fernzuhalten.[45] 95 % der Bevölkerung waren Analphabeten, und in der ganzen Zeit bis 1945 gab es nur zehn Laoten, die eine Universitätsausbildung in Hanoi oder Paris absolvieren konnten.[46]

Das wichtigste Projekt der Kolonialverwaltung in Laos war der Bau eines Straßennetzes, das Laos mit der vietnamesischen Küste am Südchinesischen Meer, heute in Vietnam Ostmeer genannt, verband. Damit sollte Laos aus der Abhängigkeit von der bisherigen Verbindung zum Meer durch Siam zum Golf von Thailand befreit werden. Das Projekt wurde ausschließlich durch unbezahlte Fronarbeit vorangetrieben und blieb letztlich unvollendet. Abgesehen von solchen und anderen Projekten, in denen Zwangsarbeit zu leisten war, blieb

45 Vgl. McCoy, S. 82.

46 Zahlen nach Phoumi Vongvichit, S. 38.

die dörfliche Subsistenzwirtschaft praktisch unbehelligt. Der Warenhandel wurde weitgehend von Chinesen übernommen, die Handwerker waren oft Vietnamesen, ebenso kamen die technischen Ausrüstungen entweder aus Frankreich oder Vietnam. In den Städten waren die Laoten in der Minderheit, so waren die Einwohner von Vientiane im Jahr 1943 zu 53 % Vietnamesen, zu 42 % Laoten und zu 4 % Chinesen.[47]

Das Königtum interessierte sich in beiden Ländern nicht für diese Zustände. Die Könige waren von der Kolonialmacht abhängig, ihr aber meist auch aufrichtig ergeben und dankbar, für Geschenke und Luxusgüter ebenso wie für die Hilfe der französischen Truppen bei der Niederschlagung von Aufständen. Nach dem Tod Norodoms I. in Kambodscha war der Hof dort von 1904 bis 1941 mit Intrigen und Kämpfen der Familien zweier Kronprätendenten beschäftigt.

Widerstand gegen die Kolonialmacht in Laos gab es schon früh, meist war er auf die Berg- oder Hochlandgebiete konzentriert, denn im Flachland übte Frankreich seine Macht über das Königtum vermittelt aus und in Formen eines Tributsystems, das laotischen Traditionen entsprach. In den Stammesgebieten war die Ausbeutung brutaler und direkter. In den unzugänglichen Gebieten konnten sich Widerstandsbewegungen länger halten: Eine 1909 im Boloven-Gebiet unter der Führung eines Stammeshäuptlings initiierte Revolte führte zu einem jahrelangen regelrechten Kleinkrieg, der bis 1927 dauerte. Zuweilen schlossen sich laotische Stämme oder Minderheiten mit fremden Alliierten zusammen, um für ihre Interessen gegen die Franzosen zu kämpfen, z. B. mit Chinesen zur Verteidigung des Opiumanbaus gegen das französische Monopol, mit Tai-Vietnamesen[48] gegen besonders brutale Ausbeutung der Bauern. Eine andere Revolte war schon 1901 ausgebrochen und dauerte 35 Jahre, in denen die Aufständischen auch militärische Erfolge verzeichneten. Sie wurde geführt von dem Stamm der Alak aus der Kha-Minderheit, die als Weber und Kaufleute auch in andere Stammesgebiete reisten und Handel trieben. »Obwohl die Revolte allmählich die Form einer messianisch-religiösen Bewegung annahm, hatte sich ihr Zorn an den Abgaben entzündet, die die Franzosen von ihnen forderten,

47 Zahlen nach McCoy, S. 86. Die wenigen Franzosen fallen nicht ins Gewicht.

48 Die Tai sind eine ethnische Minderheit in Vietnam und Laos und haben nichts zu tun mit der Bevölkerungsgruppe der Thai in Siam.

und an der Tatsache, dass die Kolonialmacht sich in ihre Geschäfte mischte. Im Grunde kämpften sie tendenziell schon für politische Unabhängigkeit.«[49]

Die Kha-Revolte kann als Vorläufer gelten, denn überregionale Widerstandsgruppen mit Programmen, die politische Vorstellungen für die Zukunft formulierten, gab es in Laos und Kambodscha erst viel später als in Vietnam. So hatten erst seit etwa 1930 Khmer-Krom[50], die Saigoner Schulen besucht hatten, nationalistische und demokratische Ideen nach Kambodscha gebracht. Son Ngoc Thanh, einer ihrer Führer, gab in Phnom Penh seit 1937 eine Zeitschrift heraus, die bald Interesse bei den Bonzen und Studenten des »buddhistischen Instituts« der Hauptstadt fand. Als es 1942 zu öffentlichen Versammlungen und Demonstrationen kam, griff die französische Polizei ein und verhaftete viele Lehrer und Bonzen. Son Ngoc Thanh floh nach Japan und besuchte dort eine Schule, in der diejenigen Ausländer ausgebildet wurden, die die japanische Ideologie vom Groß-Ostasiatischen Reich später in ihren Ländern verbreiten sollten.

In Phnom Penh war inzwischen ein neuer König eingesetzt worden, der die Geschichte Kambodschas in den nächsten Jahrzehnten entscheidend prägen sollte. Nach dem Tod Sisowath Monivongs, der seit 1927 regiert hatte, fiel die Wahl des Generalgouverneurs Decoux zur Überraschung des Hofs auf den jungen Prinzen Norodom Sihanouk, obwohl es andere Prätendenten mit direkteren Ansprüchen gab, die aber »moderner Ideen« verdächtigt wurden. Der 19-jährige Gymnasiast Sihanouk wurde in Saigon von der Nachricht seiner Ernennung überrascht, nach Phnom Penh gebracht und erst einmal, von der Welt abgeschirmt, erzogen. Französische Privatlehrer unterrichteten ihn in französischer und europäischer Geschichte, Politik und – guten Manieren. Außerdem ermahnte man ihn, die Tugenden der Pétain-Regierung heilig zu halten, und ließ ihn Ergebenheitsadressen an den fernen Marschall schicken. Sihanouk schien für die Franzosen ein idealer gelehriger Marionettenkönig zu werden – nur dem Versuch, ihn zu verheiraten, widersetzte er sich. Mit großem Zeremoniell in Anwesenheit des Generalgouverneurs und anschließender Rundreise in benachbarte Residenzen wurde 1941 seine Krönung vollzogen.

49 McCoy S. 87f. Näheres zu dieser wichtigen frühen Revolte bei Boulanger, S. 345.

50 D.h. im Mekong-Delta lebende Khmer.

Sihanouk zeigte ein deutliches Vergnügen an der Verehrung, die man ihm am Hof entgegenbrachte, und gab einen ersten Beweis seiner Treue zur Schutzmacht, als er die Repression der Son Ngoc Thanh-Bewegung widerspruchslos hinnahm. Als aber am 9. März 1945 die Japaner die französische Kolonialadministration in ganz Indochina zerschlugen und dem überraschten König zu verstehen gaben, sein Land sei jetzt unabhängig, drückte er in einer Verlautbarung seinen Willen aus, die japanische »Groß-Ostasien-Staatengemeinschaft« zu unterstützen. Dies war wohl eher ein verbales Zugeständnis und ein wenig geschickter Schachzug, denn wenig später wurde deutlich, dass die Japaner besiegt und die Franzosen wiederkommen würden. Der inzwischen zurückgekehrte und von Sihanouk zum Ministerpräsidenten ernannte Son Ngoc Thanh wollte den vollständigen Bruch mit Frankreich, während Sihanouk für Verhandlungen war. Im Oktober 1945 wurde Son Ngoc Thanh von einem französischen Militärkommando mitten in Phnom Penh verhaftet, entführt und ins Exil nach Frankreich gebracht. Es ist wahrscheinlich, dass Sihanouk, der auf keinen Fall den Thron aufgeben wollte, aber die Popularität Son Ngoc Thanhs fürchtete, diese Aktion selbst angeregt, zumindest aber nicht verhindert hat.

Am 22. September 1945 erließ er eine Proklamation, in der zwar auch von Unabhängigkeit, viel mehr aber von der Freundschaft mit Frankreich die Rede war. Praktisch trat damit der alte Protektoratsvertrag wieder in Kraft.

Laos war während des Zweiten Weltkriegs zum Verhandlungsobjekt zwischen fremden Mächten geworden. Siam griff französische Schiffe im Golf von Thailand an, die Japaner vermittelten einen Waffenstillstand, der Frankreich den Verzicht auf alle laotischen Gebiete westlich des Mekong auferlegte.[51] Weil auch der laotische König Sisavang Vong wegen dieses Verlustes abdanken wollte und damit der wichtigste gesellschaftliche Rückhalt Frankreichs in Laos verloren zu gehen drohte, war die konkrete Gefahr gegeben, dass Laos an Siam fallen könnte. Der Generalgouverneur von Indochina, Admiral Decoux, reiste alsbald zum König und brachte ihn gegen die Gewährung einer begrenzten Autonomie für sein Land von seiner Absicht ab. Er hatte erkennen müssen, dass die laotischen Aufstandsbewegungen durch eine intensive Propaganda für eine »große laotische

51 D.h. die Provinzen Sayabury im Nordwesten und Champassak im Süden.

Heimat«, zu der auch Siam gehören sollte, starke Unterstützung erfuhren. Decoux versuchte, einen in Laos berühmten Franzosen auf seine Seite zu ziehen: Charles Rochet, einen früheren Kolonialbeamten, der – wie die andere ähnlich charismatische Figur Auguste Pavie – eine aufrichtige Liebe zum Land entwickelt hatte und seit einigen Jahren innerhalb der Bevölkerung tätig war und Verehrung genoss. Denn er hatte in enger Zusammenarbeit mit laotischen Mitstreitern versucht, laotische Traditionen in Kunst und Literatur wieder aufleben zu lassen. Damit hatte er sich den Zorn seiner Landsleute aus der Kolonialverwaltung zugezogen und sich von ihnen losgesagt. Aus diesen Bemühungen war eine nationale Widerstandsbewegung entstanden, die ihre Aktivitäten auf kulturelle Projekte konzentrierte. So waren Dorfschulen gebaut, Gesundheitsstationen eingerichtet und die erste laotische Zeitung gegründet worden. Für Rochet waren diese Bemühungen das letzte Mittel, um die laotische Identität vor der Überfremdung zu retten. Decoux war nun bereit, Rochets Aktivitäten zu unterstützen, aber es kam nicht mehr zur Verwirklichung dieser Absichten. Andere gesellschaftliche Kräfte des Widerstands übernahmen die Initiative.

Schon in den 1930er und 1940er Jahren hatte sich aus einer Art Arbeiterbewegung in den Bergwerken von Bo Neng und Phon Thiou sowie aus Protestaktionen in den Städten eine Widerstandsorganisation formiert, die 1945 unter dem Namen Lao Itsala den allgemeinen Aufstand gegen die Japaner und die sie ablösenden Kuomintang-Truppen auslöste und sich am 12. Oktober als unabhängige provisorische Regierung konstituierte. Fünf Monate später wurden ihre Truppen von den Franzosen geschlagen, und ihre Anführer mussten nach Siam fliehen. Als Exilregierung bereiteten die Prinzen Pethsareth, Souvanna Phouma und Souphanouvong von Bangkok aus den Widerstand vor. Denn die Kolonialherrschaft Frankreichs nahm unter dem Ansturm der Japaner alsbald ein vorläufiges Ende.

V. Der französische Krieg

1945–1954

Der Zweite Weltkrieg war das geschichtliche Umfeld, in dem der antikoloniale Aufstand in einen Kampf um die Unabhängigkeit übergehen konnte. Vietnam wurde, in Ausführung von Beschlüssen des Potsdamer Abkommens (1.8.1945), in dem die Siegermächte den Nachlass des Zweiten Weltkrieges regelten, in zwei Zonen nördlich und südlich des 16. Breitengrades geteilt. Der Norden fiel unter chinesische Herrschaft (Chiang Kai-shek), der Süden unter britische. Beide Besatzungsregimes hatten die Aufgabe, die japanischen Truppen zu entwaffnen und ihren Abzug zu überwachen. Das französische Expeditionsheer stand derweil noch in Gefängnissen oder Kasernen unter Arrest, wurde aber von den Engländern nach und nach befreit und konnte sich im Süden mit Duldung Großbritanniens neu formieren.

Die Augustrevolution[1] war von der Viet Minh-Führung zu einem Zeitpunkt geplant und ausgelöst worden, an dem die Chance ihres Gelingens für kurze Zeit tatsächlich gegeben war. »Wir werden dann nicht mehr die Macht ergreifen müssen, weil es keine Macht mehr gibt«, so hieß es schon in einem Rundschreiben der Partei vom 6. August 1944.[2] Und in der Tat: Die Japaner hatten am 9. März 1945 die französische Kolonialadministration in ganz Indochina zerschlagen und mussten nun, nach dem Abwurf der Atombomben auf Hiroshima und Nagasaki, selbst kapitulieren. Damit waren beide Okkupationsmächte in Vietnam für eine kurze Zeit ausgeschaltet. Schon seit dem Beginn des Monats waren die Truppen des Viet Minh vom Norden her vorgerückt, und am Tag nach der japanischen Kapitulation wurden im ganzen Land Aufstände ausgelöst. Das nationale Befreiungskomitee konstituierte sich zur provisorischen Regierung eines unabhängigen Vietnam. Die Unterstützung der Bevölkerung war so stark, dass schon am 23. August der Kaiser Bao Dai, bis dahin Statthalter einer von den Japanern dekretierten »Unabhängigkeit«, abdankte, sich der Revolution anschloss und zum »obersten Berater« der provisorischen Regierung ernannt wurde. Nach der Befreiung

1 Das ist der offizielle Name für den Sieg im Kampf um die Unabhängigkeit und die Gründung der »Demokratischen Republik Vietnam« (DRV).

2 Le Thanh Khoi 1969, S. 423.

Saigons am 28. August hatte diese praktisch die Macht übernommen, und am 2. September verlas Ho Chi Minh auf dem Ba Dinh-Platz in Hanoi vor mehreren Hunderttausend begeisterten Bürgern die Unabhängigkeitserklärung der Demokratischen Republik Vietnam (DRV).

Damit war der richtige Augenblick ergriffen und die Revolution zum Erfolg geführt worden. Aber für den Aufbau eines neuen selbständigen Staates war die Situation alles andere als günstig. Denn im Potsdamer Abkommen war für Indochina keineswegs die Unabhängigkeit vorgesehen worden. Ohne übrigens Frankreich zu konsultieren, hatten die anderen Mächte bestimmt, dass Indochina aufgeteilt werden sollte. Unabhängig von solchen Beschlüssen hatte aber auch die neue französische Regierung, trotz anders lautender Versicherungen de Gaulles[3], nicht die Absicht, sich aus Indochina zurückzuziehen.[4]

Paris hatte im Süden Chinas, wohin sich französische Truppen vor den Japanern geflüchtet hatten, eine offizielle Vertretung mit dem Namen »Mission Nr. 5« eingerichtet, eine Art Exil-Kolonialregierung, die unter der Leitung des Geheimdienstbeamten Jean Sainteny[5] nicht nur für Gefangene oder untergetauchte Soldaten und Beamte sorgen sollte, sondern auch den offiziellen Auftrag hatte, »die Rückkehr Frankreichs nach Indochina, wenn es so weit ist, vorzubereiten«[6]. Im Norden widersetzten sich allerdings die Amerikaner und Chinesen solchen Absichten, so dass Sainteny sich damit begnügen musste, ab und zu Aufklärungstrupps ins Land zu schleusen, die Verbindung zu den gefangenen Franzosen aufnehmen sollten. Im Süden dagegen konnten, unter dem Schutz der britisch-indischen Einheiten, französische Truppen sehr bald ungehindert wieder aktiv werden. Die Rückkehr der Franzosen war geprägt von Repräsentanten, die verschiedene Vorstellungen von einem »neuen französischen Vietnam« hatten.

Im August 1945 kam, begleitet von einer Avantgarde des neuen französischen Expeditionsheeres, General Leclerc in Vietnam an. Er hatte den etwas unklar formulierten Auftrag, dort »die französische

3 De Gaulle hatte gleich nach der Befreiung von Paris einen »Kurswechsel« der französischen Kolonialpolitik angekündigt. Vgl. Féray, S. 203.

4 Schon am 24. März 1945 hatte die provisorische französische Regierung die Gründung einer »Indochinesischen Union« beschlossen.

5 Jean Sainteny war ursprünglich ein Deckname, der später, als Paris seinen Auftrag legitimierte, offiziell übernommen wurde.

6 Sainteny, S. 26.

Präsenz wiederherzustellen«. Leclerc musste feststellen, dass der vietnamesische Nationalismus stärker war, als er gedacht hatte, und dass es schwieriger sein würde als vermutet, eine solche Aufgabe zu erfüllen. Die Anwendung militärischer Gewalt war für ihn eine Alternative, die nur für die Bergprovinzen in Frage kam, wo der Einfluss des Viet Minh noch nicht spürbar war. Er hatte kompetente Mitarbeiter in seinem Stab (Paul Mus, Jean Lacouture und Philippe Devillers), die ihm eine nicht militärisch eingeengte Sicht vermitteln konnten. Leclerc verstand sich als ehrlicher französischer Patriot. Zu Vo Nguyen Giap sagte er im März 1946 in Haiphong: »Sagen Sie den Vietnamesen, dass sie mir vertrauen können. Aber ich bin natürlich ein Franzose, und bei allem Respekt für Ihre Forderungen ist es doch selbstverständlich, dass ich im französischen Interesse handle.«[7]

Der bereits erwähnte Jean Sainteny kam 1945 an Bord eines amerikanischen Flugzeugs nach Hanoi, mitten in der Augustrevolution. Bei seiner Fallschirmlandung wurde er zunächst vom Viet Minh verhaftet. Später war er Kommissar der französischen Republik für Tonking und Nord-Annam und jahrelang ein wichtiger Gesprächs- und Verhandlungspartner von Ho Chi Minh. Nach Leclercs Vorstellungen sollte eine französische Präsenz im Norden nicht mehr kolonialer Natur sein. Man müsse mit den Völkern verhandeln, sobald sie eine ernstzunehmende Führung oder Regierung hätten. Durch Sainteny erfuhr er, dass Ho Chi Minh eine französische Präsenz der derzeitigen chinesischen vorziehen würde. Aber die Anwesenheit der Franzosen solle befristet sein, und im Gegenzug müsse die Unabhängigkeit Vietnams garantiert werden. Für Leclerc war dies eine akzeptable Verhandlungsposition, denn er sah seine Aufgabe nicht in der Wiedereroberung, sondern in der Sicherung von französischen Positionen (territorial und wirtschaftlich) im Hinblick auf künftige Verhandlungen.

Aber es gab noch einen dritten wichtigen Repräsentanten Frankreichs in Vietnam, den Hochkommissar und Admiral Thierry d'Argenlieu[8]. Im August 1945 wurde er von de Gaulle zum Hochkommissar in

7 Der Ausspruch ist von einem ihn begleitenden Hauptmann überliefert, der ihn in seinem Buch zitiert: Col. Repiton-Préneuf: *Leclerc vu par ses compagnons de combat*, Paris 1948, S. 323.

8 D'Argenlieu, geboren 1889, hatte eine steile Karriere in der Marine hinter sich, als er 1920 zeitweise in ein Karmeliterkloster eintrat. 1940 war er wieder bei der Marine, ging ins Exil zu de Gaulle nach London und wurde 1943 zum Admiral ernannt.

Saigon ernannt, was bedeutete, dass er nicht nur militärischer Befehlshaber war, sondern auch den Status eines politischen Gouverneurs hatte, ihm die anderen Militärkommandeure also im Prinzip untergeben waren. Er vertrat von Anfang an eine Politik der militärischen Rückeroberung ganz Indochinas, was ihn schnell in Widerspruch zu den Ansichten Leclercs brachte.

1946 beklagte sich d'Argenlieu bei de Gaulle über die »Kapitulationstendenzen« Leclercs. Kurze Zeit später trat de Gaulle zurück.[9] Die anschließende Regierungsübernahme durch den Sozialisten Gouin war zunächst eine herbe Niederlage für d'Argenlieu. Und die von Leclerc unterstützten Verhandlungen zwischen Ho Chi Minh und Sainteny mit dem Ziel einer loyalen Zusammenarbeit waren schon weit fortgeschritten. Das französische Interesse war dabei vor allem, von Ho Chi Minh die Erlaubnis zu erlangen, dass französische Truppen friedlich in Nordvietnam einziehen durften. Leclerc wusste sehr genau, dass das Expeditionsheer zu der Zeit nicht zu einer Eroberung mit Gewalt in der Lage war. Aber nicht nur dieser Punkt leitete Leclerc bei seinem Bemühen um ein Einvernehmen mit Ho Chi Minh. Vielmehr sah er in ihm und seiner Regierung[10] einen vertrauenswürdigen Partner, der die Idee der »Französischen Union« ehrlich akzeptierte, eine Formel, mit der fortschrittliche Politiker in Paris eine neue Form der freiwilligen Bindung an Frankreich bezeichneten, ohne dies jedoch näher zu präzisieren. Streitpunkt war die »Unabhängigkeit«, auf der Ho Chi Minh bestand. Diese sollte vor der Rückkehr der französischen Truppen verbindlich vereinbart sein. Leclerc erklärte am 14.2.1946 in Paris: »Man sollte nicht zögern, das Wort Unabhängigkeit auszusprechen, um die Verhandlungen zum Erfolg zu führen.«[11]

Admiral d'Argenlieu kümmerte sich nicht darum, was in Hanoi verhandelt wurde. Er sah es als seine Aufgabe an, nach den Worten de Gaulles »die französische Souveränität in den Gebieten der Fran-

9 Am 22.1.1946. Damit begann eine schnelle Abfolge der Regierungen in Paris, die einen verheerenden Einfluss auf die Politik in Indochina hatte: Zwischen 1944 und 1952 gab es nicht weniger als zwölf Regierungswechsel, also etwa zwei, manchmal drei pro Jahr.

10 Die natürlich von Frankreich nicht anerkannt worden war.

11 Es kann sein, dass Leclerc recht hatte, wenn er meinte, man könne Ho Chi Minh mit diesem einen Wort zufriedenstellen, aber Paris bestand seinerseits beharrlich auf seiner Vermeidung und bot sprachliche Alternativen an (»Freiheit«, »Autonomie« etc.).

zösischen Union wiederherzustellen«[12]. Er begann mit der militärischen Besetzung Südvietnams, und der Versuch der Einwohner von Saigon, am 2. September 1945 die Unabhängigkeit zu feiern, wurde blutig unterdrückt; 47 Menschen wurden dabei getötet. Währenddessen entwaffneten die britischen Truppen die Japaner und befreiten alle gefangenen französischen Soldaten, die sofort in das neue Expeditionsheer eingegliedert wurden. Im Oktober verhängte das französische Militär in Südvietnam den Ausnahmezustand und übernahm alle öffentlichen Institutionen, übte eine strenge Pressezensur und brutalen Terror gegen jeden Widerstand in der Bevölkerung aus, verbunden mit einer intensiven Propaganda für eine »Autonomie« des Südens gegenüber dem Norden. Der Viet Minh war gezwungen, in die Illegalität und aufs Land zu gehen und seine Aktionen auf Guerilla-Überfälle zu beschränken. Damit war der Einfluss der DRV im Süden praktisch ausgeschaltet.

Es gab also faktisch zwei politische territoriale Gebilde in Vietnam: Im Norden kontrollierte eine einheimische Regierung Tonking und Nord-Annam, im Süden wurde der Sonderstatus der früheren Kolonie Cochinchina einfach als weiterhin gültig betrachtet. Während die internationale Gemeinschaft Frankreich im Süden weitgehend freie Hand ließ, war der Norden inzwischen zu einem regional strategisch wichtigen Gebiet geworden.

Dort blieb, da eine Kontrolle über die Durchführung der Vereinbarungen von Potsdam nicht vorgesehen war und weil die französisch-vietnamesischen Verhandlungen nicht vorwärtskamen, die Lage lange Zeit ungewiss. Nur sehr zögernd verließen die japanischen Truppen das Land, und die nachrückenden Einheiten Chiang Kaisheks setzten sich fest und verlangten die Beseitigung der Regierung Ho Chi Minh. Von einer immer stärkeren Revolution im eigenen Lande bedroht, wollte sich Chiang Kai-shek durch ein nationales, aber antikommunistisches Regime einen bestimmenden Einfluss in Vietnam sichern. Die USA unterstützten diese Absicht und verfolgten damit noch den weitergehenden Zweck, Frankreich eine Rückkehr zu verwehren. Alle diese Interessen und Tendenzen richteten sich gegen die Regierung der DRV.

* * *

12 De Gaulle am 24. August 1945; vgl. auch Masson, S. 105.

Auch abgesehen von der allseitigen militärischen Bedrohung waren die Schwierigkeiten des Aufbaus groß. Die Besetzung des Südens hatte das traditionelle Versorgungsgleichgewicht zwischen Nord und Süd gestört, und die Ernte war durch Taifune wieder einmal sehr schlecht gewesen, so dass die unmittelbare Gefahr von Hungersnöten drohte. Außerdem waren mit den chinesischen Truppen nationalistische Gruppen von Vietnamesen wieder ins Land gekommen, die nicht am Widerstandskampf teilgenommen hatten und von den Chinesen als Vertreter ihrer Interessen bewusst gefördert wurden, vor allem zwei zu terroristischen Provokationen neigende Parteien, die Dong Minh Hoi- (nationalistische) Partei (DMH) und die neue, von China beeinflusste VNQDD. Ihre Führer wurden zwar von Ho Chi Minh an der Regierung beteiligt[13], aber ihre Propaganda und vor allem die Ausschreitungen von ihnen nahestehenden Teilen der Miliz oder Polizei gegen Ausländer und Anhänger des Viet Minh gefährdeten die Einheit der Führung und die politische Bewegungsfreiheit der Regierung. Diese hatte kaum Möglichkeiten, dagegen vorzugehen, weil die Polizeifunktionen noch vorwiegend von den Besatzungstruppen ausgeübt wurden. Vor allem ihre Bemühungen, eine Politik der Eskalation von Racheakten zu verhindern, wurden dadurch erheblich erschwert.

Ho Chi Minh hatte somit nur einen stark reduzierten Handlungsspielraum. Die DRV war international isoliert und nicht einmal von der UdSSR diplomatisch anerkannt worden. Sie musste also ausschließlich aus eigener Kraft ein Staatswesen aufbauen und war darauf angewiesen, mit den interessierten Mächten zu akzeptablen Abmachungen zu kommen.

Doch zunächst musste die drohende Hungersnot abgewendet werden. Durch rigorose Rationalisierungsmaßnahmen wurde zunächst der vorhandene Reis gleichmäßig verteilt, und die Bevölkerung wurde aufgefordert, jeden zehnten Tag freiwillig zu fasten. Darüber hinaus förderte man den Anbau schnell wachsender Gemüsesorten und umfassende Reparaturen an den 1200 Kilometern Dämmen und Deichen, die zerstört oder beschädigt waren. Durch die disziplinierte Bewältigung solcher Maßnahmen gelang es der Bevölkerung, schon im Sommer 1946 eine knapp ausreichende Ernährung sicherzustellen. Gleichzeitig mit diesem Sofortprogramm gegen den Hunger begann

13 VNQDD-Führer Nguyen Tuong Tam wurde Außenminister.

eine groß angelegte Kampagne gegen den Analphabetismus, um Grundlagen für die Ausbildung einheimischer qualifizierter Kräfte für Wirtschaft, Verwaltung, Bildungswesen und Armee zu schaffen. Der Unterricht in der Quoc Ngu-Schrift wurde für jeden Bürger obligatorisch, und für alle Erwachsenen, die noch nicht lesen und schreiben konnten, galt die Verpflichtung, es innerhalb eines Jahres zu lernen. Etwa 100 000 »Hilfslehrer«, deren Hauptqualifikation darin bestand, dass sie selber lesen und schreiben konnten, wurden, mit Lernprogrammen versehen, seit dem 3. September 1945 aufs Land verschickt, um in jedem Dorf den unentgeltlichen Unterricht zu gewährleisten.

Eine Existenzfrage für die Regierung war zu dieser Zeit auch die Verbreiterung ihrer politischen Basis, die Gewinnung noch größerer Teile der Bevölkerung und auch bestimmter sozialer, politischer oder religiöser Gruppen für die Ziele der Revolution. In Versammlungen und Reden wurden die nationalen Minderheiten, religiöse Sekten oder die Katholiken angesprochen. Um ein möglichst breites Bündnis auch mit starken nationalistischen, aber strikt antikommunistischen Gruppen und Schichten zu erreichen, ging das Zentralkomitee sogar so weit, am 11. November 1945 die Kommunistische Partei offiziell aufzulösen.[14] Dieser Beschluss, der in seiner praktischen Konsequenz eher ein freiwilliger zeitweiliger Rückzug in den Untergrund war,[15] sollte bei den Partnern oder Konkurrenten in der Führung der Unabhängigkeitsbewegung die offen reaktionären Kräfte und Terrorgruppen isolieren und bewirken, dass patriotische Kräfte dem Bündnis nicht aus antikommunistischen Vorurteilen fernblieben. Tatsächlich wurde wenig später eine »Vereinigte Nationale Front« (Lien Viet) gegründet, die aus den Wahlen am 6. Januar 1946 siegreich hervorging. Um Konflikte mit der chinesischen Armee zu vermeiden, sicherte Ho Chi Minh den beiden Kuomintang-Parteien DMH und VNQDD vor den Wahlen 70 der 350 Sitze in der Nationalversammlung zu.[16]

Die nun durch die Wahlen mit einem Mandat versehene Regierung ging sofort daran, für die Bauern und Arbeiter entscheidende

14 Der Text der entsprechenden Erklärung des ZK ist abgedruckt in Rousset, S. 43.

15 Vgl. Lulei, S. 109.

16 Nguyen Luong Bang berichtet in seinen Erinnerungen »Meine Begegnungen mit Onkel Ho« über dessen Haltung zu dieser Frage: »Wir können sie ihnen ruhig geben. Unser Volk ist klug genug, die Guten von den Bösen zu unterscheiden«, in: *Avec l'oncle Ho*, S. 180, und *Tage mit Ho Chi Minh*, S. 65.

Voraussetzungen für eine Verbesserung ihrer sozialen Lage zu veranlassen. Die kommunalen Reisfelder wurden an die landlosen Bauern verteilt, die Pachtgebühren um 25 % gesenkt, und die von geflohenen Grundbesitzern und Kollaborateuren im Stich gelassenen Güter wurden ebenfalls den armen Bauern in provisorische Pacht übergeben. Die Bebauung von neuem oder brachliegendem Land wurde gefördert; wer es rodete und bepflanzte, sollte es besitzen. Eine neue Sozialgesetzgebung brachte vor allem den Arbeitern bessere Lebens- und Arbeitsbedingungen: Der Achtstundentag wurde eingeführt, das Streikrecht und die Mitbestimmung bei der Leitung requirierter oder nationalisierter Betriebe gesetzlich abgesichert. Die Kopfsteuer wurde abgeschafft, ebenso die Monopole für Salz und Alkohol und die Abnahmeverpflichtung für Opium. Die Armee wurde neu organisiert und verstärkt.

* * *

Am 28. Februar 1946 schloss Frankreich einen Vertrag mit der chinesischen Regierung, in dem gegen weitgehende Vergünstigungen in Yünnan, das immer noch offizielles französisches Interessengebiet war, der Abzug der chinesischen Truppen aus Vietnam vereinbart wurde.[17] Diese räumten das Land allerdings nur sehr langsam, und die Bevölkerung hatte viel zu leiden unter Plünderungen und blutigen Zwischenfällen. Jean Sainteny hatte mit Duldung der chinesischen Besatzung das Gebäude des ehemaligen Generalgouverneurs bezogen. Paris war nicht bereit, die DRV anzuerkennen. Sainteny handelte also sozusagen auf eigene Verantwortung, und die französische Regierung brauchte sich nicht an eventuelle Vereinbarungen gebunden zu fühlen. Diese ungewisse diplomatische Situation führte dazu, dass, als am 6.3.1946 ein »vorläufiges Abkommen« zwischen Sainteny und der DRV-Regierung geschlossen wurde, das den französischen Truppen erlaubte, in Nordvietnam einzuziehen, diese bereits unterwegs waren, und zwar keineswegs in friedlicher Absicht.[18] Das vorläufige Abkommen sah die »Autonomie der Regierung« im Innern des Landes vor, mit eigenem Parlament und eigener Armee. Die DRV würde Mitglied

17 Frankreich nahm sich damit stillschweigend das Recht, Beschlüsse des Potsdamer Abkommens auszuführen, weil es sonst niemand tat.

18 Vgl. Sainteny, S. 180ff.

einer »Indochinesischen Föderation« innerhalb der »Französischen Union« sein, und in weiteren Verhandlungen sollte über den Status von Mittel- und Südvietnam verhandelt werden. Das Zugeständnis der Anwesenheit der französischen Truppen in Nordvietnam war sehr weitgehend, aber es war damit die Hoffnung verbunden, dass der unvermeidliche Einmarsch wenigstens ein friedlicher sein würde, und vor allem: Die Regierung schien als Verhandlungspartner akzeptiert. Die französische Seite erachtete das Abkommen allerdings als eine Vorstufe zur endgültigen »Befreiung« (Sainteny)[19] Indochinas, und ihr Vertreter ließ kaum eine Gelegenheit aus, dies öffentlich zu betonen. Ho Chi Minh hatte vergebens gehofft, dass Vertreter eines »neuen« Frankreich, die in der Résistance gegen Hitlerdeutschland gekämpft hatten, zu einer friedlichen Verständigung bereit sein würden.

Schon beim Einmarsch der französischen Truppen, der von der Bevölkerung mit großer Disziplin hingenommen wurde, hielt sich die französische Seite nicht an die vereinbarte Begrenzung des Kontingents. In nunmehr offiziellen Verhandlungen, die in Fontainebleau[20] stattfanden, stellte die Regierung in Paris dann Forderungen, die für Vietnam praktisch einen neuen Status als Protektorat bedeuteten: Innerhalb der »Indochinesischen Föderation« sollte Vietnam von einem Generalgouverneur regiert werden, Währung und Zollhoheit sollten französisch sein, und Südvietnam sollte abgetrennt und »französische Kolonie« bleiben.[21] Und noch während verhandelt wurde, setzte d'Argenlieu vor Ort solche Absichten in die Tat um. Am 1. Juni 1946 ließ er eine »Autonome Republik Cochinchina« gründen, deren Regierungschef aus Scham über seine demütigende Funktion

19 Sainteny, S. 189. Für die zwiespältige persönliche Einstellung Saintenys ist der Text des folgenden Telegramms aufschlussreich, das er am 13.8.1945 an seine Verbindungsstelle schickte: »Erstens: Besetzung Norden Indochinas kann erachtet werden als schlechteste Lösung von allen […] Schätze, wir dürfen nicht solche Ungleichheit zulassen, die tief mit uns zugleich Prestige weißer Rasse im fernen Osten verletzt«, S. 51. Trotz solcher Ansichten ließ Sainteny keine Gelegenheit ungenutzt, die Bevölkerung Hanois und die Regierung durch Fahnen etc. zu provozieren. Vgl. Sainteny, S. 125ff.

20 Leiter der vietnamesische Delegation war Pham Van Dong, aber auch Ho Chi Minh weilte derzeit in Paris.

21 Kolonialminister Marius Moutet am 18. August 1946 bei den Verhandlungen in Fontainebleau, zit. in: Nguyen Khac Vien 1974, S. 206.

fünf Monate später Selbstmord beging, und am 1. August wurde ein »Autonomes Gebiet der Bergvölker im westlichen Bergland« ausgerufen – zwei Bausteine der »Indochinesischen Föderation«, einer neuen Kolonialadministration nach dem Muster der »Indochinesischen Union« von 1905. Dieses Fait accompli, mit dem die Verhandlungsdelegation der DRV in Frankreich konfrontiert wurde, war ein bewusster Affront gegen den Legitimitätsanspruch der Regierung Ho Chi Minh, reflektierte aber auch die widersprüchliche Politik Frankreichs, wo der Prozess des Erstarkens der politischen Rechten (1947 wurden die Kommunisten aus der Regierung vertrieben) von Kabinettsumbildungen und Regierungswechseln begleitet war.[22] Die Militärs in Vietnam handelten im Sinne der reaktionär-kolonialistischen Kräfte, während die progressiven Parteien noch verhandeln wollten. Es wurde immer offensichtlicher, dass die Generäle in Vietnam die militärische Rückeroberung Vietnams und die gewaltsame Beseitigung der Regierung Ho Chi Minh betrieben und vorbereiteten[23], ungeachtet dessen, was die französische Regierung vorhatte und beschloss.

Damit waren die Verhandlungen gescheitert, und die vietnamesische Delegation reiste ab. Nur Ho Chi Minh, der manche Demütigung hatte hinnehmen müssen, blieb und erreichte mit Geduld und Zähigkeit doch noch die Unterzeichnung eines Papiers, das einen »Modus Vivendi« festlegte und zumindest die Einstellung der Feindseligkeiten vorsah.

Beobachter haben oft die sehr weitgehende Verhandlungsbereitschaft, ja erstaunliche Nachgiebigkeit Ho Chi Minhs in dieser Phase hervorgehoben, die gewiss nicht von allen Mitgliedern seiner Regierung gutgeheißen wurde. Spuren einer solchen Meinungsverschiedenheit finden sich noch in späteren historischen Darstellungen, so etwa bei Vo Nguyen Giap: »In den Tagen nach der Unterzeichnung [des »vorläufigen Abkommens« vom 6.3.1946, gg] beeinträchtigten Illusionen über einen Frieden ernsthaft unsere Wachsamkeit gegen-

22 D'Argenlieu hintertrieb die Konferenz in Fontainebleau, wo er konnte, und veranstaltete sogar ohne Absprache mit der Regierung eine »Gegenkonferenz« in Dalat.

23 General Morlière war gegen diese Politik, wurde prompt entlassen und verfasste einen Bericht, der geheim gehalten wurde. Erst in dem Buch von Georges Chaffard ist er 1969 der Öffentlichkeit bekannt gemacht worden.

über den Verratsmanövern der Kolonialherren.«[24] Ho Chi Minh hatte auf die Aussöhnung mit einem Frankreich gehofft, das sich auf seine demokratischen Traditionen besinnen würde, denen er selbst so nahestand, und bis zum letzten Augenblick versucht, die militärische Konfrontation zu vermeiden.

Für die DRV musste es nun aber doch darum gehen, sich auf den unausweichlichen Kampf vorzubereiten. Giap betrieb energisch die Wiederaufrüstung der Viel Minh-Truppen; zusätzlich wurden in den Städten Milizen aufgestellt (Tu Ve), die vor allem bei den jetzt immer häufigeren Zwischenfällen mit französischen Soldaten eingreifen sollten. Dabei versuchte man, solche Zusammenstöße möglichst zu vermeiden, und zögerte den endgültigen Bruch so lange wie möglich hinaus, um auch für politische Maßnahmen noch Zeit zu gewinnen.

Am 8. November 1946 wurde die neue Verfassung der DRV verabschiedet, und die anschließend gebildete neue Regierung war auf die zu erwartende Auseinandersetzung vorbereitet. Ihr gehörten die chinafreundlichen Parteien DMH und VNQDD nicht mehr an. Noch am selben Tag wurde der Notstand ausgerufen, und am 20. begann Frankreich den Krieg: Nach einem unbedeutenden Zwischenfall griff die französische Armee die Stadt Haiphong an, und der schweren Bombardierung von Wohnvierteln fielen mindestens 6000 Menschen[25] zum Opfer. Dies geschah, »um dem Viet Minh eine Lektion zu erteilen«, wie es in einem Telegramm des Generals Valluy heißt.[26] Letzte Möglichkeiten zu Verhandlungen wurden von den Franzosen dadurch verhindert, dass sie den Beauftragten Sainteny bei seiner Rückkehr nach Vietnam in Saigon aufhielten[27], während in Hanoi die

24 Vo Nguyen Giap, S. 82. Damals schickten in Paris lebende vietnamesische Intellektuelle einen offenen Brief an Ho Chi Minh, in dem sie ihn des »Verrats« an der Revolution bezichtigen. Text in: Bao Dai, S. 163f.

25 Die Zahl der Opfer wird in den verschiedenen Darstellungen mit bis zu 20000 angegeben (so bei Rousset, S. 49).

26 Vom 22. Oktober 1946. Es gab im französischen Militärkommando zwei gegensätzliche Strömungen. D'Argenlieu und Valluy vertraten die harte Linie, während der Kommandant der Garnison von Hanoi, General Morlière, wie auch Sainteny eine Verhandlungslösung mit der Regierung der DRV anstrebten. Morlière wurde vom Oberkommando in Saigon systematisch bekämpft, denn Valluy fand seine »ehrbaren Versuche zur Versöhnung nicht mehr zweckmäßig«. Text des Telegramms bei Devillers/Lacouture 1969, S. 23.

27 Vgl. Lacouture 1968, S. 169.

Zusammenstöße ebenfalls blutige Formen annahmen. Am 19.12.1946 musste die Regierung der DRV Hanoi verlassen und in den Dschungel gehen. Am selben Tag rief Ho Chi Minh öffentlich zum allgemeinen Widerstand auf[28], schickte aber gleichzeitig weiterhin Friedensangebote und Verhandlungsvorschläge nach Paris, wo sie aus unerklärlichen Gründen beim (sozialistischen) Ministerpräsidenten Léon Blum nicht ankamen.[29]

Während im Norden nun wieder geschossen und bombardiert wurde, waren im Süden schon Bemühungen im Gange, den Kampf zu »vietnamisieren«. Man bediente sich dabei des ehemaligen Kaisers und »höchsten Beraters« der Regierung Ho Chi Minh, Bao Dai, der im März 1946 Hanoi verlassen hatte, zunächst nach Südchina gegangen war und sich nun in Hongkong aufhielt. Seine vorübergehende Bereitschaft, der Regierung der DRV anzugehören, war von einer schweren Enttäuschung über das Verhalten der Franzosen ausgelöst worden. Wie auch Ho Chi Minh hatte er auf eine partnerschaftliche Zusammenarbeit mit Frankreich gesetzt – ja sogar noch, als er mit ansehen musste, wie nach der Entwaffnung der Japaner die französischen Truppen weiterhin im Land blieben und die Generäle und Beamten ungeniert ihre alten Machtpositionen wieder zu besetzen begannen, auf ein Eingreifen de Gaulles gehofft. In einem offenen Brief an den General hatte er gewarnt: »Jedes Dorf wird ein Nest des Widerstandes sein, jeder frühere Kollaborateur ein Feind, und sogar Ihre Beamten, Ihre Kolonisten werden Sie darum bitten, diese ungenießbare Atmosphäre verlassen zu dürfen.«[30] Bao Dai war vom Trauma des Verhältnisses zu Frankreich geprägt. Ähnlich wie – auf unterschiedlichem Niveau – alle seine Nachfolger in Südvietnam, war

28 Eine detaillierte Schilderung dieser wichtigen Phase des französischen Kriegs findet sich in Giesenfeld 2009.

29 Lacouture 1968, S. 180f. Paris schickte schließlich im Mai 1947 Paul Mus zu Verhandlungen nach Vietnam – viel zu spät und mit Forderungen, von denen dieser Vietnamkenner selbst am besten wusste, dass sie unannehmbar waren.

30 Zit. nach: Bao Dai, S. 114f. – Bao Dais Memoiren sind ein Beispiel für die egozentrische Naivität in den autobiografischen Rechtfertigungsversuchen vieler Geschöpfe der französischen Kolonialpolitik (so etwa auch Prinz Sihanouk). Bao Dai, dessen Interesse für Politik nicht sehr ausgeprägt war, hatte de Gaulles eindeutige Aussagen, etwa die Erklärung vom 25.3.1945 über die »Indochinesische Föderation«, erst viel später überhaupt zur Kenntnis genommen. Vgl. Bao Dai, S. 195f.

er stets nur dann Nationalist, wenn die im Grunde verehrte Schutzmacht in einer demütigenden Form in seine persönlichen Herrschaftsbereiche eingriff. Nicht in erster Linie politische Differenzen hatten jedoch dazu geführt, dass er seine Position in der Regierung Ho Chi Minhs aufgab und ins Exil ging.[31] Wie in stärkerem Maße noch Sihanouk, empfand sich Bao Dai stets in einer Konkurrenzsituation mit der Befreiungsbewegung, deren Kampf gegen die Fremdherrschaft er mit der Erlangung einer formalen Autonomie durch Anbiederung an die Kolonialmacht zuvorzukommen suchte. Noch während die Verhandlungen mit Ho Chi Minh im Gang waren, bemühte sich Paris, ihn für eine vietnamesische Gegenregierung zu gewinnen, die bereit wäre, den Kampf gegen den Viet Minh selbst zu tragen. Dafür war man sogar bereit, über eine gewisse »Unabhängigkeit« zu verhandeln, vorausgesetzt, dies ginge nicht »über den Rahmen eines Verbalismus beinahe religiösen Charakters« hinaus[32]. Als Bao Dai, der in Hongkong auch Kontakte zu den USA geknüpft und Unterstützungszusagen für den »Kampf gegen den Kommunismus« erhalten hatte, am 13. Juni 1949 in Saigon eintraf, waren dort indessen kaum Personen von einigem Gewicht bereit, ihn zu unterstützen. Ungeachtet ihrer Schwäche erfüllte die schließlich gebildete Regierung doch die ihr zugedachte Rolle als Bürgerkrieg führende Partei und wurde sofort von den meisten westlichen Staaten anerkannt. Die Bevölkerung sah in ihr allerdings eine faktische Agentur Frankreichs, die sich allenfalls auf Grundbesitzer und reaktionäre Mandarine stützen konnte, weder Wahlen zuließ, noch eine Verfassung erarbeitete und deren Macht ausschließlich auf dem Schutz des französischen Militärs und bewaffneter Sekten beruhte.

Sofort organisierte sich der Widerstand neu. Schon im August 1945 war auch in Saigon eine »Vereinigte Nationale Front« gegründet

31 Ho Chi Minh habe ihn nur wegen seines Prestiges zur Legitimation seines »kommunistischen« Regimes benutzt, ihm sogar – so die erbauliche Legende angeboten, wieder Staatsoberhaupt zu werden. Wenig später sei das Angebot dann wieder zurückgezogen worden. So Bao Dai, S. 150. Seine nominelle Zugehörigkeit zur DRV-Regierung hat er übrigens, trotz angeblicher Enttäuschung und später immer deutlicherer politischer Gegnerschaft, nie selbst aufgekündigt und noch in Hongkong von Ho Chi Minh finanzielle Unterstützung erhalten und angenommen.

32 So der französische Hochkommissar in einem Bericht, zit. in: Le Thanh Khoi, S. 438.

worden, der viele verschiedene Gruppen und Organisationen angehörten, nicht aber der Viet Minh. Dazu zählten auch Vertreter der religiösen Sekten und die »Avantgarde-Jugend«, eine wichtige nationalistische Organisation unter der Leitung von Pham Ngoc Thach, die sich später dem Viet Minh anschloss, sowie die Gruppe »Der Kampf«, die in den Jahren der Volksfront 1935–37 zusammen mit der KP eine Zeitung gleichen Namens herausgegeben und in gemeinsamen Listen mit ihr beachtliche Wahlerfolge erzielt hatte. Später war dann *Der Kampf* ein Organ der vietnamesischen Trotzkisten geworden. Die »Vereinigte Nationale Front« arbeitete kurze Zeit später mit einem »provisorischen Exekutivkomitee« Südvietnams des Viet Minh zusammen. Im Januar 1946, als der Viet Minh im Süden gezwungen wurde, in die Illegalität zu gehen, zerbrach dieses Bündnis vor allem am Ausscheiden der Sekten, die sich mehr und mehr für eine »nicht-kommunistische« nationalistische Lösung einsetzten. Im Viet Minh-Komitee des Südens bestimmte nun die KP fast allein den Kurs, und vor allem die Trotzkisten wurden ausgeschlossen und bekämpft. Eine Erneuerung der Zusammenarbeit der 1930er Jahre war allerdings auch vorher schon, angesichts der offenen Propaganda gegen den Viet Minh von Seiten der »Kampf«-Gruppe, ohne große Chancen gewesen. Zum 2. September 1945, dem Tag der Unabhängigkeitserklärung, als im Süden die britischen Truppen anrückten, schrieben die Trotzkisten in einem Flugblatt: »Wir, internationale Kommunisten, haben nicht die Illusion, dass die Viet Minh-Regierung mit ihrer Politik der Klassenversöhnung in den kommenden Stunden erfolgreich gegen die imperialistische Invasion kämpfen kann«[33], und bezeichneten die Regierung der DRV als »bonapartistisches Regime«. Die Trotzkisten gründeten im Süden »Volkskomitees«, die den Widerstand tragen sollten, der sich aber vor allem gegen die einheimische Bourgeoisie richtete. Die Parolen der Trotzkisten verlangten nicht eine demokratische Revolution, die auf die nationale Befreiung orientiert war, sondern die Enteignung der Industrie unter Arbeiterkontrolle. Für sie war die Politik des Viet Minh gegenüber den Westmächten zu kompromisslerisch, und dessen Bemühungen, eine »nationale Einigung ohne Unterscheidung der Klassen oder Parteien« herbeizuführen,

33 Zit. nach: »Saigon Insurrection 1945«, in: *Workers Vanguard*, Nr. 20, 11, Mai 1973, nachgedruckt in der Broschüre *Stalinism and Trotskyism in Vietnam*, New York 1976, S. 21.

wurden von ihnen als klassenversöhnlerischer Irrweg denunziert. Auf diese Propaganda reagierte die südliche Viet Minh-Leitung hart: Nachdem einem Ultimatum, die »Volkskomitees« in die Bündnisorganisation des Viet Minh einzugliedern, nicht Folge geleistet wurde, wurde das Büro der »Internationalen Kommunistischen Liga« besetzt. Trotzdem hatten die Trotzkisten und ihre Anhänger bei den massiven Protesten gegen die Freilassung der französischen Soldaten durch die Engländer eine maßgebliche Rolle gespielt, bei denen es jedoch zu Ausbrüchen von Rassenhass gegen die Franzosen kam. Dagegen wandte sich der Viet Minh, und einige Führer der Trotzkisten wurden von Viet Minh-Soldaten getötet.

* * *

Der Versuch Frankreichs, die Kolonialherrschaft wiederherzustellen, war in den beiden anderen indochinesischen Ländern zunächst erfolgreicher. Die dortigen Widerstandsbewegungen waren schwächer als in Vietnam und, vor allem in Kambodscha, kaum in der Bauernschaft verankert, weil sie kein soziales und politisches Programm von ähnlicher Durchschlagskraft und Zukunftsperspektive hatten wie die Vietnamesen. Zwar wurden vom Viet Minh schon früh Vorstellungen über die Gleichzeitigkeit von antiimperialistischem Kampf und sozialer Revolution auch in Laos und Kambodscha zu verbreiten versucht, jedoch zunächst kaum aufgegriffen. Dies hatte zur Folge, dass die europäischen Mächte, die den Kampf gegen die Unabhängigkeitsbestrebungen der ehemaligen Kolonie zunehmend, und vor allem in Südostasien[34], als Kampf gegen die »Ausbreitung des Kommunismus« ausgaben, weniger hart vorgingen. Frankreich war bereit, eine Unabhängigkeit von der Qualität zuzulassen, wie man sie auch Bao Dai gewährte, und solange sich die einheimische Bevölkerung damit abfand und die Könige sich nicht dem Verdacht aussetzten, mit den »Kommunisten« zusammenzuarbeiten, ließ man sie in Ruhe. Dies war in Kambodscha der Fall, wo nur Son Ngoc Thanh für kurze Zeit halbherzig eine Zusammenarbeit mit dem Viet Minh angestrebt hatte, ehe König Sihanouk dies verhinderte.

In Laos hatte die von Mitgliedern des Königshauses unterstützte Widerstandsbewegung von Anfang an eine antikolonialistische Ten-

34 In China drohte zu der Zeit schon eine kommunistische Revolution.

denz gehabt. Obwohl ihre Führer lange Zeit im Exil lebten, hatte sie ihre Aktionsfähigkeit im Land niemals verloren, arbeitete eng mit dem Viet Minh zusammen und war in der Bevölkerung relativ stark verankert. In den militärischen Aktionen vor und während der Schlacht von Dien Bien Phu spielte die laotische Widerstandsbewegung eine wichtige Rolle. So war auch in Laos seit 1947 der Druck der Kolonialmacht stärker geworden und die Situation mit der in Südvietnam vergleichbar. Nach dem Muster des »Vietnamisierungs«-Versuchs in Südvietnam wurde 1949 eine »unabhängige« Regierung unter dem Prinzen Souvanna Phouma eingesetzt, eine Nationalarmee durch Zwangsrekrutierung aufgebaut und jede Opposition unterdrückt. Ein Jahr später formierte und organisierte sich der Widerstand in den nordöstlichen Provinzen, und unter der Führung eines anderen Mitglieds der königlichen Familie, des Prinzen Souphanouvong, wurde eine Gegenregierung gebildet. Die Widerstandsbewegung nannte sich Pathet Lao (laotischer Staat) und ergriff in ihren Einflusszonen am Programm des Viet Minh orientierte Maßnahmen der sozialen Reform und der Beseitigung des Analphabetismus. Aber erst in den Kämpfen 1953/54 konnten größere zusammenhängende Gebiete befreit werden, die den Aufbau einer Verwaltung erlaubten. Bezeichnend für die unterschiedliche Stärke der beiden Widerstandsorganisationen sollten wenig später die Bestimmungen des Genfer Abkommens sein: In der Schlussakte wurde der Bedeutung der laotischen Widerstandsbewegung dadurch Rechnung getragen, dass man ihr, im Gegensatz zur kambodschanischen »Khmer Issarak«-Bewegung, eine eigene Regruppierungszone zuwies.[35] Dies entsprach den damaligen Kräfteverhältnissen insofern, als die politische Stabilität und die militärische Schlagkraft des Pathet Lao tatsächlich wesentlich größer waren als die des kambodschanischen Widerstands.

In Kambodscha war nach 1945 mit der Zustimmung des Königs Sihanouk eine Art Kolonialherrschaft wiederhergestellt worden, die etwa dem Status des Protektorats entsprach, wie es vorher bestanden hatte. Später sollte das Land in die »Unabhängigkeit« innerhalb der »Französischen Union« entlassen werden. Mit diesem vagen Versprechen gab sich der König zunächst zufrieden und genoss das luxuriöse Hofleben, unterhielt einen Harem und produzierte sentimentale

35 Diese lag allerdings weitab von den Einflussgebieten, im unzugänglichen Norden des Landes.

Liebesfilme, in denen er selbst die Hauptrolle spielte. In Vorbereitung auf eine zukünftige »Autonomie« wurde in Phnom Penh ein parlamentarisches System nach dem Muster der Vierten französischen Republik eingerichtet, dessen Bedeutung allerdings auf die Hauptstadt beschränkt blieb. Dort entstanden Parteien, die oft nur einen neuen Rahmen für die alten adligen Familienclans abgaben. Aber es gab auch eine »Demokratische Partei«, in der vor allem junge Intellektuelle für die Abschaffung der Monarchie und den Abzug der Franzosen eintraten. Im neu gebildeten Parlament gewannen diese Gegner Sihanouks eine qualifizierte Mehrheit und griffen den König wegen seiner Politik des Arrangements mit den Franzosen an. Daraufhin löste er das Parlament 1949 wieder auf und schrieb Neuwahlen aus. Als sich dann erneut eine demokratische Mehrheit ergab, die zudem unter dem Einfluss des aus dem Exil zurückgekehrten Son Ngoc Thanh stand, schaffte Sihanouk 1952 Regierung und Parlament ganz ab und führte die absolute Monarchie wieder ein: Das demokratische Experiment war vorerst gescheitert.

Son Ngoc Thanh war bei seiner Rückkehr von der Stadtbevölkerung in einem Triumphzug empfangen worden.[36] Sihanouk lehnte nicht nur eine Zusammenarbeit mit ihm ab, sondern ignorierte ihn demonstrativ, ja zwang ihn wenig später sogar, in den Untergrund zu gehen, wo er ehemalige Khmer Issarak- und Viet Minh-freundliche Gruppen um sich versammelte und eine intensive nationalistische Propagandatätigkeit entwickelte. Son Ngnoc Thanh wurde zunehmend zu einem Konkurrenten mit großem Rückhalt im der Bevölkerung. Damit wurde auch Sihanouks Rolle als großer Führer in die Unabhängigkeit in Frage gestellt, und der Prinz musste sie mit pathetischen Erklärungen und Aktionen verteidigen. So legitimierte er die Wiedereinführung der absoluten Monarchie in der Öffentlichkeit als eine Maßnahme, die es ihm gestatten sollte, den Kampf um die Unabhängigkeit nun selbst und allein in die Hand zu nehmen. In einer dramatischen Erklärung an das Volk verkündete er seine Absicht, jetzt einen »Kreuzzug für die Unabhängigkeit«[37] unternehmen zu wollen, erklärte den Ausnahmezustand und verlangte bedingungslose Unterstützung: »Von jetzt an wird jedes Individuum oder jede politische Partei, die gegen Meine Politik und gegen Mein natio-

36 Meyer, S. 119.

37 Norodom Sihanouk 1972, S. 44.

nales Programm arbeitet, als Verräter an der Nation betrachtet, als solcher verfolgt und nach den Gesetzen bestraft werden.«[38]

Er reiste nach Europa, schrieb von der Côte d'Azur aus Briefe an den französischen Ministerpräsidenten Auriol, in denen er die »Unabhängigkeit« für sein Land forderte, »um die Viet Minh aus Kambodscha zu vertreiben und um Argumente gegen die effektive Propaganda der Khmer Issarak zu haben«, die sein Prestige als Befreier des Landes beeinträchtigten.[39] Ähnliche Argumente trug er anschließend auch im US-Außenministerium in Washington vor, aber beiden westlichen Regierungen waren diese Besuche eher lästig, und man forderte ihn auf, doch lieber nach Hause zurückzukehren und dort für Ordnung zu sorgen. Auch aus Bangkok, von wo aus er durch ein freiwilliges demonstratives Exil Druck auszuüben versuchte, wurde er bald wenig höflich verabschiedet.

Daraufhin verlegte er sich auf eine spektakuläre Kampagne im eigenen Land: Wohl auch angesichts der wachsenden militärischen Erfolge der Pathet Lao- und Viet Minh-Truppen rief er das Volk am 26. Juni 1953 zur großen »allgemeinen Mobilmachung« im Kampf um die Unabhängigkeit auf. Der politische Erfolg dieser Aktion war größer als der militärische, denn jetzt verlor Son Ngoc Thanh in der Bevölkerung doch an Einfluss, während die Effektivität der eingezogenen Freiwilligen, die sich nur gelegentlich auf Scharmützel mit den französischen Einheiten einließen, kaum ins Gewicht fiel. Gefährlich für die Franzosen wären sie nur gewesen, wenn sie mit den Khmer Issarak und den anderen Befreiungsorganisationen zusammengearbeitet hätten. Ihren Zweck als Erpressungsmittel gegen die Franzosen haben sie allerdings erfüllt: Unter dem Druck der sich rapide verschlechternden Lage in Vietnam und Laos wurde Sihanouk am 9. November 1953 eine nach seiner Meinung weitgehende Unabhängigkeit zugesichert, »kaum eingeschränkt [...] durch ökonomische und Währungsklauseln, die in unseren Augen unwesentlich waren«.[40]

Nun konnte er sein eigentliches Ziel verfolgen: die endgültige Aus-

38 Botschaft an das Khmer-Volk vom 13. Januar 1953, zit. nach: Pomonti/Thion, S. 19.

39 Zit. in: Meyer, S. 121. Vgl. Sihanouks Note an den Präsidenten Vincent Auriol vom 5.3.1953, zit. in: Burchett 1981, S. 23.

40 Norodom Sihanouk 1972, S. 44.

schaltung der Khmer Issarak. Französische Truppen halfen ihm dabei, hatte der Prinz doch bewiesen, dass er die ihm übertragene Macht nun auftragsgemäß dazu benutzte, den »Kommunismus« zu bekämpfen. Durch diese Manöver, in denen der Prinz die Interessen seines Landes geschickt mit seinen persönlichen Ambitionen verband, wurde der Ausschluss der Khmer-Widerstandsbewegung aus den Genfer Verhandlungen vorbestimmt, ein Rückschlag, von dem sich diese sehr lange nicht erholen sollte.

* * *

Mit dem Sieg der chinesischen Revolution Ende 1949 kam in den Augen der Westmächte der Auseinandersetzung um Indochina eine neue Bedeutung zu. Die Franzosen hatten zwar schon seit langem die Argumentation von der »Eindämmung der kommunistischen Gefahr« benutzt, um von den USA Unterstützung zu erhalten, aber Ziel ihrer Politik war immer noch die Rückeroberung der Kolonien. Mit der nun erfolgenden »Internationalisierung« des Konflikts gewann der Vietnamkrieg der Franzosen für den Westen immer mehr den Charakter einer entscheidenden Schlacht im Rahmen des Kampfs der beiden Weltsysteme. Die USA gaben eine anfangs vertretene »antikolonialistische«[41] oder besser antifranzösische Haltung auf und beteiligten sich an der Finanzierung des französischen Krieges. Am 19. März 1950 kamen die ersten US-Kriegsschiffe in Saigon an, empfangen von einer der größten Protestdemonstrationen, die es dort je gegeben hatte. Drei Monate später wurde eine US-Militärmission eingerichtet. Sie sollte die Hilfe der USA an Frankreich verteilen: 1953 trugen die USA schon 60 %, 1954 80 % der Kriegskosten, waren an der Planung militärischer Operationen beteiligt und zeigten selbst militärische Präsenz in Indochina.

Aber auch die Befreiungsarmee und die DRV erhielten nun politische Unterstützung aus dem Ausland. Die neu gegründete VR China erkannte die DRV am 18.1.1950 als erstes Land diplomatisch an, die Sowjetunion zog wenige Tage später nach. Aus beiden Ländern kam auch materielle Hilfe. 1950 war schon der ganze Grenzbereich zu China freigekämpft worden, um die Verkehrsverbindung zu dem neuen befreundeten Nachbarland unter Kontrolle zu halten.

41 Sainteny, S. 96.

Paris schickte im September 1950 einen neuen Oberkommandeur nach Vietnam, General de Lattre de Tassigny, dem es gelang, die für die französischen Truppen ziemlich schlechte Lage zu wenden. Um das Delta des Roten Flusses, in dem der Großteil des Heeres stationiert war, ließ er einen Niemandsland-Gürtel anlegen, und Zehntausende von Bewohnern wurden evakuiert. Gleichzeitig flog die Luftwaffe Einsätze gegen vermutete Stellungen des Viet Minh und die Deichanlagen. Die Propaganda, die diese Maßnahmen rechtfertigen sollte, war nun ganz auf die amerikanische Ideologie der »Verteidigung der freien Welt« ausgerichtet. Im Mai 1951 wurde im Schlusskommuniqué einer Konferenz von Regierungsvertretern der USA, Frankreichs und Englands in Singapur Nordvietnam als die wichtigste antikommunistische Basis in ganz Südostasien bezeichnet, die auf jeden Fall gehalten werden müsse. Im Juli verordnete Bao Dai in Südvietnam die Generalmobilmachung und verkündet den »totalen Krieg zur Vernichtung des Viet Minh«[42], und im September schloss er mit den USA einen Vertrag über »wirtschaftliche Zusammenarbeit«.

Die Regierung der DRV, die immer noch an einem geheimen Ort im Dschungel arbeitete, setzte den Aufbau staatlicher Strukturen in den befreiten Gebieten fort. 1951 wurde unter dem Namen »Lao Dong« (Partei der Werktätigen) die KP wieder neu gegründet, die beiden Bündnisorganisationen Lien Viet und Viet Minh fusionierten und leiteten wichtige wirtschaftliche und politische Maßnahmen ein. Das Steuersystem wurde weiter vereinfacht, eine neue Währung eingeführt und eine Nationalbank gegründet, um von der französischen »Banque d'Indochine«, die immer noch arbeitete, unabhängig zu werden. Eine Staatshandelsgesellschaft entstand, und das Bildungssystem wurde durch die Einführung der neunklassigen Einheitsschule weiter ausgebaut.

Im militärischen Kampf übernahmen seit Ende 1951 die Befreiungstruppen die Initiative. Nachdem es den Franzosen nicht gelungen war, »eine schnelle Entscheidung durch Blitzoperationen«[43] herbeizuführen, nutzten sich ihre Einheiten in der aufwendigen Abwehr der Viet Minh-Guerillaaktionen allmählich ab. Dieser Krieg war, so

42 Le Thanh Khoi 1978, S. 442. Vgl. die Wiedergabe eines Gesprächs mit dem amerikanischen Politiker Thomas Dewey bei dessen Besuch in Saigon, in: Bao Dai, S. 283f.

43 Vo Nguyen Giap, S. 89.

hatte es General Leclerc schon früh erkannt, »militärisch nicht zu gewinnen«[44]. Im März erlitten französische Truppen bei Hoa Binh ihre erste Niederlage in offener Schlacht. Im Oktober war bereits der ganze Westen der DRV befreit, und zu Beginn des Jahres 1953 erkämpften die Pathet Lao-Streitkräfte einen großen Sieg in Nordlaos. Im Mai 1953 versuchte der neue Befehlshaber, General Navarre, eine Offensive, die zunächst erfolgreich war. Aber die Befreiungstruppen sowohl des Viet Minh als auch des Pathet Lao, die jetzt ihre Aktionen gemeinsam planten, griffen an vielen Orten gleichzeitig an und verwickelten die Franzosen in einen Mehrfrontenkrieg in Nordlaos, Lai Chau, Kontum und Pleiku. Auf vietnamesischer Seite hatte man längst mit dem Aufbau einer modernen Armee begonnen; das strategische Fernziel war eine große allgemeine Offensive zur Befreiung ganz Vietnams. 1951 war ein Versuch, Hanoi zu erobern, noch gescheitert. 1952 konnte der Viet Minh aber das gesamte Gebiet zwischen dem Roten Fluss und Laos unter seine Kontrolle bringen. Dazu gehörte auch Dien Bien Phu.[45] Anfang 1954 entschloss sich Navarre, dort die entscheidende Schlacht zu erzwingen. Der Ort wurde zu einer riesigen Festung ausgebaut, und die dorthin zusammengezogenen militärischen Kräfte waren beträchtlich.

Während dieser Kämpfe hatte die Regierung der DRV ihre Bemühungen um einen Verhandlungsfrieden weiter fortgesetzt und sich am 18. November 1953 öffentlich bereit erklärt, über jeden französischen Waffenstillstandsvorschlag zu verhandeln. Am 20. November 1954 veröffentlichte dann die schwedische Zeitung *Expressen* neue Friedensvorschläge von Ho Chi Minh, die sofort in der französischen Presse aufgegriffen wurden. Anstatt die öffentliche Diskussion darüber zu führen, reagierte die Regierung mit Repressionen gegen Presseorgane und Journalisten, die dem Viet Minh angeblich geheime Dokumente zugespielt hätten. Es war klar, dass Verhandlungen in den rechten Kreisen und im Militär als unangebracht galten, in der

44 Zit. in: Fall 1970, S. 31.

45 Der Ort hieß früher Muong Thanh und war das Zentrum des Gebiets, in dem die Tai-Minderheit lebte. Deren König wandte sich, als vom Norden her chinesische Piraten einfielen, an den Vizekonsul von Laos, Auguste Pavie, um Unterstützung. So wurde der Ort 1880 zum Sitz einer französischen Verwaltungsbehörde und in »Verwaltungssitz im Grenzgebiet« (Dien Bien Phu) umgetauft. Die Stadt wurde dann 1945 von Japanern besetzt und fiel 1952 unter den Einfluss des Viet Minh.

Öffentlichkeit aber große Zustimmung erfuhren. Navarre bezeichnete damals in einem Telegramm an die Regierung deren Bereitschaft zu Verhandlungen »mitten in den militärischen Operationen« als »katastrophal«[46] und wetterte wutentbrannt gegen die Genfer Konferenz. Obwohl Außenminister Bidault der Meinung war, dass die Aussicht auf Verhandlungen eigentlich »die Kanonen zum Schweigen bringen müsste«, ließ seine Regierung Navarre freie Hand bei seinen militärischen Aktionen.

In den befreiten Gebieten begann nun eine intensive Kampagne zur Aktivierung der Bauern. Mit einer Land- und Verwaltungsreform wurden die letzten feudalen Strukturen auf dem Land beseitigt und die Aufgaben der kommunalen Verwaltung den Bauern übertragen. Durch diese Verbesserung ihrer Lebensbedingungen und ihre Beteiligung an den politischen Entscheidungen wurde eine wichtige Voraussetzung für den späteren Sieg in Dien Bien Phu geschaffen. Die Bauern waren bereit, für die Befreiung und für die Armee, die diese Befreiung erkämpfte, aktiv zu werden und große Entbehrungen auf sich zu nehmen, nicht nur als Soldaten oder als örtliche Milizen, die sowohl die Versorgung der Truppen als auch militärische Hilfsaufgaben übernahmen. Vor allem aus ihnen setzte sich ein riesiges Heer von Trägern, Rad- und Lastwagenfahrern zusammen, das es ermöglichte, um Dien Bien Phu mit schweren Waffen ausgerüstete Stellungen zu errichten, ohne dass der Feind es merkte.

* * *

Während diese Vorbereitungen schon klarmachten, dass Vo Nguyen Giap die Herausforderung einer großen Entscheidungsschlacht bei Dien Bien Phu angenommen hatte, begann in Genf am 26. April 1954 eine Internationale Konferenz über Korea und Indochina. An ihr nahmen auf vietnamesischer Seite die Regierung Bao Dais und die DRV teil. Die weiteren Teilnehmer waren neben den Regierungen von Laos und Kambodscha Frankreich, Großbritannien, die USA[47], die VR China und die UdSSR.

46 Bergot, S. 24.

47 Die USA wollten nicht an der Konferenz teilnehmen, waren aber mit einem Beobachterstatus einverstanden. Später dann distanzierten sie sich von der Konferenz. Sie wollten durch etwaige am Ende erzielte Vereinbarungen nicht gebunden sein.

Diese Konferenz in Genf war auf einer früheren Konferenz in Berlin beschlossen worden, bei der sich vom 25. Januar bis 18. Februar 1954 die vier Siegermächte des Zweiten Weltkriegs getroffen hatten, um aktuelle internationale Fragen zu diskutieren, unter anderem die Kriege in Korea und Indochina. Bei den Verhandlungen über Korea und Indochina stritt man sich über die Rolle der VR China. Das von den Westmächten noch nicht anerkannte und geächtete Land hätte eigentlich an einer geplanten Konferenz über Korea und Indochina teilnehmen müssen, weil es in die jeweiligen Kriege mehr oder weniger verwickelt gewesen war. Man beschloss schließlich, die VR China doch einzuladen, was aber nicht eine diplomatische Anerkennung bedeuten dürfe. US-Außenminister Foster Dulles musste dies akzeptieren, weil es sonst Probleme im Atlantischen Bündnis gegeben hätte.

Die Berliner Vorgaben bedeuteten für Genf die Behandlung von zwei Schwerpunkten. Die Verhandlungen über Korea waren das erste Thema, als die Konferenz am 26. April 1954 begann. Sie endeten ergebnislos am 15. Juni, als man schon begonnen hatte, über Indochina zu verhandeln. Das Scheitern dieses Punkts hatte die US-Delegation bewusst provoziert: »Die Amerikaner torpedieren die Verhandlungen auf schamlose Weise« und hatten dies den anderen Teilnehmern bereits vorher offiziell mitgeteilt.[48]

Von allen in Genf teilnehmenden Delegationen war die französische wohl am dringendsten auf einen Erfolg der Verhandlungen über Indochina angewiesen, weil Paris nur so aus einer völlig aussichtslosen politischen und schließlich auch militärischen Situation herauskommen konnte. Es war inzwischen klar geworden, dass, um die Positionen in Vietnam zu halten, das Expeditionsheer um das Dreifache verstärkt werden müsste. Pierre Mendès-France, der Oppositionspolitiker, der während der Genfer Konferenz die Regierung in Paris übernahm, drückte das Dilemma im Parlament klar aus: Ein so großes militärisches Engagement würde die Streitkräfte Frankreichs gefährlich schwächen. Da aber der direkte Kontakt zur Regierung der DRV in Paris noch strikt abgelehnt wurde, weil man sie nicht legitimieren wollte, war die große internationale Konferenz die einzige Chance, zu einer Verhandlungslösung zu kommen.[49]

Denn kurz vor dem Beginn der Verhandlungen war der letzte Ver-

48 Aussage des französischen Botschafters Chauvel, zit. in: Joyaux, S. 208.

49 Devillers/Lacouture 1969, S. 35.

such, die militärische Lage umzukehren, endgültig gescheitert: ein massives militärisches Eingreifen amerikanischer Truppen, zweifellos eine Maßnahme, die sehr gefährliche internationale Folgen gehabt hätte. Am 26. März 1954 war der französische General Ely nach Washington geflogen, um über eine mögliche Unterstützung der USA in der Schlacht von Dien Bien Phu zu verhandeln. Einige seiner militärischen Gesprächspartner überraschten ihn mit dem Vorschlag, etwa 60 schwere Bomber vom Typ B29, begleitet von 150 Jagdflugzeugen, die von Flugzeugträgern der siebten Flotte aus starten sollten, nachts Einsätze gegen die Dien Bien Phu belagernden vietnamesischen Truppen fliegen und jedes Mal 450 Tonnen Bomben abwerfen zu lassen.[50] Dabei sollten, nach Auffassung einiger anderer Generäle, auch Atomwaffen zum Einsatz kommen.[51] Aber die US-Regierung stimmte dem Plan, den man »Operation Vulture« (Geier) nannte, zunächst nicht zu, obwohl inzwischen die geforderte offizielle Anfrage der französischen Regierung vorlag. Denn Eisenhower hatte sich absichern wollen und sowohl die Zustimmung des Kongresses als auch die Teilnahme wenigstens eines NATO-Partners zur Bedingung gemacht. Beides war nicht zu erwarten.

Drei Wochen später änderte Eisenhower angesichts der hoffnungslosen Lage der französischen Truppen seine Meinung, blieb aber dabei, dass weitere Länder wenigstens der Form nach die Aktion mittragen sollten. Inzwischen hatten die Militärs sie bereits vorbereitet. Die Bomber standen auf der Militärbasis Clarkfield bei Manila, die Jagdbomber auf den Flugzeugträgern Essex und Boxer im Golf von Tonking startbereit. Aber nachdem die englische Regierung auch auf starken Druck Frankreichs eine Mitverantwortung nicht übernehmen wollte, unterblieb die Operation. In Washington schien man nicht allzu enttäuscht zu sein, aber es ist davon auszugehen, dass die Bereitschaft, direkt einzugreifen, vorhanden war.

Militärischen Beobachtern war schon nach dem ersten Angriff des Viet Minh klar geworden, dass die Schlacht von Dien Bien Phu nicht zu gewinnen war.[52] Die Bewältigung eines als unlösbar geltenden Pro-

50 Ebd., S. 88. In einem Brief an Churchill stellte US-Präsident Eisenhower damals fest, dass es »keine Verhandlungslösungen für das Indochina-Problem gibt«, Eisenhower, S. 346f.

51 Devillers/Lacouture 1969, S. 230.

52 Ebd., S. 82; vgl. auch Roy, S. 306. Aus den Memoiren von Anthony Eden geht

blems durch die Bevölkerung, nämlich schwere Artillerie auf unzugänglichen Hügeln um Dien Bien Phu in Stellung zu bringen, hatte die Angreifer der Festung gleich in eine entscheidende vorteilhafte Position gebracht. Der Talkessel war zur Falle geworden, und die Abhängigkeit der französischen Truppen von der Versorgung ausschließlich aus der Luft machte sie besonders verwundbar.[53] Für sie galt jetzt nur noch, möglichst lange durchzuhalten, bis in Genf Ergebnisse erzielt werden würden. Aber noch während der Verhandlungen fiel Dien Bien Phu am 8. Mai 1954 nach 55 Tagen erbittertster Kämpfe.

Diese Entwicklung ließ nun militärisches Eingreifen zunächst nicht mehr als erfolgversprechend erscheinen, und in Washington kehrte man zu den längerfristigen Strategien der Containment- (Eindämmungs-) Politik[54] zurück, die sowohl die militärische Aufrüstung antikommunistischer Regimes in den »bedrohten« Ländern als auch die Gründung regionaler Militärpaktsysteme unter Führung der USA vorsah. Am 7. April 1954 hatte Präsident Eisenhower zum ersten Mal seine berühmte »Domino-Theorie« erläutert, der zufolge nach dem »Fall« eines Landes in Südostasien und anderswo der »Kommunismus« die benachbarten Staaten wie eine ansteckende Krankheit befallen würde. Die Legitimität und damit Unterstützungswürdigkeit nationaler Regierungen in den Ländern der Dritten Welt war damit für die USA und die Westmächte so ausschließlich von ihrem konterrevolutionären und antikommunistischen Engagement abhängig, dass jedes andere Kriterium (demokratische Basis, Menschenrechte) demgegenüber völlig zurückzutreten hatte. In Europa drückte sich diese Politik zur Zeit der Genfer Konferenz durch den Druck auf die westlichen Regierungen aus, eine »Europäische Verteidigungsgemeinschaft« (EVG) zu bilden, was in den Genfer Geheimgesprä-

hervor, dass die USA angesichts dieser Erkenntnis die Genfer Verhandlungen nicht mehr boykottierten, sondern als willkommene Pause zur Neuordnung der militärischen Kräfte und als Ausgangspunkt für Pläne betrachteten, die auf eventuelle Vereinbarungen keine Rücksicht nehmen würden. Vgl. Eden, S. 112f.

53 Vgl. Langlais, S. 50ff. Vgl. auch *Contribution à l'histoire de Dien Bien Phu*.

54 Die Containment-Politik wurde von George Kennan zum ersten Mal 1947 in einem Artikel in der Zeitschrift *Foreign Affairs* formuliert. Sie war vor allem ein Konzept, die Expansion der Sowjetunion unter Kontrolle zu halten. Dies wurde dann insofern auf Indochina übertragen, als man damit das Ziel verfolgte, den Einfluss des »kommunistischen« Nordens an einer Ausbreitung zu hindern.

chen gelegentlich als Gegenleistung für ein US-Engagement in Indochina auftauchte.[55]

In Südostasien strebten die USA ebenfalls ein antikommunistisches Bündnissystem an, mit dessen Hilfe sie einen Teil der Verantwortung (und der Kosten) für militärische Aktionen gegen Befreiungsbewegungen auf einheimische Regierungen und deren Armeen übertragen konnten, ohne die Kontrolle darüber zu verlieren. Die EVG scheiterte, wie bekannt, am Widerstand des französischen Parlaments; für Südostasien waren solche Bemühungen erfolgreicher. Eine Woche vor ihrem Ende hatten sich die drei Westmächte außerhalb der Konferenz auf eine gemeinsame Strategie geeinigt, die ganz im Zeichen der Containment-Politik stand. Aus einer Sieben-Punkte-Vereinbarung, die zwischen den Regierungen Englands und der USA schon im Juni in Washington ausgehandelt worden war und dann am 14. Juli in Paris auch von der französischen Regierung gebilligt wurde, geht hervor, dass es den Westmächten in Indochina nicht um wirkliche Friedensregelungen auf der Grundlage nationaler Versöhnungspolitik ging, sondern darum, möglichst gute Voraussetzungen für eine spätere Fortsetzung militärischer Aktionen gegen die Befreiungsbewegungen zu schaffen. Sieben Wochen nach Beendigung der Genfer Konferenz wurde der »Südostasienpakt« (SEATO) gegründet.[56]

Trotz des entscheidenden militärischen Sieges (auch der Rest des französischen Expeditionsheeres war hoffnungslos im Delta des Roten Flusses eingeschlossen) musste die Delegation der DRV am Genfer Verhandlungstisch erkennen, dass ihre Position relativ schwach war. Schon zu Beginn der Verhandlungen war der Versuch Hanois, auch die Widerstandsorganisationen in Laos und Kambodscha zuzulassen, gescheitert. Die Forderung war natürlich auf heftigen Widerstand der Westmächte und der Feudalregimes in Laos und Kambodscha gestoßen, aber auch der chinesische Verhandlungsführer Zhou Enlai übernahm plötzlich die westliche Sprachregelung, der zufolge die Streitkräfte des Viet-Minh in Laos und Kambodscha eingedrungen seien, was praktisch einer Leugnung der Existenz eines nationalen

55 Devillers/Lacouture 1969, S. 238.

56 Mitglieder: USA, England, Frankreich, Australien, Pakistan, Thailand, Philippinen. Die erwähnten, bei Verhandlungen außerhalb der Konferenz getroffenen Vereinbarungen wurden strikt geheim gehalten und erst 1960 durch die Veröffentlichung der Eden-Memoiren bekannt. Text in Eden, S. 130ff. Vgl. auch Devillers/Lacouture 1960.

Widerstands in diesen Ländern gleichkam. »Damit war auch behauptet, dass die Fälle Laos und Kambodscha nicht identisch seien mit Vietnam.«[57] Mit diesem entscheidenden Votum war schon zu Beginn der Verhandlungen klar geworden, dass die chinesische Delegation unter Leitung von Zhou En-lai nicht daran interessiert war, die Position der Widerstandsbewegungen in Indochina, also ihrer bisherigen Verbündeten, zu unterstützen. Und auch die sowjetische Delegation unter Leitung von Außenminister Molotow nötigte, ganz im Sinne der damals propagierten Politik der friedlichen Koexistenz, die vietnamesische Delegation zu immer weiter gehenden Kompromissen.

Beide großen Verbündeten Hanois wollten fast um jeden Preis eine Verhandlungslösung durchsetzen. So entsprach die Vereinbarung, die in fast dreimonatigen, zum größten Teil nicht öffentlichen Verhandlungen zustande kam, weder dem militärischen Kräfteverhältnis noch der Legitimität der politischen Positionen der drei Befreiungsbewegungen und ihrer Verankerung in der Bevölkerung. Sie sah für Vietnam eine vorläufige Teilung in zwei Regruppierungszonen für die jeweiligen Streitkräfte vor. Für Laos wurde eine ähnliche Regelung beschlossen, während die kambodschanische Widerstandsbewegung als nicht existent betrachtet wurde. Man begnügte sich damit, die Sihanouk kurz zuvor von Frankreich gewährte »Unabhängigkeit« international zu bestätigen. Nach zwei Jahren sollten in Laos und Vietnam durch freie Wahlen neue Regierungen der wiedervereinigten Länder ermittelt werden. Bis dahin sollten internationale Überwachungskommissionen für die Einhaltung der Waffenruhe, die Abwicklung des Truppenabzugs, die Einhaltung des Abkommens und die Vorbereitung der Wahlen sorgen.

Hauptstreitpunkte der bis zur letzten Minute äußerst kontroversen Beratungen waren die Festlegung der Demarkationslinie und die Länge der Frist bis zu den Wahlen. Der Delegationsleiter der DRV, Pham Van Dong, verwies auf die Existenz großer zusammenhängender befreiter Gebiete auch im Süden, die es nicht rechtfertigte, so große Teile der Bevölkerung weiterhin der gegnerischen Herrschaft zu unterstellen. Vor allem drängte Hanoi darauf, die Wahlen möglichst bald abzuhalten, um den Zustand der Teilung nicht allzu lange andauern zu lassen. Aber den Westmächten war längst klar, dass bei solchen Wahlen Ho Chi Minh mit überwältigender Mehrheit (nach

57 Joyaux, S. 227. Vgl. Devillers/Lacouture 1969, S. 256.

der Vermutung Eisenhowers mit mindestens 80 % der Stimmen) gewählt werden würde. Sie drängten auf eine längere Frist, mit der eigentlichen Absicht, auf militärischem Wege das Abkommen im Ganzen schon vorher gegenstandslos werden zu lassen.

Insbesondere die USA ließen schon während der Konferenz keinen Zweifel daran, dass sie auf jeden Fall eine Regelung verhindern wollten, die Wahlen vorsehen würde[58], und der US-Beauftragte Bedell-Smith hatte offenbar sogar den Auftrag, die Verhandlungen, wenn möglich, insgesamt zum Scheitern zu bringen. Im letzten Augenblick, als man schon die Uhren angehalten hatte, um die Konferenz zu dem von Mendès-France bei Regierungsantritt versprochenen Zeitpunkt abschließen zu können, sorgte ein Angehöriger der Delegation Sihanouks, Sam Sary, für eine Verzögerung der Unterzeichnungs-Zeremonie, indem er plötzlich für sein Land das Recht forderte, amerikanische Militärbasen einzurichten. Sam Sarys Intervention erfolgte »mit an Sicherheit grenzender Wahrscheinlichkeit« nicht im Einverständnis mit Sihanouk[59], sondern aufgrund einer »amerikanischen (zweifellos gut dotierten) Initiative«. Der laotische Delegationsleiter, Außenminister Phoumi Sananikone, soll für seine Weigerung, die Verträge zu unterschreiben, eine Million US-$ erhalten haben, und der für ihn im letzten Moment einspringende Verteidigungsminister Kou Voravong wurde wenig später in Vientiane ermordet.[60]

In allen wesentlichen Streitfragen hatte sich die chinesische Delegation klar auf die Seite Frankreichs gestellt. In geheimen Treffen mit den französischen und englischen Delegationen waren die Positionen jeweils vorgeklärt worden, und die vietnamesische Delegation wurde immer wieder mit vollendeten Absprachen konfrontiert. Mendès-

58 Vgl. den Rapport des französischen Botschafters in Bern, Jean Chauvel, vom 30. Juli, in dem es heißt: »Die allgemeinen Wahlen sind, in ihren [der USA, gg] Augen, zu verhindern, unter welchem Vorwand auch immer«, zit. nach: Devillers/Lacouture 1969, S. 342. Klar war in Kreisen der französischen Regierung aber auch damals schon, dass die dem neuen Teilstaat Südvietnam gewährte Unabhängigkeit eine reine Fiktion war. Vgl. Äußerungen von Mendès-France im September 1954, zit. ebd., S. 344.

59 Sihanouk verfolgte die Verhandlungen von Südfrankreich aus. In seinen Memoiren fehlt jeder Hinweis auf Sam Sary und seine spektakuläre Aktion. Vgl. Norodom Sihanouk 1981, S. 209ff. Die zitierten Formulierungen stammen aus Burchett, S. 43.

60 Ebd.

France konnte erstaunt und erfreut feststellen: »Der Leiter der chinesischen Diplomatie hat in keiner Weise versucht, die politischen Schwierigkeiten, mit denen es Frankreich gerade zu tun hat, auszunutzen«.[61] Mit anderen Worten: Frankreich, das gerade den Krieg verloren hatte, ging dank chinesischer Hilfe als Sieger aus der Konferenz hervor.

Die chinesische Führung, die in den Jahren nach der Revolution von 1949 ihre Außenpolitik der Dritten Welt gegenüber vor allem über ihre Vorreiterfunktion als erster sozialistischer Staat in Asien definiert hatte, ließ zu Anfang der 1950er Jahre zunehmend ihren Anspruch erkennen, für den ganzen asiatischen Kontinent eine ähnliche Führungsrolle zu spielen wie die USA für Amerika. Für eine diesem Anspruch entsprechende Großmachtpolitik im internationalen Rahmen sollte offenbar die Genfer Konferenz eine erste Plattform bieten. »Zum ersten Mal in unserer Geschichte haben wir unsere Verantwortung als eine der Großmächte ausgeübt, eine Position, die dem chinesischen Volke [sic] würdig ist. Wenn wir sprechen, dann sprechen wir nicht für uns, sondern für ganz Asien.«[62] Vor dem Hintergrund solcher Aussagen wird die Interessenidentität mit der französischen Regierung verständlich. Beide wollten das Verhandlungsergebnis mit dem Ziel beeinflussen, die DRV zu schwächen und die Einheit der Widerstandsbewegungen zu verhindern, was in der aktuellen Situation aus der Sicht Chinas am besten durch eine Fortführung westlicher Präsenz und Intervention in Indochina gewährleistet war.

Dieses Konzept erklärt unter anderem auch die Zähigkeit und Einmütigkeit, mit der man versuchte, die Demarkationslinie entgegen dem militärischen Kräfteverhältnis immer weiter in den Norden zu verlegen. Dies hatte nicht nur territoriale Gründe.[63] Zunächst war eine Linie im Umkreis des 13. oder 14. Breitengrads vorgeschlagen worden. Das hätte aber bedeutet, dass ein verbleibendes Stück gemeinsamer Grenze zwischen der DRV und Kambodscha es den Khmer Issarak ermöglicht hätte, sich in eine »Regruppierungszone« an die Grenze zu oder nach Vietnam zurückzuziehen. Die vietnamesische Delegation schlug den

61 Bericht von Mendès-France an die französischen Botschaften in London und Washington. Zit. nach: Joyaux, S. 241. Vgl. auch Ronning, S. 240f. Chester Ronning war Leiter der kanadischen Delegation bei den Korea-Verhandlungen und Beobachter seiner Regierung bei den Indochina-Gesprächen.

62 *Agentur Neues China*, 26.10.1954.

63 Denn man ging wohl schon damals davon aus, dass die Teilung endgültig sein würde.

16. Breitengrad vor, der schon zweimal in der Geschichte Vietnams eine Teilungsgrenze gewesen war: im 17. Jahrhundert zwischen den Herrschaftsbereichen der Nguyen und der Trinh und nach dem Zweiten Weltkrieg zwischen den beiden Zonen chinesischer und britischer »Oberaufsicht«. Der Grund dafür, dass die französische Delegation auch dies nicht zuließ, war wieder ein strategischer: Die Nationalstraße 9, die die einzige direkte Verbindung von Laos zum Meer darstellt, sollte nicht in »kommunistischer Hand« bleiben, um eine Zusammenarbeit über die Grenze hinweg zu verhindern. Aus demselben Grund wurden in Laos als »Regruppierungszone« für den Pathet Lao nicht die Grenzgebiete im Süden bestimmt, wo er seine traditionelle Einflusszone hatte, sondern die nördlichsten Provinzen, wo die Widerstandsbewegung in der Bevölkerung weniger verankert war. »China hatte die Vision eines mannigfaltigen Indochina, in dem Laos und Kambodscha ein Gegengewicht zur vietnamesischen Welt bilden sollten«, eine Vision, »die später eine der Konstanten der chinesischen Politik wurde«[64].

Es ist der vietnamesischen Delegation sehr schwergefallen, so weitgehende Zugeständnisse schließlich zu akzeptieren.[65] Bei der Abwägung, wie weit man gehen sollte, spielte sicher die Frage eine Rolle, ob es zu dieser Zeit militärisch möglich war, den Kampf um die Befreiung fortzuführen und erfolgreich zu beenden – trotz der mit ziemlicher Sicherheit damals schon absehbaren Bereitschaft der USA zur Intervention. In offiziellen historischen Darstellungen heißt es dazu noch 1976: »... im Jahre 1954 waren die revolutionären Kräfte nicht stark genug, das ganze Land zu befreien«, während seit dem offenen Ausbruch des Konflikts zwischen Vietnam und der Pekinger Führung 1979 vom »Verrat« Chinas die Rede ist, der die Vietnamesen daran gehindert habe, einen aussichtsreichen Kampf weiterzuführen: »Es ist wahr, dass nach Dien Bien Phu die Armee und das Volk Vietnams mit der Hilfe des sozialistischen Lagers, insbesondere Chinas, in der Lage gewesen wären, ihr ganzes Land zu befreien.«[66] In der Tat, so schätzt dies ein Beobachter ein, haben die weitreichenden Konzessionen, zu

64 Joyaux, S. 324.

65 Pham Van Dong äußerte in einer Pressekonferenz nach der Unterzeichnung der Verträge: »Ich weiß nicht, wie wir alles das, was hier beschlossen wurde, unseren Landsleuten im Süden erklären sollen.« Burchett 1970, S. 40.

66 *Brève histoire ...*, S. 70, und *Weißbuch*, S. 14. Vgl. auch Nguyen Khac Vien 1980, S. 1352ff., sowie Pham Van Dongs Aussagen im April 1980, zit. in: Burchett 1970, S. 40.

denen die Delegation der DRV gezwungen wurde, diese weitgehend um die politischen Früchte des militärischen Sieges gebracht und »letztlich eine Wiedervereinigung verhindert«[67].

Angesichts der Haltung Chinas ist wohl auch die damals nicht absehbare Einsicht richtig, die Wilfred Burchett im Rückblick formuliert: »In Wahrheit war die größte Konzession, die Ho Chi Minh und Pham Van Dong gemacht haben, ihre Zustimmung, an der Genfer Konferenz überhaupt teilzunehmen.«[68] Eine genauere Analyse der Vorgeschichte der chinesischen Haltung, die für Pham Van Dong und seine Freunde offenbar völlig überraschend war, ist noch nicht möglich. Bei ihrer Einschätzung aus heutiger Sicht bezieht sich die vietnamesische Regierung vor allem auf Zitate aus internen Parteidokumenten, die nicht veröffentlicht sind. Zum Zeitpunkt der Genfer Konferenz vollzog Beijing jedenfalls eine komplette Wende in seiner Politik den USA gegenüber. In einem Gespräch mit dem britischen Außenminister Eden hatte Zhou En-lai erklärt, sein Land sei bereit, die Regierungen in Phnom Penh und Vientiane, ungeachtet früherer Unterstützung der Befreiungsbewegungen, anzuerkennen, »sobald sicher sei, dass in diesen Ländern keine amerikanischen Basen eingerichtet würden«[69]. Am letzten Tag der Konferenz unterstützte die chinesische Delegation dann den Vorstoß aus Kambodscha, das Recht auf US-amerikanische Basen zugesprochen zu bekommen. Bei einem Abschlussbankett, zu dem er nach der Konferenz eingeladen hatte, schlug Zhou En-lai im Beisein von Pham Van Dong den Delegierten Bao Dais vor, eine Botschaft in Beijing zu eröffnen.[70] Trotz großer politischer Differenzen erachtete Peking eine US-amerikanische Präsenz offenbar als den eigenen Herrschaftsansprüchen weniger gefährlich als einen Sieg der Befreiungsbewegungen. Noch nicht abzusehen war damals allerdings, dass die USA in Südostasien nicht als Partner, sondern als Konkurrent um die Vorherrschaft auftreten würden.[71]

67 Bzw. um über 20 Jahre grausamen Krieges hinausgezögert. Ronning, S. 241.

68 Burchett 1970, S. 38.

69 Joyaux, S. 227.

70 Die Einladung hatte politisch demonstrativen Charakter: Die sowjetische Delegation war nicht eingeladen, dafür aber sowohl die Delegierten Bao Dais (unter ihnen ein Bruder Diems) als auch die Sihanouks. Burchett, S. 37.

71 Vgl. Ward (1).

VI. Der amerikanische Krieg I

Vietnam 1954–1975

Schon während der Verhandlungen in Genf war abzusehen gewesen, dass die Teilung Vietnams nicht, wie in den Dokumenten formuliert, eine »vorläufige« sein würde. Trotzdem hat die Regierung der DRV bis weit über das Jahr 1956 hinaus darauf gehofft, dass die für diesen Zeitpunkt vorgesehenen Wahlen doch noch stattfinden würden, und deshalb die Unterstützung des wieder aktiv werdenden Widerstands im Süden sehr lange hinausgezögert. Inzwischen begann im Norden und im Süden eine völlig unterschiedliche Entwicklung.

Am 10. Oktober 1954 war Ho Chi Minh wieder nach Hanoi zurückgekehrt, und die große Siegesparade am 1. Januar 1955 bot das Bild ungetrübter Zuversicht in die Zukunft. Man war entschlossen, die Chance, die das Genfer Abkommen trotz allem bot, zu nutzen und den Wiederaufbau der Wirtschaft und die Neuorganisation der Gesellschaft wenigstens im von fremden Mächten nicht mehr bedrohten Norden anzugehen. Mit den primitivsten Mitteln und infolgedessen immensem Einsatz menschlicher Arbeitskraft und Energie wurden zunächst die zerstörten Straßen, Brücken, Deiche und Bahnlinien notdürftig wiederhergestellt. Schon im März 1955 konnte der erste Zug die Strecke Hanoi–Lang Son befahren, die wichtigste Verbindung auf dem Landweg zur VR China und in die UdSSR, womit die Voraussetzungen für die Erfüllung der mit beiden Ländern geschlossenen Verträge über Aufbauhilfe gegeben waren. Diese Wiederherstellung einer lebensnotwendigen Infrastruktur »in Rekordzeit«[1] kostete immense Opfer und Anstrengungen, deren Effektivität oft noch beeinträchtigt wurde durch die mangelnde Kompetenz der Leitung bis in die untersten Entscheidungsebenen: Im Oktober 1954 gab es in der DRV nur etwa 50 Absolventen höherer Fachschulen und ganze 200 Abiturienten, dazu einige Dutzend Ingenieure aus der VR China und der Sowjetunion.[2]

In den wenigen Industriebetrieben musste man erst versuchen, die Produktionsziffern wieder zu erreichen, die sie unter der französischen Leitung gehabt hatten. Obwohl keine Hungersnot herrschte,

1 Chaffard 1964, S. 130.

2 Ebd., S. 131.

litt die Bevölkerung in den ersten Jahren des Friedens vor allem unter einem großen Mangel an den einfachsten Gebrauchsgütern. »Wir garantieren allen Bewohnern ihre täglichen zwei Mahlzeiten, aber wir haben keine Reserven«, so fasste ein hoher Beamter der Plankommission die Situation zusammen.[3] Aber auch die Tatsache, dass kein Hunger herrschte, war keineswegs eine Selbstverständlichkeit. Immer noch war der Norden ohne den freien Austausch mit den reichen Anbaugebieten des Südens nicht in der Lage, sich allein zu versorgen. Deswegen kam der wichtigsten Maßnahme der DRV-Regierung, die sie schon während der Kämpfe eingeleitet hatte, eine ökonomisch und politisch existenzielle Bedeutung zu: der Agrarreform der Jahre 1953–57.

Dabei sollte die Ankurbelung der landwirtschaftlichen Produktion mit der radikalen Umstrukturierung der ländlichen Besitz- und Machtverhältnisse verbunden werden. Denn in den Dörfern waren die traditionellen feudalen Strukturen und vor allem ein stark autoritätsfixiertes Bewusstsein immer noch weit verbreitet. Nach der Augustrevolution hatte man zwar Volkskomitees gewählt, aber nach alter Gewohnheit waren dazu die früheren Notabeln oder Mitglieder der besitzenden Familien bestimmt worden. Die Landreform nach 1945 war ohne großen Nachdruck und schematisch durchgeführt worden: »Wir haben mechanisch die Erfahrungen der chinesischen Revolution während des antijapanischen Krieges angewendet.«[4] Es war aber deutlich geworden, dass die Bauern insgesamt bereit waren, die Reform mitzutragen und die neuen Aufgaben, die danach auf sie zukommen würden, anzugehen. Dazu gehörte zunächst einmal, dass sie lesen und schreiben lernten und Fähigkeiten zur wirtschaftlichen Planung und zur Lösung politischer und sozialer Probleme sich anzueignen bereit waren. Weiter waren zur Durchführung einer so umfassenden Reform nach Truong Chinh »politische Stabilität, ein tatsächliches Bedürfnis der Bauernmassen nach der Reform und Kader in ausreichender Anzahl, um die Leitung zu organisieren«[5], nötig. Oft musste allerdings dieses Bedürfnis bei den Bauern erst geweckt und

3 Zit. in: Chaffard 1964, S. 242f.

4 Bericht des Generalsekretärs Truong Chinh auf dem ersten Parteitag, der vom 14. bis 23. November 1953 stattfand, zit. nach: Truong Chinh, S. 514.

5 In einem Aufsatz in der Zeitschrift *Hoc Tap*, 1960, hier zit. nach: La réforme agraire, in: Nguyen Khac Vien 1970, S. 83.

gezielt bewusst gemacht werden, weshalb es nicht ausreichte, einfach Gesetze und Durchführungsverordnungen zu erlassen. Da man nicht die Absicht hatte, die traditionelle soziale Dorfstruktur zu zerstören, musste die existierende Hierarchie, sofern sie den neuen Zielen entgegenstand, von unten her aufgebrochen werden. Deshalb begann die Agrarrevolution mit einer Alphabetisierungskampagne. Knapp 2000 Kader wurden auf die Dörfer geschickt, um bei den Bauern zu wohnen und mit ihnen zu arbeiten. Letztere sollten zwar wissen, dass es sich um Abgesandte der Regierung handelte, aber mit dem Konzept der »Drei Miteinander« (Tam Dong) – der Kader lebte, aß und arbeitete mit den Bauern – sollte erreicht werden, dass sie Vertrauen fassten, über ihr Leben und ihre Probleme erzählten und dabei ihre Not und die erfahrenen Demütigungen als veränderbar zu sehen lernten. Dann erst sollte ihnen gesagt werden, dass die Regierung bereit sei, ihnen beim Kampf gegen die Grundbesitzer zu helfen. Aber bevor man eingreifen und die neuen Gesetze anwenden würde, sollten die Bauern die Gründe und Bedingungen ihrer Existenz erfassen lernen, die alten abergläubischen Erklärungen als falsch erkennen und so ein gewisses politisches Bewusstsein entwickeln. Meist konnten nur wenige Bauern in einem Dorf zu solchen Einsichten gebracht werden, aber sie sollten dann einen Kern bilden, der die weitere Agitation übernehmen konnte: Diskussionen, Versammlungen, gemeinsames Handeln und Zusammenschluss zu Bauernverbänden. Aber nicht nur die Bereitschaft zum Kämpfen, sondern auch die Fähigkeit, die Führung auf lokaler Ebene selbst in die Hand zu nehmen und alle Verwaltungsaufgaben zu lösen, sollte ausgebildet sein, ehe der Staat eingeschaltet und die von ihnen gewollte Reform nach dem Gesetz durchgeführt würde. Es war ein zugleich anspruchsvolles, theoretisch fundiertes und doch sehr idealistisches und nicht ohne eine gewisse Naivität entworfenes Programm.

Die Agrarreformgesetze selber waren so formuliert, dass sie, ohne die Dorfgemeinschaft zu zerstören, erst einmal eine gerechte Verteilung nach konkreten Bedürfnissen sicherten: »Die Verteilung richtet sich nach der Zahl der Münder, die ernährt werden müssen, und nicht nach der Zahl der Arbeitskräfte. […] Die Gemeinde soll als Grundlage für die Verteilung genommen werden«.[6] Die Enteignung der Grundbesitzer sollte durch in den Dörfern selbst gebildete

6 Truong Chinh, S. 549.

Sondertribunale nach genauen Kategorien der Größe des Besitzes durchgeführt werden. »Es handelte sich keineswegs darum, einen Rachedurst zu erzeugen«, schrieb Nguyen Khac Vien im Jahr 1960[7], und ohne Zweifel war dies die Intention der Planer. Aber die Praxis sah sehr oft anders aus, denn die Aktion wurde an vielen Orten mit Brutalität und Inkompetenz durchgeführt, von Kadern und Regierungsbeauftragten, die durch Übereifer, mangelnde Souveränität und Korruption die guten Absichten ins Gegenteil verkehrten und dadurch Unzufriedenheit hervorriefen. Sicher wäre es naiv gewesen zu glauben, die Feudalklasse und die Grundbesitzer würden, von der offenkundigen Legitimität der Reformabsichten überzeugt, ihre Reichtümer und Privilegien kampflos aufgeben, vor allem in der ersten Zeit, als sie noch die Möglichkeit hatten, sich auf die Seite der Franzosen zu schlagen, was auch häufig geschah.«[8] Ohne Druck und Gewalt konnte die Enteignung, auch wenn entsprechende Entschädigungen vorgesehen waren, nicht durchgeführt werden.

Aber die Exzesse waren auch die Folge eines immanenten Risikos der gewählten Methode, die eigentlich einen Verzicht auf von der Regierung ausgeübte Gewalt darstellte. Den mit der Durchführung betrauten Kadern wurde ein sehr hohes Maß an Reife, Geschicklichkeit, psychologischem Einfühlungsvermögen, Altruismus und Bereitschaft zur Entbehrung abverlangt. Zugleich aber war das Gelingen der ganzen Unternehmung so stark von ebendiesen Kadern abhängig, dass jedes einzelne Versagen verheerende Folgen hatte. Wo es sich häufte, kam es, wie in der Provinz Nghe An im November 1956, zu Aufständen. Obwohl man in Hanoi schon dabei war, Maßnahmen gegen die Exzesse auszuarbeiten, wurde gegen die Aufständischen in Ho Chi Minhs Heimatprovinz zunächst die Armee eingesetzt. Bei dem gerade in Hanoi weilenden Staatsgast Zhou En-lai wollte man nicht den Eindruck des Scheiterns von nach chinesischem Vorbild durchgeführten Maßnahmen entstehen lassen. Etwa 1000 Bauern wurden Opfer der blutigen Niederschlagung dieser Revolte.

Nun korrigierte die Regierung den Kurs. Am 1. November hatte der Ministerrat bereits die Auflösung der örtlichen Tribunale beschlossen, jetzt wurden alle von ihnen verurteilten Gefangenen freigelassen und zum Teil entschädigt und rehabilitiert. Auch den Katholiken, die

7 Nguyen Khac Vien 1970, S. 85.

8 Ebd., S. 87f.

häufig Opfer von Übergriffen geworden waren, wurden die Respektierung ihres Glaubens und die Freiheit der Religionsausübung zugesichert. Truong Chinh, der für ein hartes Vorgehen gegen die Großgrundbesitzer eingetreten war[9], wurde seines Amtes enthoben, und Ho Chi Minh übernahm für eine Übergangszeit seine Funktion. Eine seiner ersten Maßnahmen war eine Reise in die Provinz Nghe An, um sich im Namen der Regierung bei der Bevölkerung für die Exzesse zu entschuldigen. In einer großen öffentlichen Kundgebung in Hanoi übte Vo Nguyen Giap, sein Prestige als Sieger von Dien Bien Phu einsetzend, schonungslos Selbstkritik und stellte die »schweren, allgemeinen und lang anhaltenden Irrtümer« der Partei eingehend dar; seine Rede wurde in allen Zeitungen veröffentlicht.[10]

Die Agrarreform war, trotz dieser Fehler[11], erfolgreich und notwendig. Zum ersten Mal in der Geschichte wurden im Norden mehrere Ernten pro Jahr erreicht, und auf dem Weg zur Autarkie war man einen entscheidenden Schritt weitergekommen. Der Prozess der Überführung der alten sozialen und wirtschaftlichen Strukturen in Formen der Kooperative, der kollektiv organisierten Arbeit war in Gang gekommen – 1960 kamen schon 86 % der Produktion aus landwirtschaftlichen Kooperativen. Trotzdem war die Landwirtschaft immer noch sehr anfällig und praktisch wehrlos gegen die periodischen Taifune und Trockenperioden.

Auf dieser Basis ging man nun daran, auch die Industrie aufzubauen. Auf Beschluss des III. Parteitages 1960 entstanden kleinere Fabriken für Werkzeuge, Fahrräder, eine Schiffswerft in Haiphong und die große Eisen- und Stahlgießerei in Thai Nguyen.

* * *

Am 24. Juni 1954, während in Genf noch verhandelt wurde, kam Ngo Dinh Diem in Saigon an. Er hatte von Bao Dai, der sich in Frankreich aufhielt, den Auftrag erhalten, im Süden eine neue Regierung

9 Truong Chinhs Schriften der späteren 1940er Jahre weisen eine starke Beeinflussung durch Mao Zedong auf, z. B. »Der Widerstand wird siegen«, in: Truong Chinh, S. 85ff. Vgl. auch LM, 16.7.1986.

10 Wortlaut in Auszügen abgedruckt bei Nguyen Khac Vien 1970, S. 90ff.

11 Diese Fehler sind indessen als eine Art Trauma im Bewusstsein der Bevölkerung zum Teil bis heute präsent. Davon zeugen auch viele kritische literarische Texte, die diese Geschehnisse aufgreifen.

zu bilden. Frankreich hatte dieser Ernennung nur unter Druck zugestimmt[12], denn Diem war der Mann der Amerikaner. Er entstammte einer alten Mandarinenfamilie, war aber engagierter Katholik und hatte einen gewissen Ruf als strenger Nationalist, galt als nicht korrupt und war von seinem Bruder Ngo Dinh Nhu[13] systematisch als Alternative zu dem als weich und kompromisslerisch geltenden Bao Dai aufgebaut worden. Diem war in den USA zwei Jahre lang von einflussreichen katholischen Kreisen und dem Kardinal Spellman auf seine Aufgabe vorbereitet worden. Obwohl vietnamesische Katholiken in Saigon und Paris seine Ankunft in Saigon propagandistisch begleiteten, war der Empfang enttäuschend. Die Bevölkerung hielt sich zurück, seiner ersten öffentlichen Rede hörten kaum 1000 Personen zu.

Noch vor dem Ende der Genfer Konferenz besuchte er den Norden, wo es viele Katholiken gab, die zu dieser Zeit einigen Anfeindungen im Zusammenhang mit der Agrarreform ausgesetzt waren. Diese relativ große und homogene Gruppe war von den Franzosen schon seit 1950 strikt antikommunistisch erzogen worden. Man hatte ihnen erzählt, die »Kommunisten« würden Rache an ihnen nehmen wegen ihrer Nähe zum Kolonialsystem und ihnen die Ausübung ihres Glaubens verbieten. Das Hauptwohngebiet dieser Katholiken lag südlich des Deltas des Roten Flusses und war damals einer der wenigen Orte, wo die französischen Truppen auf eine gewisse Loyalität in der Bevölkerung rechnen konnten. Das arrogante Auftreten und konkrete Ungerechtigkeiten vieler Regierungsvertreter hatten diese Angst nun als berechtigt erscheinen lassen. Diem initiierte die Gründung eines »Komitees für die Verteidigung des Nordens«, das eine intensive Propaganda betrieb, die zur Flucht in den Süden aufrief. Im Genfer Abkommen war vorgesehen, dass jeder, der dies wollte, innerhalb einer gewissen Frist vom einen in den anderen Teil des Landes gehen konnte. Den Katholiken wurde auf Flugblät-

12 Über die Verhandlungen zwischen den USA und Frankreich siehe Devillers/Lacouture 1969, S. 359ff.

13 Ngo Dinh Nhu galt einige Zeit als Vertreter der sogenannten Dritten Kraft (d.h. weder Amerika-hörig noch kommunistisch) in Saigon. Er beteiligte sich jedoch später am »Wehrdörfer«-Programm (s.u.). Unter Diem war er der Chef der vielen Geheimdienste, die sich gegenseitig bekämpften und ausspionierten. Seine Frau, allgemein bekannt als »Madame Nhu«, war, weil Diem nicht verheiratet war, die »First Lady« des Staates mit einer Neigung zu Skandalen.

tern[14] nicht nur gedroht, sie würden für ihre profranzösische Haltung während des Krieges bestraft werden, sondern auch angedroht, dass die »nationalen Streitkräfte« des Südens und die USA bei der bevorstehenden Wiedereroberung des Nordens Atomwaffen einsetzen würden, und das einzige Mittel, dem Tod zu entgehen, sei die Flucht in den Süden. Der Erfolg dieser Aktion war groß: Ganze Dörfer, Priester an der Spitze, machten sich auf den Weg, insgesamt gingen mehrere Hunderttausend in den Süden. Französische und US-Marine übernahmen zum Teil den Transport entlang der Küste. Versuche der DRV-Behörden, den Massenexodus aufzuhalten, waren wenig erfolgreich.

Diem hatte damit zweierlei erreicht: Einmal konnte er in der Öffentlichkeit als Gewinner einer »Abstimmung mit den Füßen« erscheinen, die in der westlichen Presse dazu benutzt wurde, dem Ansehen der DRV zu schaden.[15] Außerdem gewann er damit eine kleine, aber sichere Anhängerschaft im Süden, die er sorgfältig um die Städte herum ansiedeln ließ. Trotzdem wollten bestimmte, vom Gang der Verhandlungen in Genf beunruhigte politische Kreise in Saigon Diem zunächst nicht unterstützen. Die Armee, deren höhere Offiziere meist in Frankreich oder von Franzosen ausgebildet worden waren, stand ihm offen feindlich gegenüber, und Diem konnte sich nur auf seinen Clan, die Katholiken und die Amerikaner stützen. Diese erkannten, dass Diem sich allein nicht durchsetzen konnte. So übernahmen schon bald nach seinem Amtsantritt als Ministerpräsident – Staatsoberhaupt war weiterhin nominell Bao Dai – die bereits seit 1950 anwesenden amerikanischen Militärs offen Schritt für Schritt nahezu alle staatlichen Institutionen. Vor allem nach dem 28. April 1956, dem Datum des endgültigen Abzugs des französischen Expeditionsheeres, wuchs der Zustrom von US-Personal und US-Waffen gewaltig an.

Auf der Basis dieser für ihn in jeder Phase seiner Regierungszeit lebenswichtigen Unterstützung unternahm es Diem nun, seine Gegner im Inneren nach und nach auszuschalten. Zunächst ging er gegen die politisch-religiösen Sekten vor, die relativ unabhängig und bewaffnet waren. Diese Sekten stellten im Grunde Mafia-ähnliche Organisa-

14 Texte solcher Flugblätter sind zitiert in Burchett 1955. Vgl. auch Devillers/Lacouture 1969, S. 354.

15 Dabei wurde allerdings verschwiegen, dass auch umgekehrt eine starke Bevölkerungsbewegung vom Süden in den Norden stattfand.

tionen dar, die ihre Macht vorwiegend zur Anhäufung von Reichtümern nutzten, jedoch durch eine pseudoreligiöse Ideologie legitimiert anlässlich ihrer Gottesdienste und Feierlichkeiten ganz öffentlich auftreten konnten. Sie fanden bei der Bevölkerung auch viele Anhänger, vor allem unter den »unwissenden und abergläubischen Massen in Cochinchina«[16]. Dies galt vor allem für die bereits erwähnte Cao Dai-Sekte, deren Gläubige mit den politischen Aktivitäten der Führer meist wenig zu tun hatten, während die in der Zeit der japanischen Okkupation entstandene Hoa Hao-Sekte von einem fanatischen Moralismus geprägt war und ihre Anhänger zum Kampf gegen »Anormalität und Dummheit« aufrief, womit die Verfolgung und Liquidierung von Viet Minh-Anhängern gemeint war. Die Hoa Hao-Sekte war – wie andere auch – früher vom französischen Geheimdienst für diese Jagd bezahlt worden, und einige ihrer Führer durften im Namen der Franzosen die reichen Reisprovinzen des Mekong-Deltas verwalten und ausbeuten. Eine dritte Gruppe, die Binh Xuyen, war nichts weiter als eine Stadt-Mafia in Saigon-Cholon, die ohne religiöse Verbrämung ihre Macht durch Erpressung und terroristische Gangsteraktionen ausübte. Sie hatte sich während des Krieges ebenfalls des Wohlwollens und des Geldes der französischen Behörden versichert, indem sie städtische Viet Minh-Kader verfolgte und ausschaltete.

Alle drei Sekten wären bereit gewesen, gegen entsprechende Bezahlung und Privilegien mit Diem zusammenzuarbeiten. Aber dieser stellte die Bedingung, dass sie ihre Truppen unter die Hoheit der Nationalarmee und damit unter seinen Befehl stellen sollten. Das war auch im Sinne der USA, die die militärische Aufrüstung ihres Schützlings auf die Nationalarmee beschränken und damit besser unter Kontrolle halten wollten. Die Sekten bildeten daraufhin eine »vereinigte Front der nationalistischen Kräfte« gegen Diem, aus der aber die Cao Dai bald wieder ausscherten, um als Gegenleistung für Zuwendungen unbekannten Ausmaßes »neutral« zu bleiben. Nun eröffnete Diem im April 1955 den Kampf gegen die Binh Xuyen, die er in einem militärischen Überraschungsschlag ausschaltete. In

16 Chaffard 1964, S. 43. Bao Dai hatte sich zur Sicherung seiner illegitimen Regierung schon früher der Unterstützung der Sekten bedient, vor allem der weiter unten erwähnten Binh Xuyen, mit deren Führer Bay Vien ihn eine enge Freundschaft verband. Die Binh Xuyen hatten für eine kurze Zeit den südvietnamesischen Widerstand unterstützt. Vgl. die stark romanhafte Biografie Bay Viens von Darcourt sowie Bao Dai, S. 236, 263 u. ö.

längere Zeit andauernden bürgerkriegsartigen Auseinandersetzungen gelang es ihm dann, auch die beiden anderen Sekten zu besiegen. Die taktische und militärische Leitung dieser Bürgerkriegsoperationen hatten die Amerikaner, von der Armee wurden dabei nur einige Einheiten eingesetzt. Denn damals stand das Saigoner Militär noch keineswegs geschlossen hinter Diem. So musste dieser die Abwesenheit des Oberbefehlshabers Nguyen Van Hinh nutzen, um sie an diesen Aktionen zu beteiligen.

Nguyen Van Hinh und einige Generäle, die nach wie vor gegen die Amerikaner und Diem waren, setzten seinen Manövern, auch die Armee unter seine Gewalt zu bringen, jedoch keinen sehr entschlossenen Widerstand entgegen. Durch die Kombination von Intrigen, Versprechungen, Bestechungen und Verhaftungen wurden sie nach und nach alle ihrer Positionen und ihres Einflusses beraubt. Etwa Mitte 1955 war auch dies gelungen, und die militärische Hilfe der USA wurde nun noch weiter erhöht. Im Oktober beseitigte Diem schließlich das letzte Hindernis zur (unter amerikanischer Kontrolle stehenden) Alleinherrschaft: Er setzte den Kaiser Bao Dai ab und ließ sich durch ein Referendum als Präsident einer neu gegründeten »Republik« bestätigen.[17]

Nachdem er so seinen Machtapparat gefestigt hatte, ging Diem nun an die Aufgabe, für deren Erfüllung ihn die Amerikaner an die Macht gebracht hatten. Nach dem vom Genfer Abkommen vorgeschriebenen Rückzug der Viet Minh-Truppen in den Norden hatte sich im Süden eine neue autonome Widerstandsbewegung gebildet, deren öffentliche Repräsentanten liberale Intellektuelle und Angehörige freier Berufe waren. Diese »Bewegung zur Verteidigung des Friedens« war aus dem Protest gegen die Ankunft der Amerikaner in Südvietnam hervorgegangen und hatte ein klares und einfaches Programm: Einhaltung und weitere Durchführung des Genfer Abkommens, vor allem der vorgesehenen Wahlen. Diem hatte von Anfang an erklärt, dass er sich nicht an das Abkommen gebunden fühle, und als ganz offen erkennbar wurde, dass er nicht daran dachte, Wahlen zuzulassen, widersprachen ihm die Amerikaner nicht, denn das war ganz in ihrem Sinne. Aufforderungen der Hanoier Regierung und der Internationalen Kontrollkommission zu vorbereitenden Gesprächen ließ er unbeantwortet, ebenso alle Vorschläge der DRV, die Kommu-

17 Chaffard 1964, S. 101.

nikation zwischen beiden Landesteilen zu verbessern, so etwa den Postverkehr wieder aufzunehmen.[18] Bald galt im Süden das öffentliche Eintreten für die Abhaltung der Wahlen als krimineller Akt. Auf Betreiben des Diem-Clans und der Amerikaner wurde eine systematische Jagd auf die Opposition entfesselt, die die Gefängnisse mit Hunderttausenden politischer Gefangener füllte und in den Jahren 1955–59 mehr Opfer forderte als der Krieg vorher.

Auf dem Land wurden nicht nur alle Viet Minh-Verdächtigen verfolgt, sondern auch die sozialen und politischen Reformen von 1954 wieder rückgängig gemacht. Eine »Landreform«[19], die in Wirklichkeit ein Programm zur Wiedereinführung feudaler Besitzverhältnisse war und die Rückkehr der früheren Grundbesitzer gegen die Interessen der Bauern vorsah, führte zu starkem Widerstand derjenigen Bauern, die in den Jahren seit der vom Viet Minh begonnenen Agrarreform bessere Lebensbedingungen sowie die Vorzüge und die Organisation der Selbstverwaltung kennengelernt hatten. Sie waren von den abziehenden Viet Minh-Kadern ermahnt worden, »offene Konflikte zu vermeiden«[20], um nicht die Wahlen zu gefährden. Die brutale Repression und die Erkenntnis, dass die Hoffnung auf Wahlen nicht mehr realistisch war, machten solche Taktiken überflüssig. Es wurden Verteidigungsgruppen gebildet und 1954 versteckte Waffen wieder verteilt. Als Diem nach 1956 daranging, die Bauern massenhaft in vom Militär bewachte »Agrostädte« zu deportieren, um sie besser unter Kontrolle zu haben, begann die sich langsam überregional formierende neue Widerstandsbewegung, zur Verteidigung mit Waffengewalt überzugehen. Das Diem-Regime reagierte mit der Einrichtung von Standgerichten auf dem Land, die seit Mai 1959 gesetzlich verankert und vom Militär organisiert wurden. Sie hatten das Recht, verhängte Strafen sofort zu vollstrecken. Trotzdem wuchs der

18 Devillers/Lacouture 1969, S. 407f.

19 Chaffard nennt sie »ungeschickt« – ein verharmlosender Ausdruck, der unterstellt, dass sie überhaupt ernst gemeint war. Sie war einer der Versuche Diems, seinem Regime außer dem Kampf gegen den Viet Minh noch ein politisches Programm zu geben. Im Scheitern all dieser Versuche mag man eine gewisse persönliche Tragik Diems sehen (wie er es selbst empfand, weshalb er dann resignierte), es ist aber nur das übliche Schicksal von »Marionetten«. Bao Dai entging ihm, da er nie wirklich politische Aktivitäten entwickelt hat und lieber in Frankreich blieb. Chaffard 1964, S. 170.

20 LM, 12.12.1954.

Widerstand und organisierte sich im Dezember 1960 in der »Nationalen Befreiungsfront« (FNL[21]), deren Programm den Übergang zum bewaffneten Kampf auf nationaler Ebene vorsah.

Der Zeitpunkt für den Übergang zum bewaffneten Widerstand war damals in der Partei umstritten. Trotz großer Opfer hatten die Mitglieder der Partei im Untergrund die Beschränkung auf eine weitgehend gewaltlose politische Opposition bis 1959 eher widerwillig eingehalten. Immerhin waren in dieser Zeit, um nur eine konkrete Zahl zu nennen, alle 32 Mitglieder des ursprünglichen Exekutivkomitees der Partei in Saigon-Gia Dinh dem Terror Diems zum Opfer gefallen.[22] Durch diese Zurückhaltung sollte Diem auch nach Ablauf der Frist für die Wahlen kein Vorwand geboten werden, das Abkommen weiter zu brechen. Aber schon seit etwa 1957 konnte die Partei die spontanen Aktionen der Bevölkerung nicht mehr in allen Fällen kontrollieren.[23] Alles spricht dafür, dass die Gründung der FNL auf Druck der Bevölkerung früher als beabsichtigt erfolgte.

Im Norden hatte die Hoffnung auf eine baldige Rückkehr in die Heimat und auf die Herstellung normaler Beziehungen im ganzen Land (Austausch von Lebensmitteln und Waren) viele Viet Minh-Kader, die 1954 regruppiert worden waren, die Entbehrungen der Trennung und der von Rückschlägen begleiteten schweren Aufbauarbeit leichter ertragen lassen. Nun rückte diese Hoffnung in immer weitere Ferne, und es war sicher eine Reaktion auf die angespannte Lage in der nach wie vor mit der Beseitigung der Kriegsschäden belasteten DRV, wenn Vertreter von Partei und Regierung gelegentlich die Bereitschaft äußerten, sich mit einer länger andauernden Teilung des Landes und der Einrichtung eines »neutralen« Regimes im Süden abzufinden, um wenigstens ökonomischen Austausch mit ihm pflegen zu können, und erst nach einer Stabilisierung der Lage die Wiedervereinigung anzustreben.

Die von Hanoi aus unbeeinflusste Gründung der FNL brachte nun mit einem Mal die Perspektive des bewaffneten Kampfes im Süden ins Blickfeld und damit die moralische Pflicht, ihn zu unterstützen. Trotzdem war die Solidarität mit dem Kampf im Süden noch über

21 Die Abkürzung nach dem französischen Namen hat sich allgemein durchgesetzt, wie auch im Falle Algeriens, wo es »FLN« heißt.

22 Burchett 1968, S. 209.

23 Vgl. den Bericht von Vu Can.

drei Jahre lang ausschließlich verbaler Natur: »Die Hilfe des Nordens? Wir haben sie lange erhofft ...«, antwortete noch 1963 ein Vertreter der FNL Reportern auf entsprechende Fragen.[24] Tatsächlich beschloss man erst 1963/64, nach über einen Monat dauernden Beratungen, dem Süden materielle und militärische Hilfe zukommen zu lassen.[25]

Das Dilemma der Hanoier Regierung hatte auch eine internationale Komponente. In dieser Zeit waren durch öffentliche Dispute zwischen der UdSSR und Albanien zum ersten Mal auch die ideologischen und politischen Differenzen bekannt geworden, die zwischen den beiden großen sozialistischen Ländern UdSSR und VR China bestanden. Auf dem III. Parteitag 1960 verlasen die Vertreter der beiden Bruderparteien in Hanoi Grußadressen, die den Konflikt erkennen ließen. Nicht in direktem Gegensatz, sondern nur in verschiedenen Akzentsetzungen wurden zwei unvereinbare Optionen deutlich, die den vietnamesischen Genossen jeweils nahegelegt wurden: friedliche Koexistenz von der einen, entschlossener Kampf gegen den Imperialismus und Kritik am »Revisionismus« von der anderen Seite. Die vietnamesische Partei war damals – das Verhalten Chinas in Genf und die schlechten Erfahrungen mit dem chinesischen Agrarreformmodell spielten dabei sicher eine wichtige Rolle –, wenn man so will, eher auf »Moskauer Kurs«. Dieser Parteitag stand jedenfalls noch ganz im Zeichen der Konsolidierung und des weiteren Aufbaus im Norden und der unausgesprochenen Hoffnung, den bevorstehenden bewaffneten Kampf um die Wiedervereinigung so lange wie möglich hinauszuzögern. Aber diese politische Strategie, die nur wenig später von der Entwicklung überholt werden sollte, resultierte nicht aus der Befolgung dieser oder jener »Linie«[26], sondern wurde vorrangig durch den Druck der Verhältnisse bestimmt.

* * *

Mit dem Beginn des bewaffneten Widerstands wurde Südvietnam für die USA zum politischen und militärischen Testfall, an dem deutlich gemacht werden sollte, dass die westliche Führungsmacht entschlossen war, unter Einsatz eigener militärischer Kräfte gegen jede Befreiungs-

24 LM, 24.8.1963.

25 Vgl. *Le Monde diplomatique* 4, 1982.

26 Rousset, S. 245.

bewegung in der Dritten Welt vorzugehen. Im Februar 1962 war in Saigon eine US-Kommandozentrale eingerichtet worden, die praktisch den Oberbefehl über etwa eine halbe Million Soldaten der »National-armee« und etwa 20000 amerikanische »Berater« ausübte, ausgerüstet mit 500 Flugzeugen sowie Hubschraubern, Panzern, Kriegsschiffen und modernstem technischem Gerät. Die US-Militärhilfe für Südvietnam war von 150 Mio. Dollar (1960) auf 600 Mio. Dollar (1962) angestiegen. Nach von Präsident Kennedy in Auftrag gegebenen und von den Generälen Staley und Taylor ausgearbeiteten Plänen sollte die FNL mit Hilfe der Strategie des »Spezialkrieges« bis zum Jahresende ausgeschaltet werden. Diese Strategie sah vor, sowohl die Befreiungsfront durch aufwendige militärische Säuberungsaktionen direkt zu bekämpfen, als auch vor allem die Bauern in sogenannte »strategische Dörfer« zu verschleppen, um sie so davon abzuhalten, den »Vietkong«[27] zu unterstützen. Dort mussten sie unter Überwachung durch das Militär arbeiten und leben.[28] Die damals zur Begründung dieser Maßnahmen vorgetragene Behauptung, sie geschähen nur zum Schutz der Landbevölkerung vor den Guerilleros, ist schon angesichts der Voraussetzungen und Ziele, wie sie von den Planern selbst formuliert worden sind, unhaltbar. Man hielt es für nötig und legitim, das Volk eines ganzen Landes mit militärischen Mitteln zu einem von ihm abgelehnten politischen Verhalten zu zwingen: »Wenn erst einmal die Guerilla vom Volk physisch getrennt sein wird, dann kann darangegangen werden, beide durch verschiedene Maßnahmen der psychologischen Kriegsführung auch sozial voneinander zu trennen, das heißt, den Guerillakämpfer zu einem sozialen Paria, zu einem *outcast* zu machen.«[29] Die

27 »Vietkong« (aus dem englischen »Vietcong«) ist ein von den Amerikanern in bewusst verfälschender Absicht eingeführter Name für die Mitglieder der Bündnisorganisation FNL, die dadurch als rein »kommunistisch« erscheinen sollen (»Dang Cong San« = KP). Die Abkürzung VC wurde dann weiter verballhornt in »Victor Charlie«. »Vietkong« ist demnach ein Schimpfwort und nicht, wie »Viet Minh«, eine offizielle Bezeichnung.

28 Dieses Programm hatte einen Vorläufer. Der Luftwaffenoffizier Robert Thompson war britischer Verteidigungsminister (1957–61) und hatte für die Regierung als »counterinsurgency«-Programm das Wehrdörfer-Modell entwickelt, das in Malaysia angewendet wurde. Thompson hielt sich auf Bitten der US-Regierung von 1961 bis 1965 als »Berater« in Saigon auf.

29 So formulierte es der CIA-Agent und spätere Vietnam-Spezialist und Dozent an der Universität in Berkeley Douglas Pike, in: Pike, S. 65.

von der Regierung von Anfang an zur Kontrolle der »Wehrdörfer« eingesetzten Kommandanten wurden zu Tausenden umgebracht.[30]

Die Aktionen des »Spezialkrieges« hatten trotzdem zunächst Erfolg, weil sie mit rücksichtsloser Härte durchgeführt wurden und weil sich die FNL-Truppen, die es erst seit 1961 gab, noch im Stadium des Aufbaus befanden. Sie erlitten große Verluste, noch größer aber war die Zahl der Opfer der Zwangsumsiedelungsaktionen. Ende 1962 schien der Süden tatsächlich »pazifiziert« zu sein, aber schon in dieser Phase war zu erkennen, dass die Pläne der USA auch das direkte Eingreifen im Norden vorsahen. Es wurden Sabotagetrupps in die DRV geschickt, und immer häufiger drangen amerikanische Beobachtungsflugzeuge in ihren Luftraum ein.

1963 änderte sich die Situation im Süden. Zum ersten Mal erlitten mit Kanonen, Amphibienfahrzeugen und Hubschraubern ausgerüstete Diem-Truppen bei Ap Bac eine spektakuläre Niederlage in offener Schlacht. Dabei wurde nicht nur deutlich, dass die FNL inzwischen über starke und schlagkräftige Truppenverbände verfügte[31], sondern die Amerikaner hatten auch erleben müssen, dass die Kampfkraft der von ihr betreuten und technisch und personell überlegenen »Nationalarmee« überraschend schlecht war, was sie zu Recht auf die geringe Motivation zurückführten, für ein Regime wie dasjenige Diems zu kämpfen. Schon einige Wochen zuvor hatte ein Inspektionsbesuch der Senatoren Johnson und Mansfield zu deutlicher Kritik an Diem geführt, dessen Herrschaft immer diktatorischere Züge annahm. Nun verschlechterte sich auch die militärische Lage rapide, ein »Desaster« war abzusehen.[32]

Man kann nicht sagen, dass Diem keinen Versuch unternommen hätte, die Bevölkerung außer durch blinden Antikommunismus auch noch durch eine Idee, ein ideologisches Identifikationsangebot an sich zu binden und damit eine Motivation zur Verteidigung der westlichen Freiheitsvorstellungen zu schaffen. Dabei war er sogar

30 Bis 1956 schon 1600 (offizielle Angaben der Diem-Regierung), im Jahr 1960 allein 1000 (nach Präsident Kennedy in einer Rede am 25. Mai 1961). Indessen war die Dunkelziffer sehr hoch. Vgl. du Berrier, S. 195.

31 Zu dieser Zeit gab es noch keine nordvietnamesischen Truppen im Süden.

32 General Westmoreland musste 1964 bei seiner Ankunft in Saigon nach dem Sturz Diems feststellen: »Die Regierungstruppen verlieren ein Bataillon pro Woche, und dieser Trend wird, wenn es so weitergeht, in einem Desaster enden.« Zit. in: Maclear, S. 123.

um Originalität bemüht. Schon vor seiner Ankunft in Vietnam hatte sein Clan die Lehre vom »Personalismus« propagiert, die von dem französischen Philosophen Édouard Mounier übernommen und in eine politische Programmatik verwandelt wurde.[33] Mit Hilfe der Katholiken sollte unter diesem Etikett der Versuch gemacht werden, bürgerlich-individualistisches Bewusstsein als Basis eines irrationalen Antikommunismus zu verbreiten und zugleich ein autoritäres Regime, das die Massen über große politische Organisationen kontrollierte[34], zu legitimieren. Richtig an diesen Bemühungen war die Erkenntnis, dass jede Form bürgerlichen Individualismus, wenn es gelänge, ihn in der Bevölkerung zu verankern, einen den Vietnamesen fremden antikommunistischen Affekt eher fördern könnte als die buddhistisch-konfuzianischen Traditionen. In diesem Sinne organisierte das Diem-Regime durch obligatorische Kurse in »personalistischer Erziehung« eine intensive ideologische Beeinflussung, und wenn man einem Bericht des Ministeriums für Informationen glauben kann, haben in den Jahren 1954 bis 1960 fast 900 000 solcher Kurse mit 18 759 111 Teilnehmern stattgefunden. Georges Chaffard, der diese Daten aus einer Ende 1960 veröffentlichten »Bilanz von sechs Jahren Regierungsarbeit« zitiert, bemerkt dazu, dass danach jeder Bürger Südvietnams mindestens zwei solcher Kurse absolviert haben müsste.[35] Berichten zufolge war ein Hauptgegenstand dieser Kurse die Kritik an Buddhismus und Konfuzianismus aus katholischer Sicht.[36]

Der buddhistische Klerus, der zunächst kaum behelligt wurde, schaltete sich in den Widerstand gegen Diem nicht so sehr deshalb ein, weil der Buddhismus in der Öffentlichkeit ständig diskriminiert wurde, sondern nach alter Tradition aus der Verpflichtung heraus, in Zeiten der Unterdrückung und Ungerechtigkeit dem Volk beizustehen. Nun war die offene Konfrontation mit der Diem-Regierung unvermeidlich.

Es begann damit, dass führende Vertreter des buddhistischen Klerus es bei öffentlichen Anlässen immer öfter vermieden, als Unterstützer des Diem-Regimes zu erscheinen. Der Vorsitzende der Buddhisten-

33 Das war vor allem das Werk des bereits erwähnten Ngo Dinh Nhu.

34 Aufzählung und Charakteristiken bei Chaffard 1964, S. 26.

35 Ebd., S. 168.

36 Ebd., S. 160f.

vereinigung, der Bonze Thich Tinh Khiet aus Hue, verweigerte diese Loyalitätsgeste zum ersten Mal demonstrativ und öffentlich, als er dem katholischen Erzbischof von Hue, Ngo Dinh Thuc, einem Bruder Diems, der in Saigon am 5. Mai 1963 in Anwesenheit Diems sein Priesterjubiläum feierte, trotz größtem Druck kein Glückwunschschreiben schicken wollte. Daraufhin verbot die Regierung für die einige Zeit später stattfindenden Feiern zu Ehren von Buddhas Geburtstag das Zeigen der buddhistischen Fahnen und religiösen Embleme sowie die traditionelle Rundfunkansprache zu dieser Gelegenheit. Dagegen empörte sich die Bevölkerung, aber der Bonze forderte zur Mäßigung auf und wollte verhandeln. Unter dem Vorwand, der »Vietkong« habe sich unter die Demonstrierenden gemischt, setzte die Regierung Militär ein, es kam zu blutigen Auseinandersetzungen mit Toten und Verwundeten. Dieser Zwischenfall erregte weltweit Aufsehen, die Auseinandersetzungen eskalierten, und am 11. Juni verbrannte sich der 84-jährige Mönch Thich Quang Duc im Rahmen einer Demonstration von 800 Bonzen mitten in Saigon auf offener Straße selbst.[37] Die Bilder dieses Ereignisses, das sich noch mehrfach wiederholte, gingen um die Welt und waren der erste Anstoß für die Bildung einer Antikriegs- und Solidaritätsbewegung in den USA und Europa. Jetzt hielten es die USA nicht mehr für opportun, Diem weiter zu unterstützen: Am 2. September erklärte Kennedy, wenn die Südvietnamesen den Krieg gewinnen wollten, müssten sie »ihre Politik ändern und vielleicht ihr Führungspersonal auswechseln«[38].

Am 2. November 1963 wurden Diem und sein Bruder im Verlauf eines Militärputsches ermordet, an dem US-Dienststellen mindestens indirekt beteiligt waren. Von nun an regierte das Militär das Land, und auf dem Posten des Ministerpräsidenten wechselten sich in schneller Folge gegeneinander intrigierende Generäle ab. Die Armee war stark geschwächt, das Konzept der »strategischen Dörfer« gescheitert. Die Befreiungsfront hatte sich konsolidiert, und in den befreiten Gebieten, die bereits vier Fünftel des Landes umfassten, lebten zwei Drittel der Bevölkerung. Die USA waren wegen ihrer Kriegspolitik in Vietnam international weitgehender Kritik ausgesetzt, aber der neue amerikanische Oberbefehlshaber, General Westmoreland,

37 Madame Nhu sprach angesichts der Selbstverbrennungen damals verächtlich von »Barbecue«.

38 Chaffard 1964, S. 296.

auf den bei seiner Ankunft in Saigon ein Attentat versucht wurde, setzte auf Eskalation. Sein Konzept war der totale Krieg gegen den Süden und gegen den Norden.

* * *

In der amerikanischen Führung waren damals zwei militärische Alternativen diskutiert worden, die aus dem Dilemma herausführen sollten: entweder der massive Einsatz der Luftwaffe gegen Süd- und vor allem Nordvietnam oder die Entsendung von Bodentruppen und deren direkter Eingriff in die Kämpfe im Süden. Gegen beide Optionen gab es erhebliche Vorbehalte führender US-Militärs angesichts der zu erwarteten Konsequenzen sowie Zweifel wegen des ungleichen Verhältnisses zwischen Aufwand und Effektivität. General Taylor war gegen einen Truppeneinsatz, weil die Folgen unabsehbar seien und das Ausmaß der Verwicklung leicht außer Kontrolle geraten könne. Und mit einer spürbaren politischen Wirkung der Bombardierung des Nordens rechnete kaum einer der amerikanischen Fachleute. Verteidigungsminister McNamara warnte in einem Memorandum an Präsident Johnson: »Eine so weitgehende Bombardierung des Nordens, dass ein radikaler Einfluss auf Hanois politische, wirtschaftliche und soziale Struktur zu verzeichnen wäre, erforderte einen Aufwand, den wir zwar aufbringen könnten, den aber weder unser eigenes Volk noch die Weltmeinung schlucken würden.«[39]

Das Ergebnis der Beratungen war, dass beide Optionen in die Tat umgesetzt wurden. Am 5. August 1964, nach einem von den Amerikanern bewusst provozierten »Zwischenfall«, bei dem angeblich ein US-Kriegsschiff im Golf von Tonking von einem vietnamesischen Boot angegriffen worden sei[40], bombardierte die Luftwaffe zum ersten Mal die Küstengebiete der DRV. Im Februar und März 1965 flogen schon über 100 Flugzeuge tägliche Einsätze, und das US-Oberkommando gab sich keine Mühe mehr, einen Vorwand zu erfinden oder

39 Taylor, zit. in: Maclear, S. 127; McNamara, zit. in: *Pentagon-Papiere*, S. 545.

40 Dieser »Tonking«-Zwischenfall wurde später als eine Falschmeldung zum Zweck der Eskalation entlarvt. Noch ehe die Militärs die widersprüchlichen Funksprüche von dem Kreuzer *Maddox* auswerten konnten, waren schon 64 Bomber zum ersten Angriff auf Nordvietnam in der Luft (vgl. Maclear, S. 112). Der Kongress verabschiedete in äußerster Hast die sogenannte »Tonking-Resolution«, das »funktionale Äquivalent einer Kriegserklärung« (Daniel Ellsberg).

zu inszenieren. »Der Norden ist schuldig, weil er kommunistisch ist, weil er Nachbar und Komplize eines Volkes ist, auf dessen Territorium die Streitkräfte der USA grausame Niederlagen erleiden, und weil er seine Grenze zu den Landsleuten im Süden nicht schließt, die sich im Kampf gegen die größte Macht der Welt befinden.«[41]

Und am 6. März 1965 landeten unter starken Sicherheitsvorkehrungen die ersten »Marines«-Truppen in Da Nang, denn schon lange konnten sich US-Soldaten ohne Schutz nicht mehr frei bewegen. Immer wieder gelangen der Befreiungsfront Überraschungsschläge gegen gut bewachte militärische Anlagen: Flugplätze, Munitionslager, Piloten-Wohnheime oder die US-Botschaft in Saigon. Angesichts dieser schwierigen Lage, in der sich die US-Truppen im Süden befanden, ist die Ausweitung des Kriegs auf den Norden auch als eine »Flucht nach vorn« zu sehen.[42]

Zur Unterstützung der amerikanischen Bodentruppen war schließlich der Einsatz von B-52-Bombern auch im Süden »nötig« geworden: Man zerstörte jetzt systematisch Teile des Territoriums »eines Alliierten [...], den wir verteidigten«[43].

Weil der Kampf angeblich der Erreichung politischer Ziele dienen sollte, nannte man diese neue Phase der Aggression den »begrenzten Krieg«, dessen Ziele George Bundy so beschrieb: »Ziel A wird ausgehoben; wenn dies keine Reaktion bringt, dann Ziel B, und so weiter in immer schnellerer Folge der Zerstörung.«[44] Präsident Johnsons »little killing«[45] eskalierte dabei immer mehr zu einer Serie von reinen Demonstrationsakten einer Militärmaschinerie, deren Oberbefehlshaber nach den Worten Arthur Schlesingers »nicht begreifen konnte, dass die ›größte Macht der Welt‹ mit einer Schar von Nachtgespenstern in schwarzen Pyjamas nicht fertig werden sollte«[46]. Mit einer zynischen Mischung aus unbekümmerter Zerstörungslust[47] und infantilem Beharren auf den furchtbaren Simplifika-

41 Lacouture 1965, S. 257.

42 Chesneaux 1968, S. 109.

43 Boyne, S. 91.

44 Zit. nach: Maclear, S. 196. Vgl. die ähnliche Taktik bei der Bombardierung von Kambodscha (»menu«) mit ihren makabren Codenamen (»breakfast«, »dinner«).

45 Zit. von Daniel Ellsberg bei Maclear, S. 113.

46 Schlesinger in *New York Review of Books*, 16.12.1972, S. 41.

47 »Es hatte seine James-Bond-Aspekte«, Maclear, S. 77.

tionen der eigenen Propaganda zog man aus der Situation schließlich ohne Skrupel den Schluss, allein die flächendeckende Zerstörung aus der Luft sei noch erfolgversprechend.

Das Aufgebot an amerikanischen Truppen war bereits zu Beginn dieser Phase größer als das französische Expeditionsheer 1954: 190000 US-Soldaten kämpften 1965 in Vietnam, Ende 1966 waren es schon 380000 und Anfang 1968 510000.[48] Durch die Anwendung modernster elektronischer Geräte zum Aufspüren von Bombenzielen, von Wissenschaftlern[49] unter Einsatz unbegrenzter Steuergelder entwickelt, wurde die Luftkriegsführung in hohem Grade automatisiert. Dies hatte den Nebeneffekt, dass das Problem, mit dem Bewusstsein der Illegitimität und der Erfolglosigkeit gegen einen hochmotivierten Gegner bestehen zu müssen, weitgehend ausgeschaltet war. Dadurch erhielt der Krieg für die ihn betreibenden Politiker und Militärs jenen abstrakten Charakter, der es ihnen erleichterte, ihn als rein technisches Problem aufzufassen. In Wahrheit bewirkte er Zerstörungen von bislang unbekannter Totalität: Verwüstung, Verbrennung und Vergiftung der Vegetation und des Bodens, Verseuchung der Nahrungsquellen auf Jahrzehnte, lang anhaltende und unkontrollierbare Erbschäden bei Pflanzen, Tieren und Menschen.

Schon die ersten Angriffe hatten im Norden einen großen Teil der Flotte zerstört, von den weiteren war die Bevölkerung der großen Städte unmittelbar betroffen. Die intensivsten Zerstörungsaktionen galten dem sogenannten Ho-Chi-Minh-Pfad, jenem verzweigten System von Verbindungs- und Transportwegen, über das der Nachschub in den Süden jetzt immer intensiver floss. Die USA hatten somit selbst erzwungen, dass der Befreiungskampf nun zum nationalen wurde, Nord und Süd sich gemeinsam militärisch verteidigten. Da die FNL keine Rekrutierungsprobleme hatte, beschränkte sich die Hilfe des Nordens auf Material, und reguläre DRV-Truppen nahmen im Süden noch nicht an den Kämpfen teil.[50] Aber es gab eine Koordination zur Organisation der Verteidigung und des Transports. Zum

48 Zahlen nach Nguyen Khac Vien 2010, S. 201f.

49 Zusammengefasst in der sogenannten »Jason«-Gruppe. Ihr gehörten solche Intellektuelle an, »die nichts mit der lauten akademischen Kritik an der Vietnampolitik der Regierung zu tun hatten«. *Pentagon-Papiere*, S. 483f.

50 Sehr wohl aber Freiwillige aus dem Norden zur Sicherung des Nachschubs und der Verbindungswege.

Schutz der Bevölkerung und lebenswichtiger Einrichtungen wurde im Norden die Aktion »so tan« (Evakuieren und Zerstreuen) durchgeführt: Man verlegte viele Industriebetriebe und Schulen aufs Land, in Höhlen oder unter die Erde und evakuierte große Teile der Stadtbevölkerung. Die Provinzen erhielten weitgehende Autonomie bei der Versorgungsplanung und in Fragen der regionalen Produktionsorganisation. Erneute Anstrengungen zur Steigerung der Lebensmittelproduktion durch das Züchten schnell wachsender Reissorten und den Anbau weiterer Gemüsearten wurden unternommen. Schließlich begann man mit dem Aufbau eines Luftabwehrsystems.

Im Süden wendeten die Befreiungstruppen die Taktik des Volkskrieges an, verbanden Guerillaaktionen mit überraschenden Vorstößen und den militärischen Kampf mit dem politischen. Gleichzeitig bauten sie in den befreiten Gebieten unter Bombenkriegsbedingungen Produktionsstätten und eine Infrastruktur auf. Gegen Ende des Jahres 1967 übernahmen sie die militärische Initiative, und in den großen Schlachten und Aufständen der »Tet-Offensive« zum Jahresbeginn 1968 gelang es erstmals, ganze Großstädte (Hue) und Provinzen zu befreien, ja sogar Teile Saigons fielen vorübergehend in die Hand der FNL. Es gibt Anzeichen dafür, dass Letztere damals schon hoffte, einen vollständigen Sieg erreichen zu können[51], aber die Kämpfe zogen sich schließlich in die Länge, und es gelang den US-Streitkräften, die Offensive blutig niederzuschlagen. Danach kontrollierten sie und die Saigoner Armee allerdings nur noch die großen Städte und ihre eigenen Militärbasen, die zudem weiterhin Ziel überraschender Angriffe waren. Westmoreland wurde abberufen, und sein Nachfolger, General Abrams, erhielt den Auftrag, vor allem dafür zu sorgen, dass nicht mehr so viele Amerikaner fielen. Er versuchte dies zu erreichen, indem er den Krieg noch mehr auf technische und chemische Waffen konzentrierte und die Bodenkämpfe den Saigoner Truppen überließ.

Aber die Tet-Offensive hatte auch bewirkt, dass die USA nun endlich bereit waren, in Verhandlungen einzutreten. Diese begannen in Mai 1968 in Paris und waren zunächst auf zwei Parteien (USA und DRV) und einen Verhandlungsgegenstand (die Bombardements) begrenzt. In den USA war gerade Wahlkampf, und die Protestbewegung gegen den Vietnamkrieg erreichte einen ersten Höhepunkt. Unter starkem

51 Gehrt, S. 275.

öffentlichem Druck stimmte die US-Regierung einem Bombenstopp zu, der am 1. November 1968 in Kraft trat. Der eine Woche später neu gewählte Präsident Nixon hatte im Wahlkampf versprochen, er werde die amerikanischen Soldaten nach Hause zurückbringen. Sein Konzept dafür war die »Vietnamisierung« des Krieges, die der US-Botschafter Harriman ein »Programm zur Fortsetzung des Krieges« nannte[52]. In Wirklichkeit war sie wohl eher die propagandistische Verarbeitung der Erkenntnis, dass der Krieg verloren war.

Das Konzept der Vietnamisierung konnte nur verwirklicht werden, wenn es in Saigon einen Partner gab, der zumindest den Anschein erwecken konnte, selbständig zu sein und über einen minimalen Rückhalt in der Bevölkerung zu verfügen. Nach Diems Sturz hatte praktisch eine Militärjunta die Macht übernommen, deren Mitglieder in schnellem Wechsel Regierungen bildeten und stürzten. 1967 war dann ein weiterer General, Nguyen Van Thieu, an die Macht gekommen, dessen Regime sich stabilisierte und für das »Vietnamisierungs«-Konzept als Partner zu taugen schien. Seine Armee wurde mit den modernsten Waffen versehen, aber die Kontrolle blieb nach wie vor beim US-Oberkommando. In den USA hoffte man nun, die US-Truppen bald nach und nach zurückziehen zu können. Um die Kontrolle über die Bevölkerung zu erhöhen, wurde diese jetzt mit Hilfe von Säuberungsaktionen in großem Ausmaß in die Städte verschleppt. Hatten im Jahr 1960 nur 15 % der Bevölkerung des Südens in Städten gelebt, so stieg dieser Anteil 1969 auf 50 % und im Jahr 1972 auf 65 %. Aus den »Free Fire«-Zonen – Gebiete, die durch chemische Mittel unfruchtbar gemacht wurden und in denen auf jedes menschliche Wesen geschossen werden durfte – wurden die Bauern vertrieben und gezwungen, sich in Slums am Rand der Städte niederzulassen. Der durch die Vernichtung von bebautem Land verursachte Ausfall an landwirtschaftlichen Gütern wurde durch Hilfslieferungen aus den USA nur mangelhaft ausgeglichen. Diese »Urbanisierungs«-Aktionen veränderten die Gesellschaftsstruktur in Südvietnam von Grund auf. Zwei Drittel einer Bevölkerung, die normalerweise zu 80 bis 90 % aus Bauern bestand, lebten nun in den Städten und konnten, wenn sie nicht überhaupt arbeitslos waren, nur in der gewaltigen Militär- und Verwaltungsmaschinerie der Amerikaner Arbeit finden, eine parasitäre Beschäftigung ausüben (Schwarzmarkt, Drogenhan-

52 Harriman, S. 140. Vgl. Burchett 1977, S. 44.

del oder Prostitution) oder in die Armee Thieus eintreten. Da von dem Sold eines Soldaten oft ganze Großfamilien leben mussten und man nur dort mit regelmäßigen Einkünften rechnen konnte, war der materielle Druck für die meisten der einzige Grund, Soldat zu werden. Nur eine kleine Schicht von Militärs, Händlern, Verwaltungsbeamten und Besitzern von Vergnügungsetablissements für die US-Soldaten konnte in jenem Reichtum und Luxus leben, der westliche Besucher Saigons oft beeindruckte und die wirklichen Verhältnisse verschleierte.[53] Die ganze Bevölkerung wurde einer grotesken Karikatur des »American way of life» unterworfen, die sie nachhaltiger beeinflusst hat, als man dies vor 1975 glaubte.

Die politische Repression war brutal. Nach der Tet-Offensive wurde der Terror nach Plänen der CIA perfekt organisiert. Die sogenannte »Operation Phönix« hatte die Ausrottung der FNL-Kader zum Ziel, aber auch die Bevölkerung sollte eingeschüchtert werden, indem man ihr klarmachte, dass, »wie oft sie auch unter Vietkong-Kontrolle gerate, die Saigoner Regierung immer zurückkommen würde, um sie wieder zu beherrschen«[54]. Verdächtige wurden »wie Tiere abgeschossen«. Zahllose fähige Kader der Befreiungsfront fielen damals dem weißen Terror zum Opfer, und die Zustände in den Gefängnissen, wo die politischen Gefangenen unter grausamsten Bedingungen festgehalten wurden, erregten in der internationalen Öffentlichkeit Empörung.[55]

Nach der Niederschlagung der Tet-Offensive gingen die Truppen Thieus dazu über, den Krieg auch auf dem Land weiterzuführen. Von strategischen Zentren aus, die vor allem im Norden Südvietnams (Da Nang, Pleiku, Buon Ma Thuot) eingerichtet wurden, unternahmen sie umfangreiche Säuberungsaktionen in den umliegenden Gebieten und errichteten dort ein Netz von Vorposten und Stützpunkten, die eine flächendeckende Kontrolle ermöglichen sollten. War dieses System erst einmal eingerichtet, so hofften die Amerikaner, könnten die Truppen Thieus mit technischer US-Hilfe diese Kontrolle selbst übernehmen. Um den Nachschub vom Norden in den Süden zu behin-

53 Details und Zahlen über die »Urbanisierung« bei Féray, S. 345ff.

54 Aussage von K. Barton Osborne, einem ehemaligen CIA-Agenten in Saigon, zit. in: Heynowski/Scheumann, S. 17.

55 Vor allem durch einen Bericht von Brown/Don Luce über die sogenannten »Tigerkäfige«; vgl. auch Debris/Mendras.

dern, wurde der Krieg zudem in die beiden Nachbarländer Laos und Kambodscha ausgedehnt.[56] Dort erlitten die US-Truppen und die »Nationalarmee« jedoch schwere Niederlagen, und auch in Südvietnam kontrollierte die Befreiungsfront immer noch den größten Teil des Territoriums. Die FNL und andere Organisationen, die illegal in den Städten arbeiteten, bildeten im Juni 1969 eine »Provisorische Revolutionäre Regierung Südvietnams« und richteten in den Dörfern und Provinzstädten der befreiten Gebiete revolutionäre Komitees ein, die den Kern einer Verwaltungsstruktur bildeten. Diese Schaffung einer offiziellen Führung mit Regierungsfunktionen war auch deshalb wichtig, weil sie die befreiten Teile Südvietnams nun auch international, z. B. bei den Verhandlungen in Paris, vertreten sollte.

* * *

Am 3. September 1969 starb Ho Chi Minh. Die Trauerfeiern, an denen die wichtigsten Repräsentanten aller politischen, religiösen und sozialen Gruppen der Bevölkerung teilnahmen, boten das Bild eines wie nie zuvor zum Kampf entschlossenen Volkes, das die Ermahnungen, die der große Präsident ihm in seinem Testament hinterließ, ganz offenbar zu befolgen bereit und fähig war: »Der Widerstandskrieg gegen die amerikanische Aggression kann sich noch lange hinziehen. Es kann sein, dass unsere Landsleute neue Opfer an Gütern, an Menschenleben auf sich nehmen müssen. Wie dem auch sei, wir müssen entschlossen sein, den amerikanischen Aggressor bis zum endgültigen Sieg zu bekämpfen.« Diese Einmütigkeit von Volk, Regierung und Partei zu diesem Zeitpunkt wird von allen neutralen Beobachtern bezeugt, und sie ist bemerkenswert. Denn fast fünf Jahre der Bombardierung hatten das Land teilweise verwüstet und in seiner Entwicklung zurückgeworfen. Alle technisch-industriellen Vorhaben des ersten Fünfjahresplans waren gescheitert, drei größere Städte und mehrere Dutzend Provinzzentren total zerstört, und die Landwirtschaft hatte durch den Abwurf von Bomben schwere Schäden erlitten. Auf fast allen Gebieten war die DRV nun auf die Hilfe der sozialistischen Staaten angewiesen, und dies zu einem Zeitpunkt, an dem die Auseinandersetzungen zwischen der Sowjetunion und der VR China an Schärfe zunahmen. Die KP Vietnams hat, auch nach dem Tod Ho

56 Siehe das nächste Kapitel.

Chi Minhs, in diesem Streit niemals öffentlich Stellung bezogen, sondern ihre Aufgabe darin gesehen, »wirksam beizutragen zur Wiederherstellung der Einheit zwischen den Bruderparteien«[57]. Für die fortschrittlichen Kräfte in der ganzen Welt wurde sie damit nicht nur zum Symbol des Widerstandskampfes gegen den Imperialismus, sondern auch des Wunsches nach Einheit der sozialistischen Kräfte.

Die Umstände zwangen die KP zu solcher Zurückhaltung, obwohl ihre Erfahrungen seit Genf ihr allen Grund gegeben hätten, gegenüber den beiden verbündeten Großmächten misstrauisch zu sein. Denn sie war darauf angewiesen, dass diese Hilfe auch weiterhin und möglichst ohne Bedingungen gewährt wurde. Wie sehr der politische Spielraum der vietnamesischen KP durch dieses Dilemma eingeschränkt wurde, lässt sich nur vermuten. Vor allem der bereits in Genf absehbare Orientierungswechsel der chinesischen Führung ist in seinen Auswirkungen auf die damalige Politik Vietnams noch kaum bekannt, weil die Repräsentanten der DRV und der Provisorischen Revolutionären Regierung Südvietnams (PRR) darüber bis zum Ende der 1970er Jahre striktes Stillschweigen bewahrt haben.[58] Dies war schon in Genf so weit gegangen, dass selbst intensive Beobachter der Konferenz und ausländische intime Freunde der vietnamesischen Führer kaum etwas von der sich dort bereits auswirkenden Veränderung der chinesischen Politik erfuhren.[59] Erst ab Anfang 1979 äußerten sich beide Beteiligten öffentlich über den schon lange schwelenden Konflikt. Aufgrund der damals und seither bekannt gewordenen Fakten sind einige grobe Hypothesen über seine Genese möglich.

In seiner Ho Chin Minh-Biografie, die zwei Jahre vor dessen Tod veröffentlicht wurde, zählt Jean Lacouture mehrere Phasen des Wechsels zwischen einer eher prochinesischen und einer eher prosowjetischen Orientierung der vietnamesischen KP auf. Die Politik der Regierung war zwar in erster Linie stets von den eigenen Inter-

57 Aus dem Testament Ho Chi Minhs, zit. nach: Ho Chi Minh, S. 339 (beide Zitate).

58 Und danach waren Äußerungen seitens der KP schon wieder von neuen geschichtlichen Situationen geprägt, etwa den Hoa-Flüchtlingen oder dem Verhältnis der VR China zum Pol Pot-Regime. Siehe die folgenden Kapitel.

59 »Obwohl ich bei der Konferenz dabei und anschließend mehrere Jahre in Hanoi stationiert war, um die Anwendung ihrer Beschlüsse zu beobachten, und dabei unzählige Unterhaltungen hatte, war ich völlig ahnungslos in Bezug auf das, was in Genf hinter der Bühne vor sich gegangen war.« Burchett 1981, S. 40.

essen und den Erfordernissen der aktuellen Situation bestimmt, die Beziehungen zu den beiden großen Bruderparteien hatten jedoch ebenso oft diese Situation beeinflusst. Wenn man dies bedenkt[60], kann man die Einteilung Lacoutures als vorläufige Orientierung akzeptieren. 1954–57 herrschte demnach, trotz der in Genf erfahrenen Enttäuschungen, eine »asiatische« Orientierung der vietnamesischen Politik vor. In den Jahren 1957–61, nach dem katastrophalen Scheitern der Übernahme chinesischer Vorbilder bei der Landreform und einer Politik des »großen Sprungs«, erfolgte eine stärkere Ausrichtung auf die Sowjetunion. 1961–64 schließlich wandte man sich vom »Chruschtschowismus« und »gewissen Illusionen einer friedlichen Koexistenz«[61] wieder ab. In dieser Zeit kamen zudem viele junge Kader von der Ausbildung in der VR China nach Vietnam zurück und beeinflussten bis zum Ende der 1960er Jahre die Politik der Partei spürbar. Während der chinesischen »Kulturrevolution« kam es auch in Hanoi und in anderen Städten Vietnams, ja sogar in Kambodscha zu maoistischen Demonstrationen der im Lande tätigen chinesischen Aufbauhelfer und Angehörigen der chinesischen Minderheit.

Vor allem aber wirkten sich Entwicklungen und Veränderungen in der chinesischen Außenpolitik auf das Verhältnis zwischen beiden Ländern aus. So scheint es in den ersten Jahren der Bombardements der DRV durch die US-Luftwaffe von chinesischer Seite Druck auf Hanoi gegeben zu haben, auf die Hilfe aus der Sowjetunion zu verzichten und sich politisch und ideologisch ganz auf die Linie Beijings zu schlagen. »In einem Konflikt von solcher Tragweite können wir nicht Zuschauer sein oder Verfechter einer Vermittlerposition«, sagte Liu Shao-shi bei einem Besuch in Hanoi im März 1963 und meinte den Konflikt zwischen seinem Land und der Sowjetunion und die um Vermittlung bemühte Politik der KP Vietnams.[62] Spätestens 1965 hatte die chinesische Führung den USA eine feste Zusage gegeben, in Vietnam ihre Truppen nicht, wie noch in Korea, zur Unterstützung ihres Verbündeten einzusetzen. »Die chinesischen Armeen würden nicht ihre Grenzen überschreiten, um zu kämpfen. […] Die

60 Und bedenkt, dass in dieser Zeit ein neuer, weit grausamerer Krieg absehbar wurde.

61 Lacouture 1958, S. 255f.

62 Vgl. Ward (2).

Südvietnamesen könnten sehr gut mit ihrer Situation fertigwerden«[63]. Abgesehen davon, dass hier, in der Periode der heftigsten Bombardements auf die DRV, bezeichnenderweise nur von »Südvietnam« die Rede ist[64], enthält die Aussage natürlich die richtige Erkenntnis, dass Ho Chi Minh und seine Genossen zwar materielle und Waffenhilfe brauchten, aber weder auf die Unterstützung fremder Truppen angewiesen waren, noch je mit ihrem Eingreifen einverstanden gewesen wären. Es gibt jedoch Hinweise darauf, dass man in Beijing nicht nur eine solche, gar nicht erbetene Hilfe[65] ablehnte, sondern im Geheimen ein wachsendes Engagement amerikanischer Truppen in Vietnam begrüßte. Dafür sprechen nicht nur Hinweise über den Inhalt einer »entente stratégique«[66], die in Gesprächen zwischen Vertretern beider Mächte in der Warschauer Botschaft geschlossen worden sein soll, sondern auch Äußerungen Zhou En-lais gegenüber dem ägyptischen Präsidenten Nasser im Juni 1965, in denen er die Entsendung von mehr US-Truppen nach Vietnam begrüßte.[67] Somit scheint sich spätestens 1968 angebahnt zu haben, was dann Anfang der 1970er Jahre mit der spektakulären »Öffnung« Chinas hin zu den USA erst öffentlich sichtbar wurde: dass die VR China bereit war, der Fortsetzung einer immer stärker antisowjetischen Außenpolitik und dem Anspruch auf die Hegemonie im südostasiatischen Raum die Interessen des südlichen Bündnispartners zu opfern, ja sich sogar als Agent amerikanischer Interessen in Vietnam zu betätigen: Beim Besuch Nixons in Peking im Februar 1972 wurde als Gegenleistung für Zugeständnisse in der Frage der chinesischen UNO-Mitgliedschaft und der Unterstützung Taiwans vereinbart, dass die chinesische Führung auf Hanoi einwirken solle, einer dauernden Anwesenheit amerikanischer Truppen in Vietnam zuzustimmen. Schon allein die Tatsache, dass in

63 So Mao Zedong in einem Interview mit Edgar Snow. Snow S. 246f. Äußerungen Mao Zedongs, die die vietnamesische Regierung nach 1979 zitiert, gehen in dieselbe Richtung, vgl. *Weißbuch*, S. 21f.

64 Ein weiterer Hinweis darauf, dass für die Beijinger Führung die Wiedervereinigung Vietnams nicht zu den politischen Zielen gehörte, die sie unterstützte.

65 Trotzdem war die chinesische Zusicherung, nicht mit eigenen Truppen einzugreifen, für die USA eine willkommen Garantie, in Indochina freie Hand zu haben, die die Regierung »von einem Alptraum befreite, unter dem zwei amerikanische Regierungen gelitten haben«, so Kissinger 1980, S. 1125.

66 Vgl. Ward (2).

67 Wörtliche Wiedergabe nach Haikal, S. 238 .Vgl. auch *Weißbuch*, S. 21.

Beijing ohne Konsultation mit Vietnam über dessen Angelegenheiten verhandelt wurde[68], war eine Provokation des zu diesem Zeitpunkt offiziell noch verbündeten Vietnam. Dessen politische Führung hatte Beijing schon damals intern darauf aufmerksam gemacht, »dass es Sache der Chinesen sei, Nixon einzuladen, dass dabei aber nicht die Interessen Vietnams berührt werden sollten«[69], und die öffentliche Warnung in der Parteizeitung *Nhan Dan*: »Die Zeit, in der die Großmächte über das Schicksal kleiner Nationen entscheiden konnten, ist vorbei«[70], war, wie aus heutiger Sicht zu vermuten ist, nicht nur an die Adresse der USA gerichtet.

Die Gründe für die nun erfolgende stärkere Bindung an die Sowjetunion und die entsprechenden Veränderungen in der Parteispitze 1969/70 lagen wiederum vor allem in der aktuellen Situation und ihren Erfordernissen. Das Konzept des Volkskrieges, gestützt auf Guerillataktik und das Massenaufgebot von Soldaten, reichte angesichts der amerikanischen Eskalation nicht mehr aus. Man begann nun mit spezieller technischer Hilfe aus der Sowjetunion, zu der die chinesische Industrie nicht fähig war, die Luftabwehr intensiv zu verstärken, und das Ergebnis dieser strategischen und ideologischen Kurskorrektur wurde 1972 deutlich, als die US-Luftwaffe erkennen musste, dass Hanoi die am besten gegen Luftangriffe gesicherte Stadt war, die es seit der Einführung des Luftkriegs je gegeben hatte.[71]

Auch als die Hilfe Chinas für Vietnam seit 1968 stark eingeschränkt und Hilfssendungen aus der Sowjetunion auf dem Transport durch China immer häufiger verzögert oder ganz aufgehalten wurden, blieb es bis 1977 nach außen hin offizielle Politik der vietnamesischen Partei, in dem Konflikt zwischen der UdSSR und der VR China neutral zu sein, ja sogar eine vermittelnde Funktion anzustreben. Die sowjetische Hilfe war offensichtlich an keine politischen Bedingungen gebunden. Dass die vietnamesische Partei es erreichte, die beiden öffentlich gegeneinanderstehenden Partner zumindest verbal gleich-

68 Burchett, der als akkreditierter Journalist über die Reise zu berichten hatte, schreibt allerdings, Zhou En-lai habe es »abgelehnt, die Situation Indochinas zu diskutieren«, Burchett 1977, S. 69. Vgl. aber Kissinger 1980, S. 1137.

69 Xuan Thuy in einem Gespräch mit dem Verf. am 26.8.1978.

70 Nhan Dan, 19.7.1971, zit. in: Nguyen Khac Vien 2010, S. 113.

71 »… das am intensivsten verteidigte Territorium in der Geschichte«, Boyne, S. 100f.

zeitig auf ihrer Seite zu haben, beruhte nicht etwa auf einer besonders listigen Politik des Gegeneinander-Ausspielens, sondern war die Folge des großen internationalen Prestiges, das sich die vietnamesische Revolution vor allem in den Ländern der Dritten Welt im Kampf um die Unabhängigkeit erworben hatte. Gegen dieses Prestige konnte sich die VR China, die zu der Zeit noch keine Führungsrolle in der antikolonialistischen und antiimperialistischen Bewegung beanspruchen konnte, nicht öffentlich wenden.

* * *

Während Nixons Versuche der »Vietnamisierung« des Krieges weiterliefen und die Aggression auf Kambodscha (zur Rettung des Lon Nol-Regimes) und Laos (zur Unterbindung des Nachschubs aus dem Süden) fehlschlug, gewann die diplomatische Front immer mehr an Bedeutung. Mit erweiterter Teilnehmerzahl (USA, DRV, FNL, später PRR und Thieu-Regime) waren die Pariser Gespräche fortgesetzt worden.[72] Ein Friedensvorschlag der PRR in sieben Punkten vom 1. Juli 1971 hatte die USA in Verlegenheit gebracht, weil er ihre Forderung auf Freilassung der gefangenen US-Piloten akzeptierte und zudem für Südvietnam eine Regierung der nationalen Einheit vorschlug, die neutral sein sollte. Der Vorschlag wurde bewusst zu einem Zeitpunkt gemacht, an dem es den USA leicht gewesen wäre, sich Thieus zu entledigen – was neben dem Abzug der amerikanischen Truppen und der Einstellung der Bombardierungen nach wie vor die wichtigste Bedingung der PRR war. In Saigon sollten am 3. Oktober Wahlen stattfinden, bei denen es Gegenkandidaten zu Thieu gab, die für die vorgeschlagene Regierung der nationalen Einheit in Frage kommen konnten. Aber die USA übersahen demonstrativ die offensichtlichen massiven Manipulationen Thieus, den Ausgang zu seinen Gunsten zu verfälschen, und der aussichtsreiche Gegenkandidat, General Duong Van Minh, zog sich zurück. Thieu gewann eine Wahl, die in der Weltöffentlichkeit einmütig als »Farce« angesehen wurde. Die von der FNL vorgeschlagene Koalitionsregierung hätte neben Vertretern der Befreiungsfront und Thieu-Anhängern auch Delegierte der nichtkommunistischen Opposition umfasst, die sich

72 Eine minutiöse Darstellung dieser Verhandlungen und der sie begleitenden internationalen Ereignisse findet sich in Giesenfeld 2011.

in Saigon aus Angehörigen der verschiedensten Richtungen der bürgerlichen Intelligenz gebildet hatte. Sie wurden später in den Verhandlungen und in der westlichen Berichterstattung als »dritte Kraft« bezeichnet, womit der Eindruck entstehen konnte, sie seien eine einheitliche Partei gewesen. Dies war sicher zu keiner Zeit der Fall, schon allein deshalb, weil über eine eventuelle Zusammenarbeit mit der Befreiungsfront keine Einigkeit herrschte. Auch hatten die zur Opposition zählenden Katholiken, Buddhisten, Intellektuellen und bürgerlichen Kreise kein politisches Programm und waren sich nur über die Notwendigkeit der Beseitigung des Thieu-Regimes einig. Über das, was danach kommen sollte, hatte man keine, geschweige denn einheitliche Vorstellungen. Trotzdem wurde der Friedensvorschlag der FNL von diesen Kreisen unterstützt, aber die US-Regierung lehnte ab.

Ein Gegenvorschlag Kissingers vom 11. Oktober verlangte den Verbleib Thieus und sah zwar den Abzug der amerikanischen Truppen, aber keinen festen Termin dafür vor. Als dies abgelehnt wurde, brach Kissinger die Verhandlungen ab und die US-Regierung setzte wieder auf Eskalation. Die Bombardierung des Nordens wurde nun intensiviert und betraf vor allem die großen Städte. Außerdem wurden alle Häfen der DRV vermint. Acht Monate dauerte dieser totale Zerstörungskrieg, der, wie es der amerikanische General Curtis Lemay ausdrückte, »Vietnam in die Steinzeit zurückbomben«[73] sollte. Dann hatte die US-Luftwaffe Schwierigkeiten, ihn noch lange durchzuhalten, denn zum einen waren ihre Verluste durch die sehr wirksame Luftabwehr der Vietnamesen sehr groß, zum anderen war die zerstörerische Wirkung zwar beträchtlich, konnte aber das Land nicht tödlich treffen. Denn auf die Möglichkeit einer allgemeinen, das ganze Land einschließlich aller Städte betreffenden totalen Bombardierung hatte man sich durch die fast vollständige Evakuierung von Menschen, Produktionsbetrieben, Krankenhäusern und Schulen schon seit langem sorgfältig vorbereitet. Außerdem erlitten die Thieu-Truppen im Süden schwere Niederlagen durch eine Befreiungsarmee, die immer häufiger zur offenen Schlacht überging und im April 1972 mit Panzereinsatz die Provinz und Stadt Quang Tri befreite.

Dem militärischen Vorstoß folgte ein neues Verhandlungsangebot

73 Burchett 1977, S. 63.

der PRR: die Bildung einer Dreiparteien-Übergangsregierung, der auch Thieu selbst angehören könne. Diesem Zugeständnis konnten sich die USA nicht entziehen, und ein Abkommen schien unmittelbar bevorzustehen[74]. Nach weiteren zähen Verhandlungen sollte es am 30. Oktober 1972 unterzeichnet werden, nachdem ein Text in beiden Sprachen ausgehandelt worden war, den die DRV-Regierung und die PRR veröffentlicht und den Nixon und Kissinger in Telegrammen an die Regierung der DRV bestätigt hatten.

Aber unter dem Vorwand, Thieu sei mit dem weitgehend in zweiseitigen Geheimverhandlungen zwischen Kissinger und dem DRV-Delegationsleiter Le Duc Tho festgelegten Text nicht einverstanden, wurde die Unterzeichnung verzögert. Der eigentliche Grund waren die am 7. November in den USA stattfindenden Wahlen. Nixon brauchte, um sie zu gewinnen, den Anschein, er habe den Frieden erreicht. In Wirklichkeit aber präsentierte er nach der mit dieser Täuschung erreichten Wiederwahl plötzlich 126 Änderungswünsche zum bereits bestätigten Text. Vom 4. bis 13. Dezember wurde weiterverhandelt, ohne Ergebnis, und am 18. erreichte die Hauptstadt der DRV ein neuer »Vorschlag« gleichzeitig mit den Bombern. Zwölf Tage lang flog die Luftwaffe nun über 500 Einsätze, deren Hauptziel Hanoi war: Nixon wollte die Kapitulation. Aber die Stadt war zu 90 % evakuiert, und für die verbleibenden Bewohner und Verteidigungstruppen standen drei Bunkerplätze pro Person bereit: in kollektiven Schutzbauten oder in den berühmten »Einmannbunkern« an allen Straßenrändern. Die Luftabwehr war so effektiv mit den neuesten sowjetischen Luftabwehrraketen ausgerüstet, dass in dieser Zeit 34 B-52-Bomber abgeschossen wurden. Auch viele der als unangreifbar geltenden neuesten Schwenkflügel-Kampfflugzeuge wurden vom Himmel geholt. Sehr bald musste das Oberkommando der Luftwaffe einsehen, dass diese Einsätze das militärische Potenzial der USA empfindlich zu reduzieren drohten. Schließlich wurde wieder verhandelt und am 27. Januar 1973 ein Text verabschiedet, der mit dem schon im Oktober 1972 beschlossenen weitgehend identisch war. Thieu musste die Zustimmung mit einem 7-Millionen-Dollar-Geschenk für sich und seine Familie abgekauft werden.[75]

74 Es schien »at hand« zu sein, so Kissingers berühmte Formulierung, für die er später viel Kritik erfuhr.

75 Burchett 1977, S. 137.

Das Pariser Abkommen »über die Unabhängigkeit, Souveränität und territoriale Integrität Vietnams«[76] sah vor, dass die USA alle ihre Truppen und Berater binnen zwei Monaten abziehen sollten, dass die beiden Regierungen und die beiden Armeen in Südvietnam ihre jeweiligen Positionen nicht verlassen dürften und dass zwischen den drei politischen Blöcken (der PRR, der Thieu-Administration und der sogenannten »dritten Kraft«) Verhandlungen über die Bildung einer Regierung der Nationalen Einheit geführt werden sollten. Beide seinerzeit existierenden Regierungen durften keine Militärbündnisse mit ausländischen Mächten eingehen und keine ausländischen Militärbasen auf ihrem jeweiligen Gebiet dulden. Aus Vertretern beider Seiten zusammengesetzte »Gemischte Kommissionen« und eine Internationale Kontrollkommission sollten die Durchführung dieses Abkommens überwachen.

* * *

Die Parallele zu Diem drängt sich auf: Bis zuletzt hatte sich Thieu wie jener gegen das Abkommen gewehrt und wurde von den USA nicht daran gehindert, einen Tag nach dem Abschluss über den Rundfunk zu verkünden: »Nichts hat sich geändert«[77]. Aber auch die USA selber verletzten schon in den ersten Wochen wichtige Bestimmungen des Abkommens. Der Artikel 21 sah vor, dass »die Vereinigten Staaten zur Heilung der Wunden des Krieges und zum Nachkriegsaufbau in der DRV und in ganz Indochina beitragen«. Nachdem Nixon in einem Brief an Pham Van Dong vom 1. Februar 1973 festgestellt hatte, »dass entsprechende Programme für den Beitrag der Vereinigten Staaten zum Wiederaufbau nach dem Krieg etwa 3250 Millionen US-Dollar für einen Zeitraum von fünf Jahren als nicht rückzahlbare Hilfe umfassen«[78], kam Kissinger am 10. Februar nach Hanoi, um – so der Eindruck von Beobachtern – zu sondieren, ob die DRV als Gegenleistung für diesen Betrag bereit sei, die Unterstützung für den Süden aufzugeben[79] – ein für die Verhandlungsführung Kissingers typischer

76 So die Formulierung in Art. 1.1.

77 Nguyen Khac Vien 2010, S. 245.

78 Den Briefwechsel hat die Freundschaftsgesellschaft Vietnam veröffentlicht: *Vietnam-Kurier*, 3/1977.

79 Burchett 1977, S. 93f.

und lächerlicher Versuch der Erpressung. Diese Aufbauhilfe ist übrigens nie geleistet worden.

Die südvietnamesische Armee war kurz vor dem Abkommen noch einmal gewaltig aufgerüstet worden, und Thieus Luftwaffe war nun die drittstärkste der ganzen Welt. Die Militärbasen wurden nicht demontiert, wie es das Abkommen vorschrieb (Art. 6), sondern einfach an Thieus Truppen übergeben, und die Militärberater blieben im Land. Die USA trugen 83 % des Staatsbudgets und versprachen »unbegrenzte Hilfe«[80].

Thieu übte, mit Unterstützung der Amerikaner, weiter seine diktatorische Herrschaft aus und unterdrückte jede politische Aktivität zur Erfüllung der Bestimmungen des Abkommens, dessen Text nur in wenigen kurzen Auszügen überhaupt veröffentlicht worden war. »Jeder, der genug zähen Mut hat, sich als Neutralist oder Prokommunist zu bezeichnen, wird die folgenden fünf Minuten nicht überleben«[81], pflegte Thieu Besuchern mitzuteilen. Überall im Land wurden die von ihm dekretierten »Vier Neins« propagiert: Nein dem Kommunismus, Nein der Neutralität, Nein jeglichen Verhandlungen mit den Kommunisten, Nein der Teilung des Landes. Jede Familie musste an ihrem Haus die Nationalflagge aufhängen, und bei öffentlichen Festen wurden die Jugendlichen gezwungen, »Meinungsknöpfe« mit Aufschriften wie »Ich bin strikt gegen die Neutralität« zu tragen.[82] Nguyen Huu Tho, der Präsident der PRR, brachte die Situation auf die treffende Formel: »Thieu weiß, dass er nur überleben kann, wenn er die Verträge bricht.«[83]

Die Lage war in der Tat so explosiv, dass die Gewährung auch nur geringster demokratischer Rechte dem Regime ein Ende gesetzt hätte. Die Arbeitslosigkeit betrug etwa 50 %, nachdem die Amerikaner abgezogen waren und ein großer Teil der Industriebetriebe geschlossen worden war. Außerdem verringerte sich aufgrund des Watergate-Skandals die Hilfe der USA. Die Opposition war sehr aktiv, und große Protestbewegungen gegen die Korruption, gegen die Verfolgung der Buddhisten, gegen die Pressezensur und zur Freilassung der politischen Gefangenen fanden auch ein internationales Echo.

80 Ebd., S. 137.

81 Nguyen Khac Vien 2010, S. 245.

82 Luguern, S. 39.

83 Ebd., S. 73.

Auf dem Schlachtfeld hatte Anfang 1975 der entscheidende Kampf begonnen. Angesichts der schon seit den Tagen nach dem Abschluss des Abkommens durchgeführten, nun aber das Ausmaß eines Bürgerkriegs annehmenden Säuberungsaktionen hatten die Befreiungstruppen im Oktober 1973 angefangen zurückzuschlagen. Im November 1973 und im März 1974 griffen sie einzelne Militärbasen und Flugplätze an, und im Januar 1975 wurde die Provinz Phuoc Long befreit. Im März 1975 kam es zur entscheidenden Schlacht: Die Truppen der PRR, nun unterstützt von der Armee der DRV, griffen im Mittelteil Südvietnams an und blockierten zunächst einige Verbindungsstraßen zwischen den zentralen Basen. Thieu, der immer davon ausgegangen war, der Angriff würde vom Norden her erfolgen, nahm zunächst an, die Stützpunkte in Pleiku oder Kontum seien in Gefahr, nicht aber die am südlichsten gelegene und am besten ausgebaute Basis Buon Ma Thuot. Aber genau dort griff die Befreiungsarmee an. In einer koordinierten Aktion mit der Bevölkerung der Stadt[84], eingeschleusten Stoßtrupps und dem Einsatz schwerer Waffen, die in monatelanger Vorbereitung unbemerkt herbeigebracht worden waren, wurde Buon Ma Thuot am 11. März besetzt. Der Korrespondent der französischen Nachrichtenagentur AFP, Paul Léandri, der einen detaillierten Bericht darüber veröffentlicht hatte, dass »die lokale Bevölkerung eine entscheidende Rolle bei der Vertreibung der Regierungstruppen aus dem zentralen Bergland gespielt hat«[85], wurde dafür am 14. April von Thieus Polizei auf offener Straße ermordet.

Der Versuch, von den beiden nördlichen Basen aus einen Gegenangriff zu starten, endete in einem Desaster: Sämtliche beteiligten Regierungstruppen wurden unterwegs abgefangen und aufgerieben. Insgesamt hatten die Regierungstruppen in dieser ersten Schlacht vollkommen versagt, obwohl sie nach Schätzungen amerikanischer

84 Berichten zufolge waren die ersten Guerilla-Einheiten, die in Buon Ma Thuot gesehen wurden, Angehörige von Bergstämmen und Mitglieder der FULRO, einer Organisation »für den Kampf der unterdrückten Rassen«, die von den Franzosen geschaffen und später eine Weile von der CIA benutzt worden war, um Differenzen zwischen den ethnischen Minderheiten und den vietnamesischen Küstenbewohnern gegen den Viet Minh auszunutzen. Seit 1965 hatten sich Teile der FULRO der FNL angenähert. Vgl. Burchett 1977, S. 121. Über die FULRO in der Zeit nach 1975 vgl. LM, 21.4.1986.

85 Erschienen in LM, 2.4.1975.

Experten[86] 18-mal so viel Munition verbrauchten wie die Befreiungsarmee. Vor allem auf diese Erkenntnis reagierte Thieu in einer Art Panik mit dem Befehl, das ganze östliche Gebiet bis zur Küste zu räumen, um die Front zu verkürzen.[87] Die Befreiungstruppen wandten sich jetzt auch nach Nordosten und befreiten am 26. März 1975 Hue.

Nach den Plänen der koordinierten Führung sollte die »Frühjahrsoffensive« 1975 eigentlich noch nicht den endgültigen Sieg bringen. Man war sich in Hanoi wohl bewusst, dass die militärische Schlagkraft des Gegners sehr groß war. Außerdem hätte die PRR in jeder Phase des Kampfes eine Verhandlungslösung vorgezogen, um weiteres Blutvergießen zu vermeiden. Das Politbüro in Hanoi hatte auf einer Sitzung im Dezember 1974 die Lage noch so eingeschätzt: »Durch große Offensiven, die überraschend auf dem ganzen Territorium ausgelöst würden, könnte man 1975 die Voraussetzung dafür schaffen, dass 1976 die allgemeine Gegenoffensive und massive Aufstände den ganzen Süden befreien würden.«[88] Jetzt erst, nach dem Fall von Hue und angesichts der schwachen Kampfkraft und der Massendesertion bei den Thieu-Truppen, wurde der Beschluss gefasst, die Befreiung des Südens umgehend zu Ende zu führen. Am 29. März wurde Da Nang befreit, und ein riesiges Waffenarsenal fiel unversehrt in die Hände der Befreiungstruppen, darunter Dutzende von modernsten Flugzeugen und etwa 200 Panzer. Die Schlacht um Saigon war damit eröffnet, man gab ihr den Namen »Ho Chi Minh-Kampagne«. Am 8. April wurde Thieus Palast aus der Luft bombardiert, am 9. zum ersten Mal die Schlüsselstellung zur Verteidigung Saigons, Xuan Loc, angegriffen. Die Eroberung dieser Stadt dauerte zwölf Tage, es war die härteste, aber auch letzte Schlacht des gesamten Feldzugs.

Am 19. April machte die PRR erneut ein Friedensangebot, in dem der Rücktritt Thieus verlangt wurde. Seine Ersetzung durch den General Minh, die acht Tage später in letzter Minute erfolgte, hätte jetzt immer noch Verhandlungen ermöglicht. Thieu glaubte, Saigon

86 Burchett 1977, S. 120.

87 Einen anschaulichen Bericht über die Panik der letzten Wochen gibt Snepp.

88 Van Tien Dung, S. 25. General Van Tien Dung war Oberbefehlshaber der Streitkräfte in dieser Schlacht und wurde später, als Nachfolger General Giaps, Verteidigungsminister der SRV.

halten oder sich in eine neue Verteidigungsstellung im Delta zurückziehen zu können. In beiden Punkten hatten er und seine US-Berater nicht mit der taktischen Überlegenheit ihres Gegners gerechnet: Die Aufstände und militärischen Aktionen im Süden von Saigon waren längst im Gang, und die Stadt war von allen Seiten bedroht und nicht nur von Norden. Am 21. April schließlich setzte sich Thieu nach Taiwan ab, und nach einer kurzen Zeit des Übergangs übernahm General Minh die Regierungsgeschäfte – für zwei Tage. Der erste Angriff auf Than Son Nhut, den Flughafen von Saigon, bewirkte unter den noch anwesenden Amerikanern und den Truppen, dem Verwaltungspersonal und den Anhängern Thieus eine Panik, in der jeder versuchte, sich außer Landes zu retten. Am 30. April erhoben sich die in Saigon lebenden Mitglieder der Befreiungsfront, gleichzeitig drangen Stoßtrupps, ohne die Vorposten und Außenbezirke der Stadt zu besetzen, direkt ins Innere vor und besetzten den Regierungspalast und alle anderen strategischen Punkte. Ohne Blutvergießen wurde Saigon und damit ganz Südvietnam befreit.

VII. Der amerikanische Krieg II

Laos und Kambodscha 1954–1975

Das Ergebnis der Genfer Konferenz war für Kambodscha eher positiv: Keine Teilung des Landes in Regruppierungszonen, die Aussicht auf Wahlen in zwei Jahren, und eine von Frankreich gewährte »Unabhängigkeit« mit antikommunistischen Auflagen war durch das Abkommen international anerkannt worden. Die Kehrseite der Medaille war die Nichtanerkennung der Widerstandsbewegung gegen den immer noch starken französischen und wachsenden amerikanischen Einfluss sowie gegen das feudalistische Regime des Monarchen. Die Existenz einer Opposition war damit sozusagen per Dekret in Genf geleugnet und seine Unterdrückung offiziell legalisiert worden. Das war ohne Zweifel ein Erfolg für Sihanouk, dem so eine unangefochtene Machtposition als »Befreier der Nation« zufiel. Vor allem bei den Massen der Bauern und der unteren städtischen Schichten hatte sein mit großem propagandistischem Aufwand betriebener »Kreuzzug für die Unabhängigkeit« den König als einzigen und persönlichen Führer eines erfolgreichen Befreiungskampfes erscheinen lassen. Ihm gegenüber mussten die Parteien des wiedereingeführten parlamentarischen Systems der Bevölkerung wie Vertreter von Partialinteressen oder Gruppen, die ausländische Mächte unterstützten, vorkommen, was teilweise auch stimmte. Sam Sary zum Beispiel, zeitweise Vizeministerpräsident, später Khmer Serei-Führer, der als Mitglied von Sihanouks Verhandlungsdelegation in Genf in letzter Minute für Aufregung gesorgt hatte, war ein amerikanischer Agent.[1]

Sihanouk setzte dieses sein Prestige bei den Bauern gezielt gegen rechte und linke Gegner in der Hauptstadt ein, die ihn entweder drängten, mehr Unterstützung bei den USA für den Kampf gegen die »Kommunisten« zu suchen, oder die Monarchie und seine Rolle als patriotischer Führer in Frage stellten. So trug bei einem Referendum, das er am 7. Februar 1955 abhalten ließ und bei dem das Volk auf die Frage antworten sollte, »ob die königliche Mission zu seiner Zufriedenheit durchgeführt worden ist«, vor allem die Landbevölke-

1 Vgl. Devillers/Lacouture 1969, S. 314; Norodom Sihanouk 1973, S. 104, 266; Caldwell/Lek Tan, S. 103, 141.

rung dazu bei, dass 99,8 % Ja-Stimmen zu verzeichnen waren.[2] Um dieses Zustimmungspotenzial gegen die in der Hauptstadt starken parlamentarisch-demokratischen Tendenzen einsetzen zu können, unternahm Sihanouk mehrere Versuche, die nach französischem Muster formulierte Verfassung zu ändern, etwa im Sinne der Einführung einer durch ihn personifizierten »Volksherrschaft«. Sie scheiterten alle am Widerstand der Internationalen Kontrollkommission, die in den Genfer Verträgen vorgesehene Wahlen auch für Kambodscha vorbereiten sollte. Ausdrücklich war dort nämlich formuliert worden, dass auch »Viet Minh-freundliche Gruppen« an ihnen teilnehmen sollten. Sihanouk musste befürchten, dass die Opposition, vor allem die »Demokratische Partei«, bei den für April 1955 vorgesehenen Wahlen gut abschneiden würde. Er mobilisierte die ihm ergebenen Bauern zu Demonstrationen gegen den Parlamentarismus[3] und nahm die dadurch entstehenden Unruhen zum Anlass, die Wahlen zunächst zu verschieben.

Sihanouks politische Aktivitäten nach Genf waren vor allem darauf gerichtet, der städtischen Opposition jeglichen politischen Handlungsspielraum zu nehmen. Durch eine Verfassungsreform wurden föderative Strukturen und eine Art Persönlichkeitswahl eingeführt. Kandidaten aus der Provinz etwa mussten drei Jahre lang in ihrem Wahlkreis ansässig sein, ehe sie sich zur Wahl stellen durften.[4] Damit wurden Politiker aus der Stadt daran gehindert, über ländliche Wahlkreise ins Parlament zu kommen. Mit dieser Bestimmung fand eine Verlagerung des politischen Entscheidungsprozesses, soweit dieser überhaupt in parlamentarischen Formen ablief, auf das Land statt. In den Parlamenten, die nun auch in den Provinzen eingerichtet werden durften, würden mit Sicherheit vorwiegend Sihanouks Anhänger vertreten sein. Um in diesem Rahmen aber auch selbst Einfluss nehmen zu können, musste er eine eigene politische Organisation schaffen, denn die Verfassung sah für den Monarchen eine parlamentarische Betätigung nur in sehr engen Grenzen vor.

Aus diesem Grund erfolgte der nächste Schritt: Sihanouk dankte am 2. Mai 1955 als König offiziell ab, übergab den Thron seinem Vater und gründete eine politische Gruppierung namens »Sankum Reastr

2 Vgl. Pomonti/Thion, S. 51, und Debré, S. 62.

3 Vgl. Vickery 1982, S. 96ff.

4 Pomonti/Thion, S. 52.

Niyum« (Sozialistische Volksvereinigung[5]), die es ihm erlaubte, selbst als Kandidat an den Wahlen teilzunehmen. Damit war die Voraussetzung geschaffen, das Prestige des Gott-Königs und Befreiers auch im parlamentarischen System in politische Macht umsetzen zu können. »Weil ich kein politischer Krüppel sein wollte, habe ich mich entschlossen, zum Bürger Sihanouk zu werden«[6], so kommentierte er seine spektakuläre Aktion 1973, entgegen einer sie begleitenden Propaganda, in der es hieß: »Er gedenkt sich seinem Volk zu nähern, die Ausbeutung desselben durch eine kleine Minderheit von Privilegierten zu beenden und sich dem Aufbau eines wahrhaft demokratischen Regimes zu widmen.«[7] Ungeachtet der Motive war dieses taktische Manöver vielleicht unwillentlich auch ein weiterer Schritt zur Abschaffung der Monarchie und barg je nach Perspektive die Möglichkeit oder Gefahr wirklicher Reformen, die die Landbevölkerung endlich am politischen Entscheidungsprozess teilnehmen lassen könnten.

Die Aktion war trotzdem ein Beispiel für den Opportunismus des Königs, sich stets auf die jeweils als stärker vermuteten Kräfte auszurichten. Er war damals der Meinung, sich mit seinen sozialistischen Nachbarn (DRV und VR China) besser stellen zu müssen, denn »der Sozialismus wird eines Tages in der Region dominieren [...] und der Westen wird sich nicht mehr lange halten können«[8].

Allerdings war im Programm der »Sankum«-Bewegung von fortschrittlichen Positionen außer einigen vagen Verbalismen nichts zu lesen. Es propagierte eine Herrschaft »natürlicher Führer«, deren Reichtum und gesellschaftliche Privilegien durch tugendhaftes Verhalten in einem früheren Leben legitimiert waren. Die Armen und Bauern wurden darin bestärkt, ihrem Beispiel zu folgen und sich in Erwartung einer besseren Position in einem Leben nach der Wiedergeburt jetzt in alles zu fügen. Damit nutzte Sihanouks »buddhistischer Sozialismus« zur Beschwichtigung sozialer Unzufriedenheit

5 Besser: »soziale«. Der in fremdsprachlichen Übersetzungen übliche Terminus hatte wohl eher eine außenpolitische Funktion (s. u.).

6 Norodom Sihanouk 1972, S. 68. Auf dem Land hatte der Schritt übrigens kaum Konsequenzen: Die Bauern betrachteten den Prinzen weiterhin als den Monarchen.

7 Norodom Sihanouk 1979, S. 234.

8 So charakterisiert Debré die damalige Haltung Sihanouks, S. 62.

geschickt abergläubische und religiöse Einstellungen und alte monarchistische Vorstellungen von der »Dreieinigkeit Nation – Religion – König«[9] aus.

Politisch sollte Sankum eine Einigungsbewegung sein, die über den Parteien stand, ja in letzter Konsequenz zu deren Abschaffung führen sollte. Angehörigen anderer Parteien war es verboten, Mitglied zu werden, und Parteien, die sich ihr anschließen wollten, mussten sich selbst auflösen. Damit hatte die Sankum-Bewegung eigentlich den Charakter einer Einheitspartei und hätte ein gut funktionierendes Machtinstrument in der Hand der traditionalistischen Rechten und der Grundbesitzer sein können. Aber wie sich nach den Wahlen zeigte, scheiterte der Versuch, in dieser Bewegung alle politischen Kräfte zu bündeln. Sankum kontrollierte zwar den Verwaltungsapparat und nutzte ihn extensiv aus, um die Wahlen, die schließlich im September 1955 stattfanden, zu beeinflussen. Erwartungsgemäß erhielt Sankum alle Mandate, aber die von ihr gestellte Regierung mit Sihanouk an der Spitze war trotzdem von Anfang an handlungsunfähig, weil innerhalb der Organisation die alten Kämpfe der Clans und Interessengruppen weiter in aller Schärfe ausgetragen wurden. Zwischen 1955 und 1958 musste Sihanouk viermal von seinem Posten als Ministerpräsident zurücktreten, und neun Regierungen wurden gestürzt.[10] »Die Klasse der Politiker, die konservativen Kräfte, die Mandarine, die chinesische Bourgeoisie, die geschäftemachenden Militärs fuhren fort, unter dem unruhigen Schatten des Herrschers das Land zu regieren und die Korruption zum Regierungssystem zu erheben.«[11] Dieses Regime konnte sich nur halten, weil Sihanouks zunächst auch gegen Widerstände im eigenen Lager durchgehaltene Neutralitätspolitik dem Land einige Jahre des Friedens und sowohl Unterstützung durch die USA (Militärhilfevertrag 1955) als auch, in bescheidenem Maße, Entwicklungshilfe aus der Sowjetunion und China brachte.

Sihanouks Position in dieser Zeit war also durchaus zweideutig. Einerseits tat er nichts gegen die Machtübertragung auf immer reaktionärere Kreise, nichts gegen die Unterdrückung der demokrati-

9 Pomonti/Thion, S. 53. Vgl. Vickery 1982, S. 97. Vgl. zu den religiösen Traditionen, an die hier angeknüpft wurde, Lacouture 1978, S. 17ff.

10 Pomonti/Thion, S. 364.

11 Debré, S. 63. »Sihanouks Sankum begünstigte die schlechtesten Elemente der traditionellen kambodschanischen Gesellschaft«. Vgl. auch Vickery 1982, S. 101.

schen Opposition durch die immer stärker werdenden rechten Militärs um den General Lon Nol und auch nichts gegen eine von diesen immer offener betriebene Ausrichtung auf die USA. Andererseits versuchte er wiederum, eine gewisse Distanz zu diesen Kreisen zu wahren, deren Politik nicht als die seine erscheinen zu lassen. »Indem er ihnen erlaubte, mit ihren eigenen Programmen zu gewinnen, konnte er später, wenn es nötig werden sollte, die Beweislast dafür abwälzen, das Land ihnen ausgeliefert zu haben.«[12]

Vor allem aber änderte das neue Sihanouk-Regime nichts an der ökonomischen und politischen Situation der Bauern. Zwar besaßen und bearbeiteten diese in Kambodscha traditionell etwa zu 90 % eigenes Land, aber mehr als die Hälfte der Bauernfamilien hatte weniger als einen Hektar Land zur Verfügung, musste also auf größeren Besitztümern zusätzlich gegen Lohn arbeiten und ihre eigene Ernte oft auf Jahre verschulden. Ihre nominelle Selbständigkeit verdeckte die ökonomische Abhängigkeit von den Großgrundbesitzern und von den meist im Besitz von Angehörigen der chinesischen Minderheit befindlichen Handels- und Verarbeitungsbetrieben. An sie mussten die Bauern früh im Jahr ihre gesamte Ernte zu Preisen verkaufen, die der lokale Monopolist festsetzte, um alte Schulden oder einen Teil davon auszugleichen. Für die Ernährung der Familie und zur neuen Aussaat musste dann später vom selben Händler Reis zu überhöhten Preisen neu eingekauft werden, und die so ständig wachsende Verschuldung brachte die Bauern in einen der Leibeigenschaft vergleichbaren Status. Dazu kamen die vom Staat erhobenen Steuern und eine Vielzahl illegaler Abgaben und Bestechungsgelder, mit denen die Dienste der unterbezahlten Beamten und des buddhistischen Klerus erkauft werden mussten.

Bei der relativ geringen Bevölkerungsdichte des Landes und dem leicht zu bearbeitenden fruchtbaren Boden in den meisten Gebieten waren Hungersnöte trotzdem selten, und Widerstand, auch gegen die Kolonialmacht, hatte es immer nur dann gegeben, wenn diese durch zusätzliche exzessive Besteuerung oder Frondienste das labile Versorgungsgleichgewicht störte. Nach dem Ende der Kolonialherrschaft erfolgte die »normale« Ausbeutung der Bauern auf ökonomischem Wege durch Wucher und Monopolisierung des Reismarkts, nicht aber durch Enteignung zugunsten der Grundbesitzer, denn die

12 Vickery 1982, S. 107.

Händler, Aufkäufer und Geldverleiher hatten kein Interesse an den kleinen Parzellen, und die Grundbesitzer konnten viel besser ohne Besitzwechsel ihren Profit aus den Feldern ziehen. Solange sie sich als »selbständig« fühlen konnten, waren die Bauern, weil sie stets auf »bessere Zeiten« hofften, besonders billige und willige Arbeitskräfte, die man auf mittelgroßen Pachtdomänen einsetzen konnte, ohne finanzielle oder soziale Verpflichtungen übernehmen zu müssen. Denn sie arbeiteten zumeist zur Tilgung ihrer Schulden, d.h. praktisch umsonst.[13]

Sihanouk machte einige zaghafte Versuche, die Lage »seiner« Bauern zu verbessern. Aber die nach seinem Reformprogramm in den Jahren 1956–62 eingerichteten Kooperativen verschiedenen Typs standen von Anfang an unter der Leitung der örtlichen Notabeln und Wucherer selbst, für die die anfangs gewährten Staatskredite nur eine neue Bereicherungsmöglichkeit boten. Bezeichnend ist, dass die ganze Aktion auch nach 1968, als man ihre Erfolglosigkeit bereits erkannt, öffentlich eingestanden und die Etatmittel dafür gestrichen hatte, formell noch weitergeführt wurde. Die Propaganda lief weiter, aber die Bauern blieben arm, nur kam jetzt die Ausbeutung den Repräsentanten des bürokratisierten und korrupten Herrschaftsapparats selbst zugute, dessen Einflussbereich sich damit auf das Land ausdehnte. So blieb das Bild des wohlwollenden und sein Volk liebenden Herrschers, das Sihanouk so intensiv pflegte, davon bei den Bauern unberührt. Späterer Widerstand richtete sich stets gegen die Administration, selten gegen die Person des Prinzen, der stets dafür sorgte, dass er nicht mit dem System identifiziert wurde. Er machte ausgedehnte Reisen mit dem Hubschrauber in die entlegensten Gebiete und Dörfer, kam somit für das noch von abergläubischer Verehrung für den König geprägte Bewusstsein der Bauern direkt vom Himmel herab zu ihnen, weihte eine Dorfschule oder ein Krankenhaus ein, dessen Personal meist schon nach wenigen Wochen mit der gesamten Ausrüstung, Medikamenten oder Lehrmitteln verschwand. Er verlangte nach wie vor die rituellen Unterwerfungsgesten – man durfte sich ihm nur auf Knien nähern[14] –, hielt lange,

13 Vgl. Khieu Samphan. Auszüge aus der Dissertation von Khieu Samphan in: Kiernan/Boua, S. 29–87.

14 Pomonti/Thion, S. 37. Erst im Beijinger Exil hat Sihanouk auf dieses Ritual verzichtet.

mit Statistiken gespickte Reden, die den Bauern wie Gebetsformeln vorkommen mussten, und unterhielt auf diese Weise sorgfältig die Vorstellung vom göttlichen Wohltäter, der nicht verantwortlich ist für die Fehler seines Systems und der ihm unterstehenden Beamten.

So blieb unter der Fassade einer parlamentarischen Demokratie auf dem Land die alte, feudal geprägte, auf religiös legitimierter Hierarchie, Unwissenheit und Isolation beruhende Gesellschaftsstruktur erhalten. Ebenso wenig wie die französische Kolonialadministration war das Sihanouk-Regime bereit, den Reisertrag durch Saatauslese und moderne Anbaumethoden zu erhöhen, die Bauern aus ihrer Abhängigkeit zu befreien, gegen rückständige Vorstellungen, Aberglauben und Korruption vorzugehen oder auch nur die elementarsten Voraussetzungen für die Bekämpfung von Analphabetismus und Unwissenheit zu schaffen.[15] Das Bild eines idyllischen und prosperierenden kleinen Landes, das vom Kambodscha Sihanouks immer wieder entworfen worden ist[16], entspricht also keineswegs den Tatsachen und ist allenfalls verständlich im Vergleich zu späteren Zeiten (Lon Nol, US-Krieg, Pol Pot) und angesichts der Tatsache, dass Kambodscha zu dieser Zeit eines der wenigen Länder war, wo – im Gegensatz zu Südvietnam – kolonial geprägte Lebensformen für europäische Besucher noch unbeeinträchtigt durch den Krieg zu erleben waren.

In den späten 1950er Jahren begann das Herrschaftssystem sich zu destabilisieren. Innere Spannungen des Systems brachen auf, es häuften sich Korruptionsskandale, die die verschiedenen Lager innerhalb der Sankum-Bewegung einander gegenseitig und meist zu Recht vorwarfen. Vor allem die halbjährlichen Sitzungen des Nationalkongresses aus Delegierten des ganzen Landes, die Sihanouk zur Aktivierung seiner ländlichen Anhängerschaft eingeführt hatte, brachten nun immer peinlichere Einzelheiten über den Zustand des politischen Systems zutage, die ihre öffentliche Wirkung nicht verfehlten, obwohl etwaige Beschlüsse des Nationalkongresses für keine

15 Vgl. Pomonti/Thion, S. 76 ff. und 83 ff. Sihanouk selbst war sehr abergläubisch. Für seinen Sturz 1970 hat er nachträglich viele geheimnisvolle Vorzeichen ausgemacht, und möglicherweise haben solche Vorstellungen schicksalhafter Unausweichlichkeit seine häufig zu beobachtende resignative Haltung mit verursacht. Vgl. Meyer, S. 91ff.

16 »Wenn je eine Gegend unserer Welt der Vorstellung vom irdischen Paradies nahe kam, dann war es das Königreich Kambodscha unter Führung des Prinzen Norodom Sihanouk«, schrieb Scholl-Latour noch 1979, S. 96.

Regierungsinstitution bindend waren. Die Skandale dienten der immer lautstärker auftretenden – aber selbst beteiligten – Rechten dazu, ihre Forderungen nach einer Ausrichtung auf die Politik der USA zu begründen, weil die Missstände vor allem durch »Kommunisten« oder den »Vietkong« verursacht seien und Sihanouk nicht energisch genug gegen diese vorginge.

Auch außenpolitisch war Sihanouks Neutralitätspolitik – er unterhielt z.B. freundschaftliche Beziehungen zur südvietnamesischen Befreiungsfront – zunehmendem Druck seitens der USA ausgesetzt. Denn für die amerikanische Kriegsführung in Vietnam waren Kambodscha und Laos inzwischen von immer größerer strategischer Bedeutung, nicht nur wegen des Nachschubs für die Befreiungsfront, der über den »Ho-Chi-Minh-Pfad« durch Südlaos und Ostkambodscha nach Südvietnam floss, sondern auch als Aufmarschgebiet für eine geplante neue Front, die von Thailand aus durch einen Korridor im Grenzgebiet zwischen Laos und Kambodscha aufgebaut werden sollte.[17] Seit 1955 war der Druck der USA auf Sihanouk, dem SEATO-Pakt beizutreten, immer stärker geworden, aber selbst in der Sankum-Organisation wandten sich führende Gruppen gegen eine Unterstützung des US-Krieges in Südvietnam durch Kambodscha. Zudem waren Diem und seine Nachfolger nicht beliebt in Phnom Penh, weil sie immer wieder territoriale Forderungen erhoben und ihre Truppen die Grenze verletzten.[18] Da Sihanouk sich halsstarrig zeigte, stellten die USA ihre Hilfe für Kambodscha im Jahr 1963 schließlich ein, was die innere Lage weiter verschärfte. Die Maßnahme zeigte Wirkung: Ab 1967, parallel zur Eskalation des US-Krieges in Vietnam und angesichts sinkender Erfolgsaussichten der Befreiungsfront, wurden die Äußerungen Sihanouks zunehmend amerikafreundlich und antivietnamesisch, immer öfter sprach er vom »Erbfeind« Vietnam, forderte eine Neuanknüpfung der Kontakte zu Amerika und unterstrich die »stabilisierende Rolle der US-Armee«[19]. Mit der für ihn typischen ironischen Selbststilisierung sagte er am 16. April in einer Presse-

17 Vgl. Burchett 1970, S. 89f.

18 Vgl. ebd., S. 32. Das beruhte jedoch auf »Gegenseitigkeit«: Schon in der Abschlusssitzung der Genfer Konferenz hatte auch der kambodschanische Delegierte Tep Phan Gebietsansprüche in Vietnam angemeldet. Vgl. das Gedächtnisprotokoll des Verhandlungsleiters Eden, abgedruckt in: Chen, Appendix IV, S. 399f.

19 Vgl. Vickery 1982, S. 107f. Vgl. auch Meyer, S. 311f.

konferenz: »Die Kommunisten haben uns zu früh angegriffen, als ich nämlich noch antiamerikanisch war. Sie hätten uns [d. h. ihn selbst, Sihanouk, gg] vielmehr ermutigen sollen, antiamerikanisch zu bleiben, aber jetzt gibt es keinerlei Grund mehr für uns, es zu bleiben.«[20]

Begleitet war dieser Sinneswandel von einer immer deutlicheren Tendenz des Prinzen, sich aus den inneren politischen Auseinandersetzungen resignierend zurückzuziehen. Bei den Wahlen 1966 hatte er auf eine eigene Kandidatur verzichtet und zugelassen, dass »das korrupteste und reaktionärste Regime« gewählt wurde, »das die Sankum-Partei, meinen Sozialismus, die wirtschaftliche Unabhängigkeit des Landes und mich selbst kaputt machte«[21]. Die so emotional beklagte Entwicklung hatte Sihanouk jedoch selbst mit vorbereitet und zu verantworten. Einmal durch Untätigkeit gegenüber der Rechten, zum anderen durch konsequente Behinderung der Entfaltungsmöglichkeiten demokratischer und linker Kräfte[22] in der Sankum-Bewegung und im Parlament. 1966 initiierte er schließlich selbst die Machtübertragung auf seine Gegner Sirik Matak und Lon Nol. Sihanouk hat zur Erklärung seiner Haltung später erklärt, er habe dem Volk eine Lehre geben wollen: Es solle selbst entscheiden, was es wolle, »Sozialismus oder Kapitalismus«[23].

Dies sind nicht nur Einblicke in die Motive eines Politikers, der in Verfolgung des Ziels, seine Rolle als König, Führer, Vater und Halbgott eines in mittelalterlichen Lebensformen dahindämmernden Volkes weiterspielen zu können, mit den verschiedensten Kräften zu koalieren imstande war und oft durch geschickte und unkonventionelle Operationen und einen gewissen pragmatischen Opportunismus Überraschungserfolge erzielte. Sihanouk nahm seinen eigenen spektakulären Untergang wohl auch im Bewusstsein der Unmöglichkeit in Kauf, auf Dauer gegen die USA eine Politik der Neutralität

20 Zit. in: Chantrabot, S. 23.

21 Norodom Sihanouk 1972, S. 82

22 »Mitglieder der neuen intellektuellen Elite wurden konsequent daran gehindert, einen Posten lang genug zu besetzen, um effektiv arbeiten und eine Machtposition aufbauen zu können.« Michael Vickery kommentiert den zitierten Ausspruch Sihanouks so: »Korrupt und reaktionär war dieses Parlament sicher, aber ein Einblick in die zeitgenössische Presse zeigt, dass Sihanouk selbst sich dem Rat der ›besten Führer der Jugend‹ entzogen hat und nichts mehr wünschte, als dass sie verlieren würden.« In: Kiernan/Boua, S. 100 und 107.

23 Lacouture 1978, S. 28.

durchhalten zu können. Sein »Rechtsruck« in den Jahren 1967–70 – im Juli 1969 brach er alle Kontakte zur DRV und zur Befreiungsfront Südvietnams ab[24] – ist weniger als politische Positionsnahme zu werten, sondern war eher eine gleichsam instinktive Reaktion auf die Erkenntnis, auf der politischen Bühne »seines« Landes bald nicht mehr die dominante Rolle spielen zu können. »Der wachsende Konflikt zwischen den Linken und den Rechten, bei dem Sihanouk mehr Zuschauer als beteiligt war, schuf schon Voraussetzungen für die Absetzung des Prinzen und für einen allgemeinen Bürgerkrieg.«[25] Der Rechten überließ er die Initiative zur Bekämpfung eines wieder wachsenden Widerstands und vernachlässigte damit seine Rolle als Symbolfigur des Befreiungskampfes. Trotz deutlicher Zeichen einer nahenden Krise verließ Sihanouk am 6. Februar 1970 überraschend[26] Kambodscha, um auf eine mehrmonatige private[27] Auslandsreise zu gehen, und am 18. März wurde er durch einen Putsch seines Ministerpräsidenten Lon Nol in Abwesenheit gestürzt.

Dieser Umsturz gilt allgemein als ein Werk der CIA[28], was die Frage aufwirft, ob der Geheimdienst möglicherweise ohne Wissen oder sogar gegen den Willen der US-Regierung gehandelt hat. Zwar hatte Sihanouk in den Monaten vor seinem Sturz deutlich Stellung bezogen gegen die Übergriffe der US- und südvietnamesischen Streitkräfte auf kambodschanisches Territorium, aber in seinem gnadenlosen Kampf gegen jeglichen politischen Widerstand und mit

24 Unmittelbarer Anlass waren die Bauernrevolten, von denen weiter unten die Rede sein wird.

25 Kiernan/Boua, S. 169.

26 Er fuhr, gegen seine sonstige Gewohnheit, ohne auffällige Wagenkolonne und vom Krankenhaus, in dem er die Tage zuvor behandelt worden war, heimlich direkt zum Flughafen. Vgl. den Bericht von Ros Chantrabot, damals Journalist in Phnom Penh, der zu denjenigen Intellektuellen gehörte, die auf die »Republik« unter Lon Nol große Hoffnungen setzten. Chantrabot, S. 17ff.

27 Sihanouk selbst behauptete später, die Reise habe dem Zweck gedient, in Europa und den USA »Schutzgarantien für die Souveränität« seines Landes zu erwirken. Norodom Sihanouk 1979, S. 252. Es war wohl eher so etwas wie eine Flucht.

28 Vgl. den Titel und die Argumentation von Sihanouks Buch *My War With the CIA*, weiterhin: Äußerungen von Son Ngoc Thanh (der zur Sankum übergelaufen war und nach 1970 für kurze Zeit Premierminister wurde) und Senator Mike Gravel in *Philadelphia Inquirer*, 6.4.1972. Vgl. auch Norodom Sihanouk 1979, S. 252.

seiner kompromisslosen Unterdrückung der Linken wäre er für die USA sicher trotzdem ein wertvoller Verbündeter gewesen. »Ein der antikommunistischen US-Sache total ergebener Sihanouk wäre für alle Revolutionäre in Indochina sehr viel gefährlicher gewesen als Südvietnams Thieu oder Prinz Souvanna Phouma in Laos«[29] – und vor allem als Lon Nol! Äußerungen von Kissinger zufolge hatte die US-Regierung auch nicht die Absicht, einen Sturz des Prinzen zu begünstigen: »Wir wollten Sihanouk nicht stürzen. Er störte und er irritierte uns, aber er war das kleinere Übel.«[30] Möglich ist, dass man in Washington – wie eigentlich auch in Kambodscha selbst, wo »niemand erwartete, dass er [Sihanouk, gg] so reagieren würde, wie er es tatsächlich tat«[31] – den Generälen gegen einen zurückkehrenden und energisch eingreifenden Sihanouk keine Chance gab und dass man es für wünschenswert hielt, wenn dann die Rechte geschwächt und diskriminiert aus einem gescheiterten Putsch hervorgehen würde. »Für Sihanouk fiel die Entscheidung«, schreibt Kissinger in seinen Memoiren, »als er eine Woche zögerte [zurückzukehren, gg], denn was Lon Nol und Sirik Matak befürchteten, Podgorny ihm riet und die Vereinigten Staaten ebenso glaubten und vorgezogen hätten – Sihanouks kühne Rückkehr nach Phnom Penh, um seinen Gegnern entgegenzutreten –, hätte dem Verlauf der Ereignisse die entscheidende Wendung geben können.«[32] All dies sind aber möglicherweise nur spätere Projektionen, denn zum Zeitpunkt des Putsches gab es seitens der US-Administration weder solche Skrupel noch andere taktische politische Konzepte: Schon zwei Tage nach dem Umsturz erfolgte nämlich die diplomatische Anerkennung der Putschisten durch die US-Regierung. Dies war sicher einer der Gründe für Sihanouk, sich passiv-resignativ zu verhalten und damit »politischen Selbstmord«[33] zu begehen.

* * *

29 Kiernan/Boua, S. 16.

30 Lacouture 1978, S. 25.

31 Vickery 1982, S. 108.

32 Kissinger, S. 494.

33 Jean Lacouture, in: *Nouvel Observateur*, 15.1.1979.

Entgegen dem Eindruck einer gewissen Ratlosigkeit in dieser Situation entsprach das Verhalten der USA deren damaliger Politik, die, ungeachtet öffentlicher Erklärungen, jede Stabilisierung einer neutralistischen Kraft in irgendeinem Land Indochinas (und anderswo) mit allen Mitteln zu verhindern suchte. Wenn schon keine totale Kontrolle möglich war, wollte man zumindest dafür sorgen, dass in einem solchen Land ein Herrschaftssystem entstand, das »extrem brutal, doktrinär und für seine Nachbarn furchteinflößend sein würde«[34]. Dies wurde immer für als den US-Interessen nützlicher erachtet als die »Gefahr«, gemäßigt sozialistische und neutralistische Kräfte könnten vereint Erfolge erzielen und zu einem Beispiel für Nachbarvölker werden. Diese damals entwickelte »Sonnenfeldt-Doktrin«[35] begründete ein solches offen gegen das Selbstbestimmungsrecht anderer Völker gerichtetes Vorgehen auch mit der Befürchtung, »pluralistische und freiheitliche kommunistische Regimes würden im Westen linksgerichtete Gärungen erzeugen«[36]. Dass dies keine Gedankenspiele waren, sondern uneingestandene Prinzipien der Politik in Indochina, wird besonders deutlich, wenn man das Vorgehen der USA in Laos betrachtet, wo eine relativ starke und organisierte Linke stets eine Lösung der Neutralität und Einigung der patriotischen Kräfte im Interesse des nationalen Aufbaus angestrebt hat.

Schon während der Genfer Konferenz hatten die Westmächte geheime Vereinbarungen getroffen, entgegen dem Geist des dann unterzeichneten Abkommens eine neutrale Politik in Laos nicht zuzulassen. Da man dies nicht offen aussprechen konnte, sollte durch entsprechende Klauseln im Text wenigstens dafür gesorgt werden, dass westlich orientierte Regierungen nicht daran gehindert werden konnten, in Indochina »adäquate Streitkräfte zur inneren Sicherheit zu unterhalten, Waffen einzuführen oder ausländische [das heißt amerikanische, gg] Berater hinzuzuziehen«[37]. Ohne dass seine Regierung konsultiert worden war, wurde Laos schon zwei Monate nach dem Genfer Abkommen in die »Schutzzone« des SEATO-Pakts ein-

34 Vickery 1982, S. 111.

35 Helmut »Hal« Sonnenfeldt war ein enger Mitarbeiter Kissingers und wie er gebürtiger Deutscher.

36 Vickery 1982, S. 111. Vgl. auch *Time*, 12.4.1976.

37 Eden, S. 133.

gegliedert.[38] Als »vom Kommunismus bedrohtes« und für den Vietnamkrieg strategisch wichtiges Land wurde Laos zum Objekt intensiver Eingriffe seitens der USA und hatte kaum eine Chance, eine eigenständige Neutralitätspolitik, wie sie das Genfer Abkommen vorschrieb und wie sie dem Willen aller relevanten politischen Kräfte des Landes entsprach, durchzusetzen.

»Unmittelbar nach dem Abschluss des Genfer Abkommens trat die Regierung, die ich anführte, in Verhandlungen mit dem Pathet Lao ein, um die Kämpfer von dessen patriotischer Bewegung wieder in die Nationale Gemeinschaft zu integrieren. Aber äußere Interventionen in die internen Probleme zwangen mich dazu, dies aufzugeben.«[39] So fasst Souvanna Phouma das Ergebnis seiner Bemühungen zusammen, die Vorbereitungen für die vorgeschriebenen Wahlen in Gang zu setzen. Seine Regierung – gleich nach der Genfer Konferenz unter Beteiligung von Repräsentanten der Widerstandsbewegung gebildet – wurde schon ein Jahr später unter Mitwirkung von thailändischen und US-Truppen gestürzt, nachdem Verteidigungsminister Voravong, ein bekannter Befürworter der Genfer Verträge, ermordet worden war.[40] Das neue Kabinett wurde von Katay Don Sasorit, einem SEATO-Befürworter, gebildet. Am 1. Januar 1955 richteten die USA in Vientiane eine Militärmission ein und übernahmen durch verstärkte und gezielte »Hilfslieferungen« die Kontrolle über Wirtschaft und Politik im ganzen Land. Amerikanische Dienststellen finanzierten zu 100% das Militärbudget und schickten unter klarer Verletzung des Genfer Abkommens Militärberater.

Nach dieser putschartigen Machtübernahme durch rechtsgerichtete Kräfte und die USA organisierte sich die Widerstandsbewegung als »Neo Lao Haksat« neu (NLH, »Laotische politische Front»), deren

38 Vgl., auch zu laotischen Reaktionen: E.H.S. Simmonds: The evolution of foreign policy in Laos since independence, in: *Modern Asian Studies*, Januar 1968, S. 8. Der Text des Genfer Laos-Abkommens von 1962 enthält eine offene Rüge an die Adresse der Westmächte in der Aufforderung, »den Wunsch des Königreichs Laos zu respektieren, dass es nicht die Protektion irgendeiner Allianz oder irgendeiner Militärkoalition, einschließlich der SEATO, anzuerkennen gedenkt«. Declaration and Protocol On the Neutrality of Laos, July 23, 1962, zit. nach: Adams/McCoy, S. 129.

39 Souvanna Phouma in: *Gouvernement Royal*, S. 15f.

40 Souvanna Phouma war davon überzeugt, dass dieser Mord auf ausländischer Intervention beruhte. Vgl. Toye, S. 107.

Präsident Prinz Souphanouvong wurde. Ihr Programm beruhte auf drei politischen Zielen: Umsetzung des Genfer Abkommens, Politik der nationalen Versöhnung, soziale Reformen. Die NLH war, »wie jeder bestätigt, die einzige politische Organisation in Laos mit einer Basis in der Bevölkerung, in der sich diejenigen Elemente der laotischen Gesellschaft zusammengeschlossen hatten, deren vernünftige Pläne eine realistische Hoffnung auf sozialen und wirtschaftlichen Fortschritt innerhalb des Spektrums des genuinen laotischen Nationalismus boten«[41].

Die Regierung Sasorit strebte eine militärische Zerstörung der NLH an, aber eine Offensive gegen deren Streitkräfte, die sich auf die ihnen im Genfer Abkommen zugewiesenen Gebiete zurückgezogen hatten, schlug fehl, und eine von den Rechtskräften offen betriebene Eskalation zum regelrechten Bürgerkrieg konnte von der Internationalen Überwachungs- und Kontrollkommission (ICC) gerade noch verhindert werden. Im Dezember 1955 organisierte die Regierung nur in den von ihr beherrschten Gebieten Wahlen, zu denen die NLH nicht zugelassen war. Trotz dieser »Vorsichtsmaßnahmen« erhielt Sasorit nicht die Mehrheit der Stimmen für seine Politik, und Prinz Souvanna Phouma sollte eine neue Regierung bilden, mit dem klaren Wählerauftrag, jetzt die »Versöhnung durch Patriotismus und Loyalität«[42] durchzusetzen. Souvanna Phouma war zwar früher Chef einer Marionettenregierung unter den Franzosen gewesen, genoss aber als einer der Führer des Widerstands gegen die japanische und Guomindang-Besatzung einen guten Ruf als neutralistischer und patriotischer Politiker. Er nahm sofort Verbindung zur NLH auf, um unter Mitwirkung aller politischen Kräfte des Landes Neuwahlen für eine Koalitionsregierung der nationalen Versöhnung zu organisieren. Die Verhandlungen zogen sich über zwei Jahre hin, in denen mit aktiver Unterstützung durch die ICC[43] Schritt für Schritt, in zehn nacheinander verabschiedeten Dokumenten, über alle wichtigen Punkte

41 Noam Chomsky im Vorwort zu Adams/McCoy, S. XIX.

42 Souvanna Phouma vor der Nationalversammlung am 28.1.1956, zit. nach: Adams/McCoy, S. 131.

43 Die US- und andere westliche Regierungen versuchten allerdings massiv, diese Arbeit der Kommission zu behindern. »Statt die beiden Prinzen [Souvanna Phouma und Souphanouvong, die Halbbrüder waren, gg] zusammenzubringen, wäre es Aufgabe der ICC gewesen, sie auseinanderzuhalten«, so der britische Botschafter in Vientiane zum Vorsitzenden der ICC. Burchett 1970, S. 108.

Einigung erzielt wurde.[44] Im November 1957 wurden die so zustande gekommenen »Vereinbarungen von Vientiane« von der Nationalversammlung mit absoluter Mehrheit bestätigt.

Die in ihnen formulierte Politik fand weltweit ein positives Echo, weil sie »den Geist von Genf wieder in das politische Leben Laos' einführte«[45]. Danach sollte Laos eine Politik des Friedens und der Neutralität anstreben und die Prinzipien der friedlichen Koexistenz anerkennen. In seinen Außenbeziehungen sollte ein neutrales Gleichgewicht herrschen, auf der Grundlage freundschaftlicher Beziehungen mit den Nachbarländern und den Großmächten (Laos unterhielt zu der Zeit noch keine diplomatischen Beziehungen zur DRV und VR China, nicht einmal zur SU oder Polen). 1500 Pathet Lao-Soldaten sollten in die königliche Armee integriert, der Rest (über 4000) demobilisiert werden. Die beiden Nordprovinzen würden für eine Übergangszeit gemeinsam von Regierung und NLH verwaltet. Auf der Basis dieses Programms bildete Souvanna Phouma eine neue Koalitionsregierung, in die Souphanouvong als Planungsminister berufen wurde. In den bisher von ihr kontrollierten Gebieten löste die NLH umgehend ihre Verwaltungsinstitutionen auf und unterstellte sie der Zentralregierung.

Während der ganzen Zeit hatten die Westmächte versucht, diese Entwicklung zu sabotieren. Durch Erpressung, Bestechung und Drohungen wurde Druck auf die Abgeordneten der Nationalversammlung ausgeübt. »Ich bemühte mich sechzehn Monate lang, eine Koalition zu verhindern«, hat der damalige US-Botschafter in Vientiane, J. Graham Parsons, später vor einem Kongressausschuss zugegeben.[46] Die Bemühungen, eine neutralistische Lösung zu sabotieren, wurden nun, da die Koalitionsregierung ihre Arbeit aufnehmen wollte, verschärft fortgesetzt. Man unterstützte rechtsradikale Politiker wie Sasorit und Nosavan, die mit allen Mitteln gegen die Koalitionsregierung vorgingen, so dass Souvanna Phouma im Mai 1957 zurücktrat, aber kurze Zeit später wieder eingesetzt werden musste, weil es

44 Diese Dokumente sind von der indischen Regierung, die den Vorsitzenden der ICC stellte, veröffentlicht worden: *Interim Reports on the Activities of the International Commission for Supervision and Control in Laos*, New Delhi, Gouvernment of India Press, 1958f. Eine Zusammenfassung ist zu finden in: Adams/McCoy, S. 131ff.

45 Marek Thee, in: Adams/McCoy, S. 133.

46 Hilsman, S. 118; Adams/McCoy, S. 134; Schlesinger, S. 304.

seinen Gegnern zwar gelang, das politische Klima durch Terror zu verunsichern, nicht aber, eine Mehrheit für eine neue Regierung zu finden – bei Nachwahlen zur Nationalversammlung im Mai 1958 errangen die Linksparteien 13 der 21 ausgeschriebenen Mandate.

Wiederholt intervenierte die ICC und forderte, unter direkter Bezugnahme auf massive Störungsversuche der westlichen Regierungen und Botschafter, die »Freiheit der Diskussion zwischen den Verhandlungspartnern«[47]. Aber die USA waren fest entschlossen, mit der Koalition Schluss zu machen und »ein verlässliches prowestliches Regime einzurichten. Die CIA-Spitzel tauchten wieder auf und bildeten ein ›Komitee für die Verteidigung nationaler Interessen‹ mit einem energischen, ehrgeizigen und verschlagenen Offizier, Phoumi Nosavan, an der Spitze, den sie aus Frankreich geholt hatten. Der Prinz Souvanna Phouma, der sich als ehrenhafter und geachteter, wenn auch ein wenig impulsiver Regierungschef erwiesen hatte, wurde vertrieben«, so beschreibt der ehemalige US-Präsidentenberater Arthur M. Schlesinger das Vorgehen der USA in dieser Situation.[48] Und Präsident Eisenhower hat sowohl die Ziele dieser Politik als auch die Tatsache, dass sie nicht den Bedürfnissen und Wünschen der Bevölkerung der drei indochinesischen Länder entsprach, mit wünschenswerter Deutlichkeit selbst formuliert: »In dieser Zeit [...] bestand unsere Hauptaufgabe darin, die Welt davon zu überzeugen, dass dieser Krieg eine Aggression der Kommunisten zur Unterwerfung der ganzen Region war. Dieses klarzumachen, war wirklich notwendig: Sowohl unser Volk als auch die Bürger der drei assoziierten Staaten von Indochina mussten über den wahren Grund des Krieges aufgeklärt werden.«[49]

Das erwähnte »Komitee« Nosavans betrieb mit reichlich zur Verfügung stehenden CIA-Mitteln eine äußerst aggressive Propaganda gegen die Versöhnungspolitik und destabilisierte die Situation in der Hauptstadt bewusst durch Attentate, Terrordrohungen und illegale militärische Operationen. Dies nahmen die USA zum Vorwand, offen mit der Einstellung jeglicher Hilfe zu drohen. Schließlich resignierte Souvanna Phouma erneut und trat anlässlich einer Abstimmungsniederlage in der Nationalversammlung zurück.

47 *Third Interim Report*, 1959, Chap. I, § 20, zit. nach: Adams/McCoy, S. 136.

48 Schlesinger, S. 304.

49 Eisenhower, S. 168 (formuliert schon vor Genf! Der erwähnte »Krieg« ist der gegen die Kolonialmacht Frankreich).

Der neue, von den rechten Kräften eingesetzte Regierungschef Sananikone »wich ganz klar vom Weg der Neutralität ab und betrieb eine proamerikanische Politik«[50]. Alle NLH-Minister wurden entlassen und einschließlich des Prinzen Souphanouvong wenig später unter Hausarrest gestellt. Nosavan und zwei weitere rechtsradikale Offiziere wurden ins Kabinett berufen. Sie leiteten sofort militärische Operationen gegen die loyalen und neutralistischen Regierungstruppen ein. In einer damals für die US-Regierung angefertigten Analyse kamen die Spezialisten der RAND-Corporation zu folgender Einschätzung: »Im Rückblick wird deutlich, dass die Sananikone-Regierung die endgültige Krise heraufbeschworen hat, die Laos in den Krieg führen sollte. Es besteht kein Zweifel, daran, dass die Sananikone-Regierung sich des ernsten Risikos bewusst war, das sie mit einem offenen Kampf gegen die NLH und ihre Mentoren in Hanoi einging, während die Verhaltensweisen der Kommunisten bis Mitte Mai nicht kriegerisch genug gewesen waren, um ein solches Vorgehen zu rechtfertigen. Auf jede der aufeinanderfolgenden Krisen waren die ersten kommunistischen Antworten stets verbal.«[51]

Aber auch Sananikone musste einsehen, dass der Krieg gegen die NLH nicht zu gewinnen war, und geriet, als er anfing, realistischere Vorstellungen zu entwickeln, in Konflikt mit den rechtsradikalen Kabinettsmitgliedern aus den Reihen des »Komitees«. Nachdem er so weit gegangen war, einige von ihnen, die offen den totalen Bürgerkrieg ausrufen wollten, zu entlassen, intervenierten die USA und provozierten erneut einen Putsch. Phoumi Nosavan, der ihn durchführte, machte sich nun selbst zum neuen Regierungschef und organisierte im April 1960 Wahlen, deren Ausgang wegen betrügerischer Manipulationen von keinem der Beobachter ernst genommen wurde.

Schon im Juli 1958 war die ICC aus dem Land verwiesen worden, die Regierung Sananikone hatte das Genfer Abkommen offiziell aufgekündigt. Gegen die sofort erfolgende Entsendung von amerikanischen Militärberatern und Truppen nach Laos hatte die Sowjetunion erfolglos protestiert, die Genfer Bestimmungen waren von da an auch offiziell nicht mehr in Kraft. Aber auch Nosavan konnte im Kampf gegen die NLH keine Erfolge vorweisen und wurde im August 1960 von einem anderen General der königlichen Streitkräfte, Kong Le,

50 Rede von Souvanna Phouma in Genf 1961, in: Souvanna Phouma, S. 16.

51 Halpern/Fredman, zit. nach: Adams/McCoy, S. 151.

abgelöst. Dieser bemühte sich erneut, eine Regierung zu bilden, die den Bürgerkrieg beenden sollte, verspielte allerdings von vornherein diese Chance, weil er, um alle politischen Kräfte (natürlich außer der NLH) zufriedenzustellen, sowohl Souvanna Phouma als Ministerpräsident als auch Nosavan als Vizepremier und Innenminister akzeptierte. Nur wenige Monate später putschte der Letztere erneut, wieder mit militärischer Hilfe durch die CIA und die intervenierende thailändische Armee. Daraufhin verbündete sich Kong Le, der einen beträchtlichen Teil der königlichen Armee hinter sich hatte, mit dem Pathet Lao und kämpfte mit ihm erfolgreich gegen thailändische und Nosavan-Truppen. Er erhielt dabei zum ersten Mal materielle Hilfe aus der Sowjetunion.[52]

Die US-Regierung verhielt sich in dieser turbulenten Periode äußerst widersprüchlich. Während der neue US-Botschafter Winthrop G. Brown und das Pentagon inzwischen auf Souvanna Phouma setzten, stützten die CIA und der ins Außenministerium nach Washington versetzte Ex-Botschafter Parsons Nosavan. In den internen Diskussionen wurde deutlich, dass bei allen befassten Bürokratien »eine überwältigende Ignoranz der aktuellen Probleme, mit denen es die Bevölkerung zu tun hatte«, herrschte.[53] Auch hinsichtlich des Ziels der selbst unternommenen und unterstützten militärischen Aktionen gab es keine einheitliche Linie. Gegenüber dem Konzept, die westlich orientierten Kräfte in die Lage zu versetzen, die Widerstandsbewegung zu zerstören, gab es die Meinung von Foster Dulles, die königliche Armee nur so weit zu stärken, dass sie zwar die »Kommunisten« nicht besiegen, sie aber doch so weit in Schach halten könne, wie nötig war, um die Situation dramatisch genug erscheinen zu lassen und jederzeit ein Eingreifen von außen zu rechtfertigen.[54]

Der Amtsantritt Kennedys im Januar 1961 brachte keine Änderung, eher eine Verhärtung der amerikanischen Position gegenüber Laos. In der Presse und in Verlautbarungen aus Washington erschienen immer häufiger Berichte über angebliche Truppenmassierungen, militärischen Druck und Übergriffe an den Grenzen der VR China

52 Souvanna Phouma war Mitte 1960 nach Peking, Moskau und Hanoi gereist.

53 Ackland, in: Adams/McCoy, S. 142. Souvanna Phouma über den amerikanischen Botschafter Parsons: »Er verstand nichts von Asien und nichts von Laos«, *New York Times*, 20.1.1961.

54 Adams/McCoy, S. 143; vgl. auch Schlesinger, S. 299–319.

und der DRV; es wurde deutlich, dass man damit vor allem Vorwände für ein direktes Eingreifen schaffen wollte. Denn die US-Regierung wusste, dass die Meldungen falsch waren, dass, wie in der erwähnten RAND-Studie nachzulesen war, »keine dieser Mächte eine Konfrontation mit den Vereinigten Staaten wünschte«[55]. Thailand wurde nun ohne Konsultation der Regierung zunehmend zum Aufmarschgebiet amerikanischer Truppen, die ganz in der Nähe von Vientiane stationiert wurden. Auf Souvanna Phouma wurde durch Drohungen, die US-Hilfe radikal einzustellen, starker Druck ausgeübt, die Kontakte und Verhandlungen mit der NLH abzubrechen. Er weigerte sich und musste schließlich nach Kambodscha fliehen. Diese Politik der US-Regierung stieß weltweit und auch in Washington selbst zunehmend auf Kritik: »Die Vereinigten Staaten haben ihr Bestes getan, um Souvanna Phouma zu zerstören, der die besten Hoffnungen für ein nichtkommunistisches Laos repräsentierte, und haben stattdessen eine verdorbene rechtsgerichtete Gang unterstützt. Der Eindruck, dass Washington sich stets danach drängt, korrupte Diktatoren in Asien aufzupäppeln, konnte keine positiven Konsequenzen haben.«[56]

Die Situation eskalierte nun immer schneller in Richtung Bürgerkrieg, so dass sich in den USA und auch weltweit Stimmen erhoben, die eine neue internationale Vereinbarung forderten. Schon im September 1960 hatte Prinz Sihanouk in der UNO vorgeschlagen, sowohl sein Land als auch Laos zu einer neutralen Zone zu erklären, mit internationalen politischen und militärischen Garantien. Souvanna Phouma stimmte sofort zu. Indien schlug angesichts der Weigerung der Westmächte eine Reaktivierung der ICC vor, während die Sowjetunion und wenig später Sihanouk eine erneute internationale Konferenz anregten. Als auch die britische Regierung sich diesem Vorschlag anschloss, wurden am 16. Mai 1961 in Genf wieder Verhandlungen aufgenommen. Alle drei politischen Gruppen von Laos[57] waren vertreten. Der amerikanische Delegationsleiter Dean Rusk forderte gleich zu Beginn der Verhandlungen eine neue, »genauere« Definition von »Neutralität«, die mehr als nur Nichtpaktgebunden-

55 Halpern/Fredman, S. 58. Vgl. auch *New York Times*, 13. und 27.1.1961.

56 David Ormsby-Gore zu Kennedy im Februar 1961. Zit. in: Schlesinger, S. 131, hier nach Adams/McCoy, S. 160.

57 Souvanna Phouma, Souphanouvong (für die NLH) und Prinz Boum Um für die rechtsextreme Nosavan-Gruppe.

heit bedeuten sollte. Da im Rahmen von Kennedys »New Frontier«-Politik die Dritte Welt zum »kritischen Schlachtfeld zwischen Demokratie und Kommunismus«[58] erklärt worden war, schloss der Begriff »Neutralität« innerhalb dieser Konzeption die Teilnahme am »Kreuzzug gegen den Kommunismus« ein, war also seiner eigentlichen Signifikation beraubt.

Aufgrund solcher Voraussetzungen waren die Chancen, auf dieser Konferenz zu bindenden Ergebnisse zu kommen, sehr gering. Es war nicht einmal möglich, während der Verhandlungen den Waffenstillstand in Laos zu garantieren. Die USA setzten ihre Flüge zur Unterstützung der Meo-Söldner fort, obwohl gerade diese offene Einmischung Anlass für die Konferenz gewesen war. So ist es nicht erstaunlich, dass die eigentlichen konkreten Verhandlungsergebnisse auf einem Treffen der drei Prinzen im Juni in Zürich erzielt wurden. Wieder geschah, was die Westmächte stets hatten verhindern wollen: Die Beteiligten einigten sich auf eine neue Koalitionsregierung unter Souvanna Phouma, die am 18. Oktober, während in Genf noch verhandelt wurde, ihre Amtsgeschäfte aufnahm. Die USA unterstützten weiterhin Nosavan, der diese Regierung nicht anerkannte, Boum Um die Verhandlungsleitung entzog und eine neue Delegation mit Sananikone an der Spitze nach Genf schickte.[59] Weil die Rechte offenbar nicht in der Lage war, militärische Erfolge zu erzielen, wurde in Washington nun wieder Souvanna Phouma als Lösung in Betracht gezogen.[60] In Genf wurde die Zürcher Vereinbarung in den Hauptpunkten übernommen: Einer neu zu bildenden Koalitionsregierung unter Souvanna Phouma sollten sowohl zwei Vertreter der Rechten als auch zwei Vertreter der NLH sowie acht »neutrale« Minister angehören.

Für die NLH bedeutete die Zustimmung zu diesem Abkommen ein sehr weitreichendes Zugeständnis, weil man damit einen Feind als paritätischen Partner anerkannte, gegen den ein militärischer Sieg in unmittelbarer Reichweite war. Denn auch Nosavans letzter Versuch, militärische Erfolge zu erzielen, war fehlgeschlagen, und seine Truppen hatten sich nach einer Niederlage bei Nam-Tha auf thailändisches Gebiet in Sicherheit bringen müssen. Und auch das Konzept der USA, ganz auf die ultrarechten Teile der Armee zu setzen und diese quasi

58 Schlesinger, S. 468f.

59 Vgl. Modelski.

60 Vgl. Fall 1967.

als Söldner zu benutzen, war wieder einmal gescheitert, und auch die damit verbundene politische Absicht, den »Bruch zwischen Kommunisten und Neutralisten«[61] zu provozieren. Die Orientierungen innerhalb der US-Administration in Bezug auf die politischen Kräfte in Laos wurden immer widersprüchlicher.[62] Das State Department wollte auf Souvanna Phouma setzen und militärische Interventionen auf die Unterstützung der königlichen Truppen beschränken[63], aber die Militärs gingen von der Notwendigkeit einer Eskalation des Krieges unter Einsatz eigener Truppen aus – und handelten entsprechend: Während in den öffentlichen Verlautbarungen der US-Regierung nur von Waffenstillstand, Verhandlungen und Neutralität die Rede war, rückten US-Truppen in Thailand ein, wurde die 7. Flotte in den Golf von Siam verlegt. Dadurch wollten die Militärs im Pentagon »die Situation in Laos dazu ausnutzen, die amerikanische Militärmacht in ein weiteres Land Südostasiens auszudehnen«[64]. Bestandteil dieses von Kennedy gebilligten und im Sicherheitsrat am 12. Mai 1962 verabschiedeten Plans war es weiterhin, die DRV zu bombardieren und im Falle einer chinesischen Intervention Atomwaffen zum Einsatz zu bringen.

In Laos selbst kam gleichzeitig Harrimans Konzept zum Tragen. In Genf war der wichtigste Streitpunkt nicht durch eine Vereinbarung geregelt worden: die amerikanische Unterstützung und Bewaffnung der Meo-Söldner, denen bei einem Sieg Nosavans ein eigener Staat versprochen worden war. Die Meo waren zwar früher schon im französischen Kolonialheer stark vertreten gewesen, hatten aber trotz ihrer ethnischen Eigenständigkeit (sie sprechen nicht Laotisch) auch in den Reihen des Widerstands gekämpft.[65] Die Rekrutierung der Meo-Söldner durch die CIA erfolgte durch Bestechung, Verschleppung und Zwang. Man bediente sich dabei des früheren Sergeanten der französischen Armee Vang Pao, dessen Hauptquartier Long Cheng, nordöstlich der Hauptstadt Vientiane auf halbem Weg zur vietnamesischen Grenze gelegen, zu einem modernen Stützpunkt

61 So der amerikanische Delegationsleiter Averell Harriman, zit. nach: Burchett 1970, S. 134.

62 Vgl. *Washington Post* und *New York Times*, 6. und 7.5.1962.

63 Was die Besetzung der südlichen Provinzen Laos' durch die USA bedeutete. Vgl. Hilsman, S. 144ff.

64 Adams/McCoy, S. 172.

65 Die NLH hatte zum ersten Mal eine Schrift für die Meo-Sprache entwickelt.

ausgebaut wurde, der von seiner Funktion her eine US-Militärbasis war. Long Cheng war direkt dem US-Hauptquartier unterstellt, stand in ständiger Funkverbindung zur Kommandozentrale Udong in Thailand und diente vor allem dazu, die laotisches Gebiet überfliegenden B-52-Bomber für ihre Angriffe auf Vietnam einzuweisen. Vang Pao war der nominelle Führer einer Truppe von sogenannten »Meo-Green Berets«, deren Ausbildung, Ausrüstung und Unterhalt die CIA bezahlte und die von US-Offizieren befehligt wurde.

Zur Zeit der Genfer Verhandlungen 1962 waren die Meo-Streitkräfte bereits stärker als Kong Les königliche Armee und etwa so stark wie die des Pathet Lao. Schon vor und während der Verhandlungen hatte Souvanna Phouma die amerikanischen »Versorgungs«-Flüge (in Wirklichkeit Waffenlieferungen[66]) nach Long Cheng erst geleugnet und dann gebilligt und damit ein Zeichen gegeben, dass er bereit war, in dieser Frage amerikanischem Druck nachzugeben. Er hatte wohl »keine andere Wahl, als mit den Amerikanern zusammenzuarbeiten«[67], denn nur so konnte er von der rechtslastigen Nationalversammlung[68] ein Regierungsmandat erreichen. Außerdem war dieses Zugeständnis, wie sich später herausstellte, die Bedingung für die Zustimmung der USA zur Teilnahme an der Konferenz in Genf gewesen.

Souvanna Phoumas Vorgehen war ein Bruch des in der Dreierkoalition vereinbarten Prinzips der Einstimmigkeit, der zur Folge hatte, dass neutralistische Politiker auf Distanz gingen, und je mehr Souvanna Phouma zum »Gefangenen seines alten Feindes Phoumi Nosavan«[69] wurde, umso deutlicher spaltete sich das neutralistische Lager. Die »Linksneutralen«, welche die bis dahin auch von Souvanna Phouma unterstützte Neutralitätspolitik im Sinne der Genfer Vereinbarungen weiter vertraten, wurden Opfer einer wieder einsetzenden Welle von Attentaten, und Souvanna Phouma denunzierte seine ehemaligen Bündnispartner als »Arm der Nordvietnamesen«.

66 Nach Aussagen von Verantwortlichen vor einer Kongress-Unterkommission, veröffentlicht von der US-Regierung 1970, vgl. Gareth Porter in: Adams/McCoy, S. 186.

67 Ebd., S. 187.

68 In Genf war nur über die Zusammensetzung der Regierung verhandelt worden, in der Nationalversammlung waren weder die NLH noch neutralistische Abgeordnete vertreten.

69 *Le Monde*, 23.5.1964.

In Vientiane mussten die Gebäude des Pathet Lao und die Botschaften der DRV und der VR China von Militär bewacht werden, und Souphanouvong und Vongvichit flohen im März 1963 aus der Hauptstadt, um nicht wieder (wie 1959) gefangen genommen zu werden. Im April 1964 war Souvanna Phouma faktisch entmachtet und zu einer Marionette der Rechten geworden. Jetzt hatten die USA ihr Ziel erreicht, in Vientiane ein Regime zu installieren, das ihre Interessen als Mitglied des antikommunistischen Blocks in Südostasien vertrat. Der Kampf mit allen Mitteln gegen die NLH war jetzt die wichtigste politische Aufgabe dieses Regimes.

Aber der Widerstand war stärker geworden, weil viele Soldaten aus der königlichen Armee, die mit den Nosavan-Truppen zwangsvereinigt worden war, zum Pathet Lao überliefen. Im Mai 1964 griff die US-Luftwaffe zum ersten Mal massiv in die Kämpfe ein, und nach Zeugenaussagen vor dem »Russell-Tribunal«[70] kämpften 1966 schon 12000 US-Soldaten in Laos, deren Einsätze direkt von Botschafter Sullivan geleitet wurden.[71] Inzwischen gab es in Laos keine neutralistische Kraft mehr, war die königliche Armee in Auflösung begriffen. Der Krieg war nun, mit militärisch wenig effektiver Unterstützung durch die Meo-Söldner und die dezimierten Nosavan-Truppen, ein Krieg der USA gegen den Pathet Lao und das Volk. Im Jahr 1969, als schon zwei Drittel des Landes von der NLH kontrolliert wurden, gingen die USA zum offenen Bombenterror mit täglich bis zu 500 Einsätzen über, 1971 erfolgte schließlich die Invasion amerikanischer und südvietnamesischer Truppen in Laos und Kambodscha. Aber auch diese Aktion endete mit einem militärischen Fiasko und brachte darüber hinaus die US-Regierung in innenpolitische Schwierigkeiten, weil durch diese auch die früheren, vor dem Parlament geheim gehaltenen militärischen Operationen in Laos und Kambodscha bekannt wurden. Im Zuge der Vertreibung der Invasionstruppen konnte der Pathet Lao fast das ganze Land befreien, mit Ausnahme eines schmalen Streifens entlang des Mekong. Jetzt schien der Weg für eine von außen unbeeinflusste Einigung der nationalen Kräfte endgültig frei zu sein.

* * *

70 Das 1967 in Stockholm stattfand.

71 *Washington Post*, 20.4.1970.

Die Geschichte der kambodschanischen Befreiungsbewegung unterscheidet sich in vielen grundlegenden Zügen von der des Widerstands in den beiden anderen indochinesischen Ländern. Grund dafür sind vor allem zwei Elemente, die die Entwicklung in Kambodscha besonders prägen und immer wieder dafür gesorgt haben, dass bereits für die 1950er Jahre von starken inneren Spannungen in dieser Bewegung auszugehen ist. Das eine ist die durch das französische Vorgehen in Indochina erzwungene enge Zusammenarbeit mit der vietnamesischen Befreiungsbewegung und die aus der Geschichte resultierende Überlegenheit an Kraft, Erfahrung und Disziplin der Letzteren. Das andere Element liegt in Sihanouks Persönlichkeit und Politik begründet. Die Politik des Königs und späteren faktischen Alleinherrschers bis 1970 ist einerseits durch den Versuch geprägt, die Neutralität seines Landes im Vietnamkrieg zu bewahren, andererseits aber auch immer vom Opportunismus gegenüber Frankreich und den USA. Je nach seinen aktuellen Orientierungen war Sihanouk dadurch abwechselnd Rivale oder Gegner der Befreiungsbewegung. Eine Zusammenarbeit mit ihr hat er vor 1970 nie angestrebt oder auch nur zugelassen, und die gesamten 1950er und 1960er Jahre über gehörte ihre militärische Unterdrückung zu den Konstanten seiner Innenpolitik.

In der 1930 von Ho Chi Minh gegründeten »Indochinesischen Kommunistischen Partei« hatte es zwar kambodschanische Mitglieder gegeben, aber sie repräsentierten keine nennenswerte Organisation oder Anhängerschaft in Kambodscha selbst. Der Name der neu gegründeten Partei war damals vor allem im Hinblick auf eine erhoffte Zusammenarbeit mit der französischen KP gewählt worden[72] und Ausdruck einer politischen Konzeption des antikolonialistischen Widerstands, die angesichts des gemeinsamen Gegners den Kampf in allen drei Ländern als Einheit auffasste.

Erst Anfang der 1940er Jahre war in Kambodscha, wie bereits erwähnt, eine eigenständige Organisation entstanden, die den Namen »Issarak« trug und nur vorübergehend in loser Verbindung mit Son Ngoc Thanhs bürgerlicher und buddhistischer Opposition stand. Nach 1945 entwickelte sich die Organisation und warb unter der Bauernbevölkerung, vor allem nahe der thailändischen Grenze,

72 Über die KP Vietnams und ihre Vorgänger siehe Turner, S. 15ff., sowie Burchett 1981, S. 7ff.

um Unterstützung und Mitglieder für den Kampf um die Unabhängigkeit. Viele ihrer örtlichen Führer flohen vor der französischen Repression immer wieder vorübergehend nach Vietnam und kamen dort in Kontakt mit dem vietnamesischen Widerstand. Allmählich und mit regional unterschiedlicher Intensität entwickelte sich die Zusammenarbeit zwischen dem Viet Minh und einigen Khmer Issarak-Gruppen, die auch die Anwesenheit von vietnamesischen Kadern in kambodschanischen Ausbildungslagern einschloss.[73] 1948 nahm ein neu gebildetes zentrales »Befreiungskomitee« offizielle Kontakte zu Ho Chi Minh und dem Pathet Lao auf. Unter maßgeblichem Einfluss von Son Ngoc Minh wurde im April 1950 in einer Versammlung von 200 Delegierten, darunter die Hälfte Bonzen, die Nationale Einheitsfront Kambodschas (FUNC) gegründet, die ihre Aktivität fortan eng mit den beiden anderen Befreiungsbewegungen in Indochina koordinierte. Die bewaffneten Gruppen wurden unter dem Namen »Khmer Issarak« vereinigt, und am 30.9.1951 entstand die »Kambodschanische Revolutionäre Volkspartei«[74].

Schon früh sahen sich die Khmer Issarak konfrontiert mit der Diskrepanz zwischen der Erfahrung, Disziplin und militärischen Überlegenheit der vietnamesischen Revolutionäre, die seit zwanzig Jahren eine funktionierende Parteiorganisation und seit bald zehn Jahren ein festes Hinterland hatten, und der eigenen Schwäche, Isolation, mangelnden Ausbildung und Erfahrung. Es kam vor, dass einerseits Viet Minh-Soldaten sie wegen ihres Hangs zum Aberglauben freundlich-spöttisch als »Moi« (Wilde) bezeichneten[75], während ihnen andererseits die Zusammenarbeit mit den Vietnamesen von der eigenen Bevölkerung als Verrat ausgelegt wurde.[76] Minderwertigkeitsgefühle

73 In einem der ersten Issarak-Trainingszentren (Anlong Phiem, Samlaut-Distrikt) sollen 1949 unter den 2700 Rekruten 50 Vietnamesen gewesen sein, aber »hauptsächlich Köche«, so der Bericht von Krot Theam, einem ehemaligen Issarak-Kämpfer, den Ben Kiernan 1976 befragt hat. In: Kiernan/Boua, S. 127ff.

74 Es ist die erste marxistische Partei in Kambodscha. Obwohl sie in der Folgezeit mehrmals ihren Namen wechselte (und laut Pol Pot angeblich erst im Jahr 1960 entstanden ist), nenne ich sie im Folgenden kurz KPK. Die FUNC ist nicht identisch mit der 1970 gegründeten FUNK, obwohl sich der Namensunterschied nur auf die unterschiedliche Schreibweise des Landesnamens beschränkt (Cambodge und Kampuchea).

75 Debré, S. 62.

76 Ebd., S. 53.

und alte diffuse Ressentiments gegenüber den Vietnamesen waren schon in dieser Phase, wie später immer wieder, spürbar. Zudem hatte das Verhalten der vietnamesischen Delegation in Genf innerhalb der Khmer-Widerstandsbewegung zu widersprüchlichen Einschätzungen geführt. Hanois Entscheidung, an der Frage der Beteiligung der beiden anderen indochinesischen Befreiungsbewegungen, die nicht einmal bei den eigenen Verbündeten durchzusetzen gewesen war, nicht die gesamte Konferenz scheitern zu lassen, konnte ohne das Wissen um diesen Zusammenhang leicht als Verrat erscheinen. Hinzu kommt, dass die Politik der DRV nach Genf ganz auf die Erfüllung des Abkommens orientiert war und eine direkte Unterstützung der Khmer-Bewegung in dieser Phase nicht in Frage kam.

Zu der Demütigung, dass den Khmer Issarak, anders als dem ebenfalls zu den Verhandlungen nicht zugelassenen Pathet Lao, nicht einmal eine Regruppierungszone zugesprochen worden war, kam die nun einsetzende blutige Verfolgung durch Polizei und Truppen des Siegers von Genf, Sihanouk. Viele Khmer-Widerstandskämpfer flohen nach Vietnam, einige tauchten unter und andere gründeten eine legale Partei, »Pracheachon« (Volkspartei), die 1955 gegen Sihanouks Sankum kandidierte und etwa 4% der Stimmen erhielt. Insgesamt gesehen hatte Sihanouks Repression zur Folge, dass – zumindest in der Hauptstadt – bis 1960 etwa 80% der Mitglieder der linken Opposition ausgeschaltet worden waren.[77] Dass die Kandidaten der Pracheachon auf dem Lande überdurchschnittlich erfolgreich gewesen waren, ist ein Hinweis darauf, dass die Lage dort differenzierter zu betrachten ist. Genauere Untersuchungen darüber werden durch die Tatsache erschwert, dass für diese Zeit kaum gesicherte Informationen über die Widerstandsbewegung in Kambodscha verfügbar sind. Veröffentlichungen und Reden von Pol Pot und den Führern des späteren »Demokratischen Kampuchea« enthalten meist eher Wunschvorstellungen und nachträgliche Geschichtskorrekturen zum Zweck des Aufbaus einer Scheinlegitimität. Quellen von außerhalb dieser Fraktion und Berichte aus dieser Zeit von noch lebenden Kadern[78] ergeben das Bild einer von Anfang an uneinheitlichen

77 Die meisten wurden getötet oder eingekerkert, nicht wenige jedoch gaben auf und schlossen sich der Sankum an, unter ihnen Sieu Heng, der erste Sekretär der KPK.

78 Die im Allgemeinen erst nach 1979 gesammelt und ausgewertet werden konnten. Ben Kiernan, ein australischer Wissenschaftler, und seine Frau

und zerstrittenen Widerstandsbewegung, die offenbar im Grunde erst nach der Machtübernahme 1975 überhaupt eine Organisation auf nationaler Ebene genannt werden kann. Vor Genf und noch zur Zeit der Repression durch Sihanouk war, trotz der gelegentlichen Schwierigkeiten des Umgangs miteinander, die Orientierung auf den gemeinsamen Kampf gegen die Kolonialmacht in ganz Indochina das einzige einigende Band der im Übrigen lokal isolierten und ideologisch uneinheitlichen Gruppen gewesen. »Der nationale Befreiungskampf entwickelte sich in einer Atmosphäre ideologischer Konfusion, die zusammengesetzt war aus nationalistischen, traditionalistischen und einigen modernen Anschauungen. Es gab keine klare, einheitliche Perspektive. Das einzig unumstrittene Element war die Solidarität mit den Vietnamesen in ihrem antikolonialistischen Kampf.«[79]

Die Basis der antikolonialistischen Ausrichtung ging in den Auseinandersetzungen der 1960er Jahre weitgehend verloren, als eine Gruppe von Intellektuellen, meist Lehrer oder Studenten, in Phnom Penh die Führung der Opposition gegen Sihanouk übernahm und nach dem Scheitern dieses Versuchs einer legalen Einflussnahme zur Widerstandsbewegung im Untergrund stieß. Sie entstammten ausnahmslos der städtischen Bourgeoisie französischer Prägung, hatten in Paris studiert und dort einer »Marxistischen Studiengruppe« angehört. In Flugblättern und Briefen warfen sie Sihanouk eine korrupte Clan-Herrschaft und den Verrat nationaler Interessen vor, weil er die territorialen Ansprüche des Khmer-Reiches gegenüber Vietnam

Chanthou Boua, die seit Jahren in Phnom Penh arbeiten, haben als Einzige Zugang zu den noch erhaltenen Archiven. Ihr Buch und Kiernans Aufsätze sind immer noch die wichtigsten Faktendarstellungen zur Geschichte des kambodschanischen Widerstands.

79 Nguyen Khac Vien in einem Interview mit Wilfred Burchett, zit. in: Burchett 1981, S. 48. Vien charakterisiert Sihanouk als »eine Manifestation dieser Konfusion« und beschreibt seine Rolle so: »Zeitweise war er ein paternalistischer Despot, zeitweise ein patriotischer Nationalist, manchmal kombinierte er beide Rollen. Seine patriotische Tendenz stieß ihn in eine provietnamesische Position im Kampf gegen die USA. Seine despotische Seite äußerte sich darin, dass er die demokratischen Gruppen zurückwies, die seine Verbündeten hätten sein können. So wurde das kambodschanische Volk in die Konfusion zurückgeworfen, und die Klarheit, die in der Periode des antifranzösischen Kampfes geherrscht hatte, begann sich mit Wolken zu verdunkeln. […] Dies war ein Faktor, der den Aufstieg derer begünstigte, die später als Khmer Rouge selbst Produkte dieser eben erwähnten ideologischen Konfusion waren«. Ebd., S. 49.

aufgegeben habe, und sahen sich als die einzigen authentischen Vertreter des kambodschanischen Volkes an.[80] Aber schon in der Pariser Propaganda wurde deutlich, dass die Gruppe keineswegs homogen war. Einige ihrer Mitglieder galten schon damals bei den anderen als »Stalinisten«[81]: Saloth Sar (der später den Namen Pol Pot annahm), Ieng Sary (der aus Vietnam stammte[82]) und Rath Samoeurn. Der Letztere formulierte die Ziele dieser Fraktion für den Befreiungskampf so: »Die Königsherrschaft, der König, die Aristokratie, die Mandarine, all das muss natürlich verschwinden, aber das ist nicht alles. Das Problem ist in Kambodscha einfacher als in anderen Ländern, weil es hier keine nationale Bourgeoisie gibt; alle Bourgeois sind Ausländer, [...] die Bourgeoisie kann also leichter eliminiert werden als anderswo; auch die Frage der Gegensätze zwischen Stadt- und Landbevölkerung existiert nicht, weil die Städte alle ausländischen Ursprungs sind, bewohnt von Ausländern. [...] die Bevölkerung der Städte ist also aus der Rassenmischung mit diesen Ausländern hervorgegangen; sie ist also nicht reinen Khmer-Ursprungs und kann ohne politische und psychologische Schwierigkeiten eliminiert werden. Im Übrigen hassen die Bauern die Städter, und diese sind auch physisch anders. Die Bauern haben eine dunkle Gesichtshaut, die Städter eine helle. Die Städte leeren, die Bourgeoisie zerstören, das heißt die Einrichtung einer Volksmacht erleichtern; dies muss unser Ziel sein.«[83]

Das in diesen Sätzen enthaltene Grundsatzprogramm vertrat die ganze Gruppe. Differenzen gab es in der Einschätzung der Rolle Sihanouks. Dessen Politik der Nationalisierungen, seine zunächst antiamerikanische Haltung und sein Bemühen um freundschaftliche Beziehungen zur VR China und zur DRV ließen ihn einem Teil der Gruppe als möglichen Verbündeten erscheinen. Hu Yuon und Khieu Samphan, die beiden wichtigsten Vertreter dieser »gemäßigten« Auffassung, schlossen ihr Studium an der Sorbonne mit Dissertationen zu Problemen der kambodschanischen Revolution ab[84], die marxistische

80 Debré, S. 80f.

81 Ebd., S. 84.

82 Er ist ein »Khmer-Krom« (Angehöriger der vietnamesischen Khmer-Minderheit). Vgl. *Dossier Kampuchea II*, S. 64.

83 Debré, S. 85.

84 Hu Yuon: *La paysannerie cambodgienne et les projets de sa modernisation*, Khieu Samphan: *L'économie cambodgienne et les problèmes de son industrialisa-*

Analysen der Klassenverhältnisse in Kambodscha enthielten. In ihren Folgerungen machten beide deutlich, dass die Abschaffung sozialer Ungerechtigkeiten und der sie hervorbringenden gesellschaftlichen Verhältnisse nur unter Rückgriff auf ausschließlich eigene Kräfte (also ohne internationale Orientierung) und durch die Lösung des Stadt-Land-Gegensatzes per Zerstörung der städtischen Kultur und »Eliminierung« ihrer Träger erfolgen könne. Hu Yuon schreibt: »Was wir normalerweise ›Städte‹ oder ›Marktflecken‹ nennen, sind Pumpen, die den ländlichen Gebieten ihre Vitalität abzapfen. Alle Güter, die die Städte und Marktflecken den ländlichen Gebieten verschaffen, sind nur Köder. [...] Die Städte – und die Marktflecken mit ihrem frischen und modernen Äußeren – leben auf Kosten der ländlichen Gebiete.«[85] In solchen Formulierungen wird die Politik der späteren Roten Khmer und Führer des »Demokratischen Kampuchea« im Ansatz erkennbar, auch wenn damals nicht abzusehen war, wie wörtlich Begriffe wie »eliminieren« zu nehmen sein würden.

Trotzdem enthalten die beiden Doktorarbeiten wichtige Analysen der Lage der Bauern in Kambodscha und können darüber hinaus auch als ein politisches Programm gelesen werden, das durchaus Ansätze basisorientierter Reformen für Kambodscha enthielt. Der Rückbezug auf die Angkor-Epoche mit ihrem gewaltigen kollektiven Bewässerungssystem, die Idee eines auf der Basis von gegenseitiger Hilfe beruhenden bäuerlichen Kollektivismus, all das war zwar idealistisch überhöht, ging aber doch von einer Emanzipation der Bauern aus Aberglauben und Naturmythologie durch die »befreiende Technik« aus, die es ihnen erlauben würde, »die Natur zu beherrschen«[86]. Geprägt waren die Arbeiten, was die vorgeschlagenen Entwicklungskonzepte betrifft, aber vor allem von der – wie Debré es formuliert – »modernen Ausprägung des alten Minderwertigkeitskomplexes, an dem die Kambodschaner seit der Zerschlagung ihrer Größe leiden«. Im Denken dieser Gruppe war ein Gegenbild zu Sihanouks exotischem, friedlichem und blühendem kleinem Königreich zur Basis aller politischen Überlegungen geworden. »Kambodscha geht von vornherein geschlagen in die internationale Konkurrenz, es ist zu

tion. Khieu Samphans Arbeit war noch »Seiner Hoheit dem Prinzen Norodom Sihanouk« gewidmet gewesen.

85 Hu Yuon, zit. nach: Burchett 1981, S. 51.

86 Hu Yuon, S. 17.

klein, zu schwach, zu wenig bevölkert, um sich gegen seine mächtigen Nachbarn durchzusetzen.«[87]

Diese Auffassung hatte die dann in die Tat umgesetzten Programme zur Folge: radikale Isolierung von der Außenwelt, Krieg gegen Vietnam, totale Eliminierung der Bourgeoisie und aller ethnischen Minderheiten sowie jeglicher westlich beeinflusster Intelligenz (es gab sonst keine!), Aufhebung der Familien- und Dorfstruktur durch eine Zwangskollektivierung auf nationaler Ebene. Ein solcher mit Gewalt erzwungener und aufrechterhaltener primitiver Agrarsozialismus konnte nur von einer neuen Generation von Kind an isolierter und indoktrinierter Kader durchgesetzt werden.

Mit diesen gemeinsamen Ideen, aber auch mit differierenden Vorstellungen zur Strategie ihrer Durchsetzung kam diese »Pariser Gruppe« nach und nach in die Heimat zurück. Saloth Sar ging, als er 1953 in Phnom Penh eintraf, zunächst zur Demokratischen Partei, arbeitete nach Genf dann innerhalb der Pracheachon im Untergrund der Hauptstadt. 1956 trafen weitere Mitglieder ein, unter ihnen Ieng Sary, 1958 dann der Rest, vor allem Khieu Samphan und Hu Yuon. Diese beiden arbeiteten eine Zeitlang als Lehrer und waren dann bis 1963 als Mitglieder von Sihanouks Sankum in verschiedenen Ministerium beschäftigt, während Saloth Sar zum Vorsitzenden der Pracheachon-Partei aufstieg, nachdem deren Untergrundführer Tou Samouth unter ungeklärten Umständen ermordet worden war.[88] Zu Beginn der 1960er Jahre spitzte sich die Situation für Sihanouk zu. Die politische Rechte wollte mit Putsch- und Attentatsversuchen eine Revision der Neutralitätspolitik erzwingen, und Sihanouk reagierte, unter dem Druck Lon Nols, vor allem mit harten Repressionen gegen die Linke. Nach Schülerprotesten und Demonstrationen in Phnom Penh und anderen Städten säuberte er seine Regierung von allen Anhängern der Pracheachon[89] und anderer kritischer Parteien. In dieser Zeit strebten Lon Nol und Saloth Sar unabhängig voneinander dasselbe Ziel an: die Beseitigung Sihanouks.[90]

87 Debré, S. 84.

88 Sihanouk ist der Ansicht, dass dieser Mord bereits von der Pariser Gruppe durchgeführt oder zumindest angezettelt worden sei. Vgl. Schier/Schier, S. 7.

89 Inwieweit diese Partei »nur« ein legaler Arm der 1951 im Untergrund entstandenen »Revolutionären Volkspartei« oder eine unabhängige Organisation war, lässt sich nicht exakt belegen.

90 Dabei benutzte Lon Nol schon damals ein Argument, das in der Propaganda

Diese Orientierung der neuen, immer größeren Einfluss gewinnenden Gruppe im kambodschanischen Widerstand brachte die vietnamesische KP in ein Dilemma. Mit ihrer Unterstützung war die alte Issarak-Widerstandsorganisation in Kambodscha langsam wieder aufgebaut worden, die zu einer begrenzten Unterstützung Sihanouks bereit war und inzwischen auch gute Kontakte zur französischen KP hatte. Auch im eigenen Interesse wollte man in Hanoi die guten Beziehungen zu Sihanouk und die Unterstützung seiner Neutralitätspolitik nicht aufgeben. Aber »die Pariser Gruppe sah den Kampf Kambodschas nicht im Zusammenhang der Hauptkonfrontation mit dem US-Imperialismus, sondern isoliert davon«[91]. Vor allem wollten die »Pariser« die beginnende Zusammenarbeit mit der FNL verhindern, denn für sie schien als eigene, autonome Linie »zwischen dem Egoismus der Vietnamesen und dem Nationalismus, der die Stärke Sihanouks war, nur eine Art von ultranationalistischem Linksradikalismus«[92] möglich zu sein.

Anfang der 1960er Jahre war der Prozess der Machtübernahme in der KPK durch die Pariser Gruppe vorerst abgeschlossen. Auf dem Parteitag 1960, über den keinerlei Dokumente existieren, obwohl Pol Pot nach 1979 behauptete, er sei der »Gründungsparteitag« gewesen, war noch Tou Samouth zum Generalsekretär ernannt worden. Erst nach dessen Ermordung rückte Saloth Sar in diese höchste Funktion auf, was aber nicht bedeutet, dass damit die Pariser Gruppe bereits die gesamte Organisation kontrolliert hätte. Noch die Bauernaufstände im März/April 1967, die berühmte »Samlaut«-Revolte, haben ohne Billigung und ohne Mitwirkung dieser Gruppe stattgefunden[93], und die Meinungsverschiedenheiten mit der FNL wurden in der Partei noch nicht einheitlich bewertet. Ende der 1960er Jahre sind mehrmals Delegationen der KPK zu Verhandlungen nach Hanoi gereist, und selbst spätere Darstellungen aus dem Umfeld der Pol Pot-Gruppe[94] lassen für diese Zeit zwar Meinungsverschiedenheiten, aber keine offene Feindschaft erkennen.

der Roten Khmer erst später dominant wurde: der Kampf gegen Vietnam zum Zweck der territorialen Expansion nach Südvietnam.

91 Nguyen Khac Vien, in: Burchett 1981, S. 55.

92 Thion/Kiernan, S. 155.

93 Vgl. die Rede Pol Pots 1977, zit. in: Thion/Kiernan S. 209.

94 Vor allem das 1978 erschienene *Livre noir*.

Sehr wohl aber wurden jetzt deutlich die unterschiedlichen Ausgangssituationen sichtbar, die zu gänzlich verschiedenen Einschätzungen und Strategien führten. Wie Serge Thion herausgearbeitet hat[95], ging es für die vietnamesische Widerstandsorganisation, die den Charakter einer nationalen Front hatte, um die Frage der Machtübernahme, während die KPK-Führer, die nicht einmal den Überblick, geschweige denn die Kontrolle über die in der Stadt und auf dem Land stattfindenden Aufstände hatten, um ihr politisches Überleben kämpften. Ging es für die vietnamesischen Verbündeten in der Diskussion über den Zeitpunkt der Aufnahme des bewaffneten Kampfes um eine Frage der Strategie, hatten die Führer der KPK nur die Wahl, sich entweder in die laufenden Aktionen der Bevölkerung und ihrer lokalen Anführer einzuschalten oder in der Isolierung unterzugehen.[96] Aus der vietnamesischen Perspektive kamen, vor allem vor 1970, die bereits angedeuteten Schwierigkeiten hinzu: Einerseits wollte man die positiven Auswirkungen von Sihanouks Neutralitätspolitik (Konferenz der indochinesischen Völker, Abbruch der diplomatischen Beziehungen zu den USA, beides 1965, sowie seine Duldung der Benutzung des Ho-Chi-Minh-Pfads) auf gar keinen Fall aufs Spiel setzen, andererseits gab es weiterhin die traditionelle Unterstützung für die kambodschanische Widerstandsbewegung, die sich gegen die soziale und politische Unterdrückung der Bevölkerung durch Sihanouk wehrte und in der es auch einen Flügel gab, der Sihanouks Außenpolitik billigte.

Hinzu kamen Probleme in der konkreten Zusammenarbeit, denen von Seiten der vietnamesischen Parteiführung große Aufmerksamkeit gewidmet wurde. Aus von den Amerikanern gefundenen und veröffentlichten Dokumenten der FNL geht hervor, dass größter Wert darauf gelegt wurde, gegen eine verbreitete paternalistische Haltung der vietnamesischen Kader anzugehen. »Wir müssen ihnen erklären, dass ihre Zusammenarbeit mit uns nicht bedeutet, dass sie unsere Diener sind. Diese Erklärungen müssen mit großer Vorsicht und viel Taktgefühl gegeben werden, um Missverständnisse zu vermeiden«,

95 Thion/Kiernan, S. 160ff.

96 »Wenn die KPK den bewaffneten Kampf führt, so deswegen, weil die konkrete Situation sie dazu zwingt. Wenn sie nicht den bewaffneten Kampf führen würde, wäre sie zum Verschwinden verurteilt. Aber wenn sie in diesem Kampf weitermachte, dann wäre ihre weitere Existenz gesichert.« *Livre noir*, S. 34.

heißt es dort etwa[97]. Gelegentliche Hinweise darauf, dass »die kambodschanische Bevölkerung das Hauptziel der Bemühungen« sei und man vor allem ihre Unterstützung zu erreichen suche, lassen Schwierigkeiten mit den Führern der kambodschanischen Widerstandsbewegung erkennen.[98]

Während sich die Machtkämpfe im Innern der KPK bis etwa Mitte der 1960er Jahre noch im Rahmen von lokalen und persönlichen Rivalitäten abspielten, ist spätestens ab Ende 1967 davon auszugehen, dass die Pol Pot-Gruppe[99] mit einer eigenen politischen Linie um die Macht in der Partei kämpfte und dass parallel dazu diese Gruppe den Bruch mit der FNL als endgültig ansah und eine Politik der bewussten Gegnerschaft zu den Vorstellungen Hanois und der FNL betrieb.[100] Offenbar war diese Entwicklung von der gleichzeitig stattfindenden chinesischen »Kulturrevolution« mit beeinflusst, die auch in Kambodscha Unruhen und Repressionen durch Sihanouk hervorrief. Ein »vulgarisierter Maoismus à la Lin Piao« hat durch diesen Einfluss zunächst die gesamte Pol Pot-Gruppe, später wahrscheinlich nur noch eine neu entstandene und bis etwa 1977 nachweisbare »ultramaoistische« Fraktion erfasst.[101]

Der gegenwärtige Stand der Forschung erlaubt die vorläufige Differenzierung von drei deutlich voneinander verschiedenen Gruppen in der kambodschanischen Widerstandsbewegung seit 1967. Dabei können sowohl ideologische Unterschiede als auch maßgebliche Vertreter und regionale Schwerpunkte (Gebiete vorherrschenden Einflusses) als Kriterien dienen, nicht aber Organisationsformen, denn nach außen war die Einheit der Partei stets formal gewahrt worden.

97 Zirkular eines Kommandokomitees vom 16. April 1970, aus: *The Vietcong March-April 1970 Plans for Expanding Control in Cambodia*, 1971, Dokument 2, hier zit. nach: Thion/Kiernan, S. 212. Dort werden im Folgenden noch mehrere weitere Texte ähnlichen Inhalts zitiert.

98 Aus den Verhaltensregeln für Kambodscha, die ein vietnamesischer Kader sich Mitte 1969 aufgeschrieben hatte: ebd., Dokument 1.

99 Von jetzt an soll dieser Name für Saloth Sar stehen.

100 Vgl. *Livre noir*, S. 21. Im September 1967 habe die Partei den Namen »Kommunistische Partei Kampucheas« angenommen; vgl. Carney, S. 56, 31. Nach der Rückkehr von einer Reise nach Vietnam und China 1965/66 konstatierte Pol Pot zum ersten Mal einen »fundamentalen Widerspruch zwischen der Revolution Kambodschas und der vietnamesischen Revolution«, Thion/Kiernan, S. 207.

101 So Thion, in: Thion/Kiernan, S. 156.

Die Gruppe um Pol Pot, Ieng Sary und Khieu Samphan, mit Basen vor allem im unzugänglichen Norden und Nordosten des Landes, vertrat in offen chauvinistischer und rassistischer Form die in Paris entwickelten Vorstellungen von der Zukunft Kambodschas. Durch einen »supergroßen Sprung nach vorn« sollte das Land aus eigener Kraft so stark werden, dass es die territorialen Ansprüche gegenüber Thailand und Vietnam zur Geltung bringen könne. Zugleich sollte im Innern eine ganz neue Gesellschaft aus Bauern unter Ausschaltung der Bourgeoisie und jeglicher Intelligenz entstehen.

Vor allem im Süden und Südwesten des Landes war eine zweite Gruppe verankert, die von den »gemäßigten« Pariser Ex-Studenten repräsentiert wurde: Hu Nim, Hu Yuon. Sie waren von den basisdemokratischen Ansätzen der chinesischen Kulturrevolution beeinflusst und wollten diese Vorstellungen auf Kambodscha übertragen. Näheres über die Existenz einer solchen Gruppe ist vor allem durch das 200 Seiten umfassende handschriftliche »Geständnis« des 1977 unter Pol Pot ermordeten Hu Nim bekannt geworden, das 1979 im Gefängnis von Toul Sleng gefunden wurde.[102] Die Gruppe setzte sich vor allem aus Lehrern, Schülern und Studenten aus Phnom Penh zusammen, die Mitglieder einer »Khmer-chinesischen Freundschaftsgesellschaft« gewesen und 1967/68 in den Untergrund gegangen waren. Ihre Führer wurden ausnahmslos Opfer der Säuberungen von 1977.

Diese beiden Gruppen unterschieden sich nicht in der grundsätzlichen politischen Programmatik, sie sahen eine von den ländlichen Zonen ausgehende radikale soziale Umwandlung vor. Zwar war dadurch auch die Distanz zu vietnamesischen Vorstellungen gegeben, so dass beide die Zusammenarbeit mit der FNL ablehnten, jedoch ist bei der zweiten Gruppe immerhin noch das Bewusstsein spürbar, einer internationalen Strömung anzugehören, während die Pol Pot-Gruppe alle fremden Länder grundsätzlich für Feinde hielt. Auch expansionistische Absichten sind in der zweiten Gruppe kaum nachweisbar. Zwischen beiden Gruppen hat es Fluktuationen gegeben – Khieu Samphan etwa, der »Gemäßigte« aus der Pariser Zeit, scheint erst Ende der 1960er Jahre zum radikalen Kern der Pol Pot-Gruppe übergewechselt zu sein.

102 Auszüge aus diesem wichtigen Dokument haben Ben Kiernan und Chanthou Boua im *New Statesman* vom 2.4.1980 veröffentlicht.

Die dritte Gruppe ist eindeutig definiert durch ihre Bereitschaft, eng mit dem vietnamesischen Widerstand zusammenzuarbeiten. Ihre Anhänger und Führer stammten durchweg aus einfacheren sozialen Schichten und fühlten sich der Tradition der alten Issarak-Bewegung verpflichtet. Viele hatten sich längere Zeit (meist erzwungenermaßen auf der Flucht vor Verfolgung) in Vietnam aufgehalten und dort die Vorstellungen des vietnamesischen Widerstands kennengelernt. Sie teilten die Auffassung der vietnamesischen Partei von der internationalistischen Bedeutung des indochinesischen Befreiungskampfs und sahen nicht in Sihanouk, sondern in den amerikanischen Aggressoren den Hauptfeind. Trotzdem waren sie wie die Vietnamesen zu einer Verhandlungslösung bereit, im Gegensatz vor allem zur Pol Pot-Gruppe, die die Pariser Verhandlungen (1968–72) strikt ablehnte.[103]

Die Hauptrepräsentanten dieser Gruppe waren Hu Yuon[104], So Phim[105], Heng Samrin, Pen Sovan und andere. Ihr Haupteinflussgebiet lag im Osten und Südosten des Landes, sie hatte auch viele Anhänger in Phnom Penh. Hu Yuon ist schon 1975 liquidiert worden, alle anderen Repräsentanten fielen, sofern sie nicht nach Vietnam flohen, den parteiinternen Säuberungen der Jahre 1976–78 zum Opfer. Die bis 1978 dauernde Unterdrückung des Widerstands und die anschließend mit brutaler Gewalt erzwungene Evakuierung fast der gesamten Bevölkerung der östlichen Zone, also des Haupteinflussgebietes dieser Gruppe, war »vielleicht das größte Massaker, welches Pol Pots Kambodscha überhaupt erlebt hat«[106].

* * *

103 »Man wird niemals ganz den Preis ermessen können, den das Land für das hat bezahlen müssen, was man zusammenfassend als die Weigerung bezeichnen könnte, sich eine politische Lösung von außen vorschreiben zu lassen, die nach dem Modell des vietnamesisch-amerikanischen Kompromisses formuliert gewesen wäre.« Serge Thion, in: Thion/Kiernan, S. 167.

104 Hu Yuon zählte wohl ursprünglich zur zweiten Gruppe.

105 So Phim leitete die ersten großen Aufstände gegen Pol Pot und ist im Laufe der Revolte von 1977/78 umgekommen. Siehe Kapitel VIII.

106 Ben Kiernan, in: Thion/Kiernan, S. 169.

Im Vergleich zur kambodschanischen hat sich die laotische Widerstandsbewegung unter anderen historischen Voraussetzungen entwickelt. Sie verfügte von Anfang an über relativ sichere territoriale Rückzugsgebiete und strebte stets eine enge Zusammenarbeit mit dem Viet Minh und später mit der FLN an; einen Streit um diese Ausrichtung hat es praktisch nie gegeben. Dies waren Voraussetzungen für eine trotz schwerer Kämpfe und mehrerer Phasen der Verfolgung relativ kontinuierliche Entwicklung, die es der NLH ermöglichte, ein einheitliches politisches Programm zu formulieren, eine gut organisierte Streitmacht zu unterhalten und durch sehr früh eingeleitete soziale Reformen in den von ihr kontrollierten Provinzen eine solide soziale und politische Basis in der Bevölkerung aufzubauen. In den Kämpfen vor und um Dien Bien Phu und bei der Vertreibung der Saigoner und US-Invasionstruppen 1971 hatte sich gezeigt, dass der Pathet Lao (so hießen die Streitkräfte der NLH) eine schlagkräftige Truppe war, die auch mit schweren Waffen zu kämpfen imstande war. Sie setzte sich zu einem wachsenden Teil aus ehemaligen Regierungssoldaten zusammen, die sich dem Widerstand anschlossen.

Eine der Grundlagen für die militärischen und politischen Erfolge der NLH war eine sehr flexible Bündnispolitik und ein klares, auf die nationale Versöhnung abzielendes politisches Programm, das in den verschiedenen Friedensvorschlägen immer wieder neu konkretisiert wurde. Bis zuletzt hatte die NLH diese Linie der nationalen Einheit und des Zusammengehens mit den verschiedensten politischen Kräften beharrlich verfolgt, auch in Situationen, in denen aufgrund der Kräfteverhältnisse die militärische Durchsetzung weitergehender Machtansprüche durchaus möglich gewesen wäre. Durch diese Politik war die NLH zu einer Kraft geworden, die einen beachtlichen Anteil des politischen Spektrums repräsentierte und schließlich auch für die neutralistischen Kräfte die einzige Organisation war, die, auf dem Verhandlungsweg und unter Einhaltung internationaler Vereinbarungen, eine realistische Perspektive zur Durchsetzung der nationalen Unabhängigkeit entwickelt hatte.

Es ist deutlich erkennbar, dass dabei Erfahrungen der vietnamesischen Befreiungsbewegung genutzt worden sind. Im Gegensatz zur kambodschanischen Entwicklung hatte es in der solidarischen Zusammenarbeit und gegenseitigen Unterstützung stets einen Konsens vor allem über die internationale und geschichtliche Bedeutung des Befreiungskampfes gegeben. Weder alte aktualisierbare territoriale Ansprüche noch äußere Einflüsse hatten die Volksverbundenheit und Einheit der NLH beeinträchtigt, und die Zusammenarbeit mit den vietnamesischen Bundesgenossen, inklusive der Duldung von Nachschubwegen durch Südlaos auf dem »Ho-Chi-Minh-Pfad«, war stets selbstverständliche Praxis. Der Versuch, die beiden Verbündeten durch Propagandabehauptungen zu entzweien – etwa die oft wiederholte Behauptung, Vietnam wolle Laos seinem Hegemonialanspruch unterwerfen –, hatte hier keine Chance.[107] Eine intensivere militärische Zusammenarbeit mit gemeinsamer Planung bestimmter Operationen, wie sie etwa schon in der Schlacht um Dien Bien Phu bestanden hatte, setzte allerdings erst wieder 1970 ein, als die USA den Krieg durch den Einsatz eigener sowie südvietnamesischer und thailändischer Truppen offensichtlich und in großem Ausmaß auszuweiten begannen. Sie wurde auf der zweiten Gipfelkonferenz der indochinesischen Völker beraten und beschlossen.[108]

Die Hauptstärke und -attraktivität der NLH beruhte jedoch nicht so sehr auf ihrer Rolle als einzige zuverlässige patriotische und unabhängige Kraft im politischen Leben der Hauptstadt. Die Kontinuität, mit der sie dort ihren Einfluss ausdehnen konnte, sofern sie nicht mit Gewalt daran gehindert wurde, war vielmehr hauptsächlich eine Folge ihrer Verwurzelung in der Basis, vor allem in der Landbevölkerung der von ihr verwalteten Gebiete. Diese befanden sich im östlichen und nördlichen Bergland, das durch seine Unzugänglichkeit und seine rückständigen sozialen Strukturen bis in die Neuzeit hinein auf einem sehr niedrigen Stand der landwirtschaftlichen Produktion gehalten worden war. Es gab keinerlei industrielle Produktion, kaum Mobilitäts-, Kommunikations- oder Transportmöglichkeiten[109] außer der Tragkraft von Mensch und Tier. Wie das kambodschanische war auch das laotische Dorf nicht wie in Vietnam eine abgeschlossene, relativ selbständige und ökonomisch fast autonome Einheit mit traditionell kollektiven Produktions- und Lebensformen, sondern eine lockere Gemeinschaft von Kleinbauern, die im familiären Rahmen produ-

107 Burchett 1970, S. 7.

108 Zu den Beziehungen der NLH zur vietnamesischen Befreiungsbewegung vgl. Langer/Zasloff.

109 Laos war bis in die jüngste Vergangenheit ein Land ohne Eisenbahn, mit nur wenigen befestigten Straßen. Neben dem Flugzeug ist der Elefant nach wie vor ein wichtiges Reisemittel. Das hat sich erst nach 2008 geändert.

zierten und deren soziale Verhaltensweisen stark von religiösen Riten und abergläubischen Vorstellungen geprägt war. Es gab eine lokale tribalistische Hierarchie und als überregionale höchste religiöse und soziale Instanz nur das Königtum. Allerdings hatte der König in Laos eine im Vergleich zu Kambodscha weit geringere politische Bedeutung als persönliches Staatsoberhaupt, weil Laos im Lauf seiner langen Geschichte nur selten ein einheitlich regiertes Land gewesen ist, so dass verschiedenen Formen der Stammes- und Sippenherrschaft bis heute große Bedeutung zukommt. In den wenig ertragreichen Gebieten des Berglandes (75 % des Territoriums) ist bis heute der Anbau von Trocken- oder Bergreis nach der Brandrodungsmethode üblich, und durch die daraus resultierende nomadische Lebensweise konnten sich kaum feste soziale Strukturen bilden. »Noch bis vor kurzem gab es bei Stammes- und Sippenverbänden Elemente von Sklaverei und Leibeigenschaft (in manchen Gebieten gibt es sie noch heute) – präfeudale Gesellschaftsformen mit den entsprechenden Organisationsstrukturen in Familie und Gemeinschaft«[110], die sich in den mittleren Berggebieten über die Kolonialzeit hinweg erhalten haben, während bestimmte höher gelegene Regionen von den Franzosen zum Zweck des Opiumanbaus und -handels stärker erschlossen worden waren.

Unter diesen Voraussetzungen begann man in den 1960er Jahren in den befreiten Gebieten Veränderungen einzuleiten, die vor allem eine Steigerung der landwirtschaftlichen Produktion und die Sicherung der Lebensmittelversorgung aus eigener Kraft zum Ziel hatten. Durch den Bau von Bewässerungsanlagen und die Kultivierung neuer Bodenflächen wurde die landwirtschaftlich genutzte Fläche von 45 000 ha in den 1950er Jahren bis 1969 auf 200 000 ha erweitert.[111] Mit einer vorsichtigen Politik der schrittweisen Einführung kollektiver Arbeitsformen in zwei bis fünf Familien umfassenden »Arbeitsgruppen«, durch eine Bodenreform und die periodische Neuaufteilung von kommunalen Feldern konnte in relativ kurzer Zeit die Autonomie der befreiten Gebiete in der Lebensmittelversorgung erreicht werden. Kleine Handwerksbetriebe versorgten sowohl die Bauern als auch die Soldaten des Pathet Lao mit einfachen Werkzeugen und Waffenzubehör, daneben entstanden Reismühlen und kleine Textilmanufakturen.[112]

110 Burchett 1970, S. 90f. »heute« = 1970.

111 Wünsche/Weidemann, S. 201.

112 Angaben nach: *Un quart …*, S. 98.

Großen Wert legte man von Anfang an auf die Beseitigung des Analphabetismus und die Einrichtung eines Grundschulsystems. Unter der französischen Kolonialherrschaft waren 95 % der Einwohner Laos' Analphabeten gewesen, es existierten sehr wenige Schulen.[113] In den befreiten Provinzen wurden vor allem in den Dörfern bis 1970 insgesamt 2000 kleine Grundschulen und Lerngruppen eingerichtet, deren Lehrer in neu geschaffenen pädagogischen Zentren ausgebildet wurden. Im Schuljahr 1969/70 wurden etwa 70 000 Kinder unterrichtet, dazu kommt die Erwachsenenbildung, an der rund 60 000 Personen teilnahmen. Laotisch war von Anfang an Unterrichtssprache, außer in den drei von den Meo bewohnten Provinzen, wo deren Sprache (Lao Soung) unterrichtet wurde.[114] Für die schriftliche Fixierung dieser Minderheitensprache sowie für wissenschaftlich-technisches Vokabular wurden Wörterbücher erarbeitet. Außerdem wurden medizinische Stützpunkte eingerichtet, so dass es 1969 in den befreiten Gebieten für je 240 Einwohner ein Krankenhausbett gab.[115] Außerdem arbeiteten zwei Rundfunksender, gab es eine Presseagentur und Zeitungen.

Diese sozialen und politischen Maßnahmen hatten als Teile und besondere Kennzeichen des Programms der NLH eine nicht zu unterschätzende Wirkung auf die Bevölkerung des ganzen Landes, weil mit ihnen Forderungen entsprochen wurde, die in den Gebieten der Monarchie nie verwirklicht worden waren: Bodenreform, Recht auf Arbeit, Achtstundentag. »Wenn die Kommunisten so sind, warum soll man dann nicht Kommunist sein«, hört Prinz Mangkra Souvanna Phouma, Fliegeroffizier und Sohn von Souvanna Phouma, in seiner Umgebung sagen und fügt hinzu: »Ohne es offen zuzugeben, beginnen viele Laoten, so zu denken.«[116] Die innen- und außenpolitischen Ziele, die das 1968 veröffentlichte Programm der NLH enthielt, waren für alle sozialen Schichten und Gruppierungen akzeptabel, denn sie schlossen den Aufbau demokratischer Strukturen ebenso ein wie den Willen zur strikten Einhaltung der international bestätigten Abkommen von 1954 und 1962, auch was die Neutralität des Landes betraf.[117]

113 Vgl. Kapitel III.

114 *Un quart ...*, S. 104.

115 Wünsche/Weidemann, S. 201.

116 Mangkra Souvanna Phouma, S. 88.

117 Das Programm ist in den wesentlichen Punkten wiedergegeben in Wünsche/Weidemann, S. 201f.

So war der 1971 über die amerikanischen und Saigoner Invasionstruppen errungene Sieg, der dazu führte, dass fast das ganze Land von der NLH kontrolliert wurde, mindestens ebenso eine Frucht des allgemeinen Einverständnisses der Bevölkerung mit deren politischen Zielen wie eine Folge der militärischen Schlagkraft der Pathet Lao-Truppen. Im März legte die NLH erneut einen Friedensplan vor, der sich auf die bereits ein Jahr zuvor veröffentlichten fünf Punkte bezog, die im Prinzip schon im Oktober 1965 (nämlich in einem Koalitionspapier zwischen NLH und Neutralisten) formuliert worden waren: Rückzug der US-Truppen und Räumung der Militärbasen; Einstellung der Bombardierung laotischen Territoriums; Ende der Einmischung seitens Thailands und Südvietnams; Verhandlungen zwischen den drei politischen Lagern; Erneuerung der Handlungsfähigkeit der Regierung der nationalen Einheit.[118] Auf der Grundlage dieser Forderungen wurden Friedensverhandlungen aufgenommen, die, durch weitere kriegerische Auseinandersetzungen immer wieder unterbrochen, nach zwei Jahren zu einem Abkommen über eine neue provisorische Regierung führten, in der Souvanna Phouma und Souphanouvong wieder die beiden höchsten Ämter bekleideten. Im Namen dieser Regierung und unterzeichnet von den beiden Prinzen im Namen der beiden wichtigsten politischen Kräfte wurde am 28. Dezember 1974 ein Programm »für den Aufbau von Frieden, Unabhängigkeit und Neutralität, der Demokratie, der Einheit und der Prosperität des Königreiches Laos« in 18 Punkten veröffentlicht[119], in dem weitgehende Perspektiven für ein unabhängiges Laos formuliert sind. Einige der Schwerpunkte waren: Gleichheit aller ethnischen Gruppen in allen gesellschaftlichen Bereichen; demokratische Freiheiten; Wahlen von Volksvertretern auch auf kommunaler und regionaler Ebene; Achtung des Buddhismus und aller anderen Religionen; Gleichheit der Geschlechter; freundschaftliche Beziehungen zu allen Staaten der Welt auf der Grundlage der Prinzipien der friedlichen Koexistenz; Unterstützung der Widerstandsbewegungen der Völker Indochinas.

Die »18 Punkte« wurden Hauptgegenstand der Propagandaarbeit

118 Zusammengefasst zitiert nach: *Laos. Aperçu* ..., S. 121f. Eine authentische und grundsätzliche Darstellung der politischen Absichten der NLH bietet Phoumi Vongvichit, insbes. S. 199ff.

119 Texte bei Mangkra Souvanna Phouma, S. 215ff.

der NLH und Gegenstand von Schulungskursen und später der »Umerziehung« von Anhängern der US-hörigen Administration und Söldnertruppen.[120] Sie erwiesen sich als tragfähige Basis für die allmähliche Überwindung von Feindschaft und Vorurteilen unter den verschiedenen patriotischen Gruppierungen. Die rechten Kräfte verloren immer mehr an Ansehen und Einfluss und bemühten sich, durch Putschversuche (im April/Mai 1975, unter dem Eindruck der Befreiung von Saigon und Phnom Penh) oder Terrorakte (z. B. Bombenanschlag auf die Nationalbank im Oktober 1975[121]) die Entwicklung aufzuhalten, hatten aber keine nachhaltigen Erfolge und setzten sich zum größten Teil nach Thailand ab.

Auf einem großen, sorgfältig vorbereiteten Volkskongress im Dezember 1975, an dem 267 gewählte Delegierte aus dem ganzen Land teilnahmen, dankte König Sri Savang Vathana ab, weil »die Koexistenz der Rolle des Königs, die in der Verfassung vorgesehen ist, mit der der Volksmacht unvereinbar ist und die fortschrittliche Entwicklung des Landes behindern könnte«[122]. Der ehemalige König und auch Souvanna Phouma, der gleichzeitig den Rücktritt der provisorischen Regierung bekanntgab, wurden zu »obersten Beratern«[123] der Regierung ernannt. Der Kongress endete mit der Gründung der »Volksdemokratischen Republik Laos«, zu ihrem ersten Präsidenten wurde Prinz Souphanouvong gewählt.

* * *

120 Mangkra Souvanna Phouma war selbst in einem solchen Umerziehungskurs und beschreibt ihn: Mangkra Souvanna Phouma, S. 121ff.

121 Wünsche/Weidemann, S. 334.

122 Aus dem Abdankungsschreiben, zit. nach: Mangkra Souvanna Phouma, S. 11f.

123 Die beiden haben diese Funktion später in unterschiedlicher Intensität ausgeübt. Während der Ex-König im öffentlichen Leben kaum noch eine Rolle spielte, ist Souvanna Phouma bis zu seinem Tod 1984 immer wieder als Mitglied der Regierung in Erscheinung getreten. Der Verf. hatte 1981 ein ausführliches Gespräch mit ihm, aus dem hervorging, dass Souvanna Phouma jedenfalls zu dieser Zeit die Politik der Volksrepublik aktiv mitgestaltete.

In Kambodscha war schon wenige Monate nach dem Putsch Lon Nols im März 1970 klar geworden, dass dieses Regime keinerlei Rückhalt in der Bevölkerung hatte. Außer der bedingungslosen Unterstützung der USA in der Außenpolitik waren die Hauptmotive seines Handelns der Antikommunismus und der rassistische Züge tragende Hass auf die Vietnamesen, und schon die ersten Maßnahmen lösten Schrecken und Unruhe aus. Der Putsch war zu einem Zeitpunkt vollzogen worden, als die inneren Auseinandersetzungen zwischen Sihanouks Regime und den Bauern noch längst nicht beigelegt waren. Drei Jahre lang hatte es einen regelrechten Bürgerkrieg gegeben, an dessen Beginn 1967 Lon Nol seinen Ministerpräsidentenposten verloren hatte und Sihanouk ein Krisenkabinett bilden musste. Der Repression durch die Armee fielen etwa 1500 Bauern zum Opfer. Offiziell war die Revolte im Juni 1967 für niedergeschlagen erklärt worden, aber Kämpfe gingen bis August weiter, und neue Aufstände flammten Anfang 1968 auf, in deren Verlauf die Regierung die Kontrolle über einige fernab liegende Provinzen ganz einbüßte. Diese »Revolte von Samlaut« war überwiegend von der vietnamfreundlichen Widerstandsfraktion um die alten Issarak-Kämpfer angeleitet worden und 1968 in einen bewaffneten Kampf gegen die Sihanouk-Regierung übergegangen; zu dieser Zeit wurde die Anzahl der aktiven Guerilleros auf 5000 bis 10 000 geschätzt.[124]

Schon sieben Tage nach dem Sturz Sihanouks gab es wieder Bauerndemonstrationen in den Provinzen Kampong Cham und Takeo, gegen die Lon Nol sofort das Militär einsetzte. In verschiedenen Orten flohen die örtlichen Regierungsbeamten, in anderen wurden sie ermordet und die Aktenschränke der Provinzverwaltung geplündert: Akte der konkreten Auflehnung gegen die staatsbürokratische Ausbeutung, die es auch schon unter Sihanouk gegeben hatte. Bauernzüge mit Pferdewagen näherten sich aus verschiedenen Richtungen der Hauptstadt. Kurz vor Phnom Penh wurden zwei Demonstrationszüge, die sich kurz zuvor vereinigt hatten, von der Armee gestoppt, und die Soldaten erhielten Befehl, in die Menge der unbewaffneten Bauern zu schießen: Es gab mehrere Hundert Tote.[125] Große Teile der Bevölkerung solidarisierten sich mit den Opfern, es

124 CIA-Schätzung, in: *U.S. Policy and Programs in Cambodia 1973*, zit. nach: Kiernan/Boua, S. 196.

125 Meyer, S. 332.

gab Demonstrationen in den Städten und Streiks in vielen Gummiplantagen. Obwohl sich die Forderungen der Bauern kaum von denen unterschieden, die sie schon seit 1966 an Sihanouks Regime gestellt hatten, wendeten sich die Parolen jetzt auch gegen seinen Sturz durch die Putschisten um Lon Nol. Die Proteste waren am stärksten in den Gebieten, in denen auch der linke Flügel der Oppositionsbewegung besonders stark war. 1966 hatte es in der Provinz Kampong Cham absolute Mehrheiten für die Kandidaten Hu Nim und Hou Yuon gegeben. Hier war Sihanouks Prestige als »Gottkönig« nicht mehr wirksam, hier hatte er schon in den 1960er Jahren kaum noch Anhänger und Einfluss, aber auch sonst war »die Unterstützung, die Sihanouk bei den Bauern genoss, eher passiv«[126] gewesen.

Ein neues Motiv für die Radikalisierung des Bauernprotests hing mit der Vertreibung aller auf kambodschanischem Gebiet befindlichen Angehörigen der vietnamesischen Befreiungsfront zusammen, die Lon Nol sofort nach seiner Machtübernahme betrieb. Große Bevölkerungsteile der östlichen, aber auch zentraler gelegener Provinzen hatten sich an die Anwesenheit der Befreiungskämpfer nicht nur gewöhnt, sondern zu deren Versorgung auch mit ihnen Handel getrieben. Dadurch waren diese in den ökonomischen Kreislauf eingegliedert worden: Etwa die Hälfte des Reisexports von Kambodscha ging an die FNL[127], und auch chinesische Waren wurden über Kambodscha nach Vietnam gebracht, ja sogar ein großer Teil des Warenhandels mit Saigon lief über die FNL. Zahlreiche Marktorte waren in der Nähe der Grenzregion entstanden, wo die Guerilleros der Befreiungsfront operierten,[128] und der Transport der Waren dorthin wurde von der Bevölkerung organisiert. Die Bauern konnten mit diesem Handel ihre Einkünfte erhöhen, und Lon Nols Vorgehen war für sie nicht nur politisch unverständlich, sondern bedeutete auch einen herben ökonomischen Verlust. Offiziell wurde behauptet, die Demonstrationen und Unruhen seien vom »Vietkong« angestiftet. Lon Nol nahm sie zum Anlass, die Propaganda und die Kampagnen gegen Vietnam und vor allem gegen die vietnamesische Minderheit in Kambodscha zu inten-

126 Kiernan/Boua, S. 218.

127 Pomonti/Thion, S. 179.

128 »Alle westlichen Geheimdienste waren sich darin einig, dass die Anwesenheit der FNL-Truppen sich über eine Tiefe von nicht mehr als einigen Kilometern erstreckte, und dies zumeist in abgelegenen Gebieten.« Thion/Kiernan, S. 153.

sivieren – schon vor dem Putsch waren die Botschaften Vietnams und der Befreiungsfront in Phnom Penh überfallen worden. »Vereinigen wir uns, um die Rasse der Vietkongbanditen aus unserem Land zu jagen«[129], hieß es auf Flugblättern, und die ersten Opfer der nun organisierten Massaker waren die Katholiken, eine Minderheit unter den etwa 400000 Einwohnern vietnamesischen Ursprungs in Kambodscha, gegen die sich neben den rassistischen auch religiöse Vorurteile aktivieren ließen.[130] Insgesamt kamen bei diesen Verfolgungen etwa 20000 Menschen um[131], die mittelständische, zuweilen reiche vietnamesische Händlerschicht wurde vertrieben, ihre Besitztümer wurden geraubt, und eine Massenflucht nach Vietnam setzte ein.

Diese rassistischen Massaker waren bei Lon Nol nur das Pendant zu einer expansionistischen Politik, die sich ebenfalls gegen Vietnam richtete. Er wollte sowohl die Khmer Krom-Gebiete in Südvietnam annektieren, als auch die Cham beider Länder unter seiner Herrschaft »vereinigen« und dabei die Gebiete der Hochland-Minderheiten Südvietnams besetzen.[132] Aber angesichts des Machtzerfalls, der praktisch mit dem Tag des Putsches einsetzte, wurden solche Pläne sehr bald illusorisch. »Die neuen Führer in Phnom Penh stehen einen Monat nach der Absetzung Prinz Sihanouks im Begriff, Kambodscha zugrunde zu richten.«[133] Die Währung verfiel, die Produktion, vor allem in den Plantagen und Industriebetrieben, stagnierte, und die Versorgung in den Städten drohte zusammenzubrechen, weil auch gegen die chinesische Minderheit, die den Lebensmittelhandel kontrollierte, vorgegangen wurde. Auf dem Land war die Situation weniger katastrophal, weil dort der Tauschhandel vorherrschte und die Versorgung nicht vom Funktionieren eines Handelssektors abhängig war. Schon sehr bald gab es auch bei der Bevölkerung in den Städten eine deutliche Mehrheit gegen Lon Nol, die aber im Programm der kurz nach Sihanouks Sturz gegründeten »Nationalen Einheitsfront Kambodschas« (FUNK[134]) und vor allem in ihrer Politik keine

129 Pomonti/Thion, S. 179.

130 FR, 23.4.1970. Vgl auch Wünsche/Weidemann, S. 268.

131 *The Baltimore Sun*, 22.8.1970, zit. nach: Pomonti/Thion, S. 187, Anm.

132 Thion/Kiernan, S. 179.

133 *Le Figaro*, 20.4.1979, vgl. auch Wünsche/Weidemann, S. 268.

134 Am 3.5.1970 in Beijing. Gleichzeitig konstituiert sich dort im Exil eine »Königliche Regierung der nationalen Einheit« (GRUNK) mit Sihanouk als Staatschef.

Basis für ein gemeinsames Vorgehen sehen konnte. Die Hoffnung der städtischen Schichten war, »dass Lon Nol durch irgendjemand gestürzt werden würde, der ein Ende der Kämpfe herbeiführen und eine gemäßigte sozialistische Koalition mit der Gegenseite eingehen könnte – eine Lösung, die sie von der schwierigen Wahl befreit hätte, entweder unter einem Regime zu bleiben, für das sie wenig Sympathien hatten, oder sich auf eine gefährliche Betätigung als Guerillakämpfer einzulassen«.[135]

Eigentlich rechnete jeder Beobachter mit einem schnellen Scheitern Lon Nols[136], aber dies passte jetzt nicht mehr in das Kriegskonzept der USA in Vietnam. Die völlige Abhängigkeit Lon Nols von den amerikanischen Güter- und Waffenlieferungen führte praktisch dazu, dass die USA die Kontrolle über Kambodscha übernahmen und folglich an einem Wechsel in Phnom Penh kein Interesse mehr hatten. Indessen gab es, genau besehen, einen andauernden Wechsel des Regierungspersonals: Für die Zeit von 1970 bis 1975 zählt Chantrabot insgesamt zehn aufeinanderfolgende Regierungen in Phnom Penh auf, die meisten mit Lon Nol als Ministerpräsident.[137] Aber die USA brauchten ihn nicht mehr: Die Hilfslieferungen liefen über Saigon, und »mit dem Einverständnis des US-Oberkommandos und vor allem seiner materiellen Hilfe, unterstützt von der Luftwaffe, übernahm Saigon die Leitung der Operationen in Kambodscha«[138].

135 Vickery 1982, S. 110.

136 Dieser Fehleinschätzung unterlag offenbar auch die sowjetische Führung, die bis zuletzt ihren Botschafter nicht aus Phnom Penh abberief. Hier kam natürlich dazu, dass die Sowjetunion der Politik der FUNK, die jetzt immer mehr von der Pariser Gruppe bestimmt wurde, sehr reserviert gegenüberstand. Ihre lange Weigerung, die GRUNK anzuerkennen, hat zu den verschiedensten Gerüchten Anlass gegeben. So soll Moskau, zusammen mit Paris, eine Regierung aus Vertretern einer »dritten Kraft« einschließlich der Rechten Lon Nols, aber unter Ausschluss der FUNK angestrebt haben. Vgl. *Le Monde diplomatique* 4/1972 und Caldwell/Lek Tan, S. 335ff. Die Sowjetunion hatte in dieser »Region ohne großes direktes strategisches Interesse nur ›geringe Ambitionen‹ und schien in der Periode nach dem Putsch nur bestrebt zu sein, freundliche Kontakte zu allen einheimischen Regierungen in der Region ungeachtet ihrer politischen Positionen herzustellen, um einer US- und japanischen Präsenz entgegenzuarbeiten.« (Ebd.) Eine eindeutig gegen die FUNK gerichtete sowjetische Aktivität lässt sich nicht nachweisen.

137 Chantrabot, S. 155–179.

138 Pomonti/Thion, S. 233.

Es muss allerdings hinzugefügt werden, dass Lon Nol, selbst wenn er noch etwas zu sagen gehabt hätte, keine Einwände gegen dieses Vorgehen vorgebracht hätte.

Sihanouk blieb in Beijing und bekannte sich zu seinen ehemaligen Feinden um Pol Pot. Diese akzeptierten den neuen Bundesgenossen, denn er garantierte ihnen nicht nur die Möglichkeit, die Bevölkerung in seinem Namen für die eigenen Ziele zu mobilisieren, sondern durch seine Person war auch die materielle und diplomatische Hilfe der chinesischen Führung gewährleistet. Es ist interessant festzuhalten, dass nach Angaben Sihanouks beim Gründungskongress der FUNK von den Führern der KPK nur Khieu Samphan, Hu Nim und Hu Yuon anwesend waren.[139] Offenbar wollte sich der Prinz zunächst nur auf diese Gruppe stützen, und seine Erklärung anlässlich der FUNK-Gründung kann auch als Indiz für seinen Versuch gelesen werden, unterschiedliche Wertungen der einzelnen Gruppen der Pariser Gruppe zu dokumentieren.[140] Offenbar ohne Mitwirkung von Pol Pot fanden intensive Beratungen in Beijing, Hanoi und Kanton[141] statt, als deren Ergebnis auf Bitten Sihanouks eine enge Zusammenarbeit und Unterstützung mit der vietnamesischen Regierung vereinbart wurde. Bis zum Putsch 1970 hatten die kambodschanischen Widerstandskämpfer, einschließlich der Gruppe um Pol Pot, in den Lagern der FNL Zuflucht finden können, aber keine Waffen erhalten. Nun wurden 2000 Berater aus Vietnam in die befreiten Gebiete geschickt und gleichzeitig die von der vietnamesischen Befreiungsfront genutzten Lager und Kommunikationswege unter die offizielle Kontrolle der FUNK gestellt. Die Vertreibung der Invasionstruppen 1971–73 wäre ohne die Mitwirkung der vietnamesischen Einheiten nicht möglich gewesen.[142] In dieser Zeit konnte die FUNK, nachdem

139 Norodom Sihanouk 1979, S. 253.

140 Vgl. Vickery 1982, S. 109.

141 Die »Gipfelkonferenz der indochinesischen Völker« auf Einladung Sihanouks hatte noch vor der Gründung der FUNK am 24. und 25.4.1970 stattgefunden. Von Hanoi wurden weitgehende Hilfszusagen gemacht. Pol Pot und Ieng Sary gehörten weder der Delegation in Kanton noch dem Politbüro und Zentralkomitee der FUNK oder der GRUNK an. Vgl. die entsprechenden Dokumente in Caldwell/Lek Tan, S. 386ff.

142 »… den nordvietnamesischen Bundesgenossen ihren entscheidenden, um nicht mehr zu sagen, Teil abzuleugnen, den sie dazu beitrugen, die amerikanischen und Saigoner Eindringlinge 1970, 1971 und 1972 zu vertreiben, das ist

alle östlichen Provinzen durch vietnamesische Befreiungstruppen von Lon Nols Soldaten gesäubert worden waren, fast die Hälfte des Landes unter ihre Kontrolle bringen. »Selten hatte eine nationale Befreiungsbewegung so gute Startbedingungen!«[143]

In dieser Phase, in der die Grundlagen für den Sieg 1975 geschaffen wurden, gingen die inneren Machtkämpfe in der KPK unvermindert weiter. Sihanouk, der intensiv die Zusammenarbeit mit den Vietnamesen anstrebte und sich damit in klarem Widerspruch zur Politik der Gruppe um Pol Pot befand, konnte deren Repräsentanten von den öffentlichen Manifestationen der FUNK im Ausland weitgehend fernhalten, hatte aber von Beijing aus die Situation im Lande selbst kaum mehr unter Kontrolle. Vor Ort gab es Auseinandersetzungen und blutige Scharmützel zwischen Pol Pot-Sympathisanten und Vietnamesen sowie zwischen Anhängern der verschiedenen Fraktionen innerhalb der KPK selbst.[144]

Die Pol Pot-Gruppe oder die Roten Khmer[145] scheinen bei ihrem Bemühen, die Kontrolle über die Partei zu erlangen, nach 1970 in drei Etappen vorgegangen zu sein.[146] Bis Mitte 1971 etwa unterstützten sie offiziell Sihanouk, versuchten im Übrigen, so viele der Lon Nol-Regierung entrissene Gebiete wie möglich ihrer eigenen Kontrolle zuzuführen. Sie vertraten und praktizierten dabei kein eigenes politisches Programm, sondern bauten eine eigene Khmer-Verwaltung auf und hatten dabei noch die Unterstützung der vietnamesischen FNL-Kader. Mitte 1970 waren viele Khmer-Befreiungskämpfer aus der alten Issarak-Bewegung, die vor Sihanouks Verfolgung geflüchtet waren, aus Vietnam nach Kambodscha zurückgekehrt. Die Roten Khmer betrachteten und behandelten sie durchweg als Agenten und Verräter, was in dieser Phase zu den ers-

nicht nur eine Beleidigung für sie, sondern auch ein Verbrechen gegenüber der Geschichte«, Norodom Sihanouk 1979, S. 64f.

143 Wilfred Burchett im Vorwort zu: Kiernan/Boua, S. iiif.

144 Vgl. etwa Aussagen von Khieu Samphan, in: Norodom Sihanouk 1979, S. 45.

145 Ich benutze diesen Ausdruck von nun an zur Bezeichnung der »Pariser Gruppe« um Pol Pot und Ieng Sary, so wie es dem Sprachgebrauch seit 1975 entspricht. Er wurde allerdings unkorrekterweise auch als allgemeiner Name für die kambodschanische Widerstandsbewegung benutzt. Damit ist die Gefahr verbunden, den Eindruck einer nicht vorhandenen Homogenität zu erwecken.

146 Ich schließe mich hier weitgehend der Darstellung von William Shawcross an: *Sideshow*, S. 250ff.

ten Schwierigkeiten in der Zusammenarbeit mit der FNL führte. In vielen Gebieten wurde der Bevölkerung gesagt, sie müsse sich nun bald entscheiden, ob sie »Ho oder Sihanouk«[147] unterstützen wolle. Die enge Zusammenarbeit beider wurde ebenso verschwiegen wie die Tatsache, dass die Roten Khmer selbst eigentlich gegen Sihanouk arbeiteten.

Ab dem Sommer 1971 bis etwa Anfang 1973 wurde die Distanz zu Sihanouk auch in den öffentlichen Äußerungen der Roten Khmer spürbar. In den von ihnen beherrschten Gebieten fanden soziale und ökonomische Umgestaltungen (Kollektivierungen) statt, in einzelnen Städten wurden laut einem Bericht der CIA schon 1972 Anti-FNL-Demonstrationen organisiert.[148] Im Januar 1973 wurde der Bruch offensichtlich: Die Roten Khmer lehnten das Pariser Abkommen und jegliche entsprechende Regelung für Kambodscha ab. Vietnam stellte seine Militärhilfe für Kambodscha im Gefolge der Bestimmungen des Pariser Abkommens weitgehend ein, was von den Roten Khmer als Verrat hingestellt wurde. Gleichzeitig setzte die Pol Pot-Gruppe gegenüber der Bevölkerung der von ihnen kontrollierten Gebiete ihre radikalen Programme durch: Auflösung der Dorf- und Familiengemeinschaft, Abschaffung jeglichen Privateigentums und des Geldes, ständige und totale Überwachung. Täglich wurden den Menschen die »vier Negationen« eingeschärft: »Nichts sagen, nichts hören, nichts sehen, nichts verstehen«[149]. Diskussionen politischer Probleme waren selbst den Parteimitgliedern und örtlichen Kadern verboten, es wurde die blinde Ausführung aller Befehle erwartet, die von oben kamen: »Die theoretischen und selbstkritischen Diskussionen dürfen nicht von den Massen wahrgenommen werden, […] die Führer, die das Volk repräsentieren, dürfen nicht in seinem Namen handeln, sondern in dem der Organisation [»Angkar«, gg], die Mobilisierung muss permanent erfolgen, das heißt die Mobilisierung gegen den Klassenfeind, welche die Härte der Organisation und ihre

147 Thion/Kiernan, S. 253.

148 Ebd. Der Bericht nennt die Provinz Kampong Cham. Von hier aus waren die Bauerndemonstrationen 1970 ausgegangen, von denen wir wissen, dass sie von Khmer-Issarak-Anhängern organisiert worden waren. Diese »Ostregion« war ein Hauptbrennpunkt des Machtkampfes bis zu den Massakern der Jahre 1977/78.

149 Debré, S. 178.

Entscheidungsprozesse rechtfertigt«[150]. Als »Klassenfeinde« galten »die Sihanoukisten und früheren Funktionäre seiner Administration sowie die Kommunisten, die in Nordvietnam gewesen waren«[151], womit die alten Issarak-Kämpfer gemeint waren. Etwa die Hälfte von ihnen soll schon bis 1971 umgebracht worden sein.[152]

Aber der Kampf der Roten Khmer um die Macht in der Partei war noch nicht entschieden, und ihre Einflusszonen waren zur Zeit des Pariser Abkommens über das ganze Land verstreut.[153] Trotzdem konnten sie in der Partei ihre Ablehnung des Pariser Abkommens durchsetzen, was von den USA, wie vorherzusehen war, als Anlass zu Bombardements von Februar bis August 1973 genutzt wurde. Denn »es besteht kein Zweifel, dass die großen Leiden und die Demütigungen, welche diese Bombardierungen provozierten, seiner [Pol Pots, gg] Gruppe einen politischen Vorteil verschafften, den er niemals auf andere Weise hätte erreichen können«[154]. Die Roten Khmer waren zu Gefangenen ihres Machtanspruchs und der dazu nötigen Propaganda geworden: »Ein Waffenstillstand hätte die Kampfentschlossenheit des Volkes und der revolutionären Armee Kambodschas verwirrt.«[155]

Während Pol Pot den Apparat der Partei langsam unter seine Kontrolle brachte, blieb Ieng Sary in Peking, um Sihanouk zu überwachen. Der Prinz hatte kaum noch Informationen über das, was sich in Kambodscha abspielte, und während der einzigen Reise, die er 1973 ins Land unternehmen konnte und die vor allem dem Zweck diente, durch einige in der Weltpresse verbreitete Fotos die längst

150 So war dies schon in Paris formuliert worden. Debré, der dort mit der Gruppe persönlichen Umgang hatte, zitiert Notizen von Studenten aus dieser Zeit. Debré, S. 86f.

151 Norodom Sihanouk 1979, S. 54f.

152 Thion/Kiernan, S. 219f.

153 Der Journalist James Fenton, der Mitte 1974 ein kurzzeitig von den Lon Nol-Truppen zurückerobertes Gebiet 10 km nördlich von Takeo besucht und dort die Bewohner befragt hat, sprach von einem »Leopardenfell«, Thion/Kiernan, S. 232.

154 Thion/Kiernan, S. 239. Vgl. auch Shawcross, S. 298f. Nach Meinung Kiernans hätten Verhandlungen mit Lon Nol die Bombardements verhindern können, »das hätte der Pol Pot-Gruppe nicht die nötige Zeit gelassen, sich die totale Kontrolle auf ihrer Seite des grünen Tischs zu sichern«. Thion/Kiernan, S. 241.

155 *Livre noir* (Anm. 335), S. 91. Weitere Belege bei Thion/Kiernan, S. 240ff.

zerbrochene Einheit der Partei im Ausland vorzutäuschen, wurde ihm klar: »Die mit mir alliierten Roten Khmer nutzen mein Prestige und meine Legitimität, um den Sieg zu erringen. Später, wenn sie mich nicht mehr brauchen, werden sie mich ausspucken wie einen Kirschstein.«[156] Es gibt noch keine eindeutigen Informationen darüber, wie sich Sihanouks Gastgeber, die chinesische Regierung, in dieser Auseinandersetzung verhielt. Öffentlich stand sie hinter Sihanouk, indessen konnten ihr die Auseinandersetzungen mit den Roten Khmer nicht unbekannt bleiben. Nach verschiedenen Andeutungen in internen Dokumenten[157] spielte man in Beijing etwa ab März/April 1970 den Gedanken durch, mit einer bevorzugten Unterstützung der Roten Khmer Einfluss auf die KPK zu gewinnen, was in einer absehbaren Nachkriegsphase von Bedeutung sein könnte, um auf die Entwicklung in Vietnam einzuwirken.

Andererseits hielt man sich in Beijing noch alle anderen Optionen offen, einschließlich »der Karte Lon Nol, die man länger ausspielte als die anderen«[158]. Es gibt auch Anzeichen dafür, dass die Beijinger Führung, wie in Vietnam[159], im letzten Augenblick zugunsten einer fortdauernden Präsenz der USA in Kambodscha einzugreifen versuchte. Sihanouk berichtet, er habe von Zhou En-lai den Auftrag erhalten, mit der US-Botschaft in Beijing Kontakt aufzunehmen, um über eine durch die USA organisierte und gesicherte Rückkehr nach Phnom Penh als Führer einer Koalitionsregierung zu verhandeln.[160] Beide Haltungen ergeben einen logischen Sinn, wenn man sie unter dem Gesichtspunkt sieht, dass sowohl eine US-Präsenz als auch die Unterstützung der Roten Khmer sich gegen eine positive Entwicklung im Nachkriegsvietnam auswirken würde.

Um die Jahreswende 1973/74 eskalierte der Guerillakampf in Kambodscha endgültig zum konventionellen Krieg mit Belagerungen, Grabenkämpfen und dem Einsatz schwerer Waffen. Lon Nol konnte ihn nur mit amerikanischer Hilfe führen, die jedoch im Gefolge des

156 Interview mit Oriana Fallaci, zit. in: Lacouture 1978, S. 34.

157 Etwa im *Livre noir*, S. 48.

158 Thion/Kiernan, S. 163.

159 Vgl. *Weißbuch*, S. 29ff.

160 Ein Brief an Präsident Ford, die von Sihanouk gedrehten Filme betreffend, war der Anlass für erste Kontakte gewesen. Wortlaut des Briefwechsels in: Debré, S. 205f.

Pariser Abkommens und angesichts eines wachsenden Widerstands gegen den Indochinakrieg in der Bevölkerung der USA und seiner westlichen Verbündeten politisch immer schwerer durchzusetzen war. Aber auch die Mitwirkung vietnamesischer Berater und Truppen war in Befolgung des Pariser Abkommens eingestellt worden, und Pol Pots Streitkräfte wurden zu diesem Zeitpunkt vorwiegend nicht mehr aus der Bauernschaft rekrutiert, sondern waren von der Bevölkerung isolierte, sehr junge[161] Soldaten, die aus den Milizen abgezogen wurden und sich stets im Dschungel aufhielten. Ihr Sieg am 17. April 1975 war eher eine Konsequenz aus dem völligen Zusammenbruch des Lon Nol-Regimes, das ohne die amerikanische Unterstützung keinen ernsthaften Gegner mehr darstellte.

161 »Die Rekruten beginnen ihre militärische Karriere im Alter von zwölf Jahren«, Norodom Sihanouk 1979, S. 67f. Vgl. auch Chandler, S. 243.

VIII. Der Vietnamkrieg

Historische Einordnung und Bedeutung

Ähnlich wie die beiden Weltkriege darf der Vietnamkrieg[1] als ein Ereignis gelten, das welthistorische Bedeutung hat. Er hat nicht nur die Geschichte der beteiligten Länder stark beeinflusst, sondern wurde auch vielfach als eine Zäsur in der Geschichte des 20. Jahrhunderts angesehen. Seine wichtigste Differenz zu den Weltkriegen ist vielleicht die Tatsache, dass er in wesentlichem Ausmaß durch eine weltweite Antikriegsbewegung tatsächlich zu einem Ende gebracht wurde, das eine der beteiligten Parteien, die USA, nicht so und nicht zu diesem Zeitpunkt wollte. Die Auseinandersetzung wurde nicht in den Generalstäben entschieden, und ihr Ende war nicht die Folge der militärischen Überlegenheit eines der Kombattanten, sondern eine vor der Weltöffentlichkeit ausgefochtene Entscheidung in Verhandlungen.

Die Weltmacht USA, die in beiden Weltkriegen als moralische Autorität aufgetreten war und sich dafür ein berechtigtes historisches Verdienst erworben hatte, fand sich im Vietnamkrieg auf der anderen Seite der Barriere wieder. Wilhelminischer Imperialismus und deutscher Faschismus waren sozusagen moralisch legitime Gegner in einem »gerechten Krieg« gewesen, die zu besiegen allgemein anerkannten Werten (Demokratie, Modernität, Humanität) zum Durchbruch verhelfen sollte. Dass dabei auch imperialistische Interessen eine Rolle spielten, dass beide Weltkriege auch eine Phase des Kampfes um die Aufteilung der Erde und ihrer Ressourcen waren und dass schließlich aus beiden Weltkriegen ein zeitweise überzeugendes gesellschaftliches Gegenmodell zum Kapitalismus hervorging, ist dabei zu berücksichtigen. Die Staaten, in denen es mehr oder weniger erfolgreich ausprobiert wurde, sind untergegangen, und doch beschäftigt das Modell seit fast einem Jahrhundert das politische Handeln der Staatenlenker und das philosophische Denken der geistigen Eliten – all das soll hier nicht geleugnet, aber auch nicht zum Thema einer eingehenden Darstellung gemacht werden.

1 Ich benutze den ungenauen, aber gängigen Terminus in diesem Kapitel als abkürzende Bezeichnung für den amerikanischen Krieg in Vietnam.

Bei der historischen Einordnung des Vietnamkriegs spielen auf den ersten Blick zwei Besonderheiten eine Rolle: Er dauerte bedeutend länger als die beiden Weltkriege, je nach Definition der entsprechenden Auseinandersetzungen dreißig[2] oder fast hundert[3] Jahre, und vor allem änderte er seinen Charakter. Zunächst aus der antikolonialen Revolte entstanden und geführt von Frankreich, dem es um die Herrschaft über das Territorium ging mit der Absicht, es dem eigenen Staatsgebiet zuzuschlagen und über seine Ressourcen zu verfügen, wurde er mit dem Eingreifen des USA[4] zu einem Krieg »neuen Typs«, bei dem es nicht mehr um die Eroberung von Ländern ging, sondern um einen weltweiten ideologischen und militärischen Machtkampf, der mit dem Verschwinden des sozialistischen Lagers und der aufkommenden Globalisierung noch einmal seinen Charakter änderte.

Bekannt und geläufig sind die neuen Kampfformen, die in den antikolonialen Kriegen zum ersten Mal auftauchten und unter dem Begriff Partisanen oder Guerilla[5] zusammengefasst werden können. Der Guerillakampf ist stets einerseits eine Folge der ungleich verteilten militärischen Stärke, andererseits an eine gewisse Solidarität mit der Bevölkerung gebunden, was ihn von den Kampfformen der klassischen europäischen Kriege des 19. und 20. Jahrhunderts unterscheidet, die vor allem von Berufsmilitärs geführt wurden. Diese haben dem Guerillakrieg mit dem Konzept der »counterinsurgency«[6]

2 Wenn man den Beginn im Jahr 1945 sieht, als der in diesem Buch so genannte »französische Krieg« einsetzt. Das ist korrekt, wenn man als »Krieg« nur militärische Auseinandersetzungen zwischen Staaten definiert.

3 Wenn man auch den antikolonialen Widerstand seit etwa 1880 (Can Vuong-Bewegung) mitzählt.

4 Das, wie wir gesehen haben, ein Prozess mit langem Vorlauf und allmählichen Übergängen war.

5 Der Begriff »Guerilla« stammt aus dem spanischen Widerstand gegen die Okkupation Napoleons. Ich lasse mich aber hier nicht auf Spekulationen ein, ob es dafür in der Menschheits- oder Kriegsgeschichte Vorläuter gab. Ich argumentiere vor dem Horizont militärischer Reflexionen, die man in Europa und den USA nach dem Zweiten Weltkrieg voraussetzen darf.

6 Ein militärisches Konzept, das die USA mit dem sogenannten »Wehrdörferprogramm« zu verwirklichen suchten, das aber zum Scheitern verurteilt war, weil es die Signifikation dieser Kampfform, wie sie von dem britischen Experten Robert Thompson korrekt beschrieben worden war, nicht verstand. Vgl. Thompson und Cable.

zu begegnen versucht. Was von Vo Nguyen Giap als »Volkskrieg« bezeichnet wurde, hatte schon einen etwas anderen Akzent: Es ging nicht nur um Solidarität oder Sympathie der Bevölkerung mit den Guerillakämpfern, sondern um die aktive Unterstützung einer »Volksarmee«[7] durch die gesamte Bevölkerung im Kampf gegen einen von außen kommenden Gegner.

Zur Bezeichnung dieser neuen Form des Krieges wurden verschiedene Begriffe vorgeschlagen[8]: Kleiner Krieg (low intensity war), Wilder Krieg (Sofsky[9]) und, in neuerer Zeit, asymmetrischer Krieg. Dieser Begriff wurde zunächst in Abgrenzung zum »symmetrischen« Krieg entwickelt, in dem es Regulierungen völkerrechtlicher Art wie formelle Kriegserklärung, Kriegsrecht, internationale Regelungen für die Behandlung von Zivilisten, juristische Definitionen von Kriegsverbrechen gab. Die klassische Kriegsform scheint zum Anachronismus geworden zu sein. Der Grund ist die monopolare Struktur der Welt seit der Globalisierung: »Unter der Voraussetzung einer symmetrischen Kriegsführung nach dem Modell zwischenstaatlicher Kriege gibt es keine Macht, die den USA auch nur im Entferntesten gewachsen ist.«[10] Wie das Zitat andeutet, ist nach dem Verschwinden des sozialistischen Lagers und im Zuge der Globalisierung angesichts der Übermacht eines einzigen Staates eigentlich kein Krieg nach dieser klassischen Definition mehr möglich. Für alle aktuellen Kriege gilt also prinzipiell, dass sie sich in Formen der Auseinandersetzung abspielen, die als asymmetrisch bezeichnet werden können. Als solche asymmetrischen Formen nennt Münkler neben dem Partisanen- und Guerillakrieg auch den Terror und so begrenzte Aktionen wie die Intifada in Palästina.

Sicher wäre es falsch, den Vietnamkrieg als reinen oder gar den ersten »asymmetrischen« Krieg zu bezeichnen. Er entwickelte sich aus einer Reihe von Aufständen gegen eine Kolonialmacht zu einem Guerillakrieg, aber schon die Schlacht von Dien Bien Phu etwa war eine Konfrontation zweier Armeen, die im Auftrag von Staaten kämpften, nämlich des französischen Expeditionskorps und der neu

7 Vgl. Vo Nguyen Giap.

8 Die folgende Aufzählung aus Münkler, S. 45.

9 Vgl. Sofsky.

10 Münkler, S. 49. Inwiefern sich das inzwischen mit dem Aufsteigen Chinas vielleicht ändern wird, ist für diese Überlegungen unerheblich.

geschaffenen »Volksarmee« der DRV. Auch der amerikanische Krieg in Indochina wurde in seinem Verlauf teilweise[11] und am Ende ganz im Stil einer klassischen Schlacht um Territorien ausgetragen.

Die These vom asymmetrischen Krieg ist zur Beschreibung und Interpretation des Vietnamkriegs dennoch häufig herangezogen worden, obwohl damit nur ein kleiner Ausschnitt des Kriegsgeschehens zur Sprache kommt: Diejenigen US-Kampftruppen, die Guerillakämpfer verfolgten, Siedlungen durchkämmten, feindliche Infrastruktur zerstören sollten, machten nur etwa 10 % der eingesetzten Soldaten aus.[12] Die Konzentration auf die Asymmetrie blendet also wichtige Elemente aus: die Luftangriffe, die Flächenbombardements, die chemische Kriegsführung, die Unterdrückungsmaßnahmen gegen die Bevölkerung im Süden etc.

In seiner zu Recht als »monumental« charakterisierten Untersuchung zum Vietnamkrieg und speziell zur Kriegsführung der USA und ihren verbrecherischen Exzessen entwickelt und spezifiziert Bernd Greiner den Begriff des asymmetrischen Kriegs, um ihn zur Beschreibung und zur Erklärung bestimmter Erscheinungsformen dieses Kriegs verwendbar zu machen.

Auf einer allgemeinen Ebene definiert, war der Vietnamkrieg eine militärische Auseinandersetzung mit auf die kriegführenden Parteien bezogen sehr unterschiedlichen Voraussetzungen und Möglichkeiten: unterschiedlichen Ausrüstungen, unterschiedlich geschulten Kämpfern, mit einem im Grundsatz verschiedenen Verständnis von Krieg, also: die Konfrontation zwischen – auf den ersten Blick – einem starken und einem schwachen Gegner.[13]

Der schwache Gegner kompensiert dabei seinen Nachteil dadurch, dass er sich nicht auf die Kampfformen des Starken einlässt, sich also nicht in offener Schlacht stellt, sondern durch kurze und unerwartete Angriffe die Initiative ergreift und das Geschehen bestimmt. Die Auseinandersetzung gehorcht nicht mehr den Gesetzen der Ökonomie oder Technologie. Die Kampfmethode des Schwachen setzt das mathematische Kalkül mit Masse und Effizienz außer Kraft. Der Schwache kann überleben und auch gewinnen, weil er sich nicht auf

11 Z. B. bei der Tet-Offensive 1968.

12 Vgl. Greiner, S. 33.

13 Ebd., S. 44. Die folgenden Überlegungen referieren zum Teil Greiners Ausführungen, S. 44ff.

die Art der Kriegsführung einlässt, auf die der Starke vorbereitet ist und die er am besten beherrscht. Und für Letzteren sind materielle und technische Überlegenheit nicht mehr von Vorteil: »Wir mussten keine militärischen Siege erringen, wir mussten sie nur so lange mürbe machen, bis sie aufgaben und sich zurückzogen.«[14]

In einem asymmetrischen Krieg nutzen, so Greiner, beide Seiten die Ressource Zeit unterschiedlich. Der Starke muss unbedingt gewinnen, im Falle des Vietnamkriegs standen die USA unter dem Druck sowohl der steigenden Kriegskosten als auch des wachsenden Widerstands sowohl großer Teile der politischen Führung[15] als auch der Öffentlichkeit und der Bevölkerung.

Der Schwache hat Zeit, er kann warten, er muss nicht gewinnen, er darf nur nicht verlieren. Im Gegensatz zum Starken ist er auf die volle Unterstützung der Bevölkerung angewiesen, auf die der Starke bis zu einem gewissen Grad und eine gewisse Zeit lang verzichten kann. Im Fall der USA war das möglich, weil der Krieg sehr weit entfernt stattfand, weil die Berichterstattung weitgehend gleichgeschaltet war und die meisten Entscheidungen nicht demokratisch legitimiert wurden[16], weil also die Bevölkerung zu keiner Zeit über diesen Krieg wirklich Bescheid wusste. Die Unterstützung durch die Bevölkerung ist natürlich für die Schwachen keine garantierte Voraussetzung. Die vom Feind verursachten Zerstörungen, Demütigungen und Repressionen können die Opferbereitschaft erlahmen lassen, Resignation und Opposition hervorrufen. Sie ist aber eine absolute Voraussetzung.

In einer gewagten Weiterführung dieses theoretischen Ansatzes kommt Greiner zu dem Schluss, dass beide Kampfformen empirisch nachweisbar stets zu einer letztlich wieder gleichen Haltung und Vorgehensweise führten: »So unterschiedlich ihre Interessen und Motive auch immer sein mögen, in asymmetrischen Kriegen bedienen sich die Kontrahenten letztlich symmetrischer Mittel. Nämlich eines vorsätzlichen, kalkulierten Terrors gegen Unbewaffnete und ihre Lebenswelt. Eine unabwendbare Notwendigkeit sei damit nicht unterstellt. Aber dass es sich um regelmäßig wiederkehrende Prozesse handelt, ist ausweislich einer Jahrhunderte umspannenden Bilanz nicht zu

14 Colonel Bui Tin, in: *The Wall Street Journal*, 3.8.1993, zit. nach: Greiner, S. 44.

15 Den man durch Verschweigen wichtiger Entscheidungen und Maßnahmen auszuschalten versuchte.

16 S. u.

bestreiten. Die Guerilla mit ihren eigenen Waffen schlagen zu wollen, läuft am Ende also nicht allein auf eine Ausweitung der Kampfzone hinaus. Der Krieg gegen ›weiche Ziele‹ impliziert zugleich eine Brutalisierung der Kriegführung – solange der Starke kein anderes Mittel sieht, seiner Schwäche Herr zu werden, und sobald der Schwache zu der Überzeugung kommt, seine prekäre Machtbasis nur auf diese Weise stärken zu können.«[17]

Bei beiden also, beim Starken wie beim Schwachen, resultiere aus dem asymmetrischen Ausgangspunkt ein und dieselbe Konsequenz: Beide würden fast zwangsläufig dazu gebracht, Terror gegen die Zivilbevölkerung anzuwenden, auf beiden Seiten werde »die Absenkung der Hemmschwelle als unausweichlich und daher legitim angesehen«. Eine solche Argumentation auf der Basis eines theoretischen Modells kann, wie man am Beispiel Greiners sieht, zu überraschenden Fehlschlüssen und moralischen Wertungen führen:

»Aus Sicht der Vietcong versprach eine Entgrenzung des Kampfes auch aus anderen Gründen kriegswichtige Dividenden. Je mehr Angst und Schrecken verbreitet werden, so das Kalkül, desto rascher sind die moralischen Ressourcen des Gegners verbraucht«, der unter wachsendem Zeit- und Legitimationsdruck steht. Dies bedeute einen kaum aufzuwiegenden Vorteil der Guerilla: »Die überlegene Kenntnis des geografischen Raums machte es ihr möglich, wie ein Phantom zu agieren. Die Stoßtruppen verschwanden ebenso schnell, wie sie aufgetaucht waren, an Orten und zu Zeitpunkten ihrer Wahl – unsichtbar, unberechenbar und folglich mit der Definitionsmacht über das Geschehen. Allerdings war es mit Angriffen auf ›weiche Ziele‹ wie Nachschub- und Kommunikationswege, Waffendepots oder Truppenunterkünfte nicht getan. Wichtiger war die Auflösung der Fronten. Der Feind durfte sich nirgendwo sicher fühlen, keine Rückzugsräume haben, keine Etappe, in der er sich sammeln und neu formieren konnte. ›Wenn man die Ausgangslage von Freund und Feind in Rechnung stellt, so muss davon ausgegangen werden, dass durch unsere verwegenen und überraschenden Attacken der starke Feind schwach wird und unsere kleine Streitmacht deutlich an Größe gewinnt.‹[18] Deshalb musste jedes Reisfeld, jeder Deich, Baum oder

17 Greiner, S. 49f.

18 So heißt es in einem am 9.9.1968 von US-Truppen erbeuteten Dokument der nordvietnamesischen Armee.

Strauch als tödliche Gefahr wahrgenommen werden, deshalb wurde ein dicht geknüpftes Netz aus Millionen von Sprengfallen über das gesamte Land gelegt – in der Erwartung, den in Kampfzonen üblichen Stress für den Feind zu einem Schritt auf Tritt dauerhaften Begleiter zu machen.« Auf diese Ausführungen erfolgt ohne Übergang, sozusagen als Resümee, der überraschende Satz: »So klingt die Logik des Terrors ...«[19]

Sowohl die logische Verknüpfung als auch die Verwendung dieses schlimmsten Reizworts des gegenwärtigen politischen Diskurses machen stutzig. War vorher in der Diktion davon die Rede, im asymmetrischen Krieg gedeihe eine »Bereitschaft zur exzessiven Gewalt« und es bestehe »zwischen Asymmetrie und entgrenzter Gewalt ein unmittelbarer Zusammenhang«[20], so wird der neutral abwägende Ton mit dem im Buch selten verwendeten Begriff »Terror« verlassen. Die bislang streng theoretisch angelegte Ableitung von sich aus einer bestimmten Konstellation ergebenden Kampfformen in einer neuen Art von Krieg geht über in ein moralisch wertendes Schema, das offenbar dazu dienen soll, der vietnamesischen Seite eine ähnliche Art und ein ähnliches Ausmaß an »Terror« zu unterstellen, wie er im ganzen Buch den USA akribisch und überreichlich belegt nachgewiesen (aber nur sehr selten so benannt) wird.

Der Guerillakrieg zeichne sich dadurch aus, dass es in ihm als legitim erscheine, »das Zivil[21] unmittelbar in die militärische Schusslinie zu ziehen«[22]. Die Ausrüstung von Dörfern mit Schutzbunkern und Gräben zur Verteidigung sei mit Absicht so vorgenommen worden, dass sie von rein militärischen Anlagen nicht mehr unterscheidbar gewesen seien. »Die Guerilla nahm billigend in Kauf, dass dieser Unterschied nicht gemacht wurde, riskierte wissentlich, wenn nicht vorsätzlich Leib und Leben Unbeteiligter.«[23]

Hier werden Maßnahmen als »terroristisch« angeführt, die eigentlich, abstrakt gesehen, nur dazu dienen sollen, einem Eindringling, der in feindlicher Absicht eindringt, das Eindringen zu verwehren –

19 Greiner, S. 50f.

20 Ebd., S. 44.

21 Das eigentlich nur in Fragen der Kleiderordnung geläufige Wort steht hier anscheinend für das Leben der Zivilbevölkerung. Ist vielleicht Militärjargon.

22 Ebd., S. 52.

23 Ebd.

eine Formel, die sowohl auf die Mikro- als auch auf die Makrostruktur dieses Krieges anwendbar ist. Konkret wird es den Guerillakämpfern zur Last gelegt, wenn sie sich schützen wollen und dadurch US-Soldaten dazu veranlasst werden, unbeteiligte Vietnamesen zu töten.[24] Diese Taktik habe die Befreiungsfront in großem Ausmaß durch verschiedene Maßnahmen verfolgt, etwa indem sie Soldaten in Dörfer geschickt habe, um »amerikanische Truppen zur Erstürmung dieser ›weichen Ziele‹ zu reizen«. Die Einsicht, dass damit genau dies zu verhindern versucht wurde, wird verdrängt von der Absicht, dem »Vietcong« möglichst und unbedingt ausschließlich böse Intentionen zu unterstellen.

Eine ähnliche Umdeutung erfahren – nach dem Muster amerikanischer Rechtfertigungsrhetorik – die Tatsache der Unterstützung der Guerilla durch die Bevölkerung und die Opferbereitschaft der Kämpfer. Die »kommunistische Seite« habe der überlegenen Streitmacht ihres Gegners »nur mit einer zu exorbitanten Opfern fähigen Streitmacht« begegnen können. »Dass eine Kriegspartei einen derartigen Preis entrichten will und kann, ist historisch selten, wenn nicht einmalig.« Dazu seien notwendig: »ein unbändiger Wille, das Joch der Fremdherrschaft abzuwerfen, die Motivation durch Erfolge im Kampf gegen Japaner und Franzosen« – »und eine kaum zu überbietende Skrupellosigkeit der politischen und militärischen Führung«. Um dies zu belegen, wird ein angebliches Zitat von General Giap angeführt, in dem es heißt: »Das Leben oder der Tod von Tausenden, selbst wenn sie Landsleute sind, bedeutet in Wirklichkeit sehr wenig.«[25]

Die Umkehr von Anlass und Wirkung wird in Greiners Darstellung ständig vollzogen, bis hin zu der grotesken Behauptung: »Lyndon B. Johnson und Richard Nixon [...] kopierten den Terror der Guerilla.«[26]

Es soll hier nicht behauptet werden, dass der Krieg von vietnamesischer Seite nicht auch entschlossen und grausam geführt worden sei. Entgrenzte Gewaltanwendung hat es z. B. während der Tet-Offensive 1968 mit Sicherheit und in allen Kampfzonen wahrscheinlich auch

24 Und man ist versucht, polemisch zu fragen, ob sie denn die Schutzbunker und Gräben mit Schildern hätten versehen sollen.

25 Greiner, S. 54. Der vielzitierte Satz stammt nicht aus einer veröffentlichten Schrift von Giap, sondern aus einem undatierten US-»army report«, einer Quelle, an der Zweifel zu erheben angebracht ist.

26 Ebd., S. 55f.

gegeben – es wird in dem Buch ein vietnamesisches Dokument zitiert, das dies nicht nur bestätigt, sondern auch dokumentiert, wie die militärische Führung darüber dachte: »Wir haben es versäumt, eine sorgfältige Prüfung vorzunehmen, bevor eine verdächtige Person verhaftet oder missbraucht wurde. Wir haben es ohne Beweismittel und hinreichenden Grund getan, sondern nur aufgrund persönlichen Hasses.« Jeder Funktionär habe ohne Rückfrage verhaften lassen und damit persönliche Feinde vernichten können. Der Bericht dokumentiert und kritisiert viele Fälle und resümiert: »Folglich waren wir außerstande, die Kräfte des Landes zu bündeln, um den Feind zu schlagen und die schuldigen Reaktionäre zu unterdrücken.«[27]

Mit diesen Beispielen soll auf einen grundlegenden Fehler, eine grundlegende Auslassung in der Diskussion um die asymmetrische Kriegsführung hingewiesen werden, die diese und sehr viele andere Darstellungen des Vietnamkriegs aus westlicher Sicht prägen. Es ist die Tatsache, dass dieser Krieg auch noch in einem anderen, sehr existenziellen Sinn asymmetrisch war: Die USA kämpften in einem fremden, die Vietnamesen in ihrem eigenen Land. Letztere kämpften in diesem Krieg um die nationale Existenz, um das pure Überleben nicht nur des Einzelnen, sondern des gesamten Volkes. »Da es für den Starken in solchen Kriegen nie um die nationale Existenz ging, waren hohe Investitionen ohne erkennbaren Gewinn auf Dauer nicht zu vertreten.«[28] Für die Einwohner von Vietnam, für die Bürger des Staates Vietnam, kurz, für die Menschen, die dort lebten, ging es eben nicht um irgendeinen »Gewinn«, sondern um das Leben, um die Existenz einer Nation und einer Kultur, um Sein oder Nichtsein. Diese Asymmetrie verändert die Kriterien zur Einschätzung dieses Kriegs grundlegend. Vor allem: Aus diesem Grund konnte der asymmetrische Krieg in diesem Land nicht zu einem symmetrischen werden.

Wenn die Theorie vom asymmetrischen Krieg wie hier zugespitzt wird, bis sie zur scheinbaren Begründung für die Behauptung taugt, im Vietnamkrieg habe sich »der Kreis einer auf gegenseitige Brutalisierung angelegten Dynamik«[29] geschlossen, dann ist sie nicht geeignet, diesen Krieg angemessen zu beschreiben. Denn selbst wenn es

27 Ebd., S. 260. Das Dokument stammt vom »Sicherheitsdienst« der vietnamesischen Armee in der Provinz Quang Ngai und ist datiert 21.10.1969.

28 Ebd., S. 53.

29 Ebd., S. 56.

eine solche Dynamik der Gewalt zeitlich und lokal begrenzt gegeben haben sollte, so ist es doch nicht unwichtig, die Grundfrage zu stellen, wer sie objektiv in Gang gesetzt hat.

* * *

An mehreren Stellen seines Buchs wendet sich Greiner mit Entschiedenheit gegen eine gängige Meinung, der zufolge die politische und militärische Führung der USA aus Unwissenheit, Selbsttäuschung oder Wunschdenken in den Vietnamkrieg »hineingeschlittert« seien. Diese Politiker hätten sehr wohl über ungeschminkte Lagebeurteilungen (etwa durch die CIA) und Alternativen verfügt. Sie hätten deshalb einen anderen Kurs einschlagen können, »ohne politischen Schaden zu nehmen oder ihre Karriere auf andere Weise zu gefährden«[30]. Der letzteren Feststellung dürfte man kaum zustimmen können, wenn man z.B. bedenkt, welchen Einfluss die jeweiligen Wahlen und Wahlkämpfe auf die Vietnampolitik ausgeübt haben – berühmtestes Beispiel ist die Wiederwahl Nixons 1972, deretwegen die »Weihnachtsbombardements« stattfinden mussten, einer der schlimmsten Terrorakte der USA gegen Vietnam.

Schon zur Zeit des Vietnamkriegs war ein anderer Begriff aufgekommen, der von Journalisten stammte und seither nicht nur im Rückblick auf den Vietnamkrieg angewendet wird: Quagmire.[31] Unzählige Zeitungsartikel und Aufsätze in Zeitschriften haben den Begriff anlässlich späterer Kriege (Irak, Afghanistan etc.) wieder aufgegriffen und diese damit in den Zusammenhang des Vietnamkriegs gestellt.[32]

Quagmire ist ein Bild und keine Kriegstheorie, aber doch von großer prägnanter Aussagekraft. Das Wort, auf Deutsch »Sumpf«, bezeichnet laut Lexikon »eine Art sumpfige[n] oder morastige[n] Boden, dessen Oberfläche unter den Füßen dessen, der ihn betritt, nachgibt, ein[en] Morast«. Daneben wird das Wort auch im übertragenen Sinn benutzt

30 Ebd., S. 30.

31 Zum Vietnamkrieg: *The making of a quagmire*, von David Halberstam u.a., 1987, und *Into the quagmire. Lyndon Johnson and the escalation of the Vietnam War*, von Brian Vandermark, 1991.

32 »Welcome to the quagmire« von Juan Cole, »Quagmire? What quagmire?« und »Descending into the quagmire« von Daniel Smith, »Say it: This is a quagmire« von Tom Hayden, um nur einige zu nennen.

als Bezeichnung für »eine Situation, aus der herauszukommen sehr schwierig ist«[33], und könnte in diesem Sinne mit dem deutschen Begriff »Schlamassel« wiedergegeben werden.[34] Aus den Beschreibungen ist zu entnehmen, dass auch damit der Vietnamkrieg als ein asymmetrischer angesehen und die Erkenntnis formuliert oder in einem Bild ausgedrückt wird, dass eine erdrückende militärische Übermacht keine Garantie für einen Sieg sein muss, dass überhaupt der technische Fortschritt und die scheinbar unüberwindliche Überlegenheit der Waffen einem Angreifer keine absolute Macht verleihen, ja dass auch ein gewonnener Krieg wie der in Afghanistan im Sumpf der Ausweglosigkeit enden kann. Abstrakt unterliegt dem Bild die Vorstellung, unausweichlich in etwas hineingezogen zu werden, mit der Perspektive der Resignation oder des Untergangs.

So war das »Q-Wort« für die Bush-Administration zum Angstbegriff, für kritische Beobachter aber zum Reizwort geworden, mit dem man den Finger in die Wunde der Irakpolitik legen konnte. Bernard Fall hat später zum Thema »counterinsurgency« einige Thesen aufgestellt, die aus der Erfahrung des Vietnamkriegs formuliert wurden. Für ihn war das eigentliche Kriegsziel einer Guerilla »die Verbreitung einer Ideologie oder eines politischen Systems«[35]. Damit, dass die US-Regierung dies nicht erkannte oder erkennen wollte, »unterschätzte sie die Tiefe und das Ausmaß der politischen Aktionen« der Nordvietnamesen und der Befreiungsfront. »Und noch mehr: Dadurch, dass sie es versäumten, die politischen und ideologischen (nationalistischen) Kräfte, die in Vietnam freigesetzt wurden, richtig einzuschätzen, neigten die Administrationen unter Nixon und Johnson dazu, die vielfältigen ökonomischen und sozialen Gegenströmungen misszuverstehen (oder zu ignorieren), die von denjenigen repräsentiert wurden, die eine Einigung Vietnams unter vietnamesischer Füh-

33 *Websters New Universal Unabridged Dictionary*, 1996.

34 Die folgenden Ausführungen sind teilweise meinem Aufsatz »Quagmire. Die historische Bedeutung des Vietnamkriegs aus der Perspektive des Irakkriegs«, *Viet Nam Kurier* 1/2004, gekürzt nachgedruckt in *Blätter für deutsche und internationale Politik* 10/2004, entnommen.

35 Dieses und die folgenden Zitate stammen aus einer Vorlesung von Bernard Fall am Naval War College vom 10. Dezember 1964, zit. nach: Dan Smith: Descending into the quagmire. The occupation of Iraq, in: *Foreign Policy in Focus*, 30.6.2003. Dan Smith ist Oberst der U.S. Army im Ruhestand und Militärexperte im Friends Committee on National Legislation.

rung wollten.« Diese, sozusagen amerikanische Beschreibung dieses asymmetrischen Krieges legt einen starken Akzent auf die vollkommene Ignoranz seitens der US-Führung über alle nichtmilitärischen Komponenten in einem Krieg.

Quagmire bezeichnet – eher als historische Erkenntnis denn als Theorie – einen Ablauf, eine inhärente Zeitstruktur moderner Kriege: ständige schrittweise Erhöhung der US-Truppenstärke, Eskalation der militärischen Komponente unter vollkommener Vernachlässigung jeglicher Erkenntnisse über die Situation, die Traditionen des Landes und die Meinung seiner Bevölkerung. Aber die Eskalation bringt nicht zum »Ende des Tunnels«, im Gegenteil, sie vergrößert in kaum noch zu kontrollierender Weise die Entfremdung der Zivilbevölkerung gerade da, wo die USA absolut herrschen.

Seit Vietnam lässt sich ziemlich genau bestimmen, unter welchen Voraussetzungen jeder Krieg, den die USA jetzt oder in Zukunft führen, fast unausweichlich in den Quagmire mündet: die Weigerung oder Unfähigkeit (meist beides), die Situation in fremden Ländern jenseits einer rein militärischen Sichtweise zu analysieren, die ideologische Blindheit, Tatsachen zur Kenntnis zu nehmen, die nicht ins eigene Weltbild aus der Perspektive der unbesiegbaren Großmacht passen, und eine tiefe Verachtung allem gegenüber, was nicht den eigenen, teils neoliberalistischen, teils christlich-fundamentalistischen Wertvorstellungen entspricht. »Die Washingtoner Rhetorik scheint ebenso weit entfernt von dem zu sein, was heute im Irak passiert, wie sie es während des Vietnamkriegs« von dem war, was dort passierte.[36]

Diese Washingtoner »Rhetorik« ist nicht nur, wie man annehmen könnte, »Schönfärbung« einer militärisch oder politisch misslichen Lage, sondern verbirgt im Grunde eine tiefe Ratlosigkeit angesichts einer Entwicklung der Ereignisse, die nicht in das vorgefasste Schema des »Kriegs gegen den Terror« passt. Diese Ratlosigkeit kann verschiedene Verhaltensweisen oder Reaktionen generieren, sie ist jedenfalls eine gefährliche Basis für das Handeln und Denken einer Großmacht.

* * *

36 Dan Smith, a.a.O.

Der amerikanische Krieg in Vietnam wurde durch Verhandlungen, die in vielerlei Hinsicht bemerkenswert sind, mit einem Abkommen beendet. Die Pariser Gespräche dauerten von 1968 bis 1973, also sechs Jahre, in denen es nur sehr selten gelang, einen Waffenstillstand zu erreichen, die Kampfhandlungen also ungehemmt weiterliefen. Während der Verhandlungen ereigneten sich Umwälzungen auf der weltpolitischen Bühne, die das Kräfteverhältnis und die Beziehungen der wichtigsten Länder zueinander stark veränderten.[37] Dies soll in den folgenden Überlegungen aber nicht im Mittelpunkt stehen, sondern vielmehr die Verhandlungen und dabei das Vorgehen der US-amerikanischen Delegation selbst. Daraus soll die These abgeleitet werden, dass auch in Paris ein Aspekt der Zäsur, die der Vietnamkrieg weltgeschichtlich bedeutete, zutage trat, der bislang kaum beachtet worden ist.[38]

Wie bekannt, fanden die wichtigsten Gespräche und Verhandlungen nicht in den öffentlichen Plenarsitzungen in der Avenue Kléber statt, sondern im kleinen Kreis an geheimen Orten ohne Protokolle und unter Ausschluss der Presse. Dort verhandelte Themen und Vereinbarungen sollten zudem für die US-Regierung nicht verbindlich sein. Dies war eine Bedingung, die der amerikanische Verhandlungsführer, Henry Kissinger, gestellt hatte und auf die sich seine vietnamesischen Partner wohl oder übel einlassen mussten, wenn sie überhaupt verhandeln wollten. »Die Nordvietnamesen konnten den geheimen Pariser Kanal nicht für Propaganda benutzen. Wenn sie ablehnten, die Gespräche zu führen, so würde dies gegen sie verwendet werden können. Wir brauchten diese Ablehnung nur publik zu machen.«[39]

37 Gemeint ist die Annäherung der USA an die Sowjetunion und die VR China, der Aufstieg der Letzteren zur Weltmacht und die beginnende Rivalität zwischen den beiden sozialistischen Staaten, die immerhin die wichtigsten Verbündeten Vietnams gewesen waren. Diese Verschiebungen hatten, wie wir sahen, bereits bei den Genfer Verhandlungen 1954 eine Rolle gespielt.

38 Der Ablauf der Pariser Verhandlungen, vor allem der geheimen Sitzungen, ist durch das Verdienst zweier vietnamesischer Historiker, Luu Van Loi und Nguyen Anh Vu, jetzt in einer Art Tagebuch-Protokoll veröffentlicht worden. Von den Plenumssitzungen in der Av. Kléber gibt es keine veröffentlichten Protokolle. Man weiß, dass sie ungefähr monatlich stattfanden, allerdings mit längeren Pausen. In meinem Aufsatz »Verhandlungen in Paris«, in: *Viet Nam Kurier* 3/2011, wurde diese Quelle erstmals zu einer detaillierten Darstellung der Pariser Verhandlungen genutzt. Darauf beziehe ich mich im Folgenden.

39 Kissinger 2003, S. 111.

Als der Kreis der Teilnehmer an den offiziellen Verhandlungen erweitert wurde (durch Vertreter der Provisorischen Revolutionären Regierung Südvietnams und Delegierte des Saigoner Regimes), bedeutete dies, dass diese Teilnehmer von den eigentlich entscheidenden Gesprächen ausgeschlossen waren.

Inzwischen hatte die US-Regierung sogar ihren offiziellen Vertreter im Plenum, Cabot Lodge, sowie seinen Stellvertreter, General Walters, abgezogen. Der vietnamesische Delegationsleiter Le Duc Tho hielt Kissinger vor: »Hat Herr Nixon Sie hierhergeschickt [...] oder kommen Sie von Zeit zu Zeit her, um uns nur so auf den Zahn zu fühlen? Für die Plenarsitzungen haben Sie keinen Delegationsleiter bestimmt. Irgendjemand muss doch in Ihrem offiziellen Namen sprechen, wenn wir zu Vereinbarungen kommen wollen.«[40]

Eine weitere Besonderheit dieser Verhandlungen war also, dass mit Kissinger den Delegierten der DRV kein offizieller Vertreter der US-Regierung gegenübersaß, sondern nur der Leiter des »National Security Council« (NSC), einer Behörde, die weder demokratisch legitimiert war, noch eine offizielle Regierungsfunktion hatte. Kissinger trat in Paris auf wie eine Privatperson ohne Portefeuille, deren Verhältnis zum Präsidenten der Vereinigten Staaten unklar war, die sich aber den Anschein gab, in seinem geheimen Auftrag zu sprechen.

Diese Geheimhaltungsmanie entspricht einem Politikstil, der für die damalige US-Administration typisch war.[41] Nixon und Kissinger hatten aus dem NSC so etwas wie ein außenpolitisches Exekutivorgan gemacht, in dem die wichtigsten Entscheidungen diskutiert und getroffen wurden, und zwar ohne die zuständigen Ministerien (Außen- und Verteidigungsressort) zu konsultieren, oft ohne sie auch nur zu unterrichten. Vor allem aber waren die Aktivitäten dieses Organs komplett gegen die Öffentlichkeit abgeschottet. Keine der dort geführten Diskussionen und getroffenen Entscheidungen durfte veröffentlicht oder weitergegeben werden.

Der NSC war nach dem Zweiten Weltkrieg geschaffen worden und in seiner Bedeutung zunächst begrenzt gewesen, weil starke Persönlichkeiten das State Department (Außenministerium) leiteten (John Foster Dulles, Dean Rusk). Erst Präsident Kennedy initiierte eine Tra-

40 Luu Van Loi/Nguyen Anh Vu, S. 119.

41 Die folgende Darstellung beruht auf meinem Aufsatz »Nixinger. Traumpaar des zynischen Zeitalters«, in: *Viet Nam Kurier* 3/2011.

dition der Entmachtung des Außenamts, für Johnson war der NSC Entscheidungsorgan bei seiner »Krisendiplomatie«. Bei Nixon kam eine fast krankhafte Abneigung gegen die »elitäre Bürokratie« der Ministerien dazu. Und Kissinger machte das Organ zu seinem Werkzeug. Er suchte sich die Mitglieder aus, sie dienten ihm »mit der Hingabe eines Klosterordens«, wie es Alexander Haig einmal ausdrückte.[42]

Das nun etablierte Paar Nixon/Kissinger war zumindest in einem Punkt von tiefer Übereinstimmung geprägt: Beide misstrauten den Karriere-Politikern, sie hassten förmlich die »Bürokratie« der parlamentarischen Demokratie. Nixon verstand sich nicht als ein »normaler« Politiker und war tatsächlich, wenn auch in ganz anderem Sinn, ein »Außenseiter«, der viele Wahlniederlagen hinter sich hatte.[43]

Daraus erwuchs eine Art des politischen Handelns, die auf privaten, geheimen und nur in einem ganz kleinen Kreis abgestimmten Entscheidungen beruhte. Ebenso groß war beider Misstrauen gegenüber der Presse und Öffentlichkeit. Dabei ging es nicht um die normalen Anwandlungen von Unwillen gegen lästige Reporter oder Kolumnisten. Bei Nixon und Kissinger kam das klare Bewusstsein dazu, dass ihr Handeln wenig »vorzeigbar« war, dass sie im Grunde gegen die Meinung der Bevölkerungsmehrheit agierten. Daraus entstanden aber keine Skrupel, sondern eher jenes reflexartige Denken, das bei Geheimdiensten zu finden ist.

Im Verlauf der Zusammenarbeit dieser so unterschiedlichen Männer wurde deutlich, dass sie sich zwar gut ergänzten, aber gleichzeitig stets in harter Konkurrenz zueinander standen, und zwar nicht um Ämter und Würden, sondern um Anerkennung und Ruhm. Beide repräsentierten dabei verschiedene Konzepte des politischen Handelns. Kissinger wollte durch Intelligenz und Klugheit[44] überzeugen, Nixon durch Härte, Entschlossenheit und Wagemut. Da in der amerikanischen Gesellschaft Nixons Image besser ankam, tat Kissinger gut daran, sich dem gelegentlich anzupassen. In diesem Gespann von Geist und Macht waren die Autoritätsebenen klar definiert, so dass

42 Zit. in: Kalb/Kalb, S. 73ff.

43 Er hatte als Rechtsanwalt angefangen, wurde 1946 in den Kongress gewählt und war später Ankläger vor dem *House of Un-American Activities*, der McCarthy-Behörde, die die Hexenjagd auf Kommunisten und Liberale in den USA betrieb.

44 Oder, später immer mehr: List und Tücke.

der Geist seine ihn definierende distanzierte Unabhängigkeit verlor bzw. abgab und so die Durchsetzung der machtpolitischen Entscheidungen nicht in Frage stellte, sondern legitimierte.

Das öffentliche Bewusstsein davon, dass die USA von zwei egomanen Antipoden regiert werde, gab den beiden die Möglichkeit, diese Tatsache sogar als strategisches Druckmittel gegen den Feind einzusetzen. So hat Kissinger die sogenannte »Madman«-These mehrfach dazu benutzt, die vietnamesischen Verhandlungspartner zu erpressen. Es wurden Andeutungen verbreitet, Nixon sei unberechenbar und zu allem fähig, wenn man ihn allzu sehr herausfordere, also solle man lieber auf seine Forderungen eingehen, um Schlimmeres zu verhindern. Nixon hat Kissinger sogar gelegentlich offizielle Schreiben von seiner Hand übergeben, die nur als Druckmittel verwendet werden sollten.[45] Demselben Zweck dienten vorher abgesprochene Telefonanrufe Nixons bei Kissinger, der gerade mit Politikern verhandelte und dabei eine angeblich neue Verhärtung der Meinung seines Chefs »spontan« weitergab. Das Pikante an der »Madman«-Theorie war, dass sie eigentlich der wahren Haltung Nixons entsprach, das Spiel mit ihr war seitens des Präsidenten eigentlich ernst gemeint.

»Der Faktor, der mich am meisten von Kissingers Glaubwürdigkeit überzeugte, war, wie weit er zu gehen bereit war, um die Verschwiegenheit zu bewahren«, sagte Nixon zu den Gründen, warum er Kissinger berufen habe.[46] Denn die Abschottung des Regierungshandelns vor der Öffentlichkeit betraf nicht nur die Pariser Verhandlungen, sondern die gesamte Politik Nixons. Der Rückgriff auf äußerst reduzierte Entscheidungsforen, die umfassende Geheimhaltung dienten vor allem dazu, die Öffentlichkeit, den Kongress und sogar das eigene Kabinett systematisch zu täuschen. Dem kam entgegen, dass etwa Außenminister Rogers für Kissinger ein rotes Tuch war, einer dieser lästigen Bürokraten, die es auszuschalten galt. Er könne sich ja »um so wichtige Länder wie Ghana kümmern«[47].

Die bewusste Ausschaltung der demokratischen und öffentlichen Kontrolle ist normalerweise ein Zeichen von schlechtem Gewissen. Dass sie im Bewusstsein der beiden Protagonisten aber eher als Ausweis für besonders qualifiziertes politisches Handeln galt, ist jenseits

45 Vgl. Garthoff, S. 251 und 255.

46 Horne, S. 24.

47 So Kissinger, zit. in: Horne, S. 19.

der moralischen Ebene von Bedeutung. Denn damit verschob sich die US-Politik in einer Weise, die bis dahin außerhalb der Grenzen des Möglichen zu liegen schien. Der ungehemmte Gebrauch militärischer Gewalt, der sich nicht mehr durch demokratische, legale, völkerrechtliche oder humanitäre Aspekte hindern ließ, war eine Politik, deren Legitimität wohl sogar von den Akteuren selbst bezweifelt wurde. Deshalb musste ein großer Teil der Energie darauf verwendet werden, sie geheim zu halten, sich zu verstellen, andere zu täuschen.

Kissinger erschien jede andere Haltung schon als unzeitgemäße, kuriose Exotik. Verwundert stellte er in seinen Memoiren fest, dass »die Vietnamesen in den geheimen Gesprächen dasselbe sagten wie öffentlich, tatsächlich schienen sie hartnäckig zu meinen, was sie sagten«[48]. Auch dies kann man als eine Asymmetrie beschreiben, hier zwischen Verhandlungspartnern, die von völlig unterschiedlichen Wertvorstellungen geprägt sind, was den Umgang von Menschen und Staaten miteinander betrifft. Aber diese Entwicklung war nicht ein Merkmal nur der Pariser Gespräche, sondern betraf die gesamte innere Struktur Washingtons.

Denn bald wurde bekannt, dass auch das Weiße Haus und vor allem der NSC selbst der Kontrollsucht Nixons und Kissingers zum Opfer fielen. In der Tat wurden ab Mai 1969 sämtliche Diensträume verwanzt, sämtliche Telefone abgehört und alle Gespräche und Diskussionen mitstenografiert, aufgezeichnet und sorgfältig archiviert, und sowohl Kissinger als auch Nixon waren dabei Täter und Opfer zugleich.

21 Monate lang wurde diese Überwachung durchgeführt, ihre Auswertung erfolgte chaotisch nach dem Muster des wechselseitigen Hass- und Konkurrenzgefüges. Die aufgezeichneten Erkenntnisse wurden Alexander Haig vorgelegt, der gab sie in Auswahl an Nixon weiter. Aber Kissinger hatte dafür gesorgt, dass er ebenfalls informiert wurde, wodurch er letztlich allein den kompletten Überblick über alle Gerüchte und Unterstellungen hatte. Nixon ging es dabei vor allem darum, »undichte Stellen« aufzufinden. Wenn er einen kritischen Artikel in der Presse fand, ging er stets davon aus, dass irgendwer im Weißen Haus oder im NSC etwas verraten habe, und er gab die Order, den Mann zu finden und zu feuern.

1973 wurde dieser Abhörskandal publik. Es gab eine Anhörung vor dem Senat. Kissinger gab sich bestürzt. William Safire, Journalist

48 Kissinger 1979, S. 245.

und zeitweiliger Redenschreiber für Nixon, schrieb später, Kissingers Reaktion auf den Skandal sei erschreckend gewesen: »Er ist sichtlich außer Fassung, er lügt plötzlich auf eine unüberlegte, fast amateurhafte Weise, so dass es jedem auffällt.« Kissinger sei nicht er selbst gewesen in der Rolle des reuigen Politikers. »Es muss einen nachdenklich machen, wenn man von Männern belogen wird, die davon überzeugt sind, dass konsequentes Lügen gut sein kann für das Land.«[49]

Dieser Abhörskandal im eigenen Haus gilt als Vorläufer des größeren Watergate-Skandals, der Nixon schließlich zu Fall brachte. Aber bei Watergate ging es um die Ausspionierung des politischen Gegners, der Demokratischen Partei. Die Aktion war von Nixon und seinem Wahlkomitee selbst mit freundlicher Unterstützung der CIA ausgelöst worden und verstieß eindeutig sowohl gegen geltendes Recht als auch gegen das Prinzip der Freiheit konkurrierender Ideen und Parteien in der Demokratie.

Der »innere Abhörskandal« von 1969/70 jedoch war von anderer Qualität: Er zeigte einen Niedergang der internen Strukturen und des Umgangs von Entscheidungsträgern miteinander, der zwar maßgeblich durch persönliche Ambitionen und Antipathien geprägt war, jedoch in seiner Signifikation völlig aus dem Rahmen der gewöhnlichen Kabalen fiel. Nicht der Watergate-Skandal kennzeichnet, wie viele Beobachter geschrieben haben, den Niedergang der amerikanischen Demokratie und des Staatswesens der führenden westlichen Großmacht. Immerhin ist dieser von Gerichten aufgearbeitet, in der Öffentlichkeit verhandelt und mit dem Rücktritt Nixons in gewisser Weise »gesühnt« worden.

Der Skandal um Kissingers und Nixons geheime »Gegenregierung« hatte demgegenüber eine qualitativ andere Dimension. Im Denken dieser beiden manifestierte sich ein Ausmaß an Uneinsichtigkeit in die Maßstäbe und Wertvorstellungen einer demokratischen Ordnung, das vorher tatsächlich kaum vorstellbar war. »Kissingers globale Karriere […] verdarb die amerikanische Republik und die amerikanische Demokratie, und sie kostete einen abscheulichen Tribut an Verlusten bei schwächeren und verletzlichen Gesellschaften.«[50]

Nixon ist so der würdige Vorgänger von Reagan und George W. Bush, und Kissinger darf als opportunistischer Geburtshelfer einer Phase der Weltpolitik gelten, die man als die »zynische« kennzeich-

49 Safire, S. 167f.

50 Hitchens, S. 16.

nen könnte, im Sinne von moralisch bodenlos, skrupellos – das Wort kommt aus dem Griechischen, wo es »hündisch« bedeutet, was der Duden mit »auf grausame, den Anstand beleidigende Weise spöttisch« oder »mitleidlos, menschenverachtend«[51] übersetzt. Hier soll das Wort für eine Haltung stehen, die all diese Charakteristika repräsentiert, aber kaum mehr relativierend-spöttisch.

Man könnte auch von einer Ablösung einer alten durch eine Neue Welt sprechen, in der geltende Maßstäbe an Bedeutung verlieren und durch neue Wertvorstellungen verdrängt werden. Auf den ersten Blick hat das Führungsduo Nixon/Kissinger bei vielen Beobachtern ja den Eindruck hervorgerufen, hier träfen die beiden Welten aufeinander – nämlich der Intellektuelle, Harvard-Professor und der Aufsteiger und polternde Machtpolitiker – und es könnte etwas Gutes dabei herauskommen. Dazu ist eine Anekdote aus Kissingers Amtszeit bekannt geworden, die ein Schlaglicht auf den historischen Bruch wirft, der da stattfand.

Am 8. Mai 1970, kurz nachdem in Kambodscha Prinz Sihanouk durch einen Militärputsch unter Lon Nol gestürzt worden war und kurz nachdem Nixon Truppen nach Kambodscha geschickt hatte, standen plötzlich 13 prominente Harvard-Professoren vor der Tür von Kissingers Büro im Erdgeschoss des Weißen Hauses. Sie waren gekommen, um ihren ehemaligen Kollegen, der sie alle persönlich kannte, aufzufordern, »diesen Wahnsinn[52] zu beenden«. Er hatte ihnen kurz nach seiner Ernennung zum Sicherheitsberater des Präsidenten im Jahr 1968 feierlich versprochen, die Tür seines Büros und sein Ohr stünden ihren Gedanken jederzeit offen. »Wenn ich den jahrelangen Dialog mit meinen Freunden nicht fortsetzen kann, dann werde ich meinen Auftrag nicht erfüllen können«, hatte er gesagt.

Thomas Schelling, Professor für Wirtschaftswissenschaften, der die Reise nach Washington organisiert hatte, erinnert sich an die denkwürdige Begegnung: »Wir haben Henry von Anfang an klargemacht, dass wir nicht gekommen seien, um mit einem alten Freund zu Mittag zu essen, sondern weil wir glaubten, nur er könne dem Präsidenten begreiflich machen, dass die Invasion in Kambodscha eine katastrophal schlechte außenpolitische Entscheidung war.« Die Kollegen

51 *Deutsches Universalwörterbuch*, 4. Aufl., Mannheim 2001.

52 Gemeint ist die offensichtlich gegen das Völkerrecht verstoßende Invasion in Kambodscha.

warfen Kissinger vor, er spalte das Land. Dieser Besuch sei der Versuch, ihn sozusagen persönlich zur Vernunft zu bringen.[53]

Da unterbrach ein (vorher abgesprochener?) Anruf des Präsidenten die Debatte, und Kissinger verschwand für 15 Minuten aus dem Zimmer. Bei seiner Rückkehr fragte er, was für Fehler er denn gemacht habe. Schelling antwortete: »Es gibt zwei Möglichkeiten. Entweder hat der Präsident, als er in Kambodscha einmarschieren ließ, nicht begriffen, dass er in ein fremdes Land eingerückt ist, oder, zweite Möglichkeit, er hat es begriffen. Wir wissen nicht, welche der beiden Möglichkeiten schlimmer ist.« Außerdem habe der Präsident diese Entscheidung ohne Konsultation mit den zuständigen demokratischen Institutionen (Minister, Parlament) getroffen.

Kissinger wartete schweigend, bis alle geredet hatten. Dann fragte er: »Kann ich vertraulich zu Ihnen, nur unter uns, sprechen?« – »Nein«, war die Antwort. – Kissinger: In diesem Falle könne er ihnen keine detaillierten Erklärungen geben. Nur wenn klar sei, dass alles vertraulich bliebe, wäre er bereit, ihnen die Handlungsweise des Präsidenten zu erklären.

»In dem Augenblick herrschte der Eindruck, als sei dem Raum der Sauerstoff und dem Gespräch der Sinn ausgegangen«, erinnert sich Marvin Kalb, ein enger Vertrauter Kissingers. Die Besucher waren niedergeschlagen und hatten den Eindruck, da hätten sie einen Kollegen auf Urlaub im Weißen Haus, der »sehr unglücklich« sei. »Hoffentlich«, sagte Schelling. Kissinger war vielleicht unglücklich, während er jedem Einzelnen schweigend die Hand gab, aber sicher nicht sehr lange.[54]

* * *

Es ist bekannt, dass Nixon ein großer Verehrer des Generals Patton gewesen ist, der sich im Zweiten Weltkrieg immer wieder in Wort und Tat gegen die Befehle des Oberkommandos aufgelehnt hatte, weil er sie militärisch für unsinnig hielt. Interessant ist, dass das Motiv für die meisten seiner tollkühnen Aktionen die Rivalität zum britischen General Montgomery war – Patton nannte ihn einen »lahmen Hundesohn«. Der Konkurrenzkampf zwischen beiden bezog sich vor allem auf den öffentlichen Ruhm. Patton zwang auf Sizilien seinen

53 Der Besuch war zuvor in der Presse angekündigt worden.

54 Vgl. Kalb/Kalb, S. 151f.

vernünftigeren Offizier Bradley dazu, seine Soldaten in eine tollkühne Aktion zu führen, die mit großer Wahrscheinlichkeit ihren Tod bedeuten würde. Bradley warf Patton vor: »Ich muss über die Berge vorstoßen, nur damit Ihr Triumph größer ist als der von Monty.«

Es muss wohl davon ausgegangen werden, dass Nixon die wirkliche Biografie Pattons nicht kannte, seine Begeisterung bezog sich ausschließlich auf den Film *Patton* von Franklin J. Schaffner aus dem Jahr 1970.[55] Kissinger hat sich oft darüber beklagt, dass der Präsident ihn, seine Mitarbeiter und vor allem seine Gäste immer wieder dazu gezwungen hat, diesen dreistündigen Film gemeinsam mit ihm anzuschauen.

Die Parallelen zu Nixons kriegerischer Grunddisposition sind nicht zu übersehen. Manche vermuten, dass dieser Kult ihm dazu verhalf, eine »empfindliche Stelle« in seiner Biografie zu überspielen: Nixon war kein General, nicht einmal Berufssoldat gewesen, er hatte im Zweiten Weltkrieg nur als Reservist in der Navy Dienst getan. Aber sein Credo hat Nixon am 1. April 1970 vor Generälen so formuliert: »Ihr müsst die Leute elektrifizieren mit dreisten Entscheidungen. Dreiste Entscheidungen gehen in die Geschichte ein.«[56] Die ganze Rede klingt wie aus dem Hollywoodfilm abgeschrieben.

Aber wenn der Filmheld Patton eine scheinbar unlösbare, tollkühne Aktion gegen den ausdrücklichen Befehl von General Eisenhower durchführt, dann gelingt sie ihm stets und er behält am Ende Recht, wie das im Kino so üblich ist. Als Nixon nach dem Putsch in Kambodscha Lon Nol Unterstützung durch südvietnamesische Truppen versprach und Vizepräsident Spiro Agnew demgegenüber empfahl, die Widerstandsbewegung gegen Lon Nol mit eigenen Truppen auszuschalten, war Nixon wütend: Da zeigte sich einer härter als er! »Unser einzigartiger Führer flippt aus«, kommentierte Kissinger.[57]

Im Film wirft Patton General Eisenhower vor, er sei von einem »amerikanischen« Oberkommandierenden zu einem »Alliierten« geworden, was für ihn einen Abstieg bedeutete. Er sieht die historische Bedeutung der USA vor allem in ihrem militärischen Führungsanspruch begründet, von da kommt für ihn auch die überragende Tapferkeit der amerikanischen Soldaten, im Gegensatz zu den eng-

55 Der historische Wahrheitsgehalt des Filmplots steht hier nicht zur Debatte.

56 Zit. in: Isaacson, S. 269.

57 Zit. ebd., S. 258.

lischen, deutschen etc. An der Leiche eines toten US-Soldaten sagt er allen Ernstes: »Ich begreife nicht, warum solche tapferen Jungen fallen.« Mahnern, die angesichts seiner im wahren Sinn des Wortes todesmutigen Aktionen Skrupel haben, hält er entgegen: »Wir gehen weiter. Und wenn wir nicht durchstoßen, soll mir keiner lebend zurückkommen.« Bradley darauf: »Manchmal weiß keiner, ob Sie eine Show abziehen oder nicht.« Natürlich zieht der Filmheld im Hollywood-Plot keine Show ab, Nixon aber sehr wohl.

Kriegsfilm-Plots stellen die »Größe« der USA sehr einseitig dar.[58] Viel wichtiger sei, so charakterisiert Walter Isaacson die »alten« Wertvorstellungen, »die traditionell amerikanische Tendenz, auf der Grundlage von moralischen Prinzipien und Idealen zu handeln«. Ein Grund für den Einfluss Amerikas über das ganze 20. Jahrhundert hinweg sei gewesen, dass es nicht sklavisch der Rationalität einer »realistischen« Politik folgte, wenn höhere Prinzipien auf dem Spiel standen. »So wurde Amerika zu einem Leuchtfeuer für Freiheit und individuelle Rechte.« Gegenüber der moralischen Legitimität des Eingreifens in die beiden Weltkriege wird die Berufung auf sie im Fall Vietnams als oberflächliches Klischee deutlich: »Dieser Sinn für die Richtigkeit kann zu einer Wurzel realer Gefahr werden. – Darin liegt einer der wahren Gründe, warum die USA sich auf ein entschieden unrealistisches Unternehmen in Vietnam eingelassen haben. [...] Einerseits ist es gefährlich, eine Außenpolitik allein auf diesen Idealen zu begründen, andererseits wird jeder amerikanische Politiker, der sie verachtet, eines Tages erkennen müssen, dass seine Politik auf unsicheren Fundamenten ruht.«[59]

Den Wandel in der grundlegenden Ausrichtung der Politik, vor dem hier gewarnt wird, haben Kissinger und Nixon mit vollem Bewusstsein radikal vollzogen. Und Ronald Reagan und George W. Bush sind ihnen gefolgt. Diese Tendenz mag als Alternative auch schon früher in der US-Außenpolitik eine Rolle gespielt haben. Spätestens der Vietnamkrieg aber stellt den Wendepunkt dar, an dem der historische Perspektivwechsel erstmals (und vielleicht zunächst vorläufig) deutlich erkennbar wurde, und zwar nicht in dem Sinne, dass die Politik unmoralisch wurde, sondern dass sie jegliche Bindung an irgendeine Moral bewusst aufgab.

58 Patton im Film ist zudem ein gebildeter Mann. Er spricht Französisch und kennt die Welt-Militärgeschichte seit den Griechen auswendig.

59 Isaacson, S. 250f.

IX. Zwischen Krieg und Frieden

Vietnam und Kambodscha 1975–1979

Die vollständige und endgültige Befreiung Südvietnams kam, sowohl für die internationalen Beobachter als auch für die Beteiligten, früher als erwartet. »Thieu ist überrascht. Aber Van Tien Dung [der Oberbefehlshaber der FNL- und nordvietnamesischen Truppen, gg] und seine Freunde auch. Sie hatten sich auf eine Offensive eingerichtet, die zwei Jahre dauern sollte, und nun war der Plan in [...] zwei Monaten verwirklicht worden.«[1] In der Tat hatte man bis wenige Wochen vor dem Sieg an der vorgesehenen Strategie festgehalten, die Le Duan noch am 8.1.1975 in einer Lagebesprechung in Hanoi so formuliert hatte: »Wir sind entschlossen, unseren Zwei-Jahres-Plan durchzuführen. Zwei Jahre, das ist wenig, und es ist viel. [...] Wir müssen militärische, politische und diplomatische Aktionen aufeinander abgestimmt durchführen.«[2]

Ebenso großes Erstaunen aber löste, vor allem in der westlichen Presse, die Tatsache aus, dass nun nicht die große blutige Abrechnung mit den Feinden der Revolution begann, die Massaker an den Söldnern und Anhängern des alten Regimes nicht stattfanden, die vorauszusagen man nicht müde geworden war. Die Sieger setzten die »Politik der Versöhnung«, die sie zuvor angekündigt hatten, in die Tat um und wagten damit den Versuch, die durch den militärischen Sieg errungene Macht nicht durch Repression und Rache, sondern durch Aufklärung und Überzeugung politisch zu sichern, den besiegten Feind, der zwar »in sich zusammengebrochen, aber immer noch da war«[3], nicht zu bestrafen, sondern zur Mitarbeit zu bewegen. Diese Politik musste auf vielfältige Schwierigkeiten stoßen. Denn auch wenn ihre Verwirklichung nicht durch äußere Einwirkungen gestört würde, war sie ein langwieriges, risikoreiches und für die Sieger mit Opfern verbundenes Unternehmen. Sicherlich konnten die Revolu-

1 LM, 30.4.1976.

2 Zit. nach: Van Tien Dung, S. 23f. Vgl. auch Tran Van Tra (General der Volksarmee): Débats stratégiques au Bureau politique: Comment fut décidée la chûte de Saigon, in: Boudarel, sowie Hoang Minh Thao (Generalmajor der Volksarmee), ebd.

3 So Premierminister Huynh Tan Phat, zit. nach: Burchett 1977, S. 25.

tionäre sich auf die Zustimmung sehr großer Teile der Bevölkerung zur »Politik der Versöhnung« verlassen.[4] Aber gerade die Absicht, vor allem die skeptisch Abwartenden nicht einfach mit Gewalt zu Loyalität und Mitarbeit am Aufbau zu zwingen und die vorhandenen oppositionellen Kräfte und Tendenzen nicht einfach auszuschalten, gab ebendiesen relativ große Möglichkeiten für passiven und auch aktiven Widerstand. Es musste – dies war die notwendige Voraussetzung – verhindert werden, dass solcher Widerstand sich organisieren und entfalten konnte, und dies musste ohne den Einsatz militärischer Gewalt geschehen. »Wir haben die nötigen Mittel dazu«, sagte ein hoher Repräsentant der Befreiungsfront 1975, »aber wir müssen so handeln, dass diese Mittel erst gar nicht zum Einsatz kommen; je sicherer man die Instrumente der Gewalt in Händen hat, umso geschmeidiger muss man sich zeigen beim Brechen klassenmäßigen Widerstands«[5].

Die »Politik der Versöhnung« zielte auf »die Eroberung der Herzen«[6], aber sie war weniger eine Demonstration von humanitärer Gesinnung mit Blick auf die Weltöffentlichkeit und ebenso wenig ausschließlich ein ideologisch-politisches Prinzip, sondern auch im materiellen Sinn eine wichtige Voraussetzung für das Gelingen der Aufbauarbeit. Denn die für einen Neubeginn unter denkbar schlechten Bedingungen notwendigen außergewöhnlichen Anstrengungen konnten nur aufgebracht werden, wenn jene Kombination von Disziplin und Entschlossenheit, mit der der Sieg errungen worden war, nun unter Beteiligung der gesamten Bevölkerung auf die neuen Aufgaben übertragen werden konnte. Rückblickend ist festzustellen, dass diese Vorstellung unrealistisch war. Man übersah, dass das Ende des Krieges sowohl von den Kämpfern, die überlebt hatten, als auch vor allem von den in diesem Kampf Unterlegenen erst einmal mit Erleichterung und einer mehr oder weniger abwartenden Haltung erlebt wurde.

Eine der folgenreichsten Schwierigkeiten ergab sich dabei bereits aus dem unerwartet schnellen Erfolg der letzten entscheidenden Schlacht. Zwar erscheint die Vermutung eines westlichen Beob-

4 Wenn auch inzwischen bekannt geworden ist, dass in der südvietnamesischen Öffentlichkeit anfangs nachdrücklich die Forderung erhoben wurde, die bekanntesten und schlimmsten Folterer hinzurichten.

5 Zit. nach: Wasmes, S. 145, und Burchett 1981, S. 145.

6 Nach einer berühmten Formulierung von Nguyen Trai.

achters überzogen, der sich fragte, »ob Thieu nicht, indem er die Hypothese einer Übergangsregelung unmöglich machte, indem er ihnen einen totalen und vorzeitigen Sieg darbot, seinen Gegnern ein vergiftetes Geschenk gemacht hat: Denn so mussten sie, ohne recht darauf vorbereitet zu sein, die schreckliche Last auf sich nehmen, die Saigon war und lange Zeit bleiben würde.«[7] Diese Vermutung wird jedoch, was die Charakteristik der Situation betrifft, durch die Worte des Premierministers Huynh Van Phat in gewisser Weise bestätigt: »Wir hatten gesiegt, der Gegner war weggefegt worden, und wir verfügten über eine große Anzahl von Divisionen, um die Situation im Griff zu haben. Indessen zählt nicht allein die militärische Kraft – in solchen Kategorien zu denken, war ein Grundfehler der Amerikaner und ihrer Marionetten gewesen. Entscheidend ist die politische Kraft. Aufgrund der Natur des Regimes und weil wir so schnell gesiegt hatten, war uns nicht genug Zeit geblieben, uns auf die notwendigen Basisorganisationen in den Städten zu stützen. Wir hatten eine Avantgarde in der Arbeiterklasse, aber keine breit verankerte Organisation.«[8]

Die Sieger hatten mit einer Zwischenphase gerechnet, in der eine Koalitionsregierung der nationalen Versöhnung unter Einschluss von Vertretern des Thieu-Regimes[9] in Südvietnam so lange die Macht verwalten sollte, bis die politischen und gesellschaftlichen Voraussetzungen für die Wiedervereinigung gegeben sein würden. Die Befreiungsfront hatte »seit ihrer Gründung eine langfristige Politik ausgearbeitet, die eine Verhandlungslösung erleichtern sollte. Gegründet auf der nationalen Einheit sollte auch ihren Gegnern eine Stimme bei der Regelung nationaler Angelegenheiten zukommen. Sie ging von einer nichtsozialistischen Politik im Süden aus […], die Zugeständnisse vorsah, was den revolutionären Fortschritt betraf«[10]. Auch die Amerikaner hatten sich zunächst auf eine solche Übergangsperiode vorbereitet, die sie selber nie ernsthaft anstrebten: Während die Pariser Verhandlungsdelegationen sich um die Form des Verhandlungstischs stritten, erarbeiteten amerikanische Experten Pläne für ein durch massive Dollar-Subventionen künstlich hervorgerufenes

7 Lacouture/Lacouture, S. 43.

8 Burchett 1977, S. 258.

9 Wie es die Delegation der PRR in Paris mehrfach vorgeschlagen hatte.

10 Burchett 1977, S. 367.

Nachkriegs-»Wirtschaftswunder«[11], das der Bevölkerung des Südens die Unfähigkeit der an der Regierung beteiligten FLN vor Augen führen sollte, ihre Friedensprobleme zu lösen. Man wollte die Übergangsphase zur Fortsetzung des Kampfs mit vorwiegend wirtschaftlichen Mitteln nutzen, denn wie in Laos und Kambodscha hatten die USA keineswegs die Absicht, einer Regierung der nationalen Versöhnung auch nur die geringste Chance zu geben.

Demgegenüber gab es sowohl in der bürgerlichen antiamerikanischen Opposition Südvietnams als auch in der KP die Vorstellung, der Süden könne noch für eine Weile ein »Fenster zum Westen« bleiben und eine langsame Entwicklung hin zu sozialistischen Strukturen durchlaufen.[12] Diese Vorstellung ging von der falschen Hoffnung aus, die USA und der Westen würden Aufbauhilfe ohne politische Vorbedingungen leisten. In Wirklichkeit hatten die USA durch den sofort verhängten Boykott das Fenster schon längst von außen zugeschlagen. Die Partei vollzog nun zwar relativ schnell die formelle Wiedervereinigung (im Juli 1976), aber erste wirtschaftliche Reformen mit sozialistischer Tendenz gab es in Südvietnam trotzdem erst zwei Jahre später.

Eine Folge des schnellen Siegs war auch, dass die Befreiungsfront, die aufgrund der Verluste an Kadern und Mitgliedern in der Tet-Offensive (1968), vor allem aber durch das »Phönix-Programm« extrem geschwächt war, zusammen mit nach über zwanzig Jahren des Exils aus dem Norden zurückkehrenden Kadern sofort und allein die wichtigsten Funktionen in Staat und Verwaltung übernehmen musste. Thieu hatte durch seine strikte Verweigerung von Verhandlungen den militärischen und politischen Zusammenbruch seines Regimes selbst beschleunigt, und die sogenannte »dritte Kraft« war als politischer Faktor nach 1975 faktisch nicht mehr existent. Zum einen war sie von den Amerikanern in den letzten Monaten vor der Befreiung bewusst mit Anhängern ihrer Politik und Agenten durchsetzt worden, um in einer eventuellen Koalitionsregierung, wenn sie schon nicht verhindert werden könnte, mehr Einfluss zu haben. Zum anderen hatten sich die meisten ihrer patriotischen Vertreter der Befreiungsfront angeschlossen. Dies ist konsequent, wenn man bedenkt, dass der von außen geprägte Begriff »dritte Kraft« ganz uneinheitliche politische

11 Ebd.

12 Georges Boudarel, in: *Le Monde diplomatique* 4/1982.

Gruppen zusammenfasste, die mehr oder weniger in Opposition zu Thieu standen, deren politische Differenzen untereinander jedoch oft größer waren als – je nachdem – die Distanz zur FNL oder zu Thieu. Vor allem war diese Gruppe nicht organisiert und hatte außer der Forderung nach einem Verhandlungsfrieden kein politisches Programm, das eine Alternative zur Politik der FNL hätte darstellen können. Einer ihrer Repräsentanten gab folgende realistische Einschätzung: »Ich glaube, man sollte nicht mehr von der ›dritten Kraft‹ reden. Wir haben ein wenig dazu beigetragen, den militärischen Kampf zu mäßigen, und eine Funktion der Versöhnung gehabt. Die dritte Kraft hat keine eigene politische Funktion. Sie repräsentiert ein Volk, das die Wiedervereinigung des Landes ohne Kampf wollte.«[13]

Aber nicht nur dieses Fehlen einer politischen Kraft neben der Befreiungsfront und außerhalb eines immer noch proamerikanischen Untergrunds entsprach keineswegs den Vorstellungen der Sieger. Sie waren auch nicht darauf vorbereitet, dass sie nun gezwungen sein würden, nicht nur in Militär und Verwaltung, sondern auch in Industrie und Wirtschaft sehr viel mehr Leitungsfunktionen selbst zu übernehmen, als geplant war.[14] Mit solchen Aufgaben wurden oft Soldaten und Kämpfer betraut, die dafür keine Qualifikationen hatten, was zu Ineffizienz und berechtigter öffentlicher Kritik führte. »Wir sind ein wenig ungeschickt vielleicht in unserer Art, die Macht auszuüben. [...] Aber ist unsere Ungeschicklichkeit selbst nicht auch eine gewisse Tugend? So kann die Bevölkerung wenigstens feststellen, dass wir ehrlich sind, selbst dann, wenn wir Fehler machen«, so FLN-Vertreter Tran Bach Dang[15], dessen naive Zuversicht typisch ist für die damals allgemein verbreitete falsche Einschätzung der Lage. Im Rückblick schreibt Nguyen Khac Vien zehn Jahre später: »Im Überschwang des Sieges, dessen Eintreffen ziemlich unerwartet kam, verloren wir den Blick für die Realitäten, schien alles möglich und sofort lösbar.«[16]

* * *

13 Ly Qui Chung, zit. in : Arnaud, S. 251.

14 So war die Mehrzahl der Fabrikbesitzer, denen nach den Plänen der FNL die provisorische Leitung ihrer Betriebe übertragen werden sollte, geflohen. Vgl. Burchett 1977, S. 245.

15 Zit. nach: Burchett 1977, S. 288.

16 Nguyen Khac Vien 1982, zit. in: Bello.

In erster Linie war die Lage natürlich geprägt von den Zerstörungen des Kriegs der Amerikaner in Vietnam, deren Ausmaß sich in den Zahlen, die in diesem Land damals jeder auswendig wusste, nur abstrakt ausdrücken lässt: Sieben Millionen Tonnen Bomben[17], das Dreifache der Sprengkraft, die im Zweiten Weltkrieg auf alle betroffenen Gebiete zusammengenommen fiel, haben über 20 Millionen Bombenkrater hinterlassen und allein etwa 14 000 ha Anbauland zerstört, 1,5 Millionen Wasserbüffel wurden getötet. Im Norden haben die Bombardements von den sechs existierenden Industriezentren drei vollständig, die anderen teilweise zerstört, zwölf von 30 Provinzhauptstädten dem Erdboden gleichgemacht, die restlichen bis auf zwei schwer beschädigt, fünf Millionen qm Wohnfläche in Steinhäusern und Hunderttausende Strohhütten zerstört, sämtliche Eisenbahnlinien und das gesamte Straßennetz unbrauchbar gemacht, ebenso alle Meeres- und Flusshäfen und alle Stromkraftwerke. Durch Bomben und vor allem durch chemische Kampfstoffe wurde die Hälfte des gesamten Waldbestands, wurden 40 % der bebaubaren Landfläche verseucht[18], weitere 43 % lagen brach und sind durch Erosion unfruchtbar geworden.

Vor allem der Einsatz von dioxinhaltigen Herbiziden wie Agent Orange, mit denen die Befreiungskämpfer des Schutzes der sie umgebenden Natur (Dschungel, aber auch Felder) beraubt werden sollten, hatte ungeahnte Folgen. Diese waren, wie sich später herausstellte, jedoch vorhersehbar gewesen – das entsprechende »Entlaubungsmittel« war in den USA längst verboten worden. Dazu kam, dass die US-Regierung auf eine schnelle Produktion riesiger Mengen drang.

17 Die Zahlenangaben stammen, wenn nicht anders vermerkt, aus einem Bericht, der dem US-Senat von USAID vorgelegt wurde. Andere Schätzungen liegen z. T. wesentlich höher, der Unterschied ist aber in dieser Größenordnung kaum konkret vorstellbar. Vgl. *La République Socialiste*, S. 91ff.

18 Diese Angaben nach Lacouture/Lacouture 1976, S. 68. Vgl. auch die Protokolle eines internationalen Symposiums über die langfristigen Folgen des chemischen Kriegs der USA für Mensch und Natur, hg. vom Comité national d'investigation des conséquences de la guerre chimique américaine au Vietnam, 3 Bde., Hanoi 1983, sowie Übersee-Museum Bremen (Hg.): *Ökologische Folgen eines Krieges, z. B. Vietnam* (Ausstellungskatalog), Bremen 1983. Ältere Literatur zu diesem speziellen Aspekt: Sakka, Weisberg sowie *Les massacres: la guerre chimique en Asie du Sud-est*, hg. vom Comité sud-vietnamien pour la dénonciation des crimes de guerre und vielen Einzelpersonen, Paris (*Cahiers libres* 179–180) 1970.

Deshalb wurde der Produktionsprozess dadurch beschleunigt und vereinfacht, dass man den Gehalt an Dioxin erhöhte – und damit auch die für Menschen tödliche Wirkung. Dies war den Herstellern bekannt, sie entschlossen sich aber, die US-Regierung nicht eigens darauf hinzuweisen. Das Dioxin bewirkte, dass bei der vietnamesischen Bevölkerung und auch bei den diese Operation mit Namen »ranch hand« durchführenden Soldaten Erkrankungen auftraten, die sich nicht auf die Generation der unmittelbar Betroffenen beschränkten. Somit war der Vietnamkrieg der erste Krieg in der Geschichte der Menschheit, dessen Auswirkungen sich über unabsehbar viele Generationen erstrecken – noch heute leben in Vietnam Hunderttausende Kinder mit Behinderungen und Missbildungen.

Darüber hinaus wurden etwa eine Million Tote[19] und etwa 500 000 Kriegsversehrte im Süden, 800 000 Waisenkinder und über 10 Millionen durch Bomben oder mit Gewalt aus ihren Dörfern vertriebene Bauern (das ist fast die Hälfte der Einwohner Südvietnams) direkte menschliche Opfer des Krieges. Außerdem hat dieser Krieg drei Millionen Arbeitslose, eine Million Tuberkulosekranke, vier Millionen Analphabeten, 500 000 Prostituierte und ebenso viele Drogensüchtige produziert: Dies sind nur einige aus den verschiedensten Bereichen herausgegriffene Zahlen, um ein Kriegserbe zu beschreiben, das eine Fülle materieller, moralischer und politischer Probleme aufwarf, von denen jedes einzelne für sich eine schwere Hypothek für den Aufbau darstellte.

Zuallererst musste, als elementarste Basis für den Neuanfang, die Versorgung der Bevölkerung mit Nahrungsmitteln sichergestellt werden. Aber gerade auf diesem Gebiet wurde die Aufbauarbeit in den ersten Jahren durch außergewöhnlich harte Naturkatastrophen zusätzlich erschwert. Eine anhaltende Kälte- und anschließende Trockenperiode Ende 1977/Anfang 1978, ein besonders schwerer Taifun im Juli 1978 und große Überschwemmungen von August bis Oktober 1978 haben sowohl im Norden als auch im Süden große Teile der Anbaugebiete verwüstet, erneut fast 500 Todesopfer gefordert und das ganze Land an den Rand einer schweren Hungersnot gebracht. Die Folgen dieser Einwirkungen der Naturkräfte waren deshalb besonders schlimm, weil im Norden das Deichsystem nach den gezielten Bombardierungen durch die USA noch nicht vollständig wieder instand gesetzt worden war.

19 Neuere Schätzungen gehen von 3 Millionen in ganz Vietnam aus.

Aber auch abgesehen von diesen Rückschlägen war die Situation in der Landwirtschaft im wiedervereinigten Vietnam äußerst kritisch, und die Sicherstellung von Nahrungsmitteln zur Versorgung der Bevölkerung musste mit durchgreifenden und zum Teil drastischen Maßnahmen betrieben werden. Traditionell ist der Süden das reichere und fruchtbarere Gebiet und normalerweise imstande, den Norden teilweise mitzuversorgen. In den 21 Jahren, in denen beide Landeshälften getrennt waren, hatte man im Norden äußerste Anstrengungen unternommen, um in der Lebensmittelproduktion die Bevölkerung allein versorgen zu können. Dies war, auch nach Ansicht westlicher Experten, geglückt: »In keinem Land ist eine Landreform so gelungen wie in Nordvietnam, eine vollständige Neuaufteilung des Bodens, eine beispielhafte Bewässerungstechnik. Der Norden hat es, mit ertragsarmem und unzureichendem Boden (0,16 ha pro Einwohner), einem ungünstigen Klima – Überschwemmungen, Taifune, Frost –, fertiggebracht, mehr als 20 Millionen Einwohner zu ernähren. Er ist, 1975, kurz vor der Autarkie.«[20]

Im Süden hatte es bis 1975 kaum eine nennenswerte eigene Produktion gegeben, die Wirtschaft beruhte ausschließlich auf amerikanischem Geld, und die ökonomischen Aktivitäten der Bevölkerung beschränkten sich fast ganz auf Dienstleistungen für die Logistik und das Vergnügen der US-Soldaten. Vor allem die Landwirtschaft war durch Kriegseinwirkungen, Bauernvertreibung und Landflucht sowie durch dilettantische Maßnahmen Thieus in einem so heruntergekommenen Zustand, dass der von den Getreidelieferungen aus den USA jetzt plötzlich abgeschnittene Landesteil zunächst[21] fast ganz aus dem Norden versorgt werden musste, obwohl sich auch dort die Zerstörungen stark ausgewirkt hatten.

Um einer Katastrophe zu entgehen, war eine schnelle und umfassende Rekultivierung des durch den Krieg zerstörten oder verseuchten Anbaulandes nötig. Dies betraf das Mekong-Delta und vor allem

20 So die Aussage eines UNO-Experten, zit. in: Lacouture/Lacouture, S. 192f. Zu ähnlich positiven Urteilen kamen Fachleute des IWF (Internationaler Währungsfonds) und der Weltbank auch noch in den Jahren 1976/77. Beide Organisationen leisteten anfangs Hilfe bei Bewässerungs- und Landwirtschaftsprojekten, zogen sich auf Druck der USA jedoch später aus Vietnam zurück. Vgl. auch Bello.

21 Die ersten Versorgungsschiffe aus dem Norden kamen am Tag nach der Befreiung in Saigon an.

den »Gürtel um Saigon«, das traditionell die Ernährung der Großstadt sichernde Anbaugebiet, aus dem in den letzten Kriegsjahren eine »free fire zone« gemacht worden war, um das US-Machtzentrum zu schützen. Zusammen mit dieser Rekultivierung sollten in den nun wieder zu besiedelnden Gebieten schrittweise auch gleich kollektive Produktionsformen eingeführt werden. Diesem Ziel diente die Einrichtung von sogenannten »neuen Wirtschaftszonen«, in die Teile der Bevölkerung freiwillig umsiedeln sollten, um landwirtschaftliche Kooperativen zu bilden. Durch das Militär und die Jugendorganisation »Ho Chi Minh« wurden die Gebiete zunächst provisorisch erschlossen, Kanäle, Stromleitungen und Häuser gebaut, außerdem sicherte der Staat durch materielle und finanzielle Hilfen den Lebensunterhalt und die Aufbauarbeit in den ersten Jahren.

Diese äußerst harte und zudem wenig befriedigende Arbeit – in den ersten Jahren konnte das Angebaute wegen Verseuchung des Bodens kaum verwertet werden – musste im Wesentlichen von der Bevölkerung des Südens selbst in Angriff genommen werden, genauer von solchen Bewohnern der großen Städte, vor allem Saigons, denen dort keine Arbeit und keine Existenzgrundlage mehr geboten werden konnten. Für sie und auch für viele ehemalige Bauern, die vor 1975 unter Zwang, auf der Flucht vor dem Krieg oder angelockt von der künstlichen Prosperität dorthin gekommen waren, war die plötzliche harte körperliche Arbeit ungewohnt und wenig attraktiv. Eine Anordnung der Regierung vom 19. Mai 1976 spricht davon, dass etwa 1 200 000 Einwohner Saigon verlassen müssten, um die Stadt lebensfähig zu erhalten[22], und dass nur Fabrikarbeiter, Beamte und Angestellte des Staates, der Sicherheitsdienste und des Militärs, Lehrer, Schüler und Studenten bleiben dürften sowie 10 % der ansässigen Händler oder Unternehmer.

Die Regierung, die diese Umsiedlungen zunächst auf freiwilliger Basis organisieren wollte, stieß sehr schnell auf Vorbehalte und Widerstände, die klarmachten, dass die Zeit des US-Neokolonialismus und der intensiven antikommunistischen Hetze an der Bevölkerung nicht spurlos vorübergegangen war.[23] Die noch allgemein verbreiteten Vorurteile gegen staatliche Maßnahmen, der Widerstand

22 Abgedruckt in: Friang, S. 317.

23 Unter Exilvietnamesen wurde damals im Zusammenhang mit den neuen Wirtschaftszonen kurzerhand von »KZs« gesprochen.

gegen eine landwirtschaftliche Tätigkeit resultierten aus der Gewöhnung an einen parasitären, relativ hohen Lebensstandard und dem Geschmack an westlichen Lebensformen und Verhaltensweisen, die vor allem in der Stadtbevölkerung weit verbreitet waren. Diese Vorbehalte liegen ihrerseits wieder darin begründet, dass sich im Süden die gesellschaftlichen Verhältnisse völlig entgegen denen des Nordens entwickelt hatten und dass dies eine erklärte und bewusste Politik der USA gewesen war. Aber diese Aspekte gerieten nur langsam und noch undeutlich ins Blickfeld der Revolutionäre: »Das Land wieder aufbauen, das heißt nicht nur, die Städte wieder aufbauen, die Wirtschaftskapazität wiederherstellen, die Fabriken in Gang setzen, die Reisfelder und Gemüsebeete bestellen. Es heißt auch, eine verwundete Bevölkerung heilen, eine Bevölkerung, die traumatisiert und krank ist und die, im Süden, noch nicht ganz den Geschmack an einem Leben im Frieden wiedergefunden hat.«[24] Das ist eine fast verharmlosend-verständnisvolle Beschreibung der inneren Disposition von großen Teilen der Bevölkerung, die ein unterschätztes Widerstandspotenzial darstellten.

Hinzu kam ein allgemeines politisches Problem: Wenn die Rede vom angeblichen »Sieg des Nordens über den Süden« die Situation auch verfälscht, so bleibt doch festzustellen, dass die Wiedervereinigung, vor allem in den Städten, auch eine Konfrontation zweier verschiedener Gesellschaftsformen und Kulturen war, wobei klar war, dass die südlichen Verhaltensweisen in der Form, wie sie bis 1975 vorherrschten, keinen Bestand mehr haben konnten.

Im Krieg war dort die Auflösung der alten traditionellen Formen des gesellschaftlichen, dörflichen und familiären Zusammenlebens gewaltsam betrieben, aber eine bürgerlich-kapitalistische Ordnung nicht eingeführt worden, bzw. das, was an Spuren davon bestand, war in den letzten Kriegsjahren völlig zerfallen. »Bedürfnisse sind geweckt worden, die nur durch Banditismus, Betteln oder Totschlag befriedigt werden konnten. […] Das hatte den Wert eines Menschenlebens in Saigon sehr gering gemacht. […] Eine ganze Gesellschaft war praktisch schizophren geworden.«[25]

Es war falsch, aber aus der begrenzten südlichen Teilperspektive verständlich, dass viele die unausweichliche Veränderung und

24 Lacouture/Lacouture, S. 69.

25 Wasmes, S. 126.

zunächst auch Verschlechterung der Situation der neuen Regierung anlasteten, und die Anfangsfehler, die sie machte, bestärkten den Eindruck, sie sei nicht imstande, die Lage zu meistern. Selbst bei denen, die unter den »Marionetten«[26] für die Befreiung gekämpft hatten, entstand aus der Tatsache, dass sie diese nur mit entscheidender Unterstützung aus dem Norden hatten erreichen können, gelegentlich ein Minderwertigkeitskomplex und Vorbehalt: »Alles, was die Südvietnamesen zu ihren Gunsten aufzählen konnten, ihre Ausbildung und Fähigkeiten auf technischem und geschäftlichem Gebiet, in der Industrie, das alles schien nicht zu zählen, wenn die Revolutionäre aus dem Norden ihre kollektiven Kriegsanstrengungen, die materielle und moralische Mobilisierung ihrer Bevölkerung in die Waagschale warfen, diesen Sieg, der noch großartiger war als der von Tan Quoc Tuan, der 1288 die Mongolen endgültig aus dem Lande vertrieb.«[27]

Neben solchen aus der Umbruchsituation resultierenden sozialen und psychologischen Gründen sind für die abwartende bis feindselige Haltung in Teilen der südvietnamesischen Bevölkerung auch konkrete aktuelle Interessen einzelner sozialer Gruppen maßgebend gewesen. Gleich nach 1975 gab es einen regelrechten Wirtschaftskrieg[28] gegen die neue Staatsmacht, den die großen Handelsunternehmen führten und an dem sich die Lebensmittel-Groß- und Zwischenhändler, die meist der chinesischen Minderheit angehörten, aktiv beteiligten. Sie kontrollierten immer noch die Preise, und gegen ihre ungebrochene wirtschaftliche Macht waren die Versuche des Aufbaus eines Staatshandels zum Scheitern verurteilt, wenn dieser versuchte, ihnen Konkurrenz zu machen. Auch die Bauern des Mekong-Deltas, in dem die wichtigsten Anbaugebiete des Südens liegen, führten eine lang andauernde »passive Revolte gegen die Kooperativen«[29]. Sie beschränkten die Produktion auf ihren Eigen-

26 Bezeichnung für die Regierungen in Saigon im Krieg. Die Militärregierung von Ho Chi Minh-Stadt untersagte gleich nach der Befreiung diesen Ausdruck. »Man hatte sich entschlossen, die Zusammenarbeit aller zu suchen, anstatt die Nation in gute und schlechte Vietnamesen aufzuteilen.« Jean Nauntofte, in: Gallasch, S. 23.

27 Arnaud, S. 284.

28 Vgl. Melanie Beresford: Vietnam's economic challenge, in: *AfricAsia*, Juni 1985.

29 Vgl. John Spragena Jr.: Cautious policy reforms, in: *Indochina Issues*, Dezember 1980, S. 2.

bedarf und waren nicht bereit, Reis und andere Lebensmittel an den Staat zu verkaufen, zumal dieser ihnen im Austausch dafür keine Gebrauchsgüter oder Geräte anbieten konnte. Zudem waren sie oft noch bei den Zwischenhändlern verschuldet, die somit leicht höhere Preise anrechnen konnten. So lief fast die gesamte Lebensmittelversorgung nach wie vor über freie bzw. Schwarzmärkte, deren Akteure tendenziell der neuen Regierung feindlich gesinnt waren.

Denn nur einige bekannte Großverdiener des Handels und Spekulateure waren, soweit sie nicht das Land verlassen hatten, direkt nach der Befreiung enteignet worden, so etwa der »Textilkönig« La Nghia oder der »Reiskönig« Ma Hi, dessen Vermögen auf 300 Millionen Dollar geschätzt wurde.[30] Bei ihnen hatte man Lagerbestände an lebenswichtigen Waren entdeckt, die so umfangreich waren, dass damit einige Engpässe kurz nach der Befreiung überbrückt werden konnten. Die gesamte Schicht der mittleren und kleinen »nationalen« Kapitalisten, eine Art Kompradoren-Bourgeoisie meist chinesischer Abstammung, die früher »für die Interessen der USA und Taiwans gearbeitet hatte«[31], blieb zunächst unbehelligt, ebenso wie die Schwarzhändler und andere, die von undurchsichtigen Geschäften lebten. Sie fielen, obwohl sie keine produktive Arbeit leisteten, so wenigstens nicht dem Staat zur Last. Als aber der Versuch, durch den Aufbau eines parallelen staatlichen Handelssystems die Verhältnisse schrittweise zu ändern, gescheitert war und klar wurde, dass vor dem Hintergrund einer akut drohenden Not Ungerechtigkeit, Spekulation und Korruption nur durch härteres Eingreifen bekämpft werden konnten, verfügte die Regierung schließlich Anfang 1978 die Verstaatlichung auch des mittleren und Kleinhandels und schränkte damit für diese Schicht die Möglichkeit, weiterhin den Gebrauchsgütermarkt zu kontrollieren, drastisch ein.

Die Inhaber erhielten für Eigentum und Vermögen zwar Entschädigungsgelder, konnten über sie allerdings nur in Raten verfügen. Überdies war der private Verkauf von Lebensmitteln und der familiäre Straßenhandel von den Maßnahmen ausgenommen worden. Trotzdem hat es zu diesem Zeitpunkt die erste größere Flüchtlingswelle gegeben. Obwohl es sich dabei vor allem um solche Menschen

30 Der allergrößte Profiteur und »Drogenkönig«, Ministerpräsident Thieu, hatte das Land mit Flugzeugladungen an Gold rechtzeitig verlassen.

31 Burchett 1977, S. 248.

handelte, die nun auf hohe Gewinne verzichten mussten oder gar ihre Existenzgrundlage verloren und die die Alternative, in die Landwirtschaft zu gehen, nicht ergreifen wollten, sind die ökonomischen Maßnahmen der Regierung schon zu diesem Zeitpunkt nur eines unter mehreren Fluchtmotiven gewesen.

Ein weiteres war sicher die mangelnde adäquate Perspektive in den wirtschaftspolitischen Maßnahmen der Regierung. In der Hoffnung, in Landwirtschaft und Industrie bald zur großangelegten sozialistischen Produktion voranschreiten zu können, wurden Programme entwickelt, die der Situation nicht angepasst waren. Eine zu schnell und ohne Rücksicht auf Interessen und Mentalität der Bevölkerung initiierte Kollektivierung ließ alte Befürchtungen wieder wach werden, die kleine, für Vietnam so lebensnotwendige traditionelle Familienproduktion würde nun ganz abgeschafft. Auch im Norden wurde kurze Zeit später die organische Entwicklung durch überzogene Beschleunigung gestört: Ein Trend zur ungeplanten und letztlich ineffektiven Vergrößerung der Kooperativen brachte das Gleichgewicht zwischen der Rückständigkeit der Arbeitsmittel und der hoch entwickelten Arbeitsorganisation in Gefahr. Diese falsche Schwerpunktsetzung, zu der sowohl die Überschätzung der eigenen Kraft und Kompetenz wie auch die Fehleinschätzung des Verhaltens der Westmächte nach dem Krieg geführt haben, ist für die gesamte Nachkriegsentwicklung folgenreich gewesen und wurde in letzter Konsequenz erst auf dem 6. Parteitag im Dezember 1986 korrigiert.[32]

1975 glaubte man, im Süden mit einer ähnlichen Bereitschaft der Bauern zu einem totalen Engagement für den Aufbau rechnen zu können wie im Norden in der Kriegszeit der 1950er und 1960er Jahre: Damals verkauften die Bauern »nicht eigentlich an den Staat, sondern betrachteten ihr Produkt als patriotische Gabe«[33] und achteten nicht darauf, ob der Staat, der sie dafür mit technischen Geräten und Hilfslieferungen aller Art versorgte, immer einen korrekten Gegenwert lieferte. Opferbereitschaft und ein angesichts der Verteidigungsanstrengungen selbstverständlicher Egalitarismus waren die wichtigsten Motive auch des wirtschaftlichen Zusammenlebens, und Unterschei-

32 Vgl. den kritischen Rückblick im Bericht des Generalsekretärs Truong Chinh, in: *Time*, 29.12.1986.

33 Nguyen Khac Vien: The economic options of the fifth party congress, in: *Vietnam Courier*, Hanoi, 6, 82, zit. nach: *Southeast Asian Chronicle*, Nr. 93, April 1984.

dungen zwischen familiärer, privater oder staatlicher Produktion und Distribution fielen nicht ins Gewicht. Solche Übertragungen und die deutliche Neigung zu einer Politik des »großen Sprungs« beherrschten die Vorstellungen der Planer bis etwa 1979, und man kann sagen, dass es vor diesem Zeitpunkt eine realistische, von politisch-ideologischen Überlegungen unabhängige Wirtschaftspolitik vor allem für den Süden praktisch nicht gegeben hat. In der Industrie stürzte man sich in ambitiöse Projekte[34], ohne über die nötige Energieversorgung, das nötige Transportsystem, erfahrene Manager und Planungskader zu verfügen. Und während von den großen Projekten nach und nach viele eingestellt werden mussten, verweigerte man den Kleinhändlern und Handwerkern die Unterstützung zur Steigerung ihrer Produktion: »Der Trend ging dahin, sie möglichst bald abzuschaffen.«[35]

* * *

Die »Politik der Versöhnung« war auch denjenigen gegenüber praktiziert worden, die freiwillig oder unter Zwang als Helfer der US-Truppen an Verbrechen gegen das vietnamesische Volk beteiligt gewesen waren. Zu ihnen gehörten zunächst die etwas über eine Million Soldaten und 50 000 Offiziere der Thieu-Armee, 120 000 Polizisten[36] und viele Beamte, Politiker und Angehörige reaktionärer Organisationen, dann Unternehmer, Kaufleute und Wucherer, die sich an der Unterdrückung des Volkes beteiligt und bereichert hatten. Nach Angaben von Frank Snepp hatten die USA bei ihrem übereilten Abzug außerdem etwa 200 000 »Vietnam-Amerikaner« zurückgelassen, darunter viele direkte und indirekte Mitarbeiter der CIA: »400 Mitglieder der von der CIA kontrollierten Spezialpolizei, 400 Angestellte der zentralen Ermittlungsbehörde, auch unsere Schützlinge [...] und unzählige Anti-Terror-Agenten – vielleicht 30 000 –, die speziell für den Dienst im Rahmen der ›Operation Phönix‹ ausgebildet waren«[37] – also Mitglieder von Mordkommandos zur Beseitigung von Revolutionären.

Natürlich hatten die Amerikaner, als abzusehen war, dass ihre Präsenz in Vietnam bald beendet sein würde, auch bewusst ihnen

34 Auch unter dem Einfluss sowjetischer Berater.

35 Nguyen Khac Vien, a.a.O.

36 Zahlenangabe nach: Nguyen Khac Vien: *Vietnam '80.*

37 Snepp, S. 445f.

loyal ergebene Vietnamesen auf eine Untergrundtätigkeit nach dem Krieg vorbereitet. Diese zahlenmäßig nicht genau zu bestimmende Gruppe von Agenten oder Sympathisanten sollte nicht nur in der ersten Zeit nach der Befreiung die Arbeit des Wiederaufbaus durch aktiven und passiven Widerstand behindern oder sabotieren (was auch geschah), sondern zudem den Versuch machen, das Land in einen Bürgerkrieg zu stürzen. »[…] natürlich sind wir nicht so naiv zu glauben, dass die Amerikaner den Kampf aufgegeben haben«, so die Analyse des Historikers Nguyen Khac Vien, »sie haben damals ein ganzes Netz von subversiven konterrevolutionären Organisationen hinterlassen, die ihre Aktionen jetzt mit der 5. Kolonne Pekings koordinieren. Wir müssen also die Sicherheit gewährleisten, und dies ist der Grund, warum wir noch frühere Offiziere und politische Funktionäre in den Umerziehungslagern zurückhalten. Wenn wir sie freigelassen hätten, wäre ein Bürgerkrieg zu befürchten gewesen, hätten noch mehr Sabotageakte und Mordanschläge stattgefunden, als es sie tatsächlich gegeben hat und immer noch gibt. Unsere Presse, unsere Regierung spricht nicht gern von solchen Vorkommnissen, aber es gibt sie.«[38]

Viele Terrorakte und einzelne militärische Aktionen haben diese konkrete Gefahr belegt. Anfangs waren Attentate auf bekannte Personen vor allem aus dem Saigoner Künstlermilieu verübt oder versucht worden, auf populäre Sänger und Schauspieler, die ihre Kunst in den Dienst des Aufbaus gestellt hatten. Diese Terrorakte wurden oft von entlassenen Insassen der Umerziehungslager verübt und haben Wut und Betroffenheit in der Bevölkerung ausgelöst.[39] Aber es gab schon kurz nach der Befreiung auch Versuche, einen organisierten Widerstand gegen die Regierung aufzubauen. Im Jahr 1976 wurden in Ho Chi Minh-Stadt Flugblätter verteilt, für die eine »Volksarmee der Restauration« (»Phuc Quoc«) verantwortlich zeichnete und in denen mitgeteilt wurde, nach der Flucht Thieus hätten »zahlreiche Landsleute und frühere Militärs der Streitkräfte« die »Republik Vietnam« neu gegründet, mit der Flagge des Thieu-Regimes und einem »nationalen politischen Rat«, dessen Präsident Nguyen Cao Ky sei. Als politische Ziele werden unter anderen formuliert: »Nur die Kommunis-

38 Nguyen Khac Vien in einem Interview mit dem Verf., August 1981.

39 Die bekanntesten Fälle waren Nguyen Thanh Tan und Nguyen Van Duc, vgl. Nguyen Khac Vien: *Vietnam '80*, S. 12f.

ten sind unsere Feinde.« Ihnen gegenüber habe man »kein Mitleid zu üben, denn die Kommunisten sind keine menschlichen Wesen«[40]. Dies war sicher zunächst Verbalradikalismus in der Hoffnung, die Amerikaner kämen irgendwann zurück – der Hitler-Verehrer Ky, der nach Diems Sturz für kurze Zeit Regierungschef in Saigon gewesen war, lebte längst in den USA.

Aber schon bald erhielten solche Untergrund-Terrorgruppen auch von außen politische und materielle Hilfe. Der Dissident Truong Nhu Tang[41] rief nach seiner Flucht 1981 zunächst von Beijing aus über Radio die Hmong Nung Yao-Minderheiten zum Aufstand auf, ging dann in die USA und eröffnete ein Büro in der Nähe von Boston. Seine Rede am 15.10.1981 vor dem außenpolitischen Ausschuss des Repräsentantenhauses markiert den Beginn der offenen Unterstützung solcher Gruppen in Vietnam durch die US-Administration, die Tang unter Carter noch das Visum verweigert hatte.[42]

Trotz solcher Gefahren wurde die »Politik der Versöhnung« auch diesem Personenkreis gegenüber angewendet. Durch eine politische und moralische »Umerziehung«, für die spezielle Lager eingerichtet wurden, sollte sowohl auf Rache verzichtet als auch dafür gesorgt werden, dass möglichst viele der Insassen später als loyale Bürger wieder in die Gesellschaft eingegliedert werden könnten, ohne das Risiko eines Bürgerkrieges zu groß werden zu lassen. Auch wenn sie erwiesen waren, sollte auf die strafrechtliche Verfolgung aller vor 1975 begangenen Kriegsverbrechen generell verzichtet werden. »Personen, die Verbrechen begangen haben oder eine Blutschuld der Bevölkerung gegenüber auf sich geladen haben«, sollten erst dann den Gerichten übergeben werden, »wenn sie sich während des Umerziehungskurses weiterhin böswillig und widerspenstig zeigen«[43]. Die Kurse, die unter militärischer Überwachung standen, sollten für die niedrigen Chargen »nur wenige Monate« dauern[44]; für

40 Flugblätter, abgedruckt in: Friang, S. 300 und 306.

41 Er war Justizminister in der PRR gewesen.

42 Vgl. Ward (2).

43 Dekret vom 25.5.1976, zit. nach der Tageszeitung *Saigon Giai Phong* vom 10.6.1976, in: Friang, S. 318.

44 Dies war auch die Zeit, die normalerweise nötig war, um Recherchen anzustellen. Vgl. dazu auch einen Artikel von Nguyen Khac Vien: An answer to some American friends, in: *Vietnam Courier*, Hanoi, 7/1979.

als »kriminell« oder »gefährlich« eingestufte Offiziere, hohe Beamte und Funktionäre des alten Regimes, denen Kriegsverbrechen nachgewiesen werden konnten, war offiziell eine Höchst-Verweildauer von drei Jahren vorgesehen. Der allergrößte Teil der Insassen der Umerziehungslager wurde tatsächlich nach kurzer Zeit freigelassen. Entgegen den ursprünglichen Zusicherungen wurde jedoch ein geringer Prozentsatz bis Mitte der 1980er Jahre[45] festgehalten, was vor allem mit der erwähnten, seit 1979 unter starkem außenpolitischem Druck wieder gestiegenen Bürgerkriegsgefahr begründet wird. Die Umerziehungslager, in denen der politische Unterricht vor allem eine Resozialisation im durchaus bürgerlichen Sinn zum Ziel hatte und über die jüngste vietnamesische Geschichte aus der Perspektive der Revolution aufgeklärt wurde, haben damit ihren Charakter verändert und sind, etwa seit 1979, eher Verwahranstalten für potenzielle Sympathisanten eines antirevolutionären Untergrunds geworden.

Beibehalten wurde dabei allerdings das Prinzip, nach dem sich die Beurteilung aller noch anhängigen Fälle nicht an der Vergangenheit orientiert, sondern an dem, was von den Betroffenen in Gegenwart und Zukunft zu erwarten ist, was natürlich ein Element der Vermutung, der Willkür enthielt. Trotzdem wurde nicht daran gedacht, diese zuletzt sehr überschaubare Anzahl von Fällen noch gerichtlich zu behandeln, eine Forderung, die häufig im Westen erhoben wurde.[46] Im Gegensatz zu Mitgliedern konterrevolutionärer Banden, gegen die öffentliche Prozesse geführt wurden[47], schien man für die

45 Nach Schätzungen von amnesty international, die später von der vietnamesischen Regierung bestätigt wurden, waren es 1981 noch rund 10000 (etwa 1%). Von diesem Zeitpunkt an ist mit einer kontinuierlichen jährlichen Entlassungsquote von etwas über 1000 zu rechnen, und in der Tat sind die letzten Lager bis 1990 aufgelöst worden.

46 So etwa auch von amnesty international. Dabei bleibt oft unberücksichtigt, dass solche Prozesse nach vietnamesischem Recht in den meisten Fällen zu Todesurteilen geführt hätten – deren massenhafte Vollstreckung, wie man es in Vietnam wohl richtig einschätzte, weit größere Proteste zur Folge gehabt hätte. Außerdem wäre das praktisch noch nicht existierende vietnamesische Gerichtssystem mit der Abwicklung der anhängigen Prozesse hoffnungslos überfordert gewesen.

47 Z.B. im Dezember 1984, mit weltweitem Presseecho. Vgl. den Bericht des Verf., der sich zu der Zeit in Ho Chi Minh-Stadt aufhielt, in *Vietnam-Kurier*, 2/1985.

Restfälle in den Umerziehungslagern noch die für revolutionäre Bewegungen typische Bevorzugung moralisch-politischer Kategorien gegenüber administrativen Methoden und formaljuristischen Verfahrensweisen anwenden zu wollen.[48] Inzwischen ist in Vietnam der Aufbau eines dem europäischen vergleichbaren Rechtssystems eingeleitet worden.[49]

Der Verf. hatte im Jahr 1984 Gelegenheit, ein solches Lager in der Nähe von Phan Thiet zu besuchen und einen Filmbericht zu drehen. Dabei erfuhr er, wie die »Schließung« eines solchen Lagers erfolgen sollte. Da viele der Insassen keine familiären Bindungen mehr hatten, sollten sie am Ort des Lagers bleiben und Familien gründen, so dass dieses sich nach und nach in ein normales Dorf verwandeln würde.[50]

* * *

Wie aus diesen Beispielen bereits deutlich wurde, war die schwere Krise, die in den Jahren 1978 zu einer Umorientierung und entsprechenden Maßnahmen führte, nicht allein aus inneren Widersprüchen entstanden. Die zunehmend aggressiven Intentionen der neuen chinesisch-amerikanischen Allianz, die in Vietnam nach der Befreiung offenbar lange Zeit unterschätzt wurden, wirkten sich jetzt verstärkt aus. Diskrete Interventionen und offene Einmischungen hatten vor allem da Erfolge, wo innere Konflikte und Spannungen vorhanden waren und durch äußeren Druck eskaliert werden konnten. Bei jedem einzelnen dieser Ereignisse lässt sich nachweisen, dass sie erst durch gezielte Destabilisierung von außen zu einer existenziellen Gefahr für den Bestand der vietnamesischen Revolution und für den Aufbau des Landes wurden.

So hatten die Verstaatlichungsmaßnahmen von 1978 vor allem eine

48 Vgl. Mäding, wo eine auch für Vietnam vorstellbare Entwicklung beschrieben wird.

49 Eine neue Strafprozessordnung (die erste im streng juristischen Sinn) trat erst 1986 in Kraft. Vgl. das Interview des Verf. mit dem Justizminister der SRV, Phan Hien, 1984, in *Vietnam-Kurier*, 2/1985 und 3/1985.

50 Dokumentarfilm ... *sonst war unser Leben ziemlich normal*, 30 Min., Freundschaftsgesellschaft Vietnam, Düsseldorf. Das besuchte Lager befand sich bereits in einem Übergangsstadium. Die Insassen konnten in speziellen Wohnungen Besuch empfangen, und die Bautätigkeit war auf die Schaffung einer neuen Wohn- und Arbeitsumgebung mit kommunalen Einrichtungen ausgerichtet.

sehr homogene und auch straff organisierte Minderheit von Vietnamesen chinesischer Abstammung betroffen, die man in Vietnam Hoa nennt. Die Hoa hatten im Süden eine ähnliche beherrschende ökonomische Position wie in allen anderen Ländern Südostasiens.[51] Jean und Simone Lacouture bezeichnen den Chinesen als »Schlussstein im Gewölbe des Reisumlaufs«, der alles in der Hand hat: den Transport, die Verarbeitung (Reismühlen), Lagerhäuser, Verkaufsorganisationen. »In diesem Kreislauf ist der Bauer nur Produzent und Konsument«[52] – und zumeist Schuldner des Händlers oder eines Geldverleihers, so dass seine kleinbäuerliche, von Thieu so propagierte Selbständigkeit nur eine Fiktion war.

Da man sie zunächst weitgehend unbehelligt ließ[53], bildeten die Hoa im befreiten Vietnam immer noch einen Block ökonomischer Macht, dessen spekulationsfreudige Profitorientiertheit viele Versorgungsschwierigkeiten hervorrief oder verschärfte. Darüber hinaus war diese Gruppe auch eine organisierte und zunehmend selbstbewusste politische Opposition, die aus ihrer feindseligen Haltung den neuen Machthabern gegenüber keinen Hehl machte. »Die sinovietnamesische Welt Cholons beobachtet, wie eine Eule mit ihrem starren Blick, die triumphierende Revolution. [...] Sie wartet auf ihre Stunde, nicht ohne im Hinterzimmer die fertig gepackten Koffer stehen zu haben.«[54]

Die Hoa waren in politisch-religiösen Vereinen und »Bruderschaften« straff organisiert, deren Namen der jeweiligen politischen Konjunktur Rechnung trugen.[55] Ebenso opportunistisch waren sie bei der Wahl ihres Heimatbezugs: »Wie viele von ihnen haben mindestens zwei Pässe, so wie sie lange Zeit in ihren Verkaufsläden zwei

51 Z.B. in Thailand, Singapur, Malaysia usw. Angaben über Zahlen in: *Vietnam Courier*, Hanoi, 1/1979, sowie in: *Probleme des Friedens und des Sozialismus*, 3/1981.

52 Lacouture/Lacouture, S. 194f.

53 Pham Van Dong wandte sich am Unabhängigkeitstag 1975 (2. September) in der Festansprache mit den Worten an sie: »Wir rufen die nationalen Kapitalisten [...] auf, alle ihre Fähigkeiten und ihren Eifer in den Dienst der großen Aufgaben der Nation zu stellen.« Zit. in: Burchett 1977, S. 246.

54 Lacouture/Lacouture, S. 102.

55 So z.B. »Assoziation patriotischer chinesischer Studenten« oder »Marxistisch-leninistische Jugendunion«. Vgl. dazu *The Hoa in Vietnam*, Hanoi 1978, II, S. 82.

Porträts aufgehängt hatten: das von Mao und das von Tschiang«[56]. Nach der »Öffnung« der VR China zu den USA hatten sie sich von Taiwan abgewendet, und 1975 waren am Tag der Befreiung in Cholon nur chinesische Fahnen zu sehen, keine der Befreiungsfront.[57] Schon vorher war in diesen Kreisen Cholons, wie übrigens auch in anderen antikommunistisch bis reaktionär gesinnten Schichten der südvietnamesischen Bevölkerung, die Hoffnung auf Hilfe von außen, und zwar auch von der VR China, bei einem eventuellen Aufstand ehemaliger Thieu-Truppen »gegen Hanoi« so verbreitet, dass westliche Journalisten dies wie eine Selbstverständlichkeit registrierten. »Dass Maos China antikommunistische Rebellen unterstützt, kann niemanden überraschen. Beijing erlaubt sich keine Gefühle. In Beijing hätte man eine amerikanische Präsenz in Südvietnam vorgezogen, zur Verhinderung einer Ausdehnung des Moskauer Einflussbereichs. Wenn man jedoch die Intensität des vietnamesischen Unabhängigkeitsstrebens bedenkt, war das eine falsche Sicht.«[58]

In dem schon 1976 in Paris veröffentlichten Tagebuch eines Saigoner Intellektuellen, der jetzt in Australien lebt, heißt es: »26. Mai 1975: Bin gestern in Cholon gewesen, meinen Freund Lu Hsi-ying besucht. Lu ist der Neffe des Chefs einer der mächtigsten Bruderschaften und deshalb gut informiert. […] Lu hat mir auch versichert, dass Regierungssoldaten [gemeint sind ehemalige Thieu-Truppen, gg] sich zur kambodschanischen Grenze zurückgezogen haben, weil sie dort den Rücken frei haben. Denn sie können sich auf die wohlwollende Neutralität der Roten Khmer verlassen, die von Peking unterstützt werden und also Nordvietnam gegenüber, das hauptsächlich Hilfe aus der Sowjetunion erhält, feindlich gesinnt sind. […] Nach dieser Unterhaltung würde ich sogar so weit gehen zu behaupten, dass Mao die (mindestens) anderthalb Millionen Chinesen in Südvietnam

56 Lacouture/Lacouture, S. 102. Nach einer Vereinbarung der Regierung der DRV mit China vom Jahr 1955 sollten die Hoa schrittweise vietnamesische Bürger werden, was in den folgenden Jahrzehnten auch geschah. Auch in Südvietnam erhielten die Hoa (gelegentlich gegen ihren Willen) die vietnamesische Nationalität. Sie behielten aber oft ihre chinesischen Pässe. 1978 begann die chinesische Regierung, diese Pässe wieder anzuerkennen und zu erneuern. Außerdem wurden »Repatriierungszertifikate« ausgestellt. Vgl. *The Hoa in Vietnam*, II, S. 61.

57 Darcourt 1975, S. 260.

58 Friang, S. 86f.

dazu aufstacheln wird, die nordvietnamesische Verwaltung zu sabotieren, dass er sogar eine Rebellion unterstützen wird.«[59]

Diese Notizen und viele weitere Zeugnisse ließen schon vor 1975 die Bereitschaft Beijings erkennen, den Aufbau und das Erstarken eines Vietnam, das sich nicht seinem politischen Einfluss beugen will und eine wirkliche Unabhängigkeit anstrebt, mit allen Mitteln zu behindern.

Ein Indiz dafür ist auch, dass sich die Fluchtbewegung auf alle sozialen Schichten der chinesischen Minderheit erst in dem Moment ausweitete, als die Beijinger Führung durch die sogenannte »Aktion Nanqiao«[60] in den Konflikt eingriff. Dies war eine mit internationalem Echo geführte Propaganda- und Gerüchtekampagne, die behauptete, die Hoa würden in Vietnam aus rassischen Gründen verfolgt. Man forderte alle Vietnamesen chinesischer Herkunft auf, nun ins »Vaterland« zurückzukehren, weil ein Krieg zwischen der Sowjetunion und China unmittelbar bevorstehe, in den auch Vietnam verwickelt würde[61] und dessen erste Opfer sie sein würden. Denjenigen, die dieser Aufforderung nicht nachkommen wollten, wurde angedroht, dass sie von den in Vietnam einmarschierenden chinesischen Truppen als Verräter behandelt würden. Außerdem stellte man den Auswanderungswilligen die Weiterreise in die USA, nach Hongkong oder Australien in Aussicht.[62] Ursache der Flucht von Angehörigen dieser Minderheit war also nicht eine rassistische Diffamierung und Verfolgung, sondern – als Auslöser – die Verschlechterung ihrer ökonomischen Lage durch Maßnahmen der Regierung[63] und – als eskalierendes Moment – die sehr geschickt und intensiv geführte Kampagne der Beijinger Regierung. Durch sie wurden nicht so sehr die eigentlichen Kompradoren des Südens – die versuchten, lieber direkt in ein westliches Land zu gelangen –, sondern Teile des chinesischen

59 Das Tagebuch von Huynh Tran Duc ist unter dem Titel »Le journal d'un libéré« als Anhang zu Friang abgedruckt (S. 99ff.) und macht 2/3 des Buchumfangs aus. Brigitte Friang ist die Schwester des letzten französischen Botschafters in Saigon. Sie hat eine Militärausbildung absolviert und gehörte den Fallschirmjägertruppen bei Dien Bien Phu an. 1975 war sie für RTL in Südvietnam.

60 Nanqiao ist das chinesische Wort für »verfolgte Landsleute im Ausland«.

61 Ähnliche Gerüchte hatte auch die CIA kurz vor 1975 verbreitet. Vgl. Tiziano Terzani: Und siehe, die Vietkong waren Menschen, in: Gallasch, S. 82.

62 Vgl. dazu die Belege in *The Hoa in Vietnam*, II.

63 Von denen keineswegs nur Hoa betroffen waren.

und vietnamesischen Kleinbürgertums und Elendsproletariats zum großen Marsch nach Norden aufgefordert. Diese etwa 160 000 Ängstlichen und Irregeführten benutzte die Beijinger Führung in einer Reihe von abenteuerlichen und absurden Maßnahmen dazu, der vietnamesischen Regierung möglichst viele Schwierigkeiten zu machen und ihr international Schaden zuzufügen.[64]

Die vietnamesische Regierung war nicht auf diese Kampagne gefasst und reagierte daher mit hastigen Zugeständnissen auf die internationale Kritik: Chinesische Schiffe sollten die Ausreisewilligen im Süden direkt abholen dürfen. Beijing verlangte eine ständige Präsenz dieser Schiffe in Vietnam, während die vietnamesische Seite die Aktion zeitlich begrenzt wissen wollte. Auch Listen von Ausreisewilligen wollte die Beijinger Regierung nicht akzeptieren, weil darauf keine »Opfer der Verfolgung« verzeichnet seien. Auf die schließliche Aufforderung, ihrerseits Listen vorzulegen, um eine legale Ausreise zu organisieren, reagierte Beijing mit dem Abzug der in südvietnamesischen Häfen bereits eingetroffenen Schiffe, denn eine legalisierte Ausreise lag nicht in seinem Interesse, man zog dort den spektakulären Effekt der Massenflucht vor.

Nun erst verallgemeinerte sich die Fluchtbewegung und erfasste auch viele, die sich schon seit 1975 mit der Absicht trugen, ein Land zu verlassen, in dem sie ihre Privilegien verloren hatten, bisher aber abwartend dageblieben waren. Obwohl auch bei ihnen der Anteil an Hoa sehr groß war – bei den in der Bundesrepublik Deutschland Aufgenommenen etwa 75 % –, wollten sie nicht in die VR China. Ihr eigentliches Ziel waren die USA oder Europa, wo man hoffte aufgenommen und für gute antikommunistische Dienste belohnt zu werden. Von westlichen Sendern[65] verbreitete Nachrichten, die Flüchtlinge würden von der US-Flotte und den ASEAN-Staaten mit offenen

64 Vgl. die anschaulichen Schilderungen von Xuan Thuy, in: *Dossier Kampuchea*, II, S. 137ff., sowie LM, 7.6. und 20.6.1978. Auch im Norden entstanden die ersten Zusammenstöße an der Grenze dadurch, dass die chinesischen Behörden die Flüchtlinge, die sie selber gerufen hatten, nicht einlassen wollten, worauf diese nach tagelanger Belagerung der Grenzübergänge mit Gewalt in die VR China eindrangen. Der Verf. hatte Gelegenheit, die Grenze bei Dong Dang 1978 kurz nach dem ersten derartigen Zwischenfall selbst zu besuchen und im ZDF darüber zu berichten. Vgl. auch FR, 3. und 5.8.1978.

65 Vor allem die BBC und der CIA-Sender »Stimme Amerikas«, die ausführliche Interviews mit »glücklich Angekommenen« sendeten.

Armen aufgenommen, verleiteten viele, sich mit untauglichen Booten auf die hohe See zu begeben. Bei der Beurteilung der Motive dieser Flüchtlinge sollte man den Einfluss der Propaganda nicht unterschätzen, sie stieß auf ein Bewusstsein, das den neuen Machthabern immer noch misstraute und naiv auf die Dankbarkeit der ehemaligen Besatzungsmacht hoffte. Insofern lassen sich politische und wirtschaftliche Gründe für die Flucht nicht säuberlich trennen: Für die meisten waren ihre wirtschaftlichen Privilegien an ein unwiderruflich abgeschafftes politisches System gebunden, war die sich 1978 zuspitzende politische und wirtschaftliche Situation nur eine Bestätigung dafür, dass sich für sie nach dem Umbruch nun doch keine wirtschaftliche Perspektive mehr ergeben würde.

Die vietnamesische Regierung war mit dem Ausmaß dieses Flüchtlingsstroms total überfordert. Die ersten Hoa ließ man völlig ungehindert zur Grenze ziehen und ohne jede Formalität ausreisen. Auch waren kaum Anstrengungen unternommen worden, die Küsten zu überwachen oder andere präventive Maßnahmen zu ergreifen. Als dann die Flüchtlinge zum Gegenstand einer weltweiten Berichterstattung und entsprechend böswilligen Kommentierung im Westen wurden, strebte man eine international beaufsichtigte legale Ausreiseregelung an.

Im Mai 1970 wurde mit dem Hochkommissariat für Flüchtlingshilfe der UNO (UNHCR) eine Vereinbarung geschlossen, die jedem vietnamesischen Bürger die legale Ausreise ohne Bedingungen erlaubte, wenn die Bereitschaftserklärung eines Aufnahmelandes vorlag. Das UNHCR eröffnete mehrere Büros in Vietnam, und schon bald verließen die ersten legalen Auswanderer das Land. Schnell wurde jedoch deutlich, dass die Regierungen der westlichen Länder, allen voran die USA[66], an einer solchen legalen Regelung nicht interessiert waren. Sie holten sich »ihre« Flüchtlinge lieber von den von Geschäftemachern illegal organisierten Suchschiffen wie der berüchtigten *Hai Hong*[67] und nahmen, nach strenger Auslese, nur so

66 Da es keine diplomatischen Beziehungen zwischen der SR Vietnam und den USA gab, waren die Formalitäten für eine Ausreise in dieses Haupt-Zielland besonders kompliziert – alles musste über die US-Botschaft in Bangkok laufen, die Anweisung hatte, nur ein sehr kleines Kontingent von Bewilligungen zu erteilen.

67 Ein »internationaler Ring von Menschenhändlern« (so zitiert die FAZ malaysische Behörden) hatte die *Hai Hong* in Hongkong aufgekauft, angeblich zur Verschrottung. Von diesem Schiff stammte die Mehrzahl der später von der

viele davon auf, wie nötig war, die mit ihnen betriebene Propaganda gegen Vietnam aufrechtzuerhalten. Eine internationale Konferenz in Genf zum Thema Flüchtlinge im Juli 1979 gab der vietnamesischen Regierung endlich die Gelegenheit, ihren Standpunkt selbst darzustellen, was westliche Zeitungen zu der Feststellung nötigte, diese habe damit »die Sensation des Durchbruchs« für sich verbuchen können.[68] Beim Versuch, die Konferenz zu einem Tribunal gegen Vietnam werden zu lassen, scheute der amerikanische Delegierte Mondale nicht davor zurück, Parallelen zur Judenverfolgung durch den deutschen Faschismus zu ziehen[69], und die Versuche seiner Regierung, wie schon so oft mit Flüchtlingen Politik zu machen, belasteten die innere Situation in Vietnam schwer. Nach einiger Zeit wendete sich das öffentliche Interesse anderen Dingen zu, und bald war, trotz der fortgesetzten Bemühungen etwa der Betreiber der *Cap Anamour*, die Zahl der legalen Ausreisen wesentlich höher als die der Flüchtlinge.[70]

* * *

Bundesregierung aufgenommenen Flüchtlinge. Das Ganze war perfekt organisiert. Von vielen Stellen an der Küste aus wurden kleine Boote in Gang gesetzt, die zufällig alle gleichzeitig an derselben Stelle auftauchten, wo die *Hai Hong* einen »Maschinenschaden« hatte. In codierten Telegrammen tauchten die Flüchtlinge als »Tiefkühlenten« auf. FAZ, 27.11. und 1.12.1978, FR, 25.11.1978, und LM, 14., 16. und 17.11.1978.

68 FR, 23.7.1979.

69 Indem er auf die Konferenz von Evian 1939 anspielte. Zur Genfer Flüchtlingskonferenz vgl. LM, 20., 22./23. und 24.7.1979, sowie einen Artikel des Verf. in: *Blätter für deutsche und internationale Politik*, 8/79, wo auch der Wortlaut des Abkommens zwischen der Regierung der SRV und dem UNHCR abgedruckt ist.

70 Von Schiffen wie der *Hai Hong* waren in kurzer Zeit an die 3000 Schiffbrüchige aufgesammelt worden. Die letzte monatelange Suchfahrt der *Cap Anamour II* 1986 erbrachte nur 357 Flüchtlinge, während im selben Zeitraum monatlich etwa 2000 Personen Vietnam legal verlassen konnten, trotz der Versuche der USA, die legale Ausreise durch bürokratische Schwierigkeiten zu behindern: 1987 gab es in Vietnam eine Warteschlange von etwa 80 000 Personen, die sofort hätten ausreisen können, hätten die entsprechenden Aufnahmebereitschaftserklärungen vorgelegen.

Die Versuche, den Aufbau Vietnams von außen zu behindern, hatten indessen bereits ganz andere Formen angenommen. Schon Tage nach ihrem Sieg über Lon Nol waren die Truppen des »Demokratischen Kampuchea« in grenznahe Gebiete in Südvietnam eingedrungen und hatten dort die Bevölkerung terrorisiert.[71] Zu der Zeit gab es offiziell noch freundschaftliche Kontakte zwischen Kambodscha und Vietnam, und man war sich darüber einig, dass zum Zweck der genauen Bestimmung des Grenzverlaufs zwischen beiden Ländern Verhandlungen geführt werden müssten. Denn die Kolonialmacht hatte diese Grenze ohne Rücksicht auf geografische oder ethnografische Gegebenheiten gemäß den Interessen der die Kautschukplantagen ausbeutenden europäischen Gummikonzerne gezogen. Nachdem sich Pol Pot für die Übergriffe seiner Soldaten unter Hinweis auf deren »mangelhafte topografische Kenntnisse«[72] zunächst mehrmals entschuldigt hatte, waren Verhandlungen vereinbart worden, die von kambodschanischer Seite erst verzögert und später ganz abgesagt wurden.[73] Nach einer Phase der relativen Ruhe, in der gemischte lokale Kommissionen darangingen, eine genaue Grenzfestlegung vorzubereiten, eskalierten im Laufe des Jahres 1977 die Grenzüberfälle zu einem regelrechten Krieg[74], der Vietnam zu Evakuierungsmaßnahmen und Truppenkonzentrationen im Grenzgebiet zwang. Diese Entwicklung hatte zunehmend negative Auswirkungen auf die allgemeine Situation in Südvietnam: Die Rekultivierung in den »neuen Wirtschaftszonen« wurde behindert, Soldaten auch aus dem Süden mussten zum Schutz der Bevölkerung zur Grenze verlegt werden. Der letzte Versuch, auf höchster Ebene zu

71 Der erste Angriff auf die vietnamesische Insel Phu Quoc erfolgte am 4.5.1975; vier Tage nach der Befreiung, am 8.5., gab es die ersten Überfälle auf die Provinzen Ha Tien und Thay Ninh. Vgl. Thion/Kiernan, S. 283.

72 Ebd., bei einem Treffen zwischen Pol Pot und Nguyen Van Linh (später Generalsekretär der KPV) am 2.6.1975. Es gibt übrigens kein einziges Dokument aus dem Lager Pol Pots, das den Vietnamesen vorwirft, ihrerseits 1976 oder 1977 die Grenze verletzt zu haben.

73 In der zweiten Hälfte des Jahres 1976 schienen diese Verhandlungen zunächst aussichtsreich zu sein, es gab kaum Grenzüberfälle bis Januar 1977, auch ein Besuch des vietnamesischen Vizeaußenministers in Phnom Penh schien eine Normalisierung anzudeuten. Vgl. Kiernan in: Thion/Kiernan, S. 249ff.

74 Übrigens nicht nur in Richtung Vietnam, sondern schon seit Februar, besonders intensiv aber im Juli 1977, auch nach Thailand, wo Pol Pot ebenfalls Gebietsansprüche stellte.

bilateralen Verhandlungen und einer politischen Lösung zu kommen, wurde von Seiten des »Demokratischen Kampuchea« am 7. Juni 1977 abgelehnt. Zu diesem Zeitpunkt hatte der Krieg schon längst nicht mehr den Charakter und die Dimension eines Streits um Grenzgebiete, und die irrational erscheinende Haltung des »Demokratischen Kampuchea« wird nur verständlich, wenn man sie vor dem Hintergrund der inneren Entwicklung in Kambodscha betrachtet.

Phnom Penh war im April 1975 zugleich von Befreiungstruppen der nördlichen und der östlichen Zone erobert worden, sowohl solchen also, die unter dem Einfluss der Roten Khmer standen, als auch solchen, die aus dem Einflussgebiet der vietnamfreundlichen Issarak kamen. Zwistigkeiten zwischen den beiden Kontingenten drangen schon in den ersten Tagen in Form widersprüchlicher Radiosendungen nach außen.[75] Im Juli gab es dann, nach offizieller Darstellung des Pol Pot-Regimes, eine Zeremonie, auf der »die verschiedenen Zonen ihre bewaffneten Streitkräfte dem Zentralkomitee unterstellten«[76]. Abgesehen von dem überraschenden impliziten Eingeständnis, dass die verschiedenen revolutionären Truppen vorher offenbar kein einheitliches Kommando hatten, erwähnt das *Livre noir* in diesem Zusammenhang auch, dass es dabei einen Putschversuch gegeben habe. Der Außenminister des »Demokratischen Kampuchea«, Ieng Sary, sprach ein Jahr später sogar von vier Staatsstreichversuchen in den Jahren 1976/77. All dies deutet darauf hin, dass die Machtkämpfe innerhalb der KPK und des Militärs sofort nach dem Sieg über Lon Nol in vorher nicht da gewesener Härte eskaliert waren.

Die Zusammensetzung der ersten Regierung des »Demokratischen Kambodscha«, am 14. April 1976 gebildet, weist aus, dass die Roten Khmer zu dieser Zeit über keine eindeutige Mehrheit verfügten.[77] Zu der Zeit stand offenbar der Kampf um die Ausschaltung der Anhän-

75 Thion/Kiernan, S. 244.

76 *Livre noir*, S. 97.

77 Dieser Regierung unter Pol Pot gehörten prominente Issarak-Führer wie So Phim, Nhim Ros und Mat Ly an, welch Letzterer nach 1979 dem Kabinett der Regierung Heng Samrin angehörte. Bei dieser Gelegenheit taucht übrigens der Name Pol Pot zum ersten Mal auf, dessen Identität mit dem seit 1975 nicht mehr erwähnten Saloth Sar von den Führern des »Demokratischen Kampuchea« nie offiziell bestätigt worden ist. Pol Pot wollte wohl auf diese Weise seine kleinbürgerliche Herkunft verbergen. Er ließ später verbreiten, er sei ein Bauernsohn, und Saloth Sar sei schon 1962 gestorben. Vgl. FR, 12.4.1978.

ger der Kulturrevolution in China zunächst im Vordergrund. Überhaupt übten aktuelle Auseinandersetzungen in der VR China einen nicht genau bestimmbaren Einfluss auf die Machtkämpfe in der KPK aus, wie etwa der Kampf gegen die Viererbande und deren Neuinterpretation der »Drei-Welten-Theorie«. Gegen Ende 1976 spitzte sich die Lage zu, als anlässlich eines erneuten Staatsstreichversuchs Pol Pot seines Amtes enthoben wurde und Noun Chea ihm nachfolgte. In der Parteipresse dieser Zeit wurden die Widersprüche offenbar: Im Organ des Zentralkomitees wird 1960 als Gründungsjahr der KPK angegeben, während das Organ der Partei-Jugendorganisation das Jahr 1951 nennt. Wie früher bereits ausgeführt, verbergen sich hinter den widersprüchlichen Daten verschiedene Interpretationen der Parteigeschichte. Zur selben Zeit kann man in dem erwähnten Organ des Jugendverbandes vietnamfreundliche Artikel lesen. Im September 1976 fanden schließlich Feiern zum 25. (!) Jahrestag der Parteigründung statt, auf denen scharfe Attacken gegen Deng Xiaoping zu hören waren. In dieser Zeit »befand sich die kambodschanische Regierung in der Hand einer Koalition aus provietnamesischen Elementen und Parteigängern der Kulturrevolution«[78], und es gab Versuche einer Überwindung der von Pol Pot forcierten Isolation: UNICEF wurde um Hilfe gegen die grassierende Malaria gebeten.[79]

Aber schon Mitte Oktober wendete sich das Blatt erneut, und spätestens im Januar 1977 hatte Pol Pot auch nach außen sichtbar wieder die Macht übernommen. Die beiden anderen Gruppen in der Partei wurden nun mit allen Mitteln ausgeschaltet, und der Kampf gegen sie und die Säuberungsaktionen unter ihren Anhängern im Parteiapparat nahmen bürgerkriegsähnliche Formen an. Gleichzeitig setzten erneute und schnell eskalierende Grenzüberfälle sowohl gegen Vietnam als auch gegen Thailand und Laos ein.[80]

Verschleppungen und Massaker vor allem in den Gebieten, in denen Hu Nim und Hu Yuon Anhänger hatten, der verordnete Vietnamesenhass, die Zwangskollektivierungen und die unerfüllbaren Arbeitsnor-

78 Thion/Kiernan, S. 252.

79 Ieng Sary hat Ende 1977 solche Hilfe von außen wieder unterbunden, was sicher sehr viele Kranke das Leben gekostet hat. Damals waren 80 % der Bevölkerung an Malaria erkrankt. Vgl. das Interview mit Ieng Sary in Tokio, in: Ponchaud, S. 130, sowie Lacouture 1978, S. 95.

80 Thion/Kiernan, S. 263, vgl. auch FEER, 8.12.1978.

men stießen nun zunehmend auf den Widerstand der Bevölkerung, die sich nach dem Sieg, trotz der opferreichen Evakuierungen, den Roten Khmer gegenüber insgesamt loyal verhalten hatte, obwohl deren Ideen von der Einzigartigkeit der kambodschanischen Revolution »den Bedürfnissen der Leute total unverständlich waren«[81]. Begleitet war dieser Machtkampf, der für die Pol Pot-Gruppe den entscheidenden Sieg brachte und das ganze Jahr 1977 andauerte, von mindestens zwei erneuten Putschversuchen.[82] Im September ließ sich Pol Pot, nach einem Besuch in der VR China[83], anlässlich des 17. (!) Jahrestags der Parteigründung zum Generalsekretär der Partei wählen.

Der Grenzkrieg gegen Vietnam spiegelte direkt diese Entwicklung in Kambodscha, und »die Ruhe im Jahr 1976 zeigt, dass Vietnam sich auf keinen Fall in einen Krieg in Kambodscha hineinziehen lassen wollte, auch nicht angesichts der sehr dezidiert nationalistischen und prochinesischen Propaganda des Nachbarlandes, solange es keine militärische Bedrohung darstellte«[84]. Im Jahr der »zweiten Revolution«[85] eskalierten die Grenzüberfälle nach Vietnam erheblich, und die kambodschanischen Delegierten zogen sich endgültig aus allen gemeinsamen Kommissionen zurück. Dass alle diese Maßnahmen auf eine neue rigorose politische Linie zurückgingen, geht auch aus zwei Dokumenten der Parteigeschichtsschreibung hervor, die aus den Jahren 1973 und nach 1975 stammen. Ein »Summary of Annotated Party History«, in der Ostregion 1973 veröffentlicht, beruft sich noch auf den Marxismus-Leninismus und die internationale Solidarität. In Reden von Pol Pot von 1975 und vom September 1977 wird dem-

81 Chandler, S. 240.

82 Im Februar und September. Die Ereignisse dieser ganzen Periode sind noch immer schwer rekonstruierbar. Das *Livre noir* enthält keinerlei Angaben für die Zeit zwischen April 1976 und September 1977. Vgl. Thion/Kiernan, S. 247ff. – Das Buch von Serge Thion und Ben Kiernan sowie zwei weitere hier immer wieder zitierte Werke oder Reportagen sind bis heute die wichtigsten Quellen, weil sie ad hoc niedergeschrieben worden sind. Aber auch die interpretatorischen Schlüsse, die in diesen Darstellungen gezogen werden, sind immer noch gültig.

83 Wo er sich sehr »gemäßigt« gab, offenbar in bewusster Tarnung seiner tatsächlichen Absichten. LM, 30.9.1977. Pol Pot hatte seine Erfolge im inneren Machtkampf sicher auch der besonderen Unterstützung zu verdanken, die er mit seiner politischen Linie in Beijing genoss. Vgl. Thion/Kiernan, S. 262.

84 Thion/Kiernan, S. 259, und Lacouture 1978, S. 106.

85 So nannte Pol Pot seine endgültige Rückkehr an die Macht 1977.

gegenüber stets betont, der Sieg 1975 sei ohne jegliche Unterstützung von außen errungen worden, und so etwas sei »niemals vorher« gelungen, weshalb in Kambodscha »zum ersten Mal in der Geschichte« ein Volk sich selbst befreit habe und damit ein »Modell für die gesamte Menschheit« geschaffen worden sei. Weder wird die Zusammenarbeit mit Vietnam oder die Unterstützung der VR China erwähnt, noch gibt es die geringste Anspielung auf frühere Widerstandsaktionen oder Résistance-Gruppen gegen die französische Kolonialmacht.

Das historische Tabula-rasa-Bild und der Rückbezug auf ein mythisiertes Bild des alten Angkor-Reiches dienten vor allem der Legitimierung des Expansionismus als erklärte außenpolitische Hauptlinie seit 1977/78.[86] Bei ihrem Machtantritt hatten die Führer des »Demokratischen Kampuchea« verkündet, jetzt werde eine »neue Ära in der Geschichte Kambodschas beginnen, noch glänzender als die Epoche von Angkor«[87]. Es war klar, dass damit nicht nur die Erweckung eines neuen Nationalgefühls durch Rückbesinnung auf die von der Bevölkerung kaum noch beachteten Reste der Kultur des alten Großreichs gemeint war, sondern auch die Wiederherstellung seiner alten Grenzen, die einmal den Golf von Siam, Teile des heutigen Laos, Malaysias, Thailands und ganz Südvietnam umfasst hatten.

Auch die Herrschaft, die die Sieger von 1975 in der Folge über das Volk ausübten, trug viele mittelalterliche Züge. Sie stützte sich auf eine abstrakte Organisation, von der alle Befehle ausgingen, die sich nie rechtfertigte und den Namen Angkar Leu trug, das heißt: Organisation. Sie beruhte auf Terror, Rechtlosigkeit und Leibeigenschaft. Totale Unterdrückung und lückenlose Kontrolle waren die Mittel, mit denen eine »Neue Gesellschaft« aufgebaut werden sollte. Die alten traditionellen Familien- und Dorfstrukturen wurden zerstört und eine Art kollektives Zusammenleben eingeführt, mit militärisch organisierter Arbeit, wie im Gefängnis geregelten Tagesabläufen, kollektiven Mahlzeiten, strikter Trennung der Wohnungen von Frauen, Männern und Kindern, absolutem Reise- und Kontaktverbot und Massen-Zwangsheiraten.[88]

86 Sihanouk berichtet von Erklärungen in dieser Richtung schon im Jahr 1975: Norodom Sihanouk 1979, S. 79 und 114.

87 *Radio Phnom Penh*, 30.8.1975 u. ö.

88 Ein ausführliches und anschauliches Bild vom Alltagsleben unter Pol Pot zeichnet Yi Tan Kim Pho, in: Simon-Barouh.

Alle diese Maßnahmen sind sowohl Ausfluss der Ideologie der Roten Khmer als auch geeignete Werkzeuge zur Unterdrückung jeglichen Widerstands in der Bevölkerung. Als in dieser Weise doppelt funktional ist auch die Vertreibung der Bevölkerung aus den Städten gleich nach dem Sieg zu verstehen, deren Absicht am besten durch eine Aussage von Hua Guofeng aus dem Jahr 1977 gekennzeichnet wird: »Wenn unsere Freunde in Kambodscha eine Maßnahme getroffen haben, die wir ein wenig übereilt finden, so deshalb, weil Phnom Penh noch voller Komplizen des Imperialismus steckte, von Unterstützern der Bourgeoisie und des Kapitalismus. Wenn ein Widerstand organisiert werden sollte, dann in dieser übervölkerten Stadt. Also mussten sie, um ihre Revolution zu verteidigen, die Hauptstadt räumen.«[89] Die Evakuierung war demnach zwar eine politische Entscheidung im Sinne der Ausschaltung urbaner Lebensformen, vor allem aber eine Maßnahme zur Machtsicherung. Bei den Roten Khmer Pol Pots, die die Bedürfnisse der Bevölkerung grundsätzlich missachteten und daher von vornherein mit deren Widerstand rechnen mussten, haben diese beiden Handlungsmotive immer eine Einheit gebildet.

In den wenigen Jahren der Herrschaft der Roten Khmer war eine allmähliche Akzentverschiebung zu beobachten: Die zunächst nach chinesischem Vorbild betriebene Stärkung der kommunalen Organisation und dörflicher sozialer Strukturen wurde ab 1977 nicht mehr propagiert. Die Arbeit auf dem Land wurde von da an prinzipiell der Einzelperson per Befehl zugeteilt, nicht mehr einer Familie, Gruppe oder Brigade. In dieser Zeit wurden auch die kollektiven Mahlzeiten eingeführt und mit ihnen das Verbot der privaten Selbstversorgung und individueller Kochgeräte. Auch die vor 1977 propagierte Absicht einer Wiederbelebung alter authentischer Kulturaktivitäten wurde nicht verwirklicht, denn von nun an hatte die Landwirtschaft Vorrang vor allem anderen, auch vor der politischen Bildung, vor Kultur, Religion und Lernen. Landwirtschaftliche Maschinen waren verpönt, und in massenhafter Zwangsarbeit sollten die Bauern neben der Landbestellung riesige Bewässerungsanlagen, nach dem Muster des durch Sklavenarbeit errichteten Netzes von Seen und Kanälen der Angkor-Zeit, ohne Zuhilfenahme von Werkzeugen oder Geräten bauen. Der überwiegend disziplinierende Zweck dieser Politik

89 Zit. in: Lacouture 1979, S. 60.

wird angesichts der Tatsache deutlich, dass solche Anlagen für die damalige und zu erwartende Besiedelungsdichte des Landes grotesk überdimensioniert waren.[90] Auch hier wurde die Erfüllung eines sozialpolitischen Programms mit der Kontrolle und Disziplinierung der Bevölkerung verbunden, wobei die Akzente sich mit der Zeit zur Letzteren hin verschoben. Die Bewässerungsanlagen wurden nie auch nur ansatzweise realisiert.

In ihrer Propaganda hatten die Führer des »Demokratischen Kampuchea« nach 1977 jegliche politische Programmatik und etwa Analysen der ökonomischen Lage, Diskussionen über die Klassenstruktur der Partei oder der Bevölkerung oder Gedanken über den Charakter einer proletarischen Politik in Kambodscha zugunsten eines inhaltsleeren moralischen Rigorismus aufgegeben. Obwohl bei einem gewissen Teil der Bevölkerung eine starke Neigung zum Aberglauben und Mystizismus solche Formen der Herrschaftsausübung begünstigte, war der Widerstand schon bald spürbar. Dem einzigen Ziel, ihn zu brechen, diente vor allem die Einteilung des Volks in eine neue soziale Hierarchie, die traditionelle Vorurteile geschickt ausnutzte: Die Bewohner der bis 1975 von Lon Nol beherrschten Gebiete (also vor allem Phnom Penh und andere Städte) wurden als »neues Volk« bezeichnet und nach ihrer Vertreibung aufs Land gegenüber den dort wohnenden Angehörigen des »alten Volks« ausdrücklich als minderwertige Menschen bezeichnet und behandelt, nach dem offiziellen Motto: »Wir [die Angehörigen des alten Volks, gg] haben fünf Jahre lang Hunger gelitten. Jetzt seid ihr dran. Ihr seid Kriegsgefangene.«[91] Ohne Skrupel wurde dabei auch der Tod eines großen Teils dieser Menschen in Kauf genommen, denn die Reduzierung ebendieses Bevölkerungsteils konnte für die Sicherung der Herrschaft nur von Vorteil sein. Unsichere und aufrührerische Elemente – vor allem Intellektuelle, die sich der »Angkar« nicht unterordnen wollten und denen man argumentativ nicht gewachsen war – waren unerwünscht und überflüssig, weil »die Einflüsse, denen sie unterlagen, ihre Kenntnisse, ihre Überzeugungen, ihre Zugehörigkeit zur alten Ordnung, die sie privilegierte,

90 In Kambodscha sind im Vergleich zu Vietnam nur wenige überregionale Bewässerungsanlagen nötig, um die Bevölkerung zu ernähren. Es scheint, dass Pol Pot, ähnlich wie die Gottkönige von Angkor, dem Land und der Landschaft großartige Spuren seiner Herrschaft einprägen wollte.

91 Zit. in: Ponchaud, S. 85.

weil all das eine Umerziehung unmöglich machte«[92]. Nach der Meinung der Roten Khmer waren überhaupt zu viele Menschen da, um eine wirkliche Kontrolle zu gewährleisten: »1 bis 2 Millionen junge Leute reichen aus, um das neue Kambodscha zu schaffen.«[93] Unterdrückung und Racheakte gegen die ihnen nun plötzlich ausgelieferten Städter seitens der Bauern wurden offiziell gefördert, und viele Morde und Massaker sind auf diese Weise nicht einmal von den Repräsentanten der Angkar selbst verübt worden. Als Nebeneffekt schufen diese Maßnahmen eine gewisse Gleichgültigkeit, senkten die Hemmschwelle gegenüber den zunehmend im großen Stil organisierten Ausrottungsaktionen.

Nach einem CIA-Dokument über die demografische Entwicklung in Kambodscha[94] kamen durch die Maßnahmen der Roten Khmer im ersten Jahr etwa 700 000 Menschen um[95] (Verfolgung der vietnamesischen Minderheit, Evakuierung der Städte, Hunger und Seuchen, Verschleppungsaktionen auf dem Land). Größer, aber noch nicht genau bestimmbar ist die Zahl der Opfer der politischen Säuberungsaktionen. Dem genannten Dokument zufolge sank die Bevölkerungszahl zwischen 1975 und Januar 1979 von ca. 7 Millionen auf 5,8 Millionen. Nach einer früheren Schätzung[96] wäre für das Jahr 1973, aufgrund des zu erwartenden Bevölkerungszuwachses, für Kambodscha mit etwa 10 Millionen Einwohnern zu rechnen gewesen. Angesichts der Fehlerquote solcher Schätzungen, die im Wesentlichen auf Flüchtlingsaussagen beruhen, kann die Gesamtzahl der Opfer

92 Zitate bei Debré, S. 230. Vgl. auch Ponchaud, S. 136f.

93 Ponchaud, S. 97. Dieses Zitats wegen, das laut Ponchaud ein geläufiger Spruch bei den Roten Khmer war, ist dieser von Gareth Porter (in: Steinhauer/Horlemann) kritisiert worden (»ungeheures Beispiel«, S. 154). Es sei aber daran erinnert, dass die Formulierung in Stil und Anschauungsweise belegten Zitaten von *Radio Phnom Penh* aus dieser Zeit entspricht und dass damit und nach allem, was inzwischen als gesichert gelten darf, die Behauptung: »Das Blutvergießen nach dem Kriege war keine Widerspiegelung einer ideologischen Abartigkeit, sondern der Barbarei des Krieges« (ebd., S. 144), nur ein zweifelhafter Versuch war, die damaligen Taten des späteren antikommunistischen Verbündeten zu verharmlosen.

94 Research Paper vom Mai 1980, veröffentlicht in: *Libération*, 17.9.1980. Da die letzte Zählung im Jahr 1962 stattfand, sind nur Schätzungen möglich.

95 Opfer des US-Krieges in Kampuchea: 600 000.

96 Migozzi 1973.

des Pol Pot-Regimes nur geschätzt werden: zwischen zwei und drei Millionen.[97]

Im Verlauf des Jahres 1978 erreichte die Isolation des Regimes in der Bevölkerung ein so gefährliches Ausmaß, dass der Krieg gegen Vietnam als einziges und letztes Mobilisierungsinstrument übrig geblieben war. »Es ist anzunehmen, dass in dieser Situation die Pol Pot-Gruppe das Anhalten dieser Maschine nicht überlebt hätte, deren drei Funktionen das Massakrieren der Leute, die Säuberung der Administration und die Angriffe über die Grenze hinweg waren.«[98] Ieng Sary hat inzwischen übrigens zugegeben, dass seine Fraktion diesen Krieg von Anfang an geplant hatte[99], aber dessen unvorstellbare Brutalität erklärt sich nicht aus der Tatsache allein, dass die Prinzipien der kambodschanischen Revolution, wie sie die Pol Pot-Gruppe auffasste, in vielen ihrer Tendenzen und Methoden ausschließlich aus der Opposition gegen das vietnamesische Modell entwickelt worden waren. Sie erklärt sich auch nicht aus der Angst vor einem vietnamesischen »Expansionismus«, sondern kann in dieser Phase nur noch als hysterischer Versuch gewertet werden, die entgleitende Macht um jeden Preis zu erhalten: »Pol Pot zählte auf einen geschichtlichen Rassismus, um Reaktionen des Volkes auf die katastrophale Bilanz seines eigenen Regimes zu verhindern.«[100] Am 10. Mai 1978 hieß es in einer Sendung von Radio Phnom Penh: »Bis jetzt haben wir unser Ziel ›einen für dreißig‹ erreicht, das heißt 30 Vietnamesen für einen Kambodschaner zu töten [...] Es würde also reichen, 2 Millionen Kambodschaner zu opfern, um die 50 Millionen Vietnamesen auszurotten – und uns blieben immer noch 5 Millionen.«[101]

Die Soldaten für diesen Krieg wurden »vorwiegend unter den Jungen und sozialen Randgruppen wie den Bergvölkern rekrutiert«[102].

97 Zur Frage der Zahl der Opfer vgl. auch Short, S. 471.

98 Thion/Kiernan, S. 263. »Die nackte Gewalt der ersten Zeit wurde institutionalisiert«, Lacouture 1978, S. 107f.

99 Interview in: LM, 2.6.1979.

100 Thion/Kiernan, S. 264.

101 Das unglaubliche Zitat ist mehrfach belegt: Gornicki, S. 6; LM, 18.5.1978; Norodom Sihanouk 1979, S. 101, und *Southeast Asia Chronicle*, 64/1978.

102 Thion/Kiernan, S. 203. Thion wertet diese Tatsache auch als einen weiteren Beweis dafür, dass die »Mobilisierung der Bauern als Klasse gescheitert ist, wenn sie überhaupt je versucht wurde«.

Angesichts dieser Eskalation wurden in Vietnam seit 1978 die Grenzprovinzen, wo inzwischen zusätzlich etwa 400 000 vor den Roten Khmer und den Kämpfen nach Vietnam geflüchtete Kambodschaner versorgt werden mussten, teilweise evakuiert, das Programm der »neuen Wirtschaftszonen« kam zum völligen Stillstand. Am 5. Februar 1978 machte Vietnam einen an die UNO gerichteten Waffenstillstandsvorschlag, der eine fünf Kilometer breite, international überwachte Zone beiderseits der Grenze vorsah. Phnom Penh interpretierte den Vorschlag als Aufforderung »zur Aufgabe von fünf Kilometern kambodschanischen Territoriums«[103]. Alle Versuche der vietnamesischen Regierung, die UNO in den Konflikt einzuschalten, blieben ohne Erfolg, denn dieser Krieg hatte längst eine über die beiden betroffenen Länder hinausweisende Bedeutung und konnte nur deshalb so lange durchgehalten werden, weil er inzwischen von der VR China aufs Massivste unterstützt wurde. Während man den Khmer-Truppen einredete, es ginge um die Wiedereroberung des Mekong-Deltas, um die Wiederherstellung des Angkor-Reiches in seiner östlichen territorialen Ausdehnung, kämpften diese längst für das Interesse der Beijinger Führung, Vietnam bei seinem Aufbau zu behindern und seine internationale revolutionäre Autorität zu untergraben. Die vietnamesische Regierung sollte in der Weltöffentlichkeit bloßgestellt werden, indem man sie zwang, erneut in eine militärische Auseinandersetzung einzutreten, diesmal aber gegen einen »kleinen schwachen« Gegner.

In diesem Stadium begann man trotz der Übergriffe Pol Pots auch im Westen[104], in Thailand und im gesamten Lager des ASEAN-Pakts zu erkennen, welch nützliche Funktion im Kampf gegen die »Ausbreitung des Kommunismus« Pol Pots Regime inzwischen übernommen hatte. Ungeachtet humanitärer Skrupel äußerte sich der Premierminister von Singapur als Sprecher der ASEAN-Staaten anlässlich der Nachrichten über die Gründung einer Widerstandsorganisation gegen Pol Pot (FUNSK) im Dezember 1978: »Wir sind kaum beeindruckt von den Taten des Herrn Pol Pot, aber eine Herrschaft der FUNSK wäre noch schlimmer. Da ziehen wir es immer

103 Thion/Kiernan, S. 261.

104 Die Angriffe gegen Thailand waren Mitte 1979 auf Intervention aus Beijing eingestellt worden, ebenso die Unterstützung einer Splittergruppe der Untergrund-KP Thailands »Angkar Siem« durch Pol Pot. Vgl. FEER, 5., 8., 9.6. und 28.7.1978.

noch vor, das gegenwärtige Regime zu unterstützen.«[105] Als stellvertretender Angreifer gegen Vietnam, als Werkzeug also der Politik fremder Mächte, konnte Pol Pot auf die existenznotwendige Hilfe der VR China und in Zukunft wohl auch der Länder des ASEAN-Blocks und des Westens hoffen. Das Regime hatte »jegliche Möglichkeit zu einem von China unabhängigen Handeln verloren«[106] und die Legitimation durch die Bevölkerung so vollkommen verspielt, dass es, um an der Macht zu bleiben, den Verlust der nationalen Unabhängigkeit in Kauf nehmen musste. Aber zur Funktion als antivietnamesisches Werkzeug chinesischer und westlicher Politik brauchten die Führer des »Demokratischen Kampuchea« nicht gezwungen zu werden. Selbst nach der Vertreibung des Regimes aus Phnom Penh im Januar 1979 überschattete und eliminierte die bedingungslose Feindschaft gegenüber Vietnam jegliche andere politische Orientierung der Roten Khmer. Und genau deshalb wurden sie in ihren Rückzugsgebieten in Nordkambodscha und Thailand weiterhin unterstützt. In einem Interview vom Juni 1979 erklärte Ieng Sary sich bereit, gegen Vietnam mit allen seinen alten Feinden zusammenzugehen, auch mit Lon Nol. Am 21. August erklärte die »Regierung des Demokratischen Kampuchea«, wie man sich immer noch nannte, öffentlich den Verzicht auf jede sozialistische Zielsetzung, und am 6. Dezember 1979 wurde die KPK offiziell aufgelöst. Mit Rücksicht auf die neuen Koalitionspartner und ausländischen Verbündeten wurde von nun an jede auch nur verbale Anspielung auf den Marxismus-Leninismus endgültig tabuisiert und durch Bekenntnisse zur »Marktwirtschaft« und zur »westlichen Demokratie« ersetzt. »Der kambodschanische Alptraum, der durch Ausrottung eingeleitet wurde, geht nun im tragikomischen Stil weiter, in der eklatanten Verleugnung der unantastbaren Prinzipien und Dogmen, die so lange den repressiven Wahnsinn zu rechtfertigen hatten.«[107] Der antivietnamesische Rassismus ist offenbar die einzige konstante Basis für die politische Identität dieser Gruppe, und es ist zu fragen, ob sie je eine andere hatte.

In neueren Publikationen wird immer noch der Versuch gemacht, diesen Eindruck zu widerlegen. Michael Vickery etwa verweist auf

105 LM, 9.1.1979.

106 Stephen Heder, in: *Southeast Asia Chronicle*, Nr. 77, 1981.

107 LM, 2.6.1979 – dort auch das Interview.

einen Besuch des Pariser Studenten Ieng Sary in Jugoslawien, um zu belegen, wie offen und undogmatisch das Denken der Pariser Gruppe gewesen sei.[108] Selbst wenn dem so wäre, so lässt sich ein Einfluss solch liberal-linker Ideen in der politischen Praxis der Roten Khmer nirgendwo nachweisen.

* * *

Eine kambodschanische Regierung, die mit diesen Tendenzen weiterexistiert und dabei eine politische und vielleicht auch militärische Zusammenarbeit mit den Ländern gesucht hätte, die ein Gelingen der vietnamesischen Revolution um jeden Preis verhindern wollten, hätte für Vietnam eine existenzielle Bedrohung bedeutet. Eine gezielte Intervention vom Norden Kambodschas aus könnte das Land in einer militärischen Auseinandersetzung ohne den Einsatz großer Mittel entscheidend schwächen. Die in einem jahrhundertelangen geschichtlichen Prozess entstandene eigenartige territoriale Form, die gelegentlich mit der traditionellen Tragestange verglichen wird, an deren beiden Enden die Reis- und Warenkörbe[109] hängen und die auf der Schulter getragen wird, macht das Land äußerst verwundbar. Wie schon an anderer Stelle angedeutet, hat ein großer Teil der kriegerischen Auseinandersetzungen in der Geschichte Indochinas zumindest zum Teil mit dieser geografischen Besonderheit zu tun. Die französische Kolonialmacht hat das Problem ein Jahrhundert lang dadurch in seiner Wirkung verdeckt, dass sie die drei Länder als eine Einheit auffasste – von ihr stammt bekanntlich das Konzept der »indochinesischen Föderation« –, und der antikoloniale Widerstandskampf war immer dann erfolgreich, wenn es den Befreiungsbewegungen gelungen war, ihre militärischen Aktionen zu koordinieren – herausragende Beispiele dafür sind die Schlacht bei Dien Bien Phu, der Ho-Chi-Minh-Pfad und die Befreiung Phnom Penhs.[110]

Somit konnte die sich im Laufe des Jahres 1978 anbahnende Ent-

108 Vickery 1984, S. 275ff.

109 Sie symbolisieren die Anbaugebiete in den Deltas des Roten Flusses und des Mekong.

110 Pol Pot hat selbst zunächst zugegeben, später aber abgestritten, dass der Sieg der Roten Khmer 1975 ohne die Hilfe der vietnamesischen Verbündeten nicht möglich gewesen wäre. Vgl. Norodom Sihanouk 1979, S. 122f.

wicklung für Vietnam leicht zu einer lebensbedrohlichen Lage führen. Dies hat wohl, neben der vom »Demokratischen Kampuchea« betriebenen Eskalation des Grenzkrieges, in den zuletzt fast die gesamte kambodschanische Armee verwickelt war[111], den Ausschlag dafür gegeben, dass Vietnam nun selbst militärisch eingriff. Vietnamesische Truppen halfen der kurz zuvor (am 2. Dezember 1978) gegründeten »Befreiungsfront zur Rettung des Vaterlandes« (FUNSK), indem sie die an der Grenze konzentrierten Streitkräfte des »Demokratischen Kampuchea« militärisch ausschalteten. Am 7. Januar 1979 besetzten vietnamesische und Truppen der FUNSK die von der Pol Pot-Regierung geräumte Hauptstadt Phnom Penh. Die neuen Machthaber versprachen eine Politik des »Friedens, der Freiheit, der Nichtpaktgebundenheit«, sie formulierten auch die nächsten Aufgaben: »Abschaffung aller Formen von Zwang und Geheimpolizei«, »Wiederherstellung der Demokratie«, »Ende der Diskriminierung des Volkes«[112]. Dass ihnen als erste Aufgabe die Säuberung und Bewohnbarmachung Phnom Penhs bevorstand, einer stinkenden, verseuchten Stadt ohne Strom, Wasser und Einwohner, scheint symbolisch: Alles musste gereinigt, überall musste von null an neu begonnen werden. Kein Gedanke an die Größe Angkors; wenig aufregende und harte Aufbauarbeit stand bevor.

In fast der gesamten westlichen Presse wurde, der Propaganda Beijings und der Roten Khmer folgend[113], dieser schnelle Sieg als »vietnamesische Invasion« bezeichnet.[114] Der geringe zeitliche Abstand zwischen der Gründung der FUNSK und ihrem Sieg lässt dies allerdings auch unvoreingenommenen Beobachtern als glaubwürdig erscheinen. Inzwischen sind einige Informationen über den inneren Widerstand gegen Pol Pot bekannt geworden, die Erklärungsansätze liefern. »Die ganze Geschichte des Widerstands des kambodschanischen Volkes gegen Pol Pot wird niemals aufgedeckt

111 Nach Burchett 1981, S. 207, 19 Divisionen, nach anderen Quellen 22 von den 24 Divisionen der Armee des »Demokratischen Kampuchea«. Vgl. auch *Dossier Kampuchea*, II, S. 72f.

112 LM, 9.1.1979.

113 So lesen sich die Berichte der FAZ-Korrespondentin Christel Pilz aus dieser Zeit wie aus der *Beijing Rundschau* abgeschrieben.

114 Dabei wird oft, in bewusster Anspielung auf Hitlers Frankreichfeldzug 1939–41, von einem »Blitzkrieg« (im Französischen inzwischen ein Lehnwort) gesprochen, z.B. in LM, 17.1.1979, und wiederholt bei Norodom Sihanouk 1979.

werden. Es ist aber möglich, nachzuweisen, dass der Kampf extrem weit gestreut war und mit großem Heldentum von unbewaffneten Zivilisten ebenso wie von Einheiten der bewaffneten Streitkräfte geführt wurde.«[115] Es gab, wie hier schon verschiedentlich angedeutet, diesen Widerstand von Anfang an, aber er konnte sich sehr lange Zeit nicht auf nationaler Ebene organisieren. Denn die Politik der Isolation, die die Roten Khmer bis zum Exzess praktizierten, betraf auch die Kommunikationsmöglichkeiten und Verkehrsverbindungen im Inneren des Landes. Jeglicher Versuch der Bevölkerung, über den dörflichen Bereich hinausgehende Kontakte aufzunehmen oder Informationen weiterzugeben, wurde strikt unterbunden. »Auf den Besitz eines Radios stand die Todesstrafe.«[116] Reisen, auch nur im lokalen Bereich, waren strengstens verboten, jeglicher Verkehr wurde unmöglich gemacht: Die Eisenbahnlinien waren stillgelegt und die Überlandstraßen durch unzählige tiefe Quergräben unpassierbar gemacht worden. Die Ausfallstraßen an den Stadträndern waren »mit zerbrochenen Fahrrädern und Motorrollern übersät«[117].

Trotzdem sind die Aktivitäten des durch diese Maßnahmen äußerst behinderten Widerstands in den westlichen Medien nicht unerwähnt geblieben. Sie erschienen dort allerdings stets gemäß der Pol Pot-Sprachregelung als »vietnamesische Invasionen« oder »vietnamesische Sabotageakte«. Entwickelt hat sich der Widerstand zuerst in derjenigen Organisation, die allein einen gewissen Überblick über die Lage im Land hatte: in der Armee. Die früheste bekannt gewordene Meuterei fand 1973 statt, als ein Aufstand von Bauern und Angehörigen der Miliz in der Provinz Koh Kong an der Grenze zu Thailand,

115 Burchett 1981, S. 195. Die relativ vielen Arbeiten, die seither dem Thema Rote Khmer gewidmet worden sind, scheinen die pessimistische Sicht Burchetts zu bestätigen. Sie haben in der Regel die Tendenz, weitere Aspekte zu den globalen, bereits bekannten Beschreibungen des indochinesischen Konflikts hinzuzufügen (Regaud), oder sie stellen eine in historische Narration umgesetzte Summe früherer Recherchen und Erkenntnisse dar (Chandler 1991). Manche Autoren geben offen zu, dass sie eigentlich nichts Neues zu bieten haben, wie Peschoux, der versucht, die Geschichte der Roten Khmer nach ihrem Sturz zu entwerfen, und zu dem Ergebnis kommt, dass sich trotz kosmetischer Namensänderungen (die 1981 aufgelöste KPK nennt sich seit 1982 »Partei des demokratischen Kampuchea«) nichts geändert hat. Und man arbeitet sich weiterhin am Mythos Sihanouk ab (Hamel).

116 Gornicki, S. 6.

117 Ebd.

die damals schon von den Roten Khmer kontrolliert wurde, niedergeschlagen wurde. Angeführt wurde er von Sai Phu Tong, der zunächst vergeblich um vietnamesische Hilfe bat, dann vor der Repression nach Thailand floh, bis er 1979 zurückkehrte und einer der Vizepräsidenten der FUNSK wurde.[118]

Die Gleichzeitigkeit der andauernden inneren Auseinandersetzungen, die gelegentlich zu regelrechten Schlachten eskalierten, einerseits und des Krieges gegen Lon Nol und die amerikanisch-südvietnamesischen Verbände andererseits erschwert für die Zeit vor 1975 die Unterscheidung zwischen Aktionen des Widerstands und Kämpfen der Lon Nol-Truppen gegen die Roten Khmer und den übrigen Widerstand. Es ist aber davon auszugehen, dass Lon Nol-Truppen spätestens ab 1972 nicht mehr außerhalb der direkten Umgebung Phnom Penhs operierten. Mit Sicherheit hat es schon zu dieser Zeit viele weitere lokale oder regionale Aufstände gegeben, über die noch nichts bekannt ist und bei denen, wie im erwähnten Fall, Revolten gegen Pol Pot aus der Widerstandsbewegung heraus mit aktiver Unterstützung der Bevölkerung zu einem vorübergehenden oder dauerhaften Verlust der Kontrolle über eine Stadt oder Provinz in den befreiten Gebieten führte.

Anders ist die Situation nach 1975, denn nun richteten sich die Proteste, Demonstrationen und Revolten gegen die etablierte und im Wesentlichen von der Pol Pot-Gruppe kontrollierte Staatsmacht. Wie schon erwähnt, war bereits die Machtübernahme nach der Vertreibung Lon Nols von Unruhen begleitet gewesen. Dabei dürfte es sich aber eher um Scharmützel zwischen Militärs gehandelt haben, die unterschiedliche Fraktionen der Partei unterstützten. Einzelne Proteste gegen die Evakuierungsmaßnahmen und deren brutale Durchführung kamen jedoch direkt aus der Bevölkerung.[119]

Nach allem, was bis jetzt bekannt ist, gab es wenigstens lokal organisierte Widerstandsaktionen erst wieder seit etwa 1977. Im Februar dieses Jahres erhoben sich unter der Leitung ihres Kommandanten

118 Vgl. Burchett 1981, S. 195ff.

119 Wilfred Burchett berichtet auch von Aufständen und bewaffneter Gegenwehr unter der Cham-Minderheit, die von Pol Pot systematisch verfolgt wurde. So gab es eine Revolte im Jahr 1975, die entstand, als man von den Cham, die Muslime sind, verlangte, sie sollten die Koranbücher verbrennen. Vgl. den Bericht des Dr. Abdul Coyaume, eines der wenigen Überlebenden, in: Burchett 1981, S. 196ff., sowie die von der FUNSK herausgegebene Broschüre *La communauté islamique …*

Cha Ray 600 Soldaten der 7. Division, die in der Umgebung von Phnom Penh stationiert war. Nach der Niederschlagung ließ Pol Pot vier der Anführer öffentlich bei lebendigem Leibe verbrennen. Im April fanden in zwölf Dörfern des Chikrong-Distrikts in der Provinz Siem Reap Demonstrationen statt, mit denen »alte« und »neue« Bevölkerungsgruppen sich gemeinsam gegen die Diskriminierungen wandten. Nach dem Eingreifen der Miliz eskalierten die Auseinandersetzungen, und im Verlauf von zwei Wochen wurden nahezu alle lokalen Angkar-Kader, Rote Khmer-Führer, Soldaten und Arbeitsgruppenleiter ermordet. Immer größere Truppeneinheiten mussten herangebracht werden, um die Aufständischen niederzuschlagen, die auf die Vorhaltungen des Provinzchefs erwiderten: »Wir machen eine Revolution in der Revolution.«[120] Im April des folgenden Jahres fielen die Provinzen Kratie und Kampong Thom vorübergehend in die Hand aufständischer Militärs[121], die von der Bevölkerung unterstützt wurden. Das gesamte Parteikomitee der 505. Region musste fliehen, bis schließlich loyale Truppen die Revolte niederschlugen. Ein größerer Teil der aufständischen Einheiten zog sich in die Wälder von Tonle Sap zurück, möglicherweise hat es dort seit dieser Zeit ein größeres »befreites Gebiet« gegeben.

Ab Mitte 1978 kamen immer mehr Kader der KPK, die in Opposition zu Pol Pot standen und nach Vietnam geflohen waren, ins Land zurück und bauten lokale Widerstandsgruppen auf. Daneben aber gab es häufig individuelle Verzweiflungsakte und demonstrative Selbstmorde, vor allem unter den Angehörigen des unterdrückten »neuen Volkes«[122]. In der Bevölkerung war die Existenz von Widerstandsgruppen allgemein bekannt, und Gerüchte über Aufstände verbreiteten sich stets sehr schnell, obwohl sie nie verifizierbar waren: »In dieser Periode sprachen wir öfter über Untergrundkämpfer, über Aufstände«, berichtet Pin Yathai. Immer wieder seien Flugblätter aufgetaucht, in denen dazu aufgerufen wurde, sich für den Aufstand bereitzuhalten. »Diese Flugblätter haben unsere Hoffnung wiederbelebt.« Denjenigen, die auf eine Revolte gegen Pol Pot hofften, war aber

120 Burchett 1981, S. 198f.

121 Unter ihnen befand sich wahrscheinlich auch Heng Samrin, der spätere Vorsitzende der FUNSK. Heng Samrin war damals Kommandant der 4. Division, die in Ostkambodscha stationiert war. Vgl. FAZ, 14.4.1979.

122 Burchett 1981, S. 201.

auch klar, dass angesichts der totalen Kontrolle aller Nachrichten- und Verkehrswege durch die Roten Khmer der Widerstand kaum in der Lage war, eine landesweite Organisation aufzubauen. »Die kommunistische Organisation [gemeint sind die Roten Khmer, gg] lähmte jede Regung eines Aufstands. Ohne eine logistische Unterstützung von außen oder eine Militärrevolte bei den Roten Khmer waren alle Versuche, die Diktatur der Angkar zu stürzen, aussichtslos.«[123] Viele hofften dabei auf ein Eingreifen der UNO[124], die ja auch von der vietnamesischen Regierung angerufen worden war, aber keinen Anlass für eine internationale Schlichtung im Grenzkrieg sah.

Am 26. Mai 1978 meuterte das Militär der gesamten östlichen Zone, wo es schon seit längerer Zeit eine Widerstandsorganisation mit dem Namen »Authentische Revolutionäre und Patriotische Streitkräfte«[125] gegeben hatte, gegen das Regime. So Phim, stellvertretender Ministerpräsident und Mitglied des ZK der KPK, der noch im Dezember 1977 in seiner Eigenschaft als Chefkommandant und Provinzchef den Vizepremierminister der VR China, Chen Yongkuei, bei dessen Besuch in der Ostregion empfangen hatte[126], gehörte zu der Zeit bereits dieser ersten bekannten Widerstandsorganisation auf Provinzebene an. Diese hatte schon eine eigene Verwaltung und eigene Truppenkontingente aufgebaut und geheime Waffen- und Lebensmittellager angelegt, hielt aber den Zeitpunkt für eine allgemeine Erhebung noch nicht für gekommen. Noch bevor es so weit war, wurden die Pläne verraten, und Rote Khmer-Truppen besetzten den Generalstab. Darauf traten die Aufständischen die Flucht nach vorn an, aber die von der Bevölkerung begrüßte Revolte wurde blutig niedergeschlagen. Nhim Ros und So Phim wurden getötet, aber die Widerstandsorganisation konnte trotz brutaler Massaker nicht vollständig zerschlagen werden; sie verlegte sich auf den Guerillakampf.

123 Pin Yathai, S. 317 und 164.

124 Burchett 1981, S. 204.

125 Unter dieser Bezeichnung waren sie jedenfalls, laut Erzählungen von Flüchtlingen, die in dieser Zeit nach Vietnam flohen, in der Bevölkerung bekannt. »Wahrscheinlich ist es eine Art Front, die sich aus verschiedenen sozialen Schichten rekrutiert, nach dem Beispiel der Khmer Issarak aus der Zeit der antifranzösischen Résistance«, *Dossier Kampuchea*, II, S. 71.

126 Vgl. eine aus Anlass dieses Besuchs herausgegebene Broschüre der Regierung des »Demokratischen Kampuchea«, Phnom Penh 1977, sowie *Dossier Kampuchea*, II, S. 109.

Im Verwaltungssektor 203 (der die Provinzen Svay Rieng, Prey Veng und Kampong Cham umfasst) wurden daraufhin alle Militäreinheiten entwaffnet und die gesamte Verwaltung und Parteiorganisation der Region aufgelöst. Zehntausende Soldaten wurden ins Landesinnere verschleppt oder massakriert, die Repression gegen die Bevölkerung war brutal[127] und verursachte einen erneuten Flüchtlingsstrom nach Vietnam.[128]

Diese ostkambodschanische Widerstandsorganisation kann man als Vorläuferin der FUNSK bezeichnen. Sie bestand nur zu einem Teil aus den »Veteranen« der alten Issarak-Bewegung, die schon früh vor der Verfolgung durch Pol Pot nach Vietnam geflohen waren und seit etwa 1975 in mehreren Schüben zurückkehrten. Die wichtigste Gruppe innerhalb der FUNSK wurde von solchen Mitgliedern der KPK gebildet, die sich erst in den siebziger Jahren von Pol Pot abwandten, weil sie seine Politik nicht mehr mittragen oder nicht mehr erleiden wollten. Sie waren zunächst nicht provietnamesisch eingestellt und hofften auf eine interne Klärung der Situation in der Zeit nach dem Krieg. Sie waren nach 1975 die aktivste Opposition, sowohl unter den Beamten und Arbeitern[129] als auch auf dem Land, und dies oft zugleich gegen Pol Pot und Vietnam. Schließlich haben sich der FUNSK, soweit sie nicht umgekommen waren oder fliehen konnten, auch Angehörige bürgerlicher Schichten angeschlossen, die von Sihanouk enttäuscht waren, weil er sich nach 1970 mit den Roten Khmer zusammengetan hatte.

Insgesamt hat der innerkambodschanische Widerstand sehr lange gezögert, bis konkrete Verhandlungen mit Vietnam aufgenommen und Vereinbarungen über eine Zusammenarbeit getroffen wurden. Wahrscheinlich ist der Akt der offiziellen Gründung der FUNSK vor allem als der Zeitpunkt anzusehen, an dem diese Orientierung auf Vietnam endgültig von allen akzeptiert wurde, und dies ist sicher nicht ohne

127 Sihanouk zitiert Radiosendungen des »Demokratischen Kampuchea«: Norodom Sihanouk 1981, S. 128f.

128 Vgl. *Dossier Kampuchea*, II, S. 65ff., und LM, 6./7.8., 26.8. und 15.9.1978.

129 Nach Stephen Heder soll die Ermordung des englischen Mathematikprofessors und Rote Khmer-Sympathisanten Malcolm Caldwell bei seiner Reise nach Kambodscha am 22.12.1978 ein Akt der Opposition unter den Regierungsbeamten in Phnom Penh gewesen sein. *Southeast Asian Chronicle*, 77, Februar 1981.

Schwierigkeiten zustande gekommen.[130] Von Heng Samrin wird berichtet, er habe sich nur dazu entschieden, weil »es nötig wurde, Kambodschas Unabhängigkeit aufs Spiel zu setzen, um das Volk zu retten«[131].

In der westlichen Presse war der große Aufstand gegen Pol Pot von 1978, der mehrere Provinzen ergriffen hatte, durchweg als ein erster missglückter Versuch der vietnamesischen Armee interpretiert worden, Kambodscha zu okkupieren. Laut Sihanouk (der die aktuellen Berichte nur auf den Begriff bringt) habe am Jahreswechsel 1977/78 der erste vietnamesische »Blitzkrieg« stattgefunden, der mit einer für beide Seiten verlustreichen[132] Niederlage der vietnamesischen Armee geendet habe. Letzterer sei es aber gelungen, bei ihrem Rückzug Militärbasen in dieser Zone zu errichten. Als im März 1978 jugoslawische Journalisten die ganz außergewöhnliche Gelegenheit hatten, bei ihrem im Westen viel beachteten Besuch[133] auch die östliche Militärregion zu besuchen, waren ihnen die »Beweise«, die man ihnen für eine Invasion der vietnamesischen Armee vorlegte, keineswegs überzeugend erschienen. Die Zerstörungen, die man ihnen zeigte, datierten offensichtlich aus dem amerikanischen Krieg, und von den angeblich 24 allein in dieser Region zerstörten vietnamesischen Panzern gab es keinen einzigen zu besichtigen, weil »die Bauern die ausgebrannten Fahrgestelle abtransportiert haben, um sie einzuschmelzen und Küchengeräte daraus zu gießen«. Trotz einschlägiger Bemühungen ihrer Begleiter fanden die Journalisten keinerlei Spuren von Kämpfen, »nicht einmal eine Munitionshülse«[134].

130 Von daher erhält der Zeitpunkt, an dem Vietnam eingriff, eine zusätzliche Evidenz.

131 Heder, a.a.O.

132 Sihanouk zitiert die *Deutsche Welle*: Ein Drittel der Streitkräfte des »Demokratischen Kampuchea« sei außer Gefecht gesetzt worden. Die angeblichen vietnamesischen Verluste bleiben unerwähnt. Norodom Sihanouk 1979, S. 127.

133 Vor allem durch einen Fernsehfilm, der auch in der BRD ausgestrahlt wurde. Vgl. die Berichte in LM, 21. und 23.3.1978 sowie 16./17.4.1978, und FR, 12.4.1978.

134 In der Zeitung *Politika*, hier zit. nach: LM, 29.3.1978. Die Jugoslawen hatten später, wie westliche Journalisten schon kurz zuvor, das Grenzgebiet auch von Vietnam aus besuchen können. Diesseits der Grenze, in Vietnam, waren sehr wohl Spuren grausamster Zerstörungen und Massaker allenthalben zu finden. Vgl. etwa LM, unter der Überschrift »Massenhaft Leichen in den Reisfeldern«, 19./20.3.1978.

Auch eine weitere angebliche Offensive vietnamesischer Truppen in Kambodscha im Juni 1978, an der 50 000 Soldaten beteiligt gewesen sein sollen[135], erwies sich als »maßlos übertriebene«[136] Beschreibung von Grenzauseinandersetzungen. Wie bereits erwähnt, hatte das Pol Pot-Regime zu der Zeit die militärischen Überfälle im Grenzbereich stark eskaliert, in deren Verlauf es von beiden Seiten zu Überschreitungen der Grenze gekommen sein dürfte. Aber der Grenzkrieg war bis Ende 1978 auf den sogenannten »Papageienschnabel«, einen keilförmig in die vietnamesischen Provinzen Tay Ninh und Long An hineinreichenden kambodschanischen Landzipfel, und die südlich davon gelegenen Grenzrandgebiete beschränkt.[137]

In Vietnam war die Entscheidung, in Kambodscha direkt zu intervenieren, sehr lange hinausgezögert worden. Nicht umsonst hatte Hanoi die Übergriffe an der Grenze fast drei Jahre lang strikt geheim gehalten in der Hoffnung, dass sich die Pol Pot-Gruppe im inneren Machtkampf letztlich nicht würde durchsetzen können. Es waren in dieser Zeit nicht einmal Versuche gemacht worden, die Machtkämpfe in Kambodscha in irgendeiner Weise zu beeinflussen, abgesehen von der Aufnahme von Flüchtlingen. Denn die Notwendigkeit, sich mit diesem Problem zu beschäftigen, passte in keiner Weise in die Phase des Aufbaus, in der wichtige gesellschaftliche Umgestaltungen durchgeführt und alle Kräfte und gerade die Armee zu Rodungs- und Erschließungsarbeiten in den »neuen Wirtschaftszonen« gebraucht wurden. Solange es die eigene Sicherheit nicht auf lebensgefährliche Weise bedrohte, war die vietnamesische Politik gegenüber dem »Demokratischen Kampuchea« von dem Bemühen geprägt, durch Verhandlungen zu einer wenigstens halbwegs friedlichen Koexistenz zu kommen, obwohl sich das Regime verbal zunehmend nationalistisch und revanchistisch gebärdete und immer klarere Annexionsabsichten zu erkennen gab. Erst angesichts der gewaltigen Eskalation des Grenzkrieges ab Ende 1977, die zugleich den Beginn des Eingrei-

135 LM, 29.6.1978

136 So der thailändische Ministerpräsident Kriangsak, LM, 2./3.7.1978. Noch weniger überzeugend war der häufige Verweis in der Propaganda der Roten Khmer und der VR China, innere Aufstände und Unruhen seien von der vietnamesischen Botschaft in Phnom Penh aus organisiert worden: Diese Botschaft war 1975 geschlossen worden und seitdem von der Außenwelt isoliert. Die Belegschaft stand unter striktem Hausarrest.

137 LM, 5.1.1978.

fens der VR China an dieser Front[138] markierte, begann man, unter den nach Vietnam geflohenen Oppositionellen die Entstehung einer Widerstandsorganisation zu fördern, die eventuell eine organisierte politische Gegenkraft zu Pol Pot werden könnte. Die Vertreter dieser Opposition hatten ebenfalls lange gezögert, Kontakte zu Vietnam aufzunehmen. Wahrscheinlich wäre der groß angelegte Umsturzversuch von So Phim nicht gescheitert, hätten die vietnamesischen Verbände im Grenzgebiet ihn unterstützt, aber unterschiedlich motivierte Skrupel auf beiden Seiten haben dies verhindert. Ein kambodschanischer Beteiligter hat dies damals so eingeschätzt: »Die Leute brauchten nur die Gewissheit, dass es eine große Macht gab, die hinter ihnen stand und es mit den Hauptstreitkräften der Roten Khmer aufnahm, dann machten sie überall den Aufstand«[139] – diese Gewissheit war Anfang 1978 wohl noch nicht gegeben.

Erst spät im Laufe des Jahres 1978 fiel nach dem gescheiterten Versuch, den Konflikt auf internationaler Ebene zu lösen, in Vietnam die Entscheidung, von der Verteidigung der Grenzgebiete zur Offensive überzugehen mit dem Ziel, das Pol Pot-Regime zu stürzen. In Abstimmung mit dem inzwischen in die Planungen einbezogenen kambodschanischen Widerstand übernahm es die vietnamesische Armee, die Streitkräfte Pol Pots auszuschalten, während gleichzeitig im ganzen Land zum Aufstand aufgerufen wurde. In einer so koordinierten Aktion konnte das Regime innerhalb kürzester Zeit gestürzt werden. Nach übereinstimmenden Berichten auch in der westlichen Presse[140] sind die vietnamesischen Truppen überall von der Bevölkerung als Befreier begrüßt worden. Die FUNSK machte sich sofort daran, auf den verschiedenen Verwaltungsebenen Dorf, Kanton und Region (Phum, Khum und Srok) »revolutionäre Volksräte« und lokale Selbstverwaltungen aufzubauen und Milizen zur Selbstverteidigung aufzustellen.[141] Lebensmittel und, in kleinen Mengen, Kleidung und

138 LM, 13.8.1978, und FR vom gleichen Tag. Zur selben Zeit gab es an der vietnamesisch-chinesischen Grenze die ersten ernsteren Zwischenfälle. Das war wohl kein Zufall. »Unsere Differenzen mit Kampuchea wären längst geregelt, gäbe es nicht eine imperialistische Intervention«, so der vietnamesische Außenminister Nguyen Duy Trinh, in: LM, 1.8.1978.

139 Vandy Kaounn, in: Burchett 1981, S. 207.

140 Z. B. LM, 18.4., 10.5.1979, und FAZ, 9.1.1979.

141 LM, 23.3.1979.

Medikamente wurden verteilt und die Wiederzusammenführung der Familien organisiert, wobei sich allzu oft herausstellte, dass verschollene Mitglieder den Massakern zum Opfer gefallen waren. Es setzte eine landesweite Völkerwanderung ein: Mit dem wenigen geretteten Hab und Gut machten sich die aus der Heimat vertriebenen Bewohner auf, in ihre Provinzen und Dörfer zurückzukehren, in geringerem Maß auch in die Städte. Da, wo noch Bonzen am Leben waren, wurden die Pagoden wieder eröffnet. Übergriffe und Plünderungen soll es nur in ganz geringem Maß gegeben haben[142], Maßnahmen zum Schutz des privaten und öffentlichen Eigentums wurden schon im Februar ergriffen.[143]

* * *

Durch die systematische Vermischung der beiden zunächst voneinander unabhängigen Ereignisse – Grenzkrieg und innere Aufstände – wurde in der kambodschanischen und chinesischen Propaganda die Schwäche und Isolierung des befreundeten Pol Pot-Regimes verdeckt, das man als zunehmend nützliches Werkzeug betrachtete.[144] Wichtiger aber war, dass das Eingreifen der vietnamesischen Armee als Bestätigung des längst mit der Absicht der Diffamierung des vietnamesischen Befreiungskampfes verbreiteten Vorwurfs der Aggressionslust, des Militarismus und Expansionsstrebens gewertet werden konnte.

In der Propaganda der Roten Khmer tauchte schon vor 1975 die Unterstellung auf, Vietnam wolle eine von ihm beherrschte »indochinesische Föderation« errichten und strebe zu diesem Zweck die

142 Nur François Ponchaud berichtet darüber, in: LM, 10.5.1979.

143 LM, 23.3.1979.

144 Carter hatte noch im April 1978 zur weltweiten Ächtung des Pol Pot-Regimes aufgerufen. Vgl. LM, 23./24.4.1978. Kurze Zeit später aber erhob nur noch Senator McGovern als Oppositionsführer solche Forderungen, während die Regierung jegliches Eingreifen kategorisch ablehnte. Vgl. FR, 24.8.1978. Hier bahnte sich schon jene »Arbeitsteilung« der Jahre nach 1979 an, nach der man es der VR China überließ, die Roten Khmer zu unterstützen, während die USA ihre Sympathie und Unterstützung auf weniger kompromittierende antikommunistische Verbündete beschränken konnten. Trotzdem durften sich die Roten Khmer, z.B. in der UNO, wo sie dank der Unterstützung auch der USA als offizielle Vertreter den Sitz Kambodschas okkupierten, immer noch als Vertreter eines Staates aufführen.

Herrschaft über die beiden Länder Laos und Kambodscha an. Dieses Argument wurde von der VR China und dann von der gesamten westlichen Presse intensiv verbreitet, und zwar schon bevor es zu den ersten größeren Grenzzwischenfällen gekommen war. Es lenkte die Aufmerksamkeit fast während der gesamten Herrschaftsperiode der Roten Khmer von deren eigenen durch Worte und Taten belegten Eroberungsplänen ab.

Beweise für ein solches von Vietnam stets dementiertes Expansionsstreben konnten nicht vorgelegt werden.[145] Hinweise darauf, dass Ho Chi Minh schon 1930 eine »indochinesische« KP gegründet habe, verfälschen, wie bereits erwähnt, die historische Situation und die Motive, die zu dieser später wieder rückgängig gemachten Namensnennung führten. Eine von den Franzosen aufgezwungene »indochinesische Föderation« sei »mit dem Zusammenbruch Französisch-Indochinas auf dem Müllhaufen der Geschichte gelandet«, und niemand habe die Absicht, etwas Ähnliches je wieder anzustreben, so die vielfach wiederholte vietnamesische Position dazu.[146] Eine andere Frage ist, ob man die Fortführung geschichtlich gewachsener Solidarität, die Verteidigung der eigenen Grenzen und die Hilfe bei der Befreiung von einem Völkermörderregime – nachdem die im Westen vielbeschworene »Staatengemeinschaft« ein Eingreifen abgelehnt hatte –, ob man schließlich die Entwicklung enger Beziehungen (auf einer dem ASEAN-Pakt oder der EG vergleichbaren Ebene) dreier geografisch, politisch und ökonomisch zusammengewachsener Länder nur deshalb als »Expansionismus« des stärksten Partners auslegen darf, weil diese Zusammenarbeit auch dem Schutz der Errungenschaften der Revolution und dem Aufbau des Sozialismus in allen drei Ländern galt.[147]

145 Vgl. dazu die Überlegungen des keineswegs einseitig vietnamfreundlichen Serge Thion: »Wollen die Vietnamesen ein ständiges Protektorat in Kambodscha einrichten? Diese Frage scheint mir wichtig, aber mir scheint, sie ist noch nicht entschieden. Die Gegner Hanois können, sooft sie wollen, die Idee verbreiten, dass die Kommunisten im Geheimen stets das Projekt einer indochinesischen Föderation vorbereitet hätten, aber sie haben dafür keinerlei Beweise liefern können in den fast drei Jahren, in denen dieser Vorwurf von Beijing und Phnom Penh erhoben wird.« In: Thion/Kiernan, S. 39f.

146 Hier zit. nach: LM, 9./10.4.1978.

147 Auf neuere Vorwürfe wegen der als zu lang bemängelten Präsenz der vietnamesischen Truppen und einer angeblichen »Vietnamisierung Kambodschas« wird im nächsten Kapitel einzugehen sein.

Insofern ist der Expansionismusvorwurf, insbesondere wenn er von Parteien erhoben wird, die selbst Hegemonial- und Gebietsansprüche stellen (China in Bezug auf die gesamte indochinesische Halbinsel und Pol Pot in Bezug auf das Mekong-Delta und Teile des vietnamesischen Hochlandes), eine besonders zynische Verleumdung einer der Errungenschaften der Revolution in den drei indochinesischen Ländern. Im Kampf gegen den französischen Kolonialismus und gegen die amerikanische Invasion haben deren Widerstandskämpfer eine neue Tradition der Freundschaft und Zusammenarbeit begründet, die alte Vorurteile zu überwinden half und ihren sichtbarsten Ausdruck in der Erklärung der »Gipfelkonferenz der indochinesischen Völker« von 1970 gefunden hatte, in der es heißt, aus Indochina solle eine »Zone der Unabhängigkeit und des Friedens gemacht werden, in Übereinstimmung mit den Wünschen der Völker der drei Länder und im Interesse des Friedens in Südostasien und in der Welt«[148]. Für die Erreichung dieses Ziels sollten die drei Völker, wie es Sihanouk einmal ausgedrückt hat, »vereint wie ein Volk«[149] kämpfen.

Gerade weil die vietnamesische Seite in diesem Kampf notgedrungen den größten Beitrag geleistet hat, war es immer ihr Bestreben, sorgsam auf die Wahrung der Souveränität und Unabhängigkeit der beiden Bruderparteien und befreundeten Länder zu achten. Prinz Sihanouk ist dafür vielleicht ein besonders glaubwürdiger, weil unfreiwilliger Zeuge: »Zu Beginn des Widerstands hatte ich vor, in den Maquis zu gehen oder mich in Hanoi niederzulassen. […] Aber die vietnamesischen Freunde rieten mir selbst davon ab, weil sie glaubten, dies würde den Gerüchten Nahrung geben, nach denen sie einseitig, im Interesse ihrer Ambitionen oder ihrer Ideologie, den gesamten Widerstand in Indochina beherrschen und führen wollten.«[150] Es ist stets ein nachweisbares Grundprinzip der vietnamesischen Revolution gewesen, für die Souveränität und Selbstbestimmung des eigenen Volks und der Völker Indochinas zu kämpfen. Ihre Führer sind sich stets der Verpflichtung bewusst gewesen, gerade wegen dieser Führungsrolle ihr Verhalten den beiden anderen Ländern gegenüber besonders zu kontrollieren und nicht dem schlechten Beispiel der

148 Zit. nach: Caldwell/Lek Tan, S. 368.

149 Norodom Sihanouk 1973, S. 234.

150 Norodom Sihanouk 1972, S. 115.

Kolonialmacht zu folgen, das sie lange genug haben studieren können. »Wie in allen Klassengesellschaften gibt es auch hier eine doppelte historische Tradition, die der herrschenden Klasse und die des Volkes.«[151] Im Interesse dieser revolutionären Tradition des Volkes, die die Roten Khmer verraten hatten, erfolgte, nach dem Selbstverständnis der KPV, das Eingreifen der vietnamesischen Truppen.

* * *

Die Vermutung, dass die Führung der VR China eine bewusste Politik der Destabilisierung und der Behinderung des Aufbaus und der Konsolidierung in Vietnam betrieb, wurde bestätigt, als im Februar 1979 chinesische Truppen in Vietnam einmarschierten, um sich – so sah es jedenfalls die Weltöffentlichkeit – für den Sturz ihrer Schützlinge in Phnom Penh zu rächen.[152] Aber überraschenderweise war weder in den öffentlichen Erklärungen, die die »Strafexpedition« begleiteten, noch in den Reden der chinesischen Delegation bei den zweiseitigen Verhandlungen über Fragen der Grenzfestlegung, die ab März stattfanden, von Kambodscha die Rede.[153] Die Presseagentur »Neues China« gab nur folgende Begründung: »Als die feindlichen Aktionen Vietnams die Grenzen des Erträglichen überschritten, waren die chinesischen Grenzeinheiten gezwungen, zum Gegenangriff überzugehen.«[154] Deng Xiaoping hatte schon zuvor auf Reisen in die USA und nach Japan angekündigt, man werde Vietnam wegen seiner Grenzübergriffe eine »Lektion« erteilen.

Die Grenze zwischen Vietnam und China war Ende des 19. Jahrhunderts zwischen dem Kaiserhof und der französischen Kolonialverwaltung relativ eindeutig festgelegt und später von den jeweiligen Nachfolgeregierungen anerkannt worden. Nach Berichten von Reisenden soll es dann in den 1960er Jahren Versuche seitens der Chinesen gegeben haben, die Grenze zu ihren Gunsten zu verschie-

151 Nguyen Khac Vien: *Vietnam '78*, S. 41.

152 Z.B. FR, 28.2.1979.

153 Vgl. FAZ, 6.3.1979. – Im Jahr 1974, als Vietnam in Reaktion auf wachsenden Druck an der Grenze vorschlug, über die Festlegung des Grenzverlaufs in Verhandlungen einzutreten, besetzten chinesische Truppen eine Woche später die Paracel-Inseln im Südchinesischen Meer, die zu Südvietnam gehörten.

154 LM, 18.2. und 7.3.1978.

ben[155], sollen kleine Provokationen die langsam sich anbahnende Verschlechterung des Klimas zwischen beiden Ländern begleitet haben. Nun, nach 1975, hatte die vietnamesische Regierung eigentlich kein Interesse, von sich aus Zwischenfälle zu inszenieren oder gar, wie es in der *Beijing Rundschau* hieß, »eine Invasion in China« vorzubereiten«[156]. Im Gegenteil versuchte sie, wie die Beispiele der Hoa und des Grenzkriegs im Süden zeigen, die immer offeneren Zeichen der Feindseligkeit beider Nachbarn möglichst nicht zu einem öffentlichen Streit werden zu lassen bzw. dies so lange wie möglich hinauszuzögern. Insofern ist die Behauptung, Vietnam habe ausgerechnet in dieser Situation an der Grenze provoziert, sehr unglaubwürdig.

So hatte denn das Wort »Lektion« in diesem Fall offenbar eine weit umfassendere Bedeutung. Nach inoffiziellen Aussagen chinesischer Diplomaten, die in der westlichen Presse zitiert wurden, sollte die Intervention »die Ausrichtung Vietnams auf Moskau beenden«. Man rechnete der vietnamesischen Regierung öffentlich vor, zu wie viel Prozent sie sich nach Beijing und zu wie viel nach Moskau auszurichten habe.[157] Die Anwendung von Waffengewalt sollte also die Änderung der Außenpolitik eines souveränen Staates erzwingen. Bei späteren Gelegenheiten hat die chinesische Führung dann zugegeben, dass ein direkter Zusammenhang zwischen den Grenzstreitigkeiten im Norden und Südwesten bestand und dass man bewusst und koordiniert beide Fronten gegen Vietnam aufgebaut habe.

Vor allem aber der Verlauf des militärischen Überfalls selbst ist der schlüssigste Beweis dafür, dass politische Intentionen der Einschüchterung im Vordergrund standen: Die äußerste Brutalität, mit der bei der zeitweisen Besetzung der Nordprovinzen gegen die Zivilbevölkerung vorgegangen wurde, machte deutlich, dass es vor allem um

155 *Konkret*, 11/1978.

156 *Beijing Rundschau*, 13.3.1979.

157 Vgl. LM, 28.2.1979. Der tschechische Journalist Zdeněk Hořeni, der sich zur Zeit der chinesischen Aggression zufällig im Grenzgebiet befand und mitten in die Auseinandersetzungen geriet, erinnert daran, dass das Wort »Lektion« in diesem politischen Zusammenhang aus dem Sprachgebrauch des deutschen Faschismus stammt und dass die Formel »Gegenangriff«, die die VR China schon 1962 zur Rechtfertigung ihrer Aggression gegen Indien benutzt hatte (*Renmin Ribao*, 24.10.1964), ebenfalls an Hitler-Worte beim Überfall auf die CSSR und Polen erinnert. Vgl. *Die chinesische Aggression*, S. 16.

die Demütigung Vietnams und die Zerstörung seines Prestiges als großer Sieger über die USA ging. Es sollte demonstriert werden, dass die Großmacht China jederzeit in der Lage war, Vietnam in einem Krieg schnell und wirksam zu schlagen, und dass die Beijinger Führung eine zu eigenständige Entwicklung des südlichen Nachbarn nicht dulden und notfalls mit Waffengewalt zu verhindern bereit sein würde.

Um den Feldzug schnell und plangemäß durchführen zu können, wurde ein außergewöhnlich umfangreicher militärischer Apparat eingesetzt. Allein 600 000 Soldaten waren offenbar nötig, um den Widerstand der Milizen und Grenztruppen auf vietnamesischer Seite zu brechen.[158] Trotzdem war zu dem von China vorab angekündigten Zeitpunkt der Beendigung der Aktion der Vormarsch seiner Truppen schon zum Stehen gekommen: Experten vermuten, dass diese die dabei erreichten Stellungen nicht lange hätten halten können, geschweige denn in der Lage gewesen wären, weitere Landesteile zu besetzen. Der geordnete, von den vietnamesischen Streitkräften nicht behinderte Rückzug kann nicht darüber hinwegtäuschen, dass bei längerer Dauer der Kampfhandlungen daraus eine überstürzte Flucht hätte werden können. Etwa fünf Jahre später, als eine neuerliche »Strafaktion«, die Beijing angesichts der Niederlagen der Pol Pot-Truppen im thailändisch-kambodschanischen Grenzgebiet dem Prinzen Sihanouk versprochen hatte, ausblieb, hieß es über etwaige Gründe in der westlichen Presse: »Vielleicht hat Peking 1979 die bittere Erfahrung gemacht, dass es nicht darauf vorbereitet war, eine solche Demütigungsaktion auch wirklich erfolgreich durchzuführen. Sie haben sich damals eine blutige Nase geholt.«[159] Gemäß dem überwiegend politischen Erpressungscharakter des Unternehmens haben die chinesischen Truppen versucht, in den vorübergehend besetzten Gebieten möglichst große Schäden anzurichten. Dass bei der Gelegenheit die wirtschaftliche, soziale und kulturelle Entwicklung und

158 Zunächst waren es nur 200 000 gewesen. Zum Vergleich: Das französische Expeditionsheer zählte 140 000 Mann, die USA hatten zur Zeit der größten Eskalation 540 000 Soldaten in Vietnam stehen. – Auf vietnamesischer Seite wurde die reguläre Armee in Bereitschaft gehalten, griff aber nicht in die Kämpfe ein.

159 IHT, 5.3.1985. »Die erste Lektion war ein militärisches Fiasko mit etwa 10 000 Opfern für die VR China, die sich damit als Vietnam militärisch unterlegen« erwiesen habe. FEER, 30.5.1985.

der Wiederaufbau in mehreren Provinzen nachhaltig zurückgeworfen wurden, war also ein bewusster Zweck der Aktion. So waren nicht nur Plünderungen und Massaker erfolgt, sondern wo immer dies möglich war, wurden auch Maschinen und Ausrüstungen auf eigens hierfür mitgebrachten Transportfahrzeugen weggeschafft, der Rest zerstört oder unbrauchbar gemacht. »Man kann sich der tragischen Evidenz nicht entziehen: Die Chinesen haben – leider – die terroristischen Praktiken der Amerikaner übernommen, die darin bestanden, alles zu zerstören, um den Gegner auf die Knie zu zwingen.«[160] So markiert in Cao Bang »ein riesiger Ziegelhaufen die Stelle, wo das große Provinzhospital stand«[161], so wurden in Lao Cai eine Backsteinbrennerei und eine Ananaskonservenfabrik dem Erdboden gleichgemacht und alle Lagerbestände verschleppt, so wurden sämtliche Bahnhöfe zerstört, alle Brücken gesprengt, Eisenbahnschienen herausgerissen und Strom- und Telefonleitungen Mast für Mast niedergelegt. Westliche Journalisten berichteten auch, dass systematisch die Viehbestände getötet und verseucht und die Trinkwasserbrunnen mit Leichen vergiftet wurden.[162]

In einem Aufruf zum allgemeinen Widerstand gegen die chinesische Aggression von Vo Nguyen Giap, dem Sieger von Dien Bien Phu, hieß es im März 1979: »Wieder einmal ist unser Vaterland in seinem Überleben bedroht«[163], und auf den Plakaten und Spruchbändern, mit denen die Bevölkerung zur Wachsamkeit aufgerufen wurde, kamen häufig Anspielungen auf die jahrhundertelange Herrschaft Chinas über Vietnam und die Tradition der Auflehnung gegen sie vor. In offiziellen Stellungnahmen der Regierung aus dieser Zeit[164] wird die These vertreten und mit Zitaten belegt, dass das alte Hegemoniestreben Chinas auch unter den veränderten Umständen nie ganz aus den Orientierungen chinesischer Politik verschwunden sei. Sie verweisen darauf, dass diese Gefahr wiederholt Thema von Diskussionen innerhalb der chinesischen KP gewesen sei, so etwa auf dem 8. Parteitag im Jahr 1956: »Die chauvinistischen Großmachttendenzen bleiben, täuschen wir uns nicht, eine ernste Gefahr, wenn man

160 Alain Ruscio, in: *L'Humanité*, 10.3.1979.

161 *Nhan Dan*, 19.3.1979.

162 Alle Details aus AFP-Meldungen vom 16. und 25.3.1979.

163 Abgedruckt in: *Dossier L'agression chinoise* …, S. 129.

164 Vor allem im erwähnten *Weißbuch*.

ihnen nicht widersteht.«[165] Selbst Mao Zedong sei stets davon ausgegangen, dass China eine Art politischer Souveränität oder, positiv gewendet, Schutzmachtfunktion über die kleinen Länder der gesamten Region zukomme. Schon vor dem Sieg der Revolution habe er von »vielen Ländern« gesprochen, »die rings um China liegen und ursprünglich unter seiner Schirmherrschaft gestanden haben«, und von »Teilen des chinesischen Territoriums«, die die europäischen Kolonialmächte von China »gepachtet«[166] hätten. Vietnam zählte dabei zu den unter chinesischer »Schirmherrschaft«[167] stehenden Ländern. Später soll dann Mao auf verschiedenen Sitzungen des ZK den Anspruch der VR China wesentlich deutlicher formuliert haben, diese Hegemonialherrschaft weiterhin auszuüben: »Wir müssen unbedingt Südostasien gewinnen einschließlich Südvietnam, Thailand, Burma, Malaysia, Singapur. [...] Eine Region wie Südostasien ist reich, sie hat natürliche Bodenschätze in großer Fülle, sie verdient es, dass man Kosten aufwendet, um sie sich anzueignen.«[168]

Man kann darüber streiten, wie solche einzelnen Zitate zu werten sind, vor allem, da aus den Zeiten der ungestörten Solidarität auch gegenteilige Äußerungen angeführt werden können. Aufschlussreicher ist die konkrete Politik, in der sich der Positionswechsel der Beijinger Führung hin zur radikalen Gegnerschaft zur Sowjetunion und hin zu den außenpolitischen Optionen der USA im südostasiatischen Raum logischerweise als regionales Hegemonial- oder Expansionsstreben niederschlägt. Dieser Positionswechsel hatte aus Sicht der USA zunächst zur Folge, dass man bei dem Bemühen, die Ausbreitung des »(Sowjet-)Kommunismus« in Südostasien einzudämmen, nun einen Partner gefunden hatte. Zu diesem Zweck solle Vietnam gezwungen werden, die VR China als Führungsmacht anzuerkennen, sich deren außenpolitischen Orientierungen zu unterwerfen und sich von Moskau loszusagen – so die Vorstellun-

165 Aus dem Parteitagsprotokoll, zit. nach: *Dossier L'agression chinoise ... Le fond du problème*, S. 7.

166 Mao Zedong, Band II, S. 360.

167 In den Stellungnahmen aus Vietnam wird der chinesische Revolutionsführer anders zitiert: »Frankreich besetzte Annam« (*Weißbuch*, S. 8), während es in der Beijinger deutschsprachigen Ausgabe heißt: »Frankreich pachtet die Guangdschou-Bucht« (Kanton).

168 *Renmin Ribao*, 3.6.1965, zit. nach: *Dossier L'agression chinoise ...*, S. 14, und *Les Temps nouvelles*, Nr. 43, Oktober 1978.

gen Kissingers 1971.[169] Daraus ergibt sich die (wenn auch, wie bei der Aggression 1979, zunächst nur stillschweigende) Billigung der USA und der die amerikanische Politik unterstützenden Staaten für die hegemonialen Tendenzen der VR China. Washington gebraucht, um dies zu bekräftigen, dasselbe Vokabular wie bei der Formulierung eigener entsprechender Ansprüche, etwa im mittelamerikanischen Raum: Hanoi versuche, so eine Verlautbarung der US-Regierung vom Dezember 1978, »eine Region zu dominieren, die die Chinesen als für ihre nationale Sicherheit lebenswichtig erachten«[170].

169 Ward (1).

170 Zit. nach: Ward (1).

X. Schwieriger Neubeginn

Nachkriegszeit in Laos und Kambodscha

Das Eingreifen der vietnamesischen Truppen in Kambodscha im Januar 1979 markiert zweifellos den ersten wichtigen Wendepunkt in der Geschichte der indochinesischen Länder nach dem Krieg. Deren Ausgangslage war ab 1980, so könnte man es auf diesem Niveau der Betrachtung formulieren, entgegen unseren Erwartungen und Vorstellungen zwar nicht mehr durch Kampfhandlungen bestimmt, jedoch gab es auch keinen richtigen Frieden und damit auch nicht die Möglichkeit ungestörter Aufbauarbeit. Alle drei kriegszerstörten Länder, besonders aber Vietnam, standen unter einem doppelten Druck. Auf der einen Seite sollten und wollten sie schnell, unter den Augen einer teils hoffnungsvoll, teils gespannt, meist aber misstrauisch zuschauenden westlichen Öffentlichkeit, beweisen, dass sie in der Lage sind, im Frieden ihre Länder in eine bessere Zukunft zu führen. Und auf der anderen Seite setzte die Großmacht USA ihren Vietnamkrieg erst zaghaft, dann immer intensiver in vielfältigen Formen fort: durch die Blockade der Aufbauhilfe, durch die Verweigerung der Normalisierung der Beziehungen, durch politischen und ökonomischen Boykott, kurz, durch massiven direkten und indirekten Druck von außen auf die innere Situation. Hinzu kam, nun ebenfalls auf der anderen Seite, die Volksrepublik China, die selbst und durch ihr Werkzeug der Roten Khmer mit allen Mitteln, einschließlich der militärischen Aggression, gegen Vietnam vorging.

Die Maßnahmen, welche die USA und die VR China über Boykott und politisch-diplomatische Isolierung hinaus zur Destabilisierung der Entwicklung ergreifen konnten, waren einfach, billig und praktisch ohne Risiko. Sie nahmen zumeist innere Probleme, die vor allem durch den Krieg, teilweise aber auch schon durch eigene Fehler vor allem der vietnamesischen Führung selbst entstanden waren, zum Anlass für eskalierende Maßnahmen.

In erster Linie muss hier genannt werden die Beeinflussung und entsprechende propagandistische Nutzung des Flüchtlingsstroms der sogenannten *boat people*, dessen Lasten man allerdings zum größten Teil den anderen südostasiatischen Staaten und internationalen Hilfsorganisationen aufbürdete.

Weiterhin wurden oppositionelle Exilgruppen in Thailand und den

USA – meist Angehörige der früheren rechtsgerichteten vietnamesischen und laotischen Regierungstruppen – bei ihren Versuchen unterstützt, in den beiden Ländern Kontakt mit einem terroristischen Untergrund aufzunehmen und solche Gruppen mit Waffen und anderem Material auszurüsten. Man muss davon ausgehen, dass die USA bei ihrem Abzug eine entsprechende versteckte Infrastruktur einschließlich Personal für einen solchen Widerstand hinterlassen haben. Diese Gruppen machten sich durch Attentate, Gewaltaktionen und die diskrete Unterstützung jeglicher sozialer und wirtschaftlicher Unzufriedenheit in der Bevölkerung sehr schnell bemerkbar.

Vor allem aber ist hier der Grenzkrieg gegen Vietnam zu erwähnen, den China finanzierte, den die Pol Pot-Armee führte und dessen Opfer Khmer und Vietnamesen waren. Sein Ablauf wurde im vorangegangenen Kapitel dargestellt, hier geht es um die strategische und geopolitische Dimension dieser und ähnlicher Maßnahmen. China konnte davon ausgehen, dass dieser Krieg sich auf jeden Fall auszahlen würde. Er nützte den politischen Interessen der neuen globalen Koalition, und zwar unabhängig davon, wie er ausgehen würde. Würde er »gewonnen«, d.h. hätte sich das Pol Pot-Regime länger halten und stabilisieren können bzw. würde es, vielleicht unter dem Etikett einer »Koalition«, wieder an die Macht kommen, so entstünde erneut die Gefahr einer militärischen Aktion zum Zweck der Teilung Vietnams. Denn damit würde der politische Einflussbereich des antikommunistischen Bündnisses ASEAN, das mit der thailändischen Armee längst über eine »schnelle Eingreiftruppe« verfügte, bis an den schwächsten Teil der vietnamesischen Grenze ausgedehnt.

Würde er, wie es dann geschah, durch ein vietnamesisches Eingreifen »verloren« gehen, konnte man die vietnamesische Regierung vor der Weltöffentlichkeit als expansionistisch denunzieren. Am besten wäre aber ein langer, die Kräfte Vietnams nachhaltig und langfristig bindender Grenzkrieg gewesen, der seinen scheinbar lokalen Charakter bewahrte – notfalls müsste dazu Pol Pot, dessen konkrete Eroberungspläne nicht ins Konzept passten, ein wenig gebremst werden. Dies war wohl die bevorzugte Option der Gegner Vietnams. Sie haben sie, ab 1979, nur mehr zum Teil realisieren können: Statt der vietnamesisch-kambodschanischen war es jetzt nur noch die kambodschanisch-thailändische Grenze, von der aus sie operieren konnten.

Dabei fügte sich der regionale Vorherrschaftsanspruch der Beijinger Führung – als ein Element jener spektakulären »Wende« in der chinesischen Politik in Richtung Westen und in Richtung Kapitalismus – perfekt in die amerikanische Strategie ein, übernahm damit China doch in Bezug auf die indochinesischen Staaten die Fortführung der »containment«-Politik, bei der die USA ebenso spektakulär gescheitert waren. Denn wie schon am Beispiel der chinesischen »Lektion« deutlich wurde, konnte eine solche Politik nach dem Debakel von 1975 ihre Ziele – vorerst – viel besser erreichen durch eine Schwächung der Regierungen in Indochina vermittels einer möglichst weitgehenden Destabilisierung der Lage im Innern und in der Region. Dazu waren in der damaligen Situation unauffällige und indirekte Maßnahmen eher geeignet als offene militärische Aktionen.[1] Mit geeigneten Mitteln dafür zu sorgen, dass der Aufbau behindert, womöglich zum Stillstand gebracht wird, dass die materielle Not zunimmt, dass im Innern und an den Grenzen keine Ruhe entsteht, all das diente der Erreichung des eigentlichen Ziels: die Einheit des Volkes und das Vertrauen in die Regierung und ihre Führer größtmöglichen Belastungen auszusetzen und damit die wichtigste Grundkraft der Revolution zu zerstören.

Im Rückblick muss festgestellt werden, dass die entsprechenden Maßnahmen äußerst wirksam waren, dass vor allem ihre allmähliche Koordinierung zwischen Washington und Beijing[2] den beabsichtigten Destabilisierungseffekt tatsächlich in gefährlichem Ausmaß zur Folge hatte. Von daher erklärt sich die eigentliche historische Bedeu-

1 Aus dieser Erkenntnis erklärt sich auch die zwiespältige Haltung der US-Regierung zur militärischen Aggression Chinas. Als erste Reaktion kam aus Washington zunächst die unmissverständliche Aufforderung an China, seine Truppen »sofort zurückzuziehen« (FR, 19.2.1979), gleichzeitig aber waren andere, aufschlussreichere Kommentare aus dem offiziellen Washington zu hören: »Jetzt sind wir in einer Situation, in der wir uns beruhigt auf unserem Felsen niederlassen und zuschauen können, wie die Wirbelströme zu unseren Füßen toben« – eine Anspielung auf einen bekannten Ausspruch Mao Zedongs (LM, 20.7.1979). Präsident Carter verhinderte dann schließlich durch sein Veto eine Verurteilung der Aggression durch die UNO (Ward [1]). Wenige Jahre später äußerte Alexander Haig, die »chinesische Strafaktion« habe »eine stabilisierende Wirkung in der Region« gehabt (Ward [1]).

2 Längst waren die Kontakte zwischen diesen beiden Ländern nicht mehr auf wirtschaftlichen Austausch und die Verbesserung der gegenseitigen Beziehungen beschränkt: Auch in außenpolitischen Fragen erfolgte eine Abstimmung, die militärische Absprachen einschloss. Anlässlich eines Besuchs des US-Verteidigungsministers Brown in Beijing war in der westlichen Presse sogar von einer chinesisch-amerikanischen »Waffenbrüderschaft« die Rede. Artikelüberschrift FR, 10.1.1980.

tung der vietnamesischen Intervention in Kambodscha: Sie war – ungeachtet des Anlasses als Akt der Notwehr gegen eine konkrete Aggression und neben ihrer Funktion, das Nachbarvolk von einem Völkermörder- und Sklavenhalterregime zu befreien – die in dieser Situation einzige Möglichkeit, den lebensnotwendigen politischen Handlungsspielraum zurückzugewinnen.

Der vietnamesischen Regierung war von Anfang an klar, mit welchen Risiken und kurzfristigen negativen Konsequenzen dieser schwerwiegende Schritt verbunden sein würde. Die chinesische Aggression war ja nicht die einzige Reaktion. Ebenso gefährlich würden die weiteren Konsequenzen sein: eine verstärkte und langfristige weitere Isolierung durch den Westen, ein verschärfter politischer und ökonomischer Boykott und die nun hemmungslos eskalierende Propaganda. So schuf das vietnamesische Eingreifen in Kambodscha neue Argumente für die seit langem verfolgte Isolierungspolitik, deren effektivste Methode es stets gewesen war, die vietnamesische Führung zu Handlungen zu zwingen, die man ihr später vorwerfen konnte.

Für die Begrenzung des unvermeidlichen politischen Schadens erschien aus Hanoier Perspektive vor allem das weitere Vorgehen äußerst wichtig. Die neue kambodschanische Regierung musste mit Unterstützung der vietnamesischen Truppen bestimmte Maßnahmen ergreifen, zu denen das Land alleine nicht in der Lage war: das Verhindern einer Rückkehr Pol Pots, die Wiederherstellung menschenwürdiger Lebensbedingungen durch die Beseitigung der schlimmsten materiellen und psychischen Not. All das musste dem wichtigsten Ziel, dem Aufbau eines neuen unabhängigen, souveränen und starken Staatswesens in Kambodscha dienen. Nur mit dieser Perspektive war aber auch in den Augen der vietnamesischen Regierung das primär im eigenen Interesse erfolgte Eingreifen sinnvoll und gerechtfertigt. Als Fortführung der historischen indochinesischen Solidarität entsprach es zudem längst bekannten und immer wieder öffentlich bestätigten Grundsätzen und Intentionen der vietnamesischen Politik.

Zugleich wurde Vietnam damit jedoch erneut zum Opfer der erklärten amerikanischen Politik, Länder, die nicht mehr im westlichen System, also in einer direkten wirtschaftlichen und politischen Abhängigkeit von den USA verbleiben wollten, mit allen Mitteln in eine aus ihrer Sicht »satellitenhafte Abhängigkeit zur Sowjetunion zu bringen«[3] und

3 Pilger

ihnen keinerlei Neutralität zuzugestehen[4], ihre »Revolution zu zerbrechen oder so zu verwandeln, dass sie dem brutalen Bild entspricht, das man vorher von ihr entworfen hatte«[5]. Dieses von Kissinger ausgearbeitete »Destabilisierungskonzept«, das auch in Mittelamerika angewendet wurde, kann, wenn dies als nötig erachtet wird, sogar als Legitimation für ein direktes Eingreifen dienen.

Dieses Konzept hat auch die Beziehungen zwischen den drei indochinesischen Ländern beeinflusst. Denn die Destabilisierungsversuche waren stets in erster Linie gegen Vietnam gerichtet. Auswirkungen auf die beiden anderen Länder waren dabei eher Nebeneffekte. Schon in der Zeit des amerikanischen Krieges waren die Feldzüge und militärischen Operationen in Laos und Kambodscha stets strategische Teiloperationen des Kampfes gegen die vietnamesische Befreiungsbewegung gewesen oder standen mit ihm in engstem Zusammenhang.[6] Auch nach dem Krieg galt etwa das Interesse – und damit die Unterstützung – der VR China für das »Demokratische Kampuchea« eigentlich niemals der Entwicklung Kambodschas oder gar dem Wohl seiner Bevölkerung. Wie noch zu zeigen sein wird, ist auch die Politik der Westmächte und der VR China gegenüber Laos fast ausschließlich von der Perspektive der Destabilisierung Vietnams bestimmt.

Insofern ist das Bild einer angeblich von Vietnam forcierten Zwangsfreundschaft (meist wird der Terminus »besondere Beziehungen« in diese Richtung missdeutet) falsch. Wie wir sahen, hatte sich die vietnamesische Führung im Fall des »Demokratischen Kampuchea« zunächst durchaus auf eine distanzierte Koexistenz eingestellt. Auch in Laos, wo es keine ideologischen Differenzen und keine militärische Zuspitzung zu einer gefährlichen Situation gab, sollte die

4 Jean Lacouture zitiert einen Satz von US-Präsident Johnson: »Überall, wo ›Neutralismus‹ und ›Koalition‹ ihr dreckiges Maul erheben, müssen sie zerquetscht werden«, in: *Nouvel Observateur*, 17.5.1975.

5 Pilger.

6 Selbst wenn man der Argumentation folgte, Vietnam habe mit dem Ho-Chi-Minh-Pfad den Krieg in die beiden Nachbarländer getragen, so ließe sich damit nicht die Bombardierung ganz Kambodschas legitimieren, denn die vietnamesische Präsenz betraf, wie dargelegt, nur einen schmalen Grenzstreifen. Vgl. das Vorwort von Shawcross, der seinem Buch den bezeichnenden Titel *Sideshow* gab. Auch die CIA-Söldner der Hmong in Laos hatten vor allem eine strategische Bedeutung für die Bombardierung Nordvietnams – um nur zwei zentrale Beispiele zu nennen.

revolutionäre Solidarität und Freundschaft keineswegs gute Verbindungen etwa zum südlichen Nachbarn Thailand ausschließen. Die im Prinzip von allen gewollte Zusammenarbeit der drei indochinesischen Länder ist erst durch die chinesisch-westliche Politik zu einer Notwendigkeit geworden, die man dann als einen von Vietnam ausgehenden Zwang missdeuten konnte.

* * *

Die Beziehungen des kleinen und dünn besiedelten Laos zu seinen beiden Nachbarn China und Thailand sind ein gutes Beispiel für die Auswirkungen solcher Politik. Die Nordprovinzen des Landes waren auch nach 1975 der Kontrolle der Zentralregierung praktisch entzogen, denn dort waren seit langem chinesische Arbeiter und Soldaten stationiert, anfangs, als die chinesische Führung die Revolution in Laos und Vietnam zumindest noch verbal unterstützte, toleriert vom Pathet Lao, zu dessen befreiten Gebieten diese Region eigentlich gehörte. Bereits seit 1961 waren Chinesen damit beschäftigt gewesen, ein Allwetter-Straßennetz zu bauen, von dem jedem Beobachter klar war, dass es »vor allem strategische Bedeutung hatte«[7]. Bis 1980 waren so etwa 800 km Straßen entstanden, deren geografische Disposition erkennen ließ, dass sie nicht etwa den unzugänglichen Norden erschließen und mit den südlichen Teilen des Landes verbinden, sondern eher eine schnelle Durchquerung des Landes von China aus nach Vietnam ermöglichen sollten.[8] Dieser Straßenbau war für China ein Vorwand, nach offiziellen Angaben[9] in Laos seit 1975 ständig etwa 18 000 Soldaten stationiert zu halten, die die Nordprovinzen faktisch verwalteten und unter den Bewohnern, meist Bergstämmen, eine intensive Propaganda gegen die Regierung und gegen Vietnam betrieben.

Als im April 1978 die Eröffnung der »Freundschaftsstraße Nr. 1« feierlich begangen wurde, hieß es in der Presse, dies sei »auch der Tag, an dem die chinesischen Arbeiter in ihr Land zurückkehren sollten«[10]. Aber auch weiterhin blieben chinesische Truppen in nicht ermittelba-

7 FAZ, 19.3.1979. Vgl. auch Mangkra Souvanna Phouma, S. 53.

8 Auf Landkarten sind sie im Allgemeinen nicht eingezeichnet. Eine Skizze der von den Chinesen angelegten Straßen befindet sich in: FEER, 16.6.1978.

9 Des Außenministers Chiao Kuankhua, in: FEER, 16.6.1978.

10 Zit. nach: FEER, 16.6.1978.

rer Stärke in Nordlaos, wo sie unter den Hmong- und anderen Minderheiten aufständische Gruppen im Grenzgebiet aufbauten. Immer mehr wurden diese Gebiete »zu einer Plattform für Attacken gegen die Westflanke Vietnams«[11]. Am 7. März 1979 forderte die laotische Regierung unter dem Eindruck der chinesischen Aggression gegen Vietnam die chinesischen Truppen auf, das Land zu verlassen. Offiziell zog China seine »Entwicklungshelfer« zwar zurück, aber Beobachter gehen davon aus, dass dies nicht in vollem Umfang geschah. Vientiane protestierte in den folgenden Monaten mehrmals gegen Truppenkonzentrationen an der laotischen Nordgrenze[12] und gegen Sabotage- und Terroraktionen von bewaffneten Hmong-Gruppen, die beiderseits der Grenze zu Vietnam operierten und offensichtlich von China ausgerüstet und unterstützt wurden.[13] Das nach Beijing geflohene frühere vietnamesische Politbüromitglied Truong Nhu Tang hat öffentlich erklärt, die Chinesen hätten »alle Mittel in der Hand, in diesem Sektor den Widerstand zu organisieren«, nach einem genau ausgearbeiteten »Drehbuch der Destabilisierung«[14]. »Beijing will den vietnamesischen Gegner mit allen Mitteln bekämpfen, einschließlich der Mithilfe von Bewegungen, die gestern noch als ›reaktionär‹ bezeichnet wurden.«[15] Die nach westlichen Schätzungen etwa 40 000 vietnamesischen Soldaten, die zu der Zeit im Norden des Landes stationiert waren[16], hatten

11 Der vietnamesische Außenminister Nguyen Co Thach, zit. nach: FAZ, 14.3.1979.

12 LM, 8.3.1979.

13 LM, 3.8.1979.

14 LM, 14.1.1981.

15 LM, 7.11.1979. Gemeint sind die ehemaligen CIA-Söldner aus der Hmong-Minderheit. Die Hmong (oder Meo) sind eine noch nicht lange in Laos ansässige Minderheit, die ihre eigentlichen Siedlungsgebiete in China hat. Sie waren um 1850, auf der Flucht vor der Mandschu-Dynastie und deren Minderheitenverfolgung, nach Laos eingedrungen. Sie lebten dort zurückgezogen und isoliert, bauten Trockenreis und Opium an und waren Halbnomaden. Sie lehnten sich mehrmals gegen die Kolonialmacht auf, weil diese ihnen den Opiumanbau verbieten wollte (vgl. Kapitel III). Einige Hmong-Führer waren auch beim Pathet Lao, in dessen erster Widerstandsregierung 1950 es zwei Hmong-Minister gab. Die 1954 von den Amerikanern organisierte Hmong-Söldnertruppe wurde nur von einem Drittel der Hmong-Bevölkerung unterstützt, etwa ebenso viele waren auf der Seite des Pathet Lao (vgl. Kapitel VII).

16 *Time*, 18.7.1983.

vor allem die Aufgabe, diese Banden in Schach zu halten und damit ihr eigenes Land zu schützen.

Während die Feindseligkeit Beijings und die Sicherheitsprobleme im Norden die Aufbauarbeit in Laos kaum berührten[17], ist das Verhältnis zum Nachbarn Thailand für Laos von lebenswichtiger Bedeutung. Da das Land keinen Zugang zum Meer hat, müssen seine Verbindungen zum Ausland über Thailand[18] laufen, das damit jederzeit die Möglichkeit hat, Laos unter Druck zu setzen. Dies war seit dem Ende des Krieges schon mehrmals geschehen. Um aus dieser Abhängigkeit herauszukommen, blieb als Alternative nur die Bindung an Vietnam. Deshalb ist die Politik der laotischen Regierung seit 1975 von dem Versuch geprägt, durch den Aufbau dauerhafter freundschaftlicher Beziehungen zu beiden Ländern einer einseitigen Abhängigkeit zu entgehen.[19] Dieser Versuch widersprach der Politik der USA, als deren Vollzugsorgan die thailändische Regierung auch in diesem Fall fungierte. Aber Bangkok verfolgte auch eigene Ziele: »Das Interesse der USA, Laos zu destabilisieren, trifft zusammen mit Thailands historischen Anstrengungen, Laos zu dominieren.«[20] Bis in die neueste Zeit hinein reichen Thailands Versuche, laotische Gebiete zu annektieren. Zuletzt 1941 hatte es die beiden Provinzen Sayabouri und Champassak besetzt und 1945 wieder zurückgeben müssen. Thailand bezog sich bei solchen Aktionen auf eine amerikanische Karte aus dem Jahr 1978, die einen leicht anderen Grenzverlauf zeigt als die offiziellen, aufgrund einer Grenzfestlegung zwischen Siam und Frankreich 1905 erstellten Karten.[21]

17 Auch frühere Regierungen übten kaum eine Kontrolle über diese Gebiete aus, die erst sehr spät in die ökonomischen Planungen einbegriffen wurden.

18 Der nächste Seehafen im Golf von Thailand liegt in Kambodscha, ist aber von Laos aus nur über thailändisches Gebiet erreichbar.

19 Einen alternativen Zugang zum Meer konnte Vietnam damals noch nicht bieten, die entsprechenden Straßen wurden erst später ausgebaut.

20 *Frontline*, 23.12.1985.

21 Vielleicht ist die erwähnte Karte nur ungenau, trotzdem wurde sie für thailändische Politiker zum Beleg für territoriale Ansprüche. Vgl. *AfricAsia*, 2/1986. Möglicherweise spiegeln sich in den inkonsequenten Aktionen (erst Annexionsversuch, dann Räumung und damit Anerkennung der laotischen Souveränität) auch Differenzen zwischen rechtsextremen amerikahörigen Teilen der Armee und der damaligen Bangkoker Regierung, die gegenüber Laos einen verbindlicheren Ton anstrebte. Vgl. auch FEER, 16.1.1986, und *Frontline*, 23.12.1985.

Gefährlicher für die Ökonomie des Landes und die Stabilität seiner Regierung waren jedoch die ökonomischen Maßnahmen Thailands, die von Ausfuhrbeschränkungen für bestimmte Waren über die Verweigerung der Transiterlaubnis bis hin zum totalen Boykott reichten. Der Warenverkehr mit fast allen Handelspartnern Laos' war immer noch von der Duldung durch die Regierung und die Behörden des südlichen Nachbarn abhängig. Thailand nutzte diese Abhängigkeit, um politischen Druck auszuüben, und verhinderte darüber hinaus jeden Versuch der laotischen Regierung, sich aus ihr zu befreien. So wurde etwa Asphalt auf die Liste der »strategischen« und damit nicht für den Transport nach Laos freigegebenen Güter gesetzt, weil damit Straßen gebaut werden könnten, die einen Zugang zum Meer über Vietnam erschließen würden.[22] Der Abschluss des Freundschaftsvertrags mit Vietnam 1977 war, nach offizieller Aussage der laotischen Führung, »eine direkte Reaktion auf die thailändische Wirtschaftsblockade«[23], die das Land kurz zuvor an den Rand des wirtschaftlichen Zusammenbruchs gebracht hatte. Solche politischen Erpressungsversuche hatte es seit Oktober 1975[24] immer wieder gegeben.

Eine weitere Maßnahme der thailändischen Regierung, destabilisierend in die inneren Verhältnisse in Laos einzugreifen, war die Unterstützung mehr oder weniger aggressiver konterrevolutionärer Gruppen, die ihre Basen in den thailändischen Flüchtlingslagern hatten. Man schätzte ihre Stärke im Westen auf etwa 3000 Kämpfer in kleinen, kaum trainierten Gruppen.[25] »Sie stellen keine Bedrohung dar«[26], konnten jedoch die Arbeit beim Abbau der Mineralien, der Edelsteingewinnung und in der Holzindustrie stören. Thailand hatte solche Gruppen in den ersten Jahren nach 1975 intensiv unterstützt und ihre Aktionen ermutigt.

Thailand und China zwangen – im Effekt, möglicherweise aber auch bewusst – auf diese Weise Laos, sich eng an Vietnam anzuschließen. Westliche Diplomaten, die im Land lebten, leiteten aus

22 *Frontline*, 23.12.1985.

23 Phoumi Vongvichit auf einer Pressekonferenz am 4.12.1985, zit. nach: *Afric-Asia*, 2/1986. Wortlaut des Vertrages in: *Vietnam ten years after*.

24 Doré, S. 114.

25 *Time*, 18.7.1983.

26 FEER, 25.8.1983.

dieser Erkenntnis eine konkrete Aufforderung an die Adresse ihrer Regierungen ab: »Wie stark auch immer die vietnamesische Präsenz sein mag, Laos wird immer seine Originalität behalten, seine Kultur, seine Religion und seinen Stolz. Es muss daher vor allem verhindert werden, dass das Land noch weiter isoliert wird.«[27] Wenn die verschiedenen Maßnahmen Thailands tatsächlich den Zweck gehabt haben sollten, einen Keil zwischen Laos und Vietnam zu treiben, so haben sie eher das Gegenteil bewirkt. Aber selbst das wäre ein willkommener Effekt gewesen, wenigstens in den ersten Jahren, denn er konnte als ein weiteres Indiz für die behaupteten Hegemonietendenzen der vietnamesischen Führung dienen. In Laos wurde gelegentlich sogar angedeutet, dass »die engen Beziehungen zu Hanoi nur auf militärischen Überlegungen beruhen, vor allem auf der Furcht sowohl vor einer chinesischen Aggression als auch vor innerer Subversion«[28].

Neben dem Willen zur Freundschaft und neben der Tradition des gemeinsamen antiimperialistischen Befreiungskampfes war also die nüchterne Abwägung der Tatsachen ein weiteres wichtiges Motiv für die Entscheidung der laotischen Führung, mit Hilfe Vietnams die einseitige Abhängigkeit von Thailand abzubauen. Dies geschah vor allem durch die Wiederherstellung und den Ausbau der beiden Verkehrsverbindungen nach Vietnam und zur Küste im Osten. Die Nationalstraße Nr. 9, die von Savannakhet nach Da Nang führt, wurde erneuert, ebenfalls die zweite West-Ost-Verbindung, die Straße Nr. 7 von Laos nach Vinh. An beiden Projekten arbeitete auch ein Großteil der in Laos stationierten vietnamesischen Soldaten. Mit schwedischer Hilfe wurde außerdem inzwischen die Straße Nr. 13, die Nord-Süd-Verbindung zwischen Luang Prabang und Vientiane, wieder passierbar gemacht – bis in die 1980er Jahre hinein waren die beiden wichtigsten Städte des Landes in der Regenzeit nur noch durch den Luftweg verbunden.

* * *

27 Zit. in: LM, 3.12.1985. »Privat sagt die Mehrheit der politischen Führer und hohen Beamten des Regimes dasselbe.« (Ebd.)

28 *Time*, 19.7.1983.

Trotz der aufgezählten Einwirkungsversuche ist die Situation in Laos dadurch gekennzeichnet, dass hier nach 1975 ein im Vergleich zu Vietnam und Kambodscha verhältnismäßig ungestörter Aufbauprozess stattfinden konnte. Beide Länder standen im Grunde vor ähnlichen Bedingungen und Schwierigkeiten, auch wenn diese in Vietnam durch die viel größeren Kriegsschäden und eine ungleich massivere Einwirkung von außen in komplexerer Form in Erscheinung traten. Bei gleicher langfristiger Zielsetzung, nämlich den nichtkapitalistischen Entwicklungsweg zum Sozialismus zu gehen, ergaben sich aus der Ausgangssituation ähnliche vorrangige Aufgaben: Sicherstellung der Ernährung der Bevölkerung möglichst bis hin zur Lebensmittel-Autarkie, Verbesserung des Bildungswesens und Qualifizierung von Kadern, was in Laos zunächst die Bekämpfung des Analphabetismus[29] voraussetzte, Kollektivierung der Landwirtschaft sowie Ausgleich des Ungleichgewichts zwischen Stadt und Land, zwischen Landwirtschaft und Handwerk/Industrie.

Mehr als in den beiden anderen Ländern war die Ausgangslage in Laos durch einen auf die Bevölkerungszahl bezogen ungleich massiveren Flüchtlingsstrom belastet. Dies lag vor allem daran, dass die Flucht ins Ausland hier äußerst leicht war – der Mekong, der die Grenze zu Thailand bildet, kann hier von einem geübten Schwimmer notfalls überquert werden. Auch hatte die laotische Regierung nie Anstrengungen unternommen, diesen Fluchtweg abzuschneiden oder auch nur zu erschweren. So haben seit 1975 insgesamt etwa 300 000 Flüchtlinge das Land in Richtung Thailand verlassen, wo sie zunächst wesentlich besser aufgenommen und versorgt wurden als die vietnamesischen *boat people* in ihren Erstaufnahmeländern. Ein großer Teil der Flüchtlinge waren Hmong[30], etwa ein Drittel der Angehörigen dieser Minderheit verließ das Land. Die Gesamtzahl der Flüchtlinge (etwa 7 % der Bevölkerung) erscheint relativ niedrig, aber wenn man bedenkt, dass unter ihnen der Anteil der Schulabsolventen und höher Gebildeten unverhältnismäßig hoch war und dass zu der Zeit in Laos noch weniger als 10 % der Bevölkerung eine Schul-

29 1975 waren 60 % der Bevölkerung Analphabeten. Das Programm der Regierung zur Beseitigung dieser Rückständigkeit wurde von der UNESCO preisgekrönt. Vgl. *Frontline*, 23.12.1985.

30 Nach LM, 3.12.1985, waren »knapp die Hälfte« der Flüchtlinge Hmong; nach Chagnon/Rumpf flohen bis 1980 etwa 80 000 »Meo-Green Berets«, nachdem ihr Kommandant Vang Pao im Mai 1975 das Land verlassen hatte.

ausbildung hatten, werden die alarmierenden Folgen dieses Exodus erkennbar.

Fast schlagartig verringerte sich die Zahl der Flüchtlinge auf einen Bruchteil der vorherigen Anzahl, als im Jahr 1981 Thailand die Weiterreise in andere Länder nicht mehr gestattete.[31] Gleichzeitig nahm die westliche Hilfe für die Lager im thailändischen Grenzgebiet ab. Laoten, die inzwischen in den USA angekommen waren und Schwierigkeiten hatten, sich dort eine Existenz aufzubauen, warnten ihre Freunde und Angehörige vor einer Flucht. 1983 war »der Exodus im Prinzip gestoppt«[32], und es gab eine stetige und wachsende Rückkehrbewegung. Etwa 12 000 Flüchtlinge waren bis 1983 schon zurückgekommen, einige (ca. 2300 bis 1983) legal aufgrund eines offiziellen UNHCR-Programms. UNHCR-Vertreter in Vientiane rechneten damit, dass »in Zukunft noch viel mehr zurückkehren werden«[33]. Anscheinend wurde diese Tendenz von in den Lagern immer noch die Macht ausübenden antikommunistischen Gruppen gebremst, die Rückkehrwillige zum Bleiben zu zwingen versuchten: »Unser ganzes Dorf würde gern zurückkehren, aber die Hmong-Führer würden Schwierigkeiten machen, sobald wir die Anträge stellen.«[34]

Das Auf und Ab der Fluchtbewegungen spiegelt die verschiedenen Stationen der wirtschaftlichen Entwicklung ziemlich getreu wider: Von den Zerstörungen des Kriegs, aber auch von anfänglichen groben Fehlern und Fehleinschätzungen durch die Regierung erholte sich das Land erst in den Jahren 1982/83. Seither ist, mit der Zunahme an Erfahrung und Praxis sowie an Gelassenheit und Liberalität seitens der Regierung und angesichts nachlassenden äußeren Drucks, eine stetige Aufwärtsentwicklung zu verzeichnen.[35]

Im Jahr der Befreiung 1975 spielte der industrielle Sektor in Laos kaum eine Rolle, 1980 gab es etwa 1200 meist kleine Betriebe, darunter einige der Holzverarbeitung und Bergwerke. Das Verhältnis

31 Chagnon/Rumpf. Thailand handelte auf Druck der USA, die Hauptzielland waren.

32 FEER, 25.8.1983.

33 Chagnon/Rumpf.

34 Ebd.

35 Dies ist ein Entwicklungsbild, das hinter der durch Interventionen verzerrten Oberfläche der Ereignisse auch das Grundmuster der Nachkriegsgeschichte in Kambodscha und Vietnam erkennen lässt.

zwischen industrieller und landwirtschaftlicher Produktion betrug etwa 1:10, und 90 % der Bevölkerung lebten außerhalb der Städte. Die ersten Planungen der Regierung sahen vor, in beiden Bereichen zunächst die Produktion überhaupt wieder in Gang zu setzen, um dann nach drei Jahren ein Entwicklungskonzept in Form von Fünfjahresplänen erstellen zu können. Dabei sollte durch eine »Umgestaltung der Wirtschaft« allmählich eine »materiell-technische Basis für den Übergang zum Sozialismus geschaffen werden«[36].

Aber diese Basis hinkte weit hinter einem solchen Überbau her. »Unser Land geht in Richtung Sozialismus unter den Bedingungen einer nationalen Ökonomie, die noch in der Kleinproduktion befangen ist, in der ein Großteil der gesellschaftlichen Arbeit von Werktätigen in der Landwirtschaft geleistet wird, mit einer Kultivierungstechnik, die eher rudimentär und deren Arbeitseffektivität sehr niedrig ist, während die Möglichkeiten des Transports und der Verteilung der Güter zwischen den verschiedenen Regionen extrem begrenzt sind.«[37] Hier werden die beiden Hauptprobleme angesprochen, die einem schnellen Aufbau, aber auch einer schnellen Umgestaltung Grenzen setzten: rückständige und wenig ertragsintensive Produktionsmethoden und Arbeitsmittel, zum Teil noch Brandrodung mit dem dadurch bedingten Raubbau am wichtigsten Naturprodukt des Landes: dem Wald, und eine nur in Ansätzen entwickelte und störanfällige Infrastruktur.

Die bäuerliche Bevölkerung musste also erst einmal dazu gebracht werden, effektivere Arbeitsmethoden und eine regelmäßige Produktion zu akzeptieren, manche mussten überhaupt erst sesshaft gemacht werden. Die vorrangige Entwicklung der landwirtschaftlichen Produktion, vor allem des Grundnahrungsmittels Reis, hatte, wie in allen indochinesischen Ländern, zum Ziel, das Land vom Import von Lebensmitteln unabhängig zu machen. Die Statistik des Jahresproduktion an Paddy weist seit 1975 insgesamt eine eindrucksvolle Steigerung aus: 1976 wurden 661 000 t produziert, 1978: 694 000 t, 1979: 866 000 t, 1981 gab es eine »Rekordernte« von über 1 Mio. t, seither

36 Die wesentlichen Punkte dieses Programms sind zusammengefasst in: *Probleme des Friedens und des Sozialismus*, 11/1976.

37 Kaysone Phomvihane, S. 210f. Einige Jahre zuvor hatte sich der Parteivorsitzende noch deutlicher ausgedrückt: »In Laos wurde eine fortschrittliche politische Ordnung errichtet, der jedoch die rückständige Produktionsweise nicht entsprach«. Zit. in: *Probleme des Friedens und des Sozialismus*, 11/1976.

war ein stetiger weiterer Anstieg zu verzeichnen: 1983: 1,2 Millionen t, 1984: ca. 1,3 Millionen t.[38] Die im Plan für 1990 vorgesehene Ziffer von 1,4 Millionen t war nach Ansicht von UNO-Experten erreichbar.[39] Damit wäre in Laos rein quantitativ die Selbstversorgung erreicht, wenn man von den großen Problemen absieht, die die Verteilung der Produkte auf das ganze Land noch machte.

Relativiert werden solche Zahlen teilweise durch die Tatsache, dass die Produktion zwischen 1975 und 1976 erst einmal stark gesunken war (von 910 000 auf rund 660 000 t[40]) und somit erst etwa 1980 das Niveau der Vorkriegsproduktion wieder erreicht werden konnte. Dies ist die Folge von schweren Fehlern, die bei einer übereilten und schlecht vorbereiteten Kollektivierungskampagne zu Anfang vor allem in den Gebieten gemacht wurden, die erst mit der Befreiung unter die Kontrolle der NLH kamen. Der erste Versuch in den Jahren 1977–78, im ganzen Land ganz schnell Genossenschaften und Staatsfarmen einzurichten, war in diesen Gebieten, wo die Bauern »individualistischer«[41] waren, d. h. lange unter dem Einfluss westlichen Konkurrenz- und Eigentumsdenkens gestanden hatten, gescheitert. Auch die Kampagne gegen die Brandrodung war schlecht vorbereitet. Das nach dem Krieg eingeführte Steuersystem in der Landwirtschaft war zudem hart und ungerecht. »Viele der neuen Programme stellten sich als radikaler heraus, als die Leute akzeptieren konnten.«[42] Dies hing vor allem damit zusammen, dass infolge des Abgangs von Kadern auf der Verwaltungsebene und in den Leitungen der Kooperativen zumeist wenig erfahrene Funktionäre das Sagen hatten, was die Bauern oft zwang, gegen ihre Erfahrungen zu handeln und unqualifizierten Anordnungen Folge zu leisten: »Da es keine Bewässerungsanlagen gibt, müssen die Bauern ihre Pflanzzeiten so einrichten, dass sie mit dem Beginn der Regenzeit koordiniert sind. In den Kooperativen jedoch führten organisatorische Verzögerungen und bürokratische Ineffizienz dazu, dass der Einzelne

38 Die Zahlen stammen aus verschiedenen Quellen: LM, 3.12.1985, *Frontline*, 23.12.1985, *Time*, 18.7.1983, IHT, 20.12.1984, und Wsewolod Rypakow: Alltag in Laos, in: *Probleme des Friedens und des Sozialismus*, 12/1980.

39 IHT, 20.12.1984.

40 LM, 3.12.1985.

41 FEER, 25.8.1983.

42 Sombath Somphone, in: *Southeast Asia Chronicle*, Nr. 91, Oktober 1983.

nicht seine eigene Kenntnis der Wetterbedingungen nutzen konnte, um zu entscheiden, wann die Zeit zum Umpflanzen gekommen war, denn die Kooperative bestimmte die Arbeitsplanung und den Einsatz der Wasserbüffel. Beim Umpflanzen konnte jedoch eine Verspätung von nur zwei Wochen schon die ganze Ernte verderben.«[43] Die Bauern verwehrten sich dagegen, dass der so empfindliche Reisanbau als Testfeld der Kollektivierung benutzt werden sollte, und meinten, dafür sei der Anbau weniger wichtiger Dinge wie Gemüse doch geeigneter. Als sich nichts änderte, beschränkten die Bauern die Produktion auf den Eigenbedarf, und viele flohen außer Landes.

1982 schließlich wurde der immer lauter werdenden Kritik Rechnung getragen, und einige Ministerien mussten ihren bürokratischen Apparat einschränken und wurden umorganisiert. Die im Prinzip schon 1979 auf einer »Volksversammlung«[44] beschlossenen Reformen kamen mit erheblicher Verspätung auf den unteren Ebenen an, auch wurden die Steuergesetze erst 1983 revidiert, so dass erst von diesem Zeitpunkt an eine »positive Entwicklung« einsetzte – die Weltbank bescheinigte Laos im September 1983 ein »echtes Wachstum«[45]. Auch die anfangs forcierte Einrichtung von Großkooperativen und Staatsfarmen[46] wurde den Gegebenheiten gemäß gebremst: Man hatte festgestellt, dass sie ohne einen spürbaren Fortschritt bei der Mechanisierung und ohne den Aufbau einer Leichtindustrie, die Ackerbaugeräte in ausreichender Menge produzieren kann, kaum effektiver waren als die familiäre Kleinproduktion. Dass dies alles ein langer Prozess war, kann man daraus entnehmen, dass noch die Reden zur

43 Somphone, a. a. O.

44 Die dort verabschiedete 7. Resolution gilt als Schlüsseldokument der Neuorientierung in der Wirtschaftspolitik. Sie sieht vor und legitimiert damit die Existenz von 5 Formen der Betriebsorganisation:

- individuelle Produktion, privat, für individuellen Gewinn
- kollektivierte Wirtschaft (Kooperativen)
- Staatswirtschaft (Staatsfarmen, Industrie etc.)
- kapitalistische Wirtschaft (private Unternehmen, Größe begrenzt)
- staatliche kapitalistische Unternehmen. Vgl. *Inside Asia*, 2–3/1986.

45 Chagnon/Rumpf.

46 1983 soll es 2000 landwirtschaftliche Produktionsgenossenschaften und 31 Staatsgüter gegeben haben. 1985 ist die Anzahl der Kooperativen auf 3000 gestiegen, danach wären 61 % der Familien in irgendeiner Form in die Kollektivierung einbegriffen, was ein wenig hoch gegriffen erscheint. Zahlen nach: FEER, 25.8.1983, *Horizont*, 21/1983, und *Frontline*, 23.12.1985.

Feier des 10. Jahrestages der Befreiung 1985 von herber Selbstkritik geprägt waren.[47]

Nun, nachdem man einen angepassteren Rhythmus der Umgestaltung gefunden hatte, wurden die positiven Effekte und die Möglichkeiten der Kollektivierung spürbar: schnellere Steigerung des Ertrags, Ausbau und Effektivierung der traditionellen Nachbarschaftshilfe, Übergang zur Nassanbauweise für den Reis, Diversifizierung der Produkte (Kartoffeln, Erdnüsse, Sojabohnen, Kaffee), Ausweitung der Industriepflanzenproduktion (Baumwolle, Tabak, Holz). Man versuchte, die Reformen nun in einem angepassten Tempo weiterzuführen, und es wurde dabei vor allem der natürliche Druck materieller Anreize genutzt: So brauchte, wer zum Reisnassanbau überging, drei Jahre lang überhaupt keine Steuern zu bezahlen und hatte auch über diese Frist hinaus generell die zweite Jahresernte abgabenfrei zur eigenen Verfügung. Insgesamt wurde bei der Festsetzung der Steuern weitgehend auf die individuellen Bedingungen (etwa Lage und Fruchtbarkeit der jeweiligen Felder) Rücksicht genommen. Die bereits funktionierenden Staatsgüter hatten vor allem die Aufgabe, die neuen Produktionsweisen zu entwickeln und zu testen, sie sollten so als Muster für die Vorteile kollektiver Betriebsorganisation dienen.

Diese Stabilisierung der Landwirtschaft war die Basis für positive Entwicklungen in anderen Bereichen. Die bessere Versorgung mit Lebensmitteln und Gebrauchsgegenständen brachte eine »neue Prosperität«[48], von der alle Bereiche des öffentlichen und privaten Lebens profitierten. Neue qualifizierte Kader wurden ausgebildet, und im Zuge des Kampfs gegen Bürokratismus, der Lockerung der staatlichen Kontrolle und der Aufgabenverteilung nach dem Prinzip der Qualifikation hatte die Regierung das Vertrauen der Bevölkerung wiedergewinnen können.[49] Es kehrten zunehmend auch qualifizierte Kader aus dem Exil zurück, und lange Zeit in »Seminaren« festgehaltene Beamte des ehemaligen Regierungsapparats stiegen in hohe politische Positionen bis hin zum Vizeminister auf.[50]

47 Vgl. die Auszüge in LM, 3.12.1985.

48 So der Chargé d'affaires der US-Botschaft in Vientiane, zit. nach. Chagnon/Rumpf.

49 Die Regierung Phomvihane ist fest im Sattel. IHT, 20.12.1984.

50 Nach Chagnon/Rumpf waren 1975 etwa 40000 Personen in Umerziehungslager (in Laos »Seminare« genannt) gebracht worden, deren größter Teil jedoch

Aber immer noch war diese Aufbauarbeit Störungen ausgesetzt. Viele Gebiete des Landes waren noch nicht erschlossen, und bei ihrer Kultivierung, vor allem bei der anlaufenden Reintegration der Nordprovinzen in die nationale Produktionsplanung, gab es viele nachträgliche Kriegsopfer durch die Explosion von Blindgängern – in ganz Laos lagen noch etwa 40 000 t nicht entschärfter Bomben und Granaten. Zunächst konnte diese Gefahr noch niedrig gehalten werden, weil eine besonders forcierte Neuerschließung von Anbaugebieten aufgrund der niedrigen Bevölkerungszahl nicht nötig war. Bald allerdings waren wichtige Entscheidungen zu fällen, nämlich die Blindgänger und Minen großräumig zu beseitigen (wie es in Vietnam mit internationaler Hilfe geschah und geschieht) oder die Intensivierung der landwirtschaftlichen Erschließung fortzusetzen, was bald ökologische Probleme aufwerfen würde – schon damals war man sich der Gefahr bewusst geworden, dass der ungehemmte Holzabbau zum Zweck des Exports eines Tages dazu führen könnte, dass dieser wichtige Naturreichtum sich nicht mehr regenerieren würde.

Aber wie auf vielen anderen Gebieten sah sich die laotische Führung auch hier starken Zwängen ausgesetzt. Die Wirtschaft des Landes beruhte zu der Zeit (und das hat sich bis heute kaum geändert) zum großen Teil immer noch auf dem Zufluss von Kapital und Waren aus dem Ausland, weshalb der Export intensiv gefördert werden musste, und die Auswahl der möglichen Exportgüter ist nicht sehr groß (vor allem Holz, dann möglicherweise Eisenerz sowie später elektrische Energie). Verschuldung und Devisenmangel waren so groß, dass die Dollarüberweisungen von Exillaoten aus dem Ausland zu einem nicht ganz unwichtigen Posten in der Handelsbilanz geworden waren[51]; 1982 war nämlich die Einrichtung von Dollarkonten für Privatpersonen erlaubt worden. Die offizielle Hilfe aus dem Ausland wurde auf etwa 100 Mio. Dollar jährlich geschätzt, davon die Hälfte aus dem Westen.[52]

schon nach wenigen Jahren wieder freigelassen wurde und im Allgemeinen sofort nach Thailand floh. 1983 betrug die Zahl der noch in den Lagern Verbliebenen etwa 3000 (nach amnesty international dagegen noch 1985 6–7000, LM, 3.12.1985). 1984 wurden die Umerziehungslager offiziell als aufgelöst erklärt, was trotz Zweifeln in der westlichen Presse als »Reflex größerer politischer Stabilität« gewertet wurde. Vgl. IHT, 20.12.1985, und *Inside Asia*, 2–3/1986.

51 Nach Angaben von Lenane Sombounkhanh, Vizepräsident der Nationalbank in Vientiane, »1 Million Dollar jährlich«, FEER, 25.8.1983.

52 IHT, 5.12.1985.

An den sozialen Strukturen hatte sich in den Städten und im Bereich des Handwerks und des Handels seit 1975 nicht viel geändert. Die starke Konzentration auf die Landwirtschaft und auf wenige Großprojekte, aber auch die Reform- und Liberalisierungsmaßnahmen hatten bestimmte soziale Gruppen in ökonomische Schwierigkeiten gebracht. So waren die Löhne, vor allem im staatlichen Dienstleistungsbereich, immer noch so niedrig, dass viele qualifizierte Mitarbeiter ihren entsprechenden Beruf aufgaben und, nachdem dies wieder zugelassen wurde und lukrativer war, private Händler oder Bauern wurden. So wanderten in den 1970er Jahren etwa 20 % der Lehrerinnen nach kurzer Berufstätigkeit in andere Berufe ab. Sie bekamen trotz ihrer höheren Ausbildung nur einen Monatslohn von etwa 150 Kip[53], während sie als Gemüseverkäuferinnen bis zu 100 Kip täglich verdienen konnten. Das zu niedrige Gehalt war aber nicht der einzige Grund für diese Abwanderung: Sie resignierten angesichts der unzureichenden, oft ganz fehlenden Lernmittel in den Schulen. Es handelte sich hier aber um ein Problem, das alle Länder der Dritten Welt haben, die schnell den Analphabetismus beseitigen und die allgemeine Schulpflicht einführen wollen: Sie haben nicht die Mittel für die dazu nötigen Investitionen.[54]

* * *

Um diese vielen und vielfältigen Probleme in den Griff zu bekommen, ist Laos wie die anderen indochinesischen Länder auf gute Beziehungen zu möglichst vielen Ländern angewiesen. Besonders den Beziehungen zu den USA wurde in der laotischen Außenpolitik bald große Bedeutung zugemessen. In Vientiane gab es, im Gegensatz zu Hanoi und Phnom Penh, noch immer eine US-amerikanische Botschaft, obwohl (aber vielleicht gerade weil) Laos in der amerikanischen Indochinapolitik sicher die geringste Rolle spielte. Die Botschaft war zwar in der Regel nur mit einem Geschäftsträger besetzt, aber die diplomatischen Beziehungen waren nicht einmal 1979 abgebrochen worden, als Vientiane sich in Sachen Kambodscha voll auf die Seite Vietnams stellte. Abgesehen von den bekannten globalen politischen Differenzen, bei denen sich die Politik Washingtons auf Laos eher via Thailand aus-

53 Nach den damaligen Umrechnungskursen etwa 3–5 US-$.

54 Wu Ruiming, in: *Southeast Asia Chronicle*, Nr. 91, Oktober 1983.

wirkte, waren die direkten Beziehungen zwischen den beiden Ländern von einem eigentlich marginalen Problem beherrscht: dem Drängen der USA, auch in Laos Aufklärung über das Schicksal von vermissten US-Soldaten aus dem Vietnamkrieg zu erhalten. Nach Angaben der Regierung in Washington wurden Anfang der 1980er Jahre in Vietnam noch 2000, in Laos noch 500 amerikanische Soldaten als vermisst betrachtet.[55] Der gelegentlich auftauchende Verdacht, es könnten noch lebende US-Soldaten in vietnamesischen oder laotischen Lagern sein, hat die Verhandlungen über eine gemeinsame Aufklärung der MIA-Fälle[56] in beiden Ländern immer wieder erschwert.

In Laos hatten die Verhandlungen über dieses Problem eine wichtige politische Funktion: Da Präsident Reagan dieser Angelegenheit »höchste nationale Bedeutung« zumaß[57] und sich in der Öffentlichkeit verpflichtet hatte, schnelle Ergebnisse vorzulegen, ergab sich ein gewisser Zwang zum Dialog mit der laotischen Führung und für diese die Möglichkeit, Gegenleistungen zu erreichen. Seit 1978 hatte Washington immer wieder humanitäre Hilfe für den Fall zugesagt, dass sich Vientiane zu einer Zusammenarbeit in der MIA-Suche bereitfände. 1979 wurden die ergebnislosen Verhandlungen abgebrochen. Die US-Regierung zeigte sich entschlossen, zur Rettung eventuell entdeckter POWs in Laos oder Vietnam sogar »eine Operation zu starten, wenn dies nötig sein sollte«[58]. Und dies, obwohl im Jahr 1976 ein Ausschuss des US-Senats nach 15-monatigen Recherchen festgestellt hatte, dass es nach allen erreichbaren Informationen in Indochina keine gefangenen oder gegen ihren Willen festgehaltenen US-Soldaten mehr gebe. Private Suchaktionen wie die des Leutnant Gritz[59] und provokative Besuche Vang Paos in thailändischen

55 Meist Piloten, die mit abgeschossenen Flugzeugen abgestürzt waren.

56 MIA = Missing in Action. Das Thema ist in den USA durch Romane und Filme (z.B. eine Serie von Filmen mit dem Titel *MIA*) bei einem breiten Publikum sehr lange aktuell gehalten worden und hielt unter Angehörigen und Veteranen den Verdacht – und die Hoffnung – wach, einige von ihnen seien noch als POW (Prisoners of War) am Leben.

57 Zitat aus dem Jahr 1981, in: Chagnon/Rumpf.

58 FEER, 6.2.1986.

59 Unter dem Decknamen »Unternehmen Lazarus« unternahm Lt. Gritz Ende 1982 mehrere Versuche, mit einem Trupp ehemaliger Green Berets und Lao-Rebellen von thailändischen Lagern aus in laotisches Gebiet einzudringen. Die Aktionen, die auch als Filmstoff verarbeitet werden sollten und deshalb von

Flüchtlingslagern hatten weitere Jahre der Stagnation zur Folge, bis es schließlich 1985 zu einer ersten gemeinsamen Suchaktion im Gebiet von Pakse kam, bei der die sterblichen Überreste von 13 US-Soldaten gefunden und identifiziert werden konnten. Danach gab es mehrere weitere Operationen ähnlicher Art.

Die US-Regierung behauptete, etwa 300 Stellen von Flugzeugabstürzen genau zu kennen, vor allem in der Ebene der Tonkrüge und im Grenzgebiet zu Vietnam – Gebiete, die zu besuchen für amerikanische Geheimdienste sicher besonders interessant war. Dass die MIA-Problematik auch von der amerikanischen Seite zum großen Teil[60] als ein Mittel zu ganz anderen Zwecken angesehen wird, mag aus der Tatsache deutlich werden, dass es auch in Korea noch 8177 MIAs gegeben haben soll, von denen einige im Süden dieses Landes vermutet wurden. Trotzdem war 31 Jahre nach dem Krieg (und ist bis heute) immer noch keine Vereinbarung mit der südkoreanischen Regierung zustande gekommen, die eine gemeinsame Lösung dieses Problems erlaubte. Was im Fall Vietnam eine Zeitlang zur Begründung für die Verweigerung der Normalisierung der Beziehungen ausreichte, hat der Freundschaft zwischen den USA und Südkorea offenbar keineswegs geschadet.[61]

Die Gegenleistungen, die man durch eine Zusammenarbeit in der MIA-Frage zu erreichen hoffen konnte, waren kaum von großer materieller Bedeutung. Neben der Aufhebung der Hilfsgüter-Blockade ging es in der ganzen Sache wohl eher um den Aufbau eines begrenzten Vertrauensverhältnisses, von dem sich die laotische Führung einen mäßigenden Einfluss auf Thailand erhoffte: »Die USA könnten die Bemühungen in Thailand und China dämpfen, Vietnam via Laos zu bestrafen.«[62] Eine solche Hoffnung war nicht unbegrün-

der Filmindustrie (Clint Eastwood und *Star Treck*-Darsteller William Shatner) mitfinanziert worden waren, schlugen fehl, und Gritz wurde vorübergehend festgenommen, was nicht verhinderte, dass die entsprechenden Filme doch produziert wurden (der berühmteste ist *Rambo II*). Vgl. FAZ, 22.2.1983, und LM, 1.3.1986. Bei einer weiteren Aktion sind sogar zwei Amerikaner umgekommen (LM, 1.3.1986). Laos hat auf solche Suchaktionen sehr zurückhaltend reagiert und ergriffene Eindringlinge stets umgehend abgeschoben.

60 Wenn auch die Popularität der von Hollywood hochgespielten Suchaktionen einen gewissen Druck ausgeübt haben dürfte.

61 Vgl. IHT, 23.7.1987.

62 Chagnon/Rumpf.

det. Die Beziehungen zu Thailand hatten sich inzwischen erheblich gebessert: Offizielle Begegnungen fanden regelmäßig statt, und die Liste der boykottierten Waren wurde erheblich zusammengestrichen. Sogar die traditionellen Ruderbootrennen auf dem Mekong konnten wieder stattfinden. Die Rede des Vorsitzenden Phomvihane auf dem 4. Parteitag 1986[63] enthielt mehr als einen Hinweis darauf, dass eine solche Öffnung nach Thailand, China und zum Westen – unter Wahrung der engen Beziehungen zu den anderen Ländern Indochinas – eines der wichtigsten außenpolitischen Ziele der Regierung war.

* * *

In Kambodscha kam der Prozess des Wiederaufbaus und der wirtschaftlichen Entwicklung erst nach der Vertreibung des Pol Pot-Regimes in Gang. Dabei vermied es die von der vietnamesischen Armee eingesetzte Regierung, bei der Sozialisierung der Produktionsbedingungen vor allem in der Landwirtschaft eine allzu schnelle Gangart anzuschlagen. Dies hatte einen spezifischen Grund: Jegliche Form der Kollektivierung war durch die Perversion dieses Prinzips unter Pol Pot in der Bevölkerung nachhaltig mit negativen Assoziationen belegt. Zudem waren zunächst viel elementarere Probleme zu lösen. Man musste im Januar 1979 in einem immer noch stark zerstörten Land mit einer dezimierten und entwurzelten Bevölkerung, ohne berufserfahrene und qualifizierte Fachleute sozusagen »unterhalb von null wieder anfangen«[64]. Trotz dieser extremen Bedingungen konnte, mit der Hilfe internationaler Organisationen, zumindest eine zu befürchtende Hungersnot vermieden werden. Der neuen Regierung gelang es, die Verteilung der eigenen Produkte und der Lebensmittellieferungen aus dem Ausland optimal zu koordinieren und dafür zu sorgen, dass kaum etwas in bürokratischen Netzen hängen blieb.

Dabei hatten sich gerade diejenigen Maßnahmen als besonders effektiv erwiesen, die zunächst von den westlichen Regierungen kritisiert worden waren: die Verteilung der internationalen Lebensmittelhilfe vor allem an die Stadtbevölkerung und den langsam sich bildenden Verwaltungsapparat. Dadurch waren die Bauern im Landesinnern gezwungen, das Nötigste für sich selbst anzubauen und

63 Vgl. LM, 16./17.11. und 16.12.1986.

64 LM, 14.5.1981.

sich nicht auf die Hilfslieferungen zu verlassen. Außerdem wurden die Bauern unter Androhung von Strafen dazu gezwungen, genügend Saatgut zurückzuhalten – so konnten in den Jahren nach dem Tiefpunkt 1979 verhältnismäßig gute Ernten erzielt werden. Vertreter internationaler humanitärer Organisationen, die Erfahrungen vor Ort sammeln konnten, haben dies anerkannt: »Die Regierung hat die Lage besser eingeschätzt als die Hilfsorganisationen, sie hat auf den natürlichen Instinkt der Bauern, vom Land zu leben, gebaut und dafür gesorgt, dass jeder, der arbeiten muss und selbst keine Nahrung produziert, von den Krankenschwestern bis zu den Reparaturarbeitern an den Brücken, seine Ration bekommt.«[65] Die Reisernte von 1980/81 erbrachte schon das Doppelte des Vorjahres, nämlich 700 000 t. Das ist zwar immer noch wenig im Vergleich zu früheren Zahlen[66], aber schon so weit weg vom »Nullpunkt«, dass sich die internationalen Hilfsorganisationen nunmehr zurückzogen, weil nach ihrer Ansicht keine unmittelbare Gefahr einer Hungersnot mehr herrschte.

Doch fehlte in diesen ersten Jahren der »Wiedergeburt«[67] alles, was für eine weitere Steigerung der Produktivität nötig war: Dünger, Zugtiere oder Traktoren, Kraftstoffe, Lehr- und Leitungspersonal. »Wir haben nicht einmal Statistiken.«[68] Die Regierung ermutigte und unterstützte aus den erwähnten Gründen nur einfache und meist auf die Familie oder die Nachbarschaft beschränkte Formen der Zusammenarbeit, die man »Samaki« (Solidarität) nannte. Sie ergaben sich zumeist aus der konkreten Situation, etwa bei ungleicher Verteilung von Arbeitsmitteln oder bei der Organisation der Bewässerung. Solche Gruppen bekamen vom Staat bestimmte Dinge kostenlos zur Verfügung gestellt (Düngemittel, Saatgut) und brauchten keine Steuern zu bezahlen. Später sollten sie bevorzugt Geräte und Maschinen

65 Pilger.

66 Z.B. 4 Mio. t im Jahr 1969. Vgl. LM, 28.5.1980.

67 Der Ausdruck ist übrigens wörtlich zu nehmen. Es ist damit aber nicht nur der »Babyboom« (Bevölkerungswachstumsrate 1982: 4,8 %) gemeint, sondern vor allem eine weite Teile der Bevölkerung ergreifende Aufbruchstimmung und damit verbunden die Bereitschaft, die Vergangenheit zu vergessen und hart zu arbeiten für eine Zukunft, die wieder einen Sinn hatte.

68 So der Vizeminister für Landwirtschaft Kong Sam Ol, in: LM, 15.5.1981. Es gab 1979 in Kambodscha nur neun Personen mit einer agrarwissenschaftlichen Ausbildung, keinen einzigen Ingenieur oder Techniker, nur 30 % der Industriearbeiter hatten das Pol Pot-Regime überlebt.

erhalten, man hoffte, dass sich daraus dann von selbst Kooperativen in irgendeiner nicht reglementierten Form entwickeln würden. Unschwer sind die Vorbilder aus Laos und Vietnam zu erkennen, einschließlich der Lehren aus den dort gemachten schlechten Erfahrungen. In Kambodscha kam hinzu, dass die Bauern erst noch aus einer großen Rückständigkeit und jahrhundertealten dörflichen Lethargie herausgeführt werden und als Familien und Dörfer ein neues Selbstbewusstsein entwickeln mussten, bis sie in der Lage waren, als organisierte Einheiten mit ökonomischem Gewicht auf höherer Ebene ihre Angelegenheiten selbst zu regeln. »Erst dann werden wir wirkliche Gesprächspartner vor uns sitzen haben.«[69]

Das »Samaki«-System wurde weiterentwickelt. Auch in anderen Sektoren wie Fischerei, Holzgewinnung oder Handwerk gab es solche Gruppen, 1982 insgesamt schon über 100000. Die staatliche Hilfe für sie ist an den gemeinsamen Gebrauch von Geräten und an eine gemeinsame Viehhaltung gebunden, nicht jedoch an die Verpflichtung, die Produkte an den Staat zu verkaufen. »Darin steckt ein Risiko, aber wir müssen vor allem dafür sorgen, dass so viel wie möglich angebaut wird.«[70] Jeder Familie standen 2000 qm Land als unveräußerlicher Privatbesitz zu, und der Lohn für die innerhalb der Gruppe geleistete Arbeit wurde von dieser selbst festgesetzt. Trotz solcher Anreize wurde 1982 immer noch kaum die Hälfte des Anbaugebietes von 1970 landwirtschaftlich genutzt, denn um dies zu ändern, musste erst das Bewässerungssystem von Grund auf erneuert werden. »Da wir die Bewässerung noch nicht beherrschen und auch sonst nicht alle Faktoren unter unserer Kontrolle haben, z. B. die Fortsetzung und Höhe der internationalen Hilfe, können wir noch keinen Plan aufstellen.«[71]

Insgesamt hielten sich der Staat und die verschiedenen Institutionen mit einschneidenden Maßnahmen sehr zurück. Man tat sicher gut daran, auf die Einzelinitiative zu setzen, alle kommunalen Angelegenheiten erst einmal ganz dem freiwilligen Einsatz der Betroffenen selbst zu überlassen. Parallel zu dieser Politik eines weitgehenden Laisser-faire unternahm die Regierung aber große Anstrengungen, der Bevölkerung ihre Absichten zu erklären und deren Zustimmung

69 Ebd.

70 Landwirtschaftsminister Bun Than, zit. nach: *Le Monde diplomatique*, 11/1982.

71 Ebd.

einzuholen – beides Verhaltensweisen, die eine bewusste Abkehr von Praktiken des Pol Pot-Regimes darstellten. Trotzdem war von Seiten der Bevölkerung – vor allem auf dem Land – die Haltung der Regierung gegenüber weder begeistert noch ablehnend, sondern eher apathisch und abwartend. Zwar hatte sie bei den Wahlen zur neuen Nationalversammlung im Jahr 1981 der FUNSK und der von ihr vorgelegten Verfassung mit großer Mehrheit das Vertrauen ausgesprochen und hätte auch dann nicht anders gewählt, wenn es eine Alternative gegeben hätte, die der Westen unterstützte. Man war loyal, fühlte sich aber vor allem selbst verantwortlich dafür, dass es aufwärts ging. Die Regierung hatte für Nahrungsverteilung und Sicherheit zu sorgen sowie nach und nach die grundlegenden Dienstleistungen sicherzustellen, und sie tat dies – mit erwartungsgemäß stark variierenden Graden der Kompetenz.[72]

Als erste Bildungseinrichtungen wurden 1980 die medizinische Fakultät und die Kunsthochschule in Phnom Penh wieder eröffnet. Auf anderen Gebieten, z. B. der höheren landwirtschaftlichen Ausbildung oder der Lehrerbildung, konnte man vorerst nur mit Schnellkursen oder durch die Methode des »gegenseitigen Lernens« den akuten Bedarf an Personal decken. 1982 wurden schon wieder 1,3 Mio. Kinder eingeschult, auch wenn die äußeren Bedingungen viel zu wünschen übrig ließen: Der Unterricht musste häufig in möbellosen Räumen oder unter freiem Himmel erteilt werden, mit Bleistiften, Papier und – als Kostbarkeit – Tafelkreide von der UNESCO. Waisenhäuser wurden in allen Städten eröffnet, die noch stehenden Pagoden in Betrieb genommen, die Märkte übernahmen wieder ihre Verteilungsfunktion. 1985 gab es schon höhere Schulen mit etwa 80 000 Schülern, und in den sozialistischen Ländern wurden etwa 2000 Studenten ausgebildet, die nach ihrer Rückkehr (ab etwa 1984) in der Verwaltung und technischen Berufen arbeiteten. Die Hauptstadt hatte 1985 wieder etwa 500 000 Einwohner, was ungefähr dem Stand von vor 1975 entsprach.[73]

* * *

72 Da praktisch alle, die eine höhere Schulbildung hatten, für die Verwaltung gebraucht wurden, mussten z. B. zwei Semester Medizinstudium bereits als Qualifikation für hohe Regierungsposten ausreichen.

73 Diese Angaben aus: FEER, 29.11.1984, und *Afrique-Asie*, 12.3.1985.

Zu dieser Zeit befanden sich noch immer vietnamesische Soldaten in Kambodscha. Die Kritik an diesem Tatbestand in der westlichen Presse beherrschte alle Berichte aus dem Land, dessen Aufbauleistungen dadurch vollkommen unbeachtet blieben. »Administrativ und qualifikationsmäßig würde das Regime von Phnom Penh ein Verschwinden der Vietnamesen überstehen können, aber nicht militärisch«[74] – das ist die realistische Einschätzung eines Beobachters Ende 1985. Die militärische Bedrohung durch die von China und dem Westen unterstützten Widerstandsgruppen in Thailand sowie die Reste der Pol Pot-Streitkräfte, die sich unter thailändischem Schutz in Nordkambodscha sogar ungestört erneuern konnten, war in der Tat immer noch so groß, dass ein Abzug der vietnamesischen Truppen mit Sicherheit wieder einen Bürgerkrieg zur Folge gehabt hätte. Darüber bestand Einigkeit zwischen Regierung und Bevölkerung.

Aber sowohl in Kambodscha als auch in Vietnam wurde die Anwesenheit fremder Truppen als prekär empfunden. Deshalb wurde die Ausbildung von Soldaten und Milizen, die einmal die Verteidigung des Landes übernehmen sollten, stark gefördert. Aber die allgemeine Unsicherheit angesichts häufiger Terrorakte und die demütigende Einsicht, sich noch nicht allein verteidigen zu können, belastete das Verhältnis zwischen Vietnam und Kambodscha und verstärkte den Wunsch, bald zu einer politischen Lösung zu kommen.

Zudem litt Kambodscha, mehr noch als Vietnam, unter der mit dieser Situation verbundenen Isolierung. Die Wiederaufbauanstrengungen hatten inzwischen ein Niveau erreicht, auf dem ohne Außenkontakte und möglichst normale internationale Beziehungen nicht weiterzukommen war. Denn die Hilfe aus Vietnam, der Sowjetunion und den anderen sozialistischen Staaten konnte nicht den freien Austausch und Handel mit den verschiedensten Ländern ersetzen, die jeder souveräne Staat braucht, um eine Produktion höheren Niveaus aufzubauen. Insofern wirkten sich die von den Westmächten und Beijing betriebenen Maßnahmen (internationale Isolierung, Ausschluss aus allen Handels- und Finanzkreisläufen) zunehmend hemmend aus, zumal man ja gerade nicht die isolationistische Politik Pol Pots fortsetzen wollte.

Zwei Faktoren haben dazu beigetragen, dass die Situation sich nun langsam besserte: auf der einen Seite der entscheidende militärische

74 FEER, 29.11.1985.

Sieg über die wichtigsten Einheiten Pol Pots und anderer Widerstandsgruppen am Jahreswechsel 1984/85, zum anderen die langsam in Gang kommende Kontaktaufnahme zwischen den direkt Beteiligten. »Die Periode 1979–81 war eine der Konfrontation. Seit 1982 ist diese Konfrontation von einem Dialog begleitet, und die Tendenz hin zum Dialog ist steigend. Die Länder des ASEAN-Blocks haben anscheinend verstanden, dass die Situation nicht mit Gewalt zu ändern und es deshalb nötig ist, eine Verhandlungslösung zu finden, [...] ein Klima des guten Willens – oder wenigstens der Toleranz – in Südostasien zu schaffen, mit guten nachbarschaftlichen Beziehungen.«[75]

Die Beijinger Führung war nach wie vor strikt gegen Verhandlungen unter den Beteiligten über eine politische Lösung.[76] Sihanouk hatte im Dezember 1984 die Erfahrung machen müssen, dass die Roten Khmer auf Veranlassung der Beijinger Führung nicht einmal bereit waren, inoffizielle Gespräche des Prinzen, der immer noch nomineller Führer der Roten Khmer war, mit der Heng Samrin-Regierung oder Hanoi zuzulassen. Der Regierungschef aus Phnom Penh, Heng Samrin, könne ja als Mitglied der vietnamesischen (!) Delegation an eventuellen Gesprächen teilnehmen, meinte man in Beijing. Von Vietnam dabei diplomatisch unterstützt, hatte Phnom Penh in letzter Zeit immer intensiver versucht, Verhandlungen mit Sihanouk auf offizieller oder inoffizieller Ebene aufzunehmen.[77] Wie stark das Interesse an solchen Verhandlungen war, kann man an den Zugeständnissen ablesen, die vorab angeboten wurden: Hatte es noch im August in einem Kommuniqué der Außenminister Indochinas geheißen: »Kambodscha erklärt sich bereit, mit oppositionellen Kambodschanern oder anderen Gruppen von Kambodschanern zu sprechen mit dem Ziel einer nationalen Versöhnung auf der Basis der Elimination Pol Pots und freier Wahlen nach dem vollständigen Rückzug der vietnamesischen Truppen«[78], so wurde bereits im November präzisiert,

75 Hun Sen, kambodschanischer Außenminister, in: *AfricAsia*, 1/1985.

76 »Sie lehnt nach wie vor jede politische Lösung ohne den vorherigen totalen Rückzug der vietnamesischen Truppen aus Kampuchea ab.« Sihanouk in einem Gespräch mit dem französischen Präsidenten Mitterrand. LM, 19.12.1984.

77 »Wenn Sihanouk sich heute Abend von den Polpotisten lossagte, würde ich ihn morgen früh [als offiziellen Gast der Regierung, gg] empfangen.« Hun Sen im Dezember 1984. *Afrique-Asie*, 31.12.1984.

78 LM, 18./19.8.1985.

dass nur die beiden Rote Khmer-Führer Pol Pot und Ieng Sary persönlich von Verhandlungen ausgeschlossen sein sollten, nicht aber die Roten Khmer als Gruppe.[79] »Mit zuweilen brutaler Härte«, wie selbst die FAZ fand[80], verhinderte Beijing vorbereitende Gespräche zwischen Sihanouk und Diplomaten aus Phnom Penh oder Hanoi, die die französische Regierung zunächst Ende November und dann noch einmal zum Jahreswechsel arrangiert hatte.

Erst nach dem Scheitern all dieser diplomatischen Bemühungen entschloss man sich in Hanoi und Phnom Penh dazu, bei der folgenden Trockenzeit-Offensive einen entscheidenden militärischen Schlag gegen die Roten Khmer zu führen. Am 9. Januar 1986 wurde Ampil, das Hauptquartier Son Sanns, von vietnamesischen und kambodschanischen Streitkräften eingenommen. Etwa einen Monat später waren weitere Stützpunkte und das Hauptquartier der Roten Khmer, Phnom Malai, gefallen. Anfang März, nachdem der Prinz die chinesische Führung zu einer »zweiten Lektion« gegen Hanoi, d.h. zum direkten militärischen Angriff auf Vietnam aufgefordert hatte, wurden schließlich auch die zuvor verschonten Stützpunkte der Sihanoukisten[81] erobert. In der internationalen Presse galt damit die militärische Frage als geklärt. »Tatsache ist, dass nach sechs Jahren der innerkambodschanische Widerstand gegen die Vietnamesen zusammengebrochen ist.«[82] Trotz vieler Bemühungen in den westlichen Medien, dem nur noch »sehr theoretischen«[83] Widerstand der Roten Khmer politisches Gewicht zu verleihen und ihre »erfolgreichen« Terrorakte zu feiern, wurde nun immer klarer, dass diese militärisch den Kampf verloren hatten.

Letzte Zufluchtsorte waren die Flüchtlingslager im thailändischen Grenzgebiet, wo die Roten Khmer praktisch noch allein herrschen konnten. Sie behaupteten inzwischen, »ein kapitalistisches System für Kambodscha, eine parlamentarische Form der Regierung« und die »freie Marktwirtschaft«[84] anzustreben. Westlichen Besuchern boten

79 FEER, 7.11.1985.

80 FAZ, 10.1.1985.

81 Einer kleinen Widerstandsgruppe, die sich auf den Prinzen Sihanouk berief, aber nicht zu den Roten Khmer gerechnet werden wollte.

82 *Der Spiegel*, 11.3.1985.

83 LM, 25.12.1985.

84 Khieu Samphan, zit. nach: FR, 12.12. und 22.3.1985.

sie allerdings ein anderes Bild. So war das Flüchtlingslager Khao Jai (südlich von Aranyaprathet, 4 km von der Grenze entfernt) laut *Spiegel*-Bericht ein »getreues Abbild jenes mörderischen Kambodscha von 1975–1979«. Die Roten Khmer unterbanden dort jeden Versuch der Insassen, mit der Außenwelt in Kontakt zu treten, Ausbruchsversuche wurden mit Tod bestraft, ebenso das Hören von Sendern selbst anderer Widerstandsgruppen und angeblicher Koalitionspartner.[85] Im Juni 1985 gab es mehrere Revolten im Lager, dessen Leiter, Chhea Rin, zusammen mit Ta Mok und dem Leiter des nahegelegenen Militärstützpunkts Ny Korn, zu den wichtigsten Repräsentanten einer an Einfluss gewinnenden Fraktion innerhalb der Roten Khmer gehörte, die jede politische Lösung ablehnte, Verhandlungen sabotierte[86] und als erbitterter Feind des Nachfolgers von Pol Pot im Amt des Oberkommandeurs[87], Son Sen, galt.

In Interviews und Veröffentlichungen gingen die Roten Khmer inzwischen dazu über, auch den letzten Anschein von Bedauern über ihre Taten 1975 bis 1979 aufzugeben. Jetzt wurden die Massaker dieser Periode den Vietnamesen angelastet, und selbst Sihanouk musste öffentlich der Behauptung Khieu Samphans entgegentreten, die umgekommenen Mitglieder seiner Familie seien eigentlich von Vietnamesen ermordet worden.[88] Die Differenzen zwischen den Roten Khmer und den beiden anderen Fraktionen nahmen die Form von regelrechten Gefechten an. Eine 1982 geschlossene Exil-»Koalition« zwischen Pol Pot und zwei weiteren Gruppen hatte den einzigen Zweck, dem Westen ein Etikett zu verschaffen, mit dem die Hilfe für Pol Pot ver-

85 Berichte aus Khao Jai (auch SITE 8 genannt), in: *Der Spiegel*, 11.3.1985, und FEER, 6.6.1985.

86 FEER, 9.5. und 6.6.1985. Ny Korn soll in den Mord an Malcolm Caldwell, einem britischen Sympathisanten der Roten Khmer, verwickelt gewesen sein, der 1978 bei einer Reise in das »Demokratische Kampuchea« unter ungeklärten Umständen umgekommen war. Nach einer anderen Darstellung ist er von einer Vorhut der vietnamesischen Truppen ermordet worden, was aber wenig glaubwürdig ist. Vgl. Short, S. 393ff. Über Ta Mok vgl. *Sunday Times*, 26.5.1985, und LM, 28.5.1985.

87 Die »Pensionierung« Pol Pots im September 1985, die zunächst als die Beseitigung des wichtigsten Hemmnisses für Verhandlungen interpretiert worden war, hatte an den Zielen und Unterdrückungspraktiken der Roten Khmer also nichts geändert (vgl. FR, 5.9.1985).

88 FR, 22.3.1985. Sihanouk: IHT, 24.4.1985.

deckt werden konnte. Sie musste mehrmals unter erheblichem Druck seitens der ASEAN-Staaten und der USA wieder geflickt werden.

Sihanouk selbst war nomineller Befehlshaber einer dieser beiden »Koalitionspartner«, der nach verschiedenen Quellen über etwa 6000 Kämpfer verfügte[89]. Sein propagandistisches Gewicht war größer als seine militärische Stärke.[90] Im Westen orientierte man sich mehr und mehr auf die zweite, »bürgerliche« Gruppe von Son Sann. Dieser war zunächst nur aus Thailand unterstützt worden – von der Carter-Administration war ihm ein Einreisevisum in die USA noch verweigert worden. Erst Reagan hatte damit begonnen, Son Sann zu akzeptieren und ihn sogar Sihanouk vorzuziehen. Gleichzeitig begann Bangkok den Prinzen zu unterstützen, weil Son Sann als zu unsicher und unseriös erschien. Dessen Gruppe war aus den »Khmer Serei«[91] und Resten einer kleinen Privatarmee hervorgegangen, die der frühere Ministerpräsident zur Organisation und zum Schutz von Rauschgift- und Schmuggelgeschäften aufgestellt hatte. Nur durch äußersten Druck und Erpressung durch die US-Regierung konnte Son Sann 1982 dazu gebracht werden, die Koalitionsvereinbarung zu unterschreiben. Im Oktober 1985 kündigte er an, dass seine Gruppe den bewaffneten Kampf nunmehr aufgebe.[92] Daraufhin wurde er im Verlauf einer neuerlichen Revolte im Dezember als Militärkommandeur abgesetzt und durfte sich fortan nur noch politisch und diplomatisch betätigen. Der Lagerleiter von SITE 2, dem Hauptstützpunkt der Son Sann-Kämpfer, hatte den Eindruck, dass hier »gewisse Chefs den Befreiungskampf mit dem schwarzen Markt verwechseln«[93]. Die Reste der Son Sann-Truppen, die, wie auch Pol Pot und die »Sihanoukisten«, immer noch Waffen aus dem Westen erhielten, gerieten immer mehr unter die direkte Kontrolle der Thai-Armee.[94]

Angesichts der größer werdenden Schwierigkeiten, diese Koalition

89 FEER, 12.9.1985.

90 LM, 29.12.1985.

91 Son Sann war für den jungen Sihanouk eine Art politischer Ziehvater gewesen, wechselte dann aber zur oppositionellen »Demokratischen Partei« über und wurde der Führer der »Khmer Serei«, einer rechten Terrorgruppe, die die Neutralitätspolitik Sihanouks bekämpfte.

92 FEER, 24.10.1985.

93 LM, 25.12.1985.

94 LM, 25.12.1986.

aus gefährlichen oder schwachen und unfähigen, vor allem aber heillos zerstrittenen Partnern als glaubwürdige Alternative zur Regierung in Phnom Penh darzustellen, und wohl auch aus der Einsicht heraus, dass im Fall eines Sieges der brüchigen Dreier-Koalition »die Roten Khmer die anderen bei lebendigem Leibe auffressen«[95] würden, wurde auch bei ihren Unterstützern der Druck allmählich stärker, sich für eine politische Lösung zu öffnen.

Denn die regionalen politischen Verhältnisse gestalteten sich für die USA und den Westen zunehmend schwieriger. Die Beijinger Führung setzte immer noch auf einen Sieg der Roten Khmer, die »augenscheinlich nie so viel Ausrüstungsmaterial aus China erhalten haben wie jetzt« (Ende 1986)[96]. Der Westen setzte inzwischen wieder auf eine führende Rolle Sihanouks in einer asiatischen antivietnamesischen Koalition. Die massive Unterstützung Beijings hatte die Roten Khmer jedoch zur militärisch stärksten Gruppe in der Koalition gemacht, was ihren Einfluss auf deren Politik überproportional vergrößert hatte.

Die ASEAN-Staaten registrieren die Politik Beijings mit Misstrauen, vor allem seit diplomatische Vorstöße ihrer Regierungen mit dem Ziel, China möge wenigstens die am meisten berüchtigten Verbrecher pro forma zurückziehen, kategorisch abgelehnt worden waren. Diese Staaten hatten ein Interesse daran, die »nichtkommunistischen« Komponenten der Koalition gestärkt zu sehen, die in Phnom Penh eine »westlich orientierte« Regierung installieren könnten, wobei Kambodscha die Rolle eines Pufferstaats zu Vietnam zukäme[97], während China nach dem Abzug der vietnamesischen Truppen offenbar das Pol Pot-Regime in seine frühere Position zurückkehren lassen wollte.

* * *

All das macht klar, dass es dem Westen und erst recht Beijing bei ihrer Unterstützung der »Koalition« nicht darum ging, eine demokratische Ordnung in Kambodscha anzustreben oder gar den Aufbau zu unterstützen, sondern »Vietnam war immer das Hauptziel der Feinde Indochinas«[98]. Auch an der thailändisch-kambodschanischen Grenze

95 Aussage eines »offiziellen Informanten der US-Regierung«, IHT, 9.7.1985.

96 LM, 25.12.1986.

97 Vgl. *Afrique-Asie*, 22.4.1985.

98 Heng Samrin in einer Rede am 8.1.1984, zit. nach: FEER, 16.2.1984.

ging es in Wirklichkeit um Destabilisierung – vor allem Vietnams. »Seit der unglückliche Strom der Roten Khmer auf der Flucht und der Bevölkerung, die sie vor sich hertrieben, an der thailändischen Grenze angekommen ist, hat sich eine ganze politisch-humanitäre Maschinerie, eine antivietnamesische Koalition bemüht, durch die verschiedensten Maßnahmen dieses ›Kriegswerkzeug‹ wieder instand zu setzen.«[99] Damit bewegte sich die Politik der USA auch in diesem Fall im Rahmen der allgemeinen Strategie, die Flüchtlingsströme in Indochina ohne Rücksicht auf die Betroffenen zu provozieren, zu lenken und dann politisch auszuschlachten: »In der Tat kann man feststellen, dass gewisse Elemente im State Department ganz ernsthaft der Meinung sind, ein andauernder Exodus aus den indochinesischen Ländern sei eine ›gute Sache‹ und müsse diskret unterstützt werden. Er würde nämlich die Destabilisierung der kommunistischen Regimes in Indochina unterstützen, nützliche Informationsquellen über die Lage im Innern dieser Länder verschaffen und dazu dienen, der Welt zu zeigen, dass die Indochinesen weiterhin mit den Füßen abstimmen.«[100]

Zu diesem Zweck richteten die USA gleich nach der Vertreibung des Pol Pot-Regimes im Grenzort Aranyaprathet einen militärischen Generalstab ein, der als Hilfsorganisation für die Flüchtlinge getarnt war, in Wirklichkeit aber, nach den Aussagen eines Verantwortlichen, »die angemessene Fortsetzung unseres Krieges in Vietnam« betrieb. Diese sogenannte »Cambodia Emergency Group« (CEG) war über die US-Botschaft in Phnom Penh dem Pentagon unterstellt und hatte sogar direkte Befehlsgewalt über Spezialeinheiten der Thai-Armee. Offen wurde zugegeben, der Zweck der CEG sei die Organisation von »Hilfe für die antivietnamesischen Kräfte, das heißt für Pol Pot«[101], konkreter ausgedrückt: für die Veruntreuung der humanitären Hilfsgüter von internationalen Organisationen zur Auffütterung und Versorgung vor allem der Rebellen. Seit diese Institution existierte[102], gab es Streit zwischen der US-Regierung und den internationalen Hilfs-

99 LM, 30.5.1980.

100 Geheimreport für das UNHCR, zit. nach: Ward (2).

101 Pilger.

102 Die mit Sicherheit nicht die einzige war: In den Flüchtlingslagern operierte ganz offen die CIA und rekrutierte Spione und Nachrichtenübermittler; Tausende von Insassen lebten davon. Vgl. LM, 25.12.1986.

organisationen, die ihr vorwarfen, dass bei der Verteilung nicht zwischen Flüchtlingen und Kombattanten unterschieden werde.[103]

Außerdem erfolgte, vor allem in der ersten Zeit, als die Ernährungslage in Kambodscha noch prekär war, die Verteilung von Reis und anderen Lebensmitteln an der Grenze mit der bewussten Nebenabsicht, den Wiederaufbau der Landwirtschaft im Land zu sabotieren. Nach Schätzungen der UNICEF wurde der verteilte Reis zu 84 % zu Spekulationszwecken, also von Leuten abgeholt, die damit Geschäfte machten. Bis zu 2 % der Bevölkerung fuhren zu diesem Zweck von weit her zur Grenze und vernachlässigten ihre eigenen Felder. Wagen und Zugtiere wurden der Aufbauarbeit entzogen, eine Mentalität des Sichaushalten-Lassens und des Profitdenkens wurde gefördert. Außerdem war der vom Westen gespendete Reis oft minderwertig und vor allem nicht als Saatgut geeignet, was man erst merkte, als er nur zu 40 % aufging. »Ich habe wenige offizielle Vertreter der Hilfsorganisationen getroffen«, sagte einer von ihnen, »die den Magnet Grenze nicht als indirektes Mittel der Destabilisierung betrachteten.«[104]

Trotz dieser Machenschaften wuchsen mit der militärischen Ausschaltung und anschließenden politischen Desintegration der Exilkoalition die Chancen für eine politische Lösung. Die Werkzeuge der Destabilisierung hatten so offensichtlich versagt, dass man sie bald fallen ließ. Die vietnamesische Regierung ging davon aus, dass Kambodscha 1990 in der Lage sein würde, sich selbst zu verteidigen. Ein Indiz dafür war, dass Sihanouk sich von seinen kompromittierten Partnern zu distanzieren begann. Der Prinz hatte zwar schon früh erkannt, dass keine der Fraktionen der nominell von ihm geführten Koalition auf einen Rückhalt in der Bevölkerung rechnen konnte und »die einzige Lösung eine gute Versöhnung mit den Vietnamesen ist«[105], aber aus Rücksicht auf China die Allianz mit den Roten Khmer nie offiziell aufgeben wollen. Auch die vietnamesische Seite war lange Zeit nicht geneigt gewesen, Sihanouk als Gesprächspartner zu akzeptieren. Vermittelt durch Regierungsvertreter dritter Länder[106] waren

103 Vgl. etwa LM, 23.7.1980.

104 Der Leiter der englischen OXFAM-Hilfsorganisation, zit. in: Pilger.

105 *Stern*, 22/1981; LM, 15./16.3.1981.

106 So etwa des australischen Außenministers Hayden im Herbst 1985 oder des indonesischen Außenministers Mochtar Kusumaatmadja, im ausdrücklichen Auftrag der ASEAN Gruppe, im April 1985 und Juli 1987.

aber inzwischen von beiden Seiten Vorstöße erfolgt. Im Mai 1987 kündigte Sihanouk an, er wolle von seiner Eigenschaft als Präsident der Koalition für ein Jahr »Urlaub« nehmen, und gab als Grund erneute blutige Auseinandersetzungen zwischen seinen Gefolgsleuten und den Roten Khmer an. Niemand zweifelte daran, dass der Schritt des Prinzen in Wirklichkeit den Zweck hatte, Gespräche mit Hanoi und Phnom Penh zu ermöglichen.[107] Die Regierung in Phnom Penh hatte ihre Bereitschaft erklärt, schon in einer provisorischen Regierung der nationalen Einheit, die bis zum Abzug der vietnamesischen Truppen amtieren und Wahlen vorbereiten sollte, die Macht mit Vertretern aller drei Gruppen der Koalition[108] zu teilen. Die FUNSK schien auch das Risiko nicht zu scheuen, dann aus international überwachten Wahlen eventuell nicht mehr als stärkste Kraft hervorzugehen.

Es war wohl deutlich geworden, dass ein Abzug der vietnamesischen Truppen die Entmachtung der Roten Khmer zur Voraussetzungen haben würde. Die oben skizzierte »Koalitionslösung« war nur eine Möglichkeit, dies zu erreichen. Der Plan einer militärischen Lösung, nach der Ausschaltung der Hauptbasen der antivietnamesischen Gruppen die Grenze durch eine starke Befestigung für deren Terrorkommandos unpassierbar zu machen[109], war wohl schon vor seiner Umsetzung als undurchführbar erkannt worden. Zu lang und zu unzugänglich ist diese Grenze, zu große Opfer hätte man bringen und zu viele Kräfte dem Aufbau und der Stabilisierung der Produktion entziehen müssen – für eine gigantische, die Kräfte des Landes überfordernde Maßnahme.

* * *

Vietnam konnte sich vom Abzug seiner Truppen und einer positiven Entwicklung in Kambodscha ein Ende der internationalen Isolierung erhoffen. Außerdem war es nur so möglich, die unfreiwillige einseitige Ausrichtung auf die Sowjetunion und den RGW-Bereich zu relativie-

107 LM, 21. und 23.5. und 5.8.1987.

108 Allerdings unter Ausschluss der Führer der Roten Khmer: »Es gibt keine Nation auf der Welt, die es Kriegsverbrechern erlauben würde, an freien Wahlen teilzunehmen.« Hun Sen, in: *Afrique-Asie*, 1/1985. Eine Regierung, die dies zuließe, würde zudem sofort die Unterstützung der Bevölkerung verlieren.

109 *Der Spiegel*, 11.3.1985; LM, 4./5.5., 9.5. und 25.12.1986.

ren. Und nebenbei würden sich die gezielt gestreuten Gerüchte über eine drohende »Vietnamisierung« Kambodschas als falsch erweisen. Aber in Vietnam wollte man diesen Schritt erst dann tun, wenn er für das eigene Land keine Gefahr mehr bedeuten würde. Dieses Zögern wurde in der westlichen Presse regelmäßig als ein Versuch Vietnams bezeichnet, das kleinere Nachbarland durch massenhafte Ansiedlung von Vietnamesen unter seine indirekte Kontrolle zu bringen, dessen Naturreichtümer auszubeuten und seine Kultur zu zerstören. Für die Richtigkeit dieser These konnten aber weder während der Anwesenheit der vietnamesischen Truppen noch nach deren Abzug Beweise gefunden werden.

Lange Zeit hatten die Vertreter dieser »Kolonisierungsthese«[110] einen nach 1980 tatsächlich einsetzenden Zustrom von Vietnamesen in die östlichen Provinzen Kambodschas und in die Hauptstadt als Beweis für ihre Behauptungen angeführt, bis dann klargestellt wurde, dass es sich hierbei um die Rückkehr von Angehörigen der kambodschanischen Vietnamesen-Minderheit handelte, die vor dem Terror der Regimes von Lon Nol und Pol Pot nach Vietnam geflohen waren. Mangels konkreter Beweise wurde diese Propaganda dann dadurch fortgesetzt, dass man Äußerungen der beiden Parteien und Regierungen über Freundschaft, Zusammenarbeit und gemeinsame ökonomische Planung in diesem Sinne interpretierte[111], angereichert durch publikumswirksame Kolportagedetails wie »Zwangsheiraten mit Vietnamesen« etc., bei denen nicht unbeabsichtigt die Phantasie aus der Realität der Pol Pot-Zeit schöpfte.

Der in Kambodscha lebende Mitarbeiter einer westlichen Hilfsorganisation berichtete: »Es gibt eine gewisse Anzahl von Vietnamesen, die zu einer Art Marketenderei zu gehören scheinen, kleine Unternehmer oder andere, die finden, dass sie in Kambodscha mehr Geld verdienen können als in Vietnam, und die vorher nicht dort waren. Aber sie repräsentieren eine Außenseitergruppe der vietnamesischen Gesellschaft, nicht ihre sozialistische Ausprägung. Und sie sind bereit, wieder zu gehen, sobald die vietnamesischen Truppen zurückgezogen werden. Alles in allem sind die Vietnamesen eine

110 Am deutlichsten kurz zusammengefasst in einem Artikel des *Züricher Tagesanzeigers* vom 13.7.1985.

111 In der Bundesrepublik vor allem von den Mitarbeitern des Hamburger Instituts für Asienkunde, so in: Dragun/Schier, S. 302ff., und Weggel, S. 97.

kleine Gruppe innerhalb der Einwohnerschaft von Phnom Penh, und es gibt wenig Anzeichen dafür, dass ihre Anzahl wächst.«[112] Hanoi hatte offiziell die Anzahl der Rücksiedler auf die Höhe der früheren vietnamesischen Minderheit in Kambodscha begrenzt (500 000), und nach Aussagen von Beobachtern gab es »vielleicht unkontrollierte Zuzüge, aber keine offiziell betriebene Immigration, [...] nur wenige in Phnom Penh glauben, dass es einen systematischen, von Hanoi inspirierten Plan zur Vietnamisierung Kambodschas gibt«[113] – und dass die Regierung in Phnom Penh dies zugelassen hätte. Außenminister Hun Sen sagte dazu: »Wenn wir Kolonialisten haben wollten, würden wir US-Amerikaner und Franzosen vorziehen, denn sie sind reicher. In dieser Beziehung kann Vietnam nicht mit Washington oder Paris konkurrieren. Aber sehr wohl in Bezug darauf, dass es Vorbild geworden ist für alle Befreiungskämpfe. Phnom Penh ist keine Kopie von Hanoi, Vietnam unterstützt die Souveränität Kambodschas.«[114] Inzwischen wurden seit Beginn der 1980er Jahre nach und nach Teile der vietnamesischen Truppen zurückgezogen. Die Zahl der in Kambodscha arbeitenden vietnamesischen Berater wurde von 1981 bis 1984 um 75 % vermindert.

Viele Maßnahmen der Regierung hatten einen deutlich nationalistischen Hintergrund, sie galten der Wiedergeburt und der Festigung der kulturellen Traditionen Kambodschas, und sie wurden sehr ernst genommen. Auch in der Planung des Erziehungswesens achtete man sehr darauf, die authentischen Khmer-Traditionen in Kunst und Kultur wieder besonders zu pflegen. Vietnamesisch als Fremdsprache hatte in den Schulen keine größere Bedeutung als etwa das Französische.

Hun Sen erkannte das Dilemma der Freundschaft mit Vietnam im Kontext der aktuellen Situation sehr wohl: »Wir haben Freunde, und je mehr Leute uns von diesen Freunden zu trennen versuchen, umso stärker wird die Bindung an sie.« Ein ausländischer Beobachter formulierte es so: »So schwach das Heng Samrin-Regime auch sein mag, Khmer-Nationalismus ist in ihm präsent. In dem Maß, wie die Viet-

112 David Eider vom Kampuchea Relief Program des »American Field Service«, zit. nach: *The Guardian*, 5.6.1985. »Marketenderei« soll das englische »draft dodgers« wiedergeben.

113 FEER, 29.11.1984.

114 Interview in: *Horizont*, 5/1985.

namesen die Kompetenz des Regimes aufbauen, stärken sie unausweichlich die Wirksamkeit nationalistischer Gefühle.«[115]

Für Vietnam gab es nur eine einzige Bedingung, die jede politische Lösung in Kambodscha erfüllen musste: Dort durfte nicht noch einmal ein Regime an die Macht kommen, das die Sicherheit Vietnams bedrohen könnte. Ansonsten wollte sich Vietnam nicht in die Verhandlungen einmischen: »Wir sind mit einer Verhandlungslösung zwischen Heng Samrin und Sihanouk einverstanden. Aber über die Machtverteilung sollten sie allein verhandeln, das ist ihre Sache.« Vietnam begrüße die Öffnung der kambodschanischen Regierung auch für andere politische Kräfte und rege sogar eine internationale Konferenz über Kambodscha nach dem Muster derjenigen über Laos 1962 an.[116]

* * *

Am 26. September 1989 war der Abzug der vietnamesischen Truppen aus Kambodscha abgeschlossen. Die Regierung in Phnom Penh, die vom Westen nie anerkannt worden war, stimmte einer Regelung zu, bei der zunächst durch Verhandlungen mit den drei Parteien der sogenannten Widerstandskoalition ein »Oberster Nationalrat« Kambodschas gebildet werden sollte. Das im Oktober 1991 geschlossene »Pariser Abkommen« sah dann zusätzlich eine Übergangsverwaltung durch die UNO (UNTAC) vor, die das Land 18 Monate regieren sollte. Zu den Aufgaben der UNTAC gehörte die Überwachung der Einhaltung des Waffenstillstands, die Entwaffnung aller kambodschanischen Truppen um 70 %, die Räumung der Minenfelder, die Repatriierung der in thailändischen Lagern lebenden Flüchtlinge

115 James F. Leonard (ehemaliger US-Repräsentant bei der UNO, Mitglied einer Parlamentarierdelegation, die Indochina Anfang 1983 besuchte), in: *Indochina Issues*, 4/1983.

116 Aussagen von Außenminister Nguyen Co Thach, in: *Time*, 15.7.1985. 1981 hatte bereits eine von der UNO organisierte und stark von US-Einfluss geprägte Kambodscha-Konferenz in New York stattgefunden, an der aber weder Kambodscha noch Vietnam teilnahmen, weil diese Konferenz, auch nach Meinung westlicher Kommentatoren, programmiert war »auf ein propagandistisches Anklagetribunal gegen den ›Aggressor Vietnam‹, das die Gräben zwischen den Kontrahenten weiter vertieft, die Wege für eine Kompromisslösung noch mehr verbarrikadiert hatte«. SZ, 10.7.1981.

sowie die Vorbereitung und Durchführung der für Mai 1993 vorgesehenen Wahlen.

Die Roten Khmer begrüßten zwar das Abkommen als »großen historischen Sieg«, sahen es jedoch weiterhin als ihre Hauptaufgabe an, »die Offensive fortzusetzen mit dem Ziel, bis zum Äußersten«, von der Dorf- bis zur Provinzebene, »jedwede Art Verwaltung aufzulösen und zu vernichten, die durch die vietnamesischen Aggressoren« etabliert worden sei.[117]

Dem UNTAC-Kontingent für Kambodscha sollten, so UN-Generalsekretär Pérez de Cuéllar, Truppen aus 22 Nationen angehören. Es sollte am Ende 12 000 Personen umfassen, darunter 5000 Soldaten. Die ersten Einheiten trafen am 10. November 1991 in Phnom Penh ein. Zum Leiter der UNTAC-Mission wurde der Japaner Yasushi Akashi ernannt. Japan erklärte sich außerdem bereit, einen großen Teil der geschätzten Kosten für die Mission von 2,8 Mrd. US-$ zu übernehmen. Am 14. November kehrte auch Prinz Sihanouk nach 13 Jahren chinesischen Exils nach Phnom Penh zurück, um sein Amt an der Spitze des Obersten Nationalrats anzutreten. Bei seiner Ankunft erklärte er, seine Partei und die Regierungspartei von Premierminister Hun Sen würden nach den Wahlen 1993 gemeinsam eine Regierung bilden.

Die Roten Khmer versuchten inzwischen, das von ihnen kontrollierte Gebiet im Norden des Landes zu vergrößern, ehe die UNO-Truppen ihre volle Stärke erreicht haben würden.[118] Die Verteidigung gegen diese Offensive mussten die Regierungstruppen übernehmen. Gleichzeitig wurden die inneren Auseinandersetzungen innerhalb der Roten Khmer bekannt. Es ging dabei um die Frage, ob man verhandeln oder den Kampf weiterführen sollte.[119] In einem Brief an Akashi[120] erklärten die Roten Khmer, sie könnten nicht am Friedensprozess teilnehmen, solange sich noch vietnamesische Truppen in Kambodscha aufhielten. Akashi erklärte, er habe die Roten Khmer vergeblich um Auskunft gebeten, wo diese vietnamesischen Truppen sich denn aufhielten.

117 LM, 24.10.1991.

118 Der erste, von der UNTAC öffentlich gemachte Angriff der Roten Khmer zum Zweck des Geländegewinns erfolgte am 13. März 1992.

119 FAZ, 1.4.1992.

120 Vom 10.6.1992.

Angesichts der Erkenntnis, dass die Roten Khmer keineswegs ihr Ziel aufgegeben hatten, durch militärische Gewalt die Macht wieder an sich zu reißen, wurde in Phnom Penh darüber diskutiert, was wäre, wenn man sie einfach ignorierte. Der UN-Friedensplan könnte ohne sie in einem Obersten Nationalrat aus drei Mitgliedern weitergeführt werden. Selbst China habe sich von Pol Pot distanziert, also könne man doch »die Roten Khmer von den kommenden Wahlen ausschließen, falls nötig, und das wäre ein Erfolg [...], den alle Freunde Kambodschas mittragen könnten«[121]. Auf jeden Fall wirkte sich die ungeklärte Situation verheerend auf die Lage im Land und das Leben der Bevölkerung aus. »Alles, von Mieten und Landpreisen bis hin zu Reis, Fleisch und Kartoffeln ist beträchtlich teurer geworden. Die Massen, die den ersten Friedensbewahrern zujubelten, konnten nicht ahnen, dass sie Monate später das Zwei- bis Fünffache für Fleisch, Reis und Dieseltreibstoff zahlen müssten – großenteils wegen einer durch die UN initiierten Inflation.«[122] Der Hinweis ist leider zutreffend: Die hohen Dollar-Bezüge der Friedensstifter, ihr Bedarf an Lebensmitteln, Hilfspersonal, Verkehrsmitteln und Kraftstoffen schuf einen künstlichen Wirtschaftsaufschwung in der Stadt. Die Präsenz der UNTAC ließ einen auf ihre Bedürfnisse zugeschnittenen Dienstleistungssektor entstehen, der sich letztlich vor allem in der Etablierung von Restaurants, Bars unterschiedlicher Kategorien und Massagesalons niederschlug.

Im Oktober begann die UNTAC mit den konkreten Vorbereitungen für die Wahlen. Als wichtigste Parteien wurden registriert: die Volkspartei (Pracheachon) des amtierenden Regierungschefs Hun Sen, der sich Sihanouks jüngster Sohn Norodom Chakrapong angeschlossen hatte, die FUNCINPEC[123] unter Vorsitz des Sihanouk-Sohnes Norodom Ranariddh, schließlich die »Buddhistische Partei« des einstigen Ministerpräsidenten Son Sann, die mit radikal antivietnamesischen Parolen auf Stimmenfang ging. Nicht registrieren ließ

121 So William E. Colby, Chef der CIA unter den US-Präsidenten Nixon und Ford, und Jeremy J. Stone, Vorsitzender der Vereinigung Amerikanischer Wissenschaftler, in: *New York Times*, 10.7.1992.

122 *Washington Post*, 23.9.1992.

123 »Nationale Front für ein unabhängiges, neutrales, friedliches und kooperatives Kambodscha«.

sich die Partei des Demokratischen Kampuchea (PDK), der politische Arm der Roten Khmer.

Diese versuchten stattdessen, durch eine Reihe von Anschlägen und Überfällen die Situation zu destabilisieren, und verdienten im Übrigen viel Geld mit der illegalen Ausbeutung von Holz und Bodenschätzen in Nordkambodscha, nach Angaben eines thailändischen Abgeordneten mit jährlichen Gewinnen in Höhe von etwa 100 Mio. € allein beim illegalen Verkauf von Edelsteinen; der Verkauf von Edelhölzern brachte jährlich ca. 325 Mio. €[124]. Der Politiker aus Thailand brachte dies nicht etwa vor, um die Geschäfte der Roten Khmer anzuprangern, sondern in der Hoffnung, »dass die thailändische Regierung dem Druck der UNO widersteht, der die Interessen der thailändischen Geschäftsleute beeinträchtigt«[125].

Die Roten Khmer widersetzten sich den Vereinbarungen des Pariser Abkommens total, die Regierung, die vereinbarungsgemäß ihre Truppen verkleinert hatte, sah ihre Möglichkeiten eingeschränkt, deren Angriffen noch länger entgegenzutreten. Nach wiederholtem Beschuss auch von Vororten Phnom Penhs[126] forderte die Regierung die UNO auf, die zweite Phase des Friedensprozesses, die Sammlung und Demobilisierung der Armeen, für beendet zu erklären und die erneute Stationierung von Regierungseinheiten in ihren früheren Stellungen zuzulassen. Man plane keine Gegenoffensive gegen die Roten Khmer, wolle aber gegen deren Angriffe gerüstet sein.

Die UNTAC geriet so unter erheblichen Druck, ihr Handlungsspielraum wurde zusätzlich eingeschränkt durch die zögerliche Freigabe der finanziellen Mittel durch die Westmächte. Es machte sich Verdrossenheit breit: »Das allgemeine Gefühl geht in die Richtung, so schnell wie möglich die Wahlen hinter sich zu bringen und dann abzuhauen, ehe dem Image der UNO noch mehr Schaden entsteht.«[127] Und Yasushi Akashi kommentierte die Lage mit den Worten: »Es ist klar, dass eine freie und faire Wahl nicht unter Bedingungen statt-

124 Dies sind, da es damals noch keinen Euro gab, nur ganz grob geschätzte Äquivalenzen für die in der Quelle angegebenen Summen in französischer Währung.

125 Interview in: LM, 27.10.1992.

126 Die Roten Khmer nahmen auch immer wieder UN-Beobachter fest, die sie der Spionage beschuldigten.

127 FEER, 5.11.1992.

finden kann, unter denen Leben, Freiheit und persönliche Sicherheit von Menschen bedroht werden, die versuchen, ihre politischen Rechte auszuüben.«[128]

Auch Thailand war inzwischen auf Konfrontationskurs zur UNTAC gegangen, nachdem der UNO-Sicherheitsrat am 13. November 1992 mit 14 Ja-Stimmen bei Enthaltung Chinas Wirtschaftssanktionen gegen die von den Roten Khmer kontrollierten Gebiete verhängt hatte. Untersagt wurden damit u. a. der Verkauf von Edelhölzern und Mineralien. Thailand hob daraufhin das Sonderlanderecht für UN-Flüge aus Kambodscha auf seinen Flughäfen auf. Die Roten Khmer beschuldigten inzwischen die UNO-Truppen, sie seien Komplizen der vietnamesischen Armee, die Kambodscha immer noch besetzt hielte. Und die UNTAC habe 1,4 Mio. Vietnamesen widerrechtlich die Staatsbürgerschaft Kambodschas zuerkannt, um ihnen die Teilnahme an den Wahlen zu ermöglichen.

Die Regierung sah jetzt angesichts der militärischen Vorstöße der Roten Khmer, bei deren Bekämpfung die UNTAC ihrer Meinung nach »versagt« hatte, keinen Grund zur Zurückhaltung mehr. Am 1. Januar 1993 griffen Einheiten der Roten Khmer Soldaten der UNTAC erstmals »direkt« an. 36 Blauhelme und 9 kambodschanische Mitarbeiter mussten aus dem Gebiet um Angkor ausgeflogen werden. Einen Monat später begannen die heftigsten Gefechte zwischen Regierungstruppen und den Roten Khmer seit Beginn der UN-Mission.

Die Roten Khmer verübten jetzt auch im großen Stil Massaker gegen Kambodschaner vietnamesischer Herkunft. Es kam zu einer massenhaften Fluchtbewegung in Richtung Vietnam. Der vietnamesische stellvertretender Außenminister Le Mai forderte internationale Anstrengungen, die Pogrome zu verhindern. Die schätzungsweise 100 000 Vietnamesen in Kambodscha seien Zivilisten, die meisten mit Kambodschanern verheiratet, es gebe dort nur einige wenige demobilisierte Soldaten, die mit Vietnam in keiner offiziellen Beziehung mehr stünden.

Bei einem Besuch in Phnom Penh bestätigt der UNO-Generalsekretär Boutros-Ghali vor UNTAC Angehörigen, die Vereinten Nationen wollten trotz der zugespitzten Lage am Wahltermin festhalten; dem kambodschanischen Volk gegenüber bestehe eine Ver-

128 LM, 26.11.1992.

pflichtung der UNO, zudem »wird [diese Operation, gg] die Art und den Spielraum künftiger UN-Mandate in aller Welt beeinflussen«[129].

Zweck der sich nun häufenden Angriffe der Roten Khmer war offensichtlich die Verhinderung der Wahlen in bestimmten Landesteilen, in denen sie noch operierten. Die UN-Verwaltung sah sich gezwungen, die Zahl der Wahlbüros von 1850 auf 1400 zu reduzieren. Weitere Angriffe galten den freiwilligen Wahlhelfern im ganzen Land. Seit der Ermordung eines japanischen Wahlhelfers am 8. April hatten allein in der Provinz Kampong Thom mindestens 52 UN-Freiwillige aus Angst den Dienst quittiert.

In der Nacht vom 4. auf den 5. Mai wurde sogar eine Befehlsstelle chinesischer Truppen von Einheiten der Roten Khmer beschossen. In Beijing verurteilte ein Regierungssprecher den Angriff auf die chinesischen Blauhelme, ohne indes die Angreifer beim Namen zu nennen. Ein asiatischer Diplomat in Phnom Penh sprach von »einer dramatischen Entwicklung, wenn die Roten Khmer jetzt sogar Chinesen angreifen«[130]. Und doch: Nach wie vor verfügten die Roten Khmer über eine regelrechte Botschaft in Beijing, die von China finanziert wurde, und ließen ihr Vermögen, das aus dem Raubbau in den von ihnen kontrollierten Zonen stammte, von thailändischen und chinesischen Banken verwalten. Auf dem chinesischen Waffenmarkt konnten sie sich damit ungehindert versorgen.

* * *

Vom 22. bis 28. Mai 1993 fanden schließlich die Wahlen statt. Überraschenderweise lief die Stimmabgabe relativ ruhig und ungestört ab. Das Ergebnis brachte der FUNCINPEC einen leichten Vorsprung, dicht gefolgt von der Volkspartei Hun Sens.[131] Beide bildeten erwartungsgemäß eine Koalition. Das Wahlergebnis bedeutete, dass Prinz Ranariddh Premierminister werden würde, Hun Sen sein Stellvertreter.

Nach den Intentionen der UNO und den Vorstellungen der internationalen Öffentlichkeit sollte in Kambodscha nun eine parlamentarische Demokratie nach westlichem Muster entstehen. Aber als die

129 LM, 9.4.1993.

130 LM, 6.5.1993.

131 38 % stimmten für die Volkspartei, 41,4 % für die FUNCINPEC.

Arbeiten an der neuen Verfassung beendet waren, wurde in Phnom Penh zur allgemeinen Überraschung am 24. September 1993 mit einer kurzen Zeremonie nach 23 Jahren das Königtum wieder eingeführt, gleichzeitig Norodom Sihanouk mit dieser Würde betraut, der sie 1955 selbst abgegeben hatte, um, wie er damals sagte, »die Demokratie zu stützen«. Am selben Tag setzte der späte Nachfolger seiner selbst die Verfassung in Kraft und ernannte die Regierung. Damit war die Mission der UNO offiziell zu Ende und die Angehörigen der UNTAC begannen mit dem Abzug ihres Materials und Personals.[132] Eine neue Phase in der Geschichte Kambodschas hatte begonnen, und zwar mit einer Monarchie!

Die UNTAC ließ dies durchgehen in der Euphorie, ihren Einsatz schließlich doch noch als erfolgreich hinstellen zu können: Dass eine konstitutionelle Monarchie nun das Ergebnis der teuren und aufwendigen Bemühungen um »Demokratie« in Kambodscha sein würde, war für Kenner der Situation nicht überraschend und überdies eigentlich im Sinne des Westens. Denn das antikommunistische Misstrauen gegen die ursprünglich von der vietnamesischen Besatzungsmacht eingesetzte neue Führung unter Heng Samrin und dann Hun Sen war groß, weshalb man eher dem alten Verbündeten Sihanouk als Autorität vertrauen wollte. Die für diese Wahl eigens neu gegründete Partei FUNCINPEC war vom Westen als Oppositionskraft unterstützt worden. Nicht vorauszusehen war gewesen, dass sie die Wahlen gewinnen und tatsächlich eine Koalition mit der Volkspartei eingehen würde. Gut war es trotzdem: Da deren Führer der älteste Sohn des Königs und somit auch dessen vorgesehener Nachfolger auf dem Thron war, versprach diese Konstruktion sogar eine langfristige Lösung im Sinne des Westens.

Am 24. Juni stellten Ranariddh und Hun Sen ihr Koalitionskabinett vor: Drei Schlüsselministerien (Verteidigung, Inneres und Sicherheit) sollten doppelt von Vertretern beider Parteien besetzt werden, zwei weitere (Premierminister, Außen- und Finanzressort) gingen an die FUNCINPEC, Handel und Landwirtschaft an die Volkspartei. Jedem Minister wurde ein Vizeminister der jeweils anderen Partei beigeordnet. Die kleine liberaldemokratische buddhistische Partei Son Sanns durfte das Informationsministerium übernehmen. Am 21. September

132 Der Leiter der UNTAC-Mission, Yasushi Akashi, verließ Phnom Penh erst am 26.11.1993.

setzte die Nationalversammlung fast einstimmig die neue Verfassung in Kraft. Sie sah eine »parlamentarische Monarchie« vor, in der der König »herrschen, aber nicht regieren« sollte.

Für Sihanouk war dies nur ein Teilerfolg. Er wollte offensichtlich wirklich die Monarchie, auch langfristig. Er hatte sich stets als persönlicher Retter seines Vaterlandes empfunden und damit einen Anspruch auf absolutistische Macht begründet.[133] Aber seine Partei verstand sich, trotz der kurzen Dauer ihrer Existenz in Abhängigkeit vom Prinzen, als eine selbständige politische Kraft. In ihr gab es viele, die sich als Demokraten und nicht als Monarchisten empfanden.

Es folgte eine kurze Periode der reibungslosen und vertrauensvollen Zusammenarbeit. Dies war am deutlichsten beim Militär zu beobachten. Entgegen den Befürchtungen, nach der Zusammenlegung der ehemals einander bekämpfenden Streitkräfte[134] könnte der frühere Bürgerkrieg auf niedrigerem Niveau weitergehen oder in Form von Rivalitäten und Intrigen ein Chaos bewirken, erwiesen sich die vereinigten Regierungstruppen in der Auseinandersetzung mit den Roten Khmer überraschend schnell als eine schlagkräftige Armee.

Aber auch die beiden Regierungschefs Ranariddh und Hun Sen stellten sich zumindest nach außen als ehrliche, einander vertrauende Partner dar. Bei internationalen Kontakten (etwa ihrer ersten Reise nach Vietnam) traten sie mit gemeinsamen Konzepten und Vorschlägen auf. Prinz Ranariddh machte sich damals sogar gelegentlich über Journalisten lustig, die stets auf Zeichen des Zwistes lauerten: »Ich umarme Hun Sen dreimal täglich. Ich denke, das ist genug.«[135]

Ein wichtiger Grund für die Einigkeit war das gemeinsame politische Interesse, die Roten Khmer in der einen oder anderen Weise endlich zu neutralisieren. Die Existenz einer solchen Gruppe musste für einen souveränen Staat, wie Kambodscha jetzt einer war, tatsächlich eine Herausforderung und eine Bedrohung darstellen. Die Kämpfer Pol Pots hielten noch immer etwa 20 % des Territoriums unter ihrer Kontrolle – zwar meist unbewohnte Dschungelgebiete, aber mit reichen Bodenschätzen. Sie hatten dort eine Art Staat im Staate mit

133 S. Kapitel VII.

134 Die Armee des neuen Kambodscha setzte sich zusammen aus den ehemaligen Truppen der Phnom Penher Regierung, der Sihanoukisten und der Son Sann-Gruppe der ehemaligen antivietnamesischen Koalition.

135 FEER, 30.9.93.

eigener Währung und eigener Flagge aufgebaut. Eine dauerhafte Teilung Kambodschas war also immer noch eine reale Gefahr.

Allerdings hatte sich die Lage, vor allem international, seit den Wahlen und ihrem Boykott derselben für die Roten Khmer verschlechtert. So waren inzwischen die USA von impliziten Befürwortern einer gewissen Legitimität der Roten Khmer innerhalb des antivietnamesischen Bündnisses zu strikten Gegnern ihrer Beteiligung am politischen Prozess geworden.

Manchen Beobachtern schien jetzt die Gelegenheit günstig, doch noch zu einer Verhandlungslösung zu kommen. Gleich nach der Regierungsbildung hatte Sihanouk einen »runden Tisch« vorgeschlagen, an dem man sich unter seiner Leitung zusammensetzen solle, um über eine Beendigung der Feindseligkeiten zu sprechen. Es wurden sogar Pläne diskutiert, wie man die Roten Khmer in den Regierungsapparat einbeziehen könnte, etwa als »Berater« in verschiedenen Ressorts. Aber die Roten Khmer stellten klar, dass sie nicht bereit waren, über Zugeständnisse ihren territorialen Status quo betreffend (Öffnung ihrer Gebiete und darin Anerkennung der Souveränität der Regierung) zu reden, was aber auch für Sihanouk eine Vorbedingung war.

Außerdem waren die Roten Khmer nicht bereit, ihre Absicht aufzugeben, in Kambodscha die Macht wieder an sich zu reißen. Für eine militärische Erreichung dieses Ziels sah es allerdings schlecht aus. Seit den Wahlen waren mehr als 2000 ihrer Soldaten zu den Regierungstruppen übergelaufen. Die Bevölkerung hatte ihnen in ihren eigenen Gebieten massenweise die Unterstützung aufgekündigt und war zu den Wahlen gegangen. Ihre wichtigste Propagandathese, man müsse gegen die immer noch im Land anwesenden Vietnamesen kämpfen, verlor immer mehr an Glaubwürdigkeit.

In Phnom Penh war die Reaktion auf diese Situation nicht eindeutig. Trotz der günstigen Voraussetzungen – »Jetzt ist der Moment, an dem man sie loswerden kann«, so ein Diplomat in Phnom Penh[136] – lehnten sowohl Ranariddh als auch Sihanouk eine militärische Lösung ab, während die Volkspartei diese weiterhin suchte. Am 30. Dezember 1993 griffen Regierungstruppen Anlong Veng an, das Hauptquartier der Roten Khmer in der Provinz Siem Reap, das von Ta Mok befehligt wurde. Weitere Offensiven im Norden sollten folgen.[137] Dies geschah

136 FEER, 9.12.1993.

137 LM, 1. und 5.1.1994.

zu Jahresbeginn 1994. Man kann sagen, dass es zu dieser Zeit in Kambodscha immer noch einen Bürgerkrieg gab, der sich zu einer sozusagen pausenlosen militärischen Auseinandersetzung verdichtete.

Möglich war diese Entwicklung trotz der militärischen Schwäche der Roten Khmer vor allem wegen der ambivalenten Haltung Thailands. Einerseits hatte die Regierung in Bangkok offiziell stets den UN-Friedensplan unterstützt. Andererseits waren die Beweise für eine indirekte Unterstützung der Roten Khmer unwiderleglich, und nicht zuletzt Bangkoks gereizte Reaktion auf die Boykottbeschlüsse der UNO machte klar, dass in Thailand die Militärs und Geschäftemacher (meist in Personalunion) sehr wohl an der Regierung vorbei ihre eigenen Interessen durchzusetzen wussten.

In den Augen dieser Geschäftsleute in Uniform wäre die beste Lösung eine Beteiligung der Roten Khmer an der Regierung in Phnom Penh. Deshalb war Bangkok ein großer Befürworter von Verhandlungen, mit skurrilen Begründungen: »Sie haben schon zwei Premierminister, zwei Verteidigungsminister, zwei Innenminister. Sie können also teilen. Warum sollte es davon nicht drei geben?« So heißt es in einer Pressemitteilung des thailändischen Außenministeriums zum Jahresbeginn 1994[138].

Die Geschäftswelt in Bangkok bekannte sich offen zu dem illegalen Handel mit den Roten Khmer; für den Fall einer Durchsetzung des UN-Boykotts erhoben diese Kreise sogar die Forderung, für ihren Verdienstausfall entschädigt zu werden. Aber es ging offenbar nicht nur um illegale Geschäfte. Durch einen Zwischenfall Ende 1993, bei dem geheime Waffenlager der Roten Khmer in Thailand entdeckt worden waren, erwies sich der Verdacht, Thailand unterstütze die Roten Khmer auch militärisch, als zutreffend. Denn obwohl das betreffende Lager der thailändischen Armee gehörte, wurde es von Roten Khmer kontrolliert.[139]

* * *

138 Zit. nach: LM, 6.1.1994.

139 Vgl. LM, 9.12.1993, und FEER, 23.12.1993. Dabei hatten westliche Experten auf Pressefotos einige der Waffen als aus den USA stammend identifiziert. Dies war ein Skandal, denn daraus konnte man schließen, dass die USA trotz häufiger gegenteiliger Beteuerungen auch Waffen an die Roten Khmer geliefert haben. Vgl. ebd.

In Phnom Penh hatte die Entwicklung der militärischen Lage Auswirkungen auf die Innenpolitik. Es traten Defizite innerhalb der FUNCINPEC zutage, die mit der Entstehung dieser Gruppe zusammenhingen: Sie war nie eine politische Organisation gewesen, hatte eigentlich kein eigenes Programm und litt unter akutem Personalmangel für die Besetzung so vieler politischer Positionen. »Ein zweites Problem tauchte auf, als klar wurde, dass einige FUNCINPEC-Vertreter den Versuchungen der Korruption erlagen.«[140]

Spaltungen der Partei, die häufig mit dem Überlaufen von Abgeordneten zur Volkspartei endeten, sowie die bessere Organisation der Partei Hun Sens vor allem auf Provinzebene führten dazu, dass die Koalitionsregierung praktisch zunehmend zu einem Ein-Parteien-System wurde. Im Oktober 1994 erlebte die FUNCINPEC-Partei ihre folgenschwerste Krise, in deren Verlauf Parteichef Prinz Ranariddh den FUNCINPEC-Finanzminister Sam Rainsy entließ, weil dieser allzu offen die Korruption in seiner Partei kritisiert hatte. Aus Protest gegen diese Maßnahme trat auch der Außenminister Prinz Norodom Sirivudh (ein Halbbruder Sihanouks) zurück. Ihm wurde später ein misslungenes Attentat gegen Hun Sen angelastet, und er wurde mit Ranariddhs Zustimmung des Landes verwiesen.

Im Oktober 1995 gründete Sam Rainsy eine eigene Partei, von der sich alsbald eine Gruppe abspaltete und in die Volkspartei eintrat. Da Sam Rainsy im Parlament in der Regel trotzdem die FUNCINPEC-Positionen unterstützte, wenn sie sich gegen die Volkspartei richteten, begann eine Periode erregter politischer Auseinandersetzungen, die von der Androhung militärischer Aktionen begleitet waren und immer wieder Putschgerüchte aufkommen ließen. Die Situation verschärfte sich, weil die Gegner Hun Sens versuchten, einzelne Fraktionen der im Westen und Norden des Landes immer noch größere Gebiete kontrollierenden und militärisch aktiven Roten Khmer für sich zu gewinnen.

So waren die Roten Khmer durch Spaltungen, innere Auseinandersetzungen mit Massakern und wegen des immer konsequenteren Vorgehens der Regierungstruppen zwar militärisch bis zur Bedeutungslosigkeit geschwächt, übten aber wegen der Spaltungsprozesse der FUNCINPEC einen wachsenden politischen Einfluss auf die

140 Vgl. Ledgerwood. Dieser Darstellung sind einige der im Folgenden berichteten Fakten entnommen.

Innenpolitik aus. Als es dann am 5. und 6. Juli 1997 zu regelrechten militärischen Auseinandersetzungen zwischen den beiden politischen Lagern in Phnom Penh kam, versuchte Ranariddh, die »harte« Fraktion der Roten Khmer unter dem Massenmörder Ta Mok auf seine Seite zu ziehen. Während die »Eingliederung« größerer Teile der Roten Khmer und die »Begnadigung« einiger Führer wie Ieng Sary durch den König von der Öffentlichkeit noch relativ widerspruchslos hingenommen worden waren, wurde die angestrebte »Komplizenschaft« der Royalisten mit Ta Mok nicht nur von der Regierungspartei als Provokation gewertet.

Schließlich endeten die Gefechte zwischen den ehemaligen Koalitionspartnern, in deren Verlauf es zu Hinrichtungen von FUNCINPEC-Anhängern gekommen sein soll, mit einem militärischen und politischen Sieg der Regierung. Einige FUNCINPEC-Funktionäre und royalistische Truppen flohen aus dem Land, andere spalteten sich erneut von der Partei ab. In der westlichen Presse wurden diese Vorgänge als »Staatsstreich« Hun Sens bezeichnet, was einigermaßen paradox erscheint, würde es doch bedeuten, dass der Regierungschef gegen sich selbst geputscht hätte. Korrekt ausgedrückt war der Putschversuch einer Minderheit in der Regierung (Teile der FUNCINPEC) gegen die Mehrheit in der Regierung (Volkspartei und der Rest der FUNCINPEC) abgewehrt worden.[141]

Nach den Unruhen behielt die FUNCINPEC, als wäre nichts geschehen, ihre Ministerposten bei, nur Co-Ministerpräsident Ranariddh, der ins Ausland gegangen war (oder geflohen, wie die westliche Presse schrieb), wurde durch den bisherigen FUNCINPEC-Außenminister Ung Huot ersetzt. Hun Sen verteidigte sein militärisches Vorgehen gegen den Koalitionspartner damit, dass dieser sich mit den Roten Khmer zum Sturz der Regierung verbündet habe; im Ausland wurde Hun Sen beschuldigt, sich auf diese Weise eines Rivalen entledigt zu haben.

Diese zumindest umstrittene Beurteilung, die aber von allen wichtigen westlichen Regierungen sofort übernommen wurde, hatte alsbald Folgen für das Land: Zwar erwiesen sich die Hoffnungen Ranariddhs als falsch, der Westen (und insbesondere Thailand) werde ihn militärisch gegen Hun Sen unterstützen, aber international war dessen Partei isoliert wie lange nicht. Kambod-

141 Vgl. dazu Roberts, S. 121–149.

scha wurde der bevorstehende Beitritt zur ASEAN-Gemeinschaft verwehrt, humanitäre Projekte wurden ausgesetzt, und im September kündigten die Weltbank und der IWF alle Hilfsprogramme für Kambodscha. In der UNO blieb der Sitz des Landes unbesetzt. Touristen und Investoren blieben aus, da sie die Lage als zu unsicher einschätzten.

Nun waren alle Hoffnungen auf die für 1998 vorgesehenen Neuwahlen gerichtet. Unter Vermittlung japanischer Diplomaten wurde eine Lösung gefunden, die es Prinz Ranariddh erlaubte, ins Land zurückzukehren und mit seiner Partei an den Wahlen teilzunehmen: Er wurde zwar offiziell »des bewaffneten Aufstands gegen die Regierung in Komplizenschaft mit den Roten Khmer« für schuldig befunden, aber mit Zustimmung Hun Sens von seinem Vater, dem König, sofort begnadigt, so dass kein Prozess gegen ihn geführt werden musste.

Die Wahlvorbereitungen fanden unter großen Spannungen statt. Die Regierungspartei wurde von ihren politischen Gegnern schon vor dem Wahlgang der massiven Wählerbeeinflussung beschuldigt. Mehrere offensichtlich politische Attentate konnten nie wirklich aufgeklärt werden. Die Wahlen fanden dann im Juli 1998 in einer relativ ruhigen Atmosphäre statt[142] und endeten mit einem deutlichen Sieg der Volkspartei Hun Sens. Im neu gewählten Parlament gab es aber jetzt eine weitere Partei. Hinzugekommen war die »Sam Rainsy-Partei« PSR, die immerhin 14,2 % der Stimmen auf sich vereinigen konnte. FUNCINPEC und PSR reklamierten alsbald »Wahlbetrug«, aber die ausländischen Beobachter, die auch diesmal eingesetzt worden waren, erklärten, die Wahlen seien »fair genug gewesen, um den allgemeinen Willen des Volkes widerzuspiegeln«. Auch ein kambodschanisches unabhängiges »Komitee für freie und faire Wahlen« (COMFREL) konnte Vorwürfe des Missbrauchs ausdrücklich nicht bestätigen. Dennoch gelang es den Oppositionsparteien, vor allem der PSR, mit solchen Vorwürfen die Regierungsbildung monatelang zu verhindern.

Im November einigten sich die Volkspartei und FUNCINPEC trotzdem erneut auf eine Regierungskoalition, in der es, dem veränderten Kräfteverhältnis entsprechend, nur noch einen Premierminister gab: Hun Sen. Die FUNCINPEC erhielt fünf wichtige Ressorts: Verteidi-

142 Die Wahlbeteiligung lag bei 90 % der registrierten Wähler.

gung, Inneres, Justiz, Finanzen und das Außenministerium. Prinz Ranariddh wurde zum Vorsitzenden der Nationalversammlung gewählt. Obwohl die Koalition jetzt von Hun Sen dominiert wurde, begrüßten viele Länder, unter ihnen auch die EU, diese Regierungsbildung, weil Hun Sen allgemein als die einzige Person angesehen wurde, die das Land stabilisieren konnte. Im April 1999 wurde Kambodscha Mitglied der ASEAN, erhielt wieder seinen Sitz in der UNO, und die Hilfsprogramme von IWF und Weltbank wurden wieder aufgenommen. 2001 beschloss die Gruppe der Geberländer eine Erhöhung der Hilfe auf 615 Mio. US-$, eine höhere Summe, als sie die Regierung verlangt hatte. Selbst die USA stellten die Aufnahme bilateraler Beziehungen und Hilfe in Aussicht. Die Beziehungen zur VR China wurden normalisiert.

So waren eigentlich optimale Voraussetzungen geschaffen worden, eine friedliche Entwicklung und eine durch innere Streitigkeiten ungestörte Aufbauarbeit zu leisten, was auch bitter nötig war. Man darf nicht vergessen, dass Kambodscha damals eines der ärmsten Länder der Welt war und dass sich eigentlich schon früher existierende Möglichkeiten eines wirtschaftlichen Wachstums wegen der Auseinandersetzungen nicht auswirken konnten (Investitionen, Strukturverbesserungen, Baumaßnahmen). Die turnusmäßigen Neuwahlen im Jahr 2003 brachten all dies wieder einmal zum Stillstand. Ihre Ergebnisse brachten eine weitere Stärkung der Regierungspartei, eine deutliche Niederlage für die FUNCINPEC und einen überraschenden Erfolg der PSR, die den Royalisten offenbar vor allem in der Hauptstadt Wähler abspenstig machen konnte.

Mehr als ein Jahr lange tobte der Kampf um eine Regierungsbildung, in dem vor allem die Partei Sam Rainsys um jeden Preis einen neuen Ministerpräsidenten Hun Sen verhindern wollte. Diese ungewohnte Verbissenheit der Opposition, einen angesichts der Kräfteverhältnisse demokratisch aussichtslosen Kampf zu führen, hat damals viele Beobachter irritiert, die das Verhalten Sam Rainsys auf einen direkten amerikanischen Einfluss zurückführten.

Angesichts der konsequenten Weigerung der Opposition, die Konstituierung des Parlaments zu ermöglichen, richtete Hun Sen am 18. September 2003 eine offizielle Anfrage an den König, er möge in dem festgefahrenen Streit vermitteln, und führte am gleichen Tag ein Gespräch mit Sihanouk. Hun Sen legte ihm eine von den 73 neu gewählten Abgeordneten seiner Partei unterzeichnete Petition vor, er möge die Nationalversammlung einberufen.[143] Sihanouk erklärte nach dem Treffen, er werde zurücktreten, wenn die politische Krise nicht gelöst würde. Das war eine für den König typische Reaktion: Er empfand das schlechte Abschneiden seiner Partei als persönlichen Affront gegen das Königtum und seine persönliche Mission. Er werde von beiden Seiten unter Druck gesetzt, ließ er verlauten, entweder das Parlament einzuberufen oder dies nicht zu tun. »Wenn die Hälfte plus einer der Abgeordneten dafür stimmt, dass ich zurücktrete, werde ich dies tun.«[144]

So war es nun Chea Sim, Vorsitzender des Senats und der Volkspartei, der laut Verfassung im Fall einer solchen Weigerung die Einberufung vornehmen musste. Zur Eröffnungssitzung des Parlaments am 29. September erschienen die Oppositionsparteien nicht, wieder einmal war das Parlament beschlussunfähig. Chea Sim leitete die Sitzung und verlas eine Botschaft, dass die kambodschanischen Wähler ein Recht darauf hätten, ihre gewählten Vertreter im Parlament anwesend zu sehen. Sihanouk schlug nunmehr vor, alle 123 Abgeordneten in seinem Palast zum Diensteid zu empfangen. Dies sei sein »letzter« Versuch, die verfahrene Situation zu klären. Die Zeremonie könne als rechtskräftige Berufung anerkannt werden. Trotzdem wäre damit immer noch keine Regierung gebildet. Nach wie vor stand die Forderung der Oppositionsparteien im Raum, Hun Sen dürfe nicht neuer Regierungschef werden. Diese Forderung lehnte Hun Sen als »undemokratisch und verfassungswidrig«[145] ab.

Am 5. November 2003 trafen sich alle drei Parteiführer bei König Sihanouk in dessen Palast. Dabei einigte man sich auf eine aus allen drei Parteien gebildete Koalition. Ministerpräsident solle Hun Sen bleiben, Vorsitzender der Nationalversammlung Prinz Ranariddh. Der Vorschlag, der faktisch ein Parlament ohne Opposition zur Konsequenz gehabt hätte, wurde in einem handgeschriebenen königli-

143 Gemäß der Verfassung hat nach Wahlen der König nicht nur das alleinige Recht, sondern auch die Pflicht, dies innerhalb von 60 Tagen zu tun, damit eine neue Regierung gebildet werden kann.

144 *Viet Nam News* (VNS), 20.9.2003. Die Drohung war, wie schon oft, eine resignative Trotzhaltung, die aber jetzt nicht mehr funktionierte. Die von ihm verachtete Politikerkaste (von ihm oft »Republikaner« genannt) musste jetzt selbst handeln.

145 VNS, 4.10.2003. Diese vietnamesische englischsprachige Tageszeitung berichtete damals regelmäßig über die Einzelheiten dieser Vorgänge.

chen Dokument niedergelegt. Alle Parteiführer zeigten sich zufrieden, betonten, dass es ohne den Einsatz von Sihanouk nicht zu einer Einigung gekommen wäre.[146] »Dies ist ein großer Erfolg für das Volk und die Nation, und wir werden alle zusammen den Unabhängigkeitstag am 9. November feiern«, sagte Sihanouk.[147] »Jetzt erwarten wir sehr bald den Beginn der Übernahme der Verantwortung durch das Parlament und die neue Regierung« – so der Kommentar von Hun Sen.[148]

Aber eine solche eher emotionale Einigung – so euphorisch sie auf den Feiern zum Unabhängigkeitstag[149] dann auch gelobt wurde – war noch keine konkrete Regierungsvereinbarung. Schon hatten die beiden Oppositionsparteien das Ergebnis des Treffens vom 5. November in Frage gestellt, indem sie auf »Reformen« vor einer Regierungsbildung bestanden.[150] Bei den Koalitionsverhandlungen im Königspalast erwies sich schnell, dass sich die Oppositionsparteien immer noch nicht mit Hun Sen als Premierminister abfinden wollten. Sihanouk griff die beiden Oppositionsparteien öffentlich scharf an: »Die großen Strategen der FUNCINPEC und die ebenso berüchtigten in der Sam Rainsy-Partei haben alles getan und werden anscheinend alles tun, um eine neue Nationalversammlung und eine neue Regierung zu verhindern, die beide von König Sihanouk, dem Khmer-Volk und nicht zuletzt von der internationalen Gemeinschaft verzweifelt erwartet werden.«[151]

Am 14. Dezember 2003[152] schlug Sihanouk eine Volksbefragung zum Zweck einer Verfassungsänderung dahingehend vor, dass auch eine Regierungsbildung mit einfacher Mehrheit möglich sein sollte. Es sei nicht hinnehmbar, dass die politische Situation »von den Launen einiger hochgestellter Politiker abhänge«[153]. Am 16. Dezember gab es dann endlich die erste Sitzung des Parlaments. 118 der 123

146 Das war eine Lösung nach Sihanouks Geschmack.

147 VNS, 6.11.2003.

148 VNS, 7.11.2003.

149 50. Jahrestag der Befreiung vom französischen Kolonialismus.

150 VNS, 10.11.2003.

151 VNS, 20.11.2003.

152 Zu diesem Zeitpunkt war die alte Regierung schon fünf Monate kommissarisch im Amt.

153 VNS, 15.12.2003.

Abgeordneten waren anwesend[154], aber die Versammlung vertagte sich nach 30 Minuten ohne Beschlüsse. Es wurden anscheinend nur die Namen der Abgeordneten verlesen und ihre rechtmäßige Anwesenheit festgestellt. »Damit ist die heutige Tagesordnung erledigt«, so der vorläufige Vorsitzende des Parlaments Chea Sim. Die Gespräche sollten außerhalb des Parlaments weitergeführt werden. Aber die beiden kleineren Parteien bestanden nach wie vor auf einer Regierung ohne Hun Sen. Hun Sen forderte zur »Respektierung des Geists vom 9. November« und der an diesem Tag getroffenen Vereinbarungen[155] auf.

Am 29. Dezember stellte Hun Sen öffentlich fest: »Wenn die Opposition an einer Lösung des Problems [an der Bildung einer Koalitionsregierung, gg] wirklich interessiert wäre, dann könnte dies in zwei Tagen geschehen«[156]. Der Appell blieb ohne Antwort. Damit waren wohl auch die Vermittlungsversuche des Königs endgültig gescheitert. Trotzdem machte Hun Sen in einer Rede am 24. Dezember noch einmal weitgehende Angebote: In einer Dreiparteienregierung würden »wichtige Positionen« an Persönlichkeiten der FUNCINPEC und der PSR fallen. Er werde einer Verteilung im Verhältnis 60 zu 40[157] zustimmen.[158] Gleichzeitig drohte er, notfalls auch bis 2008 (dem Termin der nächsten Wahlen) kommissarisch im Amt zu bleiben.[159]

Ende 2003 und Anfang 2004 eskalierten auch die außerparlamentarischen Auseinandersetzungen. Schon am 18. Oktober 2003 war ein Redakteur der FUNCINPEC-Radiostation ermordet worden, und die Schlagersängerin Touch Sunnich, die sich im Wahlkampf für Ranariddh eingesetzt hatte, wurde am 21. Oktober durch Schüsse auf offener Straße schwer verletzt. In beiden Fällen wurde kein Täter

154 FUNCINPEC-Führer Prinz Ranariddh fehlte, er hielt sich seit Ende November erneut im Ausland auf (Bangkok, Paris).

155 VNS, 23.12.2003.

156 VNS, 30.12.2003.

157 Ein beträchtliches Zugeständnis angesichts des Wahlergebnisses.

158 Vgl. Sihanouks Blog (www.norodomsihanouk.info – nicht mehr aktiv) vom 24.12.2003. Des Königs Kommentar: »Damit sind die unendlichen rhetorischen Übungen von Sam Rainsy überflüssig«.

159 Und mit ihm, wohlgemerkt, 12 FUNCINPEC-Minister, die allerdings ihre Arbeit praktisch eingestellt hatten, trotzdem aber ihre Bezüge weiterhin erhielten.

abgeurteilt, im Fall der Schlagersängerin konnte der Beschuldigte ins Ausland fliehen. Hun Sen erhob gegen Ranariddh Klage wegen übler Nachrede, weil dieser öffentlich behauptet hatte, Hun Sen sei in die Attentate verwickelt. Da die Gewalttaten sehr populären Figuren galten und vor allem der Opposition Sympathien einbringen würden (was diese auch weidlich ausnutzte), ist allerdings schwer vorstellbar, dass Hun Sen und seine Partei dahintergesteckt haben. Es ist aber auch denkbar, dass fanatisierte Hun Sen-Sympathisanten nicht so viel Weitsicht aufbrachten. Jedenfalls hatte das neue Attentat es der Opposition wochenlang ermöglicht, ohne politische Argumente weiterhin alle Verhandlungen zu boykottieren.[160] Am 27. Januar wurde der Gewerkschaftsführer Che Vichea (PSR) auf offener Straße erschossen. Der Mord wurde nie aufgeklärt.[161] Sam Rainsy erklärte noch am selben Tag die »Gruppe Hun Sen« für schuldig an dem Mord. Hun Sen dementierte sofort und bezeichnete die Unterstellung als »unakzeptabel«.

Ende Januar 2004 kündigte Sam Rainsy dann an, seine und die FUNCINPEC-Partei hätten die Absicht zu fusionieren, um der Volkspartei besser entgegentreten zu können. Das offizielle Zusammengehen sei für März vorgesehen, die neue Partei werde sich »Allianz der Demokraten« nennen. Bis dahin werde es wohl keine Einigung über eine Regierung geben. Der Vorsitzende der FUNCINPEC, Prinz Ranariddh, verließ am 19. Januar endgültig Kambodscha und hielt sich in Thailand und Frankreich auf. Die Fusionsgespräche wurden, wenn überhaupt, offenbar im Ausland

160 Sihanouk zitiert in seinem Blog zustimmend die Ansicht eines royalistischen Politikers, dass zumindest das Attentat auf die Schlagersängerin Sunnich wohl eher keinen politischen Hintergrund habe, denn sonst wäre nicht gleichzeitig die Mutter umgebracht worden. Entweder sei es ein Racheakt eines stadtbekannten reichen abgewiesenen Verehrers, oder die Familie ihres Mannes habe sich für ein solches von Mutter und Tochter aus finanziellen Gründen geduldetes Verhältnis gerächt. – Auseinandersetzungen um derlei Affären und entsprechende Gewalttaten waren in Kambodscha in der Tat an der Tagesordnung. »Wenn ein hübsches Khmer-Mädchen zu einem reichen und mächtigen Verehrer ›nein‹ sagt, dann wird dieser sie auf schreckliche Weise verfolgen, wenn sie aber ›ja‹ sagt, dann wird die ›verratene Ehefrau‹ sie verfolgen« (Säure ins Gesicht schütten, Ermordung sind dann im allgemeinen Bewusstsein keine Verbrechen). Sihanouks Blog vom 28.12.2003.

161 Die kambodschanische Polizei ist bekanntermaßen sehr ineffektiv: Sie hat keinen der politischen Morde dieser Jahre aufklären können.

geführt. Man erfuhr gerüchteweise, dass eine neue Regierung, an der sich die »Allianz« beteiligen würde, »energisch gegen die illegale Immigration vorgehen« und den »illegalen Grenzverlauf im Osten« wieder korrigieren solle.[162] Beide Forderungen haben mit Vietnam zu tun. Die Grenze zwischen beiden Ländern war kurz nach der Vertreibung des Pol Pot-Regimes im Einvernehmen beider Regierungen geringfügig verändert worden.[163] Sam Rainsy hatte diese Änderungen nie akzeptieren wollen. Die Sache war sachlich kaum relevant, aber für die Propaganda der Opposition ein wichtiges Argument dafür, dass Vietnam nach wie vor die Absicht habe, sich Kambodscha oder Teile davon einzuverleiben – es handelte sich im Übrigen um altbekannte Forderungen der Roten Khmer. Sam Rainsy schrieb in einem offenen, pathetischen Brief an Sihanouk: »Ohne die Einigkeit unter denen, die dem fremden Räuber von Khmer-Land niemals gedient haben und ihm nie dienen werden, wird unser Vaterland noch schneller in den Abgrund fahren, wird unser Kambodscha seine Chancen verspielen, in den kommenden Jahrzehnten zu überleben.«[164] In diesem Zusammenhang wundert es nicht, dass Sam Rainsy zu den Feiern des Jahrestags der Befreiung vom Pol Pot-Regime am 7. Januar 2004 nicht erschien, mit der Begründung, dieses Datum markiere für ihn und auch einige FUNCINPEC-Politiker den »Triumph der Kolonisierung und des Expansionismus der Viets«[165].

Angesichts solcher Äußerungen gab es keinen Zweifel mehr, dass zumindest die Rainsy-Partei offen die Positionen der Roten Khmer vertrat und dass dies auch für Teile der FUNCINPEC zutraf. Diese Politiker hatten sich damit vor der Bevölkerung ins Abseits manöv-

162 Wenn der Inhalt dieser Gespräche irgendwann einmal bekannt wird, wird man wohl auch mehr über die Frage wissen, bis zu welchem Grad die USA in diese Querelen eingegriffen haben.

163 Die Grenze zwischen Kambodscha und Vietnam war von der Kolonialmacht festgelegt worden. 1963 und 1969 hatte der damalige Regierungschef Sihanouk diese Grenze als international gültig anerkannt. Frankreich und die USA stimmten zu. Die Korrekturen von 1980 betrafen von Pol Pot annektierte Gebiete und korrigierten einige allzu willkürliche Verläufe gemäß ethnischen und geografischen Verhältnissen.

164 Offener Brief an den König vom 18. März 2004, zit. nach dem Faksimile auf Sihanouks Website.

165 Sihanouks Blog vom 13.1.2004.

riert, und sie verloren immer mehr an öffentlicher Aufmerksamkeit. »Sechs Monate nach den ergebnislosen Wahlen«, schrieb Philippe Schwab von der AFP[166], »hat Kambodscha immer noch keine neue Regierung – aber niemand scheint es bemerkt zu haben«. Unter der kommissarischen Regierung lief »business as usual«. Die Gebernationen, die fast die Hälfte des kambodschanischen Haushalts bestritten, verteilten weiterhin ihre Fonds, einheimische und ausländische Investitionen stiegen um 23 %, und mehr Touristen denn je besuchten die Tempel von Angkor. Ein neuer Anlauf, eine erste Volkszählung nach den Kriegen durchzuführen, wurde mit UN-Hilfe und ausländischen Experten unternommen. »Solange es eine [...] Führung gibt, die ihre Pflichten erfüllt, werden wir weiterhin mit ihr zusammenarbeiten«, sagte der japanische Botschafter Fumiaki Takahashi, dessen Land Kambodschas größter Geber von Entwicklungshilfe war. Die Mitarbeiter der Regierung seien überzeugt, dass das Provisorium eine doppelte Legitimität habe: die der Wahlen von 1998 und die der Wahlen von 2003, und »niemand in der internationalen Gemeinschaft bestreitet dies«[167].

Aber die Aktionsmöglichkeiten des Provisoriums waren begrenzt, denn ohne die Nationalversammlung konnten keine Gesetze erlassen werden. Außerdem könne die ungelöste Situation langfristig zu einem »Desaster für die kambodschanische Wirtschaft führen«, so der Wirtschaftsfachmann Sok Hach. Erstens nahe der Termin für die Abgabe des Beitrittsgesuchs zur WTO am 31. März 2004. Wirtschaftsminister Cham Prasidh hatte zwar einen sechsmonatigen Aufschub erreicht, aber »wir sind nicht in der Lage zu sagen, wann wir die Vereinbarung ratifizieren können«. Die Regierung musste auch eine kürzlich mit den Vereinten Nationen getroffene Vereinbarung für ein Tribunal gegen die Führer der Roten Khmer durchs Parlament bringen. Außerdem waren dringend Gesetze zu verabschieden, die schon lange überfällig waren: zum Kampf gegen die Korruption, gegen Gewalt in der Familie, und viele weitere Gesetzesreformen, so Thun Saray, Vorsitzender der kambodschanischen Menschenrechtsorganisation.[168]

Aber der Volkspartei waren die Hände gebunden. Denn Prinz

166 *Agence France-Presse*, zit. nach: VNS, 7.2.2004

167 Ebd.

168 Vgl. Ledgerwood.

Ranariddh hielt sich weiterhin unerreichbar im Ausland auf und überließ es damit praktisch Sam Rainsy, dem »Härtesten der Harten« (Sihanouk), für die Opposition zu sprechen. Angesichts von dessen Äußerungen kam für Hun Sen eine Dreiparteienregierung nicht mehr in Betracht, nur noch eine Koalition mit der FUNCINPEC. Diese könne die ihnen zustehenden Ämter ja auch mit »Ladys und Gentlemen« besetzen, »die einer anderen Partei[169] angehören«, und zwar nunmehr – ein weiteres Zugeständnis – im Verhältnis 55 zu 45 %[170]. Aber die Opposition reagierte auf keine Appelle mehr.

Dass zu guter Letzt doch noch eine neue Regierung zustande kam, war wohl der Erkenntnis von Prinz Ranariddh zu verdanken, dass seine Partei vom kleineren Partner immer mehr zu einer Politik der Verweigerung gezwungen worden war, die angesichts des Wahlergebnisses aussichtslos war. Am 30. Juni 2004 wurde zwischen der Volkspartei und der FUNCINPEC ein Koalitionsvertrag unterzeichnet, am 8. Juli dann die neue Regierung von der Nationalversammlung gewählt.

* * *

An der Sitzung der Nationalversammlung vom 8. Juli nahmen die 24 Abgeordneten der SRP nicht teil, Sam Rainsy selbst war sofort nach Bekanntgabe der Koalitionsvereinbarung in die USA abgereist. Seine Rolle in der fast ein Jahr dauernden Krise zeichnete sich erst im Rückblick deutlicher, wenn auch nicht eindeutig ab: Er hat, koste es, was es wolle, versucht, einen neuen Ministerpräsidenten Hun Sen zu verhindern. Dabei ist es ihm zeitweise gelungen, Teile der Royalisten auf seine Linie zu bringen. Dieser Einzelgänger, den Sihanouk einmal einen »Populisten«[171] nannte, hatte sich zunächst einen gewissen Ruf als moralische Instanz gegen Korruption und damit eine beträchtliche Anhängerschaft in der Hauptstadt erworben. Dann fiel er durch eine überaus harte Linie auf, wenn es um die Verhinderung von Kompromissen ging. Seine Rolle bei den vielen Zwischenfällen, Attentaten und blutigen Auseinandersetzungen in der Hauptstadt blieb zwielichtig, obwohl er stets versuchte, sich und seine Anhänger

169 Sihanouks Blog vom 17.3.2004.

170 Sihanouks Blog vom 18.3.2004.

171 LM, 5.8.2003.

als Opfer hinzustellen. Noch undurchsichtiger waren seine Beziehungen zum Ausland.

Sam Rainsy, Sohn von Sam Sary, war in Frankreich aufgewachsen und hatte dort Schulen und Universitäten besucht. Er arbeitete anschließend als Investment-Banker in Frankreich und den USA. Erst Anfang der 1990er Jahre kam er nach Kambodscha zurück und wurde sofort in der Politik aktiv. Als prominentes Mitglied der FUNCINPEC wurde er in der ersten Koalitionsregierung Finanzminister und machte sich an eine Umstrukturierung der Finanzinstitutionen des Landes. 1994 wurde er als Finanzminister entlassen, und 1995 verlor er auch sein Abgeordnetenmandat, all dies auf Betreiben des Vorsitzenden seiner eigenen Partei, Prinz Ranariddh.

Er gründete dann eine »Partei der Khmer-Nation«, die sich nach wenigen Jahren selbst auflöste. Zu den Wahlen 1998 gründete er schließlich die PSR. Mit einem Programm, das auf Nationalismus setzte und den Kampf gegen die Korruption als wichtigstes Vorhaben propagierte, konnte sie sich als drittgrößte Partei etablieren. Die USA, denen die Royalisten unter des Königs Sohn Prinz Ranariddh suspekt geworden waren, weil sie zu einer Zusammenarbeit mit Hun Sen bereit waren, konzentrierten ihre Unterstützung nun auf die kleine neue Partei.[172]

Dies wurde im Vorfeld der Wahlen 2003 durch ein Ereignis schlagartig auch für internationale Beobachter offensichtlich: Am 20. Juni 2003 war der US-amerikanische Außenminister Colin Powell auf Staatsbesuch in Kambodscha und traf sich zwar mit dem Regierungschef Hun Sen, aber auch mit Prinz Ranariddh und Sam Rainsy. Auffallend war, dass der Letztere dabei offenbar versuchte, Hun Sen vor dem Gast zu diffamieren, indem er ihn mit den Diktatoren Robert Mugabe und Than Shwe (Burma) verglich. Beobachter merkten auch an, dass die US-Fernsehanstalten ausschließlich über das Treffen mit Sam Rainsy berichteten.[173] CNN titelte: »Powell meets Cambodian opposition leader«, als habe es das Treffen mit dem Ministerpräsidenten (und das mit dem Führer der größeren Oppositionspartei)

172 Die USA hatten trotz einiger gegenteiliger Äußerungen und Aktionen niemals wirklich die Volkspartei, aber auch nur widerwillig Sihanouk unterstützt. Gegen jede bessere Erkenntnis galt Hun Sen bestimmten Kreisen in der amerikanischen Politik als »Kommunist«, der allein deswegen bekämpft werden musste. Das war genau die Haltung Sam Rainsys.

173 Vgl. Ledgerwood, Anm. 4.

nicht gegeben. Hun Sen hatte sich bei dem Treffen bereit erklärt, ein von Powell gefordertes bilaterales Abkommen zu unterzeichnen, nach dem das Land keine US-Soldaten an den Internationalen Gerichtshof ausliefern dürfe.[174] Diese Nachricht war aus US-Perspektive eigentlich ein unerwarteter Erfolg der Powell-Mission, wurde aber in der US-Presse fast nicht erwähnt.

Rainsy verließ bald darauf Kambodscha und siedelte sich offenbar dauerhaft in den USA an. In Phnom Penh wurde er verschiedener Aktivitäten wegen angeklagt. Mitte Oktober wurde im Parlament eine von 60 Abgeordneten beider Regierungsparteien eingebrachte Petition vorgelegt, in der eine gerichtliche Verfolgung und Verurteilung Rainsys verlangt wurde. Denn es war herausgekommen, dass eine »illegale bewaffnete Gruppe« im Auftrag Rainsys »nationale Verteidigung, Veteranen, Demobilisierung und Öffentliche Sicherheit«[175] auskundschaften sollte. Diese auch »Komitee 14« genannte Gruppierung sei, so die Rainsy-Partei, nach den militärischen Zonen gegliedert und habe die Aufgabe, die Parteispitze über »militärische Aktionen im ganzen Land zu informieren«. Im Parlament kam der Verdacht auf, es handle sich um eine Spionageaktion im Dienste der CIA.

Am 7. Oktober 2004 wurde in der Nationalversammlung bekanntgegeben, Sihanouk habe von seiner Funktion als König abgedankt. Die schriftliche Bitte Sihanouks, man möge ihm erlauben, »sich zur Ruhe zu setzen«, wurde vom Parlamentspräsidenten Prinz Ranariddh, dem ältesten Sohn Sihanouks, verlesen. Sihanouk gab bekannt, er wolle seinen Nachfolger nicht selbst bestimmen, sondern dies einem Kronrat von 9 Mitgliedern überlassen, der noch gebildet werden müsse.[176]

Aus einem Artikel in der japanischen Presse ging hervor, die beiden Vorsitzenden der Koalitionsparteien hätten sich informell bereits geeinigt, dass nicht Prinz Ranariddh, sondern sein jüngerer Bruder, Prinz Norodom Sihamoni, nominiert werden solle. Wahrscheinlich wollte Ranariddh nicht seine einflussreiche politische Funktion aufgeben, um einflussloser Monarch zu werden. Sihamoni, 1953 geboren, war eine Weile Balletttänzer gewesen und hatte gerade seine Amtszeit

174 Vgl. Khmer.org, Online-Dienst, *Ros Sokhet*, 20.6.2003.

175 So Sam Rainsy selbst.

176 VNS, 8.10.2004.

als Botschafter seines Landes bei der UNESCO beendet. Hun Sen und Prinz Ranariddh teilten dem König, der sich in Nordkorea zu ärztlicher Behandlung[177] befand, ihre Entscheidung in einem Brief mit. König Sihamoni wurde gewählt und inthronisiert. Sihanouk hat den Staat gebeten, ihm eine »Rente« zu gewähren, er wolle sich in Siem Reap niederlassen. Dies geschah nicht, wahrscheinlich wegen seiner schweren Krankheit. Er ging endgültig nach Beijing, wo er im Oktober 2012 verstarb.

177 Einem ärztlichen Bulletin zufolge, das Sihanouk in voller Länge auf seiner Website veröffentlicht hat, hatte er einen malignen Magentumor, den er nicht operieren lassen wollte. Mitteilung aus Pjöngjang vom 7.12.2004.

XI. Krise und Erneuerung

Vietnam 1979–2010

Das Jahr 1979 brachte auch für die innenpolitische Entwicklung Vietnams einen deutlichen Wendepunkt, es markierte, so könnte man es ausdrücken, den Übergang von der Nachkriegszeit zur Aufbauperiode. Die bereits beschriebenen Fehler, die man zu Anfang sowohl bei den ersten Kollektivierungsversuchen im Süden als auch beim Versuch des Aufbaus einer Schwerindustrie im Norden gemacht hatte, waren vor allem durch eine im Grunde auf die Vergangenheit fixierte Denkweise der Planer verursacht worden. Man vertraute zu sehr auf den revolutionären Schwung und die im Krieg bei der Organisation der Produktion unter Kampfbedingungen bewährten Methoden und war zu leicht geneigt, Missstände, die aus den eigenen Fehlern herrührten, den Folgen des Krieges anzulasten. Dies war sicher in den meisten Fällen nicht einmal falsch, lähmte aber die Phantasie und verhinderte eine wirklich weitsichtige Planung.

Zu Beginn der 1980er Jahre geriet das Land aus diesen Gründen in eine gefährliche innere Krise, bei der es zwar nicht ums politische, aber ums ökonomische Überleben ging.[1] Es war höchste Zeit, die eigenen Fähigkeiten und die reale Situation nüchterner einzuschätzen und nicht mehr nur vergangene und gegenwärtige Kriege oder äußere Bedrohungen für alles verantwortlich zu machen. Man wurde sozusagen von den Verhältnissen unsanft darauf hingewiesen, dass in der Aufbauphase mit der Perspektive des Friedens andere wirtschaftliche Strukturen und soziale Mechanismen zu beachten waren, kurz: dass die Zeit des heldenhaften Kampfes vorbei war und andere Qualifikationen und neue Ideen gebraucht wurden. Vietnam war nicht mehr nur das große glänzende Siegervolk, sondern ein ganz normales Entwicklungsland mit einem großen Nachholbedarf im Vergleich zu den umliegenden Ländern Südostasiens.

Dieser Perspektivwechsel war die Voraussetzung für die Versuche einer Reformpolitik von Partei und Regierung, deren Grundlagen in den Beschlüssen des 6. Plenums des ZK im August 1979 zum

1 Und es ist sicher kein Zufall, dass die Destabilisierungsmaßnahmen der chinesischen Führung gerade zu diesem Zeitpunkt eskalierten (Ausweitung des Grenzkriegs, Hoa-Affäre)

ersten Mal ansatzweise formuliert wurden. Darin wurde nicht das gesellschaftspolitische Hauptziel der Revolution in Frage gestellt, die Absicht also, das Land über einen nichtkapitalistischen Entwicklungsweg in den Sozialismus zu führen, vielmehr entwarfen die dort verabschiedeten Thesen ein neues Muster für eine bessere Verknüpfung zwischen Theorie und Praxis. Aber selbst das erforderte umwälzende Maßnahmen und reale Umgestaltungen, die sehr einschneidend waren und zu deren Verwirklichung mehrere Jahre nötig sein würden.

Wie schon in den 1950er Jahren wurden die Fehler auch diesmal nicht so sehr bei der Entwicklung der Ideen gemacht, sondern unterliefen bei ihrer übereilten und dilettantischen Realisierung. So war das Konzept der »neuen Wirtschaftszonen« tatsächlich die beste Lösung für die im Süden nach der Befreiung mehr als angespannte Versorgungslage gewesen und schien darüber hinaus auch auf die Mentalität und konkrete Lage der Bauern Rücksicht zu nehmen. Neue Produktionsverhältnisse sollten langsam und kontinuierlich aufgebaut werden. Man stimulierte die Veränderungen durch materielle Anreize, und schließlich sollte sich das Modell durch die individuelle Erfahrung eines realen Fortschritts selbst legitimieren. Zunächst wurden lockere »Arbeitsaustauschgruppen« aus mehreren Familien gebildet, die den ihnen zugeteilten Boden gemeinsam wieder urbar machten und einander dabei gegenseitig Hilfe leisteten. Sie erhielten Ackerbaugeräte zur gemeinsamen Nutzung und eine Starthilfe vom Staat. Jeder Familie wurde außerdem ein Stück Privatland zugeteilt, das sie nach eigenem Ermessen bebauen und dessen Produkte sie auf eigene Rechnung verkaufen konnten. Daneben gab es strikter organisierte »Produktionsbrigaden« und spezielle Trupps, die einen größeren Gerätepark betreuten und von Dorf zu Dorf ihre Dienste zur Verfügung stellten.

Das Ziel war zunächst eine dem früheren Kleinbauerntum auch in der Dimension nicht unähnliche familienorientierte Privatwirtschaft. Die Möglichkeit, gegen Lohn auf den vom Staat verwalteten kollektiven Feldern zu arbeiten, war ein zusätzliches Angebot. Die Bauern sollten dann die Verwaltung der kollektiven Felder nach und nach gemeinsam übernehmen, bis daraus über mehrere Stufen eine Kooperative entstehen, eine kommunale Struktur geschaffen und die familiäre Produktion langsam in den Hintergrund treten würde.

Das Konzept, das in einem vertraulichen Bericht der Weltbank höchstes Lob erhielt[2], traf gleichwohl nicht auf die allgemeine Begeisterung derer, die es verwirklichen sollten. Dies ist natürlich zu einem großen Teil auf die beschriebenen äußeren Einwirkungen zurückzuführen, aber auch auf Fehleinschätzungen der tatsächlichen sozialen Lage. Es wurden die Mentalität und die Gedanken und Sorgen der Bauern[3] ebenso wenig berücksichtigt wie die Erkenntnis, dass man »Sozialismus nicht mit primitiver Technologie, niedriger Produktivität und einem niedrigen Lebensstandard aufbauen kann«.

Nguyen Khac Vien beschreibt das Grundproblem, das die Planer nicht ernst genug nahmen, so: »In der traditionellen vorindustriellen Gesellschaft war technisches Know-how nicht wichtig, die benötigten Fähigkeiten waren relativ einfach, und die Kader mussten vor allem moralische und politische Autorität haben. Dieses Kriterium ist nicht mehr ausreichend. Die traditionelle Gesellschaft war autark, die Regionen und selbst die Dörfer konnten alles selbst anbauen und herstellen, was sie brauchten. Es gab kein Problem der Koordination lokaler Wirtschaft und schon gar nicht der Ausrichtung der lokalen auf die Bedürfnisse der nationalen Wirtschaft.«[4] Der allmähliche Übergang vom Subsidiarprinzip zum Rentabilitätsprinzip[5], der sich aus den traditionellen kommunalistischen Produktionsformen organisch ergeben sollte, erschien den Bauern als ein Bruch, als die Zerstörung der alten Ordnung zugunsten einer neuen, deren Einführung als Zwang empfunden wurde und deren Nutzen in Bezug auf die individuellen Interessen nicht unmittelbar einsichtig war.

Dabei traten allerdings regionale Unterschiede auf. In den mittleren Bergregionen auf der Höhe der Küste in Mittelvietnam und teilweise im Hochland selber waren die alten Traditionen noch lebendig und die Kollektivierungsprozesse trafen im Allgemeinen auf weniger Vorbehalte. Anders war die Situation im Süden, wo in den westlichen Grenzprovinzen die Übergriffe des Pol Pot-Regimes das Programm der »neuen Wirtschaftszonen« stark behinderten, und in den tradi-

2 Vgl. *Le Monde diplomatique*, 4/1978.

3 Unter ihnen waren überdies viele Großstadtbewohner, die oder deren Eltern einmal Bauern gewesen und die wenig motiviert waren, wieder welche zu werden.

4 Nguyen Khac Vien 1980, S. 30f. (2 Zitate).

5 Vgl. Le Duc Tho in *Southeast Asian Chronicle*, Nr. 93, Oktober 1984 – Übersetzung eines Artikels aus: *Nhan Dan*, 4.9.1982.

tionell fruchtbaren Gebieten des Mekong-Deltas und der Halbinsel Ca Mau, die bei optimaler Nutzung allein etwa 100 Millionen Menschen ernähren könnten[6], war das Bewusstsein der Bauern stark von einer Kleineigentümer-Ideologie geprägt und Verantwortungsgefühl für das Gemeinwohl aufgrund der ökonomischen Unterdrückung und einer vom Westen eingeführten Konkurrenzmentalität kaum entwickelt. Diese Bauern begrüßten zwar die Befreiung von ihren Schulden und aus der Abhängigkeit vom Zwischenhandel, sahen aber nicht ein, warum sie plötzlich mehr produzieren sollten, als sie selbst brauchten, ohne dass ihnen auch der Mehrerlös entsprechend individuell zugutekam.

In den erwähnten ZK-Beschlüssen wurden zum ersten Mal Konsequenzen aus dieser nüchternen Analyse der Lage gezogen. Kleinhandel und Kleinanbau wurden als noch lange notwendige Produktionsformen rehabilitiert und unterstützt, materielle Anreize sollten Eigeninitiative und Selbstverantwortung fördern, den Betrieben und Kooperativen wurde eine größere Autonomie zugestanden. Wichtigstes Modell für alle diese Erneuerungen war das »Kontraktsystem« (Khoan)[7], das zunächst für die Landwirtschaft entwickelt wurde und dem Schutz der Interessen der Bauern und ihrer Arbeit dienen sollte.

Es handelt sich dabei um eine Kombination von Planung (auf die nationalen Bedürfnisse abgestimmt) und Management (auf die innere Ökonomie und die individuellen Interessen bezogen), die in einem System von Gesetzen und Verträgen konkretisiert wurde und den Ausgleich zwischen den »drei Interessen« regelt: den ökonomischen Interessen der Gesellschaft, des Kollektivs und des Individuums.[8] Die Kooperativen schlossen von nun an sowohl mit den in ihnen zusammengefassten Bauern oder Familien, die jeweils für ein bestimmtes Stück Land verantwortlich waren, als auch mit dem Staat Verträge ab. Danach wurden den Familien oder Arbeitsgruppen von der Kooperative bestimmte Leistungen und Arbeitsgeräte zur Verfügung gestellt (Zugtiere, Düngemittel, aber auch Bewässerungsanlagen) und Gegenleistungen vereinbart, in der Regel die Quantität der

6 Nach einem UNO-Report. LM, 18.3.1981.

7 Wortlaut der wichtigsten diesbezüglichen Gesetze in: *Vietnam ten years after*.

8 Vgl. Dao Duy Tung in *Southeast Asia Chronicle*, Nr. 93, April 1984 – Übersetzung eines Artikels aus dem theoretischen Organ der KPV, *Tap Chi Gong San*, vom März 1982.

Produkte, die die Bauern dafür an die Kooperative liefern mussten. Die jährlich neu auszuhandelnden Verträge der Kooperativen mit dem Staat legten ebenfalls die von den beiden Partnern zu erbringenden Leistungen fest: Den Ausbau und die Unterhaltung der überregionalen Bewässerungssysteme, die Lieferung von Düngemitteln, Insektiziden und größeren Maschinen musste der Staat übernehmen. Dafür verkaufte die Kooperative landwirtschaftliche Produkte in festgelegter Menge zu Vorzugspreisen an den Staat, die für die Ernährung der Stadtbewohner verwendet wurden.

Die Kooperativen hatten die Freiheit, die gemeinschaftlichen Arbeiten selbst zu organisieren. Meist wurden bestimmte Arbeitsgänge, die der allgemeinen Pflege des Bodens galten, in der Form von Lohnarbeit organisiert, während eine leistungsunabhängige Bezahlung bei den Tätigkeiten einsetzte, die primär die Höhe des Ertrags bestimmten (Umpflanzen, Pflege der Felder und Ernte). Wurde mehr geerntet, als im Vertrag festgelegt war, konnten die Familien und Arbeitsgruppen über dieses Mehrprodukt frei verfügen. Sie konnten es selbst verbrauchen, an die Kooperative abgeben oder, wie auch weiterhin den Ertrag der privaten Felder, auf dem freien Markt verkaufen. Ebenso hatte die Kooperative insgesamt die Möglichkeit, über die Verwendung der über die Vertragsnorm hinaus erzielten Erträge selbst zu entscheiden. Der Staat musste sich bereit erklären, sie (zu höheren Preisen) ebenfalls aufzukaufen, ein Angebot, das aber nicht wahrgenommen werden musste. Da die Summe des in den Verträgen mit den Familien oder Arbeitsgruppen festgelegten Plansolls höher sein durfte (und in der Regel war) als die mit dem Staat vertraglich vereinbarten Gesamtabgaben, da es also einen regelrechten Überschuss auch für die Kooperative gab, hatte diese vielfältige Möglichkeiten, den Lebensstandard zu verbessern und die Gemeinschaftseinrichtungen (Medizinstationen, Schulen etc.) selbst zu planen und auch zu finanzieren. Für den Staat ergab sich aus diesem System als Vorteil eine gewisse Sicherheit, dass die festgelegten Produktionsziffern auch wirklich eingehalten wurden. Die Verträge enthielten auch Vorschriften für den Fall, dass durch extreme Wetterbedingungen oder Naturkatastrophen Verluste entstanden – in diesem Fall wurden die Vereinbarungen automatisch ungültig und die Regierung war zu Hilfsmaßnahmen verpflichtet.

Der Erfolg des Kontraktsystems war offensichtlich: Mit seiner Einführung setzte eine deutliche Produktionssteigerung in der Landwirtschaft ein. Auf dem 5. Parteitag[9] dauerte indessen die kontroverse Diskussion über diese Reformen unvermindert an. Es wurden Vorbehalte gegen die damit erfolgte Öffnung in Richtung Privatwirtschaft geäußert. Angesichts des Erfolgs bei den Erträgen beschloss der Parteitag dennoch, an den Zielsetzungen festzuhalten, und verabschiedete entsprechende Regelungen auch für die Handwerks- und Industriebetriebe.

In dieser Zeit wurden auch Verhandlungen mit dem Internationalen Währungsfonds geführt, der allerdings an eine Unterstützung zur Lösung der Wirtschaftskrise die üblichen, für Vietnam unannehmbaren Bedingungen knüpfte: Abschaffung der Planwirtschaft, Investitionen in kurzfristige Exportindustrien usw.[10] Trotz der Einigkeit bei der Ablehnung solcher Bedingungen hat der Parteitag sehr lange gebraucht[11], bis er sich zu einer Bestätigung des Reformkurses durchringen konnte. Die Differenzen waren so groß, dass man fast von einem drohenden Auseinanderbrechen der Partei sprechen konnte. In der Folge wurden 86 000 Mitglieder ausgeschlossen.

Das war offenbar der Preis dafür, dass man das eigentliche Problem angegangen war: die Umsetzung in die Praxis. Es zeigte sich, dass die verabschiedeten Texte zwar ein Programm für den Rest der 1980er Jahre[12], aber damit noch nicht die Lösung aller Probleme darstellten. Die neuen Prinzipien stießen auf Widerstand in den Ministerien und Institutionen, und ihr Erfolg hing auch von der Qualifikation der Leiter im staatlichen Verwaltungsapparat wie in den Kooperativen ab. Während die zähen Diskussionen um jeden weiteren Schritt der Reformpolitik weitergingen, stieß man bei der Einführung in die Praxis immer wieder auf dieselben Schwierigkeiten: Wegen der Rückständigkeit der Institutionen, der mangelnden Qualifikation oder Ehrlichkeit der Kader und weiterhin herrschender alter Gewohnheiten wurde der Erfolg richtiger Maßnahmen auch hier wieder relativiert, gelegentlich sogar in sein Gegenteil verkehrt. Schon 1982 gab es einen Rückschlag, blieb die Produktion von Lebensmitteln erneut hinter dem Bevölkerungswachstum zurück. Während der Ertrag der Reis-

9 Er fand vom 27. bis 31. März 1982 statt.

10 Genaueres darüber bei Bello.

11 Die ungewöhnlich ausgiebige Diskussion und Vorbereitung für den immer wieder hinausgezögerten Parteitag setzte schon Ende 1979 ein.

12 Nguyen Khac Vien 1982.

felder gehalten werden konnte, betraf dies vor allem die »Nichtreisprodukte« (Gemüse, Getreide etc.)[13], die gerade in der Absicht einer gesünderen Diversifizierung der Nahrung propagiert worden waren.

Die zur Neuordnung und Effektivierung der Industriebetriebe auf dem 5. Parteitag beschlossenen Maßnahmen (Übertragung von mehr Verantwortlichkeit auf die einzelnen Betriebe, Prinzip der Rentabilität und Selbstfinanzierung) waren aus denselben Gründen weit davon entfernt, die erwartete dezentralisierende und die Produktion steigernde Wirkung zu entfalten – im Gegenteil: In den Beziehungen zwischen dem Staat und diesen Betrieben oder den Institutionen untereinander gab es plötzlich gefährliche Reibungen. Engstirnigkeit und Eigennutzdenken von Betriebsleitern, die den Sinn der Maßnahmen falsch oder gar nicht verstanden, lösten in der Bevölkerung, die am meisten unter den dadurch entstehenden Pannen zu leiden hatte, Verbitterung und Ratlosigkeit aus.

Auch andere Maßnahmen, wie etwa die Abwertung des Dong oder der Übergang vom bis dahin überwiegenden Natural-Lohnsystem (ein großer Teil des Lohns wird in Form von Anrechtscheinen auf verbilligte Lebensmittel und Gebrauchsgüter beglichen) zum Reallohn im Juni 1985, hatten nicht den erhofften Effekt der Bremsung der Inflation, weil man die übrigen Wirtschaftsfaktoren anzupassen oder in die Konsequenzen einzubeziehen unterließ. Bei der Währungsreform war es durch die ungleichzeitige Einführung im Norden und im Süden zu Kursgefällen, Spekulationen und Betrügereien gekommen, während die mit der Umstellung auf Reallohn notwendige Neufestsetzung der Preise für den Konsumbedarf die Inflation zusätzlich anheizte. Die allgemeine Unsicherheit wurde dadurch erhöht, dass man sich nicht vorher überlegt hatte, wie denn die neuen Löhne festzusetzen seien, und deren Höhe zunächst »vorläufig« bestimmt hatte. Die Preise in den Staatsläden, die man freigab und nicht mehr subventionierte, stiegen sprunghaft an, so dass auch weiterhin kaum jemand von seinem Lohn leben konnte. Ein alarmierender Zustand, den man mit dieser Maßnahme eigentlich beenden wollte, verschärfte sich noch mehr, und die Folgen dieser Situation sind leicht vorstellbar: Illegale Nebenbeschäftigungen, meist im Schwarzhandel, blieben oder wurden lebensnotwendig, die Arbeitslosigkeit stagnierte weiter.

13 Von 5,7 Mio. Tonnen 1980 auf 2,2 Mio. Tonnen 1984, vgl. Beresford.

Eine Verbesserung der Lage war offenbar nur in einem sehr langsamen Tempo möglich, zumal der Wettlauf zwischen den landwirtschaftlichen Zuwachsraten (Ertragssteigerung und Neulanderschließung) und dem Bevölkerungsanstieg noch lange nicht entschieden war: Das Ziel, die jährliche Geburtenrate auf etwa 1 % zu senken, war trotz intensiver Aufklärungsmaßnahmen noch lange nicht erreicht (1985 betrug sie immer noch 2,2 %). Neben anderen Gründen trug dies auch dazu bei, dass die 1983 erreichte Unabhängigkeit vom Nahrungsmittelimport ein sehr prekärer Anfangserfolg war und keineswegs bedeutete, dass die Unterernährung ganz überwunden war.

Le Duan, der Parteivorsitzende, hatte die aktuelle Situation seines Landes auf dem Parteitag so beschrieben: »Es herrscht Lebensmittelmangel, Mangel an Kleidung und anderen Verbrauchsgütern. Wir haben einen großen Mangel an Energie und chemischen Erzeugnissen, Kommunikationsmitteln und Transportkapazität. Zahlreiche Staatsbetriebe arbeiten, ohne ihre Kapazitäten auslasten zu können. Es gibt immer noch ein hohes Gefälle zwischen den Einnahmen und den Ausgaben im Budget sowie in der Geldzirkulation und bei den Importen. [...] Die Preise sind nicht stabil. Eine große Anzahl von Menschen ist immer noch arbeitslos. Arbeiter vor allem, aber auch Funktionäre und Bauern leiden unter schlechten Lebensbedingungen.«[14]

Man rechnete mit einer längeren »Durststrecke«, die bis zum Ende des Jahrzehnts dauern könnte, dann erst wäre vielleicht eine Befreiung aus dem Teufelskreis von Unterentwicklung, Unterproduktion und Verschuldung vorstellbar. Inzwischen war die Inflation, die 1984 noch bei 50–60 % lag, zunächst langsam zurückgegangen, so dass ein Erkundungsteam des IWF im März 1984 »Zeichen der Besserung« erkennen konnte.[15] Die Parteispitze war jedenfalls nach wie vor entschlossen, den Reformkurs trotz aller Schwierigkeiten weiter fortzusetzen, einen Kurs, der dann Ende 1986 auf dem 6. Parteitag der KPV[16] bestätigt, ausgearbeitet und zum Ausgangspunkt einer nachhaltigen Verbesserung der wirtschaftlichen Lage wurde.

* * *

14 Zit. nach: Brocheux, S. 216.

15 FEER, 24.5.1984. Darin auch die Informationen aus einer ungewöhnlich offenen Pressekonferenz mit Tran Phuong, dem für Wirtschaftsfragen zuständigen Vizepremierminister.

16 15. bis 18. Dezember 1986.

Ähnlich wie der vorhergehende hatte auch dieser, wohl bislang wichtigste Parteitag der Nachkriegszeit eine lange Vorbereitungszeit gebraucht, war seine formelle Eröffnung mehrmals verschoben worden. Dazu hatten sicher auch noch immer andauernde innere Auseinandersetzungen um die Reformpolitik im Politbüro beigetragen, mehr noch dürfte jedoch die Absicht, sich intensiver als je zuvor um eine Bestandsaufnahme und Kritik auf breitester Basis zu bemühen, zu den Verzögerungen beigetragen haben. Die Parteiführer, allen voran der erst im Sommer zum Nachfolger des am 10. Juli 1986 verstorbenen Le Duan gewählte Vorsitzende Truong Chinh, reisten monatelang durchs Land und suchten den persönlichen Kontakt zur Bevölkerung und zu den örtlichen Parteigliederungen. In den Medien wurde eine fast ein Jahr dauernde Kampagne der Kritik und Selbstkritik eingeleitet, die eine unendliche Fülle von tatsächlichen und dringenden Problemen der Bevölkerung bei der Arbeit und im täglichen Leben an den Tag und in die Öffentlichkeit brachte. Ausführlicher, als dies sonst zu geschehen pflegte, wurden dann auch die kontroversen Diskussionen des Parteitags[17] selbst veröffentlicht, so zum Beispiel die Rede des Parteisekretärs von Hanoi, Nguyen Thanh Binh, der dem Bericht des Parteivorsitzenden Truong Chinh vorwarf, er enthalte »keine wirklichen Vorschläge, um die dringenden ökonomischen Probleme zu lösen und die Erwartungen der Bevölkerung zu erfüllen«[18].

Kritische Interventionen auf dem 5. Parteitag, etwa von Le Duc Tho oder Pham Van Dong, waren ebenfalls später veröffentlicht worden, nicht aber ein scharf formulierter Brief von Nguyen Khac Vien, der bei den Beratungen des 6., nächsten Parteitags eine große Rolle spielen sollte. Er war nicht an die Parteispitze gerichtet, sondern an die Nationalversammlung als höchstem demokratischem Gremium, und brachte die Probleme auf den Begriff, vor denen Vietnam Mitte der 1980er Jahre stand. Dies waren, neben dem nach wie vor großen Druck von außen, vor allem zwei innenpolitische Befunde: »Die Wirtschaft bricht zusammen. Das Vertrauen der Bevölkerung schwindet.«[19]

In der westlichen Berichterstattung wurde vor allem über die bereits vor dem Parteitag beschlossenen personalen Änderungen in der

17 Vgl. Boudarel, S. 113–118.

18 LM, 19.12.1986, und FEER, 1.1.1987.

19 In: Boudarel, S. 115.

Regierungs- und Parteispitze spekuliert und dieser deshalb zum »wichtigsten Parteitag, den es je gab«, hochstilisiert.[20] Was das Ausscheiden einiger Politiker betrifft, die seit Jahrzehnten an höchsten Stellen platziert waren (Pham Van Dong etwa), hatte dies kaum Auswirkungen auf die Kontinuität der Politik. Und »diejenigen, die nachgerückt sind, haben dies in einer Weise getan, die kaum die kürzlich festgelegte Hierarchie berührt«[21]. Bezeichnend für die Akzentsetzung des Parteitags war im Bereich der Personalentscheidungen allerdings die Tatsache, dass mehrere Verantwortliche des Befreiungskampfes im Süden und Kader mit Erfahrung auf ökonomischem Gebiet neu ins Politbüro aufgenommen wurden. Aber diese Veränderungen waren im Grunde nur eine Konsequenz aus den Beratungen über den eigentlichen Schwerpunkt der inhaltlichen Arbeit: die rücksichtslose Bestandsaufnahme der bei der Anwendung und Erprobung des Reformkurses gemachten Erfahrungen und Fehler sowie die Strategien seiner Weiterführung.

Das Hauptthema dieses Parteitags, die Doi Moi[22]-Politik, wurde schon den ganzen Sommer über öffentlich diskutiert und stieß bereits vorab auf große Zustimmung in der Bevölkerung. Mit Bezug auf das allgemeine Ziel des Aufbaus einer sozialistischen Gesellschaft stellte der Parteitag klar, dass »die Periode des Übergangs zum Sozialismus von langer Dauer sei, aus zahlreichen Etappen bestehen und voller Schwierigkeiten sein werde«[23]. Hinter dieser Feststellung steht die Erkenntnis, dass es keinen Sinn mache, immer wieder utopische Zielsetzungen zu formulieren, und man sich stattdessen mit den aktuellen brennenden Problemen zu beschäftigen habe.

In den Plenarsitzungen wurde besonders häufig daran erinnert, dass man das Volk als Wurzel aller Politik ernst zu nehmen habe, dass die Partei die Verbindung zu den arbeitenden Menschen zu pflegen und ihre Politik von deren Bedürfnissen auszugehen habe. Dies waren verdeckte, aber trotzdem unmissverständliche Reaktionen auf die Erkenntnis, dass das Vertrauen zwischen Volk und Partei gestört war und verloren zu gehen drohte. Aber auch zu einem

20 So der ehemalige CIA-Agent und Professor an der Berkeley-Universität Douglas Pike, in: *Time*, 29.12.1986.

21 LM, 20.12.1986.

22 Doi Moi heißt Erneuerung, Öffnung.

23 Nguyen Khac Vien 2010, S. 384.

größeren Realismus wurde aufgerufen. Die Partei müsse sich an der Realität orientieren und im Einklang mit »objektiven Regeln« handeln. Dabei handele es sich nicht nur um ökonomische Gesetze (etwa des Marktes), sondern auch um neue und internationale globale Tendenzen.

Unschwer lassen sich in solchen Formulierungen die beiden Hauptelemente von Doi Moi erkennen: die Liberalisierung der Wirtschaft bis hin zur Einführung von Elementen der Marktwirtschaft und die Öffnung nach außen, d.h. vor allem zu den westlichen Märkten, um der Wirtschaft durch den Export zum Aufschwung zu verhelfen. Auch insofern gilt der 6. Parteitag als eine Zäsur in der Nachkriegsgeschichte Vietnams, und alle folgenden Parteitage hatten sich bis heute mit der Verwirklichung der hier formulierten Ziele zu beschäftigen.

Aber noch eine andere Diskussion prägte den Parteitag, allerdings eher im Hintergrund. Es war eine Frage, die in den nächsten Jahren und Jahrzehnten immer wieder auch aus dem Ausland gestellt wurde: Würde es reichen, eine ganz auf die Wirtschaft konzentrierte Wende zu beschließen und durchzusetzen, ohne dass andere Bereiche dabei betroffen sein würden: Sozialpolitik, Kulturpolitik, Ideologie? Auch das sind Fragen, welche auf allen späteren Parteitagen wieder auftauchen sollten. Es wurde debattiert, abgewogen, aber einfache Lösungsvorschläge kamen nicht.

Die insgesamt eher negative Wirtschaftsbilanz wurde zu Beginn der Beratungen breit dargestellt und intensiv erörtert: In fast keinem Bereich der Wirtschaft war in den letzten Jahren das gesetzte Planziel erreicht worden. Trotz leichter Steigerungen bei der landwirtschaftlichen Produktion (18,5 Mio. t Reis im Jahr 1986, 300 000 Tonnen mehr als 1985 – geplant war aber eine Steigerung um 1,8 Mio. t[24]) wurde in bestimmten ländlichen Gebieten die akute Unterernährung zu einem ernsthaften Problem.

24 Reisproduktion (nach: Weggel, S. 101, und FEER, 22.1.1987):
1979: 13,9 Millionen t
1980: 14,4 Millionen t
1981: 15,1 Millionen t
1982: 16,2 Millionen t
1983: 17 Millionen t
1985: 18,2 Millionen t
1986: 18,5 Millionen t

Aber auch in allen anderen Gebieten lagen, so wurde bilanziert, die Ergebnisse sogar unter denen der frühen 1980er Jahre. Die Steigerung des Bruttosozialprodukts hatte sich von früher bis 8 % auf 4,6 % verlangsamt, das Wachstum in der Industrieproduktion war von früher bis 12 % auf 5,6 % gesunken. Der Staat konnte den Bauern die notwendigen Arbeitsmittel (vor allem Düngemittel und Transportkapazität) nicht in ausreichendem Maß zur Verfügung stellen, war andererseits aber auch nicht in der Lage, Lebensmittel in notwendiger Quantität aus der Überproduktion aufzukaufen, weil ihm die Mittel fehlten. Unter diesen Umständen hatte die Aufhebung der Preisbindung im Vorjahr katastrophale Folgen gehabt, weil es privaten Händlern gelang, durch Konkurrenz die staatlichen Verkaufsorganisationen auszuschalten. Die Preise gerieten außer Kontrolle, Spekulation und Veruntreuung blühten, eine erneute galoppierende Inflation war die Folge.[25]

Diese Rückschläge wurden vor allem auf die doktrinäre Art und Inkompetenz zurückgeführt, mit der die einzelnen Schritte der Reform auf den unteren Ebenen schon bei der Einführung praktisch sabotiert worden waren. Aber auch die Verantwortung von Partei und Regierung für die Missstände wurde sehr deutlich betont und diskutiert. Unerbittlich nennt die Schlussresolution die Gründe (»Subjektivismus, Voluntarismus, schablonenhafte Denk- und Handlungsweisen, Übereilung«) und die Schuldigen: »Ohne die objektiven Schwierigkeiten zu unterschätzen, kommt der Parteitag zu der Erkenntnis, dass die subjektiven Gründe für diese Situation vor allem in Irrtümern und Fehlern der Führung und Leitung durch Partei und Staat zu suchen sind.«[26]

Folgende Maßnahmen wurden als Konsequenz auf dem Parteitag beschlossen: Zurücknahme der Konzentration auf industrielle Großprojekte (außer Wasserkraftwerken und Erdölförderung), Fortführung und Ausbau des Kontraktsystems, Aufbrechen der bürokratischen Strukturen von unten, größere Rücksichtnahme auf die materiellen Interessen der Bevölkerung, Förderung der privaten Kleinproduktion vor allem zur Überwindung von Engpässen, Qualifizierung der Kader vor allem auf der mittleren und unteren Ebene, größere Eigenverantwortung auf Betriebsebene. Als wirtschaftliche

25 Die Inflationsrate stieg, nach Angaben von »Vietnamese officials« gegenüber dem IWF, auf zeitweise 700 bis 800 %. FEER, 22.1.1987.

26 Zit. nach: *Afrique-Asie*, 391, 12.–25.1.1987. Nguyen Khac Vien formuliert noch drastischer: »die schreiende Inkompetenz des Staatsapparates«, in: Boudarel, S. 117.

Schwerpunkte in den kommenden Jahren wurden bestimmt: die weitere Produktionssteigerung der Landwirtschaft, die Versorgung mit Konsumgütern, die Lösung des Energieproblems und die verstärkte Produktion für den Export.

Dies waren alles dringende Sachprobleme, denen sich der Parteitag gegenübersah. Voraussetzung für ihre Lösung war aber eine Selbsterneuerung des Apparats: Förderung der als richtig eingeschätzten Maßnahmen durch größeren Sachverstand, höheres gesellschaftliches Verantwortungsbewusstsein und mehr Engagement des Einzelnen – unter Vermeidung sowohl des doktrinären Bürokratismus als auch des Egoismus. Die Erneuerung, das Schlagwort, das alle Reden beherrschte, bezog sich also vor allem auf einen Neuanfang im Verhältnis zwischen Partei, Regierung und Volk.[27]

Bei solchen Zielen überraschte es nicht, dass das Gewicht des Südens in der Parteiführung gewachsen war. Auf dem Parteitag soll oft der Satz zu hören gewesen sein: »Der Norden hat den Krieg gewonnen, der Süden soll jetzt die Wirtschaft in Schwung bringen.«[28] Voraussetzung dafür war wohl, dass sich im Süden langsam die Basis für eine eigenständige wirtschaftliche Struktur entwickelt hatte, die sich von ihrer früheren Rolle als neokolonialistische Versorgungs- und Zulieferwirtschaft befreit hatte.

Der neue Parteivorsitzende Nguyen Van Linh hatte den Prozess der Reform als Gewerkschaftsvorsitzender und Parteisekretär von Ho-Chi-Minh-Stadt in wichtiger Position mit in Gang gesetzt. Sein zeitweises Ausscheiden aus dem Politbüro (1982–85) dürfte darauf zurückzuführen sein, dass solche Vorstellungen damals noch auf jene Enge des doktrinären Blicks und Angst vor unabsehbaren Konsequenzen stießen, die dieser Parteitag dann so hart kritisierte. Seine Wahl[29] und die Berufung weiterer Praktiker aus dem Süden ins Polit-

27 Bei meinem Vietnam-Aufenthalt im Sommer 1986 habe ich gelegentlich den aus der kubanischen Revolution stammenden Slogan »Changer ou mourir« gehört (etwa: »Entweder es ändert sich was oder wir gehen alle zugrunde«). Er bezog sich eindeutig auf Verhaltens- und Klimakorrekturen und nicht auf die allgemeine politische Richtung.

28 IHT, 22.1.1987.

29 Linh ist »kein Vertreter radikaler Veränderungen« (LM, 20.12.1986). Die Qualifikation der neu Berufenen liegt nicht in der programmatischen Radikalität ihrer Ansichten, sondern in ihrer Erfahrung bei der Anwendung der von ihnen mitgetragenen Reformen vor Ort.

büro (Vo Chi Cong, Vo Van Kiet) ist nicht das Signal einer radikalen Wende, vor allem nicht einer Machtübernahme durch Sympathisanten einer wie immer »freieren« oder »kapitalistischeren« Wirtschaftsform[30], sondern hier vollzieht sich ein Prozess der Normalisierung des Verhältnisses zwischen dem Norden und dem Süden, der seit Jahren unter der Oberfläche begonnen und nun die Ebene der sichtbaren Repräsentanz in den Gremien erreicht hatte.

* * *

In einer Bilanz der Konsequenzen und Erfolge der Doi Moi-Politik beschreibt der vietnamesische Autor Dang Duc Dam in seiner Broschüre *Vietnam's Economy 1986–1995* die Implementierung der Beschlüsse des 6. Parteitags über das nächste Jahrzehnt. Für die nationale Wirtschaft zählt er als Erfolge auf: das wirtschaftliche Wachstum, die Eindämmung der Inflation, die Verbesserung auf dem Arbeitsmarkt und bei den Einkommen und das Gleichgewicht zwischen Ausgaben und Einnahmen in der nationalen Bilanz.[31]

Zu den strukturellen Veränderungen, die durch Doi Moi beschrieben und die dann nach und nach[32] eingeführt wurden, zählt die Einrichtung einer Wirtschaft mit mehreren Sektoren, zunächst aufgeteilt nach staatlichen und nichtstaatlichen Unternehmen, dann untergliedert in verschiedene Typen von Staatsunternehmen und in Privatbetriebe mit unterschiedlicher nationaler und internationaler Beteiligung. Auf staatlicher Ebene wurden neue und differenzierte Planungsmodelle eingeführt, so in der Haushaltspolitik, der Finanzpolitik und der Währungspolitik. Auch in diesen Bereichen lief der Implementierungsprozess parallel zu den ihn begleitenden

30 Es konnte nicht ausbleiben, dass Linh in der westlichen Presse als eine Art kleiner Gorbatschow beschrieben wurde. Das ist nicht ganz abwegig: »Glasnost« hat in Vietnam sicher einen gewissen fördernden Einfluss ausgeübt. Und ebenso ist Linhs Politik nicht von »jener Art des Unterst-zuoberst-Durchschüttelns, wie es in Deng Xiaopings China in Gang ist«. *Newsweek*, 5.1.1987.

31 Für alle diese Bereiche enthält das Buch von Dang Duc Dam eine Vielzahl von Statistiken und Tabellen, auf die hier aus Platzmangel verwiesen werden muss: Dang Duc Dam, S. 129–219.

32 »nach und nach« ist langfristig zu verstehen. Bei der Einführung gab es Rückfälle, Verzögerungen und Umorientierungen je nach der aktuellen politischen Situation bis heute.

kontroversen Diskussionen. Die Parteitagsbeschlüsse beschränkten sich nicht auf allgemeine Überlegungen, sondern machten auch Vorgaben für fast alle wichtigen Bereiche in der Landwirtschaft, der Industrie und im Dienstleistungssektor.

Ein eigenes Aktionsfeld der Politik, zu dem der Parteitag relativ ausführliche Direktiven erarbeitete, war die internationale Wirtschaftspolitik Vietnams mit dem Ziel, sich in die neu aufgestellte internationale Wirtschaftsstruktur zu integrieren. Nicht umsonst hatte ja das Parteitagsmotto zwei Teile, deren zweiter, »Öffnung«, die konkrete Anweisung enthielt, von einer Politik der Isolierung wegzukommen und sich den internationalen Märkten zu öffnen. Dies war sicher weder eine leichte noch eine mit Enthusiasmus angegangene Aufgabe, begab man sich dabei doch auf ein Feld, auf dem spätestens nach 1989 die Spielregeln und Machtverhältnisse eindeutig festgelegt und für Vietnam damit vorgegeben waren. Aber »die Reformen sollen die Integration Vietnams in die Weltwirtschaft unterstützen und Vietnams Profil in der internationalen Arena schärfen«[33].

Vor allem aber sollten sie die materielle Lage der Bevölkerung verbessern, was, so die Erkenntnis des Parteitags, allein mit national begrenzten Maßnahmen nicht möglich war. Denn die Missachtung dieser Erkenntnis bedeutete Isolation, da eine wirkliche Autarkie sowohl ökonomisch als auch politisch die eigenen Kräfte weit überstieg. Wie immer man die in den nun kommenden Jahren unternommenen politischen Schritte zur internationalen Integration des Landes bewerten mag[34], sie hatten stets hauptsächlich oder mindestens gleichzeitig auch dieses Ziel. Und vor allem daran wurden, etwa auf den folgenden Parteitagen, stets die Erfolge oder Misserfolge von Doi Moi gemessen.

Das Jahr 1989 brachte mit dem Zusammenbruch der sozialistischen Länder einen neuen Wendepunkt. Er hatte zunächst einen Stillstand bei der Umsetzung von Doi Moi zur Folge. In Vietnam gab es Unzufriedenheit und Forderungen bis 1992, »bis die Partei die Ratlosigkeit überwand, die sie 1989 gepackt hatte, als die DDR zusammenbrach«[35]. Von da an stand die Weltwirtschaft unter dem Zeichen der Globali-

33 Dang Duc Dam, S. 5.

34 Zum Beispiel, ob sie noch dem Ziel der Erreichung einer sozialistischen Gesellschaft oder ob sie die Einführung des Kapitalismus bedeuten oder nicht.

35 Brocheux, S. 227.

sierung, und Vietnam fand sich auf diesem Parkett ohne jede Unterstützung aus einer Gruppe freundschaftlich gesinnter Staaten wieder. Also bemühte man sich nun, zu anderen Ländern wenigstens freundschaftliche Beziehungen[36] zu knüpfen, und zwar zunächst in der Region selbst: Eintritt in die AFTA (ASEAN Free Trade Association), Mitwirkung in der APEC (Asia-Pacific Economic Cooperation), Aufnahme in den ASEAN-Pakt 1995. Schließlich erfolgte 2006 die Aufnahme in die WTO.

Dieser Beitritt zu einer von den USA dominierten Welt-Regelungsbehörde für die wirtschaftlichen Beziehungen aller Länder war lange durch Vorgespräche vorbereitet worden, in deren letzter Phase bilaterale Verhandlungen mit den USA im Mittelpunkt standen. Vietnam musste auf allen Gebieten des wirtschaftlichen und politischen Lebens Veränderungen hinnehmen, die es aus eigener Überzeugung vielleicht nicht vollzogen hätte. Die diplomatischen Beziehungen zu den USA, die 1995 wieder aufgenommen worden waren, und das bilaterale Wirtschaftsabkommen von 2001 waren wichtige Voraussetzungen für die Zulassung zur WTO gewesen. Über die regionale Integration hinaus waren der Zugang zum Weltmarkt und die Absicherung internationaler Handelsbeziehungen durch das Regelwerk der WTO ohne die Normalisierung der Beziehungen zu den USA nicht möglich.

Auch nach dem Beitritt ging die Diskussion darum in Vietnam weiter. Bei einer Tagung in Hanoi über Vor- und Nachteile des Beitritts sagte der Direktor des Vietnamesischen Wirtschaftsinstituts, Tran Dinh Thien, der Beitritt zur WTO bringe riesige Verbesserungen für die Integration der Länder. Der Wegfall von Zollschranken erleichtere die Beschaffung von Rohmaterialien, helfe den Ländern, ihre Ökonomien effektiv zu führen, bringe die Erneuerung der Technologien voran und erweitere die Exportmärkte.

Der Beitritt zur WTO schaffe aber auch viele Herausforderungen für Vietnams Wirtschaft, es werde zu härterer Konkurrenz mit ausländischen Wettbewerbern kommen, was den Bankrott vietnamesischer Unternehmen zur Folge haben könne. Unternehmen in anderen Sektoren wie Dienstleistungen könnten ebenfalls einer

36 Die von grundlegend anderer Art waren als diejenigen zu den sozialistischen Ländern zuvor, denn sie beruhten nur noch auf wirtschaftlichen und politischen Interessen und waren von daher, gemessen an dem vorherigen Prinzip der Solidarität, prekär.

Konkurrenz durch ausländische Firmen ausgesetzt sein, gegen die sie keine Chance hätten.

Um die Chancen, die der Beitritt bot, zu nutzen, mussten in Vietnam neue Kader und Fachleute ausgebildet werden, die sich in die komplizierten juristischen Fragen einarbeiteten, die bei eventuellen Streitigkeiten mit anderen Staaten zu berücksichtigen waren. Einen Eindruck davon, was das für die vietnamesische Wirtschaft bedeutete, gibt ein Interview mit Christina L. Davis, Professorin an der Princeton University: »Die Regierung braucht Experten mit ausreichenden Kenntnissen im WTO-Recht, um die Vereinbarungen umzusetzen. Willkürliche Maßnahmen zum Schutz einer Industrie bergen die Gefahr, Ziel von WTO-Streitsachen zu werden. Jede Maßnahme muss aus der Perspektive sowohl der nationalen Interessen als auch des WTO-Rechts betrachtet werden. In der Phase, in der Vietnam noch wie eine ›Nicht-Marktwirtschaft‹ behandelt wird, ist es besonders gefährdet durch Dumping-Vorwürfe und bedroht durch hohe Anti-Dumping-Strafen. Dagegen kann Vietnam das WTO-Schlichtungssystem in Anspruch nehmen und Beschwerde führen. So ein juristischer Schritt schafft Abhilfe nicht nur in dem einzelnen Fall, sondern signalisiert anderen Staaten, dass Vietnam seine Rechte als neues WTO-Mitglied auch wahrzunehmen gedenkt.«[37]

Diese Umwälzungen im politischen Denken betreffen nicht nur die juristische Seite. Man hatte zwar mit Doi Moi Elemente einer Marktwirtschaft an zentraler Stelle in die ökonomischen Debatten und Maßnahmen eingehen lassen. Diese mussten jedoch nun auch international berücksichtigt werden, und so etwas wie Konkurrenz über die Landesgrenzen hinaus war bislang eine unbekannte Dimension wirtschaftlichen Denkens gewesen.

Neue, nicht zu umgehende Orientierungspunkte auch für die Innenpolitik blieben nicht ohne Einfluss auf die erwähnten Ziele der wirtschaftlichen Erneuerung. Es war die Gefahr gegeben oder vielmehr gewachsen, dass dabei das Ziel der Verbesserung des Lebensstandards der Bevölkerung in Konkurrenz zu außenpolitischen Prioritäten trat und vor ihnen zurücktreten musste. Das schuf neue Reibungsflächen und Interessenkonflikte, so etwa der neue Status von Vietnam als Billiglohnland für den Westen, der Druck auf bestimmte Sektoren der landwirtschaftlichen Produktion, sich den Weltmarktpreisen anzupas-

37 In: *Viet Nam News*, 22.7.2006.

sen, Schutzmaßnahmen von Exportländern gegen die Einfuhr vietnamesischer Produkte (z. B. ein lang anhaltender Streit um die Lieferung von Pangasius-Fisch in die USA) und andere.

Doi Moi hat nicht nur die Wirtschaft radikal erneuert, sondern in Vietnam auch die Züge einer neuen Gesellschaft erscheinen lassen. Damit verknüpfte sich die Hoffnung auf eine materielle Verbesserung des Lebens. Dies war wichtiger als die oft geäußerten Zweifel in der Bevölkerung und bei bestimmten Intellektuellen an der sozialistischen Perspektive. Die Absolutheit dieses Ziels und das notwendige Vertrauen in Doi Moi als dem richtigen Weg hatte eine Tendenz geschaffen, Schwierigkeiten oder strittige Angelegenheiten, die aus der Vergangenheit noch akut waren, durch Kompromisse zu umgehen, wobei sie oft latent virulent blieben.

Diese Tendenz übertrug sich in erweitertem Ausmaß auf die neuen internationalen Beziehungen. Der sozialistische Staat ging dabei sehr häufig Kompromisse ein, die die Grenzen seiner ideologischen Nomenklatur sprengten und neuen Diskussionen über den Weg in die Zukunft Stoff gaben. Je nach Perspektive und Temperament kann man darin einen Verrat sehen oder nur einen Widerspruch zwischen Ideologie und Praxis. Tatsächlich scheint sich mir hier eher ein weiteres Mal der traditionelle vietnamesische Pragmatismus zu zeigen, mit dem das Land und seine jeweilige politische Führung auf Situationen äußersten Drucks stets reagiert haben. Man beteiligt sich an der Globalisierung und macht sich verwundbar durch die Konkurrenz der Nachbarn, die dieselben Ziele anstreben. Man macht sich ein Stück weit abhängig von protektionistischen Maßnahmen seiner Kunden und von deren Krisen (Rezession) sowie von der Fluktuation der Preise auf dem Weltmarkt für seine wichtigsten Exportprodukte (Reis, Kaffee, Textilien). Aber Vietnam hat so die asiatische Krise 1997 ohne große Schäden überstanden, was anders wohl nicht möglich gewesen wäre.

* * *

Im letzten Jahrzehnt des 20. und im ersten des 21. Jahrhunderts gab es in Vietnam eine mehr oder weniger stabile Situation und eine langsame, aber stetige Entwicklung ohne Höhe- und ohne Wendepunkte. Als leitendes Basisprojekt galt die Weiterentwicklung, Präzisierung und Ergänzung von Doi Moi. Dabei bedingten und beeinflussten sich gegenseitig das innere wirtschaftliche Wachstum und die Öffnung nach außen, die man jetzt als einen Prozess der Integration erkannte. Aber, so ein vietnamesischer Historiker, »die internationale ökonomische Integration ist ein Prozess der Zusammenarbeit und des Zusammenschlusses, der in der Regel von einem zweiten Prozess begleitet ist, dem der Angleichung und Abgrenzung. Die Möglichkeiten der Angleichung und Abgrenzung hängen nicht nur von der Wirtschaft eines Landes ab, sondern noch mehr von der nationalen kulturellen Identität und deren Vitalität. Damit soll gesagt sein, dass die traditionelle Kultur eines Landes eine extrem wichtige Rolle spielt im Prozess der internationalen ökonomischen Integration.«[38] Dass diese traditionelle Kultur eine Rolle spielt, bedeutet aber nicht, dass sie in diesem Prozess eine Überlebensgarantie hat. Denn die »Angleichung« funktioniert auch umgekehrt. Elemente der fremden Kultur dringen ins Land ein und werden zur Konkurrenz der eigenen. Das ist einer der Prozesse, die Doi Moi begleiten und sich mit der Erneuerungs- und Öffnungspolitik sozusagen unkontrolliert vollziehen. In der Reflexion über diesen Tatbestand wird oft versucht, mit der Methode des Aufzählens von Vor- und Nachteilen von Doi Moi zu einer positiven Bilanz zu kommen. Zu Beginn des 21. Jahrhunderts würde diese Bilanz etwa wie folgt aussehen:

Positiv sind vor allem die makroökonomischen Folgen, mit folgenden Elementen oder Errungenschaften: Die Inflation wurde eingedämmt (von 771 % im Jahr 1986 auf 8 % im Jahr 1995[39]). Die Staatsfinanzen sind seit 1993 als gesund zu betrachten. In der Wirtschaft befindet sich der private Sektor im Aufschwung. Und »der staatliche Industriesektor hat sich, trotz der tiefen Feindseligkeit der Weltbank ihm gegenüber, als dynamisch erwiesen. Ihm wird jedoch immer noch vorgeworfen, vor allem von der Weltbank, wenig effektiv zu sein, zu viel Personal zu beschäftigen, viel zu hohe Schulden anzuhäufen und eine überholte Technik zu benutzen.«[40]

38 Tra Van Binh: Chance und Bedrohung. Möglichkeiten und Herausforderungen für eine nationale Kultur in Zeiten der Globalisierung, in: *Viet Nam Kurier*, 3–4/2002, das Zitat S. 16.

39 Die Fakten und Zahlen stammen aus offiziellen Berichten und Veröffentlichungen des IWF.

40 Interview mit Andrew Steer, Leiter des Büros der Weltbank in Hanoi 1998, zit. nach einem Artikel von François Houtart, in: *La Revue nouvelle*, Nr. 7–8, Juillet-août 1999, deutsch in: *Viet Nam Kurier*, 2/2000. Die hier vorgelegte Aufzählung der Vor- und Nachteile ist eine Zusammenfassung von Teilen dieses Artikels.

Weitere positive Indizien sind: der steigende Export (zwischen 1992 und 1995 jährlich um 20 %), die Entwicklung des Tourismus und die Schaffung eines günstigen Klimas für Investitionen sowie die fast folgenlose Überwindung der asiatischen Wirtschaftskrise 1998. Das nationale Wachstum in der Wirtschaft Vietnams war beeindruckend: zwischen 1992 und 1995 um 9 %, 1996 und 1997 um 8 %. IWF und Weltbank kritisieren bei grundsätzlicher Anerkennung der Entwicklung einige Punkte, so z. B., »dass seit 1986 die wenigen Ressourcen für den Außenhandel fast ausschließlich für den Import von Konsumgütern verwendet worden sind, was dazu führte, dass für die Ausrüstung der heimischen Industrie kein Kapital mehr vorhanden war«. Und was die Investitionen aus dem Ausland angehe, so sei bekannt, »dass […] sie, angezogen durch die billige Arbeitskraft, den lokalen wirtschaftlichen Aktivitäten Konkurrenz machen«[41].

Die negativen Elemente ergeben sich, wenn man den Öffnungsprozess als einen der Anpassung beschreibt. Diese »Anpassungspolitik« hat soziale, kulturelle und politische Auswirkungen. Sie sollen hier nur aufgezählt und kurz erläutert werden.

Das wichtigste dieser Elemente ist die wachsende Arbeitslosigkeit. Die Arbeitslosenquote betrug im Jahr 1989 3,4 %, 1990 4,7 % und 1992 6,2 %.[42] Auf zwei weiteren Gebiete wurden negative Veränderungen schnell deutlich: im Bildungssystem und im Gesundheitswesen. Beide waren traditionell und auch nach dem Krieg noch lange Zeit Aufgabe des Staates gewesen, die dieser kostenfrei erfüllte.

Nun mussten die Eltern einen Teil der Schulkosten selbst tragen. Infolge der Tatsache, dass viele Eltern dazu nicht in der Lage waren, sind »nicht weniger als eine Dreiviertelmillion Schüler […] innerhalb von drei Jahren aus dem System der Grunderziehung herausgefallen, bei einem Anwachsen der Schulpflichtigen um 7 %«[43]. Außerdem wurden die Lehrer nicht angemessen bezahlt (unterhalb des gesetzlichen Mindestlohns im privaten Sektor[44]). Damit hatte dieser Beruf für junge Leute keine Attraktivität mehr. Institutionen der Bildung, die eine qualitativ hohe Ausbildung anboten, wurden zumeist priva-

41 A. Isamu: How to survive in Asian societies: The case of Vietnam, in: *Impact*, August 1997.

42 Offizielle Angaben, die westlichen Beobachtern als zu niedrig erscheinen.

43 Chossudovsky.

44 Jedenfalls noch 2000, inzwischen wurden die Gehälter mehrfach erhöht.

tisiert und funktionierten damit nach dem Prinzip der Rentabilität. Das vertiefte Ungleichheiten in der Gesellschaft schon bei der Berufswahl. Es muss erwähnt werden, dass der Staat auf diese Situation inzwischen reagiert hat: Der Bildungsetat wurde von 4,6 % 1990 auf 8,4 % 1994 erhöht und stieg weiterhin.

Ein kostenloses Gesundheitssystem war im Norden seit 1954, im Süden seit 1976 aufgebaut worden. Es gab Gesundheitsstationen in allen ländlichen Gebieten, die traditionelle Medizin wurde wieder aufgewertet. Im Jahr 2000 aber musste schon die Hälfte dieser Stützpunkte von den Patienten selbst getragen werden. In den Großstädten wurden die Mittel gekürzt, die für den Unterhalt von Krankenhäusern und Kliniken nötig waren. Kranke im Krankenhaus müssen von ihren Familien ernährt werden. Als ausgerottet geltende Krankheiten tauchten wieder auf: Malaria, Cholera, Denguefieber, Typhus. Neuere Epidemien wie die Vogelgrippe oder SARL sind zwar nicht Folgen dieser Engpässe, aber ihre Behandlung und Bekämpfung wurde dadurch erschwert. Auch die Ärzte und das Pflegepersonal waren unterbezahlt und mussten »inoffiziell« dazuverdienen, was die Korruption begünstigte. Der Staat hatte kein Geld für eine Verbesserung des Gesundheitssystems[45], internationale Organisationen wie die Weltbank oder UNICEF gewährten Hilfe, die aber nicht umfassend sein konnte.

Vietnam bleibt trotz des wirtschaftlichen Aufschwungs ein armes Land, nach Berechnungen der Weltbank leben 51 % der Vietnamesen an der Grenze zur Armut. Auf der Straße traf man um 2000 noch Bettler und Straßenkinder, die kein Zuhause hatten. Das hat sich seither gebessert, Armut ist aber immer noch ein ständiges Problem und gibt Anlass zu intensiven staatlichen Bemühungen. Dabei stellt sich heraus, dass die Lasten der wirtschaftlichen Veränderungen vor allem von den Armen getragen werden müssen. »Die soziale Polarisierung verschärft sich. Eine neue soziale Klasse ist im Entstehen begriffen, die von der Umstellung der Wirtschaft profitiert und es sich leisten kann, zu konsumieren. Es sind Neureiche, vor allem im Süden, denen oft Habgierigkeit nachgesagt wird, ›rote Kapitalisten‹, die ihre Stellung im Regime nutzen, um sich zu bereichern. Oder Zwischenhändler, die seit der Liberalisierung der Wirtschaft die Möglichkeit haben, ihre Gewinne von den Einkünften der Bauern abzuschöpfen.«

45 Trotz einer Erhöhung des Gesundheitsetats von 3,9 % 1990 auf 4,2 % 1994.

Man müsse verstehen, so François Houtart, »dass nicht nur der Zerfall oder das Verschwinden des sozialen Schutznetzes für Millionen von Individuen den Zusammenbruch der persönlichen und familiären Lebensplanung bedeutet, sondern dass darüber hinaus die Freilassung der ökonomischen Mechanismen eine Vertiefung der Unterschiede und eine Verschärfung von Gegensätzen bewirkt. Diese sozialen Konsequenzen der Strukturanpassung liegen in der Logik des Systems selbst.«[46]

Weitere negative Auswirkungen »in der Logik des Systems« sind Korruption, Drogen und inzwischen auch wieder Prostitution. Als »kulturelle« Auswirkungen im engeren Sinn gelten soziale Erscheinungen, die noch kaum genauer untersucht worden sind. Jugendliche in Vietnam »lernen« in ihrer außerschulischen Sozialisation bereits die Gesetze von Profit und Konkurrenzkampf kennen. Dazu kommen kulturelle Importe von Spielen, Filmen, Büchern mit Gewaltdarstellungen und einer den konfuzianischen Traditionen strikt entgegengesetzten Darstellung von Sexualität. Auch die vietnamesischen Medien selbst (vor allem das Fernsehprogramm auch der staatlichen Sender) orientieren sich schon lange nicht mehr an einem Ideal von Bildungsarbeit, wie wir es hier in Europa mühsam wenigstens noch in Nischen zu praktizieren versuchen. Werbung und oberflächliche Unterhaltung dominieren, während Nachrichten- und Informationssendungen so trocken und langweilig sind wie eh und je. Houtart kommt zu einem enttäuschenden Resümee: »Es gibt kein Projekt einer Gesellschaft mehr, das die Geister mobilisieren und die Energien beflügeln könnte, um dem sozialen Leben einen kollektiven Sinn zu geben. Gewiss sind die Gründe dafür vielfältig, sicher aber ist, dass die Verheißungen des Marktes jeglicher Konstruktion einer solidarischen Gesellschaft den Todesstoß versetzen, dass sie die Energien zerstreuen und die Horizonte einengen.«[47]

Als Grundtendenzen dieses Prozesses lassen sich auf zwei Ebenen unterschiedliche Widersprüche benennen. Auf der politischen Ebene hat der Staat Macht abgeben müssen und muss dies weiterhin tun. Diese Macht geht an den Markt über, womit nicht in erster Linie der innere Markt, die Verteilung von Arbeit, Waren und Dienstleistungen im Land selbst gemeint ist. Die immer bedrängendere Gegenmacht

46 Houtart 2000, S. 32.

47 Ebd., S. 33.

ist der internationale Markt, inklusive seiner Gesetze und Machtverhältnisse. Auf der sozialen und kulturellen Ebene, der der menschlichen Verhaltensweisen und Wertvorstellungen, stehen einander das Prinzip der Solidarität und das des Profits gegenüber. Anders ausgedrückt: Dem Ideal der Einheit und Gemeinsamkeit steht das der Konkurrenz und des Kampfes jedes gegen jeden auf allen sozialen Ebenen gegenüber. Die vietnamesische Regierung, die Partei und die meisten Politiker in Vietnam sind sich sowohl der Mechanismen bewusst, denen sie ausgesetzt sind, als auch der Tatsache, dass sie in einem Land allein kaum außer Kraft zu setzen sind.

XII. Indochina nach dem Krieg

Unvollendete Geschichten

Am 11. April 1998 besuchte ein Reporterteam der *Far Eastern Economic Review* das Hauptquartier der Roten Khmer in Nordkambodscha. Sie waren eigens eingeladen worden. Man hatte ihnen ein Interview mit dem kranken, legendären Pol Pot versprochen, der in den letzten Jahren kaum mehr in Erscheinung getreten war. Gerüchte, er sei längst von seinem Rivalen Ta Mok entmachtet worden, bestätigten sich für die Reporter auf skurrile Weise: Die Soldaten im Lager hatten ein überraschendes Anliegen. Sie wollten Pol Pot ausliefern, damit er vor ein internationales Tribunal gestellt werden könne, wenn sie dafür Lebensmittel, Medikamente und Straffreiheit erhielten. Sie hatten anscheinend schon mehrere Versuche unternommen, den Kranken zu »verkaufen«, aber niemand wollte ihn haben. »Wir haben keine Möglichkeit, mit den Amerikanern oder mit anderen Ländern Kontakt aufzunehmen. Mit wem sollen wir über die Übergabe verhandeln? Können Sie uns den Kontakt zu den richtigen Leuten vermitteln?«, fragte Stabschef Khem Nuon die verdutzten Reporter, denen zuvor ein Soldat zugeflüstert hatte: »Dies hier ist zu Ende, können Sie mich in die USA bringen?«[1]

Pol Pot starb wenige Tage später, am 15. April, an Herzversagen. »Ich habe ihn nicht getötet«, versicherte, ohne gefragt worden zu sein, Ta Mok. Der Rundfunk der Roten Khmer verkündete den Tod des zuletzt unter Hausarrest stehenden Führers mit den wenig freundlichen Worten »Pol Pot ist verreckt«. Seine letzte politische Äußerung soll ein Aufruf zur Einheit unter den Kambodschanern gewesen sein, »damit Vietnam unser Land nicht auffrisst«. Ta Mok sagte zu einem Khmer-Reporter: »Pol Pot ist gestorben wie eine reife Papaya, die vom Baum fällt. Niemand hat ihn getötet, niemand hat ihn vergiftet. Jetzt ist er am Ende. Er hat keine Macht, kein Recht mehr, er ist nur noch Kuhscheiße. Aber Kuhscheiße ist wichtiger als er. Die kann man als Düngemittel brauchen.«[2]

Aber die Roten Khmer waren damit nicht, wie man meinen sollte, für immer von der politischen Bühne verschwunden. Obwohl mili-

1 FEER, 23.4.1998. Vgl. auch *Viet Nam Kurier*, 2/1998, *Konkret*, 6/1998, und LM, 18.4.1998.

2 Short, S. 442.

tärisch und physisch am Ende, spielten sie in den inneren Auseinandersetzungen kurze Zeit später wieder eine Rolle. Wie dargestellt, versuchte Prinz Ranariddh, die verstreuten Marodeure und ihren nur noch nominellen Chef Ta Mok als Verbündete in seinem Kampf gegen Hun Sen zu gewinnen. Als das herauskam, wurde ihm der Prozess gemacht, dem er sich durch Flucht aus dem Land entzog.

Aber auch das war nicht der letzte »Auftritt« der Roten Khmer in der Geschichte Kambodschas. Die Idee eines Prozesses gegen die Verantwortlichen im internationalen Rahmen nach dem Vorbild der Nürnberger Prozesse und des Internationalen Gerichtshofs in Den Haag war schon seit 1980 von verschiedenen Seiten ins Spiel gebracht worden, geriet dann aber wieder in Vergessenheit. Nun, im neuen Jahrhundert, forderten die Vereinten Nationen, vor allem auf Betreiben der USA, es müsse ein Tribunal gegen die Roten Khmer stattfinden, das ihre Kriegsverbrechen und ihren Völkermord ahnden solle. Die vorbereitenden Diskussionen waren zäh und kontrovers, weil nach dem Willen des Westens die kambodschanische Regierung unter Hun Sen möglichst nicht an der Organisation des Tribunals beteiligt sein sollte. Im Mai 1999 kam man schließlich überein, dass »ein nationales Gericht mit internationalem Charakter« mit Sitz in der Hauptstadt Phnom Penh gebildet werden sollte, wie der US-Unterhändler, Senator John Kerry, es ausdrückte. Es sollte aus drei Kammern bestehen, mehrheitlich mit kambodschanischen Richtern besetzt werden, zusätzlich sollte der UN-Generalsekretär jeweils eine Anzahl ausländischer Richter als Beisitzer ernennen. Für Entscheidungen wurde eine Zwei-Drittel-Mehrheit festgesetzt, so dass die internationalen Richter eine Sperrminorität hatten. Auch als Ankläger sollten je ein Kambodschaner sowie ein ausländischer Jurist fungieren. Die Verfahrensgrundlage sollte das kambodschanische Strafrecht von 1956 sein, das wiederum auf den »Code pénal« der vormaligen Kolonialmacht Frankreich zurückging.[3] Was den Umfang der möglichen Anklagepunkte betraf, musste Phnom Penh Zugeständnisse machen: Das Tribunal sollte ausschließlich über den Zeitraum von 1975 (dem Machtantritt der Roten Khmer) bis 1979 und die während dieser Jahre begangenen Verbrechen befinden. Außerdem war es dem Tribunal verboten, »andere Länder oder Organisationen« in

3 Ausgeschlossen wurde freilich die damals in Kambodscha noch mögliche Verhängung der Todesstrafe.

seine Ermittlungen »einzubeziehen oder sie abzuurteilen«. Mit diesen beiden Begrenzungen der Kompetenz war gesichert, dass die Komplizenschaft der USA, der VR China oder anderer westlicher Staaten mit dem Pol Port-Regime auf keinen Fall zur Sprache kommen konnte.[4]

In den Vorverhandlungen musste sich die Regierung Hun Sen immer wieder gegen den Vorwurf wehren, sie ziele auf eine Schonung der ehemaligen Pol Pot-Getreuen, auf eine »natürliche Lösung« aufgrund des hohen Lebensalters der potenziellen Angeklagten ab und verfolge eine Politik der »Winkelzüge«, weil ehemalige Rote Khmer in der Regierung selbst unangenehme Konsequenzen fürchteten[5]. Zumeist wird dabei geflissentlich unterschlagen, dass die UNO selbst immer wieder auf die Bremse getreten war und sich erst 1996 (!) zu einer verbalen Verurteilung der Roten Khmer durchringen konnte.

Hun Sen wurde auch vorgeworfen, dass er sich bereits 1996 mit Ieng Sary, dem ehemaligen Außenminister der Roten Khmer, »versöhnt« hatte. Ieng Sary hatte sich offiziell von den Roten Khmer losgesagt und war von König Sihanouk begnadigt worden. Seither hatte er an der Grenze zu Thailand um die Stadt Pailin eine Art autonomes Gebiet zugeteilt bekommen. Das überraschte die Beobachter nicht nur in Phnom Penh: Hatte man doch Pol Pot und Ieng Sary nach der Vertreibung der Roten Khmer 1979 in Abwesenheit zum Tode verurteilt. Hun Sen hat diese Meinungsänderung so begründet: »Nach dieser Verurteilung erkannte die internationale Gemeinschaft jedoch unsere Regierung nicht an und ließ Pol Pot in den Pariser Verhandlungen über die Zukunft Kambodschas mit entscheiden. Erst jetzt, nachdem die Roten Khmer von uns vernichtet wurden, fordern die Großmächte ein Menschenrechtstribunal gegen diese Schlächter. Das ist doch scheinheilig. […] Ich misstraue der UNO zutiefst. Sie hat die Roten Khmer künstlich am Leben erhalten, obwohl jeder längst von den ›Killing Fields‹ wusste. Ein Mitglied des Sicherheitsrates hat das Pol Pot-Regime über Jahre finanziert.«[6]

Mit diesen Worten legte Hun Sen den Finger auf die verwundbare Stelle des gesamten Projekts Tribunal: »Wenn man den offiziellen Äuße-

4 Diese Darstellung der Geschichte des Tribunals beruht teilweise auf einem Artikel von Jürgen Ostrowsky in *Viet Nam Kurier*, 3–4/2000, und einem Artikel des Verf. in *Viet Nam Kurier*, 3–4/2006.

5 Vgl. FR, 3.8.1999.

6 *Der Spiegel*, 7/2000. Gemeint sind die USA.

rungen glauben darf, dann dringt Washington förmlich auf ein Tribunal, obwohl da für Amerika wenig angenehme Dinge zur Sprache kommen werden: die kaum verheimlichte Unterstützung Pol Pots noch am Ende der achtziger Jahre.«[7] Immerhin wurde noch bis 1991 die Flagge des Rote Khmer-Regimes vor den Vereinten Nationen aufgezogen, weil seine Guerilla der Feind des amerikanischen Feindes Vietnam war.

Wenn man das Verhalten der kambodschanischen Regierung in dieser Sache betrachtet, wird deutlich, dass Hun Sen eine andere Lösung der die kambodschanische Gesellschaft spaltenden Krise um das Tribunal im Auge hatte: Ihm schwebte wohl eine Art Versöhnungskommission nach dem Beispiel Südafrikas vor. Aber das wurde nicht öffentlich vertreten. Denn Hun Sen musste sich gleichzeitig gegen Angriffe zur Wehr setzen, die seinem Staat die Fähigkeit absprachen, einen solchen Prozess zu führen. Kambodschas Justizwesen war durch die Ausrottung der Intelligenz unter Pol Pot zwar immer noch unterentwickelt und gewiss korruptionsanfällig und mutmaßlich auch nicht im idealen Maße unabhängig. Doch im Kontext der Unterstellung unlauterer Absichten wurde in den westlichen Medien aus der kambodschanischen Justiz »eine inkompetente und korrupte« Institution, »die Hun Sen kontrolliert«. Er sei »de facto-Ankläger, Richter und Jury« zugleich, wenn man ihm nicht in den Arm falle.[8] Der Tenor dieser Kampagne wurde am deutlichsten in der *Washington Post* formuliert: »Hun Sen darf nicht gestattet werden, die Gerechtigkeit in Kambodscha zu pervertieren«[9].

Im *Spiegel* durfte der so Gescholtene sich wenigstens einmal äußern: »Ich möchte, dass die Tragödie in einem rechtsstaatlichen Prozess aufgerollt wird, und zwar die Zeitspanne von der Entmachtung Lon Nols im April 1975 bis zum Eintreffen der Befreiungskräfte. [...] Sogar die Anwälte von Ta Mok fordern, dass neben ihren Mandanten auch all jene Staatsmänner angeklagt werden, die den Roten Khmer jahrelang den Rücken stärkten.«[10]

Auch ohne diese Kontroverse um den zeitlichen Umfang der zu verhandelnden Taten waren die Meinungen zu dem Tribunal in Kambod-

7 FAZ, 10.12.1998.

8 Zitate aus verschiedenen Kommentaren in *New York Times* und *Washington Post*, abgedruckt in verschiedenen Ausgaben der IHT.

9 IHT, 24.4.2000.

10 *Der Spiegel*, 12/1999.

scha selbst sehr gemischt. Kaum jemand stellte in Abrede, dass es nötig sei, man machte sich aber auch Gedanken, wie es sich auf die aktuelle Situation der Gesellschaft auswirken könnte. Kassie Neou, Leiter des kambodschanischen Instituts für Menschenrechte, sagte: »Erstmals seit langer Zeit sehen wir Hoffnung und Stabilität. Die allgemeine Öffentlichkeit möchte sich dieses Friedens erfreuen. Sie möchte Zeit gewinnen, damit dieser stabil wird. Gerechtigkeit ist wichtig, aber wir sollten damit warten. Hier kann jederzeit ein neuer Krieg angezettelt werden. Überall gibt es Waffen, und wir wissen aus Erfahrung, dass keine auswärtige Regierung Gewalt hier verhindern kann, geschweige denn uns hilft, sie zu bekämpfen.«[11] Ein Überlebender des Pol Pot-Terrors drückte es einfacher aus: »Wir wollen Gerechtigkeit und Frieden. Aber können wir beides zugleich haben?«[12]

Am 3. Juli 2006 wurden die Richter in einer Zeremonie in Phnom Penh vereidigt. Das Verfahren war offiziell eröffnet. Die UNO hatte den Bau eines eigens für das Tribunal vorgesehenen großen Gerichtsgebäudes vor den Toren der Hauptstadt finanziert. Die ersten Vernehmungen erfolgten Mitte 2007, aber erst am 26. Juli 2010 wurde das erste Urteil gesprochen. Angeklagt war ein eher untergeordneter Vertreter des Regimes, der Leiter des Todesgefängnisses von Toul Sleng, Kaing Guek Eav, genannt »Deuch«. Dieser erste Prozess war verhältnismäßig einfach zu führen, weil Deuch gleich zu Beginn ein Geständnis abgelegt hatte. Außerdem war bei der Eroberung Phnom Penhs die gesamte, von Deuch akribisch betreute Buchführung des Gefängnisses den vietnamesischen Truppen in die Hände gefallen. Die Ankläger forderten 40 Jahre Gefängnis, das Urteil lautete 35 Jahre[13]. Davon wurden 5 Jahre abgezogen, die Deuch zuvor in kambodschanischer Haft abgesessen hatte und die das Tribunal als rechtswidrig befand. Wenn man die Untersuchungshaft anrechnet, was allgemein üblich ist, dann wird Deuch nach 19 Jahren freikommen können.[14]

* * *

11 IHT, 18.4.2000.

12 Mong You Hern, heute Reparaturarbeiter des Telefondienstes, zit. nach: IHT, 18.4.2000.

13 In Kambodscha war die Todesstrafe inzwischen abgeschafft worden.

14 Aber immerhin keinesfalls früher, denn bei den Vereinbarungen zwischen UNO und kambodschanischer Regierung wurde beschlossen, dass vorzeitige Haftentlassungen nicht zulässig sein sollten.

Zu dieser Zeit waren bereits mehr als die Hälfte der Einwohner Kambodschas zu jung, um die Herrschaft der Roten Khmer noch selbst erlebt zu haben. Sie sind aber von denen erzogen worden, die überlebt haben, also von Traumatisierten. »Auch wenn die Eltern meistens über das schweigen, was sie damals erlebt haben, so sind sie doch davon gezeichnet, und ihre Verwirrung überträgt sich auf die neue Generation.«[15] Und es gibt viele, die als Waisen überlebt haben, aber nicht nur keine Eltern, sondern überhaupt keine Vergangenheit haben. »Zu viele Kambodschaner wissen nicht, wie man mit Kindern umgeht«, so der indische Kinderpsychiater Bhhomy Kumar vom Chey Chum Meas-Krankenhaus in einer Vorstadt von Phnom Penh. Normalerweise lerne man dies von den eigenen Eltern, aber die seien heute eher ein Beispiel dafür, wie man es nicht machen soll. Also müssten die heutigen Mütter und Väter etwas ihnen Unbekanntes lernen. Es sei beobachtet worden, dass Mütter sich weigern, ihre Kinder zu stillen. Psychiater erkennen darin den Reflex auf die Erkenntnis, dass Kinder unter Pol Pot keine Aussicht hatten, erwachsen zu werden, nur geboren wurden, um einen langsamen, aber sicheren frühen Tod zu erleiden. Ein französischer Psychiater, der Flüchtlingskinder aus Kambodscha in Paris behandelt hat: »Die Leute von Pol Pot haben den Begriff Nahrung als eine pure biologische Notwendigkeit interpretiert: Sie diente dazu, ein Leben ohne jegliche Perspektive zu ermöglichen, ohne einen kulturellen Sinn. Eine Mutter konnte ebenso gut nur Nahrung für sich suchen und ihr Kind verhungern lassen, sie wurde weder bestraft, noch hatte der Tod des Kindes irgendeine Bedeutung.« Noch immer sei die Nahrung, das Essen, bei vielen traumatisch besetzt. Und die Waisen Pol Pots könnten, solange die Gesellschaft um sie herum psychisch gestört sei, in der Regel keine ausgeglichenen Eltern sein, wenn ihnen nicht persönlich geholfen werde.

Diese kollektive psychologische Disposition hatte zur Folge, dass ein Teil der Bevölkerung jene Abwesenheit jeglicher moralischer Verantwortung, die die Gesellschaft unter Pol Pot geprägt hatte, immer noch nicht überwinden konnte. Das führte zur Gleichgültigkeit sowohl gegenüber den Schuldigen als auch gegenüber den Versuchen der neuen Regierung, eine rechtsstaatliche Ordnung ein-

15 Zitate und Informationen in diesem ganzen Abschnitt aus: LM, 21.1.1999 (Jean-Claude Pomonti).

zuführen. Menschen, die nicht vom Trauma geprägt waren oder es überwinden konnten (z.B. wieder geheiratet oder sich eine Existenz aufgebaut haben), trafen oft auf eine unerklärliche Mauer des Unverständnisses, auf Reste einer amoralischen Welt, die ihrem Versuch, sich hochzuarbeiten und ein »normales Leben« zu führen, verständnislos, überhaupt ganz allgemein dem Schicksal anderer gleichgültig gegenüberstand. Und: »Die Kambodschaner haben verlernt, sich zu artikulieren. Es herrscht eine tiefe mentale Konfusion.« So versucht Youk Chhang, der Direktor des Dokumentationszentrums in Phnom Penh, das Trauma zu beschreiben, das immer noch allgegenwärtig ist und zu für Außenstehende unerklärlichen Verhaltensweisen und Reaktionen führen kann.

Das geplante internationale Tribunal, das auf eine solche Disposition in der Bevölkerung traf, konnte zweierlei bedeuten oder bewirken: Gleichgültigkeit oder einen Weg aus dem Trauma. Es konnte zu einem Ereignis, zu einem Mittel werden, die Klammer der Vergangenheit auch im Innern der Menschen zu brechen. Der Filmregisseur Rithy Panh: »Es könnte dazu führen, dass wir einer tiefen Angst entkommen. Die Leute beginnen zu reden, und sie verteidigen das Tribunal gegen die Roten Khmer. Man kann nicht ungeschehen machen, was man erlebt hat, vor allem da immer noch neue Massengräber entdeckt werden.« Aber man könne lernen, damit umzugehen. Der Prozess sei ein Anstoß dafür, dies zu tun. »Vielleicht erwachen sie nun«.

Aber auch die materiellen Voraussetzungen für eine solche »Therapie« sind denkbar ungünstig. Kambodscha war (und ist) immer noch eines der ärmsten Länder der Welt. Die internationale Hilfe entspricht oft nicht den Verhältnissen im Land, wird an grünen Tischen geplant, verschwindet in privaten Taschen, und es gibt einen widersinnigen Wettlauf der ausländischen Organisationen um fotogene Bilder ihrer Arbeit. Die Korruption ist allgegenwärtig und nicht nur eine Folge mangelhafter Politik, sondern durch die Armut vorgegeben. Und die Bemühungen der Regierung sind oft ungenügend oder bleiben im bürokratischen Dschungel stecken. Deswegen gibt es für die meisten Familien nur eine einzige Frage: die des Überlebens.

Angesichts einer solchen derzeit vorherrschenden »Überlebenskultur« (Pomonti) ist es schwer, bei diesen Menschen einen Sinn für Gerechtigkeit zu wecken, ihnen klarzumachen, was die heutige von der damaligen Zeit unterscheidet. Der Druck des alltäglichen Lebens blockiert die Fähigkeit zum historischen Denken, und das wird sich nicht entscheidend ändern, solange sich die Lebensbedingungen der Menschen nicht entscheidend ändern.[16]

Vor diesem Hintergrund wurden vor dem Tribunal die Verfahren gegen die eigentlichen, »großen« Verbrecher eröffnet, die noch lebenden höchsten Repräsentanten des Regimes: Khieu Sampan (79), das ehemalige Staatsoberhaupt, Ieng Sary (85), den ehemaligen Außenminister, seine Frau Ieng Thirith (79), ehemalige Sozialministerin, und Nuon Chea (84), Stellvertreter Pol Pots und eine Art »graue Eminenz« des Regimes. Im Gegensatz zu »Deuch«, dem Henker von Toul Sleng, sind die jetzigen Hauptangeklagten keineswegs einsichtig, sondern leugnen arrogant und selbstbewusst alles ab. Sie können sich die teuersten Staranwälte aus Europa leisten, wie etwa den französischen Strafverteidiger Jacques Vergès[17].

Alle Angeklagten bestreiten, mit den Massakern etwas zu tun gehabt zu haben, und behaupten, die Roten Khmer hätten »nicht viele Leute getötet«. Man habe nichts von den brutalen Massakern gehört, die in ihrem Reich verübt worden sein sollen. Auch die ehemalige Sozialministerin will nichts von den blutrünstigen Methoden gewusst haben, mit denen soziale Probleme »gelöst« wurden. Bei ihr, der einzigen angeklagten Frau, sind Wutanfälle mit wüsten Beschuldigungen gegen das Tribunal keine Seltenheit. Das Verfahren gegen sie wurde 2012 wegen Demenz eingestellt.[18]

Es ist die Hauptstrategie der Angeklagten (bzw. ihrer Anwälte), das Tribunal direkt anzugreifen, es als illegal zu bezeichnen oder lächerlich zu machen. Am ersten Verhandlungstag (27. Juni 2011) trat Nuon Chea mit grotesk großer Sonnenbrille und Wollmütze gekleidet auf und ließ durch seinen Anwalt Michiel Pestman aus den Niederlanden vortragen, das Gericht habe es versäumt, Zeugen zu hören, die das »Demokratische Kampuchea« in einen »positiven historischen Zusammenhang« einordneten. Außerdem beuge sich das Gericht immer wieder den Einflüssen der kambodschanischen Regierung und

16 2012 dauert das Tribunal immer noch an, man streitet sich um Kompetenzen und Revisionen, und die soziale Not ist immer noch fast genauso groß.

17 Der in Frankreich als Verteidiger von Klaus Barbie und einigen internationalen Terroristen bekannt geworden ist. Er und Khieu Samphan kennen sich – sie haben in den 1950er Jahren zur selben Zeit an der Sorbonne studiert.

18 Vgl. über diese Phase der Verhandlungen LM, 28. und 29.6.2011, sowie FR, 27. und 28.6.2011.

der UNO. Daher erwarte der Anwalt für seinen Mandanten keinen fairen Prozess, weshalb dieser an dem Verfahren nicht weiter teilnehmen werde. Der Anwalt setzte sich und Nuon Chea verließ den Saal.

Dieser Kampf einer Riege hochqualifizierter und in Verfahrensfragen ausgefuchster Anwälte[19] gegen eine Anklagebehörde, der wegen der politischen Vorabsprachen die Hände gebunden sind[20], muss den vielen Zuhörern, die täglich in den großen Publikumssaal des Tribunals strömen, wie ein Schauspiel aus einer anderen Welt erscheinen. Das Richterkollegium ist an strikte Vorgaben gebunden[21], die Zeugen sind verschüchtert, die Anwälte von kalter, schneidender Geschäftsmäßigkeit und die Angeklagten arrogant und voller Verachtung für das Tribunal. Obwohl niemand in Kambodscha an seiner Notwendigkeit zweifelt, so muss die Form, in der sich diese Gefechte abspielen, der Bevölkerung wie ein Affront vorkommen, der nicht geeignet ist, den erwähnten Prozess der Normalisierung eines traumatisierten Volkes zu fördern. Den Opfern, die ihre Opferrolle erst lernen müssen, wird ihr Leiden entfremdet, weil es zum Gegenstand einer unwürdigen Schacherei um formaljuristische Fragen geworden ist. Was manche Initiatoren vielleicht in bester Absicht als die Ausstellung westlicher demokratischer Kultur empfanden, muss diesem Publikum angesichts der politischen Einschränkungen und des oft absurden Ablaufs ganz unverständlich bleiben.

* * *

Von den drei indochinesischen Ländern ist Kambodscha das einzige, in dem nach dem Krieg ein Mehrparteiensystem eingeführt wurde. Dies geschah ohne Mitwirkung der Bevölkerung und ohne Zustimmung der bereits bestehenden und funktionierenden politischen

19 Geld scheint dabei keine Rolle zu spielen, während das Tribunal insgesamt seine Tätigkeit aus Mangel an finanzieller Unterstützung wahrscheinlich bald wird einstellen müssen.

20 »Ich würde sehr gern auch Henry Kissinger auf der Anklagebank sehen, aber auch die Repräsentanten anderer Länder, die eine Rolle gespielt haben«, sagt Theary Seng, die Vorsitzende einer der Opferorganisationen.

21 Da man die Angeklagten nicht einfach wegen »Völkermord« anklagen konnte, weil die Beweisführung zu heikel wäre, wurden sie »nur« eines Massakers an der muslimischen Cham-Minderheit und an Angehörigen der »Khmer Krom«-Stämme beschuldigt. Denn nur dazu sind eindeutige Befehle in Schriftform erhalten.

Strukturen der Regierung Heng Samrin. Die UNO organisierte dann Wahlen nach europäischem Muster, es bildeten sich zwei starke Parteien heraus, die aber von vornherein bereit waren, gemeinsam zu regieren. Diese »Regierung der Einheit«, wie man sie in Anspielung auf ähnliche Konstellationen in anderen Ländern nennen könnte, überstand unbeschadet mehrere Wahlen, obwohl die doppelte Besetzung der wichtigsten Kabinettsposten und die Kontrolle der übrigen durch Vizeminister der jeweiligen Gegenpartei ein Misstrauen suggerierten, das in dieser absoluten Form anscheinend gar nicht vorhanden war. Der Westen hatte mehr oder weniger diskret dafür sorgen wollen, dass der FUNCINPEC-Partei des Prinzen Ranariddh die Rolle einer parlamentarischen Opposition zufallen würde. Dies gelang erst, nachdem mit Sam Rainsy eine »zuverlässige« Figur erst die Partei spaltete und dann eine neue Partei gründete, die nun eine radikale und nicht mehr auf die parlamentarische Auseinandersetzung begrenzte Opposition betrieb, bis hin zu offener Gewalt. Ranariddh geriet unter Druck und desavouierte sich selbst, indem er den Versuch unternahm, mit Reststreitkräften der Roten Khmer gemeinsame Sache zu machen. Das Tribunal ist, trotz der Idee eines moralischen Neuanfangs, zu dessen Symbol es hätte werden können, leider faktisch nur die letzte in einer Reihe von indirekten Interventionen zur Verhinderung einer selbstbestimmten Aufbau- und Entwicklungspolitik in diesem Land.

* * *

Diese Zusammenfassung der bereits im Detail dargestellten Ereignisse im Nachkriegskambodscha soll vor allem deutlich machen, in welchem Ausmaß und wie lange der Westen diesem Land die Möglichkeit verweigert hat, seine Politik souverän zu bestimmen. Denn in Laos ist eine ähnliche Entwicklung zu beobachten. Nur dass die Auseinandersetzungen hier nicht parlamentarisch, sondern militärisch ausgetragen wurden. Es hat vieler und in diesem Fall offener Interventionsmaßnahmen von außen bedurft, um immer wieder die »Gefahr« einer Verständigung zwischen den politischen Gruppen im Land, verkörpert durch die beiden Prinzen Souvanna Phouma und Souphanouvong, eine Regierung der nationalen Einheit zu verhindern. Da es in Laos das den Krieg verlängernde Element der Roten Khmer nicht gab und das Land als geostrategisch weniger wichtig galt, konnte dort schon ab 1990 ein relativer Friede einziehen.

Dieser war zunächst nicht von einem rasanten wirtschaftlichen Aufstieg begleitet, was auch an der geringen Bevölkerungsgröße liegt. In ganz Laos leben etwa so viele Menschen wie in einer mittleren Großstadt: 5 Millionen. Kaysone Phomvihane, der Nachfolger des »Roten Prinzen«, wurde Präsident der »Volksdemokratischen Republik Laos«.[22] Die Regierung der »Revolutionären Volkspartei«, Nachfolgeorganisation der NLH, begann ihre Arbeit mit dem Kampf gegen Inflation[23] und schwarze Märkte. Es gelang auch, die Währung zu stabilisieren. In Laos gab es parallel zu Vietnam ebenfalls eine »Doi Moi«-Wende, hier »neues System der ökonomischen Verwaltung« genannt, eingeführt im November 1986. Die wichtigste Reform betraf das Preissystem, die Preise sollten nunmehr durch den Markt bestimmt werden. Vorher waren die Preise für die Leistungen des öffentlichen Sektors künstlich extrem niedrig gehalten worden, Löhne wurden zu 90 % in Form von Gutscheinen für Lebensmittel und Gebrauchsgüter ausgezahlt. Nach der Reform gab es keinen Unterschied mehr zwischen den offiziellen Preisen und denen auf dem schwarzen Markt. Die Staatsbetriebe wurden nicht mehr automatisch subventioniert, was das Defizit im Staatshaushalt entscheidend verringert hat. Phomvihane schrieb: »Die Produktionseinheiten müssen eine finanzielle Autonomie erreichen, aber diese Autonomie muss durch eine entsprechende Autonomie bei ihrer Planung ergänzt werden, denn niemand kennt ihre Möglichkeiten besser als sie selbst.«[24]

Die Landeswährung wurde um 300 % abgewertet, was den schwarzen Markt mit Dollars zum Versiegen brachte. Das Steuersystem wurde unter Mitwirkung von Spezialisten des IWF reformiert, es wurden Geschäftsbanken gegründet, man lockte Investoren an, indem man feste, garantierte Bedingungen für die Beteiligung an laotischen Firmen, Joint Ventures oder die Gründung ausländischer Unternehmen schuf. Wegen der geringen Bevölkerungsdichte[25] war die

22 Kaysone Phomvihane starb am 21.11.1992, Nachfolger als Staatspräsident wurde Nouhak Phoumsavanh.

23 Sie sank von mehr als 100 % 1985 auf 35 % 1987. 1988 konnte der Mindestlohn erhöht werden. Diese Informationen aus *Le Monde diplomatique*, Januar 1989.

24 In einem Bericht an das ZK, ebd.

25 16 Einwohner pro qkm. Von den 2 Mio. h potenziell nutzbaren Landes werden nur 80 000 für die Landwirtschaft genutzt. Und das, obwohl zwei Drittel des Territoriums von unzugänglichen Urwäldern bewachsen sind.

Lösung der Nahrungsfrage kein so großes Problem wie in Vietnam. Bereits 1985 war die Autarkie erreicht. Reformen in der Landwirtschaft waren nicht so entscheidend, obwohl Naturkatastrophen das prekäre Gleichgewicht zwischen Produktion und Bedarf leicht stören können.[26] Bei der Aufbauarbeit erwies sich die relativ geringe Größe und geringe Besiedlung des Landes als ein Vorteil. Ein Wachstum der landwirtschaftlichen Produktion war relativ leicht zu erreichen; mit der allmählichen Abschaffung der Brandrodung allein war die Rekultivierung von Neuland möglich, ohne dass neue Flächen erschlossen werden mussten. Die ebenfalls im Gesetz von 1986 beschlossenen Maßnahmen der Kollektivierung wurden nicht mit Druck durchgesetzt. Staatsfarmen und Kooperativen machten nur 30 % der Landwirtschaftsbetriebe aus. Familienfelder und privates Eigentum waren nach wie vor möglich und durften sich sogar vergrößern.

Ein wichtiges Element, um diesen Aufbau abzusichern, war die Knüpfung freundschaftlicher und wirtschaftlich intensiver Beziehungen mit dem südlichen Nachbarn Thailand. Im August 1988 wurden zwischen beiden Ländern die ersten Verträge über den Bau eines Holzverarbeitungsbetriebs und einer Gerberei geschlossen. In der Folge wurden etwa 20 Joint Ventures[27] mit thailändischen Firmen gegründet.

In Laos wurde also eine recht erfolgreiche Phase der nationalen Konsolidierung und Wiederbelebung eingeleitet, die noch nicht zu Ende ist, bei der aber kaum noch entscheidende Schwierigkeiten auftauchen dürften, zumal man hier nicht von einer Zukunft etwa der schnellen Industrialisierung träumt, die das Land von seiner Lage und Bedeutung her derzeit wohl auch gar nicht anstreben könnte. Dass es bislang nur als eine Art »Pufferstaat« ohne eigenes Gewicht oder zumindest ohne eigenes Profil angesehen wird, lastet immer noch auf seinem Selbstverständnis und bestimmt sein Image nach außen. Darüber hat man sich in der letzten Zeit (etwa seit 2000) in Partei und Regierung Gedanken gemacht, und es ist ein Konzept für eine zukünftige Rolle des Landes in der Region entstanden, das jetzt, soweit es die Kräfte und Mittel zulassen, zu realisieren versucht wird.

Nach dem Willen seiner Führung möchte Laos zu einem »Kommunikationsstaat« in der Region werden. Man wendet also den Nachteil,

26 So etwa die Dürrekatastrophe von 1987.

27 Mit nach laotischem Recht mindestens 30 % ausländischer Beteiligung.

sozusagen eingeschlossen und isoliert zwischen anderen Ländern zu liegen, in einen Vorteil: Seit diese Orientierung offizielle Politik geworden ist, werden z. B. Projekte der Erschließung von Verkehrswegen im Innern als »regional« bezeichnet, also in den Zusammenhang der künftigen Rolle des Landes als verbindendes Element gestellt. In der Verkehrsplanung des Bauministeriums für die Jahre 2006–2010 ist der Bau von zwei Brücken über den Mekong und von Autobahnen, die sie mit dem Landesinneren verbinden, vorgesehen. Wichtigstes Element in dieser Planung ist aber die Eisenbahn. Inzwischen ist die Epoche zu Ende, in der Laos als einziges Land in Asien keine Eisenbahn hatte. Der Anfang ist allerdings bescheiden, und die Verwirklichung hat überaus lange Zeit gebraucht: Die Strecke von der Hauptstadt bis an die thailändische Grenze zur Brücke über den Mekong bei Nong Khai ist zwar nur etwa 20 km lang, erlaubt aber die direkte Verbindung per Bahn zwischen Vientiane und Bangkok. Ihre Eröffnung ist von großer symbolischer Bedeutung. An dem Projekt haben sich Frankreich und Thailand finanziell beteiligt. Es soll nur ein Anfang sein: Geplant ist in (ferner) Zukunft eine transnationale Verbindung von China bis nach Singapur, die »Singapur-Kunning-Linie« (SKL).

»Die Idee der Behörden zur Aufhebung des Enklavenstatus des Landes ist seit langem, das Land mit dem Meer zu verbinden. Der direkte Weg ist über Thakhek nach Vinh in Vietnam. Aber bei dieser Streckenführung würde Vientiane in einer Sackgasse liegen. Deswegen gibt es seit 2000 Pläne einer ›indochinesischen Diagonale‹ Bangkok–Nanning und dann weiter nach Kanton und Hongkong«, so der französische Geograf Christian Taillard.[28]

In Laos spricht man inzwischen von »Wirtschafts-Korridoren«, die Laos für den indochinesischen Verkehr öffnen werden, und zwar im Wesentlichen in zwei Achsen: Nord-Süd (China–Thailand und weiter) und Ost-West (Savannaketh–Da Nang).[29] Das Verkehrsmittel wird nicht in jedem Fall die Eisenbahn sein, auch Allwetterstraßen oder Autobahnen sind geplant, und eine wichtige, 225 km lange

28 Zit. nach: *Le Monde diplomatique*, August 2008.

29 Natürlich war der »Zugang zum Meer« stets ein wichtiges politisches Ziel, das aber bislang unter einem nationalen Vorzeichen gestanden hatte, während es jetzt im Kontext einer regionalen Zusammenarbeit angestrebt wird, die den Ländern abgestimmte Funktionen zuweist.

Strecke zwischen Houay Xay[30] und Boten[31] wurde Anfang 2008 fertiggestellt. Die Kosten von fast 100 Mio. Dollar trugen die Asiatische Entwicklungsbank (ADB) und die Regierungen von Laos, Thailand und China. Bei der Einrichtung des Ost-West-Korridors engagiert sich Japan auffällig stark. Es zeichnet sich im Hintergrund eine neue Struktur geopolitischer Konstellationen ab, für die Laos der zentrale Ansatzpunkt ist: Hinter dem Nord-Süd-Korridor steht China als große Macht, hinter dem von Ost nach West (über die ADB) Japan. Ob sich daraus eine regionale Zusammenarbeit ergibt oder eine geopolitische Konkurrenz, ist noch nicht absehbar.

* * *

Im Kontext der jüngsten Geschichte Indochinas können wir feststellen, dass das Land, in dem ein Mehrparteiensystem eingeführt wurde, heute viel schlechter dasteht als die beiden Nachbarn Laos und Vietnam, in denen eine Einheitspartei herrscht. Daraus kann man gewiss nicht den Schluss ziehen, dass ein Mehrparteiensystem als Prinzip einer demokratischen Herrschaftsform negativ zu bewerten sei. In Kambodscha hatte es aber aus zwei Gründen negative Auswirkungen. Zum einen wurde es dem Land in der amerikanischen, teilweise kommerzialisierten und weniger idealen Erscheinungsform von außen aufoktroyiert. Zum anderen steht das Prinzip der Konkurrenz und des Wettbewerbs, auf dem dieses System beruht, in starkem Widerspruch zu den Traditionen der Völker Indochinas. Die vietnamesische Politikerin Nguyen Thi Binh[32] sagte einmal dazu: »Nach unserer Meinung ist die Kommunistische Partei, wenn man den Prozess unserer historischen Entwicklung, unseres Kampfes anschaut, durchaus in der Lage, die Revolution weiterzuführen. Objektiv ist einzuräumen, dass das Mehrparteiensystem normal ist. Aber bei uns, wenn man da von einer anderen Partei reden will, wer sollte das denn sein? Es kann doch von uns nicht verlangt werden, dass wir, um des Prinzips willen, die Reste des alten Regimes wieder künstlich beleben.«

Ich vermute, die Feststellung, das Mehrparteiensystem sei »normal«,

30 Am Länder-Dreieck Thailand-Myanmar-Laos.

31 In China nahe bei Yunhingjong.

32 Ehemalige Außenministerin der PRR und Verhandlungsführerin in Paris (sieh Kapitel VII), dann Ministerin für Erziehung und Vizepräsidentin der SRV.

wurde wohl eher dem westlichen Interviewpartner zuliebe gemacht. In Vietnam ist es nämlich kein Gesprächsthema. Und wer die politische Diskussion im Lande genauer verfolgt, wird schnell merken, dass die Meinungen innerhalb der KP oft weit stärker differieren als bei uns zwischen den Parteien.

Auf den Einwand, die Einführung eines Mehrparteiensystems sei wohl die Erwartung des Westens, antwortete Frau Binh: »[...] das Bedürfnis nach Demokratie ist groß bei uns. Das ist wahr. Aber Demokratie und Mehrparteiensystem bedingen einander nicht, oder besser gesagt: Mehr Parteien bedeuten nicht automatisch mehr Demokratie. Allein das Ziel der Demokratisierung ist wichtig.«[33]

Ein anderer Schritt zu mehr Demokratie in Vietnam war die Stärkung des Parlaments und die Trennung von Partei und Regierung, die im Rahmen der Doi Moi-Politik seit dem 7. Parteitag 1991 betrieben wird. Bei der Diskussion um eine neue Verfassung diskutierte die Nationalversammlung über mehr als 100 Änderungsanträge zur Verfassung von 1980. Die wichtigste Neuerung war, dass der Ministerrat als ressortübergreifendes Organ abgeschafft wurde. Ihm gehörten ja bekanntlich nicht nur die Minister an, sondern auch Vertreter staatlicher Institutionen und Massenorganisationen, die so die Minister überwachen und in ihre Kompetenzen eingreifen konnten. Die mit dieser Maßnahme eingeleitete »dramatische«[34] Machtverlagerung auf die demokratischen Organe stärkt vor allem die freie Entscheidungsbefugnis des Kabinetts und weist verbindliche Zuständigkeiten zu. Schon kurze Zeit später wurden entsprechende Beschlüsse tatsächlich gefasst. Außerdem wurden die in Art. 4 der Verfassung verankerten Privilegien für Parteimitglieder abgeschafft. »Parteimitglieder sind keine Bürger erster Klasse.«[35] Solche Annäherungsbewegungen an westliche politische Prinzipien der Demokratie oder bürgerliche Einrichtungen gehören zu den langfristigen Entwicklungen, die sich in Vietnam vollziehen und nicht abgeschlossen sind.

Eine andere ist der für Vietnam so wichtige Prozess von Doi Moi, der, wie man jetzt absehen kann, zwei Elemente in sich vereinigt: Einerseits wurde die Idee der Erneuerung aus einem eigentlich tradi-

33 Interview des Verf. mit Nguyen Thi Binh im August 1990 in Hanoi, in: *Viet Nam Kurier*, 1/1992.

34 So charakterisiert der Kommentator der FEER diese Beschlüsse (22.8.1991).

35 Ein vietnamesischer Regierungsjurist, ebd.

tionellen Politikkonzept entwickelt, das revolutionären Geist und Aufbruchstimmung nicht nur rhetorisch beschworen, sondern tatsächlich im Land ausgelöst hat. Das Streben nach Einheit zwischen Parteiführung und Volk, im Krieg Voraussetzung des Kampfes und wichtigste Kraft bei der Erringung des Sieges, darf deshalb auch dann, wenn es in Verhärtung und Dogmatismus ausartet, nicht mit bloßem Machtstreben gleichgesetzt werden. Jenseits aller moralischen Bewertung ist der revolutionäre Einigkeitsgedanke in der Geschichte des hundertjährigen Befreiungskampfes immer ein Ideal gewesen – und, wie jedes Ideal, auch immer wieder missbraucht worden.

Seit 1975 ist die Geschichte des befreiten Vietnam von wirtschaftlichen und außenpolitischen Krisen geprägt, die ein grausames Erwachen aus der Euphorie des Sieges und den (stark übertriebenen) Hoffnungen bewirkten. Schuld an diesen Enttäuschungen sind nicht allein die Kriegsfolgen, die extrem feindselige Politik des Westens, sondern auch eigene Fehler. Deswegen, und weil die Rolle des armen unterdrückten Volkes nicht weitergespielt werden konnte (das wollte auch niemand mehr), waren alle diese Rückschläge zugleich Krisen des revolutionären Zusammenhalts: Sie stellten das verbindende Ideal in Frage.

Aus dem Rückblick wird die wahre historische Bedeutung von Doi Moi deutlich. Es war wohl seit 1975 der erste und wichtigste Versuch, politische Zwänge, geschichtliche Kontinuität und die Bedürfnisse der Bevölkerung unter einem mobilisierenden Ideal neu zu verbinden. Deswegen gibt es absolut keine nennenswerte Opposition gegen Doi Moi in Vietnam. Die Differenzen fangen erst da an, wo es um die Inhalte oder die praktische Verwirklichung geht, um die Vorstellungen, die sich mit diesem Begriff verbinden.

Damit ist das andere Element des Kontexts berührt, in dem die Doi-Moi-Debatte steht. Schon jetzt missverstehen weite Kreise vor allem in der Geschäftswelt im Süden den Versuch, »durch Veränderung Neues zu schaffen«[36], als die Rückkehr zu alten neokolonialen Verhältnissen. Ihre Interpretation findet im Ausland ein breites Echo, wo man es schlicht so sieht, dass Doi Moi für die vietnamesische Führung nur eine Umschreibung sei für die Kapitulation vor dem Kapitalismus und das Eingeständnis des Scheiterns des Sozialismus auch in Vietnam. Gegen diese Auffassung laufen vietnamesische Politiker

36 Wörtliche Übersetzung von Doi Moi.

Sturm, mit dezidierten Bekenntnissen oder dem Hinweis darauf, dass etwa die Marktwirtschaft keine kapitalistische Erfindung sei.

Und doch kann niemand übersehen, dass die gegenwärtige Weltlage eigentlich keinem unterentwickelten Land eine sozialistische oder auch nur eigenständige (Stichwort: dritter Weg) Entwicklung mehr erlaubt, sondern die jetzt unumstrittene Weltmacht USA solche Versuche immer noch zu verhindern sucht. Für die pragmatischen Politiker Vietnams bedeutet dies, dass man versuchen muss, bei der Fortführung der Erneuerung möglichst wenige der negativen Elemente eines nicht mehr zu verhindernden gesellschaftlichen Wandels zuzulassen und möglichst viele Errungenschaften und Identifikationselemente der Revolution zu retten.

Und in absehbarer Zukunft, wenn unter dem Mantel einer oberflächlichen Prosperität die sozialen Unterschiede und Ungerechtigkeiten wieder wachsen und die Ausbeutung neokoloniale Dimensionen annimmt, ergibt sich für die KP Vietnams vielleicht die Perspektive, sich wieder auf die Seite der Unterdrückten zu schlagen und, national und weltweit, für ihre Rechte zu kämpfen.

Eine weitere Entwicklung, die lange Zeit vollkommen unstrittig, weil ohne Alternative war, ist das wirtschaftliche Wachstum. Vietnam unterscheidet sich von den beiden anderen Ländern Indochinas dadurch, dass es einen großen wirtschaftlichen und industriellen Aufschwung genommen hat und damit für dieses Land Problemkreise relevant werden, von denen die beiden anderen noch weit entfernt sind. Man kann sie mit den Stichworten Grenzen des Wachstums, neue Energien, Gentechnik und Ausbeutung der Natur benennen. Anders ausgedrückt: In der gesellschaftlichen Auseinandersetzung in Vietnam werden Fragen und Gefahren thematisiert, die denen ganz ähnlich, wenn nicht identisch sind, die in den entwickelten Industrieländern auf der Tagesordnung stehen. Aktuelles Beispiel ist die geplante[37] Ausbeutung großer Bauxitvorkommen in Mittelvietnam, die sowohl innen- als auch außenpolitisch höchst fragwürdig ist. Der Abbau von Bauxit ist sehr umweltzerstörerisch, seine Verarbeitung zu Aluminium ebenfalls und zudem ein extrem energieintensiver hochkomplizierter industrieller Prozess. Die außenpolitische Komponente war in diesem Fall die Tatsache, dass dieser Abbau fast aus-

37 Aber wohl unter dem Eindruck des öffentlichen Widerstands wieder aufgegebene.

schließlich von der VR China vorgenommen werden sollte und viele in Vietnam darin eine heimliche Invasion sahen. Die Frage wurde öffentlich sehr kontrovers diskutiert, und sogar der greise General Vo Nguyen Giap mischte sich als Gegner der Bauxitgewinnung in Vietnam in die Debatte ein.

Ein anderes Beispiel ist der Versuch des US-amerikanischen Konzerns Monsanto[38], in Vietnam seine landwirtschaftlichen Produkte (Pestizide) und die Gentechnik (Genmais) einzuführen. Es gab eine sehr heftige Debatte in der Öffentlichkeit, die sich zwar vor allem an der Rolle des Konzerns im Vietnamkrieg entfachte, aber auch die Risiken der Gentechnik in den Blick nahm, indem man prominente Kritiker von Gentechnik in der Landwirtschaft aus den USA[39] und anderen Ländern nach Hanoi einlud und sie in einem Symposium zu Wort kommen ließ, zu dem die Vertreter von Monsanto keinen Zutritt hatten.

Der wichtigste Aspekt für Vietnam in diesem Zusammenhang ist die Frage der Wachstumspolitik, die hinter all den erwähnten Beispielen steht. Nach dem Krieg und auch nach Doi Moi hatte das wirtschaftliche Wachstum allerhöchste Priorität, und das zu Recht. Denn durch den Krieg war Vietnam gegenüber seinen südostasiatischen Nachbarn in seiner Entwicklung um Jahrzehnte zurückgefallen. Der Aufholbedarf war gewaltig, zumal man sich in Vietnam nicht (wie bislang noch in den beiden anderen indochinesischen Ländern) mit einem Nischendasein begnügen konnte und wollte. Aufgrund seiner Bevölkerungszahl, seiner geopolitischen Lage und seiner wirtschaftlichen Möglichkeiten wollte man möglichst schnell zu den anderen »Tigern« der Region aufschließen. Die Erkenntnis aber, dass das reine Prinzip des wirtschaftlichen Wachstums nicht ohne massive Eingriffe in das natürliche Gleichgewicht der Erde verwirklicht werden und somit nicht unendlich gültig sein kann, ist im Westen von Wissenschaftlern formuliert worden, jedoch kaum noch bei Politikern angekommen.

Vietnam ist auf einer Entwicklungsstufe angelangt, auf der solche Fragen auch für dieses Land relevant werden. Dies äußert sich noch nicht in politischen Maßnahmen, aber vietnamesische Wirtschaftswissenschaftler sprechen heute schon über die Konsequen-

38 Einst Hersteller von Agent Orange und Napalm.

39 So z.B. Jeffrey M. Smith.

zen der Politik der Öffnung (Doi Moi). Sie haben entdeckt, dass es eine wechselseitige Abhängigkeit zwischen Entwicklung und sozialer Ungleichheit gibt. Sie stellen Fragen wie etwa die folgenden: Wie viele marktwirtschaftliche Elemente produzieren wie viel soziale Ungleichheit? Wie viel Konkurrenz zwischen sozialen Einheiten (Unternehmen, Unternehmer oder einfach Menschen) produziert wie viel Korruption?[40] Das sind Überlegungen von Wirtschaftsfachleuten, die wie Ingenieure reden, die die soziale Maschine warten oder in Gang bringen müssen. Sie belegen jedoch, dass man in Vietnam auch kritisch über Fragen des Wachstums und seiner Grenzen nachdenkt – eine Vorbedingung für eine grundlegendere Erkenntnis, nämlich an einem entscheidenden Punkt angekommen zu sein, an dem sich lebenswichtige Fragen stellen.

Entweder man setzt weiterhin auf wirtschaftliches Wachstum (um jeden Preis), oder man besinnt sich und erkennt, dass das ökonomische Wachstum nicht unbegrenzt und ewig andauern kann. Weltweit erscheint das unendliche Wachstum immer noch als das fundamentale Gesetz, unter dem jede Nation, jede Gesellschaft, jedes Individuum steht. Es ist das Dogma, die Religion des Kapitalismus. Eines der Risiken[41] dieses Wachstums, die in den industrialisierten Ländern von ihrem noch sehr hohen materiellen Reichtum verdeckt werden, ist der Verlust der Einheit, der sozialen Kohärenz. Denn wenn ein Teil der Gesellschaft die negativen Konsequenzen nicht mehr tragen kann, ergeben sich soziale Folgen: eine gespaltene Gesellschaft, immer striktere soziale Abhängigkeiten. Im günstigsten Fall resultiert daraus keine soziale Revolte, sondern große Teile der Bevölkerung ziehen sich in die Indifferenz oder ins Privatleben zurück. Es entsteht eine allgemeine Kälte im Verhalten der Menschen, es kommt zu einer Amnesie, einem Verlust des kollektiven und damit historischen Gedächtnisses, des moralischen menschlichen Gewissens. Und das betrifft nicht nur die Individuen, sondern auch größere soziale Gruppen bis hin zu Staaten.

Es entsteht eine Spaltung und Konkurrenz zwischen sozialer Sensibilität, Selbstlosigkeit und Nächstenliebe auf der einen und dem,

40 Do Hoai Nam/Vo Dai Luoc haben einen Band mit Diskussionsbeiträgen zum Thema »Ökonomische Entwicklung in Vietnam« herausgegeben, in dem solche Fragen ausführlich und mit Statistiken belegt behandelt werden.

41 Wie Klimawandel, Umweltverschmutzung globalen Ausmaßes, biologische Schäden an Mensch, Tier und Pflanzen etc.

was Stéphane Hessel das »produktivistische Denken«[42] nennt, auf der anderen Seite. Es handelt sich also um eine globale Debatte, die uns seit langem ebenso geläufig ist wie in neuerer Zeit den Vietnamesen. Aber diese sind in einer anderen Situation als wir, die wir sozusagen schon immer in kapitalistischen Ländern leben und immer wieder dafür kämpfen müssen, diesen Kapitalismus zu »vermenschlichen«. So sind wir daran gewöhnt, mit ihm zu leben. Und dies wird noch eine Weile ohne Probleme möglich sein, denn der Kapitalismus ist mehr und mehr dazu übergegangen, seine sozialen Geschwüre in die Länder des Südens zu exportieren.

Die oberflächliche Behauptung, in Vietnam sei man dabei, den Kapitalismus einzuführen, beschreibt, obwohl sie nicht zutreffend ist, einen Vorgang, der so missverstanden werden kann. Denn Vietnam befindet sich, was die Wirtschafts- und Sozialpolitik angeht, an einem Scheideweg. Es kann die Entwicklung so weiterlaufen lassen und ein kapitalistisches Land werden, aber es kann dies auch – immer noch – nicht tun. Vietnam hat den Vorteil, diese Wahl zu einem Zeitpunkt treffen zu können, an dem man sehr wohl die Risiken und Nebenwirkungen einschätzen kann. Sehr viel besser jedenfalls, als es die europäischen Länder konnten, als sie vor hundertfünfzig Jahren an jenem Wendepunkt standen. Damals war ein anderer Weg kaum vorstellbar. Die Vergangenheit Vietnams, seine historische Erfahrung reichen weiter zurück als ein Jahrhundert, aber vor allem seine jüngste Geschichte, die Kriege, die ihm aufgezwungen wurden, liefern reichlich Erkenntnisse auch darüber, wohin sich die kapitalistische Welt bewegt. Die Chance, einen nichtkapitalistischen Weg zu gehen, besteht immer noch.

42 Stéphane Hessel: *Empört euch!*, Berlin 2011.

XIII. Im Schatten Chinas

Keine Kriege, aber Abhängigkeiten

In Laos leben zu Beginn des Jahres 2025 7870177 Einwohner mit einer jährlichen Wachstumsrate von 1,298 %. Das sind 0,095 % der Weltbevölkerung. Mit einem Vergleich ausgedrückt heißt das: Dort leben weniger Menschen als zum Beispiel in Vietnams Hauptstadt Hanoi (8 Mio.). Die sehr dünne Besiedelung und seine Lage inmitten der indochinesischen Halbinsel sind die Gründe dafür, dass die Beziehungen des Landes zu seinen drei Nachbarländern während der Vietnamkriege seine politische und wirtschaftliche Entwicklung sehr stark mitbestimmt haben.

Als eine direkte Folge des gemeinsamen Befreiungskampfes sind die Beziehungen zum Nachbarn Vietnam freundschaftlich und intensiv. Laos hat nach dem Krieg auf ähnliche Weise die inneren Spannungen abgebaut wie Vietnam[1], aber es gelang nicht, in den 1990er Jahren ein ähnliches wirtschaftliches Wachstum im Frieden zu erreichen. Die aus dem Krieg stammende Solidarität mit Vietnam wird zwar durch häufige Kontakte zwischen den Parteien und Regierungen sehr intensiv gepflegt, aber es entstanden bis heute keine Wirtschaftsbeziehungen auf einem Niveau, wie Vietnam sie mit dem Rest der Welt unterhält.

Das lag daran, dass Laos am Ende des Krieges verkehrstechnisch fast gar nicht erschlossen war. Ein von der Kolonialmacht Frankreich angelegtes Straßennetz im Norden des Landes war völlig unzureichend und im Krieg zudem teilweise zerstört worden. In den Jahren danach war der Norden noch faktisch von China besetzt, und chinesische Soldaten und Arbeiter bauten Straßen aus und legten neue an, die vor allem strategische Bedeutung hatten, und zwar im Zusammenhang mit der sogenannten »neuen Seidenstraße«, einem zweiten Weg der Kommunikation und des Warenaustauschs zwischen China und Europa, dieses Mal vorwiegend über Seewege.

Dann wurden in Rekordzeit zunächst sehr umfangreiche Infrastrukturprojekte in Angriff genommen, die China, Japan und Thailand nicht nur ausgeführt, sondern auch vorfinanziert haben. Es

1 In Laos waren die beiden »Gegner« im politischen Nachkriegs-Machtkampf, die Prinzen Souvanna Phouma und Souphanouvong, Halbbrüder.

entstanden Auslandsschulden, die 2023 schließlich die Marke von 100 % der Wirtschaftsleistung überstiegen.[2] Da war zunächst der Straßenbau: Bis 1980 waren im Norden etwa 800 Kilometer Straßen entstanden, deren geografische Disposition erkennen ließ, dass sie nicht etwa den unzugänglichen Norden erschließen und mit den südlichen Landesteilen verbinden, sondern eher eine schnelle Durchquerung des Landes von China aus nach Mittel- und Südvietnam ermöglichen sollten. Obwohl die chinesischen Bauarbeiter nach einer Intervention der Regierung in Vientiane abgezogen wurden, blieben weiterhin chinesische Truppen in nicht ermittelbarer Stärke in Nordlaos stationiert, wo sie zumindest zu Beginn aufständische Gruppen unter den Hmong- und anderen Minderheiten im Grenzgebiet zu Vietnam unterstützten.

* * *

Was den Schienenverkehr betrifft, war Laos nach dem Krieg eins der wenigen Länder der Welt, in denen es keine Eisenbahn gab. Erst nach dem Krieg wurde eine kurze Strecke von Thanaleng südlich von Vientiane in Richtung Thailand gebaut, die über eine Brücke den Mekong überquerte. Die Kosten für eine 7,8 km lange Verlängerung bis Vientiane wurden dann 2022 von Thailand übernommen. Damit konnte die Verbindung von Vientiane bis nach Bangkok im Juli 2024 eröffnet werden.[3] In Laos selbst aber gab es bis 2021 nur elf Kilometer Eisenbahnstrecken. Eigentlich brauchte Laos wesentlich dringender eine Verkehrsverbindung in Nord-Süd-Richtung. Die Strecke etwa von der Hauptstadt zum touristischen Schwerpunkt Luang Prabang (ca. 400 km) war über eine Straße nicht einmal das ganz Jahr über benutzbar, man konnte in der Regenzeit nur fliegen.

Die Bauplanungen für diese Strecke begannen 2016, und es sollte gleich eine Schnellzugstrecke sein. Diesmal war zwar Laos der Auftraggeber, aber die Durchführung wurde vollständig von China übernommen. Bedingung war, dass die Strecke bis zur chinesischen Grenze reichte, denn sie sollte später im Süden bis nach Singapur

2 Angaben nach Frank Malerius: Wirtschaftsausblick Laos 2025. *Germany Trade & Invest,* gefördert vom Bundesministerium für Wirtschaft und Energie. gtai.de/de/trade/laos-wirtschaft/wirtschaftsausblick (letzter Zugriff 17.9.2025).

3 *Phnom Penh Post*, 13.7.2019.

ausgebaut werden. Der Bau der Trasse war durch verschiedene Probleme erschwert. Sie führte in Laos durch gebirgiges Gebiet (Kalkstein im Truong Son-Gebirge), das zudem immer noch gespickt war mit Blindgängern aus dem Vietnamkrieg. Die US-Army hatte während dieses Krieges mehr Sprengstoff über Laos abgeworfen als insgesamt während des gesamten Zweiten Weltkriegs über Europa. Die Strecke verläuft über 167 Brücken und durch 75 Tunnel[4], darunter der fast 10 km lange Grenzübergang zwischen China und Laos. Der laotische Teil der Strecke ist 422 km lang.[5] Es wurden zehn zum Teil überdimensioniert große Bahnhöfe gebaut. Die Strecke erlaubt eine Höchstgeschwindigkeit von 160 km/h.[6] Am 16.10.2021 starteten die beiden ersten Schnellzüge in beiden Richtungen gleichzeitig von Vientiane und Kunming.

Die gesamten Baukosten sollen sich auf 6 Mrd. US-$ belaufen haben.[7] Weil Laos nicht in der Lage war, den Bau der Strecke zu finanzieren, beteiligte sich das Land nur mit 30 % an den Baukosten[8], die restlichen 70 % sind Kredite chinesischer Banken. Laos bürgte für die Kredite mit seinem Reichtum an – noch nicht geförderten – Bodenschätzen. Die Verschuldung entsprach ungefähr 80 % des nominalen Bruttoinlandsprodukts von Laos. Es wird geschätzt, dass die jährlichen Zinsen für die chinesischen Darlehen etwa 20 % der laotischen Staatsausgaben ausmachen.[9] Trotzdem vertritt Laos offiziell den Standpunkt, dass die Wirtschaft des Landes von der Bahnstrecke profitiere, weil die Strecke den Warentransport vereinfache und Kosten verringern werde. Außerdem sollen von der Bahn sowohl Landwirtschaft und Industrie als auch der Tourismus profitieren[10]. Bis die Kosten für dieses riesige Projekt allein durch die Einnahmen hereinkommen, können viele Jahre, wenn nicht Jahrzehnte vergehen. Denn die großen Infrastrukturprojekte sind zwar die Grundlage für eine künftige Industrialisierung des Landes, schränken aber die unmittelbaren finanziellen Handlungs-

4 Angaben nach: LM, 8.8.2017.

5 Er ist kürzer als die Straße, weil diese das Gebirge mit Serpentinen und Pässen überquert, während die Bahn durch viele Tunnel fährt.

6 Angaben nach Wikipedia.

7 LM, ebd.

8 Zu einem Zins von 2,3 %, ebd.

9 Angaben nach: *Global Construction Review (GCR)*, London, 22.1.2014.

10 GCR, 6.1.2017.

spielräume ein. Und Laos hat derzeit noch kaum wirtschaftliche Einkünfte durch Industrieproduktion und Exporte, die zum Schuldenabbau beitragen könnten.

* * *

Ein anderer, ebenso spektakulärer Plan soll deshalb die Dauer der Schuldentilgung verkürzen. Schon seit längerer Zeit hatten nicht nur Laos, sondern auch insbesondere China und Kambodscha damit begonnen, ihren Energiebedarf durch Wasserkraftwerke zu decken, und zwar vor allem durch den Bau von Staudämmen am Mekong und seinen Nebenflüssen. »Heute ist Südostasien eine relativ friedliche Region, die Wirtschaft wächst fast überall. Doch nur ein Drittel der Kambodschaner und etwas mehr als zwei Drittel der Laoten haben Zugang zu Elektrizität, die oft sehr teuer ist. Die Nachfrage nach Energie in der Region wird rasant steigen: Eine Analyse der Internationalen Energieagentur aus dem Jahr 2013 geht von einem Mehrbedarf von 80 % in den kommenden 20 Jahren aus. Um ihn zu decken, ohne das Klima noch stärker zu belasten, braucht Südostasien vor allem eines: saubere Energie. Das Wasserkraftpotenzial des Mekong ist verlockender denn je.«[11]

Aber diese »Nutzung« des Flusses hat inzwischen Folgen, die für die Nahrungsversorgung von 60 Millionen Menschen im unteren Flussbecken »eine Katastrophe von gewaltigen Ausmaßen« bedeutet, so Kraisak Choonhavan, thailändischer Aktivist und ehemaliger Senator.[12] Der Mekong entspringt in China im Himalaya-Gebirge in 5000 m Höhe. Von dort aus fließen jährlich knapp 500 Mrd. m³ Wasser den Fluss hinab. Im gesamten Verlauf kommen nur 20 Mrd. m³ Regenwasser hinzu. Durch sechs Länder fließt er schließlich über 4000 km Länge in Vietnam ins Meer. Der Mekong ist der längste Fluss Südostasiens. Er ist auch eins der fischreichsten Binnengewässer der Erde. Die mehr als 500 bekannten Fischarten im Mekong haben Millionen Menschen während Dürren, Überschwemmungen und zur Zeit des mörderischen kambodschanischen Pol-Pot-Regimes vor

11 Michelle Nijhuis: Mekong – Gigantische Stromstörung, in: *National Geographic* 7/2015, nationalgeographic.de/geschichte-und-kultur/2017/11/mekong-gigantische-stromstoerung (letzter Zugriff 17.9.2025).

12 Zit. ebd.

dem Hungertod gerettet. Das macht den Fluss mit seinen Zuläufen und Armen zu einem hochkomplexen Natursystem, nicht nur ökologisch, sondern auch politisch und sozial. Was hier dem einen nutzt, kann die Existenz des anderen bedrohen. Die durch die Staudämme verursachten plötzlichen Schwankungen des Wasserstands haben noch eine weitere, noch gefährlichere Folge: Sie beeinträchtigen Migration und Laichverhalten der Fische. Und die Menschen hier leben von den Fischen.

Um solche Probleme durch friedliche Verhandlungen zu lösen, wurde im Rahmen der 1957 gegründeten Mekong River Commission (MRC)[13] ein Abkommen beschlossen, dem zufolge »die Verwaltung und Ausbeutung des Mekong-Wassers und seiner Energiequellen zum gegenseitigen Vorteil und zum Wohl der betroffenen Bevölkerungen beitragen sollen, und zwar durch die Entwicklung von Programmen und das Planen von Aktionen unter Berücksichtigung der wissenschaftlichen Erkenntnisse und der Beachtung des Umweltschutzes«[14]. Die MRC wird von den vier Mitgliedsstaaten finanziert und mit internationaler Entwicklungshilfe gefördert. Sie hat nicht das Recht, bindende Verträge mit ihren Mitgliedern oder anderen Staaten zu schließen, sondern ist lediglich Ausdruck eines gemeinsamen Interesses am Fluss und am Frieden in der Region. Weiter eingeschränkt sind ihre Handlungsmöglichkeiten dadurch, dass die VR China nicht Mitglied ist. China ist damit auch nicht ausdrücklich verpflichtet, seine Nachbarn flussabwärts zu konsultieren, wenn am Oberlauf des Mekong Staudämme gebaut werden, was aber sehr intensiv geschieht. Schon gleich 1995 wurde der geringe Wert des Abkommens besonders deutlich. Die Mitglieder der Kommission feierten die Unterzeichnung des neuen Vertrags mit einer Fahrt auf dem Mekong. Das Boot lief auf Grund. Die Chinesen hatten einen neuen Staudamm errichtet, und der hatte der Festgesellschaft das Wasser abgegraben.

Unter diesen Umständen ist es nicht überraschend, dass selbst die Unterzeichner bei ihren Plänen nicht viel Rücksicht auf die MRC nehmen. Auch Laos nicht. Denn die Produktion und der Export von elektrischer Energie sind die derzeit einzige Möglichkeit für das Land, ein wirtschaftliches Wachstum zu generieren, das ausreicht, um sich von der Schuldenlast zu befreien. Deshalb will Laos nach eigener

13 Mitgliedsstaaten sind Vietnam, Kambodscha, Laos und Thailand.

14 Website: www.mrcmekong.org, zit. nach Wikipedia.

Aussage die »Batterie Indochinas« werden. Am Fluss Nam Ngum, einem Nebenfluss des Mekong, wurde in den 1980er Jahren mit dem Aufbau von Wasserkraftwerken begonnen. Die dortige Nam-Ngum-Talsperre war die erste und größte der Demokratischen Volksrepublik Laos. Sie staut den Fluss etwa 90 km nördlich der Hauptstadt Vientiane. Die Staumauer wurde zwischen 1968 und 1984 in drei Etappen mit japanischer Hilfe errichtet und zum Teil finanziert und sollte zunächst vor allem der Energieversorgung des Landes selber dienen. Aber von Betriebsbeginn an wurde ein Teil der gewonnenen elektrischen Energie auch exportiert, vor allem nach Thailand. Die Talsperre dient neben ihrer Funktion als Stromproduzent auch noch der Flutkontrolle, der Bewässerung in der Landwirtschaft, und sie ist eine Tourismusattraktion. Diese erste Talsperre wurde deshalb von der Bevölkerung noch ohne Murren hingenommen. Das Kraftwerk wird von der staatlichen *Électricité du Laos* betrieben. Die Generatoren haben eine Leistung von 155 Megawatt. Die technischen Einrichtungen wurden zuletzt 2010 mit Hilfe der *Japan International Cooperation Agency* modernisiert, die auch bei der Planung und dem Bau mitgewirkt hatte. Insofern blieb für Laos auch hier eine Restfinanzierung übrig, die als Schulden von Japan vorgestreckt wurde.

Dann aber hat die laotische Regierung ein weitaus größeres Projekt in Angriff genommen: das Xayaburi-Wasserkraftwerk, für das in Nordlaos seit Anfang 2012 eine neue Mega-Baustelle eingerichtet wurde. Der Bau wurde wegen Protesten aus Kambodscha und Vietnam zunächst für zwei Monate gestoppt[15] und begann am 15. März 2012. Situiert ist der Xayaburi-Damm im unteren Mekong-Becken in Nordlaos, in der Nähe von Luang Prabang. Dieses Kraftwerk soll Strom nur für den Export produzieren. 95 % der dort geförderten elektrischen Energie wird regelmäßig an die *Electricity Generating Authority of Thailand* (EGAT) verkauft. Der Prozess der Genehmigung dieses Kraftwerks durch die MRC verlief typisch für viele solcher Prozesse, nicht nur in Laos. Obwohl man in der MRC noch kontrovers diskutierte, gab die laotische Regierung der thailändischen Firma *CH. Karnchang* grünes Licht für den Beginn der Bauarbeiten. Prashanth Parameswaran, ein früherer Mitarbeiter am *Project 2049-Institute*[16],

15 *Bangkok Post*, 22.7.2012.

16 *Project 49-Institute*, heute *Institute for Indo-Pacific Security*, gegründet 2008 in Arlington (Virginia, USA) und unterstützt durch die US-Regierung.

der Dammprojekte in Südostasien erforscht, warnte: »Laos' Aktionen bedeuten nicht nur einen Vertrauensbruch, sondern bedrohen die ohnehin mühsame regionale Zusammenarbeit in einem Ökosystem, das die Lebensgrundlage für mehrere zehn Millionen Menschen ist.«[17]

Der Xayaburi-Damm ist 820 m lang und 32,6 m hoch. Der Stausee ist 272 km² groß. Das Kraftwerk besteht aus 175 Kaplan-Turbinen. Die Kapazität beträgt 1,285 Megawatt und erlaubt eine jährliche Energieproduktion von 7406 Gigawattstunden, die fast vollständig durch eine 200 km lange Hochspannungsleitung nach Thailand geleitet wird. Die Gesamtkosten beliefen sich auf 3,5 Mrd. US-$. Das Wasserkraftwerk wurde am 29. Oktober 2019 in Betrieb genommen. International hat seine Inbetriebnahme eine intensive Diskussion unter Fachleuten ausgelöst, die davor warnten, dass der Mekong bald dramatisch seine Bedeutung für die gesamte Region verlieren könnte. Milton Osborne[18], der über den Mekong geforscht hat, mahnt: »Das Zukunftsszenario sieht so aus, dass der Mekong nicht länger eine reichhaltige Fischquelle und Garant für landwirtschaftliche Fruchtbarkeit sein wird, sondern […] am Ende kaum mehr als eine Reihe unproduktiver Seen ist.«[19]

Der Streit um die anscheinend ungebremste Ausbeutung des Mekong hat nun auch zu Reaktionen seitens eigentlich freundschaftlich gesinnter Nachbarländer geführt. Sie betrafen jedoch vorrangig ein kambodschanisches Projekt, keinen Stausee, sondern einen Kanal. In der vietnamesischen Presse wurden Artikel veröffentlicht, die sich kritisch mit dem von Kambodscha geplanten *Funan Techno*-Kanal auseinandersetzten. Er soll 18 km lang werden und mehr Wasser in den Südwesten des Landes bringen. Das Wasser des Mekong soll also nicht gestaut, sondern in andere Gebiete abgeleitet werden. Durch den Kanal sollen in den Provinzen Kandal und Kampot mehr als 300 000 Hektar Felder bewässert werden. Beginnen soll er am Mekong-Nebenfluss Hau, der zwischen Vietnam und Kambodscha in Long Binh (Vietnam) und der Provinz Kandal (Kambodscha)

17 Joshua Kurlantzick: In Southeast Asia, big dams raise big concerns. Council on Foreign Relations, 30.6.2011, Gastbeitrag von Prashanth Parameswaran, cfr.org/blog/southeast-asia-big-dams-raise-big-concerns (letzter Zugriff 17.9.2025).

18 Australischer Historiker, Fachgebiet Südostasien, arbeitete an verschiedenen wissenschaftlichen Institutionen in Australien, Großbritannien, den USA und bei der UNO, lebt in Sydney.

19 Mekong dam plans threatening the natural order, in: *The Australian*, 29.6.2011.

die Grenze bildet. Der Ort, in dem es eine »Freundschafts-Brücke« zwischen den beiden Ländern gibt, war bislang als Musterbeispiel einer engen, fast familiären Zusammenarbeit mit den Grenzsoldaten bekannt. Der Kanal könnte die Eintracht jetzt stören. »Der Funan-Techno-Kanal könnte bis zu 30% des Wassers des Hau-Flusses abzweigen, mit der Folge, dass das Eindringen von Salzwasser ins Mekongdelta noch zunehmen wird«, warnten Spezialisten bei einem Informationstreffen in Cà Mau-Stadt im April 2024.[20] Der Sprecher des vietnamesischen Außenministeriums Doan Khac Viet sagte später: »Der Mekong ist ein unschätzbarer Aktivposten für das Volk und der Schnittpunkt für die Freundschaft und Einheit der Völker der drei Länder Vietnam, Kambodscha und Laos. Vietnam hofft, dass alle Anrainerstaaten inklusive Kambodscha zusammenarbeiten [join hands] werden, um den Fluss nachhaltig und effektiv zu verwalten, sein Wasser zum Nutzen der Gemeinschaft der Völker in der Region und auch für die zukünftigen Generationen, die engmaschigen Verbindungen der Länder zu nutzen.«[21] Die Generaldirektorin des vietnamesischen Nationalen Mekong-Komitees, Nguyen Thi Thu Linh, sagte, die MRC, Kambodscha und andere Mitglieder der Kommission würden verstärkt die Auswirkungen des Projekts erforschen, Maßnahmen der Eindämmung vorschlagen, die Folgen beobachten und Konsultationen befördern.[22] Man hofft also auf eine Einigung, die aber angesichts des schon weit fortgeschrittenen Projekts und der juristisch nicht relevanten Ratschläge der MRC wohl bestenfalls in Kompromissen bestehen kann.

Eine Studie der Universität Princeton untersuchte 27 Staudämme, die an Nebenflüssen des Mekong geplant sind, und verglich das prognostizierte Energieaufkommen jedes Kraftwerks mit dem wahrscheinlichen Verlust für die Fischerei.[23] Die Forscher kamen zu dem Schluss, dass es enorme Unterschiede bei den Auswirkungen auf die Ökologie gibt. Die schlimmsten Folgen sind am Lower Sesan[24] zu

20 VNS, 24.4.2024.

21 VNS, 9.8.2024.

22 Ebd.

23 John Sullivan: Plans for dams on Mekong River could spell disaster for area fisheries, 30.4.2012, princeton.edu/news/2012/04/30/plans-dams-mekong-river-could-spell-disaster-area-fisheries (letzter Zugriff 17.9.2025).

24 Nebenfluss des Mekong in Kambodscha.

befürchten: Allein dieser Damm würde die Fischbiomasse im Unterlauf um mehr als neun Prozent senken. Einige sorgfältig gesetzte Staudämme an anderen Stellen im Einzugsgebiet hingegen würden ebenfalls beträchtliche Mengen an Energie produzieren, die Nahrungsvorräte indes nur minimal schädigen. Die Studie sieht anscheinend Möglichkeiten, die Dammbauten so zu planen, dass die voraussehbaren katastrophalen Folgen zumindest teilweise zu vermeiden sind, d.h., die Energie des Mekong zu nutzen und zugleich seinen Reichtum zu schützen.

Aber um solche Pläne zu verwirklichen, müssten die Anrainerstaaten und ihre Investoren ihre Aktivitäten engstens miteinander abstimmen und verbindlich beschließen. Dies ist mit der MRC allein offensichtlich nicht möglich. Dazu kommt, dass der größte Mekong-Anrainer gar nicht in die Diskussionen involviert ist und kaum Rücksicht auf die Folgeerscheinungen in den weiter unten liegenden Ländern nimmt. Weder bei ihrer Gründung noch in ihrer bisherigen Geschichte war je vorgesehen, dass die VR China Mitglied der MRC sein könnte, denn 1957 war sie noch kein Mitglied der UNO. Später schloss sich China einer anderen Initiative namens *SERVIR-Mekong Project*[25] an. Obwohl der Mekong in China nur 16 bis 18 % seiner späteren Wassermenge enthält, sind die Eiswasser aus Tibet von großer Bedeutung, vor allem in der Trockenzeit. China wurde 1996 »Dialogpartner der MRC«[26]. Seither gab es allenfalls gelegentliche gegenseitige Informationen, aber keine wirkliche Zusammenarbeit. Im Jahr 2002 begann China damit, in der Regenzeit täglich die Wasserstände des Mekong an die MRC zu übermitteln. Im Juli 2003 berichtete Joern Kristensen, Vorsitzender der MRC, beispielsweise, dass China damit einverstanden sei, bei der Arbeit an der ersten (von drei) Phasen seines *Upper Mekong Navigation*-Projekts[27] keine Stromschnellen zu sprengen. Trotzdem bleiben Chinas Absichten am Mekong ansonsten völlig unklar. Weder in der MRC noch in ihren Mitgliedsstaaten ist man allerdings der Meinung, diese Situation könnte sich ändern,

25 Gegründet 2015 von USAID und NATO zur Erlangung von Kartenmaterial und Satellitenbildern über den Mekong.

26 Zusammen mit Birma.

27 Upper Mekong Navigation Improvement Project. Vgl. International Rivers network IRN, Berkeley USA, riverresourcehub.org/wp-content/uploads/2007/11/02.navfactshet.pdf (letzter Zugriff 17.9.2025).

wenn China der MRC beiträte. Man habe sich wohl damit abzufinden, dass »Chinas Dammbaumaschine den Mekong immer weiter nach unten vordringt«[28].

* * *

Bei den Wahlen in Phnom Penh am 27. Juli 2008[29] erreichte die Volkspartei (VP) von Hun Sen zum ersten Mal allein die absolute Mehrheit (90 der 123 Sitze). Die Sam Rainsy-Partei landete weit abgeschlagen auf Platz zwei mit 26 Sitzen, eine neue »Menschenrechtspartei« errang drei Sitze und die ehemaligen »Royalisten«, jetzt aufgespalten in die »Ranariddh-Partei« und die alte FUNCINPEC, je zwei Sitze. Sie waren damit in die Gruppe »ferner liefen« abgesunken. Die Wahlbeteiligung lag mit 74 % unter der der letzten Wahlen. Sam Rainsy hatte jetzt, angesichts der absoluten Mehrheit Hun Sens, nur noch die Möglichkeit, durch außerparlamentarische Aktionen die Regierung in Schwierigkeiten zu bringen. Aber eigentlich gab es keine Opposition im westlichen Sinne mehr.

Bemerkenswert an dieser Wahl ist, dass sie von der westlichen Presse für so wichtig gehalten wurde, dass es sogar im Voraus Berichte gab. Sie galten vor allem einem der Kandidaten, der erst Tage vor der Wahl überhaupt ins Land zurückgekehrt war: Sam Rainsy war zuvor wieder einmal ins Ausland geflüchtet, um der Vollstreckung eines Gerichtsurteils gegen ihn zu entgehen. In unseren Medien wurde dieses Urteil ohne Angabe von Details als ein »politisches« qualifiziert, also als ein ungerechtes. Es war aber längst bekannt, wessen sich Sam Rainsy schuldig gemacht hatte: Mit seiner Vorliebe für spektakuläre Aktionen war er an die Grenze zu Vietnam im Osten gereist und hatte dort vor der herbeigerufenen Presse Grenzsteine ausgerissen, einige Meter weiter auf vietnamesisches Territorium geschleppt und dort wieder eingegraben. Er wolle damit, sagte er den Reportern, gegen die Einigung über den Grenzverlauf zwischen beiden Ländern protestieren, die in jahrelangen Verhandlungen kurz zuvor erzielt worden war. Er wurde daraufhin angeklagt

28 Tom Sherman, in: *The Nation* (Thailand), 12.5.2004.

29 Zur Geschichte des Mehrparteiensystems in Kambodscha vgl. S. 350–365 in diesem Buch.

und verurteilt und entzog sich der Vollstreckung durch Flucht ins Ausland.[30]

Doch solche Details enthielt die westliche Presse ihren Lesern vor. Man behauptete, die »autoritäre« Regierung habe durch dreiste Machenschaften vor und bei den Wahlen dafür sorgen wollen, im Amt zu bleiben.[31] Da Sam Rainsy wie üblich schon vor den Wahlen behauptete, sie würden von der Regierungspartei manipuliert, wussten die westlichen Leser schon im Voraus: Hun Sen wird siegen, aber es wird nicht mit rechten Dingen zugegangen sein. Und so kam es: Hun Sen gewann die Wahl, aber Sam Rainsy hätte sie gewinnen müssen.

Das nächste Mal wurde in Kambodscha am 28. Juli 2013 gewählt. Dafür wurden 19 000 Wahllokale eingerichtet, von denen die meisten sich in neu gebauten Schulen befanden. Die VP erhielt 3 278 729, die »Nationale Rettungspartei«[32] 2 941 133 Stimmen. Die Sitzverteilung in der Nationalversammlung war demnach wie folgt: 69 Sitze für die VP, 55 Sitze für Sam Rainsy. Hun Sen verlor also einen Teil seiner früheren Wählerschaft, Sam Rainsy gewann viele Wähler dazu.

Trotzdem war Hun Sen immer noch der klare Sieger. Unter seinen verschiedenen Regierungen hatte sich im Land der Lebensstandard verbessert, war die Infrastruktur ausgebaut worden (Straßen, Brücken, Schulen). »Vom wirtschaftlichen Wachstum hat ein Teil der Bevölkerung profitiert.«[33] Außerdem wurden Hun Sen und seine Partei, vor allem in der ländlichen Bevölkerung, immer noch mit den Befreiern vom Pol Pot-Regime assoziiert.

Sam Rainsys Ablehnung der VP war trotzdem gewachsen, obwohl er im Wahlkampf nicht auf eigene Verdienste verweisen konnte. Er forderte Reformen, die vor allem zur Abschaffung des gegenwärtigen Regimes führen sollten, getarnt als soziale Forderungen: Erhöhung der öffentlichen Gehälter, Rente mit 65, Senkung des Benzinpreises,

30 Und zwar diesmal nicht nach Frankreich, sondern in die USA.

31 Ich beziehe mich bei dieser zusammenfassenden Presseschau vor allem auf drei große Artikel (27./28. Juli, 30. Juli, 10. August) in der FR. Die Berichte in den anderen deutschen Tageszeitungen dürften in der Tendenz ähnlich gewesen sein, da sie sich wie die FR auf die Nachrichtenagenturen AFP und dpa stützten.

32 Früher »Partei Sam Rainsy«.

33 LM, 30.7.2013.

kostenfreie Gesundheitsversorgung für die Armen und – vor allem – Beseitigung der Korruption. Dass derlei Postulate mehr Wähler als bislang anzogen, war eher ein Zeichen dafür, dass inzwischen Verhältnisse geschaffen worden waren, in denen solche Forderungen auf Interesse stießen, also eine Normalisierung eingetreten war. Sam Rainsy trat in der westlichen Sicht als »Inkarnation des Willens auf, ein System, das der Korruption und des Nepotismus beschuldigt wird, zu beseitigen«[34].

Beigetragen zu seinem überraschend guten Wahlergebnis hat wohl auch die Tatsache, dass die Jugend in den urbanen Zentren kaum noch Erinnerungen an die Pol Pot-Zeit hatte und deshalb der Nimbus der Befreiung bei ihr nicht zog. Es ist im Nachhinein kaum exakt festzustellen, inwieweit Sam Rainsys relativer Wahlerfolg mit dem Hauptargument seines Wahlkampfs zu tun hatte: der Hetze gegen Vietnam. »Sam Rainsy hat niemals gezögert, die antivietnamesische Karte zu ziehen.«[35] Vietnam betreibe immer noch eine heimliche Immigration von Vietnamesen nach Kambodscha, eine »hegemoniale Politik«. Solche Behauptungen waren nicht nur gefährlich für die in Kambodscha lebende vietnamesische Minderheit (700 000 Menschen)[36], sie liefen auch auf eine Umkehrung der offiziellen Außen- und Friedenspolitik des Landes hinaus. Insofern »spielt Sam Rainsy mit der rassistischen Propaganda gegen die Vietnamesen ein gefährliches Spiel«[37], auch weil damit versucht werde, politische Positionen der Roten Khmer wieder salonfähig zu machen und Zwietracht in der Region zu säen.

* * *

Die Propaganda gegen Vietnam ist in Kambodscha natürlich nicht verboten, das »Verletzen« der Grenze durch Beschädigen und Umsetzen von Grenzmarkierungen ist aber eine Straftat. Normalerweise hätte Sam Rainsy also bei seiner Rückkehr aufgrund dieses Urteils verhaftet werden müssen. Aber er war vom kambodschani-

34 Ebd.

35 LM, 10.8.2013.

36 Und knüpfte an unter Pol Pot verordnete Ressentiments an.

37 Ebd.

schen König bereits »begnadigt« worden.[38] Daraufhin durfte er zurückkehren mit der Auflage, nicht bei den Wahlen zu kandidieren. Über die Gründe dieses Entgegenkommens der Regierung gab es mehrere Meinungen. Eine davon war die Vermutung, Hun Sen sei von den USA unter äußersten Druck gesetzt worden, Sam Rainsy die Rückkehr und Kandidatur zu erlauben, wenn er nicht riskieren wollte, dass Kambodscha die gesamte US-Entwicklungshilfe entzogen würde.[39]

Nach den Wahlen erhob Sam Rainsy sofort schwere Vorwürfe gegen die VP. Sie habe die Wählerlisten manipuliert, Verstorbene abstimmen lassen, oppositionelle Wähler unter Druck gesetzt oder deren Stimmen verschwinden lassen usw.[40]

Natürlich hatte Hun Sen mit solchen Behauptungen gerechnet, sie waren ja schon vor der Wahl geäußert und in allen westlichen Zeitungen zitiert worden. Seine Regierung richtete ein Nationales Wahlkomitee (NEC) ein, eine Art Schiedsgericht bei Beschwerden und eine Meldestelle für Wahlhelfer und Wahlbeobachter. Sam Rainsy lehnte es ab, Vertreter seiner Partei in dieses Gremium zu schicken. Darüber hinaus gab es 243 internationale Beobachter aus 29 Ländern des ASEAN-Pakts sowie aus Russland, Neuseeland, Indien, den USA und Großbritannien.

Nach Berichten der kambodschanischen und vietnamesischen Presse gab es im Wahlkampf etwa 150 Klagen, in denen Parteien sich gegenseitig beschuldigten, den Wahlkampf behindert zu haben. Es ging meistens um die Zerstörung von Parteischildern, Fahnen oder Plakaten, aber auch um die Störung von Kundgebungen und Androhungen von Gewalt. Die meisten Klagen konnten ad hoc vom NEC geklärt werden. Während der Wahl selbst habe es kaum Vorfälle gegeben, so Tep Nytha, Generalsekretär des NEC. Er fügte hinzu:

38 Und zwar auf Bitten Hun Sens!

39 Diese Vermutung wurde allerdings m. W. nicht in Kambodscha, sondern nur in einer westlichen Zeitung geäußert: in *Die Tagespost* vom 18.7.2013. Sie ergibt aber Sinn, denn Sam Rainsy war in früheren Wahlen stets der Kandidat der USA gewesen.

40 Angesichts des unerwartet hohen Wahlergebnisses für die Partei Sam Rainsys fragt man sich, warum die VP mit all ihren angeblichen kriminellen Fälschungsmaßnahmen dies nicht zu verhindern gewusst hat. Sam Rainsy behauptete sogar, seine Partei hätte eigentlich mit 63 Sitzen die Mehrheit im Parlament gewonnen, natürlich ohne dies belegen zu können. LM, 16.8.2013.

»Das Komitee wird sie alle prüfen, und diejenigen, die nicht sofort geklärt werden können, werden wir, wenn nötig, einer gerichtlichen Untersuchung zuführen.«[41]

Die ausländischen Wahlbeobachter betonten, der Wahlgang sei »alles in allem friedlich, gewaltlos und ruhig verlaufen«, so Jose de Venecia, philippinischer Regierungssprecher. Er war der Leiter der Gruppe, die von internationalen Institutionen entsandt worden war. Auch die anderen ausländischen Beobachter (darunter auch Journalisten) berichteten, »bis auf einen Vorfall in einem Büro des kommunalen Wahlkomitees im Distrikt Menachey (Phnom Penh)« seien die Wahlen »reibungslos verlaufen«[42].

Sam Rainsy blieb bei seinen Vorwürfen, es habe massive Unregelmäßigkeiten gegeben. Das NEC schlug daraufhin vor, eine spezielle Kommission zu gründen, die diesen Vorwürfen konkret nachgehen sollte. Sam Rainsy weigerte sich, dabei mitzuarbeiten, und verlangte eine internationale Überprüfung unter Führung der UNO. Indessen hatte jedoch UNO-Generalsekretär Ban Ki-moon ein Glückwunschtelegramm an Hun Sen geschickt, ebenso mehrere Regierungschefs von ASEAN-Staaten. Hun Sen hoffte aber immer noch, sich mit seinem Rivalen im nationalen Interesse einigen zu können. In der ersten öffentlichen Versammlung nach den Wahlen sagte er, es komme nicht so sehr darauf an, wer gewonnen und wer verloren habe, solange das Land dadurch nicht gespalten würde. Er schlug die Einrichtung einer Arbeitsgruppe vor, die »mit der Opposition laufend die wichtigsten aktuellen Probleme und Beschlüsse beraten« solle. Um die Wogen zu glätten, sollte die Veröffentlichung des amtlichen Wahlergebnisses verschoben werden.[43]

Auch der kambodschanische König Norodom Sihamoni hatte die beiden Parteien zum Dialog aufgerufen:[44] Bei einem Treffen von Vertretern beider Parteien gab es den einstimmigen Beschluss, die geplante Arbeitsgruppe ins Leben zu rufen. Nur wenige Stunden später jedoch erklärte Sam Rainsy öffentlich, dass seine Partei nicht in der Arbeitsgruppe mitarbeiten werde. Und er drohte offen mit

41 VNS, 5.7.2013.

42 VNS, 6. und 9.8.2013.

43 VNS, 10.8.2013.

44 *The Cambodian Herald*, zit. nach: VNS, 9.8.2013.

»Massendemonstrationen im ganzen Land«, und zwar so lange, bis das Ergebnis korrigiert sei.[45]

In Vietnam und Laos war das Streben nach Einheit (nicht identisch mit dem Streben nach einer Partei) im Kampf gegen die äußere Aggression und dann beim diplomatischen Ringen um eine Nachkriegsordnung für die Region (z. B. in Genf und Paris) ein durchgehendes Motiv und Ziel der beteiligten Politiker gewesen. Die USA haben solche Bestrebungen stets zu unterbinden versucht, auch in Laos.[46]

Deswegen muss man bei solchen Gelegenheiten beachten, dass es sich bei den Aufrufen zur Einheit weder um die Forderung nach Bildung einer Koalition noch unbedingt nach einer Ein-Parteien-Regierung handelt. Im Gegensatz zu den beiden anderen indochinesischen Ländern war das politische System in Kambodscha seit der Befreiung vom Pol Pot-Regime von zwei Elementen geprägt: dem traditionellen Prinzip der nationalen Einheit und dem Konkurrenzprinzip westlicher Demokratieformen. Sam Rainsy praktizierte in diesem Moment aggressiv das Letztere als Kampf gegen den politischen Gegner, jedoch unter bewusster Brechung der Regeln der Demokratie – selbst nach westlichem Muster. Demgegenüber berief sich Hun Sen auf die traditionelle Suche nach Einheit. In früheren Zeiten hat Prinz Sihanouk als König und als Premierminister zuweilen sehr geschickt die beiden Prinzipien gegeneinander ausgespielt oder genutzt, was manchmal auch positive Folgen hatte.

Die irrationale Verbissenheit Sam Rainsys, einen angesichts der Kräfteverhältnisse demokratisch nicht legitimierten und zudem aussichtslosen Kampf zu führen, hat damals viele Beobachter irritiert, und es kamen Vermutungen auf, dass hinter diesem Verhalten eine Einflussnahme der USA stecken könnte.[47]

Als nun durch die Aktionen Sam Rainsys eine Regierungsbildung wieder einmal in unabsehbare Ferne zu rücken drohte, beorderte Hun Sen Soldaten in die Hauptstadt, die »gewalttätige Proteste gegen

45 Beide Zitate in: *The Cambodian Herald*, zit. nach: VNS, 1.8.2013.

46 Vgl. in diesem Buch S. 218ff.

47 Es wurde oft behauptet, Rainsy sei ein Agent der CIA. Die Vermutung ist sehr naheliegend, dazu würde auch passen, dass er 2013 immer noch die politischen Forderungen der Roten Khmer vertrat. Auch insofern hat Sam Rainsy stets Politik im Sinne der USA gemacht – und ihres Geheimdienstes.

die Regierungsbildung verhindern sollen«. Nach den Worten des Armeesprechers Khen Tito ging es dabei keineswegs darum, »Bürger einzuschüchtern. Wir unterbinden keine friedlichen Demonstrationen, aber wenn die Proteste in Gewalt umschlagen, wird das Militär einschreiten.«[48]

Trotzdem dauerte es wieder sehr lange (bis zum Juli 2014), bis eine neue, dem Wahlergebnis entsprechende Regierung gebildet werden konnte. 2016 verließ Sam Rainsy dann Kambodscha erneut, nachdem er der Verleumdung und Aufwiegelung angeklagt war, weil er die Regierung Hun Sen beschuldigt hatte, am Mord an dem politischen Aktivisten Kem Ley beteiligt gewesen zu sein, ohne jedoch Beweise vorlegen zu können.[49] Im Oktober 2016 richtete er ein Gnadengesuch an Ministerpräsident Hun Sen, der dieses Mal ablehnte. »Herr Hun Sen hat schon oft die königliche Gnade für politische Gegner vermittelt, die die Regierung entweder blockiert oder behindert hatten, darunter mehrere Male für Sam Rainsy, aber diesmal sagte er, ein Gnadenerweis komme nicht in Frage.«[50]

Im Februar 2017, nur vier Monate vor den lokalen und ein Jahr vor den nationalen Wahlen, trat Sam Rainsy als Präsident der »Nationalen Rettungspartei Kambodschas« CNRP zurück. Sein Nachfolger als Vorsitzender wurde Kem Sokha. Diese Partei wurde Mitte November 2017 durch das oberste Gericht wegen Aufwiegelung zu Demonstrationen verboten. Kem Sokha sowie andere Parteispitzen hätten mithilfe der Vereinigten Staaten ein Komplott zum Sturz der Regierung von Ministerpräsident Hun Sen geplant.

Dieser Vorwurf basierte auf einem Video aus dem Jahr 2014, in dem Kem Sokha vor Parteikollegen die Beratung und Unterstützung aus Amerika anspricht. Dabei ging es um strategische Fragen zum Wahlkampf.[51] Kem Sokha hatte daraufhin aus dem Ausland[52] zum

48 Vgl. FR, 10.8.2013.

49 Er war zu diesem Mordprozess als Zeuge geladen und nicht erschienen, wurde dann wegen Verleumdung der Regierung zu zwei Jahren Gefängnis verurteilt. Auch in diesem Fall hatte er Hun Sen persönlich vorgeworfen, hinter dem Mord zu stecken. Vgl. *The Cambodia Daily*, 20.8.2016.

50 *The Cambodia Daily*, 14.10.2016.

51 Vgl. *Neue Zürcher Zeitung*, 16.11.2017.

52 Auch er hatte Kambodscha verlassen, um der Vollstreckung eines Gerichtsurteils zu entgehen.

Boykott der Wahlen durch Nichtteilnahme oder Abgabe ungültiger Wahlzettel aufgerufen. Die FUNCINPEC-Partei, der sich Kem Sokha nach dem Verbot der eigenen Partei angeschlossen hatte, kam auf 5,89 % der gültigen Stimmen. Umstritten war vor allem die angeblich hohe Wahlbeteiligung von 83,02 %, die für die regierende VP ein wichtiges Merkmal für die Legitimität des Resultats war. Sie war nämlich angesichts des Boykottaufrufs erstaunlich hoch – und wurde deswegen in der westlichen Presse prompt angezweifelt.[53]

Die nächsten Wahlen fanden am 29. Juli 2018 statt, und seither gibt es in Kambodscha kein Mehrparteiensystem mehr. Die regierende VP von Premierminister Hun Sen siegte mit 76,85 % der Stimmen und gewann sämtliche 125 Sitze des Parlaments. Das westliche Echo war dann auch entsprechend. Es wurde erneut das Bild eines Landes mit einer diktatorischen Regierung beschworen. Und diesmal gab es eine Orgie an Schimpfkanonaden, wie man sie sich lieber damals gewünscht hätte, als Kissinger und Nixon völkerrechtswidrig und gegen jede demokratischen Prinzipien die Bombardierung Kambodschas befahlen, mit der alles begann.

Natürlich steht außer Zweifel, dass das, was Hun Sen getan hat (Verbot der aussichtsreichsten Oppositionspartei und Verbot ihrer Zeitung), nach westlichen Wertvorstellungen nicht akzeptabel ist. Hun Sen hat lernen müssen, dass das Mehrparteiensystem, wie es sich in Kambodscha gegen seinen Willen entwickelt hatte, nicht gut für sein Land war – wohlgemerkt nicht als Prinzip oder Ideal und auch nicht als Teil einer funktionierenden repräsentativen Demokratie, sondern in der Form, wie sie ihm von denjenigen, die sie jetzt beschädigt sehen, mehrfach illegal aufgezwungen worden war.

Die Ereignisse in diesem Land seit 1979 (Vertreibung der Roten Khmer) sind im Rückblick als Folgen des Versuchs der USA zu sehen, den Vietnamkrieg mit anderen Mitteln fortzusetzen: Die ersten Regierungen unter Heng Samrin und Hun Sen hatten gezeigt, dass man, den einheimischen Traditionen entsprechend, eine Nation schaffen wollte, die auf dem Prinzip der Einigkeit beruhte. In Kambodscha äußerte sich dies praktisch in der Bildung von zwei Einheitsregierungen zwischen politischen Kräften, die weder auf der einen

53 Die EU und die USA hatten auf die Entsendung von Wahlbeobachtern verzichtet.

Seite nur kommunistisch noch auf der anderen Seite nur royalistisch waren. Dieses Bemühen wurde dann vor allem durch die USA gestört und schließlich zerstört, weil diese in Kambodscha eine Möglichkeit sahen, vielleicht heimliche Nachkriegsziele zu erreichen, nämlich, Vietnam zu bestrafen.

Diese Politik konnte kaum Erfolg haben, aber sie wurde trotzdem verfolgt, und zwar sowohl sehr dilettantisch als auch gegen alle Regeln des Umgangs mit anderen Ländern: Mit den Überfällen der Roten Khmer auf Südvietnam[54] schaffte man es schließlich, Vietnam zum militärischen Eingreifen zu zwingen. Dieser »Erfolg« im Sinne der USA taugte aber nicht dazu, selber einzugreifen, zumal Kambodscha durch die vietnamesischen Truppen vom Terror der Roten Khmer befreit wurde, und es bedurfte großer politischer Anstrengungen, diesen Bündnispartner so lange »vorzeigbar« zu halten, bis klar wurde, dass er nichts mehr nützte. Außerdem war der Einmarsch Vietnams in das Land zum Zweck der Beseitigung des Völkermörderregimes keine »Eroberung« oder »Besetzung«, sondern erfolgte ohne Opfer oder Zerstörungen: Die Roten Khmer hatten sich längst an die Nordgrenze zurückgezogen, man marschierte in eine komplett menschenleere Hauptstadt ein.[55]

Die nächste Stufe war die amerikanische Marionette Sam Rainsy. Dieser vom Westen hochgelobte »Oppositionspolitiker« hatte niemals ein eigenes politisches Programm. Sein Ziel – oder seine Aufgabe – war ausschließlich, gegen Vietnam zu hetzen. Im Kampf gegen Hun Sen ging es ihm noch nicht einmal darum, »die Macht« für sich selbst zu erkämpfen – wenn er Premierminister hätte werden wollen, hätte er sich anders verhalten müssen. Er hätte sich nicht selbst aus der FUNCINPEC herauskatapultieren dürfen, hätte andere Partner finden müssen und nicht ständig offen gegen Gesetze verstoßen und dann vor den Strafen ins Ausland flüchten dürfen.

Hun Sen hat auf ihn sehr lange Zeit versöhnlich reagiert, ihm im Sinne der Einigkeit für den Wiederaufbau gegen den Druck von außen mehrfach mit Hilfe des Königs einen politischen Neuanfang ermöglicht. Aber das war offenbar nicht Sam Rainsys Ziel. Bei der

54 Andere ausländische Interessen, etwa Chinas, können auf dieser Argumentationsebene unberücksichtigt bleiben.

55 Vgl. eine Reportage von Beteiligten in *Viet Nam Kurier* 1/2024, S. 55.

einzigen Gelegenheit, als er endlich Politik hätte machen können und müssen, verschwand er schließlich endgültig ins Ausland. Sein Nachfolger als Parteivorsitzender, Kem Sokha, hatte ebenfalls in Frankreich studiert und verhielt sich genau wie Sam Rainsy.

Hun Sen hat also Erfahrungen gemacht mit dem Mehrparteiensystem, und er hat Erfahrungen gemacht mit den Ländern, die dieses System vertraten und ihn im Namen dieses Systems kritisierten, sogar jahrzehntelang als »Diktator« verleumdeten. Nun hat er sich entschieden, hat sich im Sinne seiner Feinde undemokratisch verhalten und damit zumindest erreicht, jetzt tun zu können, was er immer schon versucht hat: ungestört am äußerst mühsamen Aufbau weiterzuarbeiten, Schulen zu bauen, für die Rechte der ArbeiterInnen in den Textilfabriken einzutreten, eine darniederliegende, zerstörte und vom Boykott strangulierte Wirtschaft wieder aufzubauen, die inzwischen stabil wächst, wenn auch auf verhältnismäßig niedrigem Niveau.

* * *

Und er hat sich dabei einem neuen mächtigen Unterstützer zugewendet: China, das sich kaum schlimmer, eher sogar besser verhalten wird als die USA. Die Beziehungen zwischen den beiden Ländern reichen weit zurück, bis in die Blütezeit des Königreichs von Angkor. Kambodscha war von Anfang an[56] in die Planungen der »neuen Seidenstraße« Chinas eingebunden, was zu umfangreichen Investitionen in diesem Land führte. Jetzt gab es neben diesen wirtschaftlichen Verbindungen auch eine politische Ausrichtung auf den nördlichen Nachbarn. Wie in Laos hat die Einbeziehung des Landes in den Aufbau der »neuen Seidenstraße« jedoch zunächst im Wesentlichen zivile Folgen gehabt: Ausbau von Infrastruktur und Bau des Flughafens Dara Sakor in Koh Kong, der bis 2023 noch keine militärische Infrastruktur erkennen ließ, aber eine längere Landebahn hat als der Internationale Flughafen von Phnom Penh. Die VR China soll dabei 3,8 Mrd. US-$ investiert und noch mehr als 1000 ha Land erworben haben für künftige Erweiterungen.[57] Dies wurde in westlichen Kommentaren sofort als Zeichen dafür gewertet, dass es sich in Wirklich-

56 2013.

57 Christian Gentile (Johns Hopkins University): Chinese investment in Cambodia: The Dara Sakor Airfield, 22.5.2023, www.tearline.mil/public_page/cambodia (letzter Zugriff 17.9.2025).

keit um eine künftige (chinesische) Militärbasis handle. »Westliche Länder, allen voran die USA, sind daher der Ansicht, dass das Land [gemeint ist Kambodscha] Chinas geopolitische Ziele, die durch militärische Macht und Handel erreicht werden sollen, unterstützt.«[58]

Dasselbe gilt für den Hafen Ream, der in der Nähe von Sihanoukville an der Küste des Golfs von Thailand liegt und seit Jahrzehnten nicht mehr aktiv benutzt worden war. Die USA hatten einige Renovierungsarbeiten unternommen, im Jahr 2010 war die Basis Schauplatz einiger gemeinsamer Ausbildungs- und Marineübungen der Vereinigten Staaten mit den Königlichen Streitkräften Kambodschas (RCAF), aber erst jetzt wurde der Küstenstützpunkt modern ausgebaut – von China. Bei der Eröffnung am 7. April 2025 sagte Premierminister Hun Manet: »Die Königliche Regierung von Kambodscha, angeführt von der kambodschanischen Volkspartei, hat weder in der Vergangenheit seine Verfassung verletzt, noch werden wir in der Zukunft unserer Verfassung zuwiderhandeln, in der bestimmt ist, dass wir keine fremden Militärstützpunkte in unserem Land dulden.«[59] Und er fuhr fort: »Wir haben nichts zu verstecken«, und lud »alle Freunde« ein, die Basis zu besuchen und dort Soldaten auszubilden. Es scheint aber, dass die chinesische Armee einen kleinen abgeschlossenen Bereich zur Verfügung hat. Trotzdem behaupten die USA, es sei eine »chinesische« Militärbasis.

Kambodscha und mehr noch Laos haben von den chinesischen Investitionen in die Infrastruktur ihrer Länder zunächst einen offensichtlichen und sehr großen Vorteil. Laos ist durch sie in zwei Jahrzehnten sogar zu einem verkehrstechnisch modern erschlossenen Land geworden, was eine unabdingbare Voraussetzung für wirtschaftliches Wachstum ist. Und das Riesenprojekt der »neuen Seidenstraße«, das für China der Anlass für diese Investitionen war, ist ein in erster Linie ziviles Projekt, dient also nicht der Eroberung von Gebieten, sondern dem Ausbau und Austausch von Handelsgütern. Natürlich sehen die USA in China einen wirtschaftlichen Konkurrenten, was im Kapitalismus immer bedeutet: einen Gegner, dessen Ziele

58 Sokphea Young: Südostasien – China – Die Neuen Seidenstraßen. Kambodscha zwischen China und dem Westen, Rosa-Luxemburg-Stiftung, 2.6.2021, rosalux.de/news/id/44583/kambodscha-zwischen-china-und-dem-westen (letzter Zugriff 17.9.2025).

59 Zit. nach: *Radio Free Asia (RFA)*, 7.4.2025, rfa.org/english/cambodia/2025/04/07/cambodia-china-ream-naval-base (letzter Zugriff 17.9.25).

und dessen Repräsentanten sie kriminalisieren. Da ist es folgerichtig, dass die USA der kambodschanischen Regierung vorwerfen, »zur Aufrüstung der Ream Naval Base finanzielle Unterstützung nicht aus den USA, sondern aus China angenommen zu haben«[60]. Das ist anscheinend ein Verbrechen, das man »sanktionieren«[61] muss.

Natürlich ist damit das Verhältnis der beiden indochinesischen Länder zum großen Nachbarn keins »auf Augenhöhe« – im Fall Vietnams hingegen schon eher. Sie sind durch die vielen Schulden in eine Abhängigkeit geraten. Andererseits haben die Investitionen die Voraussetzung geschaffen, die Schulden langfristig tilgen und die Abhängigkeit abbauen zu können. Wenn die Darstellung hier abgebrochen werden muss, bleibt es – wie immer – eine unabgeschlossene Geschichte. Denn wie (und ob) China diese Abhängigkeit bis dahin so ausnutzen wird, dass für die kleinen Partner Schaden entsteht oder Unterdrückung, lässt sich nicht voraussehen. Dass es zu einem Krieg kommen könnte, ist jedoch eher unwahrscheinlich.

60 Sokphea Young, a.a.O.

61 Wie es auch bei der Rosa-Luxemburg-Stiftung unkommentiert heißt.

XIV. Sozialismus in Vietnam

Eine Alternative im Zeitalter der Raubtiere?

In Vietnam ist nach den Schwierigkeiten und Einschränkungen der Jahre bis ca. 1995 ein bemerkenswerter Aufbau und eine rasante wirtschaftliche Entwicklung gelungen. Mitten in einer Welt, die global mit sehr wenigen Ausnahmen ausschließlich kapitalistisch orientiert und organisiert ist, versucht man, einen eigenen Weg in die Zukunft einzuschlagen. Diese Umstände haben natürlich zur Folge, dass dieser Versuch stets mit der Notwendigkeit belastet ist, mit den wichtigsten Partnern Kompromisse einzugehen. Um den Vorsprung der anderen Länder der Region aufzuholen, musste Vietnam wie die kapitalistischen Länder auch zunächst vor allem für ein wirtschaftliches Wachstum sorgen. Mit anderen Worten: Der Weg zum Sozialismus, der immer noch das offizielle Ziel ist, kann nicht nach den alten Definitionen dieses Endzustands gegangen werden. Nicht nur hat man sich, nach den Erkenntnissen Ho Chi Minhs, zunächst damit beschäftigen müssen, eine (im bürgerlichen Sinn) demokratische Entwicklung zu betreiben, was heißt, eine Verfassung zu erarbeiten, eine Marktwirtschaft einzuführen, einen Rechtsstaat aufzubauen, Gesetze zu verabschieden, die zunächst kaum etwas mit »Sozialismus« zu tun haben. Und man muss Wirtschaftsbeziehungen mit Partnern aufbauen, die kapitalistischen Regeln folgen. Die beiden Eckpunkte, zwischen denen der Aufschwung in Vietnam geschah, heißen: Kompromisse auf der einen und das Bestreben, der Bevölkerung immer bessere Lebensbedingungen zu garantieren, auf der anderen Seite. Sie müssen immer wieder miteinander verbunden werden.

Dabei hat der Begriff »Sozialismus« in der politischen Diskussion eine eher abstrakte Funktion gehabt und wurde stets durch die Formulierung »Gedanken Ho Chi Minhs« ergänzt. Das hat sich in der Amtszeit des vor allem bei der Jugend sehr beliebten[1] und 2024 verstorbenen Generalsekretärs der Kommunistischen Partei Vietnams, Nguyen Phu Trong, geändert. In mehreren Reden und Aufsätzen hat er sich dazu geäußert, was Partei und Regierung in Vietnam unter dem Label »Sozialismus« verstehen.[2]

1 Weil er wirklich äußerst konsequent die Korruption bekämpft hat.

2 Seine Reden und Schriften sind in einem Sammelband auf Englisch veröf-

Einer seiner einschlägigen Aufsätze trägt den Titel »Theoretische und praktische Fragen zum Sozialismus und zum vietnamesischen Weg zum Sozialismus«[3]. Darin stellt der Autor einige einfache Fragen: »Was ist Sozialismus? Warum hat Vietnam den Weg zum Sozialismus gewählt? Wie soll er in Vietnam nach und nach aufgebaut werden?«[4] Der Begriff wird dann zunächst in einer allgemeinen Form definiert. Sozialismus sei dreierlei: »eine Doktrin, eine Bewegung und eine Regierungsform«. Nach dieser Erklärung versucht der gesamte Artikel, »Sozialismus« von der Praxis her zu interpretieren, und zwar historisch, gegenwartsbezogen und gesellschaftstheoretisch. Dabei geht Nguyen Phu Trong von der Geschichte des Kapitalismus aus, der nach dem Zusammenbruch des sozialistischen Lagers als die globale und einzige Wirtschaftsordnung erscheine, aber dennoch ständig von Krisen erschüttert werde. Stets habe der Kapitalismus in Zeiten der Rezession die immanenten, innerhalb dieser Wirtschaftsordnung nicht lösbaren sozialen Ungerechtigkeiten hervortreten lassen. Deshalb sei es nötig, eine Wirtschaftsform anzustreben, in der »Mitgefühl, Solidarität und gegenseitige Rücksichtnahme und Hilfe« die leitenden Kriterien des menschlichen Verhaltens sind und nicht Wettbewerb, Konkurrenz und Profit. Ein solcher Sozialismus und die nationale Unabhängigkeit seien die »Richtlinien der vietnamesischen Revolution und zugleich die Quintessenz des Vermächtnisses von Ho Chi Minh«.

Der entscheidende Zeitpunkt, an dem Vietnam daranging, sich in Richtung Sozialismus zu bewegen, war der Reform-Beschluss von 1986 mit dem Namen Doi Moi. Während dessen Verwirklichung sei »schrittweise ein umfassenderes und tieferes Verständnis […] des Übergangs zum Sozialismus erreicht« worden. Dieses Verständnis lässt sich anhand mehrerer Punkte beschreiben und kann für eine aktuelle Definition des vietnamesischen Sozialismus stehen.

fentlicht worden: Nguyen Phu Trong: *Theory and practice of socialism in Vietnam*. National Political Publishing House (Su That), Hanoi 2023.

3 Zuerst auf Englisch veröffentlicht im Internet am 27.5.2021: en.vietnamplus.vn/some-theoretical-and-practical-issues-on-socialism-and-the-path-towards-socialism-in-vietnam/202175.vnp (letzter Zugriff 17.9.2025). Eine von Marianne Ngo und mir übersetzte deutsche Fassung erschien im *Viet Nam Kurier* 2/2021. Sie wurde durch die vietnamesische Botschaft in Berlin dadurch »offizialisiert«, dass sie sie auf ihre Website stellte. Alle Zitate dort.

4 Nguyen Phu Trong, in: *Viet Nam Kurier* 2/2021, S. 23–38.

Eine sozialistische Gesellschaft ist demnach:

– eine Gesellschaft, in der die Bevölkerung auskömmlich leben kann, das Land stark ist und die Menschen Eigentümer sind,

– eine Gesellschaft, die durch Demokratie, Gleichheit und Zivilisation geprägt ist,

– eine Gesellschaft, die eine hochentwickelte Wirtschaft auf der Grundlage moderner Produktivkraft und geeigneter und fortschrittlicher Produktionsverhältnisse anstrebt,

– eine Gesellschaft, die sich einer fortgeschrittenen Kultur erfreut, die geprägt ist von nationaler Identität.

Es folgen noch weitere, speziell Vietnam betreffende Merkmale wie die Gleichstellung der ethnischen Minderheiten, Freundschaften mit allen Ländern der Welt, der stetige Einsatz für den Frieden usw. Es handelt sich dabei um gesellschaftliche Werte und Ziele, die die meisten, auch viele kapitalistische Staaten anstreben oder anzustreben vorgeben. Viele von ihnen sind schon in der bürgerlichen Demokratie verwirklicht bzw. bei Wahlkämpfen als Ziele formuliert worden. Da der Autor davon ausgeht, dass Vietnam sich in einer Übergangsperiode befindet und der Sozialismus erst noch voll verwirklicht werden muss (eine Vorstellung, die Ho Chi Minh stets betont hat), wird im Artikel vor allem davon gesprochen, was aktuell noch zu tun sei.

Der Autor nennt dies »eine langandauernde, immens herausfordernde und komplexe Aufgabe«. Der wesentlichste Punkt dabei sei die Entwicklung einer »sozialistisch orientierten Marktwirtschaft«. Da dieser Begriff von der Wortbedeutung her einen Widerspruch enthält (›Markt‹ bedeutet Wettbewerb beim freien Handel mit Waren, ›sozialistisch‹ bedeutet Lenkung und gesellschaftliche Festlegungen), wird er vom Autor immer wieder aufgegriffen und interpretiert. In Vietnam handle es sich um eine »moderne, gut in die Welt integrierte Marktwirtschaft«, eine Volkswirtschaft, die zwar »ganz und vollständig im Rahmen der Gesetze der Marktwirtschaft« funktioniere, doch kämen drei Aspekte hinzu: Eigentum, Organisation und Führung sowie Verteilung, also die Freiheit des Marktes einschränkende Regulierungen. Von einer wirklichen sozialistischen Marktwirtschaft sei man jedoch in Vietnam noch weit entfernt.

In der gegenwärtigen vietnamesischen Gesellschaft gebe es noch vielfältige Formen von Eigentum, aber sie sei schon jetzt sozialistisch orientiert, das heißt, dass man zum Beispiel nicht »den sozialen

Fortschritt und die Gleichheit dem bloßen Streben nach Wachstum opfern« will, dass im Gegenteil »jegliche Wirtschaftspolitik dem Ziel der sozialen Entwicklung dienen muss«. Demgegenüber funktioniere die Wirtschaft in den kapitalistischen Staaten nur, wenn Profit erzielt werden kann, und dies sei nur unter der Voraussetzung eines unendlichen Wachstums gegeben, das es allein schon aus Klimagründen nicht geben kann.

Daraus ergibt sich für Vietnam, dass »Sozialismus« darin besteht, systembedingte Ungerechtigkeiten auszugleichen, die im Kapitalismus zu Krisen führen. Dies ist eine moderne Definition, die einer Gesellschaft entspricht, die nicht durch den Klassenkampf definiert war und ist. Man könnte es – etwas gewagt – auch so ausdrücken: Vietnam kann gesellschaftliche und wirtschaftliche Krisen dadurch vermeiden, dass es diese Krisen auslösende, systembedingte Zwänge, die in kapitalistischen Ländern bestehen, abschafft. Außerdem ist das »Soziale« nicht das einzige grundlegende Ziel dieses »Sozialismus«. Dazu zählt der Autor auch die modernen Herausforderungen an die Menschheit: die globalen Fluchtbewegungen aus dem Süden in den Norden, die neo-imperialistischen Kriege, die zur Sicherung der Profite weiterhin weltweit geführt werden, sowie die Tatsache, dass der Mensch dabei ist, die Erde bis zu einem solchen Grad auszubeuten, dass sie unbewohnbar zu werden droht.[5]

Mit solchen Gedanken ist Nguyen Phu Trong ein Politiker, den ich als »nachdenklich« bezeichnen würde[6]. Vor seiner politischen Laufbahn als Parteivorsitzender und Staatspräsident lebte er mit seiner Frau, der Polizistin Ngo Thi Man, äußerst bescheiden in einer 24-m^2-Wohnung, und er war auch während seiner politische Laufbahn stets bereit, sich in Frage zu stellen. Wie Ho Chi Minh hat er nicht versucht, eine Theorie zu erarbeiten, die er kraft seines Amtes durchzusetzen unternommen hätte. Seine »Werke« bestehen vor allem aus Reden, deren Inhalte Diskurse darstellen, die sich häufig um den Begriff »Sozialismus« ranken. Sie sind jedoch keine scheinbar unhinterfragbaren Lösungsangebote für die politische Arbeit, sondern haben reflexiven Charakter, sie sind nachdenklich und weitgehend frei von leeren Floskeln:

5 Alle Zitate in diesen Erläuterungen stammen aus dem erwähnten Artikel.

6 Im Sinne einer Gedichtzeile von Che Lan Vien aus *Hamlet sein in Vietnam*: »Die Zeiten der nachdenklichen Nationen sind vorbei.« Aus: Che Lan Vien, S. 51.

»Wir brauchen eine Gesellschaft, in der Wachstum und Entwicklung wirklich den Menschen zugutekommt und nicht der Ausbeutung und Entmenschlichung um des Profits willen dient. Wir brauchen eine wirtschaftliche Entwicklung, die von gesellschaftlichem Fortschritt und sozialer Gleichheit begleitet ist, und nicht eine Vertiefung der Kluft zwischen Arm und Reich und wachsende Ungleichheit. Wir brauchen eine Gesellschaft, die von Mitgefühl, Solidarität und gegenseitiger Hilfe geprägt ist, entsprechend fortschrittlichen und humanistischen Werten – und keinen unfairen Wettbewerb, in dem ›die Schwachen das Fleisch sind, das die Reichen essen‹[7], um die egoistischen Interessen einiger weniger Individuen oder Cliquen zu befriedigen. Wir brauchen eine nachhaltige Entwicklung im Gleichklang mit der Natur, um eine saubere Lebensumwelt für heutige und zukünftige Generationen zu garantieren, und nicht unbegrenzte Ausbeutung und unbeschränkte Vergeudung der Ressourcen in einer Atmosphäre des hemmungslosen Konsums und der Zerstörung der Umwelt. Und wir brauchen ein politisches System, in dem die Macht wirklich beim Volk liegt, vom Volk ausgeübt wird und dem Volk dient und nicht bloß den Interessen der reichen Minderheit. Solche schönen Ideale, sind sie nicht die wahren Werte des Sozialismus? Und sind sie nicht das Ziel und der Weg, den Präsident Ho Chi Minh und unsere Partei und unser Volk gewählt haben und dem wir beharrlich folgen?«[8]

Diese Formulierungen sind im Grunde ein Versuch, den anscheinend grundlegenden Gegensatz zwischen »bürgerlich-kapitalistisch« und »sozialistisch« zu überbrücken, und deshalb geeignet, neue Perspektiven zu eröffnen und einen realistischen »dritten Weg« zu beschreiben.[9]

* * *

7 Scheint ein Zitat zu sein. Ich konnte die Herkunft nicht ermitteln. gg

8 Nguyen Phu Trong.

9 Zu diesen Zusammenhängen vgl. meinen Artikel in *Viet Nam Kurier* 3–4/2021: »Sozialistische Marktwirtschaft. Der inhärente Widerspruch«. Dort werden Versuche, in Vietnam und China eine sozialistische Marktwirtschaft zu beschreiben, vergleichend referiert.

Es war ebenfalls Nguyen Phu Trong, der schon seit längerer Zeit, zuletzt aber beim 13. Parteitag[10], der 2021 stattfand, einen alten Begriff neu in die Diskussion einbrachte: die »Bambus-Diplomatie«. Es sei eine Diplomatie wie der Bambus: »mit starken Wurzeln, soliden Stämmen und biegsamen Ästen. Klar in den Prinzipien und flexibel in der Strategie, weich, gewandt [smart], aber auch strapazierfähig und entschlossen; flexibel, kreativ, aber auch mutig und standfest bei Schwierigkeiten und Herausforderungen, dabei stets eintretend für die Unabhängigkeit und Freiheit des Landes und das Wohlergehen seiner Bevölkerung. Wir fördern Solidarität und Mitgefühl, sind aber entschlossen und unbeirrt beim Schutz unserer nationalen Interessen.«[11] »Die starke Wurzel bedeutet die Selbstständigkeit und die nationalen Interessen, die von der Partei definiert werden. Der feste Stamm ist die Standhaftigkeit bei Schwierigkeiten und Herausforderungen und der Kern der unabhängigen und selbstständigen Außenpolitik. Die biegsamen Äste bedeuten das flexible Verhalten in allen Situationen.«[12]

Übersetzt in aktuelle Bezeichnungen von außenpolitischen Aktivitäten und Prinzipien, spiegelt sich die Bambus-Diplomatie in gängigen Begriffen wider: Multilateralismus, Diversifizierung, Eigenständigkeit und Unabhängigkeit und, vor allem, dem Hauptziel Frieden.

Um die Auswirkungen auf die Außenpolitik der SRV besser zu verstehen, sollen in einigen Rückblicken Beispiele aus konkreten historischen Situationen genannt und zugleich belegt werden, dass solche Verhaltensweisen eine lange Tradition haben. Um deutlich zu machen, wie sehr diese in der Gegenwart an Bedeutung gewinnen, soll zuvor die westliche Alternative zu ihnen charakterisiert werden.

* * *

10 Es war der bislang größte Parteitag in der Geschichte der Partei seit ihrer Gründung 1930. Auf ihm wurde außerdem Generalsekretär Nguyen Phu Trong zum dritten Mal wiedergewählt. Dafür war eine Ausnahmeregelung nötig.

11 Es gibt sogar schon ein Buch über die Bambus-Diplomatie, in dem behauptet wird, der Begriff sei gar nicht von Vietnam zum ersten Mal verwendet worden, sondern in Thailand: Jittipat Poonkham: *A genealogy of bamboo diplomacy: The politics of Thai détente with Russia and China.* Canberra 2022.

12 VoV, 6.7.2023.

In der öffentlichen politischen Diskussion in den USA wurde nach dem Ende des Kalten Krieges (1991) intensiv darüber nachgedacht, welche Rolle die USA nach dem Zusammenbruch der sozialistischen Staaten zu spielen hätten. Einhellig waren alle Beteiligten (Regierung und beide großen Parteien) der Meinung, dass die mit dem Eingreifen in den Zweiten Weltkrieg den USA zugefallene Dominanz in der Weltpolitik auf alle Fälle erhalten und ausgebaut werden müsse. Niemand plädierte in diesem Zusammenhang für irgendeine Alternative, etwa für eine demokratische, pluralistische Weltordnung, wie sie in der Konstruktion der UNO als Idee enthalten ist.

Im Gegenteil: Die Neue Eine Welt sollte nunmehr von den USA angeführt, das 21. Jahrhundert das »amerikanische« werden. »Wie damals das britische Empire über die Meere herrschte, so herrschen wir jetzt über die Wellen der internationalen Kommunikation«[13]. Man sprach in diesem Zusammenhang offen von einer »imperialen« Politik, die sich von der »imperialistischen« der ehemaligen europäischen Kolonialmächte unterscheide. Es gehe nicht mehr um militärische Eroberungen, sondern darum, der Welt zum amerikanischen Vorteil die Regeln für die Kommunikation in der elektronischen Ära durch die Herrschaft über die globalen Netze aufzuoktroyieren.

Diese Politik bestehe darin, »mit Partnern, die dieselben grundlegenden Ideen teilen, das Funktionieren des Marktes zu verbessern und den Respekt vor seinen Regeln zu stärken«. Man wolle ein »Ensemble von Ideen« fördern, »denen wir anhängen«. Auf diese Weise solle sich die übrige Welt in eine freiwillige Abhängigkeit von den USA begeben. Und man betrachtete diesen Prozess in Bezug auf Europa schon als weit fortgeschritten, abgeschlossen sei er in Südamerika. Als Zeichen dafür wird auch die Tatsache gesehen, dass in

13 Joseph S. Nye Jr. und William A. Owens in der Zeitschrift *Foreign Affairs*, April 1996. Joseph S. Nye Jr. hat später u.a. ein Buch veröffentlicht mit dem Titel *Bound to lead* [deutsch etwa Zum Führen berufen]. *The changing nature of American power*, New York 1990. Es folgten noch zwei weitere Bücher zum Thema, zuletzt: *Soft power. The means to success in world politics*, New York 2004, in dem Nye sich neuerdings für »Multilateralismus« einsetzt. Dabei soll anstatt militärischer Machtausübung die *soft power* »Menschen und Nationen durch kulturelle und politische Attraktivität gefügig machen« (so die Kurzzusammenfassung von Wikipedia).

diesen Ländern »eine gewisse Amerikanisierung der populären Kultur« erfolge: »Unsere Missionare leben in Hollywood.«[14]

Dieser Diskurs über die Aufrechterhaltung der Vorherrschaft durch ökonomische Maßnahmen und eine sehr zielstrebige Politik der Kontrolle über die neuen Medien und Kommunikationsmittel[15] war begleitet von einer Neuorientierung der Außenpolitik sowie von veränderten Strategien im militärischen Bereich. Dabei wird der Golfkrieg 1991 als eine Art Wendepunkt angesehen. Seitdem befinde sich eine neue Militärstrategie in der erfolgreichen Erprobung. Sie gehe aus von einer engen Verbindung zwischen ökonomischen Maßnahmen (Ausspielen der Wirtschaftsmacht), Propaganda (systematische Verbreitung amerikanischer Kulturelemente über alle Kommunikationsmittel und die Kontrolle über diese Kommunikationsmittel) sowie genau kalkulierten militärischen Aktionen (nach dem Muster des Golfkrieges).

Die Propaganda habe dabei die Aufgabe, »erwünschte Ziele in der internationalen Politik durch Attraktivität der eigenen Ideale und nicht durch Zwang durchzusetzen«[16]. Natürlich wird die militärische Intervention als ultimatives Mittel nicht ausgeschlossen. Aber sie könne durch die sogenannte *soft power* der Propaganda verhindert oder in ihren Kosten gemindert werden.

Die neue Art der kombinierten Kriegsführung wird in einem grundlegenden Buch zur neuen Rolle der USA[17] als *foreign policy by posse* bezeichnet. Der Begriff *posse* bezeichnet eine Art Eingreiftruppe, die nur von Fall zu Fall zusammengestellt wird, so wie in Western-Filmen der Sheriff nur, wenn es nötig ist, seine Funktion als Heerführer ausübt: Er nimmt sich dann eine Gruppe wohlwollender Männer und machte sie vorübergehend zu Hilfspolizisten.

Dementsprechend soll im Rahmen der NATO aus jeweils ad hoc sich bildenden Verbänden von Staaten eine internationale Eingreiftruppe entstehen, die unter Führung der USA gegen Regierungen oder Regierungschefs vorgeht, welche »die von den USA eingesetzte Ordnung nicht akzeptieren wollen«. Diese »aufsässigen Mächte« oder

14 Alle Zitate in diesem Absatz aus: Irving Kristol: The emerging American imperium, in: *Wall Street Journal*, 18.8.1997.

15 In erster Linie Fernsehen und Internet.

16 Nye/Owens, a.a.O.

17 Richard N. Haass: *The reluctant sheriff. The United States after the Cold War*, Council on Foreign Relations Press 1997.

»Paria-Staaten« werden dann bekämpft, indem man ihre militärischen, aber auch ihre technischen Einrichtungen, ihre Infrastruktur, Rohstoffproduktion, ihre Verkehrs- und Transportwege zerstört, bis sie »zur Vernunft gebracht sind«. Und natürlich beanspruchen die USA in jedem Fall die Führungsposition in diesen Koalitionen.[18]

Diese »Außenpolitik« durch Mobilisierung von Milizen wurde zum ersten Mal im Golfkrieg praktiziert. In früheren Fällen hatten die USA aber Vorformen eines solchen militärischen Eingreifens erprobt: in den letzten Phasen des Vietnamkriegs, in Grenada und bei den Bombenschlägen auf Ziele im Sudan und in Afghanistan – Bombardierungen aus großer Höhe mit minimierten eigenen Verlusten an Menschenleben.[19]

Diese Vorstellungen[20], die in der US-Öffentlichkeit intensiv (aber keineswegs kontrovers) diskutiert wurden, waren in den 1990er Jahren wohl noch Projektionen für eine längerfristige Zukunft nach dem Verschwinden der Sowjetunion. Unzweifelhaft ist indessen, dass sie schon 1999–2001 die strategische Grundlage des Krieges in Jugoslawien waren und dass die »Neue Strategie« der NATO, die hier noch vor ihrer Verkündung ausprobiert wurde, auf deren Rolle als »Dauer-Eingreiftruppe« im Sinne dieser Vorstellungen hinauslief, wobei eine entscheidende Mitwirkung anderer übernationaler und nicht auf die USA zentrierter Organisationen wie der UNO nicht vorgesehen ist. Dass dies mit Sicherheit Gedanken sind, die die US-amerikanische (bzw. NATO-) Politik auch praktisch leiten, beweist zum Beispiel eine zum Buch von Haass erschienene Rezension, in der es heißt: »Der Titel *The Reluctant Sheriff* ist eine perfekte Metapher für unsere Suche nach dem richtigen Gleichgewicht zwischen Isolierung und Engagement«. Der dies schrieb, ist kein anderer als Richard Holbrooke, der NATO-Unterhändler in Sachen Kosovo. In seinem Buch *To End a War*[21] erweist er sich als ein überzeugter Anhänger der neuen imperialen Politik der USA im beschriebenen Sinn.

In ihrem Kern ist diese neue US-Außenpolitik ein Programm der Missionierung der ganzen Welt im Namen nicht hinterfragter Ideen

18 Alle Zitate ebd.

19 In Somalia war 1993 eine solche Eingreifaktion fehlgeschlagen, vielleicht weil sie mit Bodentruppen unternommen wurde.

20 Die ich hier wieder nach dem Buch von Haass zitiere.

21 New York 1998.

(»Menschenrechte«, »freier Markt«), die keine religiösen sind, aber wie religiöse im Sinne von Dogmen wirken sollen. Die wahren Ziele dahinter sind ganz andere: wirtschaftliche und militärische Macht. Obwohl diese Ideen zum Teil aus demokratischen Traditionen stammen, werden sie in dieser abstrakten Anwendung zur verbalen Legitimation undemokratischer Aktionen missbraucht. Es darf nicht übersehen werden, dass sie zudem im Zusammenhang mit einer entsprechenden Wirtschaftspolitik stehen, die inzwischen ebenfalls dogmatische Züge angenommen hat. Es geht nämlich nicht nur um immer offenere Aktionen zur weltweiten Durchsetzung von Einflussgebieten des »freien Markts« oder zur Sicherung des Zugangs zu Rohstoffen. Als notwendig zur Verteidigung ihres Führungsanspruchs bezeichnen die USA inzwischen auch Kriege, die im Rahmen von Konkurrenzauseinandersetzungen um Absatzvorteile geführt werden.[22]

Ich möchte betonen, dass für das Verständnis z. B. der beiden derzeitigen Konflikte (Ukraine, Gaza) diese immer noch aktuelle US-amerikanische »Außenpolitik« nur ein Gesichtspunkt ist. Es ist notwendig, ebenfalls einzubeziehen:

– geschichtliche Abläufe langfristiger Natur, die hier nur ihre vielleicht letzte Zuspitzung erfahren wie die Verschiebung der Grenze der NATO seit ihrer Gründung 1949 in Richtung Osten, oder

– die systematische gewaltsame Vertreibung der palästinensischen Bevölkerung durch israelische »Siedler« mit demonstrativer Duldung von Polizei, Militär und Regierung in Israel;

– die von den USA verhinderte Beendigung der Ukraine-Invasion durch Verhandlungen zwischen Kiew und Moskau zwei Wochen nach deren Beginn;

– allgemein die Verhinderung einer politischen Lösung oder Beendigung einer kriegerischen Aktion durch überzogene Forderungen der Militärs, die stets in Richtung Eskalation gehen.

Ein Ex-Soldat der israelischen Armee, Yehuda Shaul, sagte in einem Interview: »Ja, unser Blut kocht. Aber wir können doch Politik nicht durch Rachsucht ersetzen.«[23]

* * *

22 Donald Trump tut dies nicht nur, er spricht diese eigentliche Begründung auch offen aus.

23 In: *Stern*, 8.2.2024, S. 75.

Die NATO ist also vor allem ein Bündnis, das der Durchsetzung der Interessen der einen Großmacht USA dient. Deren derzeitiger Präsident will das anscheinend ändern, aber sicher nicht, um dann ihren Charakter zu verändern und daraus ein Bündnis von gleichrangigen Staaten zu machen. Es sieht eher so aus, als wäre für ihn auch die NATO tendenziell überflüssig.

In der Tat ist der UNO-Sicherheitsrat mit der Veto-Regelung derzeit häufiger ein Verhinderungsinstrument und seltener ein Beschlussorgan für friedenssichernde Maßnahmen. Das war nach dem Zweiten Weltkrieg noch anders, aber seit Russland sein Vetorecht konsequent nutzt, um sich US-Interessen entgegenzustellen, ist der Sicherheitsrat aus amerikanischer Sicht nicht mehr interessant. Vor allem aber die Idee der UNO, ein Weltforum zu sein, das über nationalen Interessen zu stehen hat, hat dazu geführt, dass der derzeitige US-Präsident die Organisation der Vereinten Nationen für überflüssig hält. Und es ist auch nicht überraschend, dass sich die beiden anderen Großmächte Russland und China wie Rivalen verhalten und eine ähnliche Vorherrschaft anstreben wie die USA.

Aus dieser kurzen Zusammenfassung der Geschichte »des Westens« geht hervor, dass durch die Einwirkung der strukturelle Macht ausübenden kapitalistischen Regeln und Verhaltensmuster die Demokratie als Herrschaftsform weltweit mehr oder weniger beschädigt, beeinträchtigt und schlecht geredet wird und in den USA jetzt sogar völlig ausgeschaltet zu werden droht. Und mit ihr drohen außenpolitische Verhaltensweisen, die deeskalierend, nicht rächend und nicht ausschließlich wettbewerbsorientiert sind, zu verschwinden.

* * *

Was derzeit als »Bambus-Diplomatie« in Vietnam bezeichnet wird, ist nicht neu. Seit der Gründung der DRV 1945 (aber auch schon vorher) ging es den beiden Widerstandsorganisationen in den Vietnamkriegen Frankreichs und der USA, dem Viet Minh und der Befreiungsfront Südvietnams, um die Erkämpfung der Unabhängigkeit und die Abwehr einer militärischen Einmischung von tödlicher Dimension. In beiden Fällen stand die Wiederherstellung und Befriedung der eigenen Lebensgrundlagen im Vordergrund, nicht aber ein irgendwie gearteter Nationalismus oder abstrakter Patriotismus. Der folgende geschichtliche Rückblick soll an Beispielen zeigen, wie Ho Chi Minh und die unabhängigen Regierungen Vietnams außenpolitisch alternativ gehandelt haben.

Fontainebleau 1945

In Frankreich gab es nach dem Zweiten Weltkrieg bis 1950 nicht weniger als elf verschiedene Regierungen, die manchmal monatlich wechselten. Nur zwei von ihnen standen der französischen *Résistance* gegen den Faschismus nahe, mit denen Ho Chi Minh eine Verständigung suchte: Mit den Regierungen Vincent Auriol (1946, nur drei Wochen im Amt) und Léon Blum (1946/47, nur ca. fünf Wochen im Amt) hoffte man in Vietnam eine relative »Unabhängigkeit« zu erreichen, wenn auch innerhalb einer französischen »Indochinesischen Union«. Während dieser prekären Situation in Paris machten sich reaktionäre Generale der in Vietnam noch anwesenden Kolonialtruppen daran, dort Fakten schaffen. Das französische Expeditionsheer konstituierte sich neu, und es gab nach wie vor den Sonderstatus einer einheimischen Pseudoregierung unter dem Frankreich treu ergebenen Kaiser Bao Dai – das alles ohne die offizielle Bestätigung aus Paris.

Unter den alliieren Siegermächten hatte es nach 1945 überdies unterschiedliche Meinungen über die Zukunft Indochinas gegeben: So wollten die USA zunächst den Einfluss Frankreichs zurückdrängen, unterstützten dann aber später einen neuen französischen Kolonialkrieg durch die fast völlige Übernahme der finanziellen Kosten.

Mit Frankreich hatte die DRV am 6.3.1946 ein Abkommen unterzeichnet, in dem sie als ein »freier Staat innerhalb der Französischen Union« anerkannt und die künftige Anwesenheit französischer Truppen in Nordvietnam geregelt wurde. Dieses Abkommen war aber vorläufig, da es nicht auch für den Süden galt, worüber weitere Verhandlungen vorgesehen waren. Ungeachtet dessen betrieb der Befehlshaber der französischen Truppen in Südvietnam, General d'Argenlieu, aktiv die Restabilisierung der Kolonialherrschaft.[24]

Aus den Wahlen in Frankreich am 2.6.1946 gingen Sozialisten und Kommunisten geschwächt hervor. Das hatte Auswirkungen auf die gerade laufenden Verhandlungen mit einer vietnamesischen Delegation unter Leitung von Pham Van Dong. Auch Ho Chi Minh

24 Eine detaillierte Darstellung dieser äußerst komplexen Situation findet sich in Giesenfeld 2020, S. 27–77.

war am 22.6.1946 in Paris eingetroffen, begleitet von Jean Sainteny, dem Beauftragten der französischen Regierung für Verhandlungen mit der DRV. Da hatte d'Argenlieu in Vietnam bereits militärische Aktionen gegen die DRV begonnen sowie dann später (am 22.7.1946) eine »Verfassungsgebende Konferenz« für eine von ihm geschaffene »Föderation von Cochinchina« nach Dalat einberufen – ohne seine Regierung davon zu informieren. Es hagelte zwar scharfe Kritik aus Paris, gab aber keine wirklichen Versuche, den General zu stoppen.

Bei den nun in Fontainebleau[25] unter Leitung von Sainteny fortgesetzten Verhandlungen wurde schnell klar, dass auch die neue französische Regierung unter Georges Bidault keine wie immer geartete Souveränität Vietnams mehr dulden wollte. Die DRV dürfe nur unter der Kontrolle Frankreichs Außenpolitik betreiben. Und es solle nur eine (vereinigte) Streitmacht unter französischem Kommando geben.

Daraufhin und in Reaktion auf d'Argenlieus Vorpreschen reiste die vietnamesische Delegation unter der Leitung von Pham Van Dong am 13.9.1946 ab, weil die Verhandlungen offensichtlich gescheitert waren. Aber Ho Chi Minh blieb da, was wohl eine persönliche Entscheidung war, für die er später zu Hause kritisiert wurde[26].

Mit einigen Vertretern der französischen Regierung (nicht einer offiziellen Delegation) führte er Gespräche, und eine Vereinbarung, genannt *Modus Vivendi*, wurde zwei Tage später vom Generalsekretär des interministeriellen Ausschusses für Indochina, Pierre Messmer, und Ho Chi Minh unterzeichnet. Die Vereinbarung lautete zwar ganz im Sinne Frankreichs, enthielt aber die Bestimmung, dass eine Wiederaufnahme der Gespräche im nächsten Jahr erfolgen solle, und vor allem die Zusicherung, dass Paris kein separates Referendum in Vietnam legitimieren werde.[27]

Die Aktion Ho Chi Minhs, der in Frankreich viele harte Demütigungen inklusive Morddrohungen hinnehmen musste, bewirkte immerhin, dass die Kommunikation nicht offiziell abgebrochen war.

25 Und nicht in Paris, um Demonstrationen der dort lebenden Vietnamesen zu verhindern.

26 Siehe S. 126f. in diesem Buch.

27 Das konnte man aber in Paris gar nicht zusichern. Die nur vorübergehend sozialistisch geführten Regierungen konnten sich gegen die Armee (und gegen das nationale Idol General de Gaulle) auch innenpolitisch kaum durchsetzen. Es gab damals keine Bereitschaft in Paris, die Aktivitäten d'Argenlieus wirklich zu verhindern.

Ho Chi Minhs Vorgehen war weder von nationalistischen Ansprüchen noch vom Bestehen auf Forderungen geprägt, die durchaus berechtigt waren; ihm war das Erreichen einer Minimallösung wichtiger. Hierin vor allem sehe ich eine Frühform der »Bambus-Diplomatie«. Selbst ein demütigender Abschluss erschien ihm besser als eine Eskalation.

Die Agrarreform 1953–1957

Bei der Festsetzung der politischen Ziele des Viet Minh wurden die Wiedervereinigung und die Gewinnung der staatlichen Souveränität immer im Zusammenhang mit gesellschaftlichen Reformen gesehen und konzipiert. Das war auch nach der Gründung der DRV 1945 der Fall. Im Norden herrschte zu der Zeit eine Hungersnot, weil die normale Versorgung mit Nahrungsmitteln durch die wesentlich größeren Ackerbauflächen im Süden wegfiel. Eine der wichtigsten Aufgaben der Regierung in Hanoi bestand also darin, die Landwirtschaft so schnell wie möglich anzukurbeln. Dies konnte allerdings nur Erfolg haben, wenn gleichzeitig eine radikale Umstrukturierung der ländlichen Besitz- und Machtverhältnisse vollzogen wurde.

Diese »Landreform« lief leider in einer ungewollten Weise ab, es gab Exzesse: Großgrundbesitzer wurden ermordet, Neuerungen wurden ohne Erklärung autoritär erzwungen. Und erst spät erkannte man in der Regierung, dass man einen großen Fehler gemacht hatte: Dadurch, dass man bewusst auf einen Zwang zur Durchsetzung der Reform zu verzichten gewillt war, hatte man ebendiesen Zwang hervorgerufen, weil man diejenigen, die die Reform eigentlich aktiv durchsetzen, und diejenigen, die sie dabei unterstützen sollten, falsch eingeschätzt hatte.[28] Auch hier wieder machten Ho Chi Minh und die Regierung in Hanoi nicht den Versuch, die eigenen Fehler kleinzureden. Sie bemühen sich, die Folgen möglichst gering zu halten. Truong Chinh, seit 1951 Erster Sekretär des Zentralkomitees der KP, musste seinen Posten räumen. Es wurde bei den Maßnahmen der Korrektur stets betont, dass »Rache« in politischen Auseinandersetzungen strikt abgelehnt werde und dass darin der Hauptgrund der Fehler und Exzesse gesehen werde.

28 Dabei ist nicht zu übersehen, dass zu der Zeit auch ein gewisser (maoistischer) Einfluss aus China in Vietnam spürbar war, vor allem in der Person Truong Chinhs. Der genaue Ablauf dieser Reform wird ausführlich in diesem Buch auf den Seiten 149–152 dargestellt.

Politik der Versöhnung (1975ff.)

Nachdem 1973 der eigentliche Feind USA Vietnam schon verlassen hatte, war der Krieg für kurze Zeit ein Bürgerkrieg zwischen dem Norden und dem Süden des Landes.[29] Schon zuvor hatten die Regierung der DRV und die Befreiungsfront öffentlich ihre Absicht geäußert, nach dem Sieg auf jede Rache oder Bestrafung verzichten zu wollen. Stattdessen lief schon lange die Ausarbeitung einer »Politik der Versöhnung«. Denn die schließlich besiegten »Feinde« waren ja nicht Eindringlinge aus einem anderen Land, sondern Landsleute, die unter die Herrschaft einer imperialistischen Macht geraten waren. Also konnte es zum Beispiel auch keinen Austausch von Kriegsgefangenen geben wie sonst nach dem Ende eines Krieges. Man hatte es insbesondere bei den Soldaten der ehemaligen Armee Südvietnams mit Menschen zu tun, die zu einem kleinen Teil freiwillig, zum größten Teil aber gezwungen[30] zu Feinden gemacht worden waren und dabei Kriegsverbrechen begangen hatten. Und man musste davon ausgehen, dass es im Süden noch antikommunistische Kreise gab, die auch aus ideologischen Gründen die neue Herrschaft ablehnten und eventuelle Terrorakte planten.

Die »Politik der Versöhnung« war der in der Weltgeschichte der Neuzeit wohl einmalige Versuch, die durch den militärischen Sieg errungene Macht nicht durch Repression und Strafen, sondern durch Aufklärung und Überzeugung politisch zu sichern, den besiegten Feind, der nach den Worten des Premierministers der Provisorischen Revolutionären Regierung Südvietnams, Huynh Van Phat, zwar »in sich zusammengebrochen, aber immer noch da war«[31], nicht zu

29 Es wird dieser Krieg in den USA insgesamt bis heute als ein Bürgerkrieg gesehen, nach dem Motto, die USA hätten nur eingegriffen, um das Land vor dem Kommunismus zu bewahren. Noch im Jahr 2017 wurde in den USA eine TV-Serie gesendet, die den Anspruch erhebt, als eine endgültige Interpretation des Vietnamkriegs zu gelten: *The Vietnam War*, Regie: Ken Burns und Lynn Novick (2017). Diese Serie vertritt die »Bürgerkriegs« These immer noch gegen alle inzwischen auch in den USA veröffentlichten wissenschaftlichen Untersuchungen. Der Film ist 18 Stunden lang und ein überaus aufwendiger Versuch, das sogenannte amerikanische »Vietnam-Trauma« zu heilen. Vgl. Giesenfeld 2020.

30 Auch, weil die Armee im Süden einer der wenigen zuverlässigen Arbeitgeber war.

31 Zit. nach: Burchett 1977, S. 258. Huynh Tan Phat war der aktuelle Premierminister der südvietnamesischen »Provisorischen Revolutionären Regierung«, die von der Befreiungsfront 1969 im Untergrund gebildet worden war.

bestrafen, sondern zur Mitarbeit zu bewegen. Sie bestand darin, dass niemand für das bestraft wurde, was in der Vergangenheit geschehen war, dass alle nur danach beurteilt wurden, was sie jetzt taten und in der Zukunft tun würden. Dazu, dass dies möglichst sicher beurteilt werden konnte, sollten die sogenannten »Umerziehungslager« dienen.[32] Also keine Anklagen, Prozesse, Bestrafungen, sondern das Vertrauen oder die Hoffnung darauf, dass diese Menschen bereit waren, beim Aufbau nach dem Krieg mitzuhelfen.

»Politik der Versöhnung« – das bedeutete im konkreten Fall Südvietnams im Jahr 1975 aber auch, dass das Bemühen, das befreite Volk zu einem wirklich freien zu machen, in Einklang gebracht werden musste mit der Lösung der dringendsten Aufgabe des Aufbaus nach dem Krieg: das einfache Leben und die Ernährung zu sichern. Hier fand diese Politik ihre natürliche Grenze. Diese überaus schwierige, von vielen äußeren Einflüssen zudem stark beeinträchtigte Anstrengung, die beiden voneinander abhängigen Elemente »Befreiung«, »Versöhnung« und »Aufbau« immer wieder in einem möglichst günstigen Gleichgewicht zu halten, musste auf vielfältige Schwierigkeiten stoßen; ihre Verwirklichung war, auch wenn keinerlei äußere Einwirkung sie behindern würde, ein langwieriges, risikoreiches und für die Sieger mit großen Mühen verbundenes Unterfangen, dessen Erfolg keineswegs sicher war.[33]

Der Westen hatte vor dem Krieg und vor allem dann, als die Niederlage der USA immer deutlicher wurde, stets behauptet, nach der Kapitulation des Thieu-Regimes würde es in Südvietnam ein Massaker geben. Als dies wider Erwarten nicht geschah, versuchte man, die »Politik der Versöhnung« zu diskreditieren, und vor allem, die eingerichteten Umerziehungslager als KZs hinzustellen mit bewusster Anspielung auf die Nazi-Herrschaft.

Angesichts der Probleme, auf die man bei der Verwirklichung der Versöhnung stieß, war eine solche Missinterpretation, von außen gesehen, einleuchtend. Der Antikommunismus tat ein Übriges, das Richtige als falsch erscheinen zu lassen. Ein Beispiel: Als durch ame-

32 Weil dies schwierig herauszufinden war, hat die Verweildauer in Ausnahmefällen mehrere Jahre gedauert.

33 Welche Schwierigkeiten das waren, wie in der konkreten Situation man sich dieses Vertrauens zu vergewissern suchte und welche praktischen Gründe es neben den moralischen gab, diese Politik zu verfolgen, wird in diesem Buch in Kapitel IX ausführlich beschrieben, S. 265–272.

rikanische Journalisten im Jahr 1968 das von der US-Armee verübte »Massaker von My Lai« bekannt wurde und nicht mehr geleugnet werden konnte, wies man in Pressekommentaren darauf hin, dass (natürlich) auch die »Kommunisten« Massaker verübt hätten[34]. Der politischen und militärischen Führung von Befreiungsfront und DRV wurde eine »kaum zu überbietende Skrupellosigkeit« unterstellt.[35] Man sorgte im Westen dafür, dass man sich einfach nicht vorstellen konnte, dass die »Kommunisten« nicht genauso handelten wie die eigenen Soldaten.

Lang Son: der chinesische Überfall (1979)

Der bislang letzte Waffengang zwischen Vietnam und China, die kurze Invasion chinesischer Truppen in Nordvietnam 1979, ist auch als »Chinas letzter maoistischer Krieg« oder »dritter Indochinakrieg« bezeichnet worden. Er begann am 17. Februar und dauerte einen Monat. Bis heute wird in Vietnam und anderswo über die wirklich damit verbundenen Absichten diskutiert; eine eindeutige und einleuchtende Erklärung ist bis dato nicht gefunden worden.[36]

Die chinesischen Truppen hatten – laut bei Gefallenen gefundenen Dokumenten – offensichtlich Weisung, gnadenlos zu töten. Sie wurden instruiert, den Feind mit »drei Augen« zu sehen: »Verachtung, Geringschätzung und Feindseligkeit«[37]. Es gab außer der Rede von der »Lektion« für die Vertreibung des Pol Pot-Regimes jedoch keine aktuelle politische Begründung für diesen Überfall. Außerdem finden sich in den überlieferten, an die Angreifer in Form von Befehlen ausgeteilten Anweisungen keinerlei Hinweise auf Kambodscha.

Gleich zu Beginn wurde die Stadt Cao Bang schwer beschädigt, am letzten Tag der Invasion machten die chinesischen Truppen die Stadt Lang Son dem Erdboden gleich. »Als die vietnamesischen Truppen eingriffen, sahen sie noch, wie die Chinesen Leichen in die Brunnen

34 Zum Beispiel in Hue bei der Tet-Offensive, ebenfalls 1968. Diese Behauptung ist nachweislich falsch. Vgl. Gareth Porter: The 1968 ›Hue Massacre‹, In: *Indochina Chronicle*, 3 (33) (24.6.1974).

35 Greiner, S. 54.

36 Ausführlicher wird dieser Vorfall geschildert in diesem Buch auf den Seiten 304–309.

37 Edward O'Dowd: Contempt, disdain and hostility, in: *Chinese military strategy in the Third Indochina War: The last Maoist war*. London 2007, S. 140.

warfen.«[38] Die vietnamesischen Truppen besetzten jahrhundertealte Bergbefestigungen aus den Widerstandskriegen gegen das kaiserliche China im Mittelalter und vertrieben die Invasoren. Die vietnamesische Presse berichtete über den Krieg mit bewussten Anspielungen auf die Invasoren der Han-Dynastie. Chinas Presse behauptete später, man habe seine Truppen »planmäßig zurückgezogen«, es ist allerdings davon auszugehen, dass diese sich einer Gegenwehr ausgesetzt sahen, der sie nicht gewachsen waren, was man in Beijing hätte voraussehen können.

Die Militäraktion kostete auf beiden Seiten viele Opfer: Die chinesische Presse sprach von 20 000 Gefallenen auf der eigenen und 50 000 auf der vietnamesischen Seite, die vietnamesische von 62 500 Gefallenen auf der chinesischen und 35 000 auf der eigenen Seite.[39] Die Zahl der zivilen Opfer ist nicht bekannt; sie dürfte niedriger liegen, weil die Bevölkerung vom ersten Tag an ihre Wohnungen verließ und flüchtete.

Eines fällt im Zusammenhang mit dieser kurzen, aber blutigen Schlacht besonders auf: die Art, wie die vietnamesische Regierung auf den Überfall reagierte.

Es wurden alle Erklärungen aufgezählt, die auch weltweit diskutiert wurden: 1979 war das Jahr, in dem die VR China offiziell auch von den Westmächten anerkannt wurde. Trägt es zur Erklärung der »Lektion« bei, dass sie ganz kurz nach dem ersten offiziellen Besuch eines chinesischen Staatspräsidenten (Deng Xiaoping) in den USA im Januar 1979 stattfand? Wohl kaum, denn der Überfall hätte nicht in das Image als verantwortungsvolle Weltmacht gepasst, das man den neuen Verbündeten gegenüber herausstellen wollte. Oder handelte es sich um einen Rückfall in barbarische Reaktionen, wie sie eher zur »Kulturrevolution« des kurz zuvor (1976) verstorbenen Mao passte? Vielleicht war es auch die Aktion einer Fraktion in der chinesischen Partei und Führung, die mit einer so »unterwürfigen Öffnung zum Westen«, wie sie Deng Xiaoping praktizierte, nicht einverstanden war?

Ungeachtet des Fehlens einer plausiblen historischen Motivation der Angreifer hätte die »Lektion« in Vietnam einen starken Druck erzeugen können, China nun erneut als den Erbfeind zu sehen, mit

38 Augenzeugin Linh, zit. in: Strangio, S. 64.

39 O'Dowd, a.a.O., S. 145.

dem es sich wie im Mittelalter irgendwie arrangieren müsse. Unmittelbar nach dem Überfall wurde in der vietnamesischen Presse noch auf die alten Zeiten verwiesen, »als China Vietnam noch unterwerfen oder kontrollieren wollte, in denen die großen Han-Expansionisten das Kaiserreich nach dem Süden ausdehnen wollten«[40].

Aber sehr schnell und für viele ausländische Beobachter überraschend wurde dieser Krieg in der vietnamesischen Öffentlichkeit auffallend heruntergespielt. Wie sehr, haben Besucher, die wenige Jahre später die Gegend bereisten, sogar belegen können. Lang Son wurde sehr modern und großzügig wiederaufgebaut, Denkmäler an diesen Krieg gibt es keine, und als Sebastian Strangio 2019 die Soldatenfriedhöfe im Norden besuchte, stellte er fest, dass, im Gegensatz zu den Grabmälern für die Helden des Befreiungskampfes, auf denen stets zu lesen ist: »gefallen im Kampf gegen Frankreich« oder »gefallen im Kampf gegen die USA«, hier auf den Friedhöfen für die Toten von 1979 nur »gefallen bei der Verteidigung der Grenze« steht, nicht »im Kampf gegen China«.[41] Und der traditionelle Name des Grenzübergangs in Dong Dang *Tor der Freundschaft* wurde nicht geändert …

Es gab viele Menschen in Vietnam, die eine solche Rücksicht auf den neuen Handelspartner China für übertrieben hielten. »China war immer ein Feind gewesen, jetzt wird China als ein Freund angesehen. Aber es ist nicht die Art von Freund, dem man vertrauen kann. […] China ist ein Freund mit zwei Gesichtern. Immer wenn wir nicht aufpassen, wird China Vietnam erwürgen.«[42]

Es hat fast den Anschein, als sei dies eine neue Folge des uralten Wechsels zwischen Attacke, Sieg und Gang nach Canossa[43] in der jahrhundertealten Geschichte der beiden Länder. Trotzdem bleibt der Überfall von 1979 als ein ungelöstes und bis heute kaum wirk-

40 Henry J. Kenny: Vietnamese perceptions of the 1979 war with China, in: *Chinese Warfighting*. Armonk NY 2003, S. 217

41 Strangio, S. 65.

42 Nong Van Phiao, aus der Minderheit der Nung, dekorierter Veteran des Krieges von 1979, zit. in: Strangio, S. 66.

43 Bitt- und Bußgang des römisch-deutschen Königs Heinrich IV. von Dezember 1076 bis Januar 1077 zu Papst Gregor VII. zur Burg Canossa. Gemäß zeitgenössischen Quellen soll der König drei Tage lang vor den Toren der Burg um Wiederaufnahme in die Kirche gefleht haben. Schließlich gewährte ihm der Papst Einlass und erteilte ihm die Absolution. Quelle: Wikipedia.

lich erklärbares Ereignis weiterhin kryptisch. In der Geschichte der Beziehungen zwischen Vietnam und China scheint er einen Wendepunkt zu markieren hin zu einer Koexistenz, die weiterhin wirtschaftlichen und politischen Interessen geschuldet ist und in der Meinungsverschiedenheiten immer mehr in die Form symbolischer Aktionen gefasst und damit entschärft werden. Zwar beschwert sich die vietnamesische Regierung stets höchst offiziell, wenn China im Ostmeer wieder militärisch oder baulich[44] aktiv wird, aber das war es dann auch. Stattdessen wird von beiden Ländern keine Gelegenheit versäumt, bei Parteitagen oder offiziellen Treffen die wirtschaftliche Zusammenarbeit zu feiern und von Freundschaft zu reden.[45] Dadurch haben die sonst üblichen, meist langweiligen Besuche und Gegenbesuche von Delegationen, Feiern von Jahrestagen etc. eine neue Qualität erhalten: Solange dieser Pomp gepflegt wird, wird es wohl keinen Krieg geben.

* * *

Natürlich soll hier nicht behauptet werden, die vietnamesische Regierung verhielte sich jeden Tag und bei jeder Gelegenheit im Sinne der »Bambus-Diplomatie«. Politiker sind wie alle Menschen keine Engel, die sich strikt ihren Überzeugungen gemäß verhalten. Es soll hier eine Grundtendenz beschrieben werden, die in Vietnam zwar offizielle Politik, aber keine ausschließlich für Vietnam typische ist, wenn sie auch vielleicht durch die Tatsache begünstigt ist, dass dieses Land in seiner Geschichte weder eine europäisch-bürgerliche noch eine US-amerikanische kapitalistische Phase durchgemacht hat. Beides haben die beiden Vietnamkriege verhindert. Durch die Persönlichkeit Ho Chi Minhs und die Lebenserfahrungen, die er auf seinen Reisen gemacht hat, wurde Vietnam nichtsdestotrotz mit diesen historischen Phasen der Geschichte der Menschheit in Berührung gebracht, jedoch in einer Form, die die Erfahrungen mit den europäischen »Sozialismen« gleich mit einschloss.

Dies scheint mir eine mögliche Erklärung dafür zu sein, dass man hier Verhaltensweisen, Vorstellungen, Werte bewahrt hat und pflegt, die der Richtung, in die sich der Rest der Welt derzeit bewegt –

44 Z. B., indem es kleine Atolle befestigt und mit Anlegestellen versieht.

45 Vgl. etwa den Artikel von Georges Hallermayer in *Viet Nam Kurier* 3–4/2024.

Abschaffung der Demokratie, Legitimierung von Völkermord, Zerstörung und brutale Ausbeutung der Ressourcen der Welt, Fluchtbewegungen und Rachefeldzüge –, radikal entgegengesetzt sind.

Dass dies keine spezifisch vietnamesischen Verhaltensweisen sind, sieht man daran, dass ebensolche Standpunkte auch in der kapitalistischen Welt vorhanden sind. Wir sind aber mit der zweiten Amtszeit von Donald Trump in einer Epoche angekommen, in der solche vor allem sozialen und »menschlichen« Verhaltensweisen ohne jegliche Skrupel offen bekämpft werden, und zwar mit Mitteln, die auch in kapitalistischen Gesellschaften nicht erlaubt sind. Im Gegenteil, diese sozialen und menschlichen Normen werden offen mit Lügen bekämpft oder verteufelt, und fast niemand scheint sich mehr wirklich gegen diesen Verfall der Sitten zu wehren.[46] Und wir nähern uns dem Augenblick, in dem sich immer weniger Menschen überhaupt dagegen wehren können.

Ich schiebe hier zwei aktuelle Beispiele ein, ein positives und ein negativ ausgegangenes: Als der Iran am 13. und 22.6.2025 gleich von zwei anderen Ländern militärisch angegriffen wurde, weil man verhindern wollte, dass das Land weiterhin daran arbeitet, eine Atombombe zu bauen, erwartete die ganze Welt eine »Rache« aus Teheran. Diese erfolgte auch, aber in einer ganz speziellen und ungewohnten Form: Man schickte Drohnen und Raketen auf einen US-Militärstützpunkt in Katar ab, aber man kündigte dies erstens mit genauem Datum an, man achtete zweitens darauf, dass nur Geschosse verwendet wurden, von denen man wusste, dass die entsprechenden Abwehrwaffen sie abschießen würden, und man kündigte drittens an, dass man die Sache damit als beendet erachte und keine Eskalation erfolgen werde. So war die iranische »Rache« zwar erfolgt, hatte aber keine Opfer gefordert. Ich würde sagen, dass das eine (vielleicht für den Iran einmalige) Reaktion im Sinne einer Bambus-Diplomatie war. Und sie war anscheinend in dem Moment erfolgreich: Es kam weder aus Israel noch aus den USA zu weiteren »Racheakten«.

Ein anderes Beispiel ereignete sich in Thailand, ebenfalls 2025. Dort wurde Paetongtarn Shinawatra am 16. August 2024 vom Repräsentantenhaus, dem Unterhaus des thailändischen Parlaments, mit 319 Pro-Stimmen bei 145 Gegenstimmen und 27 Enthaltungen ohne

46 Vielleicht entsteht dieser Eindruck auch, weil wir nicht genug erfahren von den täglichen, aber eher kleinen Protesten überall in den USA.

Gegenkandidaten zur Ministerpräsidentin gewählt. Zu ihren aktuellen Aufgaben gehörte es, einen Grenzstreit mit Kambodscha zu schlichten, der sehr weit in die Geschichte beider Länder zurückreicht. Man stritt sich über den Grenzverlauf im Norden in der Nähe des Tempels *Preah Vihear*. Der Anspruch Kambodschas ist allgemein, auch durch die UNESCO bestätigt.[47]

Nachdem Kambodscha 1953 von der französischen Kolonialmacht unabhängig geworden war, war die Tempelanlage durch thailändische Truppen besetzt worden. Die kambodschanische Regierung rief daraufhin den Internationalen Gerichtshof in Den Haag an, und dieser entschied 1962, dass der Tempel zu Kambodscha gehört. Anlässlich von dessen Aufnahme ins Weltkulturerbe entbrannte der Streit neu. Bereits mehrfach kam es zu Schießereien zwischen Streitkräften der beiden Länder im Grenzgebiet, die auch Todesopfer forderten. In Thailand ist die Frage vor allem durch die Armee immer wieder aufgegriffen worden. Diese hat immer wieder auch militärisch eingegriffen und innenpolitisch dafür gesorgt, dass keine Regierung diesen patriotischen, aber hoffnungslosen Anspruch auf das kleine Stück Land und die Ruinen des Tempels aufzugeben wagte.

Die junge Premierministerin Paetongtarn Shinawatra hatte anscheinend vor, in dem Konflikt zu vermitteln. Sie führte zu diesem Zweck ein privates Telefongespräch mit dem früheren kambodschanischen Ministerpräsidenten und aktuellen Vorsitzenden des Senats Hun Sen. Das Telefonat wurde abgehört, und die Militärs nahmen es zum Anlass, dafür zu sorgen, dass Shinawatra am 1.7.2025 vom Verfassungsgericht vorläufig des Amtes enthoben wurde. Man bezog sich zur Begründung auf einige Aussagen aus dem privaten Gespräch, aus denen geschlossen werden konnte, dass in Thailand nicht alle Politiker den radikalen patriotischen Anspruch für sinnvoll hielten und somit nicht mit Generalleutnant Boonsin Padklang, dem Kommandeur der 2. Armeeregion, einer Meinung seien. Daraus wurde der Premierministerin eine »persönliche Beziehung mit Kambodscha« konstruiert, sie stünde »mit Kambodscha im Einklang«[48]. Nun ereigneten sich neue Zwischenfälle an der Grenze, es gab Tote, und viele Bewohner verließen ihre Häuser.

47 Der Tempel ist, obwohl eine Ruine, seit 2008 UNESCO-Weltkulturerbe.

48 BBC News, 1.7.2025.

Am 29. August 2025 wurde Shinawatra vom Verfassungsgericht mit 6 zu 3 Stimmen endgültig des Amtes enthoben, weil ihr Verhalten »gegen ethische Standards des Amtes verstoßen habe«; ihre Darstellung eines rein persönlichen Vermittlungsversuchs wurde zurückgewiesen.[49] »Wie eine neue Regierung zustande kommt, ist noch unklar.«[50]

Eine westliche Politikerin verliert ihren Posten, weil sie sich »bambusdiplomatisch« verhält. Die Beispiele sollen belegen, dass solche deeskalierenden Aktionen im Westen nicht nur als Forderungen in politischen Reden auftauchen, sondern auch ab und zu praktiziert werden, also dort zumindest auch präsent sind. Wie lange, ist noch unklar.

* * *

Sobald es um die Gegenwart geht, ist man, wenn man Geschichte narrativ darstellen will, mit seinem Latein am Ende. Das liegt auch daran, dass man es als seine wichtigste Aufgabe ansieht, die Dinge und Ereignisse mit einer gewissen Plausibilität zu schildern. Man bedient sich dabei des sprachlichen Mittels der Erzählung, der narrativen Präsentation. Diese verlangt nicht nur eine chronologische Darstellung, sondern auch erklärende Elemente. Für weiter zurückliegende Ereignisse ergeben sich diese ganz natürlich aus dem zeitlichen Abstand: Man kann beurteilen, wohin bestimmte Geschehnisse, konkrete Entscheidungen der Akteure auf der Bühne der Geschichte geführt haben, inwiefern zum Beispiel von den Beteiligten vorhergesehene, erhoffte oder befürchtete Ereignisse wirklich eintraten, wie sich das gleichzeitige, aber nicht abgestimmte Handeln der Protagonisten (Könige, Präsidenten, Regierungen oder auch Beobachter) in einer Tendenz oder allgemeinen Entwicklung realisiert. Dabei spielen vor allem Quellen eine Rolle, deren Bedeutung für die Wahrscheinlichkeit eines historischen Vorgangs nur im Rückblick wirklich eingeschätzt werden kann.

Dies alles trifft für die Gegenwart nicht zu, obwohl Protokollanten, Reporter, Beobachter, Berichterstatter der laufenden Ereignisse oft versuchen, jenes narrative und damit explikative Element als Konstrukt einer möglichen Zukunft in ihre Erzählung einzubauen. Dies

49 ARD Tagesschau, 29.8.2025.

50 FR, 30.8.2025.

soll hier gar nicht erst versucht werden, und deshalb schließt diese historische Darstellung mit einigen kurz gefassten Andeutungen oder besser Momentaufnahmen, die keinen Anspruch auf Verlässlichkeit erheben, was ihre »Wahrheit«, ihre Eignung als Zukunftsdeutung oder Prognose betrifft. Bereits die Auswahl ist ungesichert, sie erfolgt aufgrund des Eindrucks, dass diese Beobachtungen vielleicht als Tendenzen zutreffen könnten.

– Wenn man heute das touristische Vietnam bereist, ist man irritierenden, scheinbar widersprüchlichen Eindrücken ausgesetzt, sobald man versucht, aus der Konsumenten-Haltung der Suche nach Erholung, Freizeit und Luxus herauszutreten. Es gibt kaum mehr einen Unterschied zwischen Vietnam und Nachbarländern wie Thailand oder Malaysia, was die sichtbare Oberfläche vor allem in den Städten angeht: Hochhäuser, dichter Verkehr, Werbung an allen Hauswänden und Straßenrändern, ein scheinbar unerschöpfliches Warenangebot, Kontakte mit Einheimischen auf fast ausschließlich kommerzieller Basis. Und auf dem Land begegnet man jener Exotik, die die Reiseprospekte versprechen, aber auch sie ist – vor allem in den »Highlights« genannten naturalen oder kulturellen Brennpunkten – bereits kommerzialisiert. In organisierte Touren und Routen gegossen, ist in dieses Angebot der Tourismus-Industrie die Rezeption der staunenden Fremden bereits eingebaut und Gegenstand der Konkurrenz unter den Veranstaltern um das billigste Angebot.

Trotzdem bleibt, wie im organisierten Ferntourismus überhaupt, ein mehr oder weniger verstecktes Bedürfnis nach anderen Erlebnissen und Kontakten in gewisser Weise unerfüllt. Eins der Hauptargumente gegen die organisierten Gruppenreisen ist stets gewesen, dass man nur entlang der »ausgetretenen Pfade« geführt werde, aber die Backpacker, die sich auf eigene Faust durch das Land bewegen, können auch nur selten den Blick hinter die Oberfläche genießen. Man muss hinzufügen, dass Reporter, Reiseschriftsteller oder Fernsehteams heutzutage in einer kaum besseren Lage sind, weil sie in der Regel nicht Zeit genug haben, um bei interessanten Gesprächspartnern eine vertrauensvolle Basis für einen wirklichen Gedankenaustausch aufzubauen. Diese Berichterstatter laufen dann Gefahr, auf altbekannte und tatsächlich hoffnungslos anachronistische Vorurteile und Klischees zurückzugreifen, von denen eines der gängigsten der unreflektierte Gebrauch des Terminus »Kommunismus« ist. Eine ernüchternde Erkenntnis ist dabei, dass die auf scheinbar oder tatsächlich vorhandene Bedürfnisse der Touristen reagierende internationale Tourismus-Industrie auch Vietnam, das neu erschlossene Reiseziel, einem Nivellierungsprozess unterwirft, der die wichtigste Eigenart dieses Landes, nämlich seine Geschichte, wegbügelt, eine Besonderheit, die sich in der Tat nicht in den normalen Kontakten mit der Bevölkerung oder Gesprächen mit Taxifahrern manifestiert. Dazu kommt, dass diese Tendenz von den vietnamesischen Tourismusbehörden begünstigt wird, die ihre Werbekampagnen für das Land an internationalen Standards ausrichtet.[51]

Zu diesem Aspekt gehört aber auch, dass in Vietnam selbst westliches Konsumdenken in einem bedrohlichen Ausmaß Platz greift und auch gefördert wird, z. B. durch penetrant von Werbung durchsetzte Fernsehprogramme, die amerikanische Muster in ihrer Aufdringlichkeit, wenn auch nicht in ihrer Professionalität übertreffen. Es ist eine Entwicklung, deren gegenwärtiger Stand vielleicht mit einem Nachholbedarf erklärt werden kann, aber das ist keine gesicherte Erkenntnis.

– Vietnam liegt im Zentrum einer Region, deren geopolitische Bedeutung schnell wächst und bereits zu Konflikten geführt hat. Es geht um die Vorherrschaft oder Machtverteilung in einem Gebiet, das sowohl, was die Bodenschätze, als auch, was die Verkehrswege angeht, hart umkämpft ist. In diesen Auseinandersetzungen spielen historische Ereignisse eine ebenso große Rolle wie gegenwärtige Interessen. Für Vietnam konkretisieren sich diese Veränderungen des geopolitischen Dispositivs im Streit mit der VR China um das Ostmeer und die darin befindlichen Inseln.[52] Aber andere Konflikte liegen auf derselben Ebene, zuletzt der Streit zwischen China und Japan um Inseln im Ostchinesischen Meer.[53] Im April 2012 wurden diese Inseln von Japan einem privaten (japanischen) Eigentümer abgekauft und offiziell zu japanischem Territorium erklärt. China, das diesen Teil des Meeres als seine eigene exklusive Wirtschaftszone ansieht, reagierte ungewöhnlich heftig: Entsendung von Kriegsschif-

51 Diese Darstellung soll nicht der Denunziation von Auswüchsen der Tourismus-Industrie dienen. Sie stellt nur fest, wie der Ferntourismus heutzutage funktioniert, und diskutiert nicht, wie es anders sein könnte. Dass es offenbar nicht anders sein kann und dass die meisten Touristen damit absolut zufrieden sind, ist allerdings ein Faktum, das hierhergehört.

52 Westliche Bezeichnung: Südchinesisches Meer.

53 Es geht vor allem um die unbewohnte Inselgruppe Senkaku (japanisch) bzw. Diaoyu (chinesisch).

fen, Handelsboykott gegen bestimmte japanische Waren. In China wurden antijapanische Proteste laut, die weniger auf eine Regierungskampagne reagierten, sondern eine Folge latenter historischer Ressentiments aufgrund von Massakern im Zweiten Weltkrieg waren.

Auch in Vietnam treffen solche und ähnliche Maßnahmen seitens der chinesischen Regierung auf alte historische Ängste vor einer neuen Besatzung oder Kolonisierung durch den nördlichen Nachbarn. Dessen ungeachtet haben diese Auseinandersetzungen natürlich ihren primären Ursprung in Veränderungen des geopolitischen Gleichgewichts nach dem Zweiten Weltkrieg: Kalter Krieg, Zerfall der Großmacht UdSSR, neue (vorübergehende) Partnerschaft zwischen China und den USA, Etablierung der USA als einzige verbleibende Großmacht in einer globalisierten Welt, Aufkommen einer Konkurrenz in Gestalt einer sich ökonomisch rasant entwickelnden neuen, wirtschaftlich kapitalistischen Großmacht China.

Zugleich war im südostasiatischen Raum eine Entwicklung des Zusammenrückens der kleinen Staaten in Richtung einer Zusammenarbeit nach dem Vorbild der EU in Gang gekommen[54], die sich natürlicherweise gegen den Anspruch Chinas richtete, in der Region zur führenden Macht zu werden. Beobachter haben darauf hingewiesen, dass speziell Vietnam bei der Abwehr gegen den nördlichen Nachbarn, der zugleich jahrhundertelang ein historischer Erbfeind war, als Alternative auch auf eine Annäherung an die USA setzt, auf einen Partner also, der selbst Ambitionen hat, die Verkehrswege und die Ausbeutung der Bodenschätze, vor allem Öl, in der Region zu kontrollieren. Auch außenpolitisch hat sich um und über Vietnam eine Gemengelage einander überschneidender Interessen und Konflikte zusammengebraut, die an Komplexität in nichts dem Gewirr nachsteht, das die Seekarten der Region aufweisen, wenn man alle Hoheitsgebiete und EEZ[55] in sie einträgt. Auch hier gibt es keine Prognose, ob diese Konflikte gelöst werden können oder zu weiteren Zuspitzungen führen.

54 Gemeint ist der ASEAN-Pakt, der 1967 gegründet wurde und in dem heute Vietnam eine führende Rolle spielt.

55 Auf einer UNO-Konferenz im Jahr 1982 wurde die Schaffung einer neuen Regelung im Seerecht beschlossen, nach der Staaten mit Meeresküsten Seegebiete bis in 650 km Entfernung vom Strand zu eigenen »Exklusiven Wirtschaftszonen« (EEZ) der Ausbeutung von Fischen und Bodenschätzen erklären können; nur der Durchgangsverkehr durch diese Zonen bleibt frei.

– Die Erinnerungen an den Krieg sind im äußeren Erscheinungsbild des Landes, das sich den Besuchenden präsentiert, verschwunden. In den Gedanken und im Bewusstsein der Bevölkerung sind sie sehr wohl unvergessen, aber sie spielen heute, je nach Gruppe und Alter, eine unterschiedliche Rolle. Eine Besonderheit muss betont werden: Im Gegensatz zu unserer Erinnerung an den Zweiten Weltkrieg ist in Vietnam die Erinnerung an den Krieg, trotz der Opfer und Leiden, die er mit sich brachte, eine positive, denn Vietnam hat ihn »gewonnen«. Wenn hier von positiven Erinnerungen die Rede ist, dann ist damit aber nicht nur der teuer erkaufte Sieg gemeint. Die Feststellung bezieht sich weniger auf die »heroische« Seite dieses Krieges, gemeint ist vielmehr der Geist der Solidarität, der Sinn für sozialen Zusammenhalt, das Gesetz der Einheit. Die Erfahrung dieser sozialen Erlebnisse während des Krieges wurde aber nicht freiwillig oder durch Druck von oben gemacht, sondern war eine absolute Notwendigkeit, eine unabdingbare Bedingung sowohl für das Überleben als auch für das Siegen in diesem Krieg. Normalerweise wird ein Krieg durch militärische Aktionen geführt und entschieden, doch im Fall Vietnams ist der Sieg nur dadurch möglich geworden, dass sozusagen das ganze Volk ihn geführt hat, dass Einigkeit und Einheit bewahrt wurden. Der Inhalt dieser positiven Erinnerung an die Zeit des Krieges ist also in erster Linie die politische Erfahrung von Solidarität, von sozialen Verhaltensweisen, die positiv und selbstlos waren. Die Erinnerung an sie, auch wenn sie manchmal zum Mythos wird, ist umso wichtiger, wenn sich die in einer späteren Periode erlebte Alltagswelt von ihnen entfernt.

Man kann vermuten, dass hier das Bedingungsgefüge einer menschlichen Existenz, die Vorstellung einer »Normalität« vorliegt, die in keinem anderen Land der Erde eine Entsprechung findet. Die Entwicklung nach dem Krieg mit ihrem ungehinderten und unkontrollierten Einbruch westlicher Wertvorstellungen hat diese historische Grundvoraussetzung vielleicht nicht direkt in Frage gestellt, aber in den Hintergrund treten lassen. Zum ersten Mal in ihrer Geschichte war für die Vietnamesen ein Bruch entstanden zwischen Tradition und Moderne, konnte die Geschichte des Landes nicht mehr als eine geradlinige, von bestimmten Prinzipien geleitete Entwicklung gesehen werden. Wie dieser Bruch entstanden ist, wie er erlebt wird, welche Konsequenzen im sozialen und philosophischen Bereich er hat, ist gegenwärtig nicht abzusehen. Zu beobachten ist allenfalls, dass die

Bevölkerung offenbar Verdrängungsmechanismen gegen diese neue, ungewohnte Unsicherheit entwickelt. Die Zuordnung von Meinungen und Ereignissen zu den Kategorien gut und böse und vor allem richtig und falsch ist nicht mehr eindeutig geregelt. Die unreflektierte Hinwendung zum Konsumdenken und der Rückzug auf das eigene Interesse und den eigenen materiellen Aufstieg mögen auch hierin ihre Gründe haben.

Dieses Dilemma scheint – so viel Analyse sei gewagt – die Folge eines Vorgangs auf drei Ebenen zu sein. Erstens mündete der große Sieg in die anfängliche Unmöglichkeit, den Frieden zu organisieren und die Bevölkerung an seinen Früchten teilhaben zu lassen.[56] Zweitens befreite das Wegbrechen des sozialistischen Lagers Vietnam zwar von dem Zwang, sich in bestimmten Fragen nach den Vorgaben der Freunde zu richten, beraubte es aber zugleich einer sehr umfangreichen materiellen Hilfe und gesicherter Absatzmärkte mit stabilen Preisen. Drittens waren damit auch auf der Ebene der Staats-Philosophie oder eines möglichen Gesellschaftsmodells Vorbilder oder Handlungsmuster weggebrochen. Zugleich wuchs der Zwang, ein eigenes Modell zu entwickeln, und der Druck von außen, dieses Modell den westlichen Vorbildern anzupassen.

Sieht man das Ganze skeptisch oder pessimistisch, ist Vietnam derzeit mit dem vielleicht letzten und verzweifelten Versuch beschäftigt, Moral, Menschlichkeit und Zusammengehörigkeitsgefühl als Grundlagen eines nichtkapitalistischen Weges gegen den Terror der Kommerzialisierung zu verteidigen. Auch hier ist der Ausgang ungewiss, aber Vietnam ist vielleicht das einzige Land, das die Voraussetzungen dafür aufweist, bei dieser Auseinandersetzung nicht zugrunde zu gehen. Was dabei am meisten Hoffnung weckt – im Land selber, aber auch unter Beobachtern in der ganzen Welt (der Autor eingeschlossen) –, ist die Tatsache, dass mit der beschriebenen »Bambus-Diplomatie« nicht nur in Vietnam, sondern auch international die Vorstellung einer künftigen Gesellschaft geliefert und vor allem praktiziert wird, die vielleicht als eine oder sogar die einzige Kraft erscheint, den gegenwärtigen Tendenzen der Zerstörung jeglicher moralischen Vision und der Verunglimpfung von Menschlichkeit entgegenzuwirken.

* * *

56 Wobei massive Eingriffe von außen hineinspielten.

Es gibt ein sehr schönes Gedicht von Che Lan Vien, das in der Form der konfuzianischen Spruchlyrik eine Hoffnung bildlich ausdrückt, die man gerne an das Ende dieser Darstellung stellen würde:

Fünf Verse über das Vertrauen

Viele Heiligenbilder wurden gestürzt
Und Herzen sind entzweigebrochen
Aber der Fluss bringt die Erde stets zurück, die er wegschwemmt
Und die erkaltende Asche gibt dem Feuer neue Nahrung
Glaub an das Leben, kleine Schwester.[57]

(1984)

Wie so oft in der vietnamesischen Lyrik, bezieht sich die Hoffnung, das Vertrauen des Menschen auf die Natur, die dadurch zu einer über-menschlichen moralischen Instanz wird. Aber auch für Vietnamesen ist der Begriff »Leben«, das heißt ein Leben im Einklang mit einer Natur, die als Maßstab auch für menschliches Verhalten gelten kann, brüchig geworden. Der Dichter sieht dabei richtig, dass es nicht nur um die konkrete Natur geht, die die Menschheit dabei ist irreparabel zu zerstören, sondern auch um die menschliche Natur, ein natürliches Mensch-Sein, das ebenfalls aus der Mode zu kommen droht.

Die Wörter »Menschlichkeit« und »menschlich« sind noch positiv besetzt. Aber wie lange noch? Auf der ganzen Welt tauchen immer mehr »Raubtiere« auf, die den gesamten Wertezusammenhang der Menschheit, wie er sich seit mehreren Jahrhunderten entwickelt hat, auszulöschen versuchen und die Erfahrungen aus Aufklärung, Demokratie, Liberalismus, Multilateralismus wieder durch alte gesellschaftliche Umgangsregeln wie Absolutismus, Autoritarismus, Rache, Eskalation und Krieg ersetzen wollen. »In den letzten Jahrzehnten haben sich die westlichen Demokratien wie die Azteken des 16. Jahrhunderts angesichts der Konquistadoren verhalten, und zwar gegen die Blitz- und Donnerschläge des Internets, der sozialen Netzwerke, der künstlichen Intelligenz. […] In egal welchem Land wiederholt sich in den Hauptstädten die stets gleiche Szene. Der

57 Che Lan Vien, S. 85.

Oligarch steigt aus seinem Privatjet, missmutig darüber, seine Zeit mit einem obsoleten Häuptling verschwenden zu müssen, anstatt sie besser zu nutzen für irgendeine Freizeitaktivität« wie Golf spielen. Und der Gastgeber »füllt die kurze Zeit einer privaten Unterredung damit, ein Forschungsprojekt herauszuschlagen oder ein Laboratorium der künstlichen Intelligenz, muss sich aber am Ende mit einem schnellen Selfie zufriedengeben«[58].

Wie viele Hauptstädte gibt es, außer Hanoi, in denen das noch nicht so ist? Das ist die wahre unvollendete Geschichte.

58 Da Empoli, S. 12f.

Literaturverzeichnis

In den Fußnoten wird auf dieses Literaturverzeichnis verwiesen, indem die Quellen nur mit dem Namen des Autors und, wenn das Literaturverzeichnis mehrere Werke desselben Autors enthält, zusätzlich dem Erscheinungsjahr des zitierten Werks angeführt werden.

Namen aus Indochina werden nach dem ersten Namensteil ins Alphabet eingeordnet, in den Fußnoten wird dann stets der ganze Name genannt.

Publikationen, die ausschließlich im Internet zugänglich sind, wurden nur in Ausnahmefällen als Belege genutzt, weil ihre Verfügbarkeit nicht unbegrenzt gewährleistet ist.

Im Text und in den Fußnoten werden fremdsprachige Zitate in deutscher Ad-hoc-Übersetzung angeführt.

Bücher ohne Angabe eines Autors werden unter ihrem Titel eingeordnet.

Artikel in Zeitungen oder Zeitschriften wurden grundsätzlich nicht in dieses Verzeichnis aufgenommen, außer sie sind besonders wichtig und umfangreich. Ansonsten werden sie in den Fußnoten belegt. Dabei gelten für die gängigen Periodika die üblichen Abkürzungen:

FR = Frankfurter Rundschau
FAZ = Frankfurter Allgemeine Zeitung
SZ = Süddeutsche Zeitung
LM = Le Monde
FEER = Far Eastern Economic Review
IHT = International Herald Tribune
VNS = Viet Nam News, Hanoi
VoV = Voice of Vietnam (Radiosender fürs Ausland)

Adams, Nina S., u. Alfred McCoy (Hg.): Laos: war and revolution. New York u. London 1970

Alsheimer, Georg W. (= Erich Wulff): Vietnamesische Lehrjahre. Sechs Jahre als deutscher Arzt in Vietnam. Frankfurt/M. 1968

Alsheimer, Georg W. (= Erich Wulff): Eine Reise nach Vietnam. Frankfurt/M. 1979

Appy, Christian G.: Vietnam. The definitive oral history, told from all sides (= Patriots: The Vietnam War remembered from all sides, 2003). New York 2008

Arnaud, Jean-Louis: Saïgon. D'un Vietnam à l'autre. Paris 1977

Aubrac, Raymond: Où la mémoire s'attarde. Paris 1996

Avec l'oncle Ho. Hanoi 1972 (dt.: Tage mit Ho Chi Minh. Frankfurt/M. 1972)

Azeau, Henri: Ho Chi Minh – dernière chance. La conférence franco-vietnamienne de Fontainebleau Juillet 1946. Paris 1968

Bao Daï: Le dragon d'Annam. Paris 1980
Barron, John, u. Anthony Paul: Murder of a gentle land. The untold story of communist genocide in Cambodia. New York 1977
Barth, Ariane, u. Tiziano Terzani: Holocaust in Kambodscha. Hamburg 1980
Becker, Elizabeth: When the war was over. The voices of Cambodia's revolution and its people. New York 1986
Bello, Walden: The IMF and socialist construction in Vietnam, in: Southeast Asia Chronicle, Berkeley, Nr. 87, Dezember 1982
Benedict, Hans-Jürgen: Von Hiroshima bis Vietnam. Eindämmungsstrategie der USA und ökumenische Friedenspolitik. Darmstadt u. Neuwied 1973
Beresford, Melanie: Vietnam's economic challenge, in: AfricAsia, Juni 1985
Bergot, Erwan: Les 170 jours de Dien Bien Phu. Paris 1979
Bonnecarrière, Paul: Par le sang versé. La légion étrangère en Indochine. Paris 1968
Bonnet, Gabriel: La guerre révolutionnaire du Vietnam. Histoire, techniques et enseignements de la guerre américano-vietnamienne. Paris 1969
Bornert, Lucien: Dien Bien Phu. Citadelle de la gloire. Paris 1954
Boudarel, Georges: Cent fleurs écloses dans la nuit du Vietnam. Communisme et dissidence 1954–1956. Paris 1991
Boudarel, Georges, u. a. (Hg.): La bureaucratie au Vietnam. Dossier contradictoire. Paris 1983
Boudarel, Georges, u. Nguyen Van Ky (Hg.): Hanoi 1936–1996. Du drapeau au billet vert. Paris 1997
Boun Sokha: Cambodge. La massue de l'Angkar. Paris 1979
Bourrin, Claude: Le vieux Tonkin, 1890–1894. Hanoi 1941
Boyne, W.: B-52. A documented history. London 1981
Brève histoire du parti des travailleurs du Vietnam. Hanoi 1976
Brocheux, Pierre: Ho Chi Minh. Du révolutionnaire à l'icône. Paris 2003
Brocheux, Pierre: Histoire du Vietnam contemporain. La nation résiliente. Paris 2011
Brocheux, Pierre (Hg.): L'Asie du sud-est. Révoltes, réformes, révolutions. Lille 1981
Brown, Holmes, u. Don Luce: Hostages of war. Saigon's political prisoners. New York 1973 (dt.: Die politischen Gefangenen Saigons, München 1973)
Burchett, Wilfred: Au nord du 17e parallèle. Hanoi 1955
Burchett, Wilfred: Vietnam – inside story of the guerilla war. Paris ^{2}1965
Burchett, Wilfred: Partisanen contra Generale. Südvietnam 1964. Berlin 1965 (O: Special war, special defense)
Burchett, Wilfred: Hanoï sous les bombes. Paris 1967
Burchett, Wilfred: Pourquoi le Vietkong gagne. Paris 1968
Burchett, Wilfred: Kambodscha und Laos oder Nixons Krieg? Reinbek 1970 (O: The Second Indochina war. Cambodia and Laos, 1970)
Burchett, Wilfred: Vietnam un + un = un. Paris 1977

Burchett, Wilfred: The China Cambodia Vietnam triangle. Chicago u. London 1981
Buro, Andreas, u. Karl Grobe: Vietnam! Vietnam? Frankfurt/M. 1984
Buttinger, Joseph: The smaller dragon. A political history of Vietnam. New York 1958
Buttinger, Joseph: Vietnam: A dragon embattled. 2 Bde., London 1967
Buttinger, Joseph: Rückblick auf Vietnam. Chronologie einer gescheiterten Politik. Klagenfurt 1976 (O: Vietnam, the unforgettable tragedy, 1976)

Cable, Larry E.: Conflict of myths. The development of American counter-insurgency doctrine and the Vietnam War. New York 1986
Cadière, Léopold: Le mur de Dong-hoi, BEFEO VI, 1906
Caldwell, Malcolm, u. Lek Tan: Cambodia in the Southeast Asian War. New York u. London 1973
Carney, Timothy Michael: Communist Party power in Kampuchea (Cambodia). Documents and discussion. Ithaca NY 1977
Chaffard, Georges: Indochine. Dix ans d'indépendance. Paris 1964
Chaffard, Georges: Les deux guerres du Vietnam. De Valluy à Westmoreland. Paris 1969
Chagnon, Jacqui, u. Roger Rumpf: Decades of division for the Lao Hmong, in: Southeast Asia Chronicle, Nr. 91, Oktober 1983
Chaliand, Gérard: Les paysans du Nord-Vietnam et la guerre. Paris 1968
Challe, Robert: Im Auftrag des Sonnenkönigs 1690–1691. Das südostasiatische Tagebuch. Stuttgart 1980 (Original Rouen 1721)
Chanda, Nayan: Brother enemy: The war after the war. The history of Indochina since the fall of Saigon. San Diego, New York u. London 1986
Chandler, David P.: The tragedy of Cambodian history. Politics, war and revolution since 1945. New Haven u. London 1991
Chandler, David P.: Brother number one. Boulder CO 1999
Chandler, David P., u. Ben Kiernan (Hg.): Revolution and its aftermath in Kampuchea. Eight Essays. New Haven 1983
Chandler, David P., Ben Kiernan u. Chanthou Boua (Hg.): Pol Pot plans the future. Confidential leadership documents from Democratic Kampuchea, 1976–1977. New Haven 1988
Chantrabot, Ros: La république khmère (1970–1975). Paris 1993
Che Lan Vien: Tho / Gedichte. Deutsch v. Günter Giesenfeld, zweisprachige Ausgabe, Düsseldorf u. Hanoi ²2002
Chen, King C.: Vietnam and China 1938–1954. Princeton NJ 1969
Chesneaux, Jean: Contribution à l'histoire de la nation vietnamienne, Paris 1955
Chesneaux, Jean: Les fondements historiques du communisme vietnamien, in: Tradition et révolution au Vietnam, Paris 1971
Chesneaux, Jean: Pour le Vietnam, Paris 1968 (dt.: Vietnam. Geschichte und Ideologie des Widerstandes, Frankfurt/M. 1968)

chinesische Aggression gegen Vietnam, Die. Broschüre, Prag 1980
Chomsky, Noam: Indochina und die amerikanische Krise. Im Krieg mit Asien. Frankfurt/M. 1972 (O: At war with Asia, 1971)
Chomsky, Noam, u. Edward S. Herman: After the cataclysm. Postwar Indochina & the reconstruction of imperial ideology. Boston 1979
Chossudovsky, Michel: Vietnam – La nouvelle guerre, in: Imprekor 387, Januar 1998
Clément, P.: Histoire de Colbert et de son administration. 2 Bde., 1874
Colby, William: Vietnam. Histoire secrète d'une victoire perdue. Paris 1992 (O: Lost victory, 1992)
communauté islamique au Kampuchea, La. Hg. v. der FUNSK, Phnom Penh 1983
Conte, Arthur: Bandoung, tournant de l'Histoire. Paris 1965
Contribution à l'histoire de Dien Bien Phu. Études vietnamiennes, Bd. 3, Hanoi 1965
Convert, Pascal: Raymond Aubrac. Résister, reconstruire, transmettre. Paris 2011
Cooper, Chester L.: The lost crusade. America in Vietnam. New York 1970
Currey, Cecil B.: Victory at any cost. The genius of Vietnam's Gen. Vo Nguyen Giap. Dulles VA 1999

Da Empoli, Giuliano: L'heure des prédateurs. Paris 2025
Dahlke, Paul: Buddha. Die Lehre des Erhabenen. München 1979
Dang Duc Dam: Vietnam's economy 1986–1995. Hanoi 1995
Dao Xuan Sam u. Vu Quoc Tuan (Hg.): Renovation in Vietnam. Recollection and contemplation. Hanoi 2008
Darcourt, Pierre: Vietnam, qu'as-tu fait de tes fils? Paris 1975
Darcourt, Pierre: Bay Vien. Le maître de Cholon. Paris 1977
Debré, François: Cambodge. La révolution de la forêt. Paris 1976
Debris, Jean-Pierre, u. André Mendras: Rescapés des bagnes de Saïgon, nous accusons. Paris 1973
de Gaulle, Charles: Discours et messages 1940–1947. Paris 1970
Delalande, Philippe: Viet Nam, dragon en puissance. Facteurs politiques, économiques et sociaux. Paris 2007
de Quirielle, François: À Hanoi sous les bombes américaines. Journal d'un diplomate français 1966–1969. Paris 1992
de Rhodes, Alexandre: Divers voyages et missions du P. Alexandre de Rhodes en la Chine et autres royaumes de l'Orient avec son retour en Europe par la Perse et l'Arménie. 1653, neu ediert 1884
Devillers, Philippe: Histoire de l'Asie du sud-est. Paris 1968
Devillers, Philippe (Hg.): Paris Saïgon Hanoï. Les archives de la guerre 1944–1947. Paris 1988
Devillers, Philippe, u. Jean Lacouture: La fin d'une guerre: Indochine 1954. Paris 1960

Devillers, Philippe, u. Jean Lacouture: Viet Nam. De la guerre française à la guerre américaine. Paris 1969
Dao Thanh Huyen, Dang Duc Tue u. a.: Dien Bien Phu vu d'en face. Paroles de bo doi. Paris 2010
Do Hoai Nam u. Vo Dai Luoc (Hg.): Economic development in Viet Nam. Some issues. Hanoi 2011
Dokumente und Materialien der Zusammenarbeit zwischen der SED und der KPV 1973–1979. Berlin 1980
Dooley, Thomas A.: Arzt am Bambusvorhang Indochinas. Freiburg 1964 (Zusammenfassung von: Deliver us from evil, The edge of tomorrow u. The night they burned the mountain 1956–60)
Doré, Amphay: Le partage du Mékong. Paris 1980
Dossier Kampuchea (I und II). Hanoi 1978
Dossier L'agression chinoise contre le Vietnam. Hanoi 1979
Dossier L'agression chinoise contre le Vietnam. Le fond du problème. Hanoi 1979
Dovert, Stéphane, u. Benoît de Tréglodé (Hg.): Viet Nam contemporain. Paris 2004
Dragun, Werner, u. Peter Schier: Indochina – Der permanente Konflikt. Hamburg [2]1985
du Berrier, Hilaire : L'échec américain au Vietnam vu par un Américain. Paris 1965
Duiker, William J.: Historical Dictionnary of Vietnam. London 1989
Duiker, William J.: Ho Chi Minh. A life. New York 2000
Duncanson, Dennis J.: Government and revolution in Vietnam. New York u. London 1968

Eden, Sir Anthony: The memoirs of the Rt. Hon. Sir Anthony Eden. London 1960
Eisenhower, Dwight D.: Mandate for change 1953–1956. New York 1963
Ellsberg, Daniel: Secrets. A memoir of Vietnam and the Pentagon papers. New York 2002

Fall, Bernard: The two Viet-Nams. A political and military analysis. New York u. London [2]1964
Fall, Bernard: Anatomy of a crisis. Garden City NY 1967
Fall, Bernard: Viet Nam. Dernières réflexions sur une guerre. Paris 1968 (O: Last reflexions on a war, 1968)
Fall, Bernard: Guerres d'Indochine. Paris 1970
Fallaci, Oriana: Wir, Engel und Bestien. München 1985 (O: Niente e cosí sia, 1969)
Fanning, Louis A.: Betrayal in Vietnam. New York 1976
Fenton, James (Hg.): The fall of Saigon. New York 1985 (Granta 15)
Féray, Pierre-Richard: Le Vietnam au XXe siècle. Paris 1979

Fitzgerald, Frances: Fire in the lake. The Vietnamese and the Americans in Vietnam. New York 1972
Fonde, Jean Julien: Traitez à tout prix ... Leclerc et le Viet-Nam. Paris 1971
Forest, Alain: Le Cambodge et la colonisation française. Histoire d'une colonisation sans heurts (1897–1920). Paris 1980
Forest, Alain: Autour des lettres des missionnaires du Tonkin (1666–1792), in: Philippe Le Failler u. M. Mancini (Hg.): Viet Nam. Sources et approches. Aix-en-Provence 1996, S. 89–102
Fourniau, Charles: Le Vietnam face à la guerre. Paris [2]1967
Fourniau, Charles: Vietnam. Domination coloniale et résistance nationale 1858–1914. Paris 2002
Francini, Philippe: Continental Saïgon. Paris 1976
Francini, Philippe: Les mensonges de la guerre d'Indochine. Paris 2005
Francini, Philippe (Hg.): Tonking 1873–1954. Colonie et nation: Le delta des mythes. Paris 1994
Fray, Marc: Geschichte des Vietnamkriegs. Die Tragödie in Asien und das Ende des amerikanischen Traums. München [5]1998
Frédéric, Louis: La vie quotidienne dans la péninsule indochinoise à l'époque d'Angkor (800–1300). Paris 1981
Friang, Brigitte: Regarde-toi qui meurs. Une femme dans la guerre. Paris 1970
Friang, Brigitte: La mousson de la liberté. Vietnam: Du colonialisme au stalinisme. Paris 1976
Froment-Meurice, Henri: Journal d'Asie. Chine – Inde – Indochine – Japon. Paris 2005
Fulbright, J. William: The arrogance of power. New York 1966
Fulbright, J. William: The crippled giant. American foreign policy and its domestic consequences. New York 1972

Gallasch, Börries (Hg.): Ho Chi Minh Stadt. Reinbek 1975
Garthoff, Raymond L.: Détente and confrontation. American-soviet relations from Nixon to Reagan. Washington 1985
Geirt, Van: La piste Ho Chi Minh. Paris 1971
Gelb, Leslie H., u. Richard K. Betts: The irony of Vietnam: The system worked. Washington 1979
Gheddo, Piero: Catholiques et bouddhistes au Vietnam. Paris 1970
Gibbons, William Conrad (Hg.): The U.S. government and the Vietnam War. Executive and legislative roles and relationships. Part 1: 1945–1960. Princeton NJ 1986
Gibson, James William: The perfect war. Technowar in Vietnam. Boston u. New York 1986
Giesenfeld, Günter: Wie Vietnam um seine Siege gebracht wurde. (1) Ein Präsident als Einzelkämpfer (1945–1947), in: Viet Nam Kurier 2–4, 2009
Giesenfeld, Günter: Wie Vietnam um seine Siege gebracht wurde. (2) Von Dien Bien Phu nach Genf (1954), in: Viet Nam Kurier 2, 2010

Giesenfeld, Günter: Wie Vietnam um seine Siege gebracht wurde. (3) Verhandlungen in Paris (1968–1973), in: Viet Nam Kurier 3–4, 2011

Giesenfeld, Günter: The Vietnam War. 18 Stunden über den Vietnamkrieg – und nichts Neues, in: ders.: Kontext Vietnam, Hamburg 2020, S. 176–207

Gironde, Christophe, u. Jean-Luc Maurer (Hg.): Le Vietnam à l'aube du XXIe siècle. Bilan et perspectives politiques, économiques et sociales. Paris 2004

Gitau, M.: Histoire du Cambodge. Paris 1957

Giugliaris, Marcel: Requiem für Vietnam. Hamburg 1966

Gornicki, Wieslav: Vietnam-Kampuchea. Ein Augenzeugenbericht, hg. v. Weltfriedensrat. Helsinki 1979

Gouvernement Royal du Laos, Ministère de l'information (Hg.): Pour un Laos pacifique, indépendant et neutre. Vientiane o. J.

Greiner, Bernd: Krieg ohne Fronten. Die USA in Vietnam. Hamburg 2007

Groslier, Bernard Ph.: La civilisation cambodgienne et la maîtrise de l'eau, in: Études cambodgiennes III, Phnom Penh 1967

Grossheim, Martin, u. Vincent J. H. Houben (Hg.): Vietnam, regional integration and the Asian financial crisis. Passau 2001

Gurtov, Melvin: The first Vietnam crisis. Chinese communist strategy and United States involvement, 1953–1954. New York u. London 1968

Haass, Richard N.: The Reluctant Sheriff: The United States after the Cold War. Council on Foreign Relations Press 1997

Haikal, Mohammed H. (Hg.): Documents du Caire. Paris 1972

Haing Ngor: Une odyssée cambodgienne. Paris 1988

Halberstam, David: En plein bourbier. Paris 1966 (O: The making of a quagmire, 1965)

Halberstam, David: Ho Chi Minh suivi du Journal de prison de Ho Chi Minh. Paris 1972

Hallin, Daniel C.: The »uncensored war«. The media and Vietnam. Berkeley u. London 1986

Halpern, A. M., u. H. B. Fredman: Communist strategy in Laos, Juni 1960 (RAND-Memorandum)

Hamel, Bernard: Sihanouk et le drame cambodgien. Paris 1993

Hamel, Bernard: Résistances en Indochine 1975–1980. Paris o. J.

Harriman, Averell: America and Russia in a changed world. New York 1971

Ha Van Thu u. Tran Hong Duc: Chronik der vietnamesischen Geschichte. Hanoi 2000

Heine-Geldern, Robert: Conception of state and kingship in Southeast Asia, in: Far Eastern Quarterly, II, 1942

Hémery, Daniel: Révolutionnaires vietnamiens et pouvoir colonial en Indochine. Communistes, trotskystes, nationalistes à Saïgon de 1932 à 1937. Paris 1975

Hémery, Daniel: Ho Chi Minh. De l'Indochine au Vietnam. Paris 1990

Herr, Michael: An die Hölle verraten. München 1979 (O: Dispatches, 1977)

Hess, Martha: Then the Americans came. Voices from Vietnam. New York 1993
Heynowski & Scheumann: Phoenix. Inside CIA. Berlin 1980
Heynowski & Scheumann (Hg.): Briefe an die Exzellenz. Porträt einer Schutzmacht in Dokumenten. Berlin 1979
Hiebert, Murray: Vietnam notebook. Hongkong [4]1994
Higgins, Marguerite: Our Vietnam nightmare. The story of U.S. involvement in the Vietnamese tragedy. With thoughts on a future policy. New York 1965
Hilsman, Roger: To move a nation. New York 1968
Histoire de la révolution d'août. Hanoi 1972
Hitchens, Christopher: The trial of Henry Kissinger. London u. New York 2001
Hoa in Vietnam, The. Dossier (I und II). Hanoi 1978
Hoang Minh Thao: The victorious Thay Nguyen campaign. Hanoi 1979
Ho Chi Minh: Revolution und nationaler Befreiungskampf. Reden und Schriften 1920 bis 1968. München 1968
Ho Chi Minh: Reden und Schriften. Leipzig 1980
Holzer, Werner: Vietnam oder Die Freiheit zu sterben. München 1968
Holzer, Werner: Bei den Erben Ho Chi Minhs. Menschen und Gesellschaft in Nordvietnam. München 1971
Hoopes, Townsend: The limits of intervention (an inside account of how the Johnson policy of escalation in Vietnam was reversed). New York u. London 1969
Horlemann, Jürgen: Modelle der kolonialen Konterrevolution. Beschreibung und Dokumente. Frankfurt/M. [2]1968
Horlemann, Jürgen, u. Peter Gäng: Vietnam. Genesis eines Konflikts. Frankfurt/M. [7]1970
Horne, Alistair: Kissinger's year: 1973. Watergate – Vietnam – Yom Kippur – Détente. London 2009
Horowitz, David: De Yalta au Vietnam. 2 Bde. (1965–67), Paris 1973–1974
Hosmer, Stephen T., Konrad Kellen u. Brian M. Jenkins (Hg.): The fall of South Vietnam. Statements by Vietnamese military and civilian leaders. New York 1980
Huber, Bert: Vietnam. Berlin 1968
Huu Ngoc: Clés pour connaître et comprendre le Laos. Hanoi u. Vientiane 2000
Huu Ngoc (Hg.): Dictionnaire de la culture traditionelle du Vietnam. Hanoi 1997
Hu Yuon: La paysannerie cambodgienne et les projets de sa modernisation. Paris 1955

Interim reports on the activities of the International Commission for Supervision and Control in Laos, New Delhi 1958f.
Isaacs, Arnold R.: Without honor. Defeat in Vietnam & Cambodia. New York 1984

Isaacson, Walter: Kissinger. New York 1992
Isoart, Paul (Hg.): L'indochine française 1940–1945. Paris 1982

Jamieson, Neil L.: Understanding Vietnam. Berkeley u. London 1995
Jennings, Eric T.: Vichy in the tropics. Pétain's national revolution in Madagascar, Guadeloupe and Indochina 1940–1944. Stanford 2001
Johnson, Lyndon Baines: Meine Jahre im Weißen Haus. München 1971 (O: The vantage point, 1971)
Joyaux, François: La Chine et le règlement du premier conflit d'Indochine. Genf 1954, Paris 1979
Jumsai, Manich: History of Thailand and Cambodia (from the days of Angkor to the present). Bangkok 1987

Kalb, Marvin, u. Bernard Kalb: Kissinger. Boston 1974
Kaysone Phomvihane: La Révolution Lao. Quelques expériences majeures et quelques problèmes touchant sa nouvelle orientation. Moskau 1980
Khieu Samphan: L'économie cambodgienne et les problèmes de son industrialisation, Paris 1959 (engl.: Cambodia's economy and industrial development, übers. v. Laura Summers, Cornell University Southeast Asia Program Data Paper No. 111, 1979)
Kiernan, Ben: The Pol Pot regime. Race, power, and genocide in Cambodia under the Khmer Rouge, 1975–79. New Haven u. Chiang Mai 1996
Kiernan, Ben (Hg.): Genocide and democracy in Cambodia. The Khmer Rouge, the United Nations and the international community. New Haven 1993
Kiernan, Ben, u. Chanthou Boua: Peasants and politics in Kampuchea 1942–81. London u. New York 1982
Kissinger, Henry: The White House years. Boston 1979
Kissinger, Henry: Memoiren. München 1980
Kissinger, Henry: Ending the Vietnam War. A history of America's involvement in and extrication from the Vietnam War. New York, London u.a. 2003
Kolko, Gabriel: Anatomy of a war. Vietnam, the United States, and the modern historical experience. New York 1985
Kraslow, David, u. Stuart H. Loory: The secret search for peace in Vietnam. New York 1968

Lacouture, Jean: Cinq hommes et la France. Paris 1961
Lacouture, Jean: Le Vietnam entre deux paix. Paris 1965
Lacouture, Jean: Ho Chi Minh. Frankfurt/M. 1968
Lacouture, Jean: La personnification du pouvoir dans les nouveaux états (Thèse de doctorat). Paris 1969
Lacouture, Jean: Un sang d'encre. Conversations avec Claude Glayman. Paris 1974
Lacouture, Jean: Survive le peuple cambodgien! Paris 1978

Lacouture, Jean, u. Simone Lacouture: Vietnam. Voyage à travers une victoire. Paris 1976

Lamb, Helen B.: Vietnam's will to live. Resistance to foreign aggression from early times through the nineteenth century. New York 1972

Lang, Daniel: Die Meldung. 18. November 1966, Vietnam. Hamburg 1970 (O: Casualties of war, 1969)

Langer, Paul F., u. Joseph J. Zasloff: North Vietnam and the Pathet Lao. Partners in the struggle for Laos. Cambridge MA 1970

Langlais, Pierre: Dien Bien Phu. Paris 1963

Langlet, Philippe, u. Quach Thanh Tam: Introduction à l'histoire contemporaine du Viet Nam de la réunification au néocommunisme (1975–2001). Paris 2001

Laniel, Joseph: Le drame indochinois. De Dien Bien Phu au pari de Genève. Paris 1957

Laos. Aperçu d'histoire ancienne et contemporaine. Hanoi 1981

Le Boulanger, Paul: Histoire du Laos français. Paris 1931

Le Chau: Le Viet Nam socialiste. Une économie de transition. Paris 1966

Ledgerwood, Judy: Cambodia since April 1975, in: dies.: Cambodian recent history and contemporary society. An introductory course, online: seasite.niu.edu/khmer/Ledgerwood/Contents.htm (letzter Zugriff 26.6.2025)

Le Duan: Die vietnamesische Revolution. Frankfurt/M. 1973

Le Quang, Gérard: La guerre américaine d'Indochine 1964–1973. Paris 1973

Le Quang, Gérard: Giap. General der Revolution. Wiesbaden 1973 (O: Giap ou la guerre du peuple, 1973)

Le Thanh Khoi: Histoire de l'Asie du sud-est (Reihe Que sais-je 804). Paris 1959

Le Thanh Khoi: 3000 Jahre Vietnam. München 1969 (O: Le Vietnam, histoire et civilisation, Paris 1955)

Le Thanh Khoi: Socialisme et développement au Viet Nam. Paris 1978

Levy, Guenter: America in Vietnam. Oxford 1978

Lévy, Paul: Histoire du Laos (Reihe Que sais-je 1549). Paris 1974

Lidman, Sara: Gespräche in Hanoi. Berlin 1966 (O: Samtal i Hanoi, 1966)

Livre noir. Faits et preuves des actes d'agression et d'annexion du Vietnam contre le Kampuchea. Paris 1979 (Nachdruck)

Luciolli, Esmeralda: Le mur de bambou. Le Cambodge après Pol Pot, hg. v. Médecins sans frontières. Paris 1988

Luguern, Joël: Vietnam. Des poussières par millions. Les Sables d'Olonne 1975

Lulei, Wilfried: Die nationalen Einheitsfrontorganisationen in Vietnam. Historische Entwicklung und aktuelle Bedeutung. Berlin 1979

Luu Van Loi u. Nguyen Anh Vu: Le Duc Tho-Kissinger negotiations in Paris. Hanoi 1996

Lynd, Staughton, u. Thomas Hayden: The other side. Two Americans report on their forbidden visit inside North Vietnam. New York 1967

Macdonald, Peter: Giap. The victor in Vietnam. New York u. London 1993
Maclear, Michael: The ten thousand day war. Vietnam 1945–1975. New York 1981
Mäding, Klaus: Strafrecht und Massenerziehung in der Volksrepublik China. Frankfurt/M. 1979
Mailer, Norman: Pourquoi sommes-nous au Vietnam? Paris 1968 (O: Why are we in Vietnam?, 1967)
Mai Thu Van: Vietnam. Un peuple, des voix. Paris 1983
Manac'h, Étienne M.: Mémoires d'Extrême-Asie. La face cachée du monde. Paris 1977
Mangkra Souvanna Phouma: L'agonie du Laos. Paris 1976
Mantienne, Frédéric: Les relations politiques et commerciales entre la France et la péninsule indochinoise (XVIIe siècle). Paris 2001
Mao Zedong: Die chinesische Revolution, in: Ausgewählte Werke. Peking 1969
Marr, David G.: Vietnamese anticolonialism 1885–1925. Berkeley u. London 1971
Marr, David G.: Vietnamese tradition on trial 1920–1945. Berkeley u. London 1981
Maspero, Henri: Le royaume de Van-Lang, in: Bulletin de L'École Française d'Extrême-Orient (BEFEO), XVIII, Nr. 3
Masson, André: Histoire du Vietnam. Paris 1967
Massu, Jacques, u. Jean-Julien Fonde: L'aventure Viet-Minh. Paris 1980
McCarthy, Mary: Vietnam Report. München u. Zürich 1967 (O: Report from Vietnam, 1967)
McCarthy, Mary: Hanoi 1968. München u. Zürich 1968
McConnell, Malcolm: Into the mouth of the cat. The story of Lance Sijan, hero of Vietnam. New York u. London 1985
McConnell, Malcolm: Inside Hanoi's secret archives. Solving the MIA mystery. With research by Theodore G. Schweitzer III. New York 1995
McCoy, Alfred W.: The politics of heroin in Southeast Asia. Singapore 1972
McCoy, Alfred W.: Southeast Asia under Japanese occupation. New Haven [2]1985
McGarvey, Patrick J. (Hg.): Visions of victory. Selected vietnamese communist military writings, 1964–1968. Stanford 1969
McMahon, Robert J. (Hg.): Major problems in the history of the Vietnam War. Documents and Essays. Boston u. New York 2008
McNamara, Robert S.: Vietnam. Das Trauma einer Weltmacht. Hamburg 1996 (O: In retrospect. The tragedy and lessons of Vietnam, 1995)
Mecklin, John: Augenzeuge in Vietnam. Reportage, Stellungnahme, Dokumentation. Frankfurt/M. 1966 (O: Mission in torment, 1965)
Meyer, Charles: Derrière le sourire Khmer. Paris 1971
Migozzi, Jacques: Cambodge, faits et problèmes de population. Paris 1973
Modelski, George: SEATO. Six studies. Melbourne 1962
Morice, Jean: Cambodge. Du sourire à l'horreur. Paris 1977

Morlat, Patrice: La répression coloniale au Vietnam (1908–1940). Paris 1990
Mus, Paul: Viet-Nam. Sociologie d'une guerre. Paris 1952
Mus, Paul: Le Viet Nam. Histoire et civilisation. Le milieu et l'histoire. Paris 1955
Mus, Paul: Ho Chi Minh, le Vietnam, l'Asie. Paris 1971
Mus, Paul, u. John McAlister Jr.: Les vietnamiens et leur révolution. Paris 1972

Navarre, Henri: Agonie de l'Indochine (1953–1954). Paris 1956
Neale, Jonathan: Der amerikanische Krieg. Vietnam 1960–1975. Bremen u. Köln 2004 (O: The American war 1960–1975, 2001)
Ngo Van Chieu: Journal d'un combattant Viet-Minh. Paris 1955
Ngo Vinh Long: Before the revolution. The Vietnamese peasants under the French. New York u. Oxford 1991
Nguyen Cao Ky: Twenty years and twenty days. How and why the United States lost its first war with China and the Soviet Union. New York 1976
Nguyen Khac Vien: Expériences vietnamiennes. Paris 1970
Nguyen Khac Vien: Confucianisme et marxisme au Vietnam, in: Tradition et révolution au Vietnam. Paris 1971
Nguyen Khac Vien: The long resistance. Hanoi 1972
Nguyen Khac Vien: Histoire du Vietnam. Paris 1974
Nguyen Khac Vien: Vietnam '78 (Interview von Charles Fourniau mit Nguyen Khac Vien). Hanoi 1978
Nguyen Khac Vien: Vietnam '80 (Broschüre). Hanoi 1980. Deutsch hg. v. der Freundschaftsgesellschaft Vietnam. Düsseldorf 1980
Nguyen Khac Vien: Vietnams schwieriger Weg, in: Blätter für deutsche und internationale Politik, 11, 1980, S. 1352ff.
Nguyen Khac Vien: Le Vietnam contemporain. Hanoi 1981
Nguyen Khac Vien: The economic options of the Fifth Party Congress, in: Vietnam Courier, Hanoi, Nr. 6, 1982, s. auch: Southeast Asia Chronicle, Nr. 93, 1984
Nguyen Khac Vien: Sud-Vietnam au fil des années (1975–1985). Hanoi 1984
Nguyen Khac Vien: Vietnam. Eine lange Geschichte. Hanoi [2]2010. Die Originalausgabe dieses Buchs erschien in Hanoi in mehreren Sprachen ab 1987. Der Verfasser schrieb das Buch in Französisch, eine vietnamesische Ausgabe gab es erst viel später.
Nguyen Khac Vien u. Huu Ngoc (Hg.): Littérature vietnamienne / Vietnamese literature. Hanoi 1975 u.ö.
Nguyen Phu Trong: Theory and practice of socialism in Vietnam. Übersetzt v. Nguyen Manh Chuong. National Political Publishing House, Hanoi 2023
Nguyen Phut Tan: A modern history of Viet-Nam (1802–1954). Saigon 1964
Nguyen Thai Binh: Viet-Nam. The problem and a solution. Published by Vietnam Democratic Party, Viet-nam dan chu dang, Paris 1962
Nguyen Van Linh: Vietnam. Problèmes immédiats. Hanoi 1988

Nhung Agustoni-Phan: Viet-Nam. Nouveau dragon ou vieux tigre de papier? Essai sur le Viet-Nam contemporain. Genf 1995
Nixon, Richard: La vraie guerre. Paris 1980 (O: The real war, 1980)
Nixon, Richard: Memoiren. Frankfurt/M. u. a. 1981
Nixon, Richard: Plus jamais de Vietnams. Paris 1985 (O: No more Vietnams, 1985)
Norodom Sihanouk: L'Indochine vue de Pékin. Entretiens avec Jean Lacouture. Paris 1972
Norodom Sihanouk: Chroniques de guerre ... et d'espoir. Paris 1979
Norodom Sihanouk: Souvenirs doux et amers. Paris 1981
Norodom Sihanouk u. Wilfred Burchett: My war with the CIA. London 1973
Notre Président Ho Chi Minh. Hanoi 1970
Nye, Joseph S. Jr.: Bound to Lead. The changing nature of American power. New York 1990

Olson, James (Hg.): Dictionary of the Vietnam War. New York 1988
Olson, James, u. Randy Roberts: Where the domino fell. America and Vietnam 1945–1995. New York 2008

Page, Caroline: U.S. official propaganda during the Vietnam War 1965–1973. The limits of persuasion. London u. New York 1996
Palazzoli, Claude: Le Vietnam entre deux mythes. Paris 1981
Pavie, Auguste: A la conquête des cœurs. Paris 1947; zitiert nach der deutschen Ausgabe: Eine friedliche Eroberung, Herrenalb o. J.
Pedroncini, Guy, u. Philippe Duplay (Hg.): Leclerc et l'Indochine 1945–1947. Quand se noua le destin d'un empire. Paris 1992
Pentagon Papiere, Die. München u. Zürich 1971
Percheron, Maurice, u. M.-R. Percheron-Teston: L'Indochine. Paris 1939
Peschoux, Christophe: Les »nouveaux« Khmers Rouges, 1979–1990. Paris 1992
Pètre, Léon, u. Joseph Trillat: La France outre-mer. Paris o. J. (ca. 1930)
Pfeifer, Claudia: Konfuzius und Marx am Roten Fluß. Vietnamesische Reformkonzepte nach 1975. Bad Honnef 1991
Phoumi Vongvichit: Le Laos et la lutte victorieuse du peuple lao contre le néocolonialisme américain / Laos and the victorious struggle of the Lao people against U.S. neo-colonialism. o. O. (Vientiane) 1968/1969
Picq, Laurence: Au delà du ciel. Cinq ans chez les Khmers Rouges. Paris 1984
Pike, Douglas: Viet Cong. The organization and technique of the National Liberation Front of South Vietnam. Cambridge MA u. London 1966
Pike, Douglas: War, peace and the Viet Cong. Cambridge MA u. London 1969
Pike, Douglas: The Viet Cong strategy of terror. Saigon 1970
Pilger, John, in: New Statesman, 1.8.1980 (dt. gekürzt in: Deutsche Volkszeitung, 25.9.1980)
Pin Yathai: L'utopie meurtrière. Un rescapé du génocide cambodgien témoigne. Paris 1980

Pomonti, Jean-Claude: La rage d'être vietnamien. Portraits du Sud. Paris 1974
Pomonti, Jean-Claude: Un vietnamien bien tranquille. L'extraordinaire histoire de l'espion qui défia l'Amérique. Paris 2006
Pomonti, Jean-Claude, u. Serge Thion: Des courtisans aux partisans. Paris 1971
Ponchaud, François: Cambodge année zéro. Paris 1977
Porter, Gareth (Hg.): Vietnam. A history in documents (abridged edition). New York 1981
Potter, Bob: Vietnam Superstar. Sieg für wen? Berlin 1975 (O: Vietnam, whose victory?, 1975)
Powell, Mary Reynolds: A world of hurt. Between innocence and arrogance in Vietnam. Cleveland OH 2000

quart de siècle de lutte opiniâtre et victorieuse, Un. Au Pays du Laos (Broschürenreihe der NLH), Bd. 1, o. O. (Vientiane), o. J. (1970)

Rachmann, Gideon: Easternization. Asia's rise and America's decline. New York 2016
Regaud, Nicolas: Le Cambodge dans la tourmente. Le troisième conflit indochinois 1978–1991. Paris 1992
Repiton-Préneuf, Col. : Leclerc vu par ses compagnons de combat. Paris 1948
République Socialiste du Vietnam, La. Hanoi 1980
Riffaud, Madeleine: Dans les maquis »Vietcong«. Paris 1965
Riffaud, Madeleine: Au Nord Viet Nam, écrit sous les bombes. Paris 1967
Robbins, Christopher: The ravens. The men who flew in America's secret war in Laos. New York 1987
Roberts, David: Political transition in Cambodia. New York 1998
Ronning, Chester: A memoir of Chinese Revolution. New York 1974
Ros Chantrabot: La république khmère (1970–1975). Paris 1993
Rote Krieg, Der. China-Vietnam-Kampuchea. Analysen Berichte Dokumente, hg. v. esg-tu. Berlin 1979
Rousset, Pierre: Le parti communiste vietnamien. Paris 1973
Rousset, Pierre: Communisme et nationalisme vietnamien. Le Vietnam entre les deux guerres mondiales. Paris 1978
Roveda, Vittorio: Khmer mythology. Secrets of Angkor. Bangkok [3]2003
Roy, Jules: La bataille de Dien Bien Phu. Paris 1963; zitiert nach der Taschenbuchausgabe livre de poche 3417, 1972
Ruehl, Lothar: Vietnam. Brandherd eines Weltkonflikts? Frankfurt/M. u. Berlin [2]1966
Ruscio, Alain: Vivre au Viet Nam. Paris 1981
Ruscio, Alain: La guerre française d'Indochine. Paris 1992

Safer, Morley: Flashbacks on returning to Vietnam. New York 1990
Safire, William: Before the fall. An inside view of the pre-Watergate White House. New York 1973

Sainteny, Jean: Histoire d'une paix manquée. Indochine 1945–1947. Paris 1953
Sainteny, Jean: Face à Ho Chi Minh. Au Vietnam. Un témoignage capital pour l'Histoire. Paris 1970
Sakka, Michel: Vietnam. La guerre chimique et biologique. Paris 1967
Salan, Raoul: Indochine rouge. Le message d'Ho Chi Minh. Paris 1975
Salisbury, Harrison E.: Behind the lines. Hanoi. December 23, 1966 – January 7, 1967. New York u. London 1967
SarDesai, D. R.: Vietnam. Trials and tribulations of a nation. New Delhi 1988
Schell, Jonathan: The military half. An account of destruction in Quang Ngai and Quang Tin. New York 1968
Schell, Jonathan: The real war: The classic reporting on the Vietnam War. New York 1987
Schier, Peter, u. Manola Schier-Oum (Hg.): Prince Sihanouk of Cambodia. Interviews and talks with Prince Norodom Sihanouk. Mitteilungen des Instituts für Asienkunde 110, Hamburg 1980
Schlesinger, Arthur M.: A thousand days. John F. Kennedy in the White House. New York 1965
Scholl-Latour, Peter: Der Tod im Reisfeld. Dreißig Jahre Krieg in Indochina. Stuttgart 1979
Scholl-Latour, Peter: Der Ritt auf dem Drachen. Indochina – von der französischen Kolonialzeit bis heute. München 1988
Schultze, Michael: Die Geschichte von Laos. Von den Anfängen bis zum Beginn der neunziger Jahre. Hamburg 1997
Schütze, Günter: Der schmutzige Krieg. Frankreichs Kolonialpolitik in Indochina. München u. Wien 1959
Scott, Robert L. Jr.: God is my co-pilot. New York 1944
Shaplen, Robert: The lost revolution. The U.S. in Vietnam 1946–1966. New York [5]1966
Shaplen, Robert: A turning wheel. Three decades of Asian revolution by a correspondent for the »New Yorker«. New York 1979
Shawcross, William: Sideshow. New York 1979; zit. nach der frz. Ausgabe: Une tragédie sans importance. Kissinger, Nixon et l'anéantissement du Cambodge, Paris 1979
Sheehan, Neil: A bright shining lie. John Paul Vann and America in Vietnam. New York 1988
Short, Philip: Pol Pot. Anatomy of a nightmare. New York 2005
Simon-Barouh, Ida, u. Yi Tan Kim Pho: Le Cambodge des Khmers Rouges. Chronique de la vie quotidienne. Paris 1990
Small, Melvin: The presidency of Richard Nixon. Lawrence KS 1999
Snepp, Frank: Sauve qui peut. Paris 1979 (O: Decent Interval, 1977)
Snow, Edgar: The long revolution. Ithaca NY 1971 (dt.: Stuttgart 1973)
Sofsky, Wolfgang: Zeiten des Schreckens. Amok, Terror, Krieg. Frankfurt/M. 2002
Sontheimer, Michael: Im Schatten des Friedens. Ein Bericht aus Vietnam und Kamputschea. Berlin 1989

Sontheimer, Michael: Kambodscha – Land der sanften Mörder. Ein Bericht aus Indochina. Reinbek 1990
Southeast Asian Affairs 1979. Institute of Southeast Asian Studies, Singapore 1979
Stalinism and Trotskyism in Vietnam. Broschüre, New York 1976
Steinhauer, E., u. J. Horlemann (Hg.): Kampuchea 1979. Berlin 1979
Stern, Kurt u. Jeanne: Bevor der Morgen graut. Vietnam zwischen Krieg und Sieg. Berlin 1969
Stierlin, Henri: Angkor. Fribourg 1970
Strangio, Sebastian: In the dragon's shadow. Southeast Asia in the Chinese century. New Haven u. London 2020
Strong, Anna Louise: Cash and violence in Laos. Peking 1961
Summers, Anthony: The arrogance of power. The secret world of Richard Nixon. New York 2000
Summers, Harry G. Jr.: The Vietnam War almanac. Novato CA 1999
Summers, Laura, Robert Detobel u. Reinhart Kößler (Hg.): Kampuchea – Ende des linken Traums oder Beginn einer neuen Sozialismus-Debatte? München 1981

Taylor, Keith Weller: The birth of Vietnam. Berkeley u. Oxford 1983
Taylor, Telford: Nürnberg und Vietnam. Eine amerikanische Tragödie. München, Wien u. Zürich 1971 (O: Nuremberg and Vietnam, 1970)
Terzani, Tiziano: La chute de Saïgon. 30 avril 1975. Paris 1977 (O: Giai Phong! La liberazione di Saigon, 1976)
Thich Nhat Hanh: Vietnam. Lotos im Feuermeer. München 1967
Thion, Serge, u. Ben Kiernan: Khmers rouges! Matériaux pour l'histoire du communisme au Cambodge. Paris 1981
Tønnesson, Stein: 1946: Déclenchement de la guerre d'Indochine. Les vêpres tonkinoises du 19 décembre. Paris 1987
Toye, Hugh: Laos – buffer state or battleground. London 1968
Thompson, Robert: No exit from Vietnam. London 1969
Thompson, Robert: Revolutionary war in world strategy. London 1970
Truong Buu Lam: A story of Viet Nam. o. O. (USA) [3]2012
Truong Chinh: Écrits. Hanoi 1977
Tuchman, Barbara: Die Torheit der Regierenden. Von Troja bis Vietnam. Frankfurt/M. 1989
Tucker, Spencer C. (Hg.): The Encyclopedia of the Vietnam War. A political, social and military history. Oxford 1998
Turner, Robert F.: Vietnamese communism. Its origines and development. Palo Alto 1975

van der Cruysse, Dirk: Louis XIV et le Siam. Paris 1991
Vandy Kaonn: Cambodge: 1940–1991 ou la politique sans les cambodgiens. Essai. Paris 1993

Van Tien Dung: Et nous prîmes Saigon. Paris 1979

Vella, Walter F. (Hg.): Aspects of Vietnamese history. Hawaii 1973

Vickerman, Andrew: The fate of the peasantry. Premature »transition to socialism« in the Democratic Republic of Vietnam. New Haven 1986

Vickery, Michael: Looking back at Cambodia 1942–76, in: Ben Kiernan u. Chanthou Boua (Hg.): Peasants and politics in Kampuchea 1942–1981. London u. New York 1982

Vickery, Michael: Cambodia 1975–1982. Boston 1984

Vietnam ten years after. Broschüre, Hanoi 1985

Villemereuil, A. B. de: Exploration et missions de Doudart de Lagrée. Paris 1883

Villiers, John: Südostasien vor der Kolonialzeit (= Fischer Weltgeschichte, Bd. 18). Frankfurt/M. 1965

Vo Nguyen Giap: Guerre du peuple – Armée du peuple, Hanoi 1961 (dt.: Volkskrieg – Volksarmee, München 1968)

Vo Nhan Tri: Croissance économique de la république démocratique du Vietnam (1945–1965). Hanoi 1967

Vu Can: Le FNL et la seconde résistance au Sud Viet Nam, in: Sud Viet Nam, du FNL au gouvernement révolutionnaire provisoire. Études Vietnamiennes, 23, Hanoi 1970

Vu Quoc Truc: L'économie communaliste du Vietnam. Hanoi 1950

Ward, Richard: La stratégie de la tenaille (1 + 2) in: Afrique-Asie, 4.1.1982 u. 6.6.1983

Warnenska, Monika: Pfade durch den Dschungel. Ein Vietnam-Report. Berlin 1974 (O: Sciezki przez dzungle, 1974)

Warner, Denis: Vietnam. Krieg ohne Entscheidung. München u. Esslingen 1965 (O: The last confucian, 1964)

Wasmes, Alain: Vietnam: La peau du pachyderme. Paris 1976

Weggel, Oskar: Indochina. Vietnam, Kambodscha, Laos (Reihe: Aktuelle Länderkunden). München 1987

Weiler, Heinrich: Vietnam. Eine völkerrechtliche Analyse des amerikanischen Krieges und seiner Vorgeschichte. Frankenthal u. Montreux 1969

Weisberg, Barry: Ecocide in Indochina. The ecology of war. San Francisco 1970

Weiss, Peter: Notizen zum kulturellen Leben der Demokratischen Republik Vietnam. Frankfurt/M. 1968

Weißbuch. Die Wahrheit über die vietnamesisch-chinesischen Beziehungen in den letzten 30 Jahren. Außenministerium der Sozialistischen Republik Vietnam; dt. hg. v. der Botschaft der Sozialistischen Republik Vietnam, Bonn 1979

Werner, Jayne Susan: Peasant politics and religious sectarianism. Peasant and priest in the caodai in Viet Nam. New Haven 1981

Wiest, Andrew (Hg.): Rolling thunder in a gentle land. The Vietnam War revisited. London 2006

Willenson, Kim: The bad war. An oral history of the Vietnam War. New York 1987
Williams, Jean R.: The devil's rainbow. Conscripts, chemicals, catastrophe. Nambour (Austr.) [2]1999
Williams, Reese (Hg.): Unwinding the Vietnam War. From war into peace. Seattle 1987
Wünsche, Renate, u. Diethelm Weidemann: Vietnam, Laos und Kamputschea. Berlin 1977

Y Phandara: Retour à Phnom Penh. Le Cambodge du génocide à la colonisation. Témoignage. Paris 1982

Zinn, Howard: L'impossible neutralité. Marseille 2006

Personenregister

Sachregister

Günter Giesenfeld, geboren 1938, studierte Germanistik, Romanistik, Musikwissenschaft und französische Literatur, lehrte bis 2003 als Germanist, Film- und Medienwissenschaftler an der Uni Marburg, arbeitete für das Kultusministerium und ist zudem Übersetzer, Filmregisseur und Redakteur der Zeitschrift *Augen-Blick*. Seit 1969 aktiv in der Vietnambewegung, seit 1976 mehrfach Vorsitzender der Freundschaftsgesellschaft Vietnam. Reisen nach Indochina, Gastprofessuren in Salzburg, Austin (Texas) und Sana'a (Jemen). Im Argument Verlag außerdem von ihm erschienen: *Brennpunkt Vietnam. Reportagen, Begegnungen, Reflexionen* (2017) und *Kontext Vietnam. Historische Feinanalysen und politische Perspektiven* (2020).

Günter Giesenfeld

Brennpunkt Vietnam

Reportagen, Begegnungen, Reflexionen

ISBN 978-3-86754-505-1

»Die Themenvielfalt ist überwältigend: die Übergriffe des Pol-Pot-Regimes, die Aggressionen Chinas an der Grenze im Norden, der Wirtschaftsboykott der USA und dessen Folgen für das Land, die politische Isolation, die Propagandakampagne gegen Vietnam wegen der Umerziehungslager, dann noch die Boat People. Giesenfeld schafft es, all dies unterzubringen und dennoch Erklärungen zu liefern. Methodisch ist er hier ein Vorbild, er zwingt uns dazu, genau hinzusehen, Zusammenhänge zu entdecken und voreilige Schlüsse zu vermeiden. Dies ist vielleicht die größte Stärke des Buches.« *iz3w*

Günter Giesenfeld

Kontext Vietnam

Historische Feinanalysen und politische Perspektiven

ISBN 978-3-86754-515-0

»Giesenfelds aktuelles Sachbuch wird von der Sorge begleitet, dass in Anbetracht des zeitlichen Abstands das Sickergift des Vergessens immer häufiger Bestrebungen begünstigt, die US-amerikanische Aggression umzudeuten und im Sinne aktueller geopolitischer Interessen zu ›entschärfen‹. Giesenfeld schreibt dagegen an.« *Ossietzky*

Le Minh Khue

Nach der Schlacht

Übersetzt von Günter Giesenfeld, Marianne Ngo und Aurora Ngo

ISBN 978-3-86754-215-9

»Wer einen lebensweltlichen Eindruck von den Verwerfungen rund um den Vietnamkrieg und seine Folgen erhalten mag, sollte unbedingt zu diesem Buch greifen. In den beiden Erzählungen zeigt sich Le, aufgewachsen unter den Bombardierungen der US-Luftwaffe, dann Kriegsteilnehmerin und später Journalistin und Schriftstellerin, in ihrer oft trockenen und häufig lakonischen Beschreibung der barbarischen Gewalt im Krieg als große Stilistin.« *südostasien*